中国社会科学院创新工程学术出版资助项目

国家社科基金重大特别委托项目

西南边疆历史与现状综合研究项目·档案文献系列

中国社会科学院创新工程学术出版资助项目

国家社科基金重大特别委托项目

西南边疆历史与现状综合研究项目 · 档案文献系列

《大南实录》中国西南边疆相关史料辑

王柏中　等／辑录

社会科学文献出版社
SOCIAL SCIENCES ACADEMIC PRESS (CHINA)

图书在版编目(CIP)数据

《大南实录》中国西南边疆相关史料辑/王柏中等辑录.
—北京：社会科学文献出版社，2015.1
（西南边疆历史与现状综合研究项目．档案文献系列）
ISBN 978－7－5097－6215－8

Ⅰ.①大… Ⅱ.①王… Ⅲ.①边疆地区－地方史－史料－西南地区 Ⅳ.①K297

中国版本图书馆 CIP 数据核字（2014）第 141840 号

西南边疆历史与现状综合研究项目·档案文献系列
《大南实录》中国西南边疆相关史料辑

辑 录 者／王柏中 等

出 版 人／谢寿光
项目统筹／宋月华 王琛玚
责任编辑／范明礼

出　　版／社会科学文献出版社·人文分社（010）59367215
地址：北京市北三环中路甲 29 号院华龙大厦 邮编：100029
网址：www.ssap.com.cn
发　　行／市场营销中心（010）59367081 59367090
读者服务中心（010）59367028
印　　装／三河市东方印刷有限公司

规　　格／开 本：787mm×1092mm 1/16
印 张：35.25 字 数：539 千字
版　　次／2015 年 1 月第 1 版 2015 年 1 月第 1 次印刷
书　　号／ISBN 978－7－5097－6215－8
定　　价／289.00 元

本书如有破损、缺页、装订错误，请与本社读者服务中心联系更换

“西南边疆历史与现状综合研究项目·档案文献系列”编委会

总　序

“西南边疆历史与现状综合研究项目”（以下简称“西南边疆项目”）为国家社科基金重大特别委托项目，由全国哲学社会科学规划办公室委托中国社会科学院科研局组织管理。“西南边疆项目”设“西南边疆历史与现状综合研究项目·研究系列”和“西南边疆历史与现状综合研究项目·档案文献系列”（以下简称“西南边疆档案文献系列”），对课题中优秀者分别列入上述系列予以出版。

档案文献是学术研究赖以进行、得以深化的基础，研究工作如无包括档案文献在内的资料的支撑就如无源之水，如无新资料的发现和补充，学术研究想要有所创新也将可欲而不可求。因此，包括档案文献在内的新资料的系统发掘与整理，实乃深化研究的第一要务。诚如当代著名历史学家戴逸教授所言：“编史要务，首在采集史料，广搜确证，以为依据，必借此史料，乃能窥见历史陈迹。故史料为历史研究之基础，研究者必须积累大量史料，勤于梳理，善于分析，去粗取精，去伪存真，由此及彼，由表及里，进行科学之抽象，上升为理性之认识，才能洞察过去，认识历史规律。史料之于历史研究，犹如水之于鱼，空气之于鸟，水涸则鱼逝，气盈则鸟飞。历史科学之辉煌殿堂必须岿然耸立于丰富、确凿、可靠之史料基础上，不能构建于虚无缥缈之中。”

西南边疆研究课题涵盖面很广，其中包括从古至今历代政府对西南边疆治理、西南区域地方史与民族史等内容，也包括西南边疆地区与内地、与境外区域的政治、经济、文化关系史研究，还涉及古代中国疆域理论、中国边疆学等研究领域，同时与当代西南边疆面临的理论和实践问题密切相关。面对如此众多的研究内容，而西南边疆有关的档案文献尚存在多与散，疏于整理的现状，收集整理任务十分繁重。“西南边疆项目”专家委员会在项目启动之始即决定着手组织对云南、广西两省区民国时期的档案进行整理，同时又对云南、广西历代文献进行有选择的整理、汇编，以及口述史料的收集，形成了一批具有较高学术质量的档案文献资料整理成果，并成为“西南边疆档案文献系列”的选题。我们期待“西南边疆档案文献系列”成果的面世，能为西南边疆学术研究深化提供新的、有价值的第一手资料。

自二〇〇八年正式启动以来，中国社会科学院党组高度重视“西南边疆项目”的组织工作，中国社会科学院原副院长、“西南边疆项目”领导小组组长江蓝生同志对项目的有序开展一直给予悉心指导。项目实施过程中，还得到中共中央宣传部、全国哲学社会科学规划办公室、云南省委宣传部、广西壮族自治区党委宣传部、云南省哲学社会科学规划办公室、广西壮族自治区哲学社会科学规划办公室，以及云南、广西两省区档案局（馆）、高校和科研机构领导、专家学者的大力支持与参与，在此一并深表敬意和谢意。

“西南边疆档案文献系列”由社会科学文献出版社出版，社会科学文献出版社领导对社会科学研究事业的大力支持，编辑人员严谨求实的工作作风，一贯为学人称道，值此“西南边疆档案文献系列”付梓面世之际，谨致以由衷的谢意。

“西南边疆档案文献系列”编委会

二〇一三年五月

凡　例

本书的辑录工作是以日本庆应义塾大学出版的《大南实录》（一至二十册）为资料底本进行的，为了便于征引，辑录时对史料的文字格式及内容作如下处理：

（1）辑录时变繁体字为简体字，加标点，无简化字者仍用繁体，酌情保留一些俗体字、异体字、通假字及个别中文字书不见的越南汉字等；

（2）按通行的书籍格式横版编排，正文用5号宋体，正文本注用5号楷体加黑，外加“【】”括注，本注内的双行小字的注文部分，用“（）”括注；

（3）每条史料，标注公元纪年或加注清朝纪年，外加“（）”括注；

（4）征引信息项为6号楷体字，并另起一行，前面加“——”破折号，后面用汉字序数标注《大南实录》编、纪（传）卷数，本卷页码，用阿拉伯数字标注庆应义塾大学出版本的本册、全书页码，本册页码外加“［］”括注；

（5）无法辨析的文字，用“□”标注；

（6）脱字，外加“【】”补足；错字，外加“（）”标注，并在其后以“【】”括注正字，皆以页下注其校勘征引文献；

（7）本书在辑录史料的同时，针对史料背景和文字校订的具体情况，从有利于读者正确阅读的角度，做了少量的按语和简要注释；

（8）如有需要补充说明的，用6号宋体字，以页下注方式标注。

目　录

前　言

一　《大南实录》简介

《大南实录》是越南阮朝（1802～1945）官修史书，全书由《前编》与《正编》两部分组成，每一部分均有“帝纪”“列传”两种体裁的内容。

《前编》有“帝纪”十二卷，记述从阮朝太祖嘉裕皇帝（阮潢）到睿宗孝定皇帝（阮福淳），这些阮氏广南国主——即阮朝追尊的历代先帝史事，为按年代先后叙事的编年体，绍治四年（1844）修成付梓。有“列传”六卷，分类记述广南阮主当政时期的后妃、王子、公主、尊室（即宗室）、诸臣、循吏、文学、忠义、隐逸、高僧、酷吏及逆臣等各色人物，据张登桂等史臣奏表，《大南列传前编》从绍治元年（1841）奉旨承修，至嗣德五年（1853）书成付梓。

《正编》的“帝纪”记述的是世祖嘉隆皇帝（阮福映）以下历位皇帝的编年体实录史册。从嗣德元年（1848）至维新三年（1909），相继刊刻了《正编第一纪》（世祖实录）、《正编第二纪》（圣祖实录）直至《正编第六纪》（同庆帝实录），共计441卷；另附《大南正编列传》“初集”三十三卷及“二集”四十六卷。《列传》“初集”共有后妃、皇子、公主、诸臣、行义、列女、僭窃、外国八目，专记阮朝统一全国及嘉隆一朝期间的人与事，从嗣德五年筹备起修，至成泰元年（1889）由阮仲合等奏成；《列传》“二集”有后妃、皇子、公主、诸臣、忠义、行义、列女、隐逸、高僧与逆臣等十目，记述从明命朝到同庆朝期间的人物史事，从成泰元年筹划，七年（1895）下旨续修，至维新三年（1909）由高春育等奏上。①

《大南实录》原为阮朝宫廷典藏，随着日本军国主义兴起，在打败清、俄，吞并朝鲜后，进一步觊觎周边亚洲国家的领土，也把扩张矛头指向了时为法属殖民地的越南，不断地派遣有着特殊背景的商人、学者及外交人员前往越南考察交流，正是在这一大的历史背景之下，日本学者也注意到了对越南文献的收集、整理和研究。1933 年日本学者松本信广赴越南调查旅行，在顺化访问了阮朝宫廷，向越南官员提出了翻印《大南实录》的要求，并在法国远东学院的人员帮助下于 1935 年重印了《大南实录》的主要部分，并将其分藏在日本的庆应义塾大学和东洋文库等研究机构。1971 ~ 1981 年，庆应义塾大学语言文化研究所将庆应义塾图书馆所藏《大南实录》影印本分成二十册公开刊出。② 其所刊印的《大南实录》截止到《正编第六纪》的《同庆帝实录》，但阮朝《实录》续修并没止限于此，从成泰、维新至启定帝的三朝《实录》也后续修成。③ 如北京大学的杨保筠先生提到，1983 年他在法国远东学院图书馆看到了《大南实录正编第六纪附编》和《大南实录正编第七纪》的写本。《大南实录正编第六纪附编》成于启定七年（1922），由胡得忠、高春育主编，其中有《成泰废帝附编》十九卷，《维新废帝附编》十卷，分订成十三册；《大南实录正编第七纪》为《弘宗宣皇帝实录》（启定帝实录）十卷，分订为十册；这两编三部《实录》记录了从 1889 年初至 1926 年初整整 37 年间的越南历史，内容非常丰富。④

帝王“实录”是记述已故君主在位时编年大事的史书，唐代以前“实录”尚少，唐代以后，先君过世即修“实录”成为史官修史的惯例。阮朝设史馆、修“实录”的举措是对中国历代官修史书制度的沿袭，不

① 柏中按：《大南实录》第十九册中有关于同庆年间修“正编第四纪”《嗣德帝实录》的君臣议论，对了解阮朝实录的编撰颇为重要，值得相关研究者参考。

② 请参见〔日〕和田正彦《〈大南实录〉及影印本在日本的出版》，朱振明节译，《印支研究》1983 年第 3 期，第 58、66 页。

③ 参见《东南亚历史词典》“大南实录”条，上海辞书出版社，1995，第 16 页。

④ 参见杨保筠《关于大南实录的一些补充介绍》，《印支研究》1984 年第 3 期，第 55 页。

过阮朝所修《大南实录》却有一定的体例创新。首先，《前编》与《正编》分列，是在明命十四年由皇帝所钦定，意在凸显其父嘉隆帝阮福映（庙号“世祖”）一统南国的宏伟功业，在体例上反映了阮朝历史发展的阶段性特点。其次，《大南实录》不仅是皇帝的编年史，“列传”部分是阮朝各时期历史人物（含属藩与外国）的传记，集编年与纪传为一体，反映的历史维度更为宽广。在这一点上，不仅胜于中国明清两朝皇帝的“实录”，也较其本国的《大越史记全书》与《越史通鉴纲目》更为完善。

《大南实录》在越南传世的汉文文献中卷帙最大，是研究越南后黎朝“中兴”，阮主、郑主与西山阮氏诸政权的相互关系，阮朝的建立与世袭统治的最重要史料。不仅如此，该书还对越南与中、老、柬、泰、缅甸等周边邻国的关系及法国在越南、英国在缅甸的殖民侵略均有具体反映，对于研究中国、法国及中南半岛其他国家的民族历史也有重要参考价值。

二 本书辑录立意

《大南实录》除罕见的阮朝宫内刻本、写本外，流布较广的是日本庆应义塾大学语言文化研究所的影印本。《大南实录》在中国大陆虽没有出版的整书版本，但中国社会科学院历史研究所编辑《古代中越关系史资料选编》（中国社会科学出版社，1982）、萧德浩等主编的《中越边界历史资料选编》（社会科学文献出版社，1993）均选编了《大南实录》与中国相关的部分内容，和田正彦、杨保筠、陈荆和、刘志强、刘玉珺等学者在相关文著中也对这一部史籍有不同程度的介绍①，这些都使国内学界对《大南实录》一书有了更大范围的了解。特别是台湾学者许文堂、谢奇懿辑录的《大南实录清越关系史料汇编》（台北“中央研究院”东

① 和田正彦：《〈大南实录〉及影印本在日本的出版》，朱振明节译，《印支研究》1983年第3期；杨保筠：《关于〈大南实录〉的一些补充介绍》，《印支研究》1984年第3期；陈荆和：《〈大南实录〉与阮朝朱本》，塔娜译，《中国东南亚研究会通讯》1987年第1～4期合刊；刘志强：《有关越南历史文化的汉文史籍》，《学术论坛》2007年第12期；刘玉珺：《越南汉喃古籍的文献学研究》，北京：中华书局，2007。

南亚区域研究计划，2000）出版后，对《大南实录》这部书的传布有了更大的影响。

许文堂、谢奇懿两先生的《大南实录清越关系史料汇编》，是根据日本庆应义塾大学 1961～1981 年影印发行的《大南实录》为底本辑录而成的，庆应义塾大学影印版《大南实录》的版式，为汉字繁体，无标点，竖版，每页上下两栏，每栏十七格，每格正文为大字一行、本注为小字双行，中间一格有目录、汉字卷次及本卷页码；页眉有目录、汉字卷次序数、阿拉伯数字标注的整套书页码和本册页码，其中本册页码外加“［］”括号。《大南实录清越关系史料汇编》全书将近 50 万字。该书所优之处在于编纂，对于所编史料，皆根据内容冠一小标题，并且在标题之下对应编排了原书卷数、帝王年号的纪年顺序（列传则为传称、人名或国名顺序）、相应的公元纪年、本书页码诸项标识，检索起来甚为方便。

不过，《大南实录清越关系史料汇编》一书的不尽完善之处也很明显：如该书系直接影印原书对版面加以剪切拼对而成，因此原书的刊印质量便影响了本书的阅读效果，由于底本的墨色浅浮，就造成此书存在相当多的文字漫漶之处，大字尚且不清晰，小字更是难以识读。该书所辑录为清越关系的史料，从逻辑上讲，并不完全覆盖有关中国西南边疆史料内容；从实际上看，《大南实录清越关系史料汇编》也的确在这方面多有遗漏之处。正因为如此，才有本书的重新编排与辑录立意。

本书在体例上与《大南实录清越关系史料汇编》最大的差异，是适应大陆读者阅读习惯，将辑录的资料从原书的繁体汉字竖排版改成简体汉字横排版。在内容上，所辑重点是有关中国西南边疆的史料，同时也兼顾了中越两国关系史料和越南的海陆边疆及民族史料，特别注重辑录界临中国陆地边疆的越南北部省域的相关史料与居越华人、华侨的相关史料，以期能最大限度体现边疆研究的宏观视角。

第一册

国初年纪用黎年号，今遵钦定万年书，各于继统之明年起书元年，而黎与明、清年号分注其下，以征世代、明统纪。

——《大南实录前编》凡例，一；[11] 11

丙申三十九年（黎光兴十九年，明万历二十四年，1596 年）夏四月，上扈黎帝如谅山。① 先是莫敬用奔明龙州，诡告于明曰：“今称黎氏者，乃郑氏也，非是黎之子孙。”明人信之，遣左江兵巡道按察司副使陈惇临往镇南关移书，约以会勘。黎帝先遣侍郎冯克宽等赍旧墨印二颗、黄金一百斤、白金一千两，与国内耆老数十人同赴关。陈惇临复牒邀黎帝订日到关，至则明使托故不如期，上乃扈黎帝还。丁酉四十年春二月，明又使委官王建立赴关，报以会勘。上复扈黎帝至关，与王建立、陈惇临行会勘交接礼，相见甚欢，自此南北复通。

——《大南实录前编》卷一《太祖嘉裕皇帝②实录》，十七至十八；[26] 26

丁卯十四年（黎永祚九年，明天启七年，1627 年）春正月，郑梉欲举兵南侵，又恐无辞，乃遣黎大任奉黎帝敕来，谕以遣子入侍，且索雄象三十匹、海导船三十艘以供明朝贡例。上笑曰：“明朝贡例只有黄金、琦而已，今郑氏额外征求，未敢闻命。吾儿方缮军器修边防，假以数年

---

① 据《越史通鉴纲目》正编卷二十一本注，谅山“陈初为谅江路，光泰十年（1397 年）改为镇；闰胡割禄平州九十五村，隶于明之思明州；属明为谅山府；黎初属北道，光顺七年（1466 年）置为谅山承宣，洪德二十一年（1490 年）改为处，洪顺中（1509 ~ 1516 年）改为镇；嘉隆元年（1802 年）仍为镇，隶北城，明命十二年（1831 年）改为谅山省”。

② 阮潢。

来觐未晚。”使者又致郑王妃意求洽泽之子，上不许，郑遂发兵。

——《大南实录前编》卷二《熙宗孝文皇帝①实录》，十至十一；[35] 35

己未三十一年（黎永治四年，清康熙十八年，1679 年）春正月，故明将龙门总兵杨彦迪、副将黄进，高雷廉总兵陈上川、副将陈安平率兵三千余人、战船五十余艘投思容沱瀼海口。② 自陈以明国逋臣义不事清，故来，愿为臣仆。时议以彼异俗殊音，猝难任使，而穷逼来归，不忍拒绝。真腊国东浦【嘉定古别名】地方沃野千里，朝廷未暇经理，不如因彼之力使辟地以居，一举而三得也。上从之，乃命宴劳嘉奖，仍各授以官职，令往东浦居之。又告谕真腊以示无外之意。彦迪等诣阙谢恩而行。彦迪、黄进兵船驶往雷巤【今属嘉定】海口，驻扎于美湫【今属定祥】；上川、安平兵船驶往芹蔭海口，驻扎于盘辚【今属边和】。辟闲地、构铺舍，清人及西洋、日本、阇婆诸国商船凑集，由是汉风渐渍于东浦矣。

——《大南实录前编》卷五《太宗孝哲皇帝③实录》，二十二至二十三；[82] 82

戊辰元年（黎正和九年，清康熙二十七年，1688 年）……六月，龙门副将黄进杀其主将杨彦迪于美湫海口，自称奋勇虎威将军，统龙门余众移屯难溪【今属定祥建和县】。据险筑垒，铸大炮，缮战船，纵兵掳掠。真腊正国王匿秋怨之，与其臣屋牙贡沙谋乃绝职贡，筑碧堆、求南、南荣三垒贯铁锁于江口为固守计。二王匿嫩知其谋，驰报镇边营，副将枚万龙驿上其书。上怒，召群臣议出兵。掌营宋德明进曰：“匿秋，癣疥小蛮，不必劳朝廷大将。镇边该奇阮胜龙【阮杨林之子】有智略④，习知真腊水土，可使为统兵以伐之。黄进擅杀其主将，拥兵难溪，其心亦未

① 名“源”，即阮福源，阮潢第六子。

② 按：《大南列传前编》卷六《陈上川传》：副将陈安平为陈平安，思容海口为思贤海口。

③ 名“濒”。

④ 奇为地方军镇属辖的一级军事组织。《大南实录正编第二纪·圣祖仁皇帝实录》卷四十五载：明命八年（清道光七年，1827 年）四月，“改五水奇为五水卫。帝谓兵部曰：‘京兵皆以卫名，而五水尚为奇，则与外城镇无异。’乃命改为卫，正副管奇改为正副卫尉，品秩准与诸军同而列其次。”参见第六册相关部分。

可测，请令进为先锋以观向背。倘心怀犹豫，即进兵击之。匿秋阻其前，大兵逼其后，进可擒矣。既胜进，乘势直捣真腊，此万全计也。”上从之。有队长张添禄者，万龙甥也。为人贪利，知真腊地多货宝，欲得万龙将而己随之，乃入朝请于上。上曰：“万龙年老，我不欲劳以军事。”添禄对曰：“昔马援年逾七十，尚能被甲跃马，今万龙年未六十，而统兵之任反出偏裨，窃以为耻。”上乃许之。以万龙为统兵，阮胜龙、阮新礼为左右卫阵首，合文渭为参谋，将兵讨真腊，令黄进为先锋，受万龙节制。己巳二年春正月，枚万龙军至美湫海口，次于岑溪【今属定祥建登县】，遣人赴难溪召黄进率所部诣军。①

——《大南实录前编》卷六《英宗孝义皇帝②实录》，五至七；[89] 89－[90] 90

匿秋闻我兵压境，大惧，与其臣屋牙加呈谋缓兵，乃择美女有口辩者名占遥律，使赍货宝诣黄进营，说曰：“将军居真腊地已有年矣。古人一饭必报，今闻将军受命伐真腊，窃为将军不取也。”进曰：“万龙召我非其诚心，盖欲先取我而后灭匿秋耳。我岂为他所赚耶！归语汝主勿疑进。”遂驻兵据险。万龙屡促之不至，知进果有异志，深以为忧。麾下文通【广义人，缺姓】有机辩，素谙诸国言语，说万龙曰：“统兵如欲取进，非要他离险不可。仆闻龙门人有张老爷者声名籍甚，进素重其名而未识其面。仆请扮作张老爷往说利害诱以相会，统兵因掩击之，擒进必矣。”万龙喜而遣之。文通遂易装自称张老爷诣进军求谒，进喜延之坐。文通从容言曰：“仆自龙门兵败落魄南来，蒙天王授为该队，今从镇边统兵调遣，故来相见以叙州里之情。”进信之。文通因谓进曰：“将军受命伐真腊，何故许久不与统兵相会？”进曰：“念我流落，先王畀居此地，何忍忘恩！顾我衣食所资皆真腊出，今率兵攻之是不义也，为真腊而拒君命是不忠也。进退两难，将欲按兵自守，徐观其势耳。”文通曰：“不义过小，不忠罪大，将军何择焉？为将军计，莫如亲与统兵一会，以释其疑，然后徐为之计，计则善矣。”进曰：“先生既教我与统兵会，相会

① 另见《大南正编列传初集》第四册之“高蛮传”相关部分。

② 名“溱”，阮福溱第二子。

之日统兵能出郭以迎我乎？能与我分左右坐乎？能听我以兵会而不之疑乎？”文通曰：“避席待士，统兵本心。仆归以告，统兵必如约，幸将军毋失信耳。”遂辞去。进谋士霍生谓进曰：“仆闻张老爷寡言，今此人言语便捷，莫是万龙说客？愿勿信之！”进不听。文通归告万龙，万龙复遣文通往请进，而伏兵要处以待。进果乘舟出江相会，伏兵卒起，四面攻之。进弃舟走，潜向雷巤海口遁去。万龙入其垒，获进妻子皆斩之。招集龙门余众，使杨彦迪部将陈上川管领为先锋，乘胜进攻匿秋，烧断横江铁锁，连克碧堆、求南、南荣三垒。匿秋退保龙澳城，该队阮胜权轻敌贪进为匿秋所败，该奇阮胜山引兵救之，冲阵力战。匿秋退走，入城固守。会雷雨大作，万龙欲驻兵大江，胜山曰：“真腊地多林莽，江水湍流，我驻兵于此，倘彼结筏从上流而下，何以制之？不若撤回本营，畜威养锐，彼见我师既退，必自懈弛，乘其无备攻之，一举可灭矣。”万龙从之。我兵既退，匿秋与诸将校谋，乃使勒沙赍礼诣万龙军求缓兵，万龙怒囚之。匿秋复遣女使占遥律以金币来献，万龙诘之曰：“汝国不输岁贡，又治城垒、缮战船，欲何为者？”占遥律曰：“小国前日修贡皆为黄进所夺，又苦其侵扰，故谋自备耳。岂敢反乎？”万龙信其言，乃遣遥律与勒沙赍檄回报匿秋，责令修贡。遥律多以金币赂诸将，既归月余贡不至。万龙疑焉，会诸将议。阮新礼曰：“王师进讨，以服叛为先。今江水奔湍，战船逆流不便，未可轻进。况我军不服水土，姑按兵以待其来此为上策。”万龙称善。胜山曰：“真腊反覆多诈，不如急击之，岂可坐待以老王师乎！”万龙曰：“为将以恩信为尚，非以杀伐为威。吾欲以诚信服蛮人，彼既降服，又安用战斗为也？”于是令诸将分兵辟地而耕，不为战备。

——《大南实录前编》卷六《英宗孝义皇帝实录》，八至十一；[91] 91 - [92] 92

壬申元年（黎正和十三年，清康熙三十一年，1692 年）……秋八月，占城国王婆争反，聚兵筑垒，杀掠延宁府居民。平康营以事闻，上命该奇阮有镜为统兵，文职阮廷光为参谋，领正营兵及广南平康兵伐之……癸酉二年春正月，统兵阮有镜等击占城大败之，婆争弃城走。三月，阮有镜擒获婆争及其臣左茶员继婆子亲属娘椙、婆恩以归，上命改其国为顺城镇……八月，改顺城镇为平顺府，以左茶员继婆子为勘理，婆恩子三人为提督，提领该府，易衣服从汉风[①]，遣之还，以抚其民。

——《大南实录前编》卷七《显宗孝明皇帝[②]实录》，四至六；[98] 98 - [99] 99

癸酉二年（黎正和十四年，清康熙三十二年，1693 年）……十二月，清人阿班与顺城右茶员屋牙挞作乱。初阿班投居顺城，素与屋牙挞相厚。婆争既擒，皆奔于大同。阿班改名“吴朗”，自言有呼风唤雨之术，刀剑不伤，顺城人制荣啸聚蛮众从之，至是率党寇庸谐。该队阮智胜率兵拒战，阿班佯败，智胜追之，为伏兵所杀。婆地营该队翊书记枚【俱缺姓】引兵来援，皆死之。阿班遂入潘里，患该奇阮新礼力不能制，令顺城民女置毒于芭蕉食新礼，新礼声哑，阿班又多散银钱阴结新礼军为内应。及战，新礼为叛兵刺杀，营寨财货烧掠殆尽。阿班复引兵至潘郎，该队朱兼胜以兵少不出，闭垒自守。会勘理继婆子适至，兼胜令缚于门外，示将斩之。屋牙挞恐为所害，言于阿班撤围去，兼胜乃放继婆子还。甲戌三年春正月……阿班复围潘郎，该队朱兼胜告急于平康镇守阮有威，留守润【姓缺】进兵上道以援之。阿班遂退回泡落，潘郎围解。有威寻病卒。二月，阿班进据乌鎌垒。留守润与该奇宋遵、阮城分兵夹击，阿班走回庸针。我军进薄之，贼复走上野【地名，接真腊地界】。润乃还，以事闻，上复命该奇阮有镜、文职祯祥【缺姓】，便宜该奇阮胜虎率兵进讨，贼悉平。[③]

——《大南实录前编》卷七《显宗孝明皇帝实录》，六至八；[99] 99 - [100] 100

---

① 《大南实录》文中之“汉民”“汉风”，实指阮朝的主体民族及社会风尚而言，这是因为阮朝的君臣有着很强的汉文化认同，他们认为从汉代以后，中原胡人乱华，已汉风不再。阮后的越南人黄高启《越史要》就说：“支那一种民族，初居于黄河流域，继而扬子江，又继而西江以及吾国，即所谓汉族者是也。”所以也有中国学者说：“安南族大多数为汉族，一部分为安南人与土人及他种人混血族。纪元前九三年（汉武帝太始四年）统治广东、广西、北圻、九真、日南而统名之曰交趾部，以人种名其地，《汉书》载古时我国人以布缠身，语言难晓，武帝徙罪人杂居其间，复教使之知汉文，解北语，至此而交趾旧种，融化略尽，遂别成为越南之一民族。所以，安南民族，就是所谓汉族。”（李成蹊：《越南民族现状》，《亚洲世纪月刊》1947 年第 3 期，第 21 页）

② 名“淍”，阮福溙长子。

③ 另见于《大南正编列传初集》第四册之“占城传”相关部分。

戊寅七年（黎正和十九年，清康熙三十七年，1698 年）二月……初置嘉定府，命统率阮有镜经略真腊，分东浦地以鹿野处为福隆县【今升为府】，建镇边营【即今边和】；柴棍处为新平县【今升为府】，建藩镇营【即今嘉定】。营各设留守该簿记录及奇队船水步精兵属兵，斥地千里得户逾四万，乃招募布政以南流民以实之。设立社村坊邑，区别界分，开垦田土，定租庸税例，攒修丁田簿籍。又以清人来商居镇边者立为清河社，居藩镇者立为明香社【今明乡】，于是清商、居人悉为编户矣。

——《大南实录前编》卷七《显宗孝明皇帝实录》，十四；［103］103

己卯八年（黎正和二十年，清康熙三十八年，1699 年）秋七月，真腊匿秋反，筑碧堆、南荣、求南诸垒扰掠商民。龙门将陈上川防驻瀛洲【今属永隆】以事闻。冬十月，复命阮有镜为统率，该簿范锦龙为参谋，镇边营留守阮有庆为前锋，领平康、镇边二营兵及广南七船属兵同龙门将士伐之。……三月统兵陈上川与贼连战皆克之，师至南荣、碧堆垒。匿秋以兵迎战，阮有镜戎服立于船头，拔剑麾旗督诸军急战，炮声如雷，匿秋大惊弃城走，匿淹【二王匿嫩之子】出降，有镜入城安抚居民。夏四月，匿秋诣军门降，乞修职贡。

——《大南实录前编》卷七《显宗孝明皇帝实录》，十五至十六；［103］103－［104］104

壬午十一年（黎正和二十三年，清康熙四十一年，1702 年）五月……遣黄辰、兴徹等赍国书贡品【琦璃五斤四两①，生金一斤十三两五钱，象牙二枝重三百五十斤，花藤五十枝】如广东求封【辰、徹，清广东人，从石濂和尚来谒，因遣之。时暹罗贡船遭风泊洋分，为之修船艘给粮米，而令辰、徹等搭往焉】。清帝问其臣，皆曰：“广南国雄视一方，占城、真腊皆为所并，后必大也。惟安南犹有黎在，未可别封，事遂寝

① 琦，俗称“奇南”“奇楠”或“其蓝”，属于沉香类，是香料中较为珍贵的一种。清初学者谷应泰《博物要览》说：“奇南，香名，出占城国及渤泥、三佛齐、真腊等国。或云寄生树，其香蟠结，根结坚实，生油滋润柔软为上，有黑花者为上，有绿结、有糖结、金丝结等号。用锡匣盛蜜藏之或香润不枯，佩之能敛人气，暑月少汗不解泄气，故近侍官珍之，其价甚高。”

【清船尝来商于广南，故称我国为广南国】。

——《大南实录前编》卷七《显宗孝明皇帝实录》，二十；［106］106

戊子十七年（黎永盛四年，清康熙四十七年，1708 年）八月……以鄚玖为河仙镇总兵。① 玖，广东雷州人，明亡留发，而南投于真腊为屋牙。见其国柴末府多有诸国商人辏集，乃开赌博场征课，谓之花枝。又得坑银致富，因招流民，于富国、芹渤、架溪、陇棋、香澳、哥毛等处【均地名，今属河仙】立七社村。以所居地相传有仙人出没河上，因名河仙。至是，玖委其属张求、李舍上书求为河仙长。上许之，授总兵。玖建立营伍驻于芳城，民日归聚。②

——《大南实录前编》卷八《显宗孝明皇帝实录》，四；［111］111

辛卯二十年（黎永盛七年，清康熙五十年，1711 年）……夏四月，河仙镇总兵鄚玖诣阙谢恩，上厚赏之。

——《大南实录前编》卷八《显宗孝明皇帝实录》，十；［114］114

辛卯二十年（黎永盛七年，清康熙五十年，1711 年）……冬十月，真腊匿深自暹还，与屋牙、高罗歆谋害匿淹。匿淹使哀牢人匿吹盆梈驰报镇边、藩镇二营，请兵赴援。副将阮久云、总兵陈上川以闻。

——《大南实录前编》卷八《显宗孝明皇帝实录》，十二；［115］115

甲午二十三年（黎永盛十年，清康熙五十三年，1714 年）……夏六月，重修天姥寺，命掌奇宋德大等董其役。其制由山门而天王殿、玉皇殿、大雄宝殿、说法堂、藏经楼，两傍则钟鼓楼、十王殿、云水堂、知味堂、禅堂、大悲殿、药师殿、僧寮禅舍不下数十所，而后昆耶园内方丈等处又不下数十所，皆金碧辉煌。阅一年工完，上亲制碑文记之，遣

① 鄚，读“mao”，四声。鄚玖原本姓“莫”，为了避嫌阮人所忌恶的莫登庸，故加邑旁，改“莫”为“鄚”。

② 另见《大南列传前编》第一册之“鄚玖传”相关部分。

人如清购大藏经与律论千余部置寺院。寺之前临江建钓台，上尝临幸焉【时有浙西和尚名大汕，字石濂，以禅见得幸。归广东，以所赐名木建长寿寺，今有遗迹在焉】。

——《大南实录前编》卷八《显宗孝明皇帝实录》，十七至十八；[118] 118

甲午二十三年（黎永盛十年，清康熙五十三年，1714 年）……冬十月，真腊匿深与其臣高罗歆兴兵围匿淹甚急。匿淹求吹盆桲接应，吹盆桲选所属兵二千人回陆道。时匿深兵四万，匿淹与吹盆桲兵不满万。匿淹虑其兵少，求援于藩镇、镇边二营。藩镇都督陈上川发兵过柴棍，镇边副将阮久富发兵驻雷巤、水兵驻美湫，遥为声援。……十一月……镇边、藩镇二营将士与吹盆桲、匿淹合兵围匿深于罗壁城。高罗歆先已遁去，匿秋具书请罪。……陈上川、阮久富以闻。……乙未二十四年春正月，真腊匿深在罗壁城势日穷蹙，遂放火烧城中庐舍，出南门遁去，匿秋闻之亦遁。陈上川、阮久富督军入城，尽收其器仗。……二月匿深引暹兵寇河仙，时河仙无备，暹兵猝至，总兵鄚玖拒之不克，走据陇棋，匿深尽掠财物而去。玖寻归河仙，筑土堡，远斥堠，严为防守之计。……夏四月，暹罗使人赍书，责真腊匿淹启衅，又与发兵以助匿深。匿淹告急于镇边、藩镇二营，陈上川、阮久富以事闻。

——《大南实录前编》卷八《显宗孝明皇帝实录》，十九至二十三；[119] 119－[121] 121

丙申二十五年（黎永盛十二年，清康熙五十五年，1716 年）秋八月……时国内强盛，上欲大举北伐。以郑将黎时寮镇乂安守备严密，乃密使福建商人平、贵【二人名，俱缺姓】如广西，由谅山关入，细探北河虚实。平、贵既抵东都，访知军国兵民情状。居二月，复由旧路回广东。丁酉二十六年春二月，平、贵等自北归，具言北河势未可乘，北伐之议遂寝。

——《大南实录前编》卷八《显宗孝明皇帝实录》，二十七；[123] 123

乙巳三十四年（黎保泰六年，清雍正三年，1725 年）夏四月……增铸铜钱。国初尝铸小铜钱【印“太平”二字】，又有古号并清康熙钱民间通用，时多有销钱为器者，旧钱日耗，故命增铸焉。

——《大南实录前编》卷九《肃宗孝宁皇帝①实录》，二；[126] 126

辛亥六年（黎永庆三年，清雍正九年，1731 年）……夏四月，牢人诧卒以真腊兵寇嘉定，命统率张福永调遣诸道兵伐之。时嘉定诸营各设守将，上以阃外军事须有统摄，故命福永行调遣事，诸营官兵皆属焉。又于藩镇营之南别设衙莅曰调遣营，调遣之设始此。……统兵陈大定【陈上川之子】率龙门属将破贼于芙园。……贼退走虬奥，张福永遂与陈大定、阮久霑分兵三路并进。贼大溃窜，大定进据求南。……壬子七年【黎龙德元年，清雍正十年】春正月，牢贼复纠众扰掠求南。张福永进兵攻之，且责匿他纵贼。匿他恐其加兵，多将货宝赂之。福永遂留陈大定驻兵捕贼而自引兵还。夏四月，陈大定进兵炉越，贼势穷蹙，匿他并力剿捕，尽获杀之。先是，牢贼未平，上降书切责。张福永密表以"逗军不进"归罪于大定。及大定回兵知其事，欲诉于朝，遂乘夜驾海至笔山【属广义洋分】。其从弟崁以为福永世臣不可与争曲直，劝之去。大定曰："我一门父子受国厚恩，今以边帅蒙蔽之故悻然而去、自取恶名，不但为臣不忠，为子亦不孝矣!"崁固阻止，使船往东去。大定拔剑斩崁，反船入沱灢海口，具陈情表，由广南营臣以闻。时议欲置诸法，上犹不忍，命拘大定于广南，遣官前往嘉定鞫状。福永罗织，欲成大定之罪，独阮久霑力辩其冤案上，大定已病死于狱。上甚怜之，追赠都督同知，谥襄敏。福永更坐诬诉降该队。

——《大南实录前编》卷九《肃宗孝宁皇帝实录》，六至八；[128] 128－[129] 129

乙卯十年（黎永祐一年，清雍正十三年，1735 年）五月……河仙镇总兵鄚玖卒，赠开镇上柱国大将军武毅公。

——《大南实录前编》卷九《肃宗孝宁皇帝实录》，十二；[131] 131

丙辰十一年（黎永祐二年，清乾隆一年，1736 年）春二月……以鄚

① 名"澍"，亦名"旺"，阮福凋长子。

天赐【郑玖之子】为河仙镇都督，赐龙牌船三艘，免其征税，令出洋采买珍宝以纳，又命开铸钱局以通贸易。天赐分置衙署，拣补军伍，筑城堡，广街市，诸国商旅凑集。又招来文学之士，开招英阁，日与讲论唱和，有河仙十咏【一金屿澜涛，二屏山叠翠，三萧寺晨钟，四江城夜鼓，五石洞吞云，六珠岩落鹭，七东湖印月，八南浦澄波，九鹿峙村居，十鲈溪渔泊】，自是河仙始知学焉。

——《大南实录前编》卷九《肃宗孝宁皇帝实录》，十三；[132] 132

己未元年【黎永祐五年，清乾隆四年】（1739 年）春正月辛未，正府成。真腊匿盆侵河仙。真腊以失地故怨鄚玖。玖卒，天赐初领镇节，盆遂举兵来侵。天赐尽率所部击之，逐至柴末，日夜鏖战，餽运不继。其妻阮氏率兵妇转饷饭军，军不乏食，奋击盆兵，大破之。捷闻，上大嘉奖异，特授天赐都督将军，赐红袍冠带，封阮氏为夫人。由是，真腊不敢窥河仙矣。

——《大南实录前编》卷十《世宗孝武皇帝①实录》，二；[134] 134

丙寅八年（黎景兴七年，清乾隆十一年，1746 年）……初铸白铅钱。先是，肃宗时命铸铜钱所费甚广，民间又多毁为器用，日益耗减。至是，有清人姓黄【缺名】者，请买西洋白铅铸钱以广其用，上从之。开铸钱局于凉馆，轮廓字文依宋祥符钱式，又严私铸之禁。于是泉货流通，公私便之。其后增铸“天明通宝”钱杂以乌铅，轮廓又浅薄，物价为之腾跃。

——《大南实录前编》卷十《世宗孝武皇帝实录》，十三；[140] 140

丁卯九年（黎景兴八年，清乾隆十二年，1747 年）春正月，清商李文光袭镇边营，该奇宋福大讨平之。文光，福建人，寓边和大铺洲。时境内承平日久，兵革罕用，文光潜有窥伺之意，遂谋不轨。聚党三百余人，自称东浦大王，以其党何辉为军师，谢三、谢四为左右都督。谋袭

① 名“阔”，又名“晓”。

镇边营，畏该簿阮居谨武艺精强，谋先除之。乃因元旦节伏众刺之，居谨带伤手刃杀贼五六人，寻以创重而死。属兵闻之赴应，文光走，阻桥以拒。留守阮强率营兵陈于北岸，檄报兴福道。该奇宋福大合兵攻勦，擒文光及党与五十七人。上以清人不邃加诛，俱下狱。

——《大南实录前编》卷十《世宗孝武皇帝实录》，十三至十四；［140］140

丁卯九年（黎景兴八年，清乾隆十二年，1747 年）……夏四月，河仙镇都督鄚天赐委人乘龙牌船，赍水火金刚钻、鹤顶西洋火鸡、五色鹦鹉、华席洋布诸品物上进。上嘉之，赐以从镇该队队长告身四道及锦缎器皿，遣还。秋八月，海匪名德【姓缺】劫掠龙川洋外。鄚天赐得报，即遣该队徐有用率战船十艘捕获匪党，悉诛之。

——《大南实录前编》卷十《世宗孝武皇帝实录》，十四至十五；［140］140－［141］141

甲戌十六年（黎景兴十五年，清乾隆十九年，1754 年）……秋七月，广义黄沙队民乘船往黄沙岛，遭风泊入清琼州洋分。清总督厚给送回，上令为书遗之。【广义平山县安永社海外有沙洲一百三十余所，相去或一日程、或数更许，延袤不知其几千里，俗称万里黄沙。洲上有井，甘泉出焉。所产有海参、玳瑁、文螺、鼋鱼等物。国初，置黄沙队七十人，以安永社民充之。岁以三月乘船往，三日夜抵其处。采取货物，以八月回纳。又有北海队，募平顺四政村或景阳社人充之，令驾小船往北海、昆仑等处采取货物，亦由黄沙队并管。】

——《大南实录前编》卷十《世宗孝武皇帝实录》，二十四；［145］145

乙亥十七年（黎景兴十六年，清乾隆二十年，1755 年）……夏四月，暹罗使其臣朗丕文坤、区沙屡叼【二人名】赍书来言：其国尝遣人驾船驶往夏门①、宁波、广东采买货项，时有因风投入我国海口，有司征税至有括取其货物者，请照银数发还，并请给与人口点身龙牌十章为凭，使两国官船遭风泊入何港者皆免征税。上谓群臣曰："商船之税，国初已有

① 夏门，即福建厦门。

定额，所在官司不过照例征收，岂有括取货物之理！暹人所言，特欲苟免征税而已，岂敢索我还银！唯所请龙牌与之，诚不伤惠，然一章足矣，何以多为?”乃命送与龙牌一章而为书以复之。

——《大南实录前编》卷十《世宗孝武皇帝实录》，二十六；［146］146

丙子十八年（黎景兴十七年，清乾隆二十一年，1756年）……秋七月，翰林院阮光前罢。时闽浙千总黎辉德难船泊我洋分，厚赐遣归，因送清俘李文光等十六人于福建。命光前为书以安南国王称之，光前执不可，上怒罢其职。既而上意解，令为镇守该簿书，送之。

——《大南实录前编》卷十《世宗孝武皇帝实录》，二十九；［148］148

丁丑十九年（黎景兴十八年，清乾隆二十二年，1757年）……真腊匿原死，其族叔匿润权监国事，边臣奏请因而立之，以孚恩意固边圉。上令献茶荣、波忒二府，然后许之。适匿润女婿匿馨杀匿润篡立，匿润之子匿尊奔投河仙。统率张福猷趁势进讨，匿馨走。寻枫吹为藩僚屋牙汪所杀，时鄚天赐亦为匿尊奏请，上乃敕封匿尊为真腊国王，令天赐与五营将士护送归国。匿尊乃献寻枫龙之地，福猷、居贞奏请移龙湖营于寻袍处【今龙湖村，即永隆省莅】，又于沙的处设东口道，前江设新洲道，后江设朱笃道，以龙湖营兵镇压之。于是匿尊复割其地香澳、芹渤、真森、柴末、灵琼五府以谢鄚天赐，天赐献于朝。上令隶归河仙管辖，天赐又请置架溪为坚江道、哥毛为龙川道，各置官吏，招居民立村邑，而河仙幅员日广矣。

——《大南实录前编》卷十《世宗孝武皇帝实录》，二十九至三十；［148］148

丙戌元年（黎景兴二十七年，清乾隆三十一年，1766年）秋八月，河仙谍子自暹罗还，言暹罗疯王【暹王有痴疯疾，国人称为疯王】已备战船，刻期来侵。河仙总兵鄚天赐患之，飞报嘉定调遣营请兵应援。

——《大南实录前编》卷十一《睿宗孝定皇帝[①]实录》，五；［153］153

① 名“淳”，又名“昕”。

丁亥二年（黎景兴二十八年，清乾隆三十二年，1767 年）……三月，缅甸举兵攻破暹罗，掳疯王与其子昭督多，驱其民数万以归。疯王次子昭侈腔投真腊，昭翠奔河仙。鄚天赐以事闻，复移书调遣阮久魁等撤回援兵，以免劳顿。天赐又恐缅甸趁锐势来侵，乃遣属将胜水队该队陈大力【陈大定之子】率兵船往戍真奔【地名，暹罗界首】，又遣兵巡哨古公、古骨、寅坎诸海岛。时有清国潮州人霍然啸聚党伙，以古公险僻倚为巢穴，常出没沿海邀掠商船，党羽日众，遂有阴窥河仙之志。巡兵侦知之，天赐密遣锐卒潜往围捕，霍然为众所杀，余党皆散。①

——《大南实录前编》卷十一《睿宗孝定皇帝实录》，五至六；［153］153

戊子三年（黎景兴二十九年，清乾隆三十三年，1768 年）……暹罗芒萨【暹地名】长郑国英自立为王。国英，清潮州人，其父名偃，流寓暹罗为芒萨长。偃死国英袭职，号丕雅【暹官名】新。乘暹国空虚，遂起兵袭取其地，自称国王。索贡于真腊，其王匿尊以丕雅新非暹罗世系，拒不纳。己丑四年春二月，暹王新遣其将丕雅刍仕【官名】奔麻【人名】以兵送真腊伪王匿嫩复国。奔麻兵至炉堰，与匿尊屡战不克，遂掳其民以归。鄚天赐闻之，益戒边备。② 潮州人陈太聚党于白马山，谋袭河仙，密结鄚族人鄚崇、鄚宽内应。鄚天赐得其状，伏兵擒崇、宽，追剿其党于香山寺。陈太奔投暹罗。

——《大南实录前编》卷十一《睿宗孝定皇帝实录》，七至八；［154］154

庚寅五年（黎景兴三十一年，清乾隆三十五年，1770 年）……秋七月，河仙逃兵范僊聚党于香澳、芹渤，与阇婆荣离麻芦、真腊屋牙稽合众八百余、船十五艘，分水路袭击河仙镇，才至垒外，鄚天赐率众拒之，击破其党，刺毙范僊于江中，擒芦、稽斩之。时河仙屡遭兵燹，兵食虚耗，民心骚动，天赐上疏自劾。上赐书宽慰，又敕嘉定调遣："凡河仙有警报，当速策应。"

——《大南实录前编》卷十一《睿宗孝定皇帝实录》，十一至十二；［156］156

① 另见《大南列传前编》第一册之"鄚天赐传"相关内容。

② 另见《大南正编列传初集》第四册之"暹罗传"相关内容。

辛卯六年（黎景兴三十二年，清乾隆三十六年，1771 年）秋八月，鄚天赐闻暹罗检阅兵甲刻日来侵，驰檄请援于嘉定调遣。阮久魁等以河仙前年虚报边警徒劳王师，不肯调兵赴援。时河仙城中见南方赤虹二，交作十字，长三十丈余；又于北帝楼下旧积沙堆忽为回风飞上半空，城中昏翳，须臾撒下堆成十字。识者以为十月失城之兆。冬十月，暹王以昭翠投河仙恐为后患，乃发水步兵二万，以白马盗陈太为向导围河仙镇。镇兵希少，攖城力战，飞火牌告急于龙湖营。暹兵据苏州山以大炮轰击入城，势甚急。直夜，五虎山火药库火发，城中惊扰。暹兵从城后斩关入，放火烧镇营，天赐亲督属兵巷战。移时，军民溃败，城遂陷。该队德业【缺姓】掖天赐登舟走朱笃道，鄚子黄、鄚子淌、鄚子沿亦各率水兵突围，由海道走下坚江过镇江停住。暹昭科【官名】陈联【人名】蹑至，会龙湖营留守宋福洽率本营兵船赴援，直抵朱笃江御之。暹兵退却，误入穷江，大兵追逼之，斩首三百余级，陈联弃船引兵走回河仙，又为东口道该队阮有仁邀击，暹兵死者过半。暹王乃留陈联守河仙，自率兵直趍真腊。[①] 匿尊出奔，暹王立匿嫩为真腊王，于是暹兵据南荣府，有窥藩镇之意。十一月，阮久魁、阮承缗移文要鄚天赐到营劳问，天赐历陈失守之由，上书待罪。上赐书宽免，仍加廪给。令调遣以兵送还镇江道，使招抚流亡，再图讨贼。

——《大南实录前编》卷十一《睿宗孝定皇帝实录》，十三至十五；［157］157－［158］158

壬辰七年（黎景兴三十三年，清乾隆三十七年，1772 年）……二月，上以嘉定调遣阻兵不援河仙城陷，降阮久魁为该队，撤阮承缗还。命掌奇阮久潭【阮久云之子】为钦差正统率督战……夏六月，阮久潭进兵前江路龙湖营……进至南荣攻暹兵，大破之。暹王走河仙，匿嫩走芹渤，遂收复南荣、罗壁诸府。……暹王既至河仙，致书求和于鄚天赐，天赐却之。暹王遂委陈联守河仙，而自率兵掳天赐子女及昭翠以归，寻杀昭翠。

——《大南实录前编》卷十一《睿宗孝定皇帝实录》，十五至十六；［158］158

① 趍，音同“趋”，亦即“趋”之古字。《诗经·齐风·猗嗟》：“猗嗟昌兮，颀而长兮，抑若扬兮。美目扬兮，巧趍跄兮，射则臧兮。”

癸巳八年（黎景兴三十四年，清乾隆三十八年，1773 年）春二月，上密令鄚天赐遣人如暹，以讲和为名探其动静。天赐遣舍人鄚秀赍书及礼币如暹，暹王大喜，送回所掳子女，召陈联还。时河仙城堡、庐舍为暹兵残破殆尽，天赐乃留镇江，先使其子黄回镇整理。

——《大南实录前编》卷十一《睿宗孝定皇帝实录》，十七；[159] 159

癸巳八年（黎景兴三十四年，清乾隆三十八年，1773 年）春二月……西山贼阮文岳作乱，据归仁城。岳，归仁符篱【即今符吉】县西山村人，初为下吏消没巡税，遂与其弟吕、惠共谋如山凭险为盗。……时承平日久，将士不经战阵，每出征多托故求免。张福峦复纳贿改差，众皆愤怨临阵辄走，由是贼势益炽。清商集亭、李才【俱缺姓】皆应之，岳结以为助，集亭称忠义军，李才称和义军。又取土人高大者剃头辫发装为清人，战则醉饮，裸身悬金银纸冲阵以示必死，我兵莫有当者。

——《大南实录前编》卷十一《睿宗孝定皇帝实录》，十七至十八；[159] 159

癸巳八年（黎景兴三十四年，清乾隆三十八年，1773 年）……十二月，以尊室香为节制①，率内军及三技军进至碧鸡山【属平定省】，为贼将集亭、李才伏兵所杀，余众皆溃，贼遂据广义府。……甲午九年夏四月……鄚天赐在镇江闻煽变，使其属载粟一船上京，以供军饷。船到归仁洋外，贼兵邀夺之。

——《大南实录前编》卷十一《睿宗孝定皇帝实录》，十九至二十；[160] 160

乙未十年（黎景兴三十六年，清乾隆四十年，1775 年）春正月……上乃立皇孙旸为世子，称东宫镇抚广南总理内外诸事务。令诸将检阅水

① 尊室香，本名应为阮福香，阮朝建立后，明命帝将直系国亲“阮福”氏作为国姓，均改为“尊室”，以示尊崇。如《大南实录正编第二纪·圣祖仁皇帝实录》卷八十五“明命十三年（清道光十二年，1832 年）十月”条有载：帝览《尊室谱》，见有注贯嘉苗外庄者，因谓侍臣曰：“嘉苗外庄帝乡也，言尊室便知其贯之所在，其削之。年前，尊籍中人并称‘阮福’，朕始令改称‘尊室’，所以表尊贵也。……夫帝王之派系称‘尊室’者，即《诗》之所谓‘公姓’‘公族’。”由此可见，“尊室”亦即“宗室”的别称，以之为姓，是阮朝特色的制度。

步军，为进取计。居数日，西贼阮文岳使集亭、李才将舟师出合和海口【即今大压海口】，岳步兵沿山出秋盆江，两道来侵。……（二月）壬寅，御舟至嘉定，驻跸于牛渚【在嘉定省莅】，鄚天赐率诸子诣行在拜谒。上奖劳之，加都督郡公，以其子黄为掌奇、淌为胜水该奇、沿为参将该奇，令各回镇江道按守。东宫屯俱低，阮文岳谋欲迎立胁以惑众，乃使其党统率面先锋、正统率部详【俱缺姓】率兵两千屯翠鸾、蒲阪【俱地名，属广南省】为上道，集亭、李才率兵二千屯巴渡【地名】为中道，督战丰、虎将罕【俱缺姓】率兵二千屯河申为下道，约迎得东宫者得重赏。东宫知之，遣谋士教贵【缺姓】往说上道贼将面、详等曰："西山虽一时猖獗，然北有郑兵、南有嘉定大兵，腹背受敌，久必难保。尔等不早见机，终不免为盗贼党，不若背暗向明从我南人，连约嘉定兵共图恢复，垂功名于竹帛，顾不韪欤。"面、详等皆受命。夏四月，东宫由山路行，百姓从之者众。集亭、李才率兵追至汙耶与面、详等战，破之，逼迎东宫还会安铺。集亭累欲加害之，李才每为劝解，乃止。郑将黄五福兵过海云关，阮文岳使其党集亭为先锋、李才为中军，迎战于锦沙【地名，属广南省】。郑属将黄廷体、黄冯基出轻骑突入，杀集亭军甚众。岳与李才走板津【广南、广义夹界处】，共谋诛集亭。集亭奔广东【后为总督所杀】，岳遂迎东宫还归仁福屯兵广南。①

——《大南实录前编》卷十二《睿宗孝定皇帝实录》，一至五；［164］164－［166］166

乙未十年（黎景兴三十六年，清乾隆四十年，1775年）……十一月，尊室鬖【世宗第十四子】、尊室春【世宗第十七子】起兵于广南，张福佐为之谋主，又有清商名悉以家资亿万助之，军势大振，据升、奠二府……贼将李才以富安降。初阮文岳欲倚李才为助，及得志，待之寖薄，李才遂有效顺之意。尊室晊去归仁，李才密与之约。至是，因守富安，乃尽率所属兵马诣宋福洽军降。事闻，上纳之，令从福洽节制。②

——《大南实录前编》卷十二《睿宗孝定皇帝实录》，七至八；［167］167

① "福"疑为"府"之误。

② 另见于《大南列传前编》第一册有关内容；《大南正编列传初集》第四册有关内容。

丙申十一年（黎景兴三十七年，清乾隆四十一年，1776 年）……六月，节制宋福洽卒。……降将李才据昭泰山【属边和省】以反。先是李才从宋福洽入援，上欲收用之。清仁言："李才狗彘之徒，用之何益!"由是，李才与清仁有隙。[①] 及宋福洽卒，李才心益危惧，遂将所部兵据昭泰山。清仁与战不克，筑垒于牛渚、仪江以守之。……冬十月，东宫至柴棍……上命官接还行在，东宫请于上，遣参谋阮名旷往谕李才。李才以为疑，留旷于军，尽率所部直下柴棍。清仁兵见之望风溃走，上命驾避之。李才分兵四道擂鼓而进，东宫使人开旗示之，旗有"东宫奉命招安"六字，李才军望见，皆弃枪罗拜，欢声如雷。……十一月己巳，李才奉东宫还柴棍，令张福慎奏请御驾幸金章寺【在嘉定省城外】，李才奉东宫诣行在称贺。壬申，上大会文武，禅位于东宫。东宫以事势交逼，不得已受命，称新政王，尊上为太上王。寻，升尊室晊为少傅、尊室春为掌奇、李才为保驾大将军，余各升秩有差。惟杜清仁与李才不协不肯赴会，乃以范公理代为外右，又命掌奇宋福和、添禄【缺姓】守龙湖以备之。时，我世祖知李才骄横难制，言于上请往三埠招抚东山以图兴复。李才闻之，率兵逼迎上于油蔑。新政王不能制，乃遣张福颖扈从。

——《大南实录前编》卷十二《睿宗孝定皇帝实录》，十一至十五；[169] 169－[171] 171

丁酉十二年（黎景兴三十八年，清乾隆四十二年，1777 年）……三月，西贼阮文惠率水步兵入寇。新政王留李才守柴棍，自将兵进次镇边。贼步兵潜入上道，副节制阮久俊、掌长舵阮大吕俱战死。李才在柴棍屡与贼水兵战，亦不利。新政王会诸将议，参赞阮登场以为贼众我寡，难与争锋，不若退回柴棍，以图战守之策。王从之，乃留掌奇宋福良屯镇边，引兵还柴棍。居数日，贼兵至，王命李才率和义军出旭门【地名，属嘉定省】拒战，斩贼巡察宣【缺姓】，贼兵稍退。适张福慎自芹渤提兵赴援，李才遥见旌旗，疑东山兵袭己，自撤兵回。贼乘势追之，李才军

① 清仁即杜清仁，原为东山道统兵队长，后战胜西山阮文吕，并收复柴棍，进封外右掌营芳郡公。俱见本卷。

乱，走三埠，尽为东山兵所杀。

——《大南实录前编》卷十二《睿宗孝定皇帝实录》，十六至十七；[171] 171 - [172] 172

丁酉十二年（黎景兴三十八年，清乾隆四十二年，1777 年）夏四月……上幸芹苴【地名，即镇江道守所，鄚天赐自河仙失守退屯于此】，与鄚天赐兵合。上以天赐所部兵力寡弱难与贼抗，乃遣杜清仁与其属该队阮匀潜往平顺，召朱文接、陈文识等入援。

——《大南实录前编》卷十二《睿宗孝定皇帝实录》，十七；[172] 172

鄚玖，广东雷州人。明亡，清人令民薙发，玖独留发而南投于真腊为屋牙。见柴末府汉人、唐人与真腊阇婆人商人辏集，玖乃移居芳城，开赌场谓之花枝而征其税。又得坑银骤致富，因招流民，于富国、芹渤、架溪、陇奇、香澳、哥毛等处立七社村。以所居地有仙人出没河上，因名河仙。其地附山沿海，可以经聚商生财。会暹人入侵真腊，腊人素怯弱，闻敌来便走。暹帅见玖，因诱使归暹，玖不得已从之。既至，暹王奇其状貌，悦而留之，居玖万岁山。寻因暹国有内变，玖潜回陇奇【地名】。流民归附日众，玖以陇奇迫狭不可居聚，复移回芳城，四方商旅多归之。有谋士苏君说玖曰："腊人性狡诈少忠厚，非可久依。闻南朝天王仁声义闻、威德素孚，不若叩关称臣以结蟠根之势，万一有变，倚以为助。"玖善之。显宗皇帝戊子十七年（黎永盛四年，清康熙四十七年，1708 年）秋，玖与其属张求、李舍等奉玉帛诣阙上表称臣，求为河仙长。上见其人相貌魁杰、进退恭慎，嘉其忠诚，敕为属国。名其镇为河仙镇，授之总兵官，颁赐印绶。又命内臣饯之都门外，人皆荣之。玖归镇，建城郭、起营伍、具僚佐，多置幕署以延接贤才。民日居聚，遂成一小都会焉。

初，玖母蔡氏思子日切，自雷州航海而来，玖孝养备至。居久之，一日，其母入三宝寺谒礼，金身俨然于佛前坐化。玖因铸宝像，起龛于寺奉之，今遗像尚存云。乙未（黎永盛十一年，清康熙五十四年，1715 年）春，真腊匿深引暹兵侵河仙，玖拒之不克，走据陇奇，匿深掠其财物而去。玖寻归河仙，筑堡远斥候，严为防守之计。肃宗皇帝乙卯十年

（黎永祐一年，清雍正十三年，1735 年）夏，玖病卒，时年八十余，赠开镇上柱国大将军武毅公。

——《大南列传前编》卷六《诸臣列传四》，一至三；[273] 273 - [274] 274

鄚天赐，字士麟，玖之长子也。……天赐幼聪敏，博洽经典，通武略。肃宗皇帝丙辰十一年（黎永祐二年，清乾隆一年，1736 年）春，以天赐为河仙镇都督，赐龙牌船三艘，免其征税，又命开铸钱局以通贸易。天赐乃分置衙署、拣军伍、起城堡、广街市，诸国商旅凑集。又招来四方文学之士，开招英阁，日与讲论唱和，有河仙十咏，风流才韵一方称重。自是，河仙始知学焉【一金屿澜涛，二屏山叠翠，三萧寺晨钟，四江城夜鼓，五石洞吞云，六珠岩落鹭，七东湖印月，八南浦澄波，九鹿峙村居，十鲈溪渔泊。皆天赐唱，清人朱璞、陈自香等二十五人，国人郑连山、莫朝旦等和韵。集中凡三百二十篇，天赐为之序。后遭乱，诗多散亡，迨嘉隆年间，协总镇嘉定郑怀德购得《溟渤遗渔》一集印本，行世】。世宗皇帝己未元年（黎永祐五年，清乾隆四年，1739 年）春，真腊匿盆侵河仙。真腊以失地故怨鄚玖。玖卒，天赐初领镇节，盆遂举兵来侵。天赐尽率所部击之，夙夜鏖战，其妻阮氏率兵妇转饷饭军，军得宿饱。天赐遂奋击盆兵，大破之。捷闻，上大加奖异，特授天赐都督将军，赐赤袍冠带，阮氏亦封为夫人。由是，真腊不敢窥河仙矣。……丙子春，真腊侵崑蛮，上命五营将士讨之。真腊王匿原走依河仙……次年匿原死，其族叔匿润权监国事……适润之婿馨弑润篡立，润之子匿尊奔河仙。天赐亦为之奏请，上乃封匿尊为真腊国王，令天赐护送归国。匿尊乃献寻枫龙之地，又割香澳、芹渤、真森、柴末、灵琼五府以谢。天赐献于朝，上令隶归河仙管辖。天赐乃置驾溪处为坚江道、哥毛处为龙川道，各置官吏，招居民，立村邑，于是河仙幅员日广。睿宗……甲午（黎景兴三十五年，清乾隆三十九年，1774 年）冬，西贼阮文岳势甚猖獗，郑人又引兵南侵。……乙未（黎景兴三十六年，清乾隆四十年，1775 年）春，驾幸嘉定，驻跸于牛渚，天赐即率诸子诣谒行在。上奖劳之，特进为国老都督郡公……其秋，天赐扈驾……上忧患日切，招天赐谓曰："今贼势猖獗，国事如此，安能冀其再造乎？"天赐叩头拜泣曰：

“然则，当招属臣郭恩洋艚，来奉圣驾及宫眷。臣请竭犬马之劳远投清朝广东，告乞中国兴师殄灭群凶，复我疆土。臣愚以为非此远图，则无著足之地。”上允其奏，驾幸龙川。天赐乃遣属臣五戎该奇宽护驾先往，天赐留坚江汛口，以待郭恩船至。俄而龙川失守，贼遣人往诱天赐，天赐不肯从，移驻富国岛。及闻贼奉驾还嘉定，天赐呼天大恸曰：“我今而后无面目见天王矣!”会暹王郑国英遣船来迎，天赐遂如暹，尊室春亦从海岛如暹请援，暹王厚款留之。戊戌（黎景兴三十九年，清乾隆四十三年，1778 年）春，世祖高皇帝初摄政，遣该奇刘福征如暹修好并询访天赐等消息。庚子（黎景兴四十一年，清乾隆四十五年，1780 年）夏，又遣该奇参、该奇静【俱缺姓】等聘于暹。会有暹商船回，言自广东还，经河仙洋分为留守昇所杀，尽掠货物。暹王迁怒，遂将参、静等下狱。适真腊人逋翁胶谮于暹王称：“获嘉定秘书，令鄚天赐、尊室春为内应，谋取望阁城。”暹王惑之，即逮系鄚天赐等鞫问。[1] 鄚子沿辩其诬，暹王杀之，天赐遂自死，年七十余。

——《大南列传前编》卷六《诸臣列传四》，三至十一；[274] 274 - [278] 278

陈上川字胜才，广东人。仕明为总兵，明亡，义不臣清。太宗皇帝三十一年己未（黎永治四年，清康熙十八年，1679 年）春，与龙门总兵杨彦迪、副将黄进、陈平安等率弁兵门眷三千余人、战船五十余艘投泊思贤及沱瀼诸海口。自陈大明国逋播臣，为国矢忠力尽势穷，明祚告终，不肯臣事大清，南来投诚，愿为臣仆。朝议以彼异俗殊音，猝难驱使，而穷迫来归不忍拒绝。真腊国东浦地方沃野千里，朝廷未暇经理，不如因彼之力辟地以居，一举而三得也。上从之，乃宴劳嘉奖，授以官职，令往东浦居之。陈上川与彦迪等诣阙谢恩而行。上川往芹蒢海口，驻扎于盘辚【今属边和】；彦迪、黄进往雷巤海口，驻扎于美湫【今属定祥】；辟闲地、构铺舍，清人及西洋、日本、阇婆诸国商船凑集，由是汉风渐渍于东浦矣。

——《大南列传前编》卷六《诸臣列传四》，十四至十七；[279] 279 - [281] 281

---

① 鞠，通“鞫”，《尔雅·释言》：“鞫，究，穷也。”

谢元韶，字焕碧，广东潮州程乡县人。年十九出家，投报资寺，乃旷圆和尚之门徒也。太宗皇帝乙巳十七年（黎景治三年，清康熙四年，1665年），元韶从商舶南来卓锡，于归宁府建十塔弥陀寺，广开象教。寻往顺化【今承天府】富春山造国恩寺、筑普同塔。寻奉英宗皇帝命，如广东延请石濂和尚及法像、法器还，奉敕祠住持河中寺。临病集僧众嘱谜语，援笔作偈……书罢，端然而寂，法腊八十一岁。……显宗皇帝赐谥曰“行端禅师”。

——《大南列传前编》卷六《高僧传》，二十三至二十四；[284] 284

石濂和尚，号“大汕”“厂翁”氏，清浙西人。博雅恢奇，凡星象、律历、衍射、理数、篆隶、丹青之属无有不会，而尤长于诗。明季，清人入帝中国，濂义不肯臣，乃拜辞老母剃发投禅，杖锡云游。凡山川名胜，足迹几遍。英宗皇帝尝令谢元韶如东求高僧，闻濂饱禅学，乃往请。濂喜，遂与元韶航海南来。既至，居之天姥寺。英宗皇帝朝尝召见，与谈禅教。上爱其精博，甚宠异之。善几谏，亦有补益。……久之，濂辞归广东，贶赠甚渥，又赐名木。归建长寿寺，自是不复往。后因商舶南来，作寄怀诗四绝恭进……所著有《离六堂诗集》《海外记事集》行世。明命年间，张好合奉派如东，登游其寺，住持僧犹能言石老故事。

——《大南列传前编》卷六《高僧传》，二十四至二十五；[284] 284－[285] 285

觉灵，号玄溪和尚，广东人，临济正派三十五世也。少好游侠，又善武艺，尝以仇杀人，遂逃于禅。初，航海至东浦为游方僧，既而往顺化卓锡法云寺【后改天福】精持戒行，僧徒日众。人闻觉灵精武艺，有愿来学者，觉灵教之而不拒。久之，其徒恐师有隐，一日，方坐食，方丈暗挟铁锥从背后挥击，觉灵闻锥声举箸拨，其锥掷去。其艺之精如此！

——《大南列传前编》卷六《高僧传》，二十六；[285] 285

第二册

庚子元年（黎景兴四十一年，清乾隆四十五年，1780 年）……六月，遣该奇参、静**【二人名，俱缺姓】**如暹修好。会暹商船从广东回至河仙洋分，为留守昇**【缺姓】**所杀，尽取其货物。暹王怒，遂将参、静二人系狱。又有真腊逋翁胶谮于暹，云：嘉定密书令尊室春、鄚天赐为内应，谋取望阁城。暹王大疑，尽捕鞠问。鄚子沿力辩其诬，暹王格杀之，天赐自死。尊室春与参、静及天赐眷属五十三人皆为所害。我国人民居暹者，悉徙于远边。

——《大南实录正编第一纪·世祖高皇帝实录》卷一，十至十一；[25] 315

壬寅三年（黎景兴四十三年，清乾隆四十七年，1782 年）……三月，西贼阮文岳、阮文惠入寇。……夏四月，平顺节制尊室裕率左支陈春泽、属将陈文绪、和义道属将陈公璋入援，遇贼前兵掩击之，斩贼护驾范彦于参良桥，参赞胡公超为贼炮击死之。阮文岳闻彦死，如失左右手，以和义道兵皆清人，遂尽令搜捕。清人之在嘉定者万余人，不论兵民商贾皆杀之，投尸满江。月余，人不敢食鱼虾、饮江水，其杀戮之惨如此。

——《大南实录正编第一纪·世祖高皇帝实录》卷一，十六至十七；[28] 318

丁未八年（黎昭统一年，清乾隆五十二年，1787 年）秋七月丙寅，帝自暹还，次于竹屿。……御舟至古骨屿，清人何喜文**【清四川白莲教之党，自称天地会，抄掠闽粤间】**以兵船归附。喜文初在昆仑岛意欲効顺，帝闻之，遣阮文诚、阮太元往接，喜文率众以从，适为风梗，弗得达。至是，始拜见，授管巡海都营大将军，其属梁文英、周远权、张八观等十人寻授钦差总兵、统兵、飞骑尉。

——《大南实录正编第一纪·世祖高皇帝实录》卷三，二至三；［43］333

戊申九年（黎昭统二年，清乾隆五十三年，1788年）九月……命中军营各支校队船官军据名色送著簿【旧者有旨差腰牌，新者有管官结认】，又令各总社村坊凡有侨寓漏民及西贼残卒逃回者悉登之户籍，其无资产将为穷雇项免特纳【如粟米、铜锡、藤木、椰子之属，非正贡而取于民者谓之特纳】，惟徭役与民同。至于新、旧唐人，由该府另簿奉纳。

——《大南实录正编第一纪·世祖高皇帝实录》卷三，十七；［50］340

戊申九年（黎昭统二年，清乾隆五十三年，1788年）十月……黎主维祁以清兵复安南都城。先是黎主出奔，遣文臣陈名案、黎维亶奉书如清，至南宁不得达而还。黎皇太后乃奔高平，使督同阮辉宿投书龙、凭，乞师于清。两广总督孙士毅为之请，清帝许之，乃遣孙士毅率两广、云、贵兵分四路来援。西贼守将吴文楚退保清化。黎主遂复安南都城。

——《大南实录正编第一纪·世祖高皇帝实录》卷三，二十一；［52］342

己酉十年（清乾隆五十四年，1789年）春正月……清兵与西贼阮文惠鏖战于清池，败绩，孙士毅走还，田州太守岑宜栋死之。黎主亦奔清，黎亡。

——《大南实录正编第一纪·世祖高皇帝实录》卷四，一至二；［54］344－［55］345

己酉十年（清乾隆五十四年，1789年）春正月……定清商船港税礼例【海南港税钱六百五十缗、该艚礼凉纱六枝、絿十二匹、看饭钱六十缗；潮州港税钱一千二百缗、该艚礼凉纱八枝、絿十五匹、看饭钱八十缗；广东港税钱三千三百缗、该艚礼凉纱十二枝、絿二十五匹、看饭钱一百缗；福建港税钱二千四百缗、该艚礼凉纱十枝、絿二十匹、看饭钱八十缗；上海港税钱三千三百缗、该艚礼凉纱十五枝、絿二十五匹、看饭钱一百缗，其诸衙别恩礼并免之。至如上进礼，随宜不为定限】。令凡船货有关兵用，如铅铁铜器、硇硝硫磺类者，输之官，还其直，私相卖买者罪之。

——《大南实录正编第一纪·世祖高皇帝实录》卷四，二至三；[55] 345

己酉十年（清乾隆五十四年，1789 年）五月……准定清商船嗣有载来铁、铜、黑铅、硫黄四者，官买之。仍以多寡分等第，酌免港税并听载米回国有差（凡四者，载得十万斤为一等，免其港税，再听载米三十万斤；载得六万斤为二等，免其港税，再听载米二十二万斤；载得四万斤，听载米十五万斤；不及数者，每百斤听载米三百斤，港税各征如例）。自是商者乐于输卖，而兵用裕如矣。

——《大南实录正编第一纪·世祖高皇帝实录》卷四，十二；[60] 350

己酉十年（清乾隆五十四年，1789 年）五月……命内院陈瑞观、朱文燕等如广东采买货项。

——《大南实录正编第一纪·世祖高皇帝实录》卷四，十四；[61] 351

己酉十年（清乾隆五十四年，1789 年）七月……黎维祇起兵于高平。维祇，黎主弟也。黎主如清，维祇奔高平。黎旧臣阮廷量愤贼篡夺，率众迎之，连结宣光、兴化诸蛮酋举兵讨贼。贼都督阮文琬率精兵五千从太原路击走之，众遂散。

——《大南实录正编第一纪·世祖高皇帝实录》卷四，二十四；[64] 354

庚戌十一年（清乾隆五十五年，1790 年）……二月，命营修销簿【簿内备列各项，民年、贯、姓名，官、军别悬簿后】。又令凡广东、福建、海南、潮州、上海各省唐人之寓属辖者，省置该府、记府各一。仍照见数或为兵、或为民另修簿二，由兵部、户部批凭。所在乡长敢有隐漏，一人笞一百，给役夫三年。

——《大南实录正编第一纪·世祖高皇帝实录》卷四，二十九至三十；[68] 358－[69] 359

庚戌十一年（清乾隆五十五年，1790 年）三月……西贼阮文惠使人朝于清。初，惠既败清兵，又称为阮光平求封于清，清帝许之，复要以入觐。惠以其甥范公治貌类己，使之代，令吴文楚、潘辉益等俱。清帝丑其败，阳纳之，赐赍甚厚。惠自以为得志，骄肆益甚。

——《大南实录正编第一纪·世祖高皇帝实录》卷四，三十二至三十三；[70] 360

庚戌十一年（清乾隆五十五年，1790 年）四月……以屋牙稽【腊人】为屋牙壬沥管巴忒府，征唐人花枝税例，听从镇夷道差拨公务。……命中军营钦差掌奇管全勇道陈公引【清人】管各省新旧唐人，其业投诸支校为兵者，听悉撤还，修簿奉纳。

——《大南实录正编第一纪·世祖高皇帝实录》卷四，三十四至三十五；[71] 361

庚戌十一年（清乾隆五十五年，1790 年）秋七月……帝闻清人发两广兵为黎氏讨西贼，乃遣使臣潘文仲、林提等奉书如东，且以米五十万斤助军饷，遭风没于海，音信久绝。至是，闻清兵为贼所败，既不复讨又从而封之，故命廷得往探黎主消息，因招谕北河豪杰。

——《大南实录正编第一纪·世祖高皇帝实录》卷五，二；[74] 364

辛亥十二年（清乾隆五十六年，1791 年）春正月……命属内该奇曾德晨饬令各省新旧唐人，有募得三十人或二十五人亦听立为一队，队置头目一人，管乌船一艘，有事则从军，无事则营生而免徭役。命龙川道各色民、新旧唐人，凡愿为屯田者，田器不足，官贷之，岁征搜粟，人八斛，身税视军项，徭役并免；不愿者，责以受役从征，以戒游惰。巴忒、茶荣二府番民、唐人亦令垦地屯田，岁征搜粟，人十五斛【后减五斛】。

——《大南实录正编第一纪·世祖高皇帝实录》卷五，十四至十五；[80] 370－[81] 371

辛亥十二年（清乾隆五十六年，1791 年）五月……命鄚公柄迁河仙。先是暹人送柄回镇河仙，帝以其地自经兵燹人物萧条，因使留守龙川道。至是，暹来书责柄。柄惧，诉于朝，表请拜觐。帝谕之曰：尔忠爱一念有乃祖风，我岂不识？第自河仙失守，尔一门眷属于暹焉依。虽无大恩，亦是小惠，今姑隐忍从之，复还河仙，待事平之后，自有处置。亦不必入觐，或细人因此谗间更增嫌隙也。

天久不雨，米价昂贵，谕令臣庶及明香、唐人通商于真奔【暹地名】

贸买粟米，无船者借之官长舵各队，公私船有愿往别辖商米者，许之搜、役并免。

——《大南实录正编第一纪·世祖高皇帝实录》卷五，二十二至二十三；[84] 374 - [85] 375

辛亥十二年（清乾隆五十六年，1791 年）……六月，禁汉民争占番民田土。巴忒、茶荣二府土广人稀，汉民多杂处其地而开垦之。帝以汉夷有限，岂可利其所有！因敕："凡从前何处耕作成田仍留管业，余悉付之番民，今而后不得征占。惟流寓唐人非汉民比，其荒闲之地有报官垦治者许之。"又蛮俗：富者贷人，利三四倍，至有执人妻子以为奴隶。敕令："止许一本一利，违者罪之。"

——《大南实录正编第一纪·世祖高皇帝实录》卷五，二十三；[85] 375

癸丑十四年（清乾隆五十八年，1793 年）五月……收复平康府……置平康营公堂官以官后水营。……谕之曰："王者之师，徂惟求定。此处久苦西山残酷……自今官军何人擅到乡闾掳掠财物，不论多少，并听按以军法，以宁民居。又以在行唐人、西洋、暹罗兵其性强悍，使酒难制，禁市肆毋得卖酒，违者笞五十。"

——《大南实录正编第一纪·世祖高皇帝实录》卷六，十八至十九；[99] 389 - [100] 390

乙卯十六年（清乾隆六十年，1795 年）九月……禁外国商船赊买布帛。帝谓左军副将知艚务范文仁曰："布帛乃土产所出之物最切于民用，但可国中贸易。……嗣后清商船出港所载生丝自五斤、布帛自五匹以上并禁，违者听汛守拿解治罪。

——《大南实录正编第一纪·世祖高皇帝实录》卷八，五；[130] 420

丙辰十七年（清嘉庆一年，1796 年）五月……遣内院朱文燕等如清采买书籍货项。

——《大南实录正编第一纪·世祖高皇帝实录》卷八，二十一；[138] 428

丙辰十七年（清嘉庆一年，1796 年）十二月……准定清人、红毛商船买象牙、犀角、豆蔻、砂仁税例【该艚务官据明香秤斤报价，每价买百缗折收税钱五缗】。

——《大南实录正编第一纪·世祖高皇帝实录》卷九，八；[147] 437

戊午十九年（清嘉庆三年，1798 年）夏四月……定铸钱例。凡白铅百斤铸成钱三十五缗，钱一缗秤重一斤十四两为限，命知图家盖文孝、阮成轸等募唐人铸之。

——《大南实录正编第一纪·世祖高皇帝实录》卷十，四；[165] 455

戊午十九年（清嘉庆三年，1798 年）五月……延庆留镇阮文诚、邓陈常上疏，以为："方今我与西贼正所谓以国敌国，势不得不伐交求援，使贼势日孤，方为万全良策。且清人自有事于北河为西贼所挫，能不痛心疾首、积憾贻惭？姑释此以俟可乘之机。会今清嘉庆帝嗣服，一初振刷，想非复乾隆年间气象。又清人患海匪，控制未得其术，曾檄西贼查缉，彼亦等之闲忽。则清人之怒不止海匪，亦必移怒于西贼者矣。惟山川险阻，俗异音殊，若再动兵，恐难卒胜。且南北程途悬隔，事势难知，他亦以西贼奄有南越提封无以为敌，其虚实强弱仅得于商客传闻，未为深信，故徘徊伺望、未决师期，在此容或可诿。今我兵自沱瀼奏凯以来，海匪乌船俘获者众，臣等欲因事就事缮修表文，以匪船数艘为献款之媒，清帝必将嘉纳，不忍以寻常眇我。若得临庭面觐，随宜开阖、折辨是非，一则提说西贼外帝内臣，投彼所忌以构其隙；二则探问黎皇，潜通消息，俱与之力请。他犹有礼义廉耻之风，肯容置之不问，其为利岂小小哉？倘他或逡巡，义激之而不能动，然亦显我名节而扬能夏之声，足以起人敬畏，于事无妨。但念使事匪轻，实赖一言而能国，自非博学烛理之士不足以当之。臣等请举二人，一是东宫侍学姓吴名静，一是永镇记录姓范名慎，虽非古良使之才，而其持守稍固、学问稍长，亦不至辱君命矣！"帝善之。

——《大南实录正编第一纪·世祖高皇帝实录》卷十，五至七；[165] 455－[166] 456

戊午十九年（清嘉庆三年，1798 年）六月……以翰林院侍学吴仁静为兵部参知，奉国书从清商船如广东探访黎主消息。仁静既至，闻黎主已殂，遂还……永镇后江腊民多以汉民侵占园土讼于官。命钦差掌奇胡文璘会同该簿范玉韫往勘，何所腊民有栽树者，还他业；其闲旷之地，听汉民立为园囿，各区画界线以绝争端。

——《大南实录正编第一纪·世祖高皇帝实录》卷十，十至十一；[168] 458

己未二十年（清嘉庆四年，1799 年）十一月……该队阮佑定等至自清。初我师凯还，定等乘海导船遭风漂泊广东洋分，两广总督觉罗吉厚给钱米衣服遣之。

——《大南实录正编第一纪·世祖高皇帝实录》卷十一，二十三；[195] 485

庚申二十一年（清嘉庆五年，1800 年）春正月……征嘉定各色军民恃米各项、田恃买米【**文武诸衙署军屯田、清人、唐人别纳各项，诸营、道壮军民并未及项人恃米二方，老疾半之。田租每亩恃买米一方，山田、草田例纳粟一斛。恃买米一方，每方值钱七陌三十文**】。以钦差统兵该奇鄭子添为河仙镇守。

——《大南实录正编第一纪·世祖高皇帝实录》卷十二，三；[199] 489

庚申二十一年（清嘉庆五年，1800 年）秋七月……河仙饥。鄭子添令民粜坚江粟，管守弗之许，子添请于嘉定。东宫景曰："商粟出洋有条禁在，但河仙之民亦朝廷赤子，岂忍视其荒歉而不救耶！"乃令龙川道粜之粟十车。帝闻而善之。

——《大南实录正编第一纪·世祖高皇帝实录》卷十二，二十四；[209] 499

辛酉二十二年（清嘉庆六年，1801 年）夏四月……红毛遣人奉书来献方物，且请免商船港税。帝令嘉定留镇臣为书复之，征其税如广东船例。

——《大南实录正编第一纪·世祖高皇帝实录》卷十三，二十一；[228] 518

辛酉二十二年（清嘉庆六年，1801 年）五月……西贼阮光缵奔北城，改伪号"宝兴"，使人如清乞师，清人不许。

——《大南实录正编第一纪·世祖高皇帝实录》卷十四，十四；[237] 527

辛酉二十二年（清嘉庆六年，1801 年）七月……遣赵大仕如广东。

大仕，清人，来商为齐桅海匪所掠。我兵攻破海匪，因获之。帝以旧京既复，议以国情移于两广总督。大仕请行，乃遣之。

——《大南实录正编第一纪·世祖高皇帝实录》卷十四，三十六；[248] 538

嘉隆元年（清嘉庆七年，1802 年）五月……清人赵大仕自广东还。帝问以清国事体，命兵部厚廪给之。

——《大南实录正编第一纪·世祖高皇帝实录》卷十七，五；[279] 569

嘉隆元年（清嘉庆七年，1802 年）五月……帝与群臣议通使于清，谕曰："我邦虽旧，其命维新。复仇大义，清人尚未晓得。曩者水兵风难，清人厚赐遣还，我未有答复。今所获伪西册印乃清锡封，所俘海匪乃清逋寇，可先遣人送还而以北伐之事告知之。俟北河事定，然后复寻邦交故事则善矣。卿等其择可使者。"群臣以郑怀德、吴仁静、黄玉蕴等应之。帝可其奏。以郑怀德为户部尚书【六部正卿尚未有尚书之名，因使命故特加焉】充如清正使，吴仁静为兵部右参知、黄玉蕴为刑部右参知充副使，赍国书品物并将所获清人锡封伪西册印及齐桅海匪莫观扶、梁文庚、樊文才等乘白燕、玄鹤二船，驾海由广东虎门关投递。总督觉罗吉庆以事转达，清帝素恶西贼无道又招纳莫观扶等抄掠洋外久为海梗，至是得报大悦。命广东收观扶、文庚、文才诛之，而留怀德等于省城，供给甚厚。

——《大南实录正编第一纪·世祖高皇帝实录》卷十七，八至九；[281] 571

嘉隆元年（清嘉庆七年，1802 年）六月……水师嘉字号船十余艘自海口出洋，遭风难失落。帝曰："诸将士从我劳苦，不幸遭此风难，朕甚悯焉。"其令谅山阃臣移书于清探问消息。

——《大南实录正编第一纪·世祖高皇帝实录》卷十七，二十一；[287] 577

嘉隆元年（清嘉庆七年，1802 年）六月……贼尚书吴壬、阮嘉璠、潘辉益诣行在伏罪。帝以将有事邦交，而壬等旧为黎臣，习知故事，辉益又曾为贼使如清，乃令馆于外，备咨访焉。南掌【一名牢龙】国王昭

【蛮俗国长皆称为昭】温猛来贺。温猛，昭森之孙、昭枫之子。年甫三岁，其伯【伯是母兄，蛮俗通称为伯】昭蛇荣据国；及长，内投云南诉于清。清帝赐之敕印，封南掌国王【事在乾隆六十年】。温猛当在奔播无援未敢归国，与部属往来于芒缗、芒虑间【属清云南省】，迄无定止，复自怀敕印移寓于昭晋州。至是闻大兵定升龙城，乃因兴化镇目引，赴行在拜贺。帝以天下初定未遑处置，复令归寓昭晋州。

——《大南实录正编第一纪·世祖高皇帝实录》卷十七，二十五；［289］579

嘉隆元年（清嘉庆七年，1802 年）七月……宋福樑、阮文云讨海匪于万宁州，破之。先是齐桅海匪张亚禄伪称统兵，聚党洋外劫掠商船。西贼尝借其力抗拒官军。自日丽之败，潜窜万宁洋外肆行抄掠，安广镇臣以闻。帝命福樑、文云率舟师讨之，兵至云屯海口遇匪船十五艘击破之①，斩匪渠郑七及党伙甚众，俘获张亚禄等十一人，余党望风奔窜。帝以风水晚候乃撤兵还，命沿海诸地方严加防备，寻令安广送俘于清钦州。……帝以西贼既灭，命移书于两广总督问以邦交事宜。遣吏部佥事黎正路、兵部佥事陈明义候命于南关。又以国家甫创，欲于关上接清使行宣封礼以省烦费。问之吴壬、潘辉益，皆曰“此事未知前闻”，乃止。

——《大南实录正编第一纪·世祖高皇帝实录》卷十八，五至六；［293］583

嘉隆元年（清嘉庆七年，1802 年）十月……开宣光、兴化金银铜铅矿，命土目麻允畋、黄峰笔、琴因元等领之【麻允畋开金湘乌铅矿，黄峰笔开聚隆铜矿、南当银矿、秀山金矿，琴因元开闵泉金矿、秀容乌铅矿】，以来年起征。又以山子、山庄、山蛮诸族蛮民多有逃散，令诸土目招集之，俟回复后量定税课。

——《大南实录正编第一纪·世祖高皇帝实录》卷十九，三；［308］598

嘉隆元年（清嘉庆七年，1802 年）十一月……以兵部参知黎光定为

① 云屯：前黎朝称云屯庄；陈朝为云屯镇；黎朝为云屯州；阮朝明命十七年（1836 年）省云屯州，置云海总，隶尧封县；法国侵占北圻后，以云海总及其周围岛屿置云屯县。其地即今越南拜子龙湾东面的野猪海渚。

兵部尚书充如清正使，吏部佥事黎正路、东阁学士阮嘉吉充甲乙副使。先是，帝既克北城，移书两广总督，督臣以事转达。清帝令复书言我国既抚有安南全境，自应修表遣使请封，其前使部郑怀德等令转往广西，俟请封使至，齐进燕京候命。正路等以闻。帝命光定等赍国书品物【琦二斤、象牙二对、犀角四座、沉香一百斤、速香一百斤、紬纨绢各二百匹】往请封，且请改国号为“南越”。命北城修造行宫使馆。帝以邦交事体关重，令城臣仿黎故事增构殿宇【敬天殿前五门之内设勤政殿，门外连构长棚，前设朱雀门】及河津接使堂。又令谅山修仰德台【台在谅山南关，故黎所设】自珥河至谅山量地置驿凡七所【嘉橘、梂槺、美梂、芹营、和乐、仁里、枚坡】，各设公馆。

——《大南实录正编第一纪·世祖高皇帝实录》卷十九，九至十；［311］601－［312］602

嘉隆二年（清嘉庆八年，1803 年）春正月……北城械送伪西使臣黎德慎、阮登隧、武维仪等来京。先是阮光缵使德慎等使如清，未至燕京，清人闻光缵既灭，截其使还。

——《大南实录正编第一纪·世祖高皇帝实录》卷二十，五；［319］609

嘉隆二年（清嘉庆八年，1803 年）闰正月……开宣光银矿，清人覃琪珍、韦转葩等领之，岁输白金八十两。

——《大南实录正编第一纪·世祖高皇帝实录》卷二十，八；［320］610

嘉隆二年（清嘉庆八年，1803 年）二月……清韶州人李和元纠众掠太原福星矿。北城总镇阮文诚发兵攻剿，李和元遁，获其党邹孙并李亚四、陈亚二等，皆斩之。

——《大南实录正编第一纪·世祖高皇帝实录》卷二十，十三；［323］613

嘉隆二年（清嘉庆八年，1803 年）夏四月……命嘉定诸营禁民毋得私藏军器。所在人家以至唐人、洋人、腊人杂居，诸有鸟枪器械，悉输之官。其在屯田军寨，亦令销毁铸炼田器。军人非捕盗贼及公差者，道路不得带持寸兵。违者各坐以罪。

——《大南实录正编第一纪·世祖高皇帝实录》卷二十一，二；［331］621

嘉隆二年（清嘉庆八年，1803 年）五月……茶荣、斌沏二府诸屋牙以“蛮民杂居蓝溪【属龙川县】田土多为汉民霸占”诉于嘉定留镇臣。使永镇记录阮德会前往分画界线，有侵占者悉还之。

——《大南实录正编第一纪·世祖高皇帝实录》卷二十一，八；[334] 624

嘉隆二年（清嘉庆八年，1803 年）六月……命嘉定诸营招集流散军民……以共享太平之福。又命留镇臣移书真腊，凡有汉民流居者，悉送还。

——《大南实录正编第一纪·世祖高皇帝实录》卷二十一，十二；[336] 626

嘉隆二年（清嘉庆八年，1803 年）九月……命太原宣慰使麻世固监收清人、侬人银税。

——《大南实录正编第一纪·世祖高皇帝实录》卷二十二，十一；[343] 633

嘉隆二年（清嘉庆八年，1803 年）九月……齐桅海匪船百余艘出没先安、云屯间，侵逼古勇堡，再入白藤江，抄掠荆门地方。阮文诚遣掌管阮廷得、都统制潘进黄、赞理兼兵部邓陈常将兵剿之。帝闻报，命阮文张领水步兵前往与文诚调度，加派弁兵防截诸要路。安广旧黎乡贡裴辉玉、阮辉圭纠率河南、河北二总土豪从官兵击斩匪六馘，擒伪少尉名云。海阳峡山、水棠、金城三县土豪亦各纠众邀截，斩匪渠二馘，俘其党六十余人。匪船望洋东走。

——《大南实录正编第一纪·世祖高皇帝实录》卷二十二，十二至十三；[343] 633－[344] 634

嘉隆二年（清嘉庆八年，1803 年）十二月……以清人郑猷为北城该府艚监，收商舶税。

——《大南实录正编第一纪·世祖高皇帝实录》卷二十二，二十；[347] 637

嘉隆二年（清嘉庆八年，1803 年）十二月……黎光定等自清还。帝询问使务，深加慰劳。乃以事具表奏闻慈宫，及诏谕留京大臣知之。

——《大南实录正编第一纪·世祖高皇帝实录》卷二十二，二十五；[350] 640

第三册

嘉隆三年（清嘉庆九年，1804 年）春正月……清使广西按察使齐布森至南关。初清人为阮文惠所挫败，素畏西贼之强，及闻我师剿贼所向无前，乃大惊异。壬戌夏，帝遣郑怀德等驾海往聘，送所获清人锡封伪西敕印，且请严边防截贼走路。清帝乃命两广总督按据地头严为之备，是以西贼无地逃窜，骈首就戮。事平，帝复遣黎光定等请封，又请改定国号。书略言："先代辟土炎郊，日以浸广，奄有越裳、真腊等国，建号'南越'，传继二百余年。今扫清南服，抚有全越，宜复旧号以正嘉名。"清帝初以南越与东西粤【即今两广】字面相似，欲之不许。帝再三复书辨折，且言不允即不受封。清帝恐失我国意，遂以"越南"名国。来书言：从前抚有越裳，已称南越，今又得安南全境，循名责实，自当总前后所辟疆土肇锡嘉名，其定以"越"字冠于上，示我国承旧服而克继前徽；以"南"字列于下，表我国拓南交而新膺眷命，名称正大，字义吉祥，且与内地两粤旧称迥然有别。

至是，清帝遣布森赍诰敕、国印来宣封，又赐彩缎、器皿诸品物【故事，邦交例赠蟒缎八匹，妆缎八匹，锦缎八匹，倖绒八匹，闪缎八匹，线缎二十七匹，春绸二十七匹。至是复加蟒缎、妆缎、闪锻各四匹，磁器四件，漆桃匣四件，磁鼻烟壶四件，螺甸漆槟榔匣二件，茶叶四瓶】。帝闻报，命掌营张进宝、兵部邓陈常、兵部参知阮文礼充关上候命，使神武军副将陈光泰、刑部范如登、户部参知黎曰义充京北界首候接使，都统制潘进黄、刑部参知阮登祐充嘉橘公馆候接使，再派弁兵三千五百人、象三十匹随候，命使往关上迎接，弁兵一千人从候接使于京北界首仁候，又令廷臣遴分直诸驿馆【枚坡、仁里、和乐、芹营、美栋、栋慷凡六驿，各设董干二人，用管奇、酬奉二人，办理二人，并用知府、知县书记二人，用该合直合；嘉橘公馆董干二人、酬奉六人、办理八人、书记四人；河津接使堂董干二人、酬奉二人】。

癸卯（清乾隆四十八年，1783 年），邦交大礼成。是日清晨，设大驾卤簿于敬天殿庭至朱雀门，门外至珥河津次排列兵、象仪卫，命亲臣尊室暲往嘉橘公馆，都统潘文赵、户部阮文谦、户部参知阮廷德往河津接使堂迎接。帝御朱雀门，皇亲百官扈侍。清使至，诣敬天殿行宣封礼。掌前军阮文诚充受敕，掌神武军范文仁充受印。礼成，延布森于勤政殿从容款茶而退。乃设宴于嘉橘公馆，赠遗品物，布森受纨绢布、犀角、琦，余皆璧谢。又以方物进贺，帝命收其一二以慰其心。布森辞归，命尊室暲送驿，候命臣护送出关。

以黎伯品为刑部参知充如清正使，陈明义、阮登第充甲乙副使，赍品物致谢【黄金二百两，白金一千两，绢、纨各百匹，犀角二座，象牙、肉桂各一百斤】。且进癸亥、乙丑二贡【象牙二对，犀角四座，绸纨绢布各二百匹，沉香六百两，速香一千二百两，砂仁、槟榔各九十斤】。故事，邦交二年一贡，四年一遣使，两贡并进。我初，致书于清，清人来书言：岁贡以癸亥为始，癸亥、乙丑二贡当由谢恩使并进。故命黎伯品等兼之。

——《大南实录正编第一纪·世祖高皇帝实录》卷二十三，一至四；［1］641－［2］642

嘉隆三年（清嘉庆九年，1804 年）三月……北城水师大破齐桅海匪于安广洋分，获匪党十三人及其船艘器械，以纳。

——《大南实录正编第一纪·世祖高皇帝实录》卷二十三，二十一；［11］651

嘉隆三年（清嘉庆九年，1804 年）八月……黎主黎维祁棺榇至自清。黎主之奔清也，欲求再援。清帝怒其败，弗予之兵，隶之旗下编为佐领。会西贼阮文惠遣使求封，清帝要以入觐，惠疑清帝有存黎意，托故不行。清帝欲释惠疑，益苦辱之以信贼使。从亡者黎侗、黎值、郑宪、李秉道四人不肯剃发，清人囚之。其余阮祐等百余人，分插江南、热河诸地方凡十余年。黎主既殂，清帝命各送之还北城。……旌表黎宫人阮氏金。氏，京北良才人也。己酉之乱，黎主奔清，氏从弗及，匿村邑间，人莫之知。至是，赴丧恸哭，饮毒自尽。北城给钱百缗、锦一匹葬之。

——《大南实录正编第一纪·世祖高皇帝实录》卷二十五，五至六；[26] 666

嘉隆三年（清嘉庆九年，1804 年）九月……清韶州匪伙马士英侵扰兴化地方延及文盘州。州长刁国威与战破之，获士英及其党二十人。赏国威衣一袭、钱三百缗。

——《大南实录正编第一纪·世祖高皇帝实录》卷二十五，九；[28] 668

嘉隆三年（清嘉庆九年，1804 年）十一月……命诸地方海汛讥察清商船出入，以防奸诈。……清差役林贵、林宝等搭商船过澎湖【属福建省】，遭风投于大占广南，营臣以闻。命给贵等日钱三缗，船户陈升泰及其水手钱一百缗、米二百方。寻，复赐贵等银各十两，陆送还国。

——《大南实录正编第一纪·世祖高皇帝实录》卷二十五，十二；[29] 669

嘉隆三年（清嘉庆九年，1804 年）十二月……广平患海匪，命营臣发兵船探捕之。……齐桅海匪名擢，伪称宁海大将军，纠船六十余艘复扰安广，万宁州镇守黎文詠督率兵民剿之。该州潘芳客、副州潘廷忠、前知州韦光玮前进斩擢及其党四人，匪溃走。城臣以闻，命授芳客为防御使兼该州事，廷忠为防御同知兼副州事，光玮为防御佥事赏钱五百缗，兵民普赏钱一千缗。

——《大南实录正编第一纪·世祖高皇帝实录》卷二十五，十五至十六；[31] 671

嘉隆四年（清嘉庆十年，1805 年）正月……北城臣奏："齐桅海匪郑能发、黄龙、仕进等数为官军追剿，窜于清龙门罗浮峒。经以事咨龙门，而守臣为之遮饰。请移文于两广总督，责之缉捕。"诏报曰："清人纵匪，其曲有在，不须咨报为也。惟海匪伙啸聚，吾民不免惊散。其令安广镇臣设屯堡严防备以宁民居。"

——《大南实录正编第一纪·世祖高皇帝实录》卷二十六，三至四；[34] 674 - [35] 675

嘉隆四年（清嘉庆十年，1805 年）四月……贬刑部参知黎伯品为佥事。伯品初为广南该簿，擅放囚徒二十余人，至是事发，廷议罪当革，帝以其使清有功，特降之。

——《大南实录正编第一纪·世祖高皇帝实录》卷二十六，十三；[39] 679

嘉隆四年（清嘉庆十年，1805 年）四月……命北城照清商：陆回有买贵货如犀角、象牙者，征其货钱四十分之一，永为例。

——《大南实录正编第一纪·世祖高皇帝实录》卷二十六，十四；[40] 680

嘉隆四年（清嘉庆十年，1805 年）六月……命嘉定通饬汉人与蛮民市者止于界首交易，不得擅入蛮栅。有不如令治其罪，守臣容纵以贬罢论。

——《大南实录正编第一纪·世祖高皇帝实录》卷二十六，二十一；[43] 683

嘉隆四年（清嘉庆十年，1805 年）六月……初昭内之归镇宁也，乂安镇臣黄曰缵等使该队陈文龙以兵送之。及还，万象国长附书于乂安，且以铜鼓【三面】、桂皮【一百四十四片】为赠，文龙受以归。镇臣以为人臣义无外交，万象不当私馈，文龙不当轻受。具疏以闻。帝谕曰："中国之于外夷治以不治，彼以诚来，斯受之，朕不以此为尔等罪也。文龙武人不知书，何足深责！"命出红锦一、青锦一送乂安，令镇臣为书遗之。

——《大南实录正编第一纪·世祖高皇帝实录》卷二十六，二十一至二十二；[43] 683 - [44] 684

嘉隆四年（清嘉庆十年，1805 年）八月……命北城采买人参。北城进云南色石。

——《大南实录正编第一纪·世祖高皇帝实录》卷二十七，六；[47] 687

嘉隆四年（清嘉庆十年，1805 年）八月……齐桅海匪纠船五十余艘出没辽栎汴山洋外，北城臣发兵捕之。敕诸营镇巡哨洋分，严为之备。

——《大南实录正编第一纪·世祖高皇帝实录》卷二十七，七；[48] 688

嘉隆四年（清嘉庆十年，1805 年）九月……真腊芹登、美湫诸湰地界有为汉民占争者，昭锤参的以事诉于嘉定留镇阮文张，令永镇营臣往其地为之区划。参的又以泰和中村山田三顷为请，留镇臣以闻。帝以其田已有额籍，不允所请。敕："嗣凡田土有额籍者，勿听真腊再请。但禁汉民毋得占他地界，以止争端。"

——《大南实录正编第一纪·世祖高皇帝实录》卷二十七，十二至十三；［50］690－［51］691

嘉隆四年（清嘉庆十年，1805 年）十月……授鄚子添为钦差掌奇，仍领河仙镇守。

——《大南实录正编第一纪·世祖高皇帝实录》卷二十七，十六；［52］692

嘉隆四年（清嘉庆十年，1805 年）十一月……真腊民四十七人遭风泊于清钦州，自言我国小民，清人送之还。北城臣以闻，令沿途诸镇续食遣归。

——《大南实录正编第一纪·世祖高皇帝实录》卷二十七，十八；［53］693

嘉隆四年（清嘉庆十年，1805 年）十二月……海匪掠乂安洋外，巡洋兵击走之，俘其党十八人。镇臣以闻，赏钱二百缗。

——《大南实录正编第一纪·世祖高皇帝实录》卷二十七，二十五；［57］697

嘉隆五年（清嘉庆十一年，1806 年）春正月……赐黎旧臣黎值钱米遣还。值，京北超类人，伪西之乱从黎主奔清。及还，宣召来京赐见。至是，以母丧乞归，帝厚赐遣之。

——《大南实录正编第一纪·世祖高皇帝实录》卷二十八，三至四；［58］698－［59］699

嘉隆五年（清嘉庆十一年，1806 年）二月……万宁州按守潘芳客弋获海匪党伙并械杖以纳，赏钱二百缗。……齐桅海匪纠船三十艘潜入化封，烧掠凤凰堡。城臣遣前军副将张进宝率舟师击走之。命前水管奇阮文幸、前翼副卫尉阮文侣管兵船运平定材木。谕之曰："齐桅海匪出没洋外，汝等须加心防备。有能捕获匪船，大者赏钱一千缗，小者五百缗。"

——《大南实录正编第一纪·世祖高皇帝实录》卷二十八，六至八；［60］700－［61］701

嘉隆五年（清嘉庆十一年，1806 年）三月……安广云屯州土豪阮廷伯、范廷桂等捕获齐桅匪党及船艘器械。北城臣以闻，授廷伯等为队长，赏钱三百缗，所俘清匪令送于清，汉民胁从者悉放之。命嘉定凡清船、西洋船来商，回帆日照船内人口人给米一百斤，收其值钱三缗。永为例。……遣内院梁桢观、张宝善等领钱三万缗如清采买货项。

——《大南实录正编第一纪·世祖高皇帝实录》卷二十八，十至十一；[62] 702

嘉隆五年（清嘉庆十一年，1806 年）四月……北城臣奏：有齐桅海匪林总荣使人陈情，请招同伙归降。诏报曰："彼既归顺朝廷，亦与涵容而区处之方，要在开示诚信。今宜宣谕彼：果革心向化、改恶为良，宜尽输船艘械杖于官，其船内货物悉予之，且给以廪饩，择地安插。使之诏谕其党来归。若不愿，则听其自去也。"

——《大南实录正编第一纪·世祖高皇帝实录》卷二十八，十九至二十；[66] 706 - [67] 707

嘉隆五年（清嘉庆十一年，1806 年）五月……先是属兴化镇莱州、文盘州州长刁政玉、刁国威等以属州诸芒峒及嵩陵、黄岩、绥阜、合肥诸州之民久经流散、多投于清，请得镇凭招谕使之回，复供受税课。镇臣因而遣之，于是芒齐、芒扶芳、芒尊那依【属莱州】、芒揞【属黄岩州】、平芦峒【属绥阜州】诸酋长相率归附。清云贵总督闻之，移书言："猛赖、猛剌、猛丁、猛梭、猛蚌、猛弄六猛寨【俱属清建水县】，康熙年间已入版图，百有余年，相安无事。今兴化镇目诱之来归，不甚诧异。"书后备列诸猛管辖【猛梭管辖十五寨，猛剌、猛丁管辖各八寨，猛赖、猛蚌管辖各五寨，猛弄管辖七寨】请行查办。北城驿上其书，帝以边疆事体关重，诏城臣详查兴化地界及六猛事迹以闻。阮文诚问诸兴化州长、昭晋州刁国钰、莱州刁政玉等，皆言猛梭乃昭晋之芒收，猛赖乃莱州之芒剌，二芒僻居边远，与清建水县民杂处；且昭晋州丰收平芦二峒、莱州怀来峒经为清边吏胁收银税【丰收、平芦、怀来三峒，清县官岁收银税各二百二十两】，今清复以二猛列为编户，则二州土地所存无几矣。文诚令按山川形势绘图以进，因上疏言："兴化上游一带与清云南省临安、开化诸府地势毗连，自莫敬宽以牛羊、蝴蝶、普园三峒奔投于清，黎永治初，清致莫俘复归其地。其后土目韦福廉受贿，复阴以三峒属清，黎氏累请查办，皆为清边吏所阻。黎宝泰间，清遣云贵总督鄂尔泰会同竖碑，断以本国赌咒河为界，自赌咒河以西，嵩陵、醴泉、黄岩、绥阜、合肥、谦州、莱州凡七州并属兴化。黎永祐间，逆民黄公舒阻兵据守垂三十年，黎氏姑息置之不问，七州之民自此夤缘北附，边吏因而勒令改装插牌征税。自黎至伪西，每欲申画皆莫能得，是则兴化、安西府十州，其六州【嵩陵、醴泉、黄岩、绥阜、合肥、谦州】沦于清，从来久矣。今昭晋、莱州正在兴化属籍，而清人复以二州芒峒民混著为诸猛寨，不过是他边吏利其土地人民别立称号希图霸占，而云贵总督一味徇听，阅其来文总属茫然无据。今请先复书于云贵总督详辨二州疆土，祈以委员会同申画，以观其意后再辨及六州疆界故事，则云贵总督必将虑我或生边隙，不得不为之筹料，而二州之民亦从此可免重受征税矣。”奏入，帝以开创之初，未遑边略，事寝不报。

——《大南实录正编第一纪·世祖高皇帝实录》卷二十九，五至七；[70] 710 - [71] 711

嘉隆五年（清嘉庆十一年，1806 年）八月……颁真腊通行印【篆刻御赐通行之印】。凡腊民与清人商船由巴忒海口出入通商，镇夷汛守验船牌，有印信者放之行，仍免其税。

——《大南实录正编第一纪·世祖高皇帝实录》卷三十，七；[86] 726

嘉隆五年（清嘉庆十一年，1806 年）十月……清渔船林进兴等遭风泊于塗山【属海阳省】，命给口粮遣还。……谅山匪渠莫灿韦【莫元清九世孙】起伪于油村隘，招清人曾魁元为伪护驾，自称“景春”年号。镇臣遣该奇阮文羌、阮文勋等将兵缉捕，俘获灿韦、魁元及其党十余人。北城臣以闻，赏文羌等冠服，弁兵钱六百缗，灿韦、魁元悉寘于法，其党蒙曰彭、梁法权、马儒明等皆以清人为所胁从，令送于清凭祥州。

——《大南实录正编第一纪·世祖高皇帝实录》卷三十，九至十；[87] 727 - [88] 728

嘉隆五年（清嘉庆十一年，1806 年）十一月……清渔船遭风泊于广南、平定洋分，命给钱米遣还。

——《大南实录正编第一纪·世祖高皇帝实录》卷三十，十一；[88] 728

嘉隆五年（清嘉庆十一年，1806 年）十一月……《一统舆地志》成。先是，帝命兵部尚书黎光定稽考通国图籍，自京师以南至河仙、北至谅山诸城营镇道【广德、广南、广义、平定、富安、平和、平顺、嘉定，镇：藩镇、镇边、镇定、永镇、河仙、广治、广平、义安、清化、清平、北城、山南上、山南下、山西、京北、海阳、安广、太原、宣化、宣光、谅山、高平】，凡山川之险易、路数之远近、疆域之界限、河海之源委，以至桥梁、市店、风俗、土产一一登载，厘为十卷。书成，光定奉表以进。

——《大南实录正编第一纪·世祖高皇帝实录》卷三十，十二至十三；[89] 729

嘉隆六年（清嘉庆十二年，1807 年）春正月……暹人黄宝兴、麻列等如清岁贡，遭风船泊平定洋分，请来京瞻觐，许之。给钱七千缗、米一千方，复令镇臣为之修补船艘遣还。暹人寻奉暹银三千元以谢，且求琦、肉桂，帝命因来使送与之。

——《大南实录正编第一纪·世祖高皇帝实录》卷三十一，二；[91] 731

嘉隆六年（清嘉庆十二年，1807 年）二月……授鄭公榆为钦差该队、鄭公材为该队。

——《大南实录正编第一纪·世祖高皇帝实录》卷三十一，七；[94] 734

嘉隆六年（清嘉庆十二年，1807 年）三月……清闽省水匪蔡牵、朱濆为清官兵追捕，奔窜海外。两广总督移书于北城，言匪船皆绿头红桅，如逸到洋分，为之截捕。城臣以闻，帝命广德以北沿海诸地方官，各发兵船巡哨。

——《大南实录正编第一纪·世祖高皇帝实录》卷三十一，十六；[98] 738

嘉隆六年（清嘉庆十二年，1807 年）四月……命礼部邓德超兼管钦天监事务。谕曰："推测天度在乎识之于豫，若象纬已形而始知之，不几旷厥司乎！"先是，每值日食、月食，清人牒至，钦天监方以奏报，故戒之。

——《大南实录正编第一纪·世祖高皇帝实录》卷三十二，二；[99] 739

嘉隆六年（清嘉庆十二年，1807 年）八月……命河仙镇守鄚子添还镇，赐之钱一百缗。子添因奏言："境内田少，民间粒食皆取给于龙川、坚江二道。自严禁通商，民每告匮。请岁令军民就二道买米一万方，或粟一万斛。"许之。

——《大南实录正编第一纪·世祖高皇帝实录》卷三十三，三；［108］748

嘉隆六年（清嘉庆十二年，1807 年）九月……寻，令募汉民立为强步、安步二队，隶罗壁城，通译番语。

——《大南实录正编第一纪·世祖高皇帝实录》卷三十三，五；［109］749

嘉隆六年（清嘉庆十二年，1807 年）十二月……北城户籍成：府二十三，县一百，总八百四十八，社、村、坊、潢、寨、冊六千二百八十，实纳丁数十九万三千三百八十九，旧黎常行簿丁数凡二十六万八千九百九十。至是，改修户籍，民多奸巧报数，不以实籍上。帝见丁数减少不悦，念天下初定政可从宽，姑置之。

——《大南实录正编第一纪·世祖高皇帝实录》卷三十三，十六至十七；［114］754－［115］755

嘉隆七年（清嘉庆十三年，1808 年）春正月……清差役叶芳、黄福难船泊于沙祈。广义营臣以闻，命给银、绢、衣服，陆送还国；船户陈欢等八人亦给口粮，搭商舶还。

——《大南实录正编第一纪·世祖高皇帝实录》卷三十四，二至三；［116］756－［117］757

嘉隆七年（清嘉庆十三年，1808 年）春正月……安广盗起，万宁按守潘芳客击走之，俘盗渠伙二十余人。授芳客宣慰使，赏钱三百缗。

——《大南实录正编第一纪·世祖高皇帝实录》卷三十四，六；［118］758

嘉隆七年（清嘉庆十三年，1808 年）二月……缅甸攻暹罗腔梅城，暹将丕雅梅降于缅甸，暹人发兵击之。兵至六坤、车加【皆暹地名】，皆为缅甸所败。事闻，命河仙镇守鄚子添赍礼部书遗丕雅伐棱，因而探其动静。子添惧不敢往，嘉定留镇臣为之奏。帝赦其罪，复赐之番银三千元，谕曰："汝人在边镇，习知蛮情，此行非汝不可。暹人必无汝害也，无惧。”子添乃奉命，以鄭公榆权领镇务。

——《大南实录正编第一纪·世祖高皇帝实录》卷三十四，十一；[121] 761

嘉隆七年（清嘉庆十三年，1808 年）三月……齐桅海匪八十余艘为清人追捕窜于安广洋外，城臣遣前军右屯正统裴文泰、左屯副统阮文治率舟师进剿，神武军正管十奇陈文辰率步兵赴海阳以应之，掌营张进宝调拨戎务。匪犯白藤，逼攻安广镇莅，镇守黎文咏与阮文治击却之，斩匪十余馘，俘老少六十余人。匪遂引船分泊于海阳、清化、乂安诸洋分。城臣以闻，帝虑土匪与海匪通，命宋福樑管领兵船讨之，又令吏部佥事吴位从办军中词章。……红毛船长苏卢吹罗门搭载清难商五百余人泊沱瀼，广南营臣以奏。命给难商钱米，陆送还清。又以苏卢吹罗门能济人难，赏米三百方遣之。

——《大南实录正编第一纪·世祖高皇帝实录》卷三十四，十三；[122] 762

嘉隆七年（清嘉庆十三年，1808 年）五月……齐桅海匪掠先明、樜江，掌营张进宝遣正统十奇陈文辰将兵捕之，轻进为匪所袭。进宝复遣右屯正统裴文泰赴援，与匪战破之。匪引船去。

——《大南实录正编第一纪·世祖高皇帝实录》卷三十五，九至十；[127] 767

嘉隆七年（清嘉庆十三年，1808 年）五月……齐桅海匪复掠安广、璜州、安封诸邑【属尧封县】，镇臣遣管奇武文继率兵攻之，斩匪数馘，俘十数人，匪遂溃走。宋福樑分遣兵船巡哨，败匪于辽海口，俘匪伙阮文桩等七人，获船四艘。匪势穷蹙，其党梁金玉、陈世驿等以船二艘、水手七十余人首于乂安。镇臣以奏，命赦其罪，安插于清河铺。

——《大南实录正编第一纪·世祖高皇帝实录》卷三十五，十三；[129] 769

嘉隆七年（清嘉庆十三年，1808 年）七月……召宋福樑来京，令北城送所俘海匪张亚二、蒙见生等三十七人于清。真腊遣使献方物，表请诸国商船通南荣。帝谓户部曰：“汉夷互市，固以通有无之用；而封疆有限，亦当严内外之防。”敕：“凡清人、阁婆商船欲往南荣贸易者听，惟嘉定人须有城凭方得来商，私越关汛者禁弗与。”①

——《大南实录正编第一纪·世祖高皇帝实录》卷三十六，一至二；［132］772

嘉隆七年（清嘉庆十三年，1808年）七月……开清化银矿。矿在琅政州炉上、炉下、安姜三峒，清人高宏德、黄桂清等请开采，岁输银一百两。许之。

——《大南实录正编第一纪·世祖高皇帝实录》卷三十六，四至五；［133］773－［134］774

嘉隆八年（清嘉庆十四年，1809年）三月……太原盗起，张武卫卫尉杜千审、雄坚支副长支丁珖珠攻匪于北灵铺，斩二十馘，屯周市堡。匪突出围之，镇守阮廷选率兵来援。千审等闻援至，开堡夹击，斩匪左将赵文清【清人】、右将农亚丙【侬人】及其党八十二馘，俘十八人，人获器械甚众。事闻，赏弁兵钱两千缗。

——《大南实录正编第一纪·世祖高皇帝实录》卷三十七，十；［145］785

嘉隆八年（清嘉庆十四年，1809年）三月……命吏部参知阮有慎充如清岁贡【丁卯、己巳二贡】正使，广平该簿黎得秦、吏部佥事吴位充甲乙副使【行人九人，录事二、书记四、调护一、通事二，随人十五人】。谕之曰：“尔等将命出使，当慎乃辞令，以重国体。”

——《大南实录正编第一纪·世祖高皇帝实录》卷三十七，十一；［146］786

嘉隆八年（清嘉庆十四年，1809年）四月……送南掌国长昭温猛于清。初温猛失国，奔投昭晋州，帝克北河，温猛诣行在拜见。帝以国家甫定，未遑边略，遣归昭晋州，而谕令镇臣听其去住。后温猛与州人刁国威有隙，乘夜遁去。州长使其属肥寨寻之弗获，诈称温猛已途死。去年温猛就镇申诉，城臣具表送来京。帝与群臣议曰：“温猛投于我，欲借

① 关汛：汛，《说文解字》云“洒也”，段玉裁注“疾飞也，水之散如飞”，后引申为指称军人驻防守望之处的名词。这里所谓“关汛”为清代中越边境守关兵士驻防与稽查之所。此外，两国守边人员进行事务交涉称为“对汛”。

声势以复国耳。兴灭继绝，固王者之仁；而勤兵于远，所得不补所失。温猛曾受清敕印，不如送之北去，使为之谋。清人受之，则温猛有所归；如其不受，我有辞矣。”乃命移书于清，送温猛于谅山关伫候。清人以温猛不能自立，却之而收其敕印。帝复令城臣安插温猛于昭晋州，赐之银一百两、钱二百缗。温猛寻病殁。

——《大南实录正编第一纪·世祖高皇帝实录》卷三十八，三至四；[149] 789

嘉隆八年（清嘉庆十四年，1809 年）五月……北城总镇阮文诚进《大学衍义》。书表略曰：《大学》一书，古者大学教人之法，圣门传授之渊源，其纲明德新民、止至善，其目格物致知、诚意正心、修身齐家治国平天下，穷理正心、修己治人之道实备于此。宋儒真德秀作《衍义》，明儒丘濬补之①，皆所以明其要也。前书既推明德之要以为新民之本，后书则揭新民之要以收明德之功，其中首以圣贤之明训、参以古今之事迹、附以诸儒之发明，条分缕析、体具用周，非但可备经筵，凡为学者皆不可以不知也！第其为书卷帙繁多，清商带来者少，从来学者罕得而见。仰今圣上以武功定天下，以文教兴太平，将举一世之人归之有极。臣仰体德意，辄以其书付梓。功竣，印成一本，钦递进览。伏愿颁许印行，俾天下之人知圣上所以表彰之意，将家传而人诵之，于化民成俗之方，谅非小补云。

——《大南实录正编第一纪·世祖高皇帝实录》卷三十八，九至十；[152] 792

嘉隆八年（清嘉庆十四年，1809 年）五月……宋福玩、范汝丰、鄭子添等自暹还，暹人因投书，言其国与缅甸相攻。请水步兵三万，步从哀牢进，水从海西会。帝召群臣议，谕曰：“暹与我好，于义不可不救。……今暹人来书，多未分晓，其令吏部为书问之，而先发京兵戍嘉定，厚集以待。”暹书又言：其国如有警急，使路请从哀牢。帝曰：“哀

① 丘濬即邱浚（1420～1495），字仲深，号深庵、玉峰，别号海山老人，明琼州琼台人，明代中叶的理学名臣、15 世纪的杰出学者，著名文学家、教育家，明弘治朝官至少保兼太子太保、户部尚书、武英殿大学士，同海瑞合称为“海南双璧”。详见“百度百科”（http：//baike. baidu. com/view/932957. htm）。

牢非使路也，不许。”

——《大南实录正编第一纪·世祖高皇帝实录》卷三十八，十二；［153］793

嘉隆八年（清嘉庆十四年，1809 年）六月……命侍中学士武桢充如清庆贺【清帝五旬庆节】正使，兵部佥事阮廷骘、工部佥事阮文盛充甲乙副使【品物：象牙二对、犀角四座、绸纨绢布各一百匹】。

——《大南实录正编第一纪·世祖高皇帝实录》卷三十八，十四；［154］794

嘉隆八年（清嘉庆十四年，1809 年）十二月……河仙镇守掌奇鄚子添卒。河仙自鄚玖献地以来，朝廷轸念旧勋，使子孙世袭镇职。及子添卒，其子公栖、公材尚幼，侄公榆以事下议【公榆以都统制潘文赵之妾卖于暹人】，乃命该队吴依俨参论、黎进讲权领镇事，而荫授公栖等为该队以守鄚祀，给墓夫五十三人。命嘉定城臣以事报于暹，暹王复书言：“鄚天赐父子于河仙有大功，请宽公榆之罪，使袭其职。”帝复令吏部为书报之曰：“河仙本朝廷疆宇，自我列圣建立镇节，鄚天赐父子皆能善于其职，是以因而授之，此非圭田采邑，不可援为世业。况此地连山负海，军兴以后，民物萧条，抚瘵绥凋乃为当今急务。公榆如有才，则不必其出于天赐之后，亦当授以镇职。但其才短年轻未能堪此，是以不与，非吝也。一人勋荫之事小，国家设官为民之事大，令出惟行，理无反汗，王念哉!”暹王得书，遂止。

——《大南实录正编第一纪·世祖高皇帝实录》卷三十九，十七至十八；［163］803

嘉隆八年（清嘉庆十四年，1809 年）十二月……暹罗为缅甸所攻，征兵五千人于真腊。匿禛遣其弟以兵往，而令招盆牙驰报嘉定。城臣以事入奏，命探访暹人兵事，飞章以闻。暹罗新佛王遣其臣丕雅仕丑、离稼波呵等来献方物，告前佛王之丧。暹二王初受清国锡封，亦奉品物以进。使至嘉定，城臣见其书语多张大，以为受之则长骄，却之则伤好，密疏以闻。帝曰：“暹人无文，此皆唐人【清人多仕暹】逞笔之过，不足责也。”即命送其使来京，又派兵往广南、平定护接。既至，帝召见，问缅甸交兵之状，使者以实对。居数日，厚赐遣还。……及还暹罗，致书陈谢。

——《大南实录正编第一纪·世祖高皇帝实录》卷三十九，十九至二十；[164] 804

嘉隆九年（清嘉庆十五年，1810 年）二月……命张宝善、吕有定【嘉定明香人】等赍白金二万两如广东采买货项。……清福建千总萧元侯难船泊于平和柑棂海口。月余，镇臣以闻。帝谴之曰："何慢也！"命赐萧元侯钱三十缗、绢四匹、布五匹、米六方，随兵七人各钱五缗、布二匹、米三方。谕镇臣曰："外国难船济给已有定例，惟萧元侯乃清公差，故别加赏给，示从优也。尔等宜以此意晓之。"寻命来京，加赐钱一百缗，陆送之还。

——《大南实录正编第一纪·世祖高皇帝实录》卷四十，十四至十五；[172] 812

嘉隆九年（清嘉庆十五年，1810 年）三月……命嘉定采买清货，以其值扣商税。

——《大南实录正编第一纪·世祖高皇帝实录》卷四十，十六；[173] 813

嘉隆九年（清嘉庆十五年，1810 年）三月……命清河、会安二舖讥察清商。凡清人来商，以三、四月还国，愿留及他往贩鬻，地保出结，所在官给凭，擅去留者坐以罪。

——《大南实录正编第一纪·世祖高皇帝实录》卷四十，十九至二十；[174] 814－[175] 815

嘉隆九年（清嘉庆十五年，1810 年）四月……阮有慎自清还，以《大清历象考》成书进，言："我国《万全历》与大清《辰宪书》从前皆用明大统历法，三百余年未有改正，愈久愈差。清康熙间，始参西洋历法汇成是编，其书步测精详，比之大统愈密，而三线八角之法又极其妙。请付钦天监，令天文生考求其法，则天度齐而节候正矣。"帝称善。

——《大南实录正编第一纪·世祖高皇帝实录》卷四十，二十至二十一；[175] 815

嘉隆九年（清嘉庆十五年，1810 年）五月……定清商贩卖铁木税。向例，清人来商，铁木禁不得买卖。有广东船长赖占和船泊乂安会海口，恳请贩买铁木。镇臣以闻，乃命弛禁而倍征其税【例定清商买本国货项如犀角、象牙之类征税二十分之一，至是，定铁木税十征其一】。授钦差该奇范文祥、阮文幸为钦差掌奇。命阮文幸率水军五百余人、战船二十余艘戍北城农江水堡，兼掌四翼奇。城臣以在城战船岁久朽敝，奏请增给京船，遣掌水军一人领之，以备征发，故有是命。会齐桅海匪乌石二、东海八、李亚七等为清两广总督所困，窜于高、廉、琼、雷四府洋面。钦州移文北城，约发兵堵截。城臣以闻，帝谓宋福樑曰："海匪出没白龙洲偷生计耳。今清人逐捕，我可与之合剿以静海氛。"因命文幸率舟师直抵万宁，城臣增发兵船隶从差遣。又以万宁与钦州接壤，书札往复须有文学人，命吴偘为录事帮办军中词章。月余，乌石二等尽为清兵所获，李亚七及其党二十余人亦诣我军降。乃令城臣送俘于钦州。文幸撤兵还戍农江水堡，召吴偘回京充翰林院。

——《大南实录正编第一纪·世祖高皇帝实录》卷四十，二十三至二十五；[176] 816 - [177] 817

嘉隆九年（清嘉庆十五年，1810 年）八月……宣光参协阮勇有罪坐死。初，保乐州云光总分管农宽朝为西贼所杀，其子农福靚避难逋窜。清广东之人寘武知之①，冒称福靚袭为云光管牧。及福靚还，寘武率党宵遁潜过谷旁隘，隘守农潘忠【宽朝旧属】邀截，射死其党五人。寘武走诉于镇，勇明知寘武诈，利其财置之，但问潘忠以杀人罪，收偿银二百两，又囚其民，二人毙于狱。忠控城，城臣鞫之，尽得其状。案上，帝以忠勇于义、能举职，深嘉之，赏钱一百缗；勇及寘武俱坐死；镇守邓福忠、协镇阮世忠以一味依阿，皆罢职；复令福靚管云光总。

——《大南实录正编第一纪·世祖高皇帝实录》卷四十一，六至七；[183] 823

嘉隆九年（清嘉庆十五年，1810 年）九月……清难民郑天盛船泊安广洋分。城臣以闻，命送于钦州。

——《大南实录正编第一纪·世祖高皇帝实录》卷四十一，十三；[186] 826

嘉隆九年（清嘉庆十五年，1810 年）十一月……命广东帮长何达和

① 寘，音 zhì，同"置"。寘氏源出于嬴姓。

雇广东瓦匠三人，令于库上【即今隆寿岗】煅烙琉璃瓦青、黄、绿各色，使工匠学制如式，厚赏遣还。

——《大南实录正编第一纪·世祖高皇帝实录》卷四十一，二十；［190］830

嘉隆九年（清嘉庆十五年，1810 年）十二月……清人送逋匪黎悠、安温碧于北城。先是，悠等啸聚棍徒，与海匪张保仔、郑一扫等合党劫掠洋外，为官军剿捕，势甚穷蹙，遂奔投于清。清两广总督令送之还，悠等托辞请留，乃居之广东城内大有仓。清商张进胜得其状，报于北城。城臣以闻，帝谓群臣曰："悠等自知罪恶无以自容，故不敢归耳。命城臣移书于两广总督，使之勒回；否则严加管束，毋令惹事。"至是，清人械送悠等三十余人于北城，悉诛之。

——《大南实录正编第一纪·世祖高皇帝实录》卷四十一，二十三；［191］831

嘉隆十年（清嘉庆十六年，1811 年）春正月……命廷臣撰定律例。以阮文诚充总裁。谕曰："帝王为治，刑设久矣，刑之不中，民则无措。今律例未定，法司无所持循，甚非朕钦恤明允之意。卿等宜悉心稽考历朝令典，参以洪德、大清条律，取舍秤停，汇成爰书，朕将亲自裁正颁行之。"

准定自今凡所在军民及清人寓诸地方有造船七尺以上、十七尺九寸以下一年应载一年行商当漕，而愿商者征港税钱。寻以民多愿商，漕船日少，罢之。

——《大南实录正编第一纪·世祖高皇帝实录》卷四十二，二；［195］835

嘉隆十年（清嘉庆十六年，1811 年）二月……清广东人朱富观、李文远等雇海南船商于嘉定，求减港税。城臣核其诈，如广东额征之。事闻，命自今外国商船所司以牌验之，诈者科以罪。

——《大南实录正编第一纪·世祖高皇帝实录》卷四十二，四；［196］836

除河仙商粟之禁。初鄚子添镇河仙，朝廷别以龙川、坚江二道隶永清、河仙，岁粜粟止万斛，奸商者有罪。至是，二道复隶河仙管领，乃弛其禁。贸易流通，民皆便之。召鄭公榆、鄭公材来京，复其家五十人徭役。

——《大南实录正编第一纪·世祖高皇帝实录》卷四十二，六；[197] 837

嘉隆十年（清嘉庆十六年，1811 年）三月……开边和罗奔铁矿。清商林旭三、李京等领，其征募土人、清人立为铁场队，岁输铁税人五十斤。

阮文存戍罗壁兵多潞病，阮文仁奏请撤还，而募汉民之客于腊者，立为壮御、强御、威御三队，令各随地戍守。帝从之。

——《大南实录正编第一纪·世祖高皇帝实录》卷四十二，十二；[200] 840

嘉隆十年（清嘉庆十六年，1811 年）八月……帝临朝，尝与群臣论汉唐君臣事迹及历朝礼乐制度。朝罢，辄命侍书以明史进览，夜分乃罢。……海南船潘原记来商，沙祈守御林印私受贿，嘱令匿其货希减税例。事觉，帝命诛之。因谕诸海口守御："凡商船有隐减者，没其货。"……以坚江管道张福教为河仙镇守、定祥记录裴德缗为协镇。帝以河仙为要阃，二人熟知边情，故遣之。教等至镇，政尚宽简，不事烦扰。整军寨、招流民、设学舍、垦荒田，经画街市，区别汉人、清人、腊人、阇婆人，使以类聚。河仙遂复为南陲一都会云。

——《大南实录正编第一纪·世祖高皇帝实录》卷四十三，四至五；[207] 847

嘉隆十一年（清嘉庆十七年，1812 年）春正月……命户部参知阮有慎兼副管理钦天监事务。有慎善星历，初，使清得历法，其术益精。帝尝与之论天象，深嘉之。

——《大南实录正编第一纪·世祖高皇帝实录》卷四十四，一；[216] 856

嘉隆十一年（清嘉庆十七年，1812 年）夏四月……遣嘉定宝城三卫兵与真腊屋牙甫沥守巴忒府。初匿印既立，帝以巴忒府畀之。其地汉人、唐人、腊人居聚甚众。至是，真腊不静，人怀疑惧，帝令城臣以兵镇之。

——《大南实录正编第一纪·世祖高皇帝实录》卷四十四，十至十一；[221] 861

嘉隆十一年（清嘉庆十七年，1812 年）六月……暹罗遣乍秩仕那等来进香且奉书言匿禛兄弟不睦，故遣重臣临之欲其息争，本无他意。帝谓群臣曰："暹人辞遁，诈可知也。然中国之于夷狄，但当待以至诚。"

——《大南实录正编第一纪·世祖高皇帝实录》卷四十四，十八至十九；［225］865

嘉隆十一年（清嘉庆十七年，1812 年）秋七月……律书成。帝令阮文诚、武祯等次定律例，凡三百九十八条【**名例四十五条，吏律二十七条，户律六十六条，礼律二十六条，兵律五十八条，刑律一百六十六条，工律十条**】，为书二十二卷。帝亲自裁定，复命为之序曰："朕惟圣人治天下，刑罚之与德化未尝偏废。……我国历朝以来具有令典……朕赖列圣之灵，削平僭乱，混一区宇，经纬节理每以教化为先务，而于刑狱之间尤致意焉。披阅历代刑书，我越李、陈、黎之兴，一代有一代之制，而备于洪德；北朝汉唐宋明之兴，律令之书代有修改，而备于大清。爰命廷臣准历朝令典，参以洪德、清朝条律，取舍枰停务止于当，汇集成编。朕亲自裁正颁行。"

——《大南实录正编第一纪·世祖高皇帝实录》卷四十五，一至二；［227］867－［228］868

嘉隆十一年（清嘉庆十七年，1812 年）……九月，遣陈震、阮皓等如广东采买货项。

——《大南实录正编第一纪·世祖高皇帝实录》卷四十五，六；［230］870

嘉隆十一年（清嘉庆十七年，1812 年）十月……匿原自罗壁复奔于暹，暹人纳之。嘉定城臣以闻，帝招河仙该队鄚公榆来京问以边事。寻遣还，令委人如暹探虚实，赐衣一袭，钱三十缗。

——《大南实录正编第一纪·世祖高皇帝实录》卷四十五，十三；［233］873

嘉隆十二年（清嘉庆十八年，1813 年）春正月……初铸嘉隆通宝白铅七分钱。北城有清人陈显周、周永吉者，自请采买白铅铸钱，以铅钱百三十缗换领官铜钱百缗，城臣以奏。帝允其请，令于城外西龙门设宝泉局【**绍治元年改通宝局**】，该奇张文铭为宝泉局大使，协总镇黎质兼领监督，依户部送式铸之。

——《大南实录正编第一纪·世祖高皇帝实录》卷四十六，一；［238］878

嘉隆十二年（清嘉庆十八年，1813年）二月……以广平该簿阮攸为勤政殿学士充如清岁贡【辛未、癸酉二贡】正使，吏部佥事陈云岱、阮文丰充甲乙副使。……陈震、阮皓自广东还，献玛瑶书、西洋历，帝令阮文胜译以进。

——《大南实录正编第一纪·世祖高皇帝实录》卷四十六，七；［241］881

嘉隆十二年（清嘉庆十八年，1813年）三月……申定北城陆路商税，凡清商道谅山还及公私船渡商者，所在征其货【货一百缗、税钱二缗五陌，在城由怀德府放通关单，抵谅山镇换给】。

——《大南实录正编第一纪·世祖高皇帝实录》卷四十六，十；［242］882

嘉隆十二年（清嘉庆十八年，1813年）六月……清人送宣光逋匪黄文彩于北城。彩道死，其党皆伏诛。先是，彩纠众攻掠聚隆水尾间，北城发兵剿捕，彩穷蹙，遂窜云南。其党清人张世元、张老目、张老二皆为官军所获。帝命城臣归俘于清，而责之捕彩送治。至是，彩与其党尽为清兵所获，送南关下。城臣治其狱，诛之。①

——《大南实录正编第一纪·世祖高皇帝实录》卷四十六，十七至十八；［245］885－［246］886

嘉隆十三年（清嘉庆十九年，1814年）春正月……命侍书院撰清乾隆《御批通鉴》进览。

——《大南实录正编第一纪·世祖高皇帝实录》卷四十八，二；［257］897

嘉隆十三年（清嘉庆十九年，1814年）春正月……高平土匪农文儒纠党掠清归顺州，管州彭用熙捕获之，移文北城，约于关上会鞫。城臣以闻，帝以海阳协镇阮文礼前为高平协镇，熟于边情，命之往。儒及其

① 按：庆应义塾大学版，将本卷十六和十七页排版次序颠倒，即十七页在 p. 245，十六页在 p. 246，如不审慎，会错将本条系于五月之下。

党皆伏诛。

——《大南实录正编第一纪·世祖高皇帝实录》卷四十八，三；[257] 897

嘉隆十三年（清嘉庆十九年，1814 年）春正月……帝留意儒学，尝谓侍臣曰："学校储材之地，必教育有素方可成材。朕欲法古设学以养士，庶几文风振作、贤才并兴，以为国家之用也。"

——《大南实录正编第一纪·世祖高皇帝实录》卷四十八，四；[258] 898

嘉隆十三年（清嘉庆十九年，1814 年）二月……铸嘉隆通宝六分铜钱。命北城宝泉局仿清铸钱法为之【支红铜五百斤、白铅四百十五斤、乌铅六十五斤、白锡二十斤】。

——《大南实录正编第一纪·世祖高皇帝实录》卷四十八，七；[259] 899

嘉隆十三年（清嘉庆十九年，1814 年）三月……准定自今海南、潮州来商有粤海关【属清广东省】船牌与江门关口员印记者，从广东船例征税。

——《大南实录正编第一纪·世祖高皇帝实录》卷四十八，十二；[262] 902

嘉隆十三年（清嘉庆十九年，1814 年）六月……命北城发银一万两，委清人谢朋周、周泗记等如广东采买货项。

——《大南实录正编第一纪·世祖高皇帝实录》卷四十八，十九至二十；[265] 905 - [266] 906

嘉隆十四年（清嘉庆二十年，1815 年）春正月……清福建差役许宁安、李振示等遭风，船泊富安淋澳，命镇臣给银绢送还。

——《大南实录正编第一纪·世祖高皇帝实录》卷五十，一；[275] 915

嘉隆十四年（清嘉庆二十年，1815 年）二月……遣黄沙队范光影等往黄沙探度水程。

——《大南实录正编第一纪·世祖高皇帝实录》卷五十，六；[277] 917

嘉隆十四年（清嘉庆二十年，1815 年）四月……以明香人潘嘉成为北城该铺，监清人屋税，岁输银一千五百两。以昭晋州土酋刁国体为招讨同知按守宁边堡【属兴化省与清建水县接壤】。

——《大南实录正编第一纪·世祖高皇帝实录》卷五十，十；[279] 919

嘉隆十四年（清嘉庆二十年，1815 年）五月……暹罗使船如清岁贡，遭风泊于平定洋分，恳请诣京瞻觐，镇臣以奏。命赏人三月粮护送至京，加给人五月粮遣之。暹罗寻遣使来谢，使者还，奏请往南荣探藩王从朱笃后江还国。帝以其有窥伺心，不许。

——《大南实录正编第一纪·世祖高皇帝实录》卷五十，十一；[280] 920

嘉隆十四年（清嘉庆二十年，1815 年）五月……北城臣奏言："兴化保胜堡【属水尾州】，地邻清国，最为关要。请令招讨使丁功兼率土兵手下一百人按守，给以月饷。"许之。

——《大南实录正编第一纪·世祖高皇帝实录》卷五十，十二；[280] 920

嘉隆十四年（清嘉庆二十年，1815 年）九月……掌右军兼监神策军郡公范文仁卒。帝深惜之，命阮文诚治其丧。招礼部问之曰："勋旧大臣与国同休，闻哀辍朝，古礼何如?"部臣奏言："唐宋故事，辍朝或七日、五日、三日、二日不同，惟明洪武二十三年议定辍朝前后凡四日，请用其制。"帝称善，辍朝三日，赐钱一千缗，赠太保，谥"忠宪"，命官谕祭。葬之日，辍朝一日，命皇子、皇孙往送之。功臣之殁，辍朝自此始。

——《大南实录正编第一纪·世祖高皇帝实录》卷五十一，六至七；[285] 925

嘉隆十四年（清嘉庆二十年，1815 年）十一月……清人送风难该队阮文缗及兵丁五十人还。文缗运嘉定材木遭风泊于清崖州，清总督使通言刘嘉枢送之归。既抵京，帝召见，问以崖州民物，赐嘉枢银二十两遣还。

——《大南实录正编第一纪·世祖高皇帝实录》卷五十一，十三至十四；[288] 928 - [289] 929

嘉隆十五年（清嘉庆二十一年，1816 年）春正月……福建船长曾仕亮商于嘉定，匿大珍珠六枚以避征税。刑部奏法当入官，帝以远商误犯，杖释之，而还其珠。……后军后屯弁兵十余人运嘉定材板，因风泊海岛中，海南渔舶黄兴宝送于平和。镇臣以闻，命赏兴宝钱一百缗、米五十方，难兵给衣食使之还家。

——《大南实录正编第一纪·世祖高皇帝实录》卷五十二，一至二；[292] 932

嘉隆十五年（清嘉庆二十一年，1816 年）……二月，兴化水尾州该州黄金珠与副州李文政有隙，因清人薛凤章谋于河口汛守赵秉忠。秉忠受其贿，纠众来杀文政而掠其财。事发，镇臣移书于清两广总督责捕秉忠。秉忠者，总督私人也，故为之隐不送治，但复书促委人认赃。城臣以事具奏，帝谓群臣曰："我若计较，动生边隙，不若令镇臣复书，使他先正秉忠之罪，然后认赃。如此则绝嫌疑而杜奸诈两得之矣。"寻命斩珠于市。

——《大南实录正编第一纪·世祖高皇帝实录》卷五十二，六至七；[294] 934 - [295] 935

嘉隆十五年（清嘉庆二十一年，1816 年）三月……开兴化呈烂【峒名，属水尾州】铜矿。呈烂地产红铜，有清人乞开矿纳税，北城臣为之奏，许之。

——《大南实录正编第一纪·世祖高皇帝实录》卷五十二，十四；[298] 938

嘉隆十五年（清嘉庆二十一年，1816 年）三月……命水军及黄沙队乘船往黄沙探度水程。

——《大南实录正编第一纪·世祖高皇帝实录》卷五十二，十五；[299] 939

嘉隆十五年（清嘉庆二十一年，1816 年）七月……赐真腊藩僚常朝冠服。初，藩王匿禛既受冠服，藩僚见而美之，皆愿改从我国服色。嘉定城臣为之请。帝命群臣议定藩僚十品至七品冠服，视朝廷三品以下，官六品以下不得预【真腊官僚自十品至一品，以十品为上，九品次之，余以类推】。乃令图家制十品、九品冠服二十三副，赐藩僚二十三人。又制八品、七品冠服四副为式，遣边和该簿陈明义赍赐之，藩王拜受于柔远堂。自此腊人衣服器用多慕汉风，蛮俗渐改革矣。

——《大南实录正编第一纪·世祖高皇帝实录》卷五十四，三至四；[308] 948 - [309] 949

嘉隆十五年（清嘉庆二十一年，1816 年）七月……帝尝谓群臣曰："三代而下，惟汉得天下为正，后世莫及。本朝开创中兴名义甚正，亦无愧于汉矣！"

——《大南实录正编第一纪·世祖高皇帝实录》卷五十四，七；［310］950

嘉隆十五年（清嘉庆二十一年，1816 年）冬十月……帝闻嘉定军民多霸占腊人田土，诸衙门亦有腊人投居者，诏嘉定城臣曰："真腊世为藩附，寸土一民均赖朝廷抚字，其田有为汉民侵占，民有为诸衙容留者，悉还之。"

——《大南实录正编第一纪·世祖高皇帝实录》卷五十四，十一至十二；［312］952 -［313］953

嘉隆十六年（清嘉庆二十二年，1817 年）春正月……禁汉民毋得领买真腊水利各所。帝以朱笃道土地肥饶而民人稀少，闻真腊安抚叶会【清人仕腊】为人敏干，处事亦得人心，乃以为朱笃该府，令招集汉民、土民及清人居之，使之蕃聚。凡栽植、畜牧、商卖、陶冶各从其业，穷乏者官为给贷。

——《大南实录正编第一纪·世祖高皇帝实录》卷五十五，三；［318］958

嘉隆十六年（清嘉庆二十二年，1817 年）二月……以广平记录胡公顺为勤政殿学士充如清正使，谅山参协阮辉桢、翰林院潘辉湜充甲乙副使。谕之曰："此行当分猷协济，以重国体、固邦交。"公顺等奏请举亲人各一及选旧行人以从。帝曰："使，公事也，朝廷不乏人，何必亲与旧也！"不许，敕自今使部不得以亲人、旧行人充举。……清匪高罗衣窃据临安，清人移书于北城按辖防截。事闻，命城臣择委官兵按守兴化，而令镇臣往昭晋、水尾、莱州诸要害处严加防守。既而，罗衣为清所获，乃撤兵还。

——《大南实录正编第一纪·世祖高皇帝实录》卷五十五，六至七；［320］960

嘉隆十六年（清嘉庆二十二年，1817 年）三月……管艚务阮德川奏言："海南船税稍轻，常搭载别省人货以规厚利，请嗣后清船来商有广东、福建人货者照二省船税征之；如所载人货间杂，据其省人货多者定其税。"帝然之。

——《大南实录正编第一纪·世祖高皇帝实录》卷五十五，九；［321］961

嘉隆十六年（清嘉庆二十二年，1817 年）六月……玛瑶船泊沱瀼，以黄沙图献，赏银二十两。

——《大南实录正编第一纪·世祖高皇帝实录》卷五十五，十九；［326］966

嘉隆十六年（清嘉庆二十二年，1817 年）六月……暹罗使船如清，遭风泊于沱瀼，其船寻复失火烧毁殆尽。事闻，帝曰："使船失火与难商同。"命广南营臣给之粮米二百余方。

——《大南实录正编第一纪·世祖高皇帝实录》卷五十五，二十至二十一；［327］967－［328］968

嘉隆十六年（清嘉庆二十二年，1817 年）秋七月……帝与群臣论前代政体，谓范登兴曰："汉朝法度严密，比之历代，实乃过之。"

——《大南实录正编第一纪·世祖高皇帝实录》卷五十六，二；［328］968

嘉隆十六年（清嘉庆二十二年，1817 年）十一月……北城吏胥有假差捉人索赎者，城臣比照清律"伏草捉人"例问以斩候。廷臣覆谳，照"谋财害命"律拟决，具事以启。皇太子曰："城臣引例虽亦近似，然吏胥知法犯法不比草寇，宜从重论，以警其余。"帝称"善"。

——《大南实录正编第一纪·世祖高皇帝实录》卷五十六，十四至十五；［334］974－［335］975

嘉隆十七年（清嘉庆二十三年，1818 年）……五月，胡公顺等自清还。……命陈震、阮祐仁等送广东难船炮械于清【初广东师船李振示等遭风泊于富安洋分，及陆还，留其炮械于镇。至是，送还之】。

——《大南实录正编第一纪·世祖高皇帝实录》卷五十七，十二；［342］982

嘉隆十七年（清嘉庆二十三年，1818 年）六月……准定自今玛瑶、西洋来商嘉定，所纳港税、货税或番银中平银、或全银全钱、半银半钱，各从所愿，不为限制。……清匪高罗衣余党复据临安【先是高罗衣作乱，清兵讨平之，至是余党复叛】，攻掠建水、蒙自诸县。帝以临安与兴化接壤，命城臣发文盘州兵守水尾州、罗顺州兵守昭晋州、伦州兵守莱州以备之。月余，清匪平，我军亦罢。有清商张占鳌者，与其徒张阿有隙，诈为清国文山县堂公文自投宣光，言张阿逸匪，当即捕治。城、镇臣核其非例【向例，内地公文从马白汛投，渭川州聚隆堡转递】，以书奏。帝曰："此书诈也，送清诛之。"

——《大南实录正编第一纪·世祖高皇帝实录》卷五十七，十五至十六；[344] 984

嘉隆十七年（清嘉庆二十三年，1818 年）八月……命鄭公榆访求河仙事迹。谕曰："河仙一境乃我列圣开拓之新疆，尔先祖鄚玖、鄚天赐受封之故壤也。先朝以来记事具有典籍，自伪西之乱，书籍散漫，无从稽考。今耆定云初遗黎尚在，尔可悉心延访搜猎故事，编辑以进。朕将登之信史，用垂将来。"

——《大南实录正编第一纪·世祖高皇帝实录》卷五十八，四至五；[346] 986 - [347] 987

嘉隆十七年（清嘉庆二十三年，1818 年）冬十月……申定玛瑶、西洋商船税额。故事，诸国商船并从广东商税，有司不分船之大小一例征收。至是，改以大小差征之【凡商于顺安、沱灢，其船横自二十五尺至十四尺，每尺征税九十六缗，十三尺至七尺，每尺征税六十缗；凡商于嘉定，其船横自二十五尺至十四尺，每尺征税一百六十缗，十三尺至七尺，每尺征税一百缗；所零一寸以上折算征之，分、厘以下并免】。

——《大南实录正编第一纪·世祖高皇帝实录》卷五十八，九；[349] 989

嘉隆十七年（清嘉庆二十三年，1818 年）十一月……修朱笃堡。堡为潦水浸决，城臣以奏。命量发兵民修之，再增调四镇奇兵、威远屯兵各一百协与前派弁兵驻守。帝又以堡后地多闲旷，命永清镇臣招集唐人、腊人、阇婆人居之，立铺市，垦荒芜，禁我民毋得滋扰。

——《大南实录正编第一纪·世祖高皇帝实录》卷五十八，十；[349] 989

嘉隆十七年（清嘉庆二十三年，1818 年）十二月……帝尝与皇太子论古今为治之道，皇太子因以《大清会典》进览。

——《大南实录正编第一纪·世祖高皇帝实录》卷五十八，十；[349] 989

嘉隆十七年（清嘉庆二十三年，1818 年）十二月……陈震、阮祐仁自广东还。帝问清国动静，对曰："诸省宁帖，惟今年四月间，燕京大风暴起，飞沙走石，天地昏黑，独此为异事耳。”

——《大南实录正编第一纪·世祖高皇帝实录》卷五十八，十一；［350］990

嘉隆十七年（清嘉庆二十三年，1818 年）十二月……正巡海都营黄忠仝免。巡海营兵有从阇婆为匪者，官兵获之。忠仝坐落职，以副都营蔡云贵【清人，从何喜文归顺】领其军。

——《大南实录正编第一纪·世祖高皇帝实录》卷五十八，十三；［351］991

嘉隆十八年（清嘉庆二十四年，1819 年）三月……以广南记录阮春晴为勤政殿学士充如清岁贡【丁丑、己卯二贡】正使，广南督学丁翻为东阁学士、南策知府阮祐玶为翰林侍读充甲乙副使。

——《大南实录正编第一纪·世祖高皇帝实录》卷五十九，十；［356］996

嘉隆十八年（清嘉庆二十四年，1819 年）夏四月……移枫哥明守所【在八㙡江下流，去宣威道三十七里】于通平【去枫哥明守一百一里】，通平守所于椰江【在八㙡江上流，为定祥极西界】。谕定祥镇臣曰：“国初拓土，人民尚少，枫哥明之设，所以为汉夷限也。今人民生聚日繁，田土开垦已出于宣威道之上，若因旧设守，往来盘诘，转为民扰。其议移之，令与前江新洲道相应，以便关报。”

——《大南实录正编第一纪·世祖高皇帝实录》卷五十九，十六；［359］999

嘉隆十八年（清嘉庆二十四年，1819 年）秋七月……贬广平留守潘文璻为侍中该奇，该簿阮文珖为刑部佥事。广平船户有名庆者，潜杀清商周邦记、梁友记等于乂安洋外而掠其财。事发，乂安移咨广平查拿。淚江汛守武宝与营吏阮占受庆贿，没其赃，复纵庆与其党七人逃脱，狱遂不决。梁启记以事蓦控，帝命刑部覆之。宝、占具服坐斩决，璻、珖以失察坐贬。

——《大南实录正编第一纪·世祖高皇帝实录》卷六十，三；［363］1003

第四册

尊室暲，一名晪，尊室宴之嫡子也。……嘉隆初，出领清葩督镇。癸亥[1]，有事邦交，从大驾北巡，充护接清使。

——《大南实录正编列传初集》卷四《诸臣列传一：尊室》，十；[53] 1065

阮文张，广南醴阳人。少家贫，为人牧牛。……壬戌春[2]，贼阮光垂总管超犯镇宁垒，司隶丁公雪、都督阮文坚犯兜鍪山，少尉邓文藤、都督力结齐桅匪船百余艘列水阵于日丽海外。帝命张调拨水兵出洋御之，而遣范文仁、邓陈常等分道拒战。……张水军乘东北风冲击贼船于洋外大破之，夺其船二十余艘。贼步兵闻水兵败，遂惊溃。

——《大南实录正编列传初集》卷八《诸臣列传五》，一、十二至十三；[90] 1102、[95] 1107 - [96] 1108

宋福淡，承天香茶人。……淡性沉静、有机略。事睿宗皇帝，官参谋。……睿宗传位东宫，号为"新政王"。以淡为监军。……闻我世祖高皇帝幸望阁，乃与富良人阮都等泛海往从之。会大风，飘入缅甸砂威海口，缅人疑执之。月余，有清人寓缅者颇识字，淡以笔谈，清人为之言，缅人乃放之。

——《大南实录正编列传初集》卷八《诸臣列传五》，三十二至三十三；[105] 1117 - [106] 1118

黎光定，字知止，号晋斋，承天富荣人。父策为沱蓬源守御，卒于官。定少孤，家甚贫，与兄宪南入嘉定，客平阳。稍长，颖悟好学。医

---

① 嘉隆二年（清嘉庆八年，1803 年）。

② 清嘉庆七年，1802 年。

生黄德诚见而器之，妻以女。遂励志于学，师事武长缵。与郑怀德、吴仁静相友善，立平阳诗社，推扬风雅，四方文学多从游焉。帝克复嘉定，与怀德等应举，授翰林院制诰。……庚申，从阮文仁辅东宫留嘉定。嘉隆元年征还，迁清葩协镇。其冬，议通使于清，升兵部尚书充正使，与甲乙副使黎正路、阮嘉吉如清请封。且言我朝奄有安南越裳之地，疆域非陈、黎以前之比，请改"安南"旧号，称"南越"国。清帝命广西按察使齐布森来封，改称"越南"，自皇朝嘉隆年始也。三年春，邦交礼成，还领部务如故。五年，封敕钦修《大越一统舆地志》，定乃稽考通国图籍，自京师以南至河仙、北至谅山，凡山川之险易、里路之远近、疆域之界限、江河之原委及桥梁、市店、风俗、土产一一登载，厘为十卷。书成以进，帝嘉奖之。……十二年病剧……寻卒，年五十四。……嗣德五年列祀中兴功臣庙。定才识通敏、练达政体，性慎密、寡嗜欲，善楷法、工书画，尤长于水墨兰竹辎轩一路，墨迹、诗篇为清人所称赏。郑怀德曾集其诗与光定、吴仁静所作付梓，名《嘉定三家诗》行世。

——《大南实录正编列传初集》卷十一《诸臣列传八》，一至三；[121] 1133 - [122] 1134

郑怀德，一名安，字止山，号艮斋。其先福建人，世为宦族。祖会，清初留发南投，客镇边。父庆，少好学，善大字、象棋，擅名于辰①。世宗皇帝朝，以捐纳为安场该收，历迁归仁、归化、把耕三场该队，卒。德年甫十岁，笃志好学，辰值扰攘，母迁于藩镇，令事处士武长缵，业益进。

岁戊申，世祖克复嘉定，遂与黎光定等应举，授翰林院制诰。明年知新平县田畯事，劝课农桑。复从刑部召，拟刑名文案。明习政事。寻充东宫侍讲，从镇延庆。及东宫进兵富安，德预参机密事。甲寅，出为镇定营记录，寻升户部右参知，尝从军督漕运、给兵饷。辛酉夏，克富安。命黎文悦、宋日福等入解归仁之围，德从，征广南、广义租粟以给军。明年三月，贼将陈光耀遁去，德从阮文诚理户政。五月，升户部尚书【六部尚书始于此】充如清正使，赍递国书品物，并将西山册印及械

① 辰，本为"时"字，避嗣德帝阮福时之讳而改。

送齐桅匪伙、伪东海王莫观扶、统兵梁文庚、范文才等由广东省投递。同甲乙副使兵部参知吴仁静、刑部参知黄玉蕴乘白燕、玄鹤二战船自顺安出口，行抵粤洋三洲塘遇飓风。德乘白燕船先泊上川沙堤，静、蕴所乘玄鹤船飘入大澳，七月同到粤东虎门关。两广总督觉罗吉庆以事闻，清帝谕准使部取路前往广西进京。适王师克复安南全境，命兵部尚书黎光定等来请封，德等仍留桂省俟发。嘉隆二年夏四月，自广西开船抵湖北汉阳县汉口，起路历万里长城逾古北口。八月，至热河【热河属满洲，前黎诸使部未曾到此】行在拜觐。是月陛辞，偕锡封使广西按察使齐布森由南关回国。三年春，行宣封礼充通译使，邦交礼成，扈驾还京，领部务如故。是年，阮奇计亦为户部正卿，乃命德主征收计，主支发。四年，协行嘉定留镇事。七年，改嘉定镇为城，招阮文张还，以阮文仁为总镇、德为协总镇。十一年，来京恭候孝康皇后宁陵大礼。七月，迁礼部尚书兼管钦天监事务。十二年，改授吏部尚书。十五年，复为嘉定协总镇。明命元年，阮文仁来京，德权领总镇印务。其夏，招来京，仍领吏部事务。

圣祖初嗣位，言者或劝上委事臣下，垂拱无为以法古者之治。圣祖以语群臣，深非之。德奏曰："古所谓无为，不见其有作为之迹耳。天下之理，匪劳奚逸，故欲无为者必先有为。言者特引古书成语而云耳。"二年修清化原庙，谕议追加澄国公徽称。德议以为："礼莫备于周，周公成文、武之德，追王太王、王季，上祀先公以天子之礼，祖绀以上至后稷惟曰先公而已，未尝有所加也。我世祖高皇帝混一天南，追帝肇祖、太祖至于列圣，因贵乡旧址崇建原庙，正庙祀肇祖、太祖，左庙祀澄国公配以莅仁公，而未尝追加谥号。与周家祀周先公之礼同一轨也。请仍旧号奉祀。"从之。德每因事纳忠，圣祖多所嘉纳。其年夏，充史官副总裁，寻升授协办大学士，领吏部尚书兼领兵部尚书。

初，在班文官未有授一品者，圣祖欲以授德。问之大臣，阮文仁、阮德川等皆对曰"可"。德闻之，上表辞。谕曰："方今文班，无出卿右，当勉尽厥职，以匡朕之不逮。卿其勿辞。"德乃就职。参酌建明，均适宸用。是冬，扈驾北巡。及还，以《历代纪元》《康济录》二部书进。

三年春初，开会试恩科，以德充主考。及殿试，又充读卷官。其秋，上言以为："国家虽安，不可忘战。我世祖高皇帝武功戡乱之日，自侍卫禁兵至诸军营既有掌领副将，又有正营、副营、正卫、副卫、正奇、副奇。平居，则副员代正员干办之劳；有事，则副员分正员折冲之责。是以，守必固，战必克。懋建奇功，赞成大定。自宁谧而后，旧臣宿将衰老及逝没者多，致管军之官互有旷缺。今文治大明，无事乎军旅，然有文事必有武备，请于管兵牧民之中择其勤劳旧将转换推升以为正员，拣其才能后进拔擢委署以为副员，或斟酌裁省，或简注诠除，断自圣心，渐次而举行之，充补宿卫。俾名分素定、士伍闲习，则上下相安，兵为有制之兵，将为有能之将。若俟积劳建功而后除授之，恐万一有事，仓促充补，既未必得人，而缓不及事矣。"帝批答曰："所言事理，今昔虽殊，然善者亦可择而行焉。"德无私第，帝赐钱两千缗及材木砖瓦，令起第为休沐之所。德乃于东门之外建葵园焉。寻兼领礼部尚书。

四年秋，德以老病上表乞致事，又请由海程还嘉定获终狐首之愿，且言妻死未葬，子在丧次，无人侍养，辞甚恳切。命礼部范登兴赍谕留之曰："览卿陈奏，不觉令人酸鼻落泪。卿自晋擢协办大学士以来，军国要务多所赞襄。朕方念切倚毗，茂隆眷宠。卿乃忠诚明达人也，岂无谅朕之怀，遽尔言去！如妻故家情谁无伉俪之感，亦可于莫可奈何之中，节之以礼颇大。病气衰必须静养，则准卿权解部务，安心调摄，药饵得宜，谅吉人天相何难疾去病除，而必欲远涉波涛使人为之不怿也！倘以南方温燠能祛寒疴，亦须病退气强，告假宁家身履坦途岂非尽美！苟如卿言意外而素愿首邱，卿国之大臣，岂以一小故而不遂所愿乎？此又令人甚不解也！要而言之，卿宜安心静养，必能气旺身强，不可以小故萦怀，正宜自保金玉，伫见年臻耆耄平善康强，用慰朕之厚望可也。"乃令权解吏、礼二部事务，复赐参桂调摄。其年冬病瘳，上表陈谢，仍领职如故。十余日，复上表请假三月宁家。不得已遂允其请。五年来京，仍领吏、礼二部如故。其年秋，充钦修《玉谱》总裁，寻兼领商舶事务。

六年春，卒，年六十有一。圣祖悼惜不以已，谓侍臣曰："郑怀德秉性纯诚，宣劳有日。中兴初，多蒙简注。奉使清国，秉节嘉定，克底厥绩，素著循良。朕嗣位以来，知其忠尽，委以重责。尝与论政事，多所施展，方期眷遇隆长，永膺禄位。去年冬，忽遘重病，即命御医诊治。

近复加剧，立遣侍卫驰赐尚方参桂，而药饵却已无及。今遽尔奄逝，闻之不觉泪落。”乃命辍朝三日，厚赐纱锦绸缎、钱米油灯，赠少傅、勤政殿大学士，谥“文恪”，赐祭一坛。归葬日遣皇子绵宏就第钦命赐酒，卹典优厚，群臣莫有与比。及丧至嘉定，总镇黎文悦亲自往赙，语人曰：“郑协办今可人也！”其见推重如此。嗣德五年，补祀中兴功臣庙。十一年，列祀贤良祠。

德为人谨慎，风度沉整，学问博洽，议论常持大体，德业文章为世推重。所著有《嘉定通志》《艮斋诗集》《北使诗集》《嘉定三家诗集》行世。子二：如、瑾，如官至郎中卒，瑾尚主、官驸马都尉。

——《大南实录正编列传初集》卷十一《诸臣列传八》，三至十二；［122］1134－［127］1139

吴仁静，字汝山，其先广东人，南投嘉定。静有才学，工于诗，起家为翰林院侍学。戊午年，阮文诚、邓陈常建议请遣人北使，表言静操守端正，学问优长，可当斯选。其年夏，迁兵部右参知，奉国书从商船如广东探问黎主消息。既至，闻黎主已殂，乃还。庚申年，从驾援归仁，与阮奇计等分司兵饷。寻暂行富安公堂事，收支钱粟以给军需。嘉隆元年，充如清甲副使，及公回，领职如故。六年，充正使，与副使陈公檀赍敕印往罗壁板城，锡封匿禛为真腊国王。十年出领乂安协镇。静居官清约，严斥蠹吏，民安之。寻疏请来京面陈民间疾苦，许之。既至，极言乂安彫耗情状，因请缓征壬申以前留欠粮粟；又别纳诸税有逋欠者，请令民以钱代纳。帝皆从之。月余还镇。静公暇阅《驩州话意》不满，因令督学裴杨瓑作《乂安风土记》。十一年，升工部尚书领嘉定协总镇。其年秋，与户部参知黎曰意检覈诸营钱粮文案。十二年，与黎文悦护送真腊国王匿禛还国。及还，或言静受私货，悦信之。以闻，帝以无状置之。静心不自安，然终无以自明。尝叹曰：“画蛇添足，谁使我负不白之冤乎！”性疏旷耿介，不能善事上僚，卒以此得谤。是年冬，病卒。郑怀德为之奏请追赠，不许。明命元年，追给墓夫。嗣德五年，补祀中兴功臣庙。静文学该博好吟咏，尝与郑怀德、黎光定相唱和，有《嘉定三家诗集》行世。子国瑞。

——《大南实录正编列传初集》卷十一《诸臣列传八》，十二至十三；［127］1139

黎伯品，嘉定平阳人。祖隆居广平，世业儒医，后徙居嘉定。父评官至翰林院制诰。品天资敏悟、博猎文史，起家国子监侍学，迁翰林院，寻出为镇定记录。嘉隆元年，迁广南该簿。三年，升刑部右参知充如清正使，与甲乙副使陈明义、阮登第兼递谢恩、岁贡二礼。四年，公回。

——《大南实录正编列传初集》卷十二《诸臣列传九》，二至四；［129］1141－［130］1142

阮祥云，广南延福人。初寓嘉定，丙辰应试，二场中格，补府礼生，擢侍书院。丁巳，从驾征广南。寻转内侍书院奉旨。己未，从驾征归仁，迁肃直卫参论，转正营知簿，管内图家。辛酉，从驾克复富春，因从使部郑怀德等如广东采办。及还，管内图家如故。

——《大南实录正编列传初集》卷十二《诸臣列传九》，六至七；［131］1143

张福教，嘉定新隆人……嘉隆十年招来京，迁河仙镇守。……教至镇，政尚宽简，不事烦扰。整军寨、招流民、设学舍、垦荒田，经画街市，区处汉人、清人、腊人、阇婆人，使以类聚。河仙遂复为南陲一都会云。

——《大南实录正编列传初集》卷十四《诸臣列传十一》，十五至十六；［157］1169－［158］1170

潘文赵，永隆保安人。美壮貌，勇敢善战。……嘉隆三年，有事邦交，与户部阮文谦、参知阮廷德往河津接清使。

——《大南实录正编列传初集》卷十六《诸臣列传十三》，四至六；［174］1186－［175］1187

陈公宪，广义彰义人。有气节，少业儒。家贫早孤，事母至孝。……壬戌春，西贼阮光缵入寇犯长垒，帝亲征。宪率水兵击贼，俘获贼尚书阮世直及贼卒甚众，帝赐之龙牌督战。五月，大兵进取北河，宪从文张进攻乂安、山南下，皆下之。驾至昇隆，宪以本职行海阳镇守。癸亥升掌奇，领镇如故。会海匪乌石二公掠白藤【江名，属广安】，侵入古法【江名，属海阳】。宪与副将阮廷得、兵部邓陈常督兵击走之。……性好文学，公事之暇，因集平日所经海程陆路有记载者演为国音，名曰《大越水路程记》。又令府县述所在山川、风物、土宜、四民、技艺，为

《海阳风物记》。又购史选私本，略备朱子《纲目》、了凡《纲鉴》诸史，令督学阮体中及助教乡贡校正，名曰《历代史纂要》，精拣《故黎四场文体》，并付锓梓，以公传习。建瓦屋于城之左名“海学堂”藏其版，后输于京藏国子监。

——《大南实录正编列传初集》卷十六《诸臣列传十三》，十八至二十二；［181］1193－［183］1195

潘正仲，亦不知何所人。有文学，中兴初官翰林院制诰。……己酉夏，与知簿林提、行人阮文东奉使，赍国书、方物搭从商船投递两广总督。船至虎门，遭风覆殁。仲赠记录，提赠该簿，艚东赠该队，俱得预列祀嘉定显忠祠。提，籍贯失详。东，嘉定平阳人。

——《大南实录正编列传初集》卷十九《诸臣列传十六》，六至七；［204］1216－［205］1217

黄玉蕴，嘉定平阳人。戊申投军，补左军营书记。……嘉隆元年，迁刑部右参知，充如清乙副使。及还，参理北城刑曹。五年，领乂安协镇，以母忧去职。九年，复领北城刑曹。丁丑年卒，子庆。

——《大南实录正编列传初集》卷十九《诸臣列传十六》，七至八；［205］1217

黎正路，广平丰登人……路少以文学世其家，遭兵变，甘于隐遯。……嘉隆元年夏，从驾北伐，西贼悉平。其秋，有事邦交，与陈明义奉充谅山关上候命。四年，升礼部右参知。十二年，充乂安试场提调，复充嘉定试场提调。十六年春，卒。

——《大南实录正编列传初集》卷十九《诸臣列传十六》，十四至十五；［208］1220－［209］1221

阮公捷，承天海陵人。辛酉投忱，历官户部佥事，寻出为南定协镇，召还升户部右参知兼管内图家。明命二年（清道光元年，1821年），有事邦交，与武曰宝充嘉橘公馆接候使，还领职如故。捷娴熟故典，明习宪章，常公暇编缉上自郊、庙享祀，以至疆域里数、丁田税例、职色兵民，缕析条分，汇成六卷，颜曰《仕宦须知录》献之。

——《大南实录正编列传初集》卷二十《诸臣列传十七》，六；［212］1224

阮春晴，承天香茶人。……嘉隆十八年（清嘉庆二十四年，1819

年），召还，升勤政殿学士充如清正使，及还，升太常寺卿参陪礼部事。明命元年卒。

——《大南实录正编列传初集》卷二十《诸臣列传十七》，七至八；［213］1225

阮攸，河静宜春人，黎春郡公阮俨之子，参从阮偘之弟也。……嘉隆初，授常信知府，寻以病辞。十二年（清嘉庆十八年，1813 年），升勤政殿学士充如清岁贡正使。及还，升礼部右参知。明命元年，复有使命，未行，寻卒。……尤长于诗，善国音。清使还，以《北行诗集》及《翠翘传》行世。

——《大南实录正编列传初集》卷二十《诸臣列传十七》，八至九；［213］1225－［214］1226

吴位，河内青威人。……嘉隆初，召授翰林院，寻迁吏部佥事、出为谅山协镇，寻充如清乙副使。……明命元年，充如清正使，至关上展缓使期被谴。及如清至南宁府，道卒。帝闻位讣曰："位死于国事，前日虽有展期之失，出于办公，亦可垂轸。"命赐白金三十两给其家。及丧还，命官谕祭，加赐白金一百两。

——《大南实录正编列传初集》卷二十《诸臣列传十七》，九至十；［214］1226

郑献，清葩永禄人，郑族属也。己酉，黎主遭伪西之变出奔于清，献与黎倜、黎治、李嘉猷等从之。至梧州，清人诱以薙发，献等抗节不屈，俱送燕狱凡十六年，备尝艰苦。嘉隆三年，清人乃送之还。帝嘉其节义，召见赐坐，慰问恩遇甚优。倜、治辞不复仕，乃授献侍中学士，寻升署兵部参知，从北城办事。明命元年，有事邦交，诏充关上候命。以淹延被谴，献惶恐谢罪，释之。二年卒。

——《大南实录正编列传初集》卷二十《诸臣列传十七》，十至十一；［214］1226－［215］1227

李嘉猷【一作秉道】，河内金榜人。初，举黎乡贡，从黎主出亡。及还，与献俱侍中学士。嘉隆七年，迁广德该簿。十年，寻调监督北城铸钱局及铜铅诸矿。……寻卒于官。

——《大南实录正编列传初集》卷二十《诸臣列传十七》，十一至十二；［215］1227

武桢，字维周，别号莱山，又号兰池渔者，北宁良才人。祖希仪举黎进士，官至兵部尚书陪从。父梠举黎乡贡，官至参议。桢少颖特，读书过目成诵。年十七领乡荐，以祖荫补国威知府。伪西之乱，黎主既归国，召入侍。当是辰，阮有整挟功骄横……后整败，黎主出奔，桢与父梠迎回其家，尽倾资产以充赏给。黎主使黎倜等如清求援，父子奉黎主往来京北、海阳、山南上下间，居无定所，寻又潜入悬钉山中等待清兵消息。及孙士毅兵至，其黎文武旧臣各自逃避，无一效用。黎主独使桢往迎谒，且奉牛酒犒师。士毅诘以国情，桢随事回答，清人称其办。黎主既复国，授桢参知政事。才数月，清兵败，黎主复奔如清。桢从之不及，遁隐村里，不肯浼伪。嘉隆元年，大兵既克北城，诏收录黎旧臣，桢与阮维洽、黎维亶、阮辉瓒、吴暹、阮廷赐、阮瑝、范适、武廷梓、阮辉傥等十人同被召。谒见行在，从容赐坐，慰问赏赐甚渥，各授以官。桢为侍中学士，扈驾来京。……八年，充如清贺寿正使。及还，与阮文诚、陈宥钦修律书。……桢学问渊博，文章典丽，嘉隆初，诏册文辞多出其手。所著有《使燕诗集》《宫怨诗集》《见闻录》行世。

——《大南实录正编列传初集》卷二十《诸臣列传十七》，十二至十五；[215] 1227－[217] 1229

黎维亶，北宁安丰人。黎己未科进士，历官海阳督同。丁未，伪西攻黎，亶与陈名案如清求援兵，路阻不达。黎亡，不仕伪，遯居民间。嘉隆初，与洽等同被召，授金葩殿直学士领谅山协镇。……六年充山南试场监试，寻卒。亶在职十一年，政有美绩，吏民思之。

——《大南实录正编列传初集》卷二十《诸臣列传十七》，十六；[217] 1229

阮瑝，乂安清漳人。黎己亥科进士。瑝进士阮仲常之孙、阮仲铛之侄，官至山南宪察使，奉使如清。叔侄同朝，三世奉使，人皆荣之。

——《大南实录正编列传初集》卷二十《诸臣列传十七》，十七；[218] 1230

阮文诚，其先承天广田人，曾祖算徙嘉定，祖性迁平和，父贤复徙嘉定。……诚状貌魁伟，性沈毅，好读书，善武艺。……其秋，升为管先锋营，领西洋、齐桅诸大船，以图征进。……戊午，有齐桅海匪负海为梗，诚设计擒之，海道以怗。诚欲通使于清以间西贼，乃与邓陈常上疏，以为："今我与西贼正所谓以国敌国，势不得不伐交求援使贼势日孤，方为万全之良策。且清人自有事于北河为西贼所挫，能不痛心疾首、积憾贻惭？姑释此以俟可乘之机。会今清嘉庆帝甫嗣位，一初振刷，想非复乾隆年间气象。清人患海匪，控制未得其术，曾檄西贼查缉，彼亦等之闲忽。则清人之恨不止海匪，亦必移怒于西贼者矣。惟山川险阻，俗异音殊，若再动兵，恐难卒胜。且南北程途悬隔，事势难知，他亦以西贼奄有南越提封无以为敌，其虚实强弱仅得于商客传闻，未为深信，故徘徊伺望未决师期，在此容或可诿。今我兵自沱灢奏凯以来，海匪乌船俘获者众，臣等欲因事就事谨缮表文，以匪船数艘为献款之媒，清帝必将嘉纳，不忍以寻常眇我。若得临庭面觐，随宜开阖、折辨是非，一则提说西贼外帝内臣，投彼所忌以构其隙；二则探问黎皇，潜通消息，俱与之力请。他犹有礼义廉耻之风，肯容置之不问，其为利岂小小哉？倘他或逡巡，义激之而不能动，然亦显我名节而扬能夏之声，足以起人敬畏，于事无妨。但念使事匪轻，实赖一言而能国，自非博学烛理之士不足以当之。臣请举二人：一是东宫侍学姓吴名静，永镇记录姓范名慎，虽非古良使之才，而其持守稍固、学问稍长，亦不至辱君命矣！"帝善之。……夏五月，改元嘉隆元年。帝大举北伐……九月，帝将回銮，乃以诚为北城总镇，赐之敕印，内外十一镇皆隶焉。……帝好观古史，尝称唐文皇致治之美，诚进《贞观政要》书。二年……九月，齐桅海匪掠广安。诚分遣弁兵讨平之。……三年，有事邦交，充受敕官。……五年，稽办兴化疆界。及六猛事迹以闻，且请移书清督详核召晋、莱州疆土，及赖猛、剌猛、丁猛、校猛、蚌猛、弄猛六猛疆界故事，祈委员会同申画地界。帝未遑边略，寝不报。其冬入觐，又进内外十一镇及各府州县地图一百六十四本。……表进《大学衍义》，输印板藏于国学。……十年，修律例，充总裁。诚与朝臣阅读酌定去取具本进览，及大小狱具亦酌轻重著为定式。……寻奉诏修国史，充总裁。因进《武备志》《四夷类志》诸书。十一年三月，孝康皇太后宁陵礼，诚与范文仁、阮黄德充总护使。既而，奏上封事六条："一请早建储贰以镇人心；二请览律书付梓颁行以明法纪；三请选儒臣以充史局；四请开乡试以励士心；五请戒敕官司以清滞狱；六请制服邻国以静边尘。”帝皆称善之。……十二年，诚与武祯等次定律例，凡三百九十八条，书成二十卷以进。帝亲自裁定，复命为之序。寻，付锓颁行。

——《大南实录正编列传初集》卷二十一《诸臣列传十八》，一至三十三；[221] 1233－[237] 1249

黎文悦，其先广义彰义人。父檖徙居定祥，生四男，悦其长也。生而隐宫，形体短小精悍有材力。年十四五尝私自叹曰：“生于乱世，不能建大将旗鼓、垂功名竹帛，非夫也！”庚子，世祖正王位于嘉定，悦年十七选充太监，内庭事甚办，迁属内该队，管属内二队。……尝从征伐，与诸将论兵，世祖闻而器之。……十一年……悦还自广义，帝谕以处置暹腊事宜，即令出领嘉定总镇，遥领平顺、河仙二镇。……十二年，悦与仁静奉诏大发舟师一万三千余人送藩王匿禛回国。……及悦至，暹人慑不敢动。悦明号令、禁掳掠，腊民赖以安堵。暹王及暹将各具宝货品物送赠于悦，悦以“人臣义无外交”，不敢私受，具以事闻。谕令悦受之。又令城臣支出官钱一万缗，采买清货发到军次，充为悦私物，送好于暹以答来意。……

——《大南实录正编列传初集》卷二十二《诸臣列传十九》，一至十六；[240] 1252－[248] 1260

阮有慎，承天海陵人。初浼伪，官侍郎，辛酉效顺。嘉隆元年，授翰林院制诰，寻迁吏部佥事。七年，出为广义记录。寻征还，升吏部右参知，奉使如清。广平该簿黎得秦、吏部佥事吴俊充甲乙副使与之俱。慎等陛辞，帝谕之曰：“尔等将命出使，当慎乃辞令以重国体。”九年，慎自清还，以《大清历象考》成书进。帝问之，慎奏言：“敬授人辰，有国之先务也。我国《万全历》与大清《辰宪书》从前皆用明大统历法，三百余年未有改定，愈久愈差。清康熙间，始参西洋历法汇成是编。其书步测精详，比之大统愈密，而三线八角之法又极其妙。请付钦天监，令天文生考求其法，则天度齐而节候正矣。”

——《大南实录正编列传初集》卷二十六《诸臣列传二十三》，六至七；[290] 1302－[291] 1303

阮有慎子有绚……嗣德五年，充如清乙副使。及还，路阻，卒于梧州。赠太仆寺卿，给银五十两。

——《大南实录正编列传初集》卷二十六《诸臣列传二十三》，九；[292] 1304

阮嘉吉，北宁文江人。登黎召统丁未制科进士。黎亡，浼伪为归仁督学。己未，效顺。嘉隆初，授勤政殿学士办北城词章。寻，充如清甲副使。还迁礼部左参知。因以诈冒封神敕下狱，案上，削籍留于京。寻卒。

——《大南实录正编列传初集》卷二十七《诸臣列传二十四》，二十一；[304] 1316

何喜文，清四川人，白莲教余党也。初聚众海外，号为天地会，抄掠闽粤间。丙午春，喜文泊昆仑岛间。帝驻跸望阁，意欲效顺，乃令其属梁文英、周远权、黄忠仝等投款，帝嘉纳之。丁未秋，帝自暹回銮，至古骨岛遣阮文诚、阮太元等往招之。喜文以兵船归附，授巡海都营；其属梁文英等授统兵、总兵、飞骑尉有差。美湫之战，官军失利，喜文退泊昆仑。戊申，招诣行在，赐之钱一百缗、米二百方、绢布二十余匹。喜文率兵从官军讨贼。乙酉年，乘战船越归仁，历顺化、北河打探贼情，寻往廉州诏谕齐桅海匪船二十三艘归顺。庚戌，从阮文诚守角鱼堡。壬子夏，从驾进攻归仁。喜文善水战，管率唐兵常从征伐，历著战功。辛酉冬，病卒于军。帝悼惜不已，厚赐官衾殡葬。嘉隆三年，列祀嘉定显忠祠。六年，赠召毅将军、水军统制、上护军，定望阁功，列在二等，给墓夫。

——《大南实录正编列传初集》卷二十八《诸臣列传二十五》，一至二；[306] 1318 - [307] 1319

张公引，清福建人，南来投忱。中兴初从戎有功，历官中军营钦差掌奇管全勇道讨贼又管新旧唐人，寻卒。

——《大南实录正编列传初集》卷二十八《诸臣列传二十五》，二至三；[307] 1319

阮氏金，北宁良才人，黎召统之宫人也。己酉初，黎主援清兵复国为西贼所败，黎主奔清。氏弗及从，潜匿村邑，人莫之知。嘉隆三年，黎主榇自清还至北城。氏赴丧恸哭，语家人曰“吾事毕矣”，遂仰药死。总镇阮文诚给之钱锦殓葬，具事以闻，请旌表。下礼部议，请赐扁额[①]。

① 扁为“匾”本字，“扁额”即“匾额”。

乃命北城臣建石碑于其乡，镌曰：“安贞殉节阮氏金之门”，给墓夫二人，祀田二十亩，令黎族监其祀。

——《大南实录正编列传初集》卷二十九《列女传》，九至十；[315] 1327 - [316] 1328

阮文岳，归仁【今平定】符篱县【今符吉】人。其先乂安兴元人，四世祖黎盛德间为我军所俘，处之归宁【今怀仁】西山一邑【西山有一、二两邑，今安溪、久安二村】，父福移于坚城邑【今富乐村，属绥远县】，生三男，长岳、次吕、次惠。岳以贩芙为业，尝商于蛮，途经安阳山得一剑，自谓神物，挟以诳众人，多信之。又尝从教献【缺姓】游【献，外右张文幸门客也。幸为张福峦所杀，献亡命入归仁，寓安泰邑，设文武教场，岳兄弟从学焉】，献奇其才。后岳为云屯巡卞吏消负税钱，征腾拘追甚急，遂入山为盗。献私谓岳曰：“谶语云：‘西起义北收功’，汝西山人，其勉之！”岳以为然，暗自喜。睿宗皇帝继统之六年【黎景兴三十二年，清乾隆三十六年】，岳遂于西山上道设立屯寨【上道即蛮中下道，即坚城邑】，招纳亡命，一辰犷悍无赖者多归之。……遂至归仁，建西山旗号，分置中、前、左、右、后五屯，相率而前，至广南界。……由是贼势日炽。清商集亭、李才等亦皆聚党应之，岳结为助，号集亭为“忠义军”、李才“和义军”，又取土人高大者剃头编发与清人杂，战则醉饮裸身颈悬金银纸以示必死，每为前冲官兵莫能抗者。是年十二月，节制尊室香率内军及诸亲兵大剿，进至碧鸡山【属平定符美县】为贼将集亭、李才伏兵所杀，余众皆溃。……乙未……其冬，尊室鬖、尊室春起兵于广南，以张福佐为谋主，又有清商名悉以家资亿万助之，军势大振，据升、奠二府。……庚子……夏四月，平顺节制尊室裕以和义道兵入援，斩范彦于参良桥。岳恨和义之杀范彦也，凡清人不论兵民商贾尽捕斩之，投尸满江。……戊申冬，召统帝引清兵入据昇隆。惠称帝大举而北，黎主出奔，遂并有安南之地【语见惠传】。

——《大南实录正编列传初集》卷三十《伪西列传》，一至十五；[319] 1331 - [326] 1338

阮文惠，岳之弟也。声如巨钟，目闪闪若电光，狡黠善斗，人皆惮之。……【初昇隆失守，召统帝遣侍臣黎侗与尊室数十人扈国母阮氏及宫眷如高平依督镇。阮公宿通书龙、凭营，求两广总督孙士毅提兵赴援。巡抚孙永清曰："开边大事，利害不细，请熟筹之。"毅曰："贡臣之难不可不救，若以伦荒赐隔，则九夷八蛮之臣事中国者将安赖乎?"乃召黎倜等问状。倜等言："黎氏有国三百余年，以恩惠结民心，以礼义培士气，故虽叛逆僭干，而戴旧之人心犹昨。只以郑氏胁制，人情愤惋，西山乘衅以扶黎灭郑为名，故国人遂不之拒。不意彼既得志，愈肆猖獗，窃据国城，致嗣君播迁于外。由是耰锄棘矜处处并起，咸称黎氏，不谋同辞。如蒙上国垂字小之仁，偏师压境为之声援，国人闻之，孰不兴起誓志复雠，想亦不至甚费天朝兵力也。"毅即派左江兵备道汤雄业护黎国母及宫眷至南宁城安顿，遂上表略言黎氏贡臣该嗣孙例应承袭，不幸该国破灭，该母妻款关哀诉，情实可怜。"清高尊览奏，语内阁大学士和珅曰："安南黎维祁虽未受封，然是应继之人。兹尚在国中，自图兴复。国人尚怀戴旧，亦有可了之理。阮惠恃强夺国，法所不容。已派广西兵以备调遣，若仍前猖獗，即率大兵四面会剿，明正其罪。"著传谕士毅先行檄送安南，俾咸知之。毅续奏："安南，中国故地，若复黎之后因以兵戍之，是存黎而得安南，尤为两得。"抚臣孙永清抗疏言："方今黎阮相争，黎必为阮所并，莫若按兵不动，然后乘其弊而取之，未为晚也。"清帝竟从毅请，永清以与毅不合，称病不行。毅独奉诏率两广、云贵两路兵二十万分为二道：一从谅山来，毅率之；一从宣光来，贵州总兵率之，并听毅节制。先遣阮辉宿回寻召统帝所在。先是，召统帝在保禄山中崎岖谿峒潜往海阳、山南纠合义旅，为文楚所破于梧桐，复驾海入清葩微服回京北之凤眼，密使亲臣陈名案、黎维亶间道如清请援，至太平闻清已出师乃还。士毅已抵关，腾书告谕："有能生获伪惠时，身解纳者为首功!"西将阮文艳、潘启德守谅山，见檄文惶恐，一日之间士兵逃去大半。启德先诣关，上降文；艳自度孤军不支，敛众夜遁】。及召统乞师，清孙士毅驱兵临境。吴文楚初闻报，使文臣阮衙等赍崇让公维禥及臣民禀文三道诣军次求缓师，士毅却之。楚乃会诸将商议战守，吴壬议退保三垒山，水陆相通，据险以守，遣人驰书告急。楚乃密传京北、太、凉诸镇，声言会筑月德江土垒而潜收军以归，移咨海阳、山西诸镇守刻日会北城山南镇整饬船艘，候水军至并发【辰，分派已定，忽报清师已入关，楚谋引退。璘曰："兵不以众，国不以大，今握兵居外，敌来不战，但被虚声恐喝遽尔退缩，何以将为！"遂驱兵北洝，夜至月德江南岸，闻清师已次三层山，璘督将士冒寒乱渡，多溺死，及岸者又为清逻卒所灭。璘急挥军退，单骑走回。楚大惊，秘其败，令诸军肃队而行，至三层山分屯固守。急使阮文雪（一作丁公雪）驰回告急。毅既抵京北，召统帝巡师一路启行，直抵珥河津次毅军南岸沙堆中，造浮桥以通往来。次日，宣封召统帝为安南国王（辰，戊申十一月二十一日也）】。楚既退北城诸镇，黎复遣莅其地，文武犇播，诸臣陆续诣都城拜谒，咸请毅出师。毅曰："岁聿云暮，何事仓皇。无急战瘦敌，我正肥之，使自来送肉耳。"传令诸军下寨安歇，订以开春正月初六日出师。惠得报大骂："何物吴狗敢尔猖狂！"即下令举兵。诸将咸劝，请先正位号以系人心。惠乃筑坛于屏山之南，以十一月二十五日自立为帝，改元"光中"。即日，大率将士水陆齐进。二十九日，至乂安驻师。留十余日，增拣乂安民三丁取一，分顺、广亲兵为前、后、左、右四营，而乂安新兵为中军，得胜兵十万余，战象数百匹，大阅于镇营。惠亲骑象出营劳军，遂下令进发。十二月二十日至三垒山，楚、璘于道旁拜伏请罪。惠曰："汝等罪该万死，姑念北河初定，人心未附，汝等能全师以避其锋，内激士气，外骄敌情，亦是诱敌之计。今姑准带罪立功，以观后效。"乃大飨将士，语之曰："今且先行元旦节礼，俟开春初七日入昇龙城再开筵宴，汝等各记我言诬乎否也。"乃传令三军听候差派：大司马楚、内侯璘将前军为先锋，呼虎侯将后军，大都督禄、都督雪将左军水师属焉；越海入六头江，雪等仍于海阳经略为东道之应，禄取道疾趋谅江、凤眼、安世等地方以遏截清兵归路。大都督保、都督谋将右军，象、马属焉，谋穿出彰德，取路直趋清池之仁睦，以横击田州军屯；保专统象军，由山明出清池之大盎为右支之应。五军皆拜军令。除夕日，师渡涧水。黎山南镇守黄冯义军先溃，清人之远斥堠者掩捕尽歼之，是以绝无兵报。自昇隆坞门至上福河洄，清人连结屯堡，架起大炮，屯外暗伏震地雷，防备甚固。己酉春正月初三日夜半，惠兵至河洄密围其屯，以军筒传呼应者迭诺近数万人，屯中股栗不战自溃，尽获其军资器械。初五日黎明进逼玉回垒，垒上弹如雨落。惠令战士蒙木板以冲阵，而自驱象督其后。既破垒门，各掷木板于地，以短刀乱砍之，清师抵敌不住，奔溃四散，遇伏机反为震地雷轰发，死伤甚多。西师鼓噪长驱，连破文典、安决诸屯。清提督许世亨、总兵张朝龙、尚维昇、田州知府岑宜拣皆死之。毅在沙洲闻报，单骑北走。将士争桥以济，桥断，拥挤死者以万数，珥河为之不流。是日，惠驱兵入城，所服战袍变为焦黑色，皆火药气也。召统帝亦仓卒渡河，从士毅北上。于是黎亡，惠遂并有安南之地。士毅既败，惠使兵追之至谅山关，声言过关驱逐，厮杀无遗，要跟寻召统帝所在。清人大震，自关以北老幼扶携奔走，数百里绝无人烟。云贵道兵初下山西，闻毅败，亦取路急回。清帝即降旨以阁臣福康安代毅为两广总督，提督九省兵马，调兵五十万，刻日赴南关经理安南事【初，清帝遣毅出师，寻有密谕毅缓行无急。先传檄为之先声，放黎故臣回国，寻黎嗣孙出头与阮文惠对敌，若惠退避，因使黎嗣孙追蹑而以大兵继之，则不劳而成功，此策之上也。如通国之人左右袒各半，惠若不退师，俟闽、广水师放洋先攻顺、广，即以步军前进。惠腹背受敌，势必归服我，因而两存之。顺、广以南割以棲惠，欢、爱以北复以封黎，因顿大兵于其国以遥制之，俟后别有处置。及毅狼狈北走，所带敕书遗弃于道。惠得之，语吴壬曰："我看清帝敕书不过视强弱为左右耳，存黎之举非出本心，特假此为名而实图自利而已。今一败之后必以为耻，断不干休，但两国交兵亦非生民之福，今惟有善于辞令方能弭得兵端，此事须御主之。"乃命凡俘获清人，各给与口粮，择地安顿】。适左江兵备道汤雄业移书略言：黎维祁弃国而逃，天朝断不复以安南畀之，可趁此未奉谕之前，委人叩关吁求，庶可仰邀恩典。惠得书，知清人欲讲和，心易之，乃使其将呼虎侯递表求为安南国王【表言："臣本西山布衣，乘辰举事。丙午兴师灭郑，还国于黎。前黎王谢世，又拥立嗣孙维祁袭。维祁为人淫暴，国内之臣若民奔愬于臣，请为出兵除乱。丁未，臣遣一小将以兵问其左右之助桀者，而维祁望风宵遁，自贻伊戚。戊申，臣进至都城，复委前黎王之子维䄔监国。经遣行价叩关，备以国情题奏，而维祁之母先赴斗奥隘委身乞援，孙士毅以封疆大臣却为财色之故，将臣之表章裂掷于地，凌辱行价，意欲动众兴戎。不知此事果出大皇帝差遣，抑或士毅为一妇人所使悻边功以邀大利也。夫以海濒一带人士甲兵不当中朝之万一，而深涧在前，猛虎在后，众情怕死，咸思奋励。臣不避投鼠之谤，遂以三五邑丁相从。今年正月初五日进至都城，冀与士毅一见或得以玉帛代干戈、转兵车为衣裳之会。乃士毅之兵先来迎战，才一交锋奔溃四散，其走躲城外村庄，又为环城民歼杀殆尽。臣入城之日立即禁止不得妄杀，一切送到都城。该八百余口，臣已给之禀食。窃念本国自丁、黎、李、陈以来，世代迁革不是一姓，有能为南郊屏翰栽者培之，惟至公至仁而已。伏惟体天行化顺其自然，恕臣迎敌孙士毅之罪，谅臣数番款开陈奏之诚，锡臣为安南国王。俾有统摄，臣谨当遣使诣阙奉藩修贡，并将见存人口回纳以表至诚。夫以堂堂天朝较胜负于小夷，必欲穷兵黩武以快贪残，谅圣心所不忍；万一兵连不止，势到那里，诚非臣之所愿，而亦不敢知也。”汤雄业接见，大惊，语来使呼虎侯曰：“此非两军交战之日，何乃一味以怒气行事，如此立言欲邀封爵乎？抑欲要起兵端乎？”缴其表不肯达】。遂留吴文楚守北城，语之曰：“凡中朝词令专委吴壬与潘辉益，往复均听便宜处置。事无关紧，不必禀报为也。”乃引众南还。已而，福康安抵粤西，专意讲和，移书以利害譬谕之。惠亦以金币厚遗求为玉成，遂改名“光平”，遣其侄阮光显并陪臣武辉瑨赍递贡品叩关，恳请入觐。清帝嘉悦，遂准其奏，复谕以开年亲自觐阙【表文略曰：“臣起西山，先有广南之地，与黎氏本无有上下之分。上年曾遣人叩关，备陈与黎氏构衅缘由，边臣驳书不即递达。及官兵出关征剿，臣于今年正月前至黎城，欲向黎维祁询问吁请天兵之故。不料官兵一见，奋勇杀戮，臣手下等猝难束手就缚；又值江桥折断，官兵致有损伤。不胜惶恐，已屡次遣人叩关请罪并送回未出官兵，其戕害提镇之人业已目睹正法，本应躬诣关庭陈情请罪，因国内初罹兵革，人情未安，谨遣亲侄阮光显随表入觐。”表文皆福康安导意也，清帝览表嘉悦，准光显进京。谕惠曰：“尔虽自愧惧，其抗拒官兵、伤及提镇之咎究难解免。若非诣阙请罪，遽邀封号，天朝无此体制。尔既未列藩服，所有贡物未便收纳。如必欲输诚纳款，开年值朕八旬万寿亲自赴京吁恳，请其提镇等阵亡当于安南地方建立祠宇，如此朕必格外加恩，或即封以王爵，世世孙孙可以长守安南。至如黎维祁柔懦无能，弃印逃窜，不忍加之诛戮，仅令在桂林省城安插，断无乘尔入觐复将送回安南令其主国之理，尔可无所疑虑也。兹特赐尔珍珠手串一挂，当祇承恩命以永承渥眷。勉之”】。惠复上谢表，请以开年入觐，清帝信之，即册封为安南国王，命广西候补成林前往。既抵关，惠托言昇龙旺气消歇，邀请往富春。成林以非例不肯往，惠遂托病牵延，始以甥范公治诈冒行之，寻遣赍方物谢恩【惠谢恩，且言家有老母，要请人参寿品。清帝发尚方开东参一斤，驰驿赐之。谢表有云：“臣有母、有亲，报答仰凭于大造；君为师、为父，生成深冀于隆霑。”清帝批曰：“此语可嘉，朕不忍不以子视汝”】。庚戌春，福康安促惠治装【惠复托言母死，请以子光垂代己入觐。康安不可，密使人往关上委曲诱掖，如不得已，须以状貌类己者代之】。惠乃以范公治冒己名，使其臣吴文楚、邓文真、潘辉益、武辉瑨、武名标、阮进禄、杜文功偕，例外贡雄象二匹。驿递劳顿，沿途苦之。两广总督福康安、广西巡抚孙永清伴送抵京。清帝欲表异之，赏赐甚渥【到热河行宫入觐，行抱膝礼。御笔“拱极归诚”四大字并对联一句：“祝嘏效尊亲永矢丹忱知弗替；觐光膺宠锡载稽青史未前闻”。御诗一章：“瀛藩入祝值辰巡，初见浑如旧识亲；伊古未闻来象国，胜朝往事鄙金人；九经柔远祇重驿，嘉会于今勉体仁；武偃文修顺天道，大清祚永万千春。”以赐之，赏赐衣服、器皿，与亲王同加赏银一万两。及陛辞回国，宣近御榻旁亲抚其肩，慰谕温存，令画工绘其形赐之】。及归，驰赐“福”字及尚方珍玩，使者络绎于道【先是召统帝如清，其弟维祇占据宣光、高平地方，依土酋侬福缙、黄文桐，连结万象、镇宁、郑皋、归合诸蛮，谋破义安城。惠命义安督镇阮光耀为大总管、都督阮文琬率精兵五千，从义安上路击之。六月，克镇宁擒其渠佋娇佋难。八月，灭郑皋、归合。十月，万象国长弃城走，获其象马钲鼓，长驱至暹罗界，斩其帅左潘客、右潘超，遂还师保乐。黎维祇与福缙、文桐势力不敌，俱遇害。惠遣其臣武永城、陈玉视如清献捷，名为恭顺，实则夸示也。复请于高平之平水关、谅山之油村隘开市通商，抽免商税，南宁府设立牙行。清帝皆许之。初兴化六州、宣光三峒，黎末为清土司侵占，累次申办不能得。惠移书两广总督请申明故疆，广总以疆界已定却其书，惠由是稍不平，励士卒造船艘，阴有窥觎两广之志。尝语将校曰：“假我数年畜威养锐，吾何畏彼哉”】。惠既得志，偃然以帝制自居。……两广乌艚海匪为清人驱逐，势迫投归。惠收其头目授以总兵，又纳天地会匪党乘间出没，海道为之不通。清阃臣亦畏其强，不之诘也。壬子，惠令修表如清请婚以探清帝，意欲借此为兵端。会染疾，不果往。……九月二十九日，惠死，僭位五年，年才四十。太子光缵嗣伪位。十月，葬于香江之南，伪谥“太祖皇帝”。遣侍中大学士吴壬、户部左同议阮曰值、户部左侍郎阮文宷如清告哀，诡言惠遗嘱死后葬于北城之西湖，庶得近依天阙。清帝信之，赐谥“忠纯”，亲制诔诗一章【外邦例以遣陪臣，展觐从无至己身；纳款最嘉来玉闲，怀疑堪笑代金人；秋中尚忆衣冠肃，膝下浑如父子亲；七字不能罢哀述，怜其忠悃出衷真】，加赐大哈达一件【佛像也】、银三千两俾作孝事。派广西按察使成林赍芩塘【属青池县】假墓谕祭，文有曰：“祝釐南极效忠特奖其趋朝，妥魄西湖没世无忘于恋阙”。诔章刻石竖于墓左。

——《大南实录正编列传初集》卷三十《伪西列传》，十七至四十三；［327］1339－［340］1352

阮光缵【伪号“景盛”，又改“宝兴”】，光缵名札，其母范氏归仁府人，与刑部尚书裴文日、太师裴得宣同母异父，年三十伪册皇后，生三男二女，缵乃嫡子也。初假伪王入觐，清帝敕封光垂为安南国王世子，后知垂庶出，乃改封缵为世子，加赐玉如意、锦荷包。壬子，惠死，缵年方十岁，改明年癸丑为伪“景盛”元年，遣吴壬等如清告哀请命。壬等未出关，清帝先得两广总督奏报，即降旨封为安南国王，派广西按察成林如北城宣封。缵亦假他人受之，清使亦心知其诈也。缵既袭封……缵年幼徒事嬉游，凡事皆决于得宣。……癸丑，我兵围归仁，岳遣人告急。缵命范公兴等赴援。我师既回，兴等逼岳而据其城，岳愧愤死。……己未，我兵复进攻归仁……我兵既克归仁，遂改其城曰平定城。……辰我上道典军刘福祥等连接万象、镇宁攻扰乂安城，清葩以外诸镇土司各起义兵策应，西洋道长亦驱扇本国道徒所在蜂起，北城忠义多航海投诚为官兵出力。诸镇人民每见南风起，辄相庆曰：“旧主来矣！”……辛酉，我世祖亲董舟师直入施耐海口……五月初一日入思容海口……我师乘胜而前，缵兵望风先溃，大兵直抵京都。初三日，缵携宝器北走，委弃清朝所赐敕印。……五月下旬，缵至北城，居光垂府第。……是月改伪号为“宝兴”元年。……筑圜丘于椰市门外，甃方泽于西湖，以冬夏二至分祀天地。亲临国子监考课学生，优者赏之钱。遣阮登陡等如清岁贡且乞援。辰，我使郑怀德已如广东纳伪西敕印，嘉庆帝纳之，而逐登陡等回。八月，缵遣其弟光垂打点兵马，先就乂安镇屯驻。十一月，缵留光绍、光卿守北城，亲督四镇与清乂兵三万自将而南……少尉邓文滕、都督力【缺姓】连结齐桅匪船百余艘横列瀛江海外，兵势甚盛。……壬戌……六月十六日，光缵自度势不能支，与其弟光垂、光绍及司马阮文用、阮文赐，都督秀等渡珥河北走。至昌江夜驻，村民谋劫之。光垂自缢，秀及其妻亦自缢，缵为凤眼民【名禝詹】擒获，槛送北城。

——《大南实录正编列传初集》卷三十《伪西列传》，四十三至五十五；［340］1352－［346］1358

高蛮，一名真腊，一名高绵【绍治初避讳仍号真腊，七年改今名】，本古扶南属国，其后扶南寖微，并于真腊。至唐神龙年间，始分其国为二：半北多山，号陆真腊，地七百里，王号笪屈；半南际海，饶陂泽，号水真腊，地八百里，王居婆罗提拔城。唐世，二国偕来贡，并封王。至宋合为一，号真腊。自安南建国，李太祖顺天三年【宋祥符五年】，真腊始来贡，三年一遣使。寻与占城寇乂安，屡见挫衂，自是遂绝，不通北贡。于元至明初，其王忽儿那多表献方物。至永乐，使复绝，以占城侵扰，不能往也。本朝太祖皇帝初基顺化，特以占城附郭，独先经理，而腊为缓图。太宗皇帝戊戌十年，其王匿螉禛犯边【谨按《嘉定通志》，云国人有名无姓，凡王之子孙皆称匿。螉禛，其名也，而名则以美者命之，虽祖孙同名亦不避讳】，镇边营副将尊室燕奉命进讨，大破蛮兵于兴福城【即今边和省福正县地】，俘禛以献。上赦其罪，命官兵护送回国，令为藩臣，岁修职贡。甲寅二十六年，禛死，匿螉嫩立，其臣乌苔叛，援暹反攻，嫩来奔。命统兵阮杨林等讨之。乌苔走死，匿秋乞降。朝议以匿秋嫡派锡封为正国王，居龙澳城；改封嫩为二国王，居柴棍城，职贡如故。己未三十一年，明总兵杨彦迪、陈上川等不肯臣清，率兵船来归。朝廷方留意真腊东浦地，因纳之，居迪等于美湫【今定祥】，居上川等于盘辚【今边和】，使之辟林莽、立铺市，自是清人、洋人及日本、阇閰诸国商贾凑集，东浦遂为乐土。显宗皇帝戊寅七年，初取东浦地置嘉定府、建藩镇营，斥地千里，得户逾四万。先是，东浦辟土后六年，杨彦迪为其属黄进所杀，腊正王匿秋遂叛，筑罗碧、求南、茶荣三垒自守。

副王匿嫩告变，命万龙统兵进讨，陈上川率龙门余众随之。既诛黄进，腊人震慑，遣女使遥律以金币求缓师。万龙坠其诳，顿兵不进。该奇阮有豪代之，亦逗留误军。将继贬斥，迄无成功。庚辰九年春，阮有镜奉命经略，率诸军分道击之。匿秋弃城走，匿嫩之子匿淹出降。既而，匿秋亦诣军门降，乞修职贡。有镜退兵牢堆，经理边事。及匿秋年老，传位于其子匿深。深疑淹有异志，构兵相攻。淹随大兵进击，匿深弃罗碧遁归暹，淹招之不敢回。秋，愿传国于淹，遂袭封淹为王。淹没，子匿他立。深自暹还，他弗纳。深攻之，他奔嘉定，深复据其国。及深死，诸子【敦、轩、厌三人】争立，官兵讨平之，送他归国。匿原【匿深第二子】援暹攻他，他复来奔，寻死，匿原更王其国。世宗皇帝庚午十二年，原举兵侵昆蛮【顺城部落】。癸酉十五年，统率善政【人名】、参谋阮居贞奉命调五营兵伐之，分道齐进，雷巤、寻奔、求南、南荣四府皆降，原遁走。居贞招抚昆蛮，护其男女五千余人回驻娑[①]丁山。及张福猷代善政为统率逼攻求南、南荣，原走河仙依鄚天赐，愿献寻奔、雷巤二府赎罪。阮居贞为之请，遂归军。既而原死，族叔匿螉润复献茶荣、巴忒二府权监国事，润寻为女婿匿馨所杀，润之子匿尊奔河仙，鄚天赐请以尊袭封。许之，令天赐与五营将士护送归国，尊乃献寻奔、枫龙之地，并割香澳、芹渤、真森、柴末、灵琼五府谢鄚天赐并献于朝。张福猷、阮居贞请移龙湖营【原在丙航处，今属定祥建登县】于寻袍处【即龙湖村，今永隆省莅】，于沙的处设东口道，前江设新州道，后江设朱笃道【后为安江莅】，以香澳五府隶河仙，设龙川、坚江等道。尊既立，真腊伪王匿嫩自暹还，争之弗克。暹王郑国英自率兵来援，匿尊出奔，暹立匿嫩为王。睿宗皇帝乙丑四年，命统率阮久潭、参赞陈福成进讨。郑国英走河仙，匿嫩走芹渤，收复罗碧、南荣诸府。匿尊复国，苦暹侵掠，让其弟匿螉荣为正王，自为二王，以次弟匿深为三王。荣自西山之乱，阴求内叛，不修职贡。丙申十一年冬，我世祖奉上命率副节制阮久俊、掌奇张福慎等将兵伐之，匿荣请降。丁酉十二年，匿荣谋杀匿深，匿尊愤死。……世祖高皇帝己亥二年，命杜清仁等往讨，擒匿荣诛之，立匿

① 即婆。

尊之子匿印为王。……丙辰十九年，匿印卒，匿禛立。嘉隆六年，遣其臣屋牙奔沥来请封，许之。始铸“高绵国王”印，封为“高绵国王”。……世祖高皇帝洞悉蛮情向背，绥抚蛮人者甚诚，制御暹人者甚严。禛晚年多事姑息，政归藩僚，不乐保护。朝廷知其意，招文瑞还。庚辰明命元年，蛮人有僧计者以符咒煽惑藩民，聚党作乱，逼南荣城。禛欲弃城走，嘉定城臣讨平之，斩僧计，事寻定。禛具表陈谢，请留官保护如初。明命二年，命阮文瑞按守朱笃，复领保护事。瑞再来，禛且德之，愿割利㮇八、真森、密律三府地以报瑞，如报鄚天赐故事。瑞以闻，但令受真森、密律二府。……明命十四年夏，犯弁、黎文㑟造反，据藩安城，官兵进剿。其冬，禛遣其臣屋牙折息赍资由安江达嘉定军次，愿派出藩卒从征。诸将军、参赞不许，慰抚来人而遣之。禛又派兵按守地头，拏获逸匪清人二百余犯，转送嘉定军次。……明命十五年……是年，禛卒，无嗣，有女四：玉卞、玉云、玉秋、玉原。……明命十六年，遣使赍彩璧谕祭故王禛，封其次女玉云为高绵郡主，长玉卞、仲玉秋、季玉原并为县君，以守先业。……明命二十一年，改置镇西府、县，府十、县二十三。……是年夏，命官经略镇西，以黎文德充钦差大臣，尹蕴副之。……改封玉云为美林郡主、玉卞为閰安郡君、玉秋为输忠郡君、玉原为辑宁县君。玉卞寻以谋逃事觉获罪，乃封玉云、玉秋、玉原三人，寻移于嘉定居驻，支俸给之。……是年秋，镇西土匪不静，诸府县员多为匪所扰，土酋土民处处蜂起，攻杀汉民。……（绍治）七年春，命使封名墩为高蛮国王，复封玉云为高蛮郡主，使之协管土民，虔修职贡。……其国俗崇奉释氏，本扶南遗教，有一古寺依山峒门横卧一佛像最古，相传为北帝像。又有一塔，其高无量，似出神功，盖千年物也。明命二十一年，致其叶经数箧，其书刺叶成文，如蛇螾蟠结，译出辞甚鄙俚，遂止。王所居，树木栅，裹土为城。屋覆以树叶，器皿多用金银，故有“富贵真腊”之谚。官秩十为上、一为下，藩僚入见王则膝行，人民居室甚卑陋，班布横腰、不著衣裤。土产玉石、文木、豆蔻，海湖鱼鳖不可胜食。其国当初强大，土地富饶，又有野田不殖而熟。暹罗小弱地瘠，常仰给焉。其后微弱，暹罗强盛，遂为所制云。

——《大南实录正编列传初集》卷三十一《外国列传一》，一至二十八；[347] 1359 - [360] 1372

暹罗，古赤土国，后分为二，一曰暹，一曰罗斛。暹土瘠，不宜稼。罗斛地平衍，稼多获，暹常仰给焉。隋世，使至其国，知其国王姓瞿昙氏云。元初常入贡，其后罗斛强，并暹有之，遂称暹罗斛国。明初，又入贡，赐之“暹罗国王”之印，“暹罗”之称自此始。隆庆中，其邻国东蛮牛求婚不得，惭怒，大发兵攻破其国，王自刭，掳其世子以归，自是为东蛮牛所制。其次子袭号，励志复仇。万历间，其国强大，攻破东蛮牛，降真腊，遂霸诸蛮。

本朝睿宗丙戌元年，缅甸举兵攻破其国，掳暹疯王【暹王得癞疾，国人称为“疯王”】及长子召督，其次子召侈腔投真腊，召翠奔河仙。茫萨【地名】长郑国英，清潮州人，其父偃流寓于暹，为茫萨长。偃死，国英袭职，号丕雅【暹官名】新，趁暹国空虚起兵袭取其地，自称暹国王，索贡于真腊，匿尊以非暹世系，不纳。乙丑四年，暹王郑国英遣奔麻【人名】以兵送真腊伪王匿嫩复国。至炉墟，与匿尊战，不克，遂掳其民以归。辛卯六年，郑国英以召翠在河仙恐为后患，乃发兵攻破河仙。鄚天赐奔镇江，暹召科【官名】陈联【人名】蹑之。会龙湖营留守宋福洽援至，暹兵即却，误入穷江，洽兵追逼之，斩首三百余级。陈联弃船引兵回河仙，又为东口道该队阮有仁邀击，暹兵死者过半。国英乃留陈联守河仙，自率兵直趋真腊，匿尊出奔。国英立匿嫩为真腊王，于是暹兵据南荣有窥藩之意。壬辰七年，统率阮久潭、参赞陈福成将兵由前江进，宋福洽由后江进，潭以壬沥【真腊官名】最【人名】为先锋，攻破暹兵于南荣。国英走河仙，匿嫩走芹渤，匿尊复国。国英至河仙，致书求和于鄚天赐，天赐却之，国英遂委陈联守河仙，而自率兵掳天赐子女及召翠以归，寻杀召翠。癸巳八年，上密令天赐遣人如暹，以讲和为名探其动静，天赐遣舍人鄚秀赍书及礼币如暹，国英大喜，送回所掳天赐子女，召陈联还。丁酉十二年，伪西之乱，尊室春、鄚天赐奔暹求援，暹人厚款留之。世祖高皇帝戊戌元年，克复嘉定。六月，遣该奇刘福征如暹修好，且探问尊室春、鄚天赐等消息。庚子又元年六月①，复遣该奇参、静【二人名】如暹修好。会暹商船自广东回，至河仙洋外为留守昇

① “庚子又元年”当为“又庚子元年”之误。

【缺姓】所杀，尽取其货物。暹人怒，遂将参、静系狱。又有腊人逋翁胶谮于暹云："嘉定密书，令尊室春、鄚天赐为内应，谋取望阁。"暹人大疑，又捕鞫问。天赐自死，尊室春与参、静及天赐眷属五十三人皆遇害。我国人民居其地者悉徙于远边。辛丑二年十月，暹遣其将质知、刍痴【二兄弟】侵高蛮，匿印以事闻。壬寅三年正月，命掌奇阮有瑞率兵船与胡文璘援高蛮师，次罗碧。会暹主郑国英得心疾，囚质知、刍痴妻子，质知等怨之。我兵至，乃会众议，刍痴曰："我主无故囚我妻子，我辈虽出死力，谁其知之？不若与汉人请成，结为外援。"质知曰："此言正合我意。"乃遣人诣阮有瑞军求成，且邀至寨会约。有瑞许诺，明日带随数十人径入暹寨，暹兵相顾骇愕，质知、刍痴延待甚厚且以情告，酒酣折矢为誓，有瑞因以旗、刀、剑三宝器赠之而回。会暹古落城贼起，郑国英遣丕雅冤产出战，贼首党乃冤产之弟，冤产乃合兵倒戈，反攻望阁城。城内人开门纳之，郑国英闻难作，逃于佛寺。冤产执而囚之，驰告质知回国。质知得报，以为既与有瑞议和，无后顾忧，遂连夜引兵回望阁城。将至，暗令人杀郑国英而嫁祸于冤产，暴扬罪恶，责其作乱，锁禁别室，寻杀之。遂胁众目，自立为暹罗王，号"佛王"【暹俗重佛，以大王为佛王】，封其弟刍痴为二王，侄摩勒为三王。我国难民前为郑国英流徙者，皆放回望阁城，给银米养赡之。其秋，遣该奇黎福晪、参谋黎福评等往通好。……嘉隆五年，暹遣使从哀牢甘露道来献方物。六年二月，暹立其子召六书为二王，遣使来献方物且告其国三王丧。……八年七月，暹佛王质知死【在位二十八年】，子二王召六书袭号，封其弟召冤那为二王。异母弟召缗以不得立谋作乱，捕获杀之。十二月遣使来告哀，使至嘉定，城臣见其书语多张大，以为受之则长骄，却之则伤好，密书以闻。帝曰："暹人无文，此皆唐人逞笔之过，不足责也。"命送其使来京，厚赐遣还。寻，遣使往赙。……明命元年八月，暹遣使来献进香、庆贺二礼，使至河仙，镇臣鄚公榆索国书草不与，公文又多不合，以报嘉定。黎文悦疏言："暹人欲占上风，受之则屈礼，却之则伤好。"圣祖仁皇帝以问群臣，阮德川奏曰："夷狄无礼，不如却之。不和，惟有战耳。无徒受人欺也！"黎伯品奏曰："彼若欺我，却之则可；彼若无心，岂不伤和乎？"帝曰："伯品可谓长虑，却顾然我与暹敌国也，岂可为其所欺？料文悦老成，必有以办之。”乃遣中使谕悦：“便宜而行，无屈国体。”既而，使至嘉定，出其国书无异常例，问前不与抄录何故，曰：“例未谙也，非敢有所执也。”悦以公文不合诘责，使者言：“佛王长者，出于伐稜，所称金饰器皿皆佛王所珍玩，故以为赠。至若赍白金作福事，则从其国俗也。”悦曰：“赍金作福非弔丧礼，使者当纳之私囊。赠物不当留，俟璧还仍遗伐稜。”书责非礼。使者一一听从，不敢违拗。……五年六月，暹佛王召六书死【在位十六年】，子沙多铺丁袭号，封其弟勉喷罗涉为二王。……其国风俗，劲悍尚狡诈，习于水战，崇奉释教，字皆横写。男女多为僧尼持斋受戒，富贵者尤敬佛，百金之产即半施之。气候不正，或岚或热。地卑湿，人皆楼居，无床椅之制。男子剪发留髻，妇人椎髻，事决妇人。海贝代钱，重禁私银。土产：宝石、金刚钻、胡椒、豆蔻、丁香、荷充铁。

——《大南实录正编列传初集》卷三十二《外国列传二》，一至三十三；[361] 1373 - [377] 1389

缅甸，古朱波国，宋、元、明、清谓之缅，又一名怕魔，一名大蛮，世常入贡中国。明初内附，设宣慰使司。正统间，宣莽次剳执麓川叛夷思壬、思机来献于明。嘉靖中，孟养、思伦、孟密、思真连兵侵缅，杀宣慰莽纪岁。其子瑞体起洞吾【地名】，复有其地。东取南掌，西取土哑【暹地名】，攻景迈，服车里，囚思个，陷罕拔【皆蛮国名】，号召三宣【陇川、千崖、南甸】，为西南雄。瑞体死，子应裹继之。万历中，其弟莽灼归于明，应裹攻之，灼奔腾越，滇南骚然。清初，助除明孽，首先效顺。乾隆中犯边，寻即宾服。又常与暹构兵，掳暹疯王，自是与暹世仇。伪西阮文惠僭号“光中”辰，遣使由兴化边州来通好。……明命四年，嘉定总镇黎文悦遣其属阮文度乘商人潘达船往赤毛以外诸国采买兵用，因风流至缅甸桃歪镇。镇目疑暹细作，执送安和城，其王严诘之。及知我国人，乃厚款送还，因遣陪臣合辰昇受、你苗卑志、修架奴他等赍国书品物来献。……明命五年，英吉利侵缅甸，王发兵迎击之，英师大败。已而，英人复以兵船入内港【即怒江口】，缅人奋力搏击，为炮火所轰而溃。英师将逼都城，缅王不得已议和，让割海滨旷土为英埔头。缅人常怀报复，未能也。明命十一年，命兴化镇臣派人往侦其国，适缅人与南掌相攻，派人才过九限山【属兴化省界】至本口【属缅甸界】，有缅兵捍路不得达而还【自兴化省城至九限山凡一月零八日，又至本口凡三日，派人言捍路兵云至缅城又一月】。绍治四年春，山兴宣署督阮登楷闻有山西伪孽潘有富【伪西都督潘文张之子，贯平定符吉县，寓兴化枚山州】窜于奠边府界，派出兴化土豪岑因壮、刁政定等往侦之。至莱州北秦处【夹清国广陵州】，拏获有富等八丁，余党窜逸。……缅甸使人言云："自安和城抵莱州地界，山溪险峻，紧行二月，缓行四月。"其国依山负海，疆土辽阔。北界野夷，东北界云南、南掌，东界暹罗，西南距西印度，西北连东印度。山曰小豹，水曰怒江，一名潞江，又名大金沙江，发源前藏，历云南入缅界，阔五里，缅人恃以为险。国有五城，以木为之，曰江头、曰大公、曰马来、曰安正，国曰蒲甘，缅王城，王所居也，其王称达喇瓦底。向其俗尚剽悍、性多诈，象马以耕、舟筏以济，民物丰饶。其文字，上进者用金叶、次用纸、次用贝多叶，谓之缅书。男子善浮水，绾髻顶前，用青白布缠之，妇人绾髻顶后。事佛敬僧，有大事则抱佛说誓质之僧然后决。土产金乌漆、赤丝毡、白布、赤丝绸、缅纸、槟榔、象、马、树头酒、兜罗锦、石油。

——《大南实录正编列传初集》卷三十三《外国列传三》，一至八；[384] 1396 - [388] 1400

南掌，一名牢龙国，俗呼为老挝家。明永乐三年始入贡，始置老挝军民宣慰使司。安南黎圣尊己亥十年【明成化十六年】，遣黎寿域等率兵九万分三道进兵，破哀牢，入老挝境，杀宣慰刀板雅及其子二人。其季子怕雅赛走八百，明人使袭宣慰职，清雍正八年遣使入贡，后常入贡于黎。相传至召印，召印生四子，长曰愨乍、次曰召丑、次曰召枫、次曰召占，召印死，召枫继立。召枫死，其子温猛年甫三岁，愨乍乃据其国。万象兵来攻，掳愨乍及温猛母子以归万象。寻放愨乍回，而留温猛母子。辛亥，伪西来攻万象，温猛母子乘间逃回，复与愨乍团聚。温猛稍长，疑愨乍谋害，遂内投云南诉于清。清帝锡之敕印，温猛乃招蛮兵攻愨乍。至芒弭，愨乍攻之，温猛败走。遁，常往来芒缗、芒虑间，迄无定止。后怀敕印寓于兴化召晋州。本朝嘉隆元年秋，闻温猛闻大兵既定北河，乃因兴化镇目诣昇隆行在拜贺。帝以天下初定未遑处置，复令归寓召晋州，八年，北城臣送温猛于京，帝以温猛曾受清敕印，送之北去，使自为之谋。乃命移书于清，送温猛于谅山关伫候。清人以温猛不能自立，却之而收其敕印。帝复命插之召晋州，寻死。先是，憝乍既走温猛，自据其国。及死，子芦芒继立，遣其臣蛇木如清求封，清遣人赍敕印锡封焉。……其国城在芒龙，左临湾江为险①，东夹镇宁，西抵暹罗、缅甸，南夹万象，北夹云南，人数不下二万，性旷悍，以纹身为美。市肆交易以银，无银以螺钱代【**螺钱一百为一陌，一千为一贯**】。无铸造兵器工匠，凡刀剑枪炮皆取给于他国。土产黄金、赤铜、生铁、白布、紫蚁、黄蜡、蜂蜜、硫磺、硇硝、砂仁、白盐、犀象、牛马云。

——《大南实录正编列传初集》卷三十三《外国列传三》，八至十四；［388］1400－［391］1403

占城，古胡孙国，属越裳氏部，秦为林邑县，属象郡。汉为象林县，属日南郡【**《梁史》："象林县，其地纵广可六百里，古越裳氏之界，去日南四百里。"**】。后汉顺帝永和二年，郡人功曹区怜【**一作连**】杀县令，据其地，始称林邑王。传数世，无子，外孙范逸立。逸死，其奴范文篡立，攻并旁国，地始大，东至海、西至云南、南至真腊、北至欢州，东西七百里、南北三千里。南曰施备州、西曰上源州、北曰乌里州，所统大小州三十八【**《林邑传》，范文本日南西卷县夷帅范幼家奴，常牧羊于山涧，得鲤鱼化为铁，因以铸刀。刀成，文向日祝曰："若砍石破者，文当王此国！"因破石如断藁，文心异之。及逸死遂篡位，攻破旁国，并有众四五万②**】。晋穆帝永和三年，文率其众攻陷日南，还据其地，告交州刺史朱

---

① 湾江，即湄公河，黄有秤《大南国疆界汇编》卷一"疆界接夹"说："再湾江本国称为湾江（有别称为哙江、风江、滃空河，皆本国土音）。又或通称为九龙江，查之北书、西书并图，则均称为澜沧江（有别称为兰苍江，又称浪沧江，《南诏野史》谓此误），惟《明史》云：'景东府西南有澜沧江源出金齿南注车里为九龙江，下流入交趾。'其称为九龙江者，或以此。"

② 《梁书》卷五十四之"林邑传"载："汉末大乱，功曹区达杀县令，自立为王。传数世，其后王无嗣，立外甥范熊。熊死，子逸嗣。晋成帝咸康三年，逸死，奴文篡立。文本日南西卷县夷帅范稚家奴，常牧牛于山涧，得鲤鱼二头，化而为铁，因以铸刀。铸成，文向石而咒曰：'若斫石破者，文当王此国。'因举刀斫石，如断刍藁，文心独异之。范稚常使之商贾至林邑，因教林邑王作宫室及兵车器械，王宠任之。后乃谗王诸子，各奔余国。及王死无嗣，文伪于邻国迓王子，置毒于浆中而杀之，遂胁国人自立。举兵攻旁小国，皆吞灭之，有众四五万人。"

蕃，求以日南北鄙横山为界，蕃不许。文死，子佛立，犹屯日南，为九真太守灌遂击走，复还林邑。义熙九年，其王范胡达寇九真，交州刺史慧度击斩之。宋元嘉年间，其王范阳迈遣使来贡于宋，求领交州，不许，复寇盗如故。宋遣檀和之、尊慤伐克之，阳迈仅以身免。梵志立，复寇日南。隋炀帝大业元年，遣欢州总管刘方攻其国，师渡阇黎江，过铜柱南八日至其国都。方入城，获金主十八，盖其国十八枼也。其地遂入于隋，置为比景、海阴、林邑三郡。唐初，改林邑为林州、比景为景州、海阴为山州。贞观二年，梵志之侄范头黎复国，遣使献朝霞火珠及五色鹦鹉、通天犀。头黎卒，子镇龙立，嗣为摩阿慢多加独所杀。国人立头黎姑子诸葛地更，称环王。天宝中，献火环。元和初，寇欢、爱，安南都护张舟击破之。遂弃林邑，徙国于占，号曰“占城”。周显德初，其王释利因德慢遣使献菩萨石。宋乾德五年，悉利因陀盘遣使入贡。……洪德元年，茶仝亲率水步十余万袭化州，边将告急。圣尊亲量舟师一千余艘、精兵七十余万人，攻破阇槃城，俘获三万余人，斩首四万余级，生擒茶仝，以其地置广南承宣及升葩卫。茶仝至天派江忧悸死，命斩其首悬于白旗，题曰“占城元恶茶仝之首”！茶仝既亡，逋持持走据潘笼称占城主，得其国五之一，使使称臣入贡。黎封为王，又封花英、南蟠二王，凡三国，以羁縻之。三年冬，茶仝弟茶遂叛，逃入山中，遣使告难于明请封。圣尊遣黎念率兵讨擒之，归置宝庆门外，几三十年，茶遂死。宪尊景统年间，其子茶福盗骸骨逃归其国，使人求援于明。又作粮船数多，威穆王乃命李子云等往广南经理边事，其谋遂寝【按《明史·占城传》，茶仝既被擒，其弟盘罗茶悦逃入佛灵山中，遣使告难于明。安南遣兵擒之，立前王孙齐亚麻弗庵为王，以国南边自邗都郎至真腊五处地予之，既而为其弟古来弑弗庵而夺其位，后常如明求援，明人以国卑弱不足遣使，诏往广东受封敕而还（茶悦当是茶遂之误，并录候考）】。迨本朝启宇，臣服于我，后复侵边。太祖皇帝五十四年【黎弘定三年】，命主事文封【缺姓】领兵讨之，取其地置富安府，因命文封留守。熙宗皇帝十六年【黎德隆元年】，文封以占城叛，命副将阮福荣讨平之，立镇边营。太宗皇帝五年【黎盛德元年】，国王婆抌侵富安，命该奇雄禄【缺姓】为统兵、舍差明武【缺姓】为参谋，领兵三千伐之。

进兵逾石碑山虎扬岭直捣其城，乘夜放火急攻，大破之。婆扻遁去，略地至潘郎江，以江之东分为泰康【即今宁和】、延宁【即今延庆】二府，置泰康营【即今庆和】。江之西仍为占城，使修职贡。显宗皇帝元年【黎正和十二年】，国王婆争反，聚兵筑垒，杀掠延宁府民居。命阮有镜为统兵，擒婆争及其臣左茶员继婆子、亲属娘楣婆恩以归，囚于玉盏山。改其国为顺城镇，命该奇阮智胜守庯谐、该奇阮新礼守潘里、该队朱兼胜守潘郎，以备顺城余党。八月，改顺城为平顺府，以左茶员继婆子为勘理、婆恩子三人为提督，提领该府易服从汉风，遣之还以抚其民。十二月，清人阿班以顺城右茶员【官名】屋牙挞作乱，上复命该奇阮有镜率兵进讨，贼党悉平。勘理继婆子自陈：改革以来，饥馑相仍，人民疾苦者众。上悯之，命复旧名，封继婆子为顺城镇藩王，抚集兵民，岁输职贡，前获印剑鞍马及人口悉归之，又给京兵三十人保护其国，京兵因留家焉。继婆子卒，其后该奇佐管辖镇务。壬寅，西贼入寇，佐尽将传国宝器降于贼。戊申秋，世祖高皇帝克复嘉定，佐窃据蛮洞从西贼抗拒我军。……癸丑夏，我兵进攻潘里，阮文豪追捕逆佐诛之，遂去顺城王号。……（明命）十四年夏，封文承为延恩伯，又于京师及平顺省各建占城王专庙，春秋致祭。十五年，文承谋不轨，暗通藩安逆党，事觉坐诛，占城祀遂绝。

占俗，人以氎布缠胸垂至足，衣衫狭窄袖，撮发为髻、散垂为髾后，其王脑后髽髻发散。服吉贝，衣戴金花，冠七簪，装缨络为饰，胫骨皆露，躧革履无袜；妇人亦脑后撮髻无笄梳，其拜揖与男子同。王日午坐禅椅，官属谒见，膜拜一而止；白事毕，膜拜一而退。每出游，数日而还。近则乘软布兜，远则乘象或乘一小扛，四人舁之。先令一人持槟榔盘前导，从者十余辈各持弓箭刀枪手牌，民望之膜拜。朔望但以月生为初，月晦为尽，无闰月。昼夜各分五十刻，夜鼓以八更为节，非日中不起，非夜分不卧，见月则饮酒歌舞为乐。无纸笔，用羊皮捶薄熏黑，削细竹蘸白灰写字，状若蚯蚓。正月一日，牵象周行所在之地，然后驱逐出郭，谓之“逐邪”。四月，有“游般”之戏【牛虎相斗为乐】。十一月十五日为冬至，人皆朝贺。每年十二月十五日，城外缚木为塔，王及臣民以衣物及香置塔上焚之，以祭天地。商船至十取其二，香税亦十取其二。性好洁，日三四浴，脑、麝涂体，沉、速熏衣。其王在位三十年避位入深山，以兄弟子侄代，持斋受戒告于天曰："我为君无道，虎狼食我或病死。"居一年无恙，则复位如初，国中呼为"昔黎马哈喇"，乃至尊至圣之称也。有鳄鱼潭，疑狱不决，令两造骑牛过其旁，曲者鱼辄跃而食之，其直者数往还不食也。刑禁亦设枷锁，小过以藤杖鞭之，死罪以绳系其树，用桩喉而诛其首。若故杀、劫杀令象扑杀之，犯奸者罚牛赎罪。民若入山为虎所噬、入海为鳄所食，王命国师诵咒书符，虎、鱼即自投请命。其俗旷悍好斗狠，今在平顺者号为"谐人"，南徙高蛮者号为"蓝人"，皆占之遗类也。

——《大南实录正编列传初集》卷三十三《外国列传三》，十四至二十七；[391] 1403 - [397] 1409

万象，古哀牢国。……其城在滘江之南，曰圆禛城，故国人称其王曰"召圆禛"，国亦号为"城禛"，国东夹镇宁、西夹暹罗、南夹乐边、北夹南掌。地多产象，国都公象三百匹，私象不计其数，有征发，私象不足，给以公象。俗尚释教，有铸金像或铸银像、铜像，多建伽蓝以奉之，圆禛城内有缚邦寺以供佛。有庙一座，岁一合祭。民居多架屋，上居人、下饲畜。嫁娶，男往女家日夜服役，俟女心肯，即告父母通媒妁、具聘礼送之女家而赘焉。市肆贸易通用螺钱，而其家之盛衰亦以螺卜。岁于江中各树一大木以栖螺，而取之多集者其家旺，不集者其家衰，屡以为騐①。土产肉桂、象牙、犀角、蛮布云。

——《大南实录正编列传初集》卷三十三《外国列传三》，二十七至四十三；[397] 1409 - [405] 1417

① 騐，为验的异体字。

第五册

圣祖体天昌运至孝纯德文武明断创述大成泽厚丰功仁皇帝，讳　又讳　圣诞辛亥年【**世祖高皇帝嗣王位之十二年，清乾隆五十六年**】，世祖高皇帝第四子也，母顺天高皇后陈氏。……嘉隆十五年夏六月己未册立为皇太子，居清和殿。十八年冬十二月丁未，世祖高皇帝崩，群臣奉笺劝进。

——《大南实录正编第二纪·圣祖仁皇帝实录》卷一，一；[33] 1451

明命元年（清嘉庆二十五年，1820 年）四月……如清使部勤政殿学士阮春晴、东阁学士丁翻、翰林侍读阮祐玶等还，献大尾羊二【**牝牡各一，其毛细软洁白如纩。尾大而短，牡者两角卷曲相应，迴风名为“羊角”，即此也**】，命于清风堂饲养之。

——《大南实录正编第二纪·圣祖仁皇帝实录》卷二，二十；[62] 1480

明命元年（清嘉庆二十五年，1820 年）六月……命内翰陈永祐、潘克己，内务府梁福仝、武有礼如清采买货项。

——《大南实录正编第二纪·圣祖仁皇帝实录》卷三，十；[68] 1486

明命元年（清嘉庆二十五年，1820 年）七月……清帝崩于栾阳，太子绵宁即位，以次年为道光元年。

——《大南实录正编第二纪·圣祖仁皇帝实录》卷四，十二；[82] 1500

明命元年（清嘉庆二十五年，1820 年）八月……礼部右参知阮攸卒。阮攸，乂安人，博览工诗，尤长于国语；但为人怯懦，每进见，惴惴不能对。帝尝谕之曰："国家用人，唯才是与，初无南北之异。卿与吴位既蒙知遇，官至亚卿，当知无不言，献可替否以效其职，岂可逡巡畏缩徒事唯诺为哉！"至是，有如清之命，未行而卒。

——《大南实录正编第二纪·圣祖仁皇帝实录》卷四，十六至十七；[84] 1502－[85] 1503

明命元年（清嘉庆二十五年，1820 年）九月……遣使如清。以吏部右参知吴位充正使，刑部佥事陈伯坚、翰林院侍读学士黄文盛充甲乙副使，署兵部参知郑宪为正候命、广平记录黄金焕为副候命往谅山关酬应使务。位至关，表言国情已达，使期在迩，请以公文、土物赍赠两广督、抚。帝曰："'人臣无外交'之义，《会典》甚明，两广纵与我厚，安可私交以丽法乎！"竟不允。

——《大南实录正编第二纪·圣祖仁皇帝实录》卷五，二至三；[91] 1509－[92] 1510

明命元年（清嘉庆二十五年，1820 年）九月……遣清人黎胜利等回国。初，胜利因公差被风难，漂至日丽海口。帝悯之，命广平加给恤例，人各钱十缗。至是，遣还。

——《大南实录正编第二纪·圣祖仁皇帝实录》卷五，七至八；[94] 1512

明命元年（清嘉庆二十五年，1820 年）十一月……如清使部吴位、陈伯坚、黄文盛等过南关。先是，清人约以十月十九日开关，会清帝讣闻，吴位、郑宪等议以表文前用朱印当改蓝印，乃缮公文由太平府请展驰表以闻。帝曰："开关约于前，国恤报于后，清人不以朱印为碍，使臣何乃多此一番辗转为邪？"即谕令报关以朱表行。

——《大南实录正编第二纪·圣祖仁皇帝实录》卷六，三；[102] 1520

明命元年（清嘉庆二十五年，1820 年）十一月……改定外国商船港税、礼例。故事，玛瑶、西洋诸国商船来商，与广东一例征税，但以横度尺寸为差等。帝欲柔怀远人，命廷臣分别议定，视旧额而宽减之【如来商嘉定者，广州府、韶州府、南雄州、惠州府、肇庆府、福建省、浙江省，玛瑶、西洋诸国船横二十五尺至十四尺，尺各税钱一百四十缗

（向例一百六十缗）；十三尺至十一尺，尺九十缗；十尺至九尺，尺七十缗；八尺至七尺，尺三十五缗（向例自十三尺至七尺，尺一百缗）。潮州府船广二十五尺至十四尺，尺一百十缗；十三尺至十一尺，尺七十缗；十尺至九尺，尺五十缗；八尺至七尺，尺三十缗。琼州府、雷州府、廉州府、高州府，麻六甲、阇婆诸国船横二十尺至十四尺，尺一百五十缗；十三尺至十尺，尺五十五缗；九尺至七尺，尺二十缗。来商在京与广平、广治比嘉定各减十之四，广义、清葩、义安各减十之三，平顺、平和、富安、平定、广南、北城各减十之二】。凡商船入港，各据船牌所领之处如例征之。敢有欺骗冒领他处船牌希图减税，事发即以减税之数为赃，自二十两以下杖六十，每十两加一等，仍按赃数倍收；至二百五十两以上，杖一百、徒三年【罪止】，船货入官十取其三赏告者。帝又以向来上进三礼及该艚官礼皆随商船处所折算多少不齐未为画一，乃准定凡所征船户钱银总名港税礼例期满，所在官通计总数分为港税及诸礼例【以总数分为百分，七十八为港税，二十二为礼例，上进御前五分、慈寿宫四分、清和殿三分、该艚官十分】。

——《大南实录正编第二纪·圣祖仁皇帝实录》卷六，五至六；［103］1521

明命元年（清嘉庆二十五年，1820 年）十二月……如清正使吴位卒于南宁府【清帝厚赐银币，俟副使陈伯坚回程遣兵护送】。帝闻之曰："位死于王事，前日虽有展期之失，出于办公亦可垂轸。"命赐白金三十两，给诸其家。及丧还，遣官谕祭，加赐白金一百两。

——《大南实录正编第二纪·圣祖仁皇帝实录》卷六，十七；［109］1527

明命二年（清道光元年，1821 年）七月……免嘉定明香社兵徭，其身税征如例。

——《大南实录正编第二纪·圣祖仁皇帝实录》卷十，四；［147］1565

明命二年（清道光元年，1821 年）七月……帝将有事北巡。以北城事务殷繁，命总镇黎质先回办理镇务。质因奏在城行宫请用丹艧。帝曰："宗庙致美则可矣，人君所居宜素朴以示俭，安用文饰为哉！"又谕广治以北修葺行宫戒毋奢丽。命有司制大驾卤簿及旗帜兵仗。

——《大南实录正编第二纪·圣祖仁皇帝实录》卷十，六；[148] 1566

明命二年（清道光元年，1821 年）八月……以吏部尚书郑怀德为协办大学士仍领吏部尚书兼领兵部尚书。初，帝欲授怀德以一品官，问之大臣阮文仁、阮德川等，皆对曰“可”。帝曰：“风会日趋，人才日下，今之文臣求如礼部尚书邓德超不可复得。善用人者，惟随才而官使之。文阶一品，国初已有官制，今日升除亦继述也。我皇考建国规模皆所以成列圣之志，凡其典章法度贻我后人，自当遵守以传之万世，岂敢有所逾越哉!”怀德闻命，上表辞。帝曰：“方今文班，独卿最先。当勉尽厥职，以匡朕之不逮，其勿辞。”

——《大南实录正编第二纪·圣祖仁皇帝实录》卷十，十四；[152] 1570

明命二年（清道光元年，1821 年）八月……议以九月命驾北巡【清人来书，言我使陈伯坚等于四月抵燕京，清帝遣广西按察使潘恭辰充钦使】，定北巡事宜【先期，简命皇子、大臣留京，钦点大臣官员扈驾，诹吉祇告外庙、皇仁殿、请安慈寿宫，命官祭旗纛之神。驾过清葩，谒告原庙。前途历代帝王庙、名山大川神祇各致祭一坛。驿站各所，量贮银钱粮米，以备赏赐。起銮日，留京皇子、官员于国都外跪送。凡遇庙飨、忌辰、朔望般荐，留京皇子行礼。广南以南章献至京，换札转达行在，广治以北俱直达。车驾所至，地方官员于界首跪迎。驾至行宫，地方官吏行朝拜礼，礼用牛米代玉帛。沿途社民耆老各设香案跪迎，免其进献。回銮日，诸地方官吏仍于境上跪送，留京皇子、官员于国都外跪迎，次日虔谢列庙、皇仁殿，庆安慈寿宫均如初礼】。

——《大南实录正编第二纪·圣祖仁皇帝实录》卷十，十六至十七；[153] 1571－[154] 1572

明命二年（清道光元年，1821 年）八月……遣中使驰往北城探访清使消息。

——《大南实录正编第二纪·圣祖仁皇帝实录》卷十，二十；[155] 1573

明命二年（清道光元年，1821 年）九月……定级纪条例。协办大学士郑怀德议奏以为稽诸清典，级纪之例有三：一曰军功、二曰议叙、三曰恩赏。……

——《大南实录正编第二纪·圣祖仁皇帝实录》卷十一，二；［156］1574

明命二年（清道光元年，1821 年）十月……癸丑，帝亲诣太庙以北巡事告。甲寅，告皇仁殿，乃留练服于左庑，自是御殿听政皆用吉服。初，礼部缮告文有遗错者，帝召范登兴、黎仝褁谴之曰："观其事则罪小，诛其心则罪大。今将北巡，有过者皆宽免，尔等之罪亦姑赦之，勿谓朕为姑息也。"帝与群臣论邦交礼，问范登兴曰："谕祭之礼当服何服？"对曰："黎朝故事，用乌袍、角带。"帝不悦，谓郑怀德、阮有慎曰："列圣忌日，我皇考服春秋冠、交领衣，自有典则。朕当以皇考所以事列圣者事皇考，何必因黎典乎！至如清礼三跪九叩，他若以此要我，卿等岂默默无言耶！要之，礼随国俗，我自行我国之礼有何不可？"乃定谕祭如忌日服。乙卯，帝率群臣诣慈寿宫庆安，赐食于左右庑。命皇长子留京，董理军国庶事。……己未，设大朝仪于太和殿。谕曰："朕仰遵遗训，有事邦交，而二十七月祥除之礼未终，朕心诚不得已也！爰敕有司详稽典礼，巡幸北城，因而省方问俗焉。……"以北巡布告中外。

——《大南实录正编第二纪·圣祖仁皇帝实录》卷十一，五至十一；［158］1576 –［160］1578

明命二年（清道光元年，1821 年）冬十一月，帝在北城行宫。以清使稽迟遣书问之，又遣人探访，并未回报。尝与群臣论其事，谓之曰："李、陈、黎历代建都于此，北使之来，迟速不至悬望。今我都富春，距数千里。幸赖先帝余威遗泽暨诸元老大臣同心修辅，车驾远出可无内顾之忧。若千百年后事势稍异，则如之何？北城无险足恃，断不可徙都。朕欲为子孙建长久之计，日夜思之未尝顷刻忘也！"

——《大南实录正编第二纪·圣祖仁皇帝实录》卷十二，一；［168］1586

明命二年（清道光元年，1821 年）十一月……海阳士人枚柏松、武德光，山南下士人范春第等上封事，以为："三年之丧未除，而百僚皆衣锦绣，甚有求娼妓、买姬妾纵无厌之欲以为乐，恐伤孝道。”语甚激切，协办大学士郑怀德执之以闻。帝曰：“邦交钜典，礼宜从吉。松等草野无知，故其言也憨。可慰谕而遣之。”

——《大南实录正编第二纪·圣祖仁皇帝实录》卷十二，四至五；［169］1587－［170］1588

明命二年（清道光元年，1821 年）十一月……帝以祥除在迩而清使未来，临朝常怏怏不乐。谓群臣曰：“大祥乃孝子之终事，朕若不能躬亲行礼，是终身之憾也。”又曰：“清使之来如此稽缓，朕欲回銮以及祥礼，卿等以为何如？”署刑部右参知阮祐仪对曰：“臣窃料清使来期不远，愿皇上驻跸，姑待邦交礼完。祥除之礼，请令留京皇长子恭代。”户部右参知段曰元曰：“仪言是也。今若回銮不免再往，岂惟军士疲困，亦重劳圣体。”帝曰：“但求其礼之当，安可以劳逸论。昔先帝跋涉，何等难关。朕今一出自有车驾仆从，何劳之有？”翰林掌院学士黄金焕曰：“祥除诚为大礼，然邦交之事乃先帝遗训，继志述事孝莫大焉。”户部尚书阮有慎、署前军陈文能、都统制阮文云、北城副总镇黎文丰、兵部右参知陈光静等皆言驾留为是。总镇黎质曰：“昔先帝北巡，孝康皇帝忌日不能躬亲行礼。盖以邦交钜典欲为社稷建久安之计也。先帝遗训曰：‘社稷为重，朕身为轻。’言犹在耳，今皇上继志述事，纵不能躬行祥除之礼，亦不失为孝。”建安公昊曰：“忌日岁岁有之，祥除大礼则一而已矣。遗训所云‘社稷为重，身为轻’乃单指柩前即位之事，何可援引？如大驾驻跸以待清使而不能躬行祥礼，圣心安乎？窃以为及今回銮以孝感之义遗书于清，他亦无辞可责也。”掌象军阮德川曰：“臣等欲留驾以完钜典重伤圣上孝心，非有所畏也，事势不得不然耳。”帝泣曰：“卿等所言如此，朕亦无如之何矣！”恸哭不已，群臣亦唏嘘泣下。德川曰：“不孝之罪，罪在臣等。”乃与同列降阶拜谢。已而，合辞上表请留。帝览久之，批曰：“卿等既不欲申我孺慕哀痛心，我惟有抚膺悲切饮泣终天。仰恳我皇考在天默鉴今日事耳！”

——《大南实录正编第二纪·圣祖仁皇帝实录》卷十二，十一至十三；［173］1591－［174］1592

明命二年（清道光元年，1821 年）十二月……使臣陈伯坚、黄文盛还自清。帝召见问清国事，坚、盛皆不能对。帝谓礼部曰：“先帝威武所遗，清人素所敬惮，朕以储嗣继统名正言顺，故使臣专对自无难事。虽坚等朴鲁，亦不至辱命。若陈、黎以前，非博洽之才不可使也。因敕自今奉使，当择才识者充选。”

——《大南实录正编第二纪·圣祖仁皇帝实录》卷十二，十六至十七；[175] 1593－[176] 1594

明命二年（清道光元年，1821 年）十二月……清使广西按察潘恭辰至南关。初，帝闻恭辰将至，命清葩副督镇潘文璻、吏部右参知阮文兴参陪，礼部丁翻充关上候命使，神策副都统制阮文智、刑部右参知武德通、署参知阮祐仪充京北界首候接使，侍内统制武曰宝、户部右参知阮公捷充嘉橘公馆候接使，各给候命、候接牙关防，使之先往。恭辰既进关，订以二十日宣封，二十一日谕祭。候命使潘文璻等请改以十八日宣封，十九日谕祭。恭辰又要国书，乃命修书驰递，恭辰顺从，倍道而进。帝大悦，谓侍臣曰：“清使以十九日祭，恰值祥礼，自丁、李、陈、黎以前，北人来祭未有如此凑巧，得非我皇考在天之灵有以默相而然欤！”又谓协办大学士郑怀德曰：“祥除之礼，朕不得于几筵前亲拜，抱痛终天。是日朕欲先献酒于神御前，然后出接清使，于礼可乎？”对曰：“可。”帝恸哭久之，群臣皆流涕。甲午，册封礼成。是日清晨，设大驾卤簿于敬天殿庭至朱雀门，门外至珥河津次，排列兵象仪卫甚盛。命侍中左统制尊室曎充亲臣，具紫袍冠服往嘉橘公馆，山南下镇守阮文孝、兵部左参知陈明义、户部左参知段曰元往河津接使堂迎接。帝御九龙冠、红袍玉带伫朱雀门，皇亲百官具品服扈从，北城总镇黎质、协办大学士郑怀德并充侍卫大臣。午刻，清使潘恭辰随龙亭至敬天殿行宣封礼，掌象军阮德川充受敕使。礼成，延恭辰于前殿从容款茶而退，乃设宴于嘉橘公馆，赠遗品物。恭辰受纨布，余皆璧谢。乙未，谕祭礼成。前二日，潘恭辰至嘉橘公馆奉祭帛布五十匹，祭品折银一百两，由候接使武曰宝等递进。帝令有司整备牲粢肴馔，且增祭帛一百匹。是日，陈设于视朝殿，帝礼服先诣神御前献酒拜告，乃遣官接使。辰刻，恭辰随龙亭至，行谕祭礼。掌水军宋福樑充捧酒使，户部尚书阮有慎充典仪使，山南下协镇裴德缗、工部右参知陈文性充左、右捧酒使。礼成，恭辰辞。回公馆复设宴，赠遗如初，恭辰止受清葩玉桂。即日回国，遣候命使潘文琛等送之出关。恭辰将命，凡事一从我国典礼，柔逊谦雅，情文备至焉。

——《大南实录正编第二纪·圣祖仁皇帝实录》卷十二，二十一至二十四；[178] 1596 – [179] 1597

明命二年（清道光元年，1821 年）十二月……遣使如清。以翰林院掌院学士黄金焕充正使，礼部佥事潘辉湜、兵部佥事武瑜充甲乙副使，令制奉使牙关防给之【故事，使臣章疏用私篆】。清人寻以有国恤报缓，贡品留，俟下次贡期并递。

——《大南实录正编第二纪·圣祖仁皇帝实录》卷十二，二十五；[180] 1598

明命三年（清道光二年，1822 年）正月……壬子，以邦交礼成祗告列庙、皇仁殿。癸丑，设大朝仪于太和殿，下诏布告中外。诏曰："……此次清使将命前来，凡事一从我国礼，自始至终雍容揖逊，用能早完钜典。……"

——《大南实录正编第二纪·圣祖仁皇帝实录》卷十三，一至三；[181] 1599 – [182] 1600

明命三年（清道光二年，1822 年）正月……清福建庠生王坤元如台湾考士，因风泊于沱瀼。命赐衣服、钱米，陆送归国。坤元愿由海程，许之，加给白金一百两。

——《大南实录正编第二纪·圣祖仁皇帝实录》卷十三，九；[185] 1603

明命三年（清道光二年，1822 年）四月……降补高平参协冯克遵为侍内虎威营后卫知簿。初克遵擅许清差役由径投文【例由剥稔关】，复派镇兵为之导引，捉人籍财。城臣以所办非例，声参提问。案成，降四级调补是职。

——《大南实录正编第二纪·圣祖仁皇帝实录》卷十五，十；[209] 1627

明命三年（清道光二年，1822 年）夏六月，给义安号船六艘。命该队胡文奎、典簿黎元亶、副飞骑尉黄亚黑等乘大中宝船如广东采买货项。

——《大南实录正编第二纪·圣祖仁皇帝实录》卷十六，一；[214] 1632

明命三年（清道光二年，1822 年）八月……清葩有清商林长盛难船泊于漪碧海口，守御潘文理纵民夺其货。

——《大南实录正编第二纪·圣祖仁皇帝实录》卷十六，二十七；[227] 1645

明命三年（清道光二年，1822 年）九月……兴化土民李开巴起伪。开巴，水尾甘棠峒人，初以邪术惑众，蛮民多从之。乃潜谋不轨，伪称“李皇”，与清人马朝珠、蛮人王永发等啸聚徒党众至数千，遂掠武牢峒，杀该队邓文巴，据镇河堡。兴化镇守阮德年闻报率兵攻之，匪弃堡走，复纠众千余烧破保胜铺，围其堡。招讨同知刁国体告急于城，城臣即遣掌奇统管镇定十奇阮克峻领兵一千由洮河北岸、阮德年领兵一千由南岸并进，檄宣光镇守陶文诚以兵一千赴告年峒策应，又令召晋州宣慰使刁国铨、防御同知琴因元、渭川州宣慰使阮世俄各率州兵分道剿御。事闻，帝命廷臣传谕之曰：“此匪驱煽蛮众已成大伙，领兵阮克峻等须随机会剿，务使一鼓扫穴擒渠，不可分派多岐致分其力。土酋如刁国铨、阮世俄及文盘、水尾诸州总册有各酋长各令管率土兵从军攻剿。有功即与奖励，若徘徊观望，悉以军法从事。蛮土愚民为彼诳惑从伪者，能及早悔祸拔身来归朝廷，亦加恩罔治。凡兵民蛮土有能生获正要犯李开巴者，授正五品官，赏银四百两；杀死者授六品官，赏银三百两；生获或杀死次要犯者，亦各量加厚赏。此边计军情，尔黎质素为娴练，朕不过提醒一二而已，其加甚焉！”质因请开释军流囚之籍嘉定者二百余人前驱效力，许之。令给衣裤钱米，谕以事平后隶补军伍【武牢峒、告年峒、保胜堡均属水尾州，镇河堡属文盘州】。

——《大南实录正编第二纪·圣祖仁皇帝实录》卷十七，四至六；[230] 1648 - [231] 1649

明命四年（清道光三年，1823 年）正月……兴化土匪平，命诸道各撤兵还。先是，官军攻破嘉富、甘棠二峒，匪党四散，投首者千二百人。李开巴势蹙窜洞湖【地名】，有保胜铺清人韦忠秀者诣阮克峻军请效力，乃率属搜捕，生获开巴及从党以纳。捷闻，帝大悦，谕之曰：“蠢尔狂蛮，乃敢纠集蜂群、逆张螳臂而久稽天讨益逞顽狂！今将士用命、敌忾一心，蛮土兵民咸乐效用，如此奋勉可奖可嘉！其韦忠秀先赏授五品职衔、银四百两，在行将弁待功状册上优加奖赏，用答厥劳。逆渠李开巴寸磔凌迟，函其首送阙下。”忠秀自以贾人子不愿官，乞继买馆司、保胜二所关税，城臣以奏。帝不许，谕之曰：“忠秀虽贯于清而久寓保胜亦国内人，国家立法赏信罚必，岂可以异服殊音而停其赏乎！其授建功都尉、秩从五品并赏银如数，如彼果不愿受职，则给予五品冠服以荣其身，用昭朝廷酬劳常典。”

——《大南实录正编第二纪·圣祖仁皇帝实录》卷十九，九至十；[254] 1672 - [255] 1673

明命五年（清道光四年，1824 年）三月……帝以嘉定多奸商盗载粟米卖于下洲及清商者，命廷臣议定严条以革其弊。佥议以为：“嘉定南方巨镇，田地肥饶，粟米甲于诸辖。向来平定以北多资南米，若嘉定米价一踊，则诸地方随之昂贵，此盗卖一事诚有关于国计民生者也。且海口诸所设有官守，必不敢公然行之。惟海外岛屿深潭之处，石壁屹峙、遮障风涛，既为人迹之所罕到而巡防亦在稍疏，故外国商船常因此为依泊而奸商亦于此盗卖。故国家立法，悬之以赏，则人知慕而思得之；严之以罚，则人知畏而不敢犯。请凡沿海诸地方所在官严饬守御、加心巡察，能捕获奸商者，以所获船货、粟米充赏。买卖船户，各以违制律科罪。若失于觉察，地方人获之者，亦以获赃赏之，所在官降一级留，守御降四级调；他辖人获之者，赏亦如之，所在官降二级留，守御革职。受财故纵、计赃以枉法，从重论。至如嘉定城辖有商人愿往下洲贩卖，所载米数只许计口足食而已，违者捕获赏罚如例。”从之。

——《大南实录正编第二纪·圣祖仁皇帝实录》卷二十六，十至十一；[333] 1751

明命五年（清道光四年，1824 年）四月……北城兴化逋匪伪称都督大将军盘文立【**逆渠李开巴之党**】潜窜于清慢怕寨【**属清国开化府文山县**】，管水尾州防御使刁国体密令嘉富峒清人梁正德等捕获诛之。赏国体纪录一次，正德等钱三百缗。

——《大南实录正编第二纪·圣祖仁皇帝实录》卷二十六，十二；[334] 1752

明命五年（清道光四年，1824 年）六月……初征河仙地丁税。河仙前因兵燹民物凋耗税额并免，至是居聚渐繁、地利日辟，凡得民六百六十八人，立为三十七社，村册田园三百四十八顷。嘉定城臣籍其数以上，帝命酌定税例。汉民十二社村人数一百六十八，视诸镇客户例；明香社人数八十三、唐人人数一百三十八，视在城明香例。园五十四顷，分为三等，视在城园榔例，以来年乙酉为始。余田数二百九十四顷，地多硗瘠，仍前宽免。腊民二十五册，人数二百七十九，产业非汉民比，岁但征率钱而已【率钱，人各一陌】。

——《大南实录正编第二纪·圣祖仁皇帝实录》卷二十七，十八；[350] 1768

明命五年（清道光四年，1824 年）八月……北宁慈山有阮廷劝者以符水为业，道遇清潮州人白齿黄其忠相之，谓之真人出世【劝面部印堂有圈凸，上唇两角微掀】，阴诱徒党造伪印【篆刻“白齿兴师”四字】、置伪职【其忠伪称“太师钦成命司选阅白齿公”，其党伪称“五军统领”及伪“督战参谋”】，共推劝为盟主。因古谶“有破田天子出之”语，以为“破田”即“甲申”年也，遂相约起伪僭号“皇隆”。神策左营定武卫卫尉阮廷普密使彰义支队长阮有耀入其伙，报城臣派遣弁兵掩捕之，获劝及其党范文哆于吴舍【社名，属安世县】，忠遁脱。事闻，帝命赏廷普纪录一次，阮有耀授该队从五品衔、赏钱三百缗，弁兵钱一百缗。其忠复阴诱清船百余艘出没海阳洋外，城臣派兵哨捕，清船皆望东去。

——《大南实录正编第二纪·圣祖仁皇帝实录》卷二十八，十八至十九；[363] 1781 – [364] 1782

明命五年（清道光四年，1824 年）十月……清广东钦、廉二州饥，米一石值银四五两。帝闻之，谓户部曰：“北城与钦、廉接壤，而今城辖米价颇贱，猾贾细民不免盗卖以趋利。其谕令城臣凡水陆可运载者，严饬盘诘之。”遣使如清。授黄金焕为礼部左参知充谢恩正使，吏部郎中潘辉注为鸿胪寺卿、户部郎中陈震为太常寺少卿充甲、乙副使，平定该簿黄文权为翰林院直学士充岁贡【辛巳、乙酉二贡】正使，署工部佥事阮仲瑀为翰林院侍读学士、顺安知府阮祐仁为詹事府少詹事充甲、乙副使，命增制奉使牙钤盖给之。

——《大南实录正编第二纪·圣祖仁皇帝实录》卷二十九，十二至十三；[372] 1790

明命五年（清道光四年，1824 年）十月……帝与群臣议选如暹使。陈登龙、范登兴等请遣使部二，一赠喜、一致赙，如嘉隆年例。宋福樑、郑怀德等以为圣人制礼必度物情随事施宜各当其可，前者清人之于我国封祭亦以一使兼之，今请遣一部为是。从之。

——《大南实录正编第二纪·圣祖仁皇帝实录》卷二十九，十五；[373] 1791

明命六年（清道光五年，1825 年）二月……定使务赏给驿站例。帝以向来使部由嘉定城以南、北城以北所过沿途诸站水陆抬递繁简不同，准定嗣凡遣使如清者，自北城至谅山凡六站，往返二次，站给四月钱粮，月各钱三十缗，米二十方；如暹者，自嘉定城藩禄至河仙凡九站，已有兵船护送，不甚艰劳，就中惟永佳一站江程较远，往返二次，给二月钱粮，月各钱三十缗，米二十方，余皆不预。

——《大南实录正编第二纪·圣祖仁皇帝实录》卷三十一，十八；[391] 1809

第六册

明命六年（清道光五年，1825 年）八月……拣侍内成武卫、水军五水奇巡海都营及清人、京人【国初清义人从入顺化，其子孙谓之“京人”】、吕宋伴水手民【三直诸海口民熟于海程者，谓之“水手民”】给从瑞龙、定洋、静洋、安洋、平洋、安海、清海诸号船，命掌奇阮才能兼管之，分派洋程公务，给俸饷钱米有差【一项月钱三缗、米二方，二项钱二缗五陌、米一方，三项钱二缗、米一方】。

——《大南实录正编第二纪·圣祖仁皇帝实录》卷三十四，九；[18] 1848

明命六年（清道光五年，1825 年）八月……征外国商船来商河仙港税。河仙港旧无税额，商船多凑集于此以避征。嘉定城臣以为言，命户部会同商舶艚政诸衙议奏。议上，以为国家立法，商必有征。河仙前以甫离草昧之余，田地未垦、民人未殖，故姑从宽免。今既列为编户，亦属城一镇，商税可独异乎！请嗣凡清船来商河仙者，照嘉定城港税例征之，暹罗船则如嘉隆八年例。帝特准清商船税照嘉定城例减十之二，自明命十年以后减十之三。

——《大南实录正编第二纪·圣祖仁皇帝实录》卷三十四，十二至十三；[19] 1849 - [20] 1850

明命七年（清道光六年，1826 年）三月……如清使部黄金焕、黄文权、潘辉湜、阮仲瑀、陈震、阮祐仁等还，以《台规书》进。帝览之，谓侍臣曰：“此书皆设立谏官条例，其中诸道监察御史、六科给事中各有定员，因思君有诤臣，父有诤子，所以补过而拾遗也。我世祖高皇帝大定云初，谏官一事未暇举行，朕遹追先志，凡制度纪纲，思欲随宜创立、为万世法。卿等当详考是书，酌量行之。”礼部参知潘辉湜以难其人对，帝曰："若然，六部皆虚设邪？"寻，赏焕等各加一级。

——《大南实录正编第二纪·圣祖仁皇帝实录》卷三十八，十七至十八；[71] 1901

明命七年（清道光六年，1826年）七月……更定诸地方别纳明香社税例。户部议奏以为："向来诸地方明香税例供输不一，轻重亦殊【承天、广南、富安，人岁输银二两；平定、广义，人岁输布二匹，庸缗钱一缗五陌；北城、怀德人数一百余，岁输银二百两；义安人数二百余，岁输银一百两、附银十两；山南人数七十余，岁输银六十两；清葩无人数，岁输银三十两；嘉定属城人岁纳庸缗钱一缗五陌，永清、河仙、龙川、坚江、壮项岁输庸缗钱一缗五陌，丁老、疾半之】，且彼以清人来依历有年所，既列为编户，则税例亦当有一定之法。请自今南至嘉定、北至北城凡在明香籍者，均定为岁输人各银二两，民丁老、疾半之，庸役并免。至如清葩明香未有人数，请令镇臣查明著簿，照例征徵。"帝从之。惟承天明香六人奉事关公、天妃二祠，嘉定属城明香三百余人以昔年输铜微忱可录【戊申年进纳杂铜一万斤以为兵用】，听各仍纳庸税如例。

定嘉定唐人税例。城臣奏言："属城诸镇别纳，唐人或纳庸钱、或纳搜粟、或纳铁子，税课各自不同。又有始附者至三千余人并无征税，且城辖土地膏腴，山泽利溥，故闽、广之人投居日众，列缠布野，为贾为农，起家或至巨万，而终岁无一丝一粒之供。视之吾民，庸缗之外更有兵徭，轻重殊为迥别。请凡别纳及始附唐人岁征庸役钱人各六缗五陌，其始附未有产业者将为穷雇免征。"帝谕之曰："在籍唐人例有一定则可矣，若始附之人尚未着落而槩征之，将责之所在里长抑在城镇府县自为之乎？况始附者不无空手固宜将为穷雇，然适我乐土，岂有长穷之理而可终免税乎？其悉心妥议以闻。"城臣寻奏言："前者唐人投居城辖民间铺市业，令所在镇臣据福建、广东、潮州、海南等处人各从其类，查著别簿，置帮长以统摄之，其有产业者请征如例。至于穷雇，常年察其已有镃基者征之。"帝允其奏。

——《大南实录正编第二纪·圣祖仁皇帝实录》卷四十，十六至十八；[96] 1926－[97] 1927

明命七年（清道光六年，1826年）十二月……南定土匪潘伯鑅与其党阮幸【伪称“掌右军”】纠众五千余人侵扰海阳、先明、宜阳诸县，又连结清匪抢夺洋外与官军抗。

——《大南实录正编第二纪·圣祖仁皇帝实录》卷四十二，十九；［127］1957

明命八年（清道光七年，1827 年）二月……广安海匪巴功用纠船五十余艘掠先安州。镇守阮登庆、参协黎道广亲率兵船缉捕，刑部佥事吴德政【葩封人】因以得告宁家，亦率土民随之。广与政为前道，庆为后应，从模海口入，大破贼徒。斩功用及其党十四馘，俘十六人，收获船艘、器械甚众。北城以状闻，帝降旨褒奖，赏广、政军功纪录各一次、庆金花双机鸟枪一、广金花鸟枪一，兵民赏银钱有差。又有清人徐达魁遇匪于幽囊洋外，招渔船追，捕获匪七人、船一艘以纳，赏之钱一百缗。

——《大南实录正编第二纪·圣祖仁皇帝实录》卷四十三，三十八至三十九；［154］1984

明命八年（清道光七年，1827 年）三月……帝尝览黎史，谓潘辉湜曰：“朕观黎郑之季，纪纲紊乱，骄兵一事尤古来奇变，可为长叹！……”又论西贼事曰：“事定之后，方见天意。菩提之战，伪惠一鼓歼清数万之众，而清帝方厌兵，乃以明事为戒，不复再举。且是年我师既复嘉定，军声稍振，若使清兵又来，则伪惠腹背受敌，将安逃乎？”又曰：“黎家至维祁入清而终，夫维祁曾嗣黎正统，乃至削为人臣仆不亦甚乎？殁后清人送归，我朝不与赠谥，宜矣！”

——《大南实录正编第二纪·圣祖仁皇帝实录》卷四十四，九至十；［159］1989－［160］1990

明命八年（清道光七年，1827 年）闰五月……遣文书房黎元亶等乘清波号船如广东公务。

——《大南实录正编第二纪·圣祖仁皇帝实录》卷四十六，十七；［195］2025

明命八年（清道光七年，1827 年）六月……嘉定城臣奏言：清人之居城辖者，有造越海船及雇借属城代役船，乞载米货通商于平顺以北，又乞依清船来商税例载货如清。命漕政商舶议，奏以为：“我国商船盗卖米粒经有严条禁止而奸商图利法外犹遗，况清人狡黠多端，或阳以通商我国而阴约清商于深潭远岛互相兑换，或直放之清，谁为诉发？不可不严为之防！请凡居于嘉定之清人有愿通商平顺以北者，听装载货项，禁不得运米。敢有盗载，地方官、汛守捕获，以其船主米、货充赏，地方人捕获或发告赏亦如之，犯者杖一百、枷号二月，知情故纵与犯同罪。若所在地方失于盘诘为别人获者，地方官降一级留，守御降四级调，受财故纵以枉法从重论，其别人如例赏给。至所请载货如清，请禁弗与。”帝然之。

——《大南实录正编第二纪·圣祖仁皇帝实录》卷四十六，二十八至二十九；[200] 2030－[201] 2031

明命八年（清道光七年，1827 年）七月……命户部传谕北城：“嗣凡商人输卖白铅，每九千斤带纳红铜一千斤。铜不及数亦听折算收买，或以聚隆红铜块及假作铜锅并盖样输卖者亦如之，惟清铜钱照价采买，不在白铅带纳之例。”

——《大南实录正编第二纪·圣祖仁皇帝实录》卷四十七，二十一至二十二；[214] 2044－[215] 2045

明命八年（清道光七年，1827 年）十二月……广安有海匪李公仝纠合渔船数百艘，窃发于真珠【社名】洋外。仝，清广东人，匪渠白齿黄其忠之党也。年前投居先安州，干案潜逃。至是，复聚伙站洋，屡为海梗。镇守黎辉绩闻报，亲率兵船往捕之。匪望东走，数日复来先安长洲。绩与城派龙武中卫副卫尉阮文覃合剿，斩匪数馘，获其船二艘，余皆脱去。

——《大南实录正编第二纪·圣祖仁皇帝实录》卷四十九，三十八；[254] 2084

明命九年（清道光八年，1828 年）四月……北城海匪李公仝复合党，窃发于乂安以外洋分。帝谕遣清葩镇守吴文永、北城后军副统威胜十奇潘伯雄各领兵船巡洋，乂安、宁平亦派兵会剿。仝窜伏广安撞山，清人陈贵获之以纳。事闻，赏贵白金一百两，仝凌迟处死，传首于南定、海阳、广安诸沿海地方。仝之余党寻复出没清葩洋外邀掠商船，吴文永以巡缉无主状降二级，责令追捕。

——《大南实录正编第二纪·圣祖仁皇帝实录》卷五十一，三十四；[284] 2114

明命九年（清道光八年，1828 年）五月……遣侍卫尊室议、修撰阮知方、司务黎元亶等分乘瑞龙、清波诸号船往吕宋、广东诸地方公务。

——《大南实录正编第二纪·圣祖仁皇帝实录》卷五十二，一；[285] 2115

明命九年（清道光八年，1828 年）六月……广安有匪伙五百人自清钦州东兴汛来掠万宁堡，守堡黄文礼等率乡勇拒战，斩匪数馘，匪退走。礼等不敢越境追捕，贴报汛守钟元亮，分州李鼐恬不查缉。又有清渔船潜入海阳塗山澳，汛守张文儒获之，船中检有长枪、锣鼓。镇臣各以事闻，令移书于两广总督查办，所获渔船、钟、苏合等械送于钦州。

——《大南实录正编第二纪·圣祖仁皇帝实录》卷五十二，十六；[293] 2123

明命九年（清道光八年，1828 年）七月……清云南开广府派兵过宣光界搜逋匪赵应陇不获，随复出关。北城臣以事闻。帝谓礼部曰："天下之恶一也，逸犯远飏固宜缉捕，然封疆界限南北截然，岂可如此搀越？若以小事置之不问，将何以峻边防？可令宣光移文云南诸府，嗣有清人潜遁者，宜报我边吏为之执送，毋得踰境。"已而，开化府投递二札：一移于宣光，祈查缉应陇，委阮世署送于马白关；一移于北城，求缓阮世署亏空铜税，使并力捕犯。城臣复以入奏，帝谕曰："阮世署乃渭川堡目，前因逋负公税，勒限严追，却敢越境营求，殊甚悖理，可逮系来城治罪。至如开广、开化，特云南之一属府，有事关报宣光可也，北城乃专阃上司，安得下札？镇臣不知以理却之，城臣又从而受之，何不达之甚邪？宜即还其札！令镇臣办明接受之例，今后凡事关邦交，要须揆度事理以重国体，勿复如此率略！"

——《大南实录正编第二纪·圣祖仁皇帝实录》卷五十三，四至五；[301] 2131 - [302] 2132

明命九年（清道光八年，1828 年）……八月，阅选嘉定城辖边和、藩安、永清、定祥四镇【永清选场以河仙附】。命河仙镇守郑公榆、礼部左侍郎胡有审、边和镇守阮有铨、署兵部右参知领嘉定城兵曹黄文演、藩安镇守范文珠、刑部右侍郎领嘉定城刑曹阮伯汪、虎略卫卫尉阮良辉、藩安协镇裴德缗分往焉。户部奏言："巴忒府美清【地名】旧有清人侨寓，虽不预阅选之例，然适我乐土，列缠为氓，岁供税课，已成额籍，今请并令应选。惟城辖新附清人未谙法纪，且俟安居乐业，然后一例行之。”帝允其奏。及总册上民数增者万余口。

——《大南实录正编第二纪·圣祖仁皇帝实录》卷五十三，十五至十六；［307］2137

明命九年（清道光八年，1828年）十月……广治云祥【**社名，属登昌县**】人阮梁掘土得端溪石砚，其背有清高尊御铭。以献，帝谕曰：“砚虽微物而有清高尊御铭，是北朝御用之器，乃流落于此，诚堪珍惜。”命置之座右，赏梁银十两。

——《大南实录正编第二纪·圣祖仁皇帝实录》卷五十四，二十三；［323］2153

明命九年（清道光八年，1828年）十一月……送风难暹使归国。初暹使驾海如清修贡，正使船遭风著浅于平顺洋分，副使船亦于河仙洋分沉破。事闻，帝谓礼部曰：“我之于暹素敦邻谊，虽近闻风声不雅，然其迹未显，而恤灾救难，国体当然。”乃令二镇臣各延就公馆，优加款给。寻，敕平顺送正使于河仙与副使会，遣正队长鄭侯熺以官船护送之还。

——《大南实录正编第二纪·圣祖仁皇帝实录》卷五十五，四至五；［331］2161－［332］2162

明命九年（清道光八年，1828年）十一月……遣使如清【**纳丁亥、己丑二贡**】，以兴化协镇阮仲瑀为工部右侍郎充正使，吏部郎中阮廷宾为詹事府少詹事、礼部员外郎邓文启为太常寺少卿充甲、乙副使。寻，准定使部抵北城日，凡一切供应支官钱一百缗，由怀德府充办，毋责诸民。著为例。

——《大南实录正编第二纪·圣祖仁皇帝实录》卷五十五，五至六；［332］2162

明命九年（清道光八年，1828年）十二月……申禁北城商船盗卖米粒。帝闻北城米贵，谕城臣曰：“城辖今秋丰稔，乃新谷甫登才阅月间米价即已腾踊，令人有所不解。近闻广安洋分清船凑集，小民之网利者必多偷载米粒与之贸易，民间米贵未必不由于此。今宜申明条禁，凡商船下海只得随带口粮，敢有暗载偷卖者从重治罪，所在不能检察或妄给关引者劾之。”

——《大南实录正编第二纪·圣祖仁皇帝实录》卷五十六，十一；［345］2175

明命九年（清道光八年，1828 年）十二月……遣轻骑卫副卫尉领上驷院院使阮仲并、中水卫副卫尉段养等管领兵船如下洲公务。乃准定嗣凡官兵派往外国远如江流波、广东者预支三月奉饷钱，近如下洲、吕宋者支二月，公回清妥，欠者如例给之，否则停给。著为例。

——《大南实录正编第二纪·圣祖仁皇帝实录》卷五十六，十八；［349］2179

明命十年（清道光九年，1829 年）正月……高平镇城外良马铺民家失火，延烧百余户，多是清人。北城臣以闻，帝曰：“此皆赤子也，仁同一视，何择焉？令发钱米遍赈之【户给钱二缗、粟一斛】。”

——《大南实录正编第二纪·圣祖仁皇帝实录》卷五十七，六；［355］2185

明命十年（清道光九年，1829 年）二月……京师雨，田畴霑润，畿辅诸地方亦以得雨报。帝大悦，因出牡丹盆花以示群臣曰：“此花性耐寒，南方无之，客岁有自粤东海运以进。今春天气稍寒，此花开得妍好可爱。观此一物，亦可验今年之丰稔矣。”

——《大南实录正编第二纪·圣祖仁皇帝实录》卷五十七，二十五至二十六；［364］2194－［365］2195

明命十年（清道光九年，1829 年）二月……广安有清渔船三百余艘久站葛婆洋分，北城臣委镇守阮文兑率兵船二十艘亲往开示使之去，复遣前军副统十奇梁文柳以兵船十五艘继进为之声应。事闻，帝谕曰：“清船数百而我船仅三十余艘，设有反噬何以敌之？可增派兵船多运火器军需策应，如彼听命则已，不然即并力痛剿。”官兵既至，渔船皆扬帆望东而去。适有陈贵【贵，清人，以渔为业，去年捕海匪李公仝，解纳蒙赏】以渔船二艘向官拜诉：塗山洋外有水匪蹶陆等【公仝余党】纠党劫掠，请自招渔船合剿。城臣以奏，帝不许，谕之曰：“缉捕水匪已有官兵，岂可使此辈藉口合伙越境站洋或致滋事！陈贵若能于海外或清国疆域撞遇匪党生获以献，亦不妨从优奖赏也。”

——《大南实录正编第二纪·圣祖仁皇帝实录》卷五十七，二十七至二十八；［365］2195－［366］2196

明命十年（清道光九年，1829 年）二月……河仙镇守鄚公榆以罷輭勒令休致，帝念其先世有功，特赐岁支半俸。

——《大南实录正编第二纪·圣祖仁皇帝实录》卷五十七，二十八；[366] 2196

明命十年（清道光九年，1829 年）二月……赐清难生符傅岱等白金百四十两，命前锋前卫副卫尉阮得帅、翰林院承旨阮知方乘平洋大船送于广东。得帅道卒，追赠卫尉，赐白金一百两给诸其家。

——《大南实录正编第二纪·圣祖仁皇帝实录》卷五十七，三十五；[369] 2199

明命十年（清道光九年，1829 年）……五月，广南大占屿洋外有海匪掠商船。镇臣驰奏，帝谕兵部曰："曩者，清葩、南定间有海匪二三艘往来邀劫商贾，寻为官兵捕获，地方宁帖。今广南忽有此报，且鼠辈釜底游魂终亦难逃天网。惟海疆辽阔，朝夕东西，因而乘间窃发，此等大盗断不可久稽显戮，萤火或然。"即命成武卫卫尉阮德长等管领兵船放洋哨捕，复令广治以北、广南以南各按辖派兵巡缉，一遇异样清船，船中有枪炮火器兵仗，以至劫掠南货物件及情形可疑者，捕治之。寻以匪船远飏，风候就晚，令各撤还。

——《大南实录正编第二纪·圣祖仁皇帝实录》卷五十九，十六；[392] 2222

明命十年（清道光九年，1829 年）五月……户部奏上通国在籍户口总册，凡七十一万九千五百十人【……】。帝披阅，亲制《户口纪事》以志之，略曰："明命元年，户部奏上嘉隆十八年兵民户口，凡六十一万三千九百十二人。不料秋间瘟疫大作，先自小西洋诸国，逾下洲各埠，历暹罗、真腊以至我国，复侵染大清及东北各国，咸罹此戹。虽我国不比诸国受灾之甚，然乖气为厉，遍及城市乡村，中夜彷徨，诚为痛悼！且天灾流行，周历四海、童叟共知，而忝居万姓之上，不能大施仁政以迓天庥，则可辞其咎乎？予虽未敢仰希古哲一言感格转灾为祥，且恢恻怛之心以济灾伤之急。爰降旨大开仓库赈给，疫死之人不拘男妇老幼无虑钱七十三万余缗，复命城镇各备药饵医治，全活甚众，寻即清宁。经饬户部咨取在籍户口，死亡之数统计二万六千八百三十五人，不在籍之人民妇女势亦称是。览奏曷胜落泪痛心。……”

——《大南实录正编第二纪·圣祖仁皇帝实录》卷五十九，二十四至二十五；[396] 2226

明命十年（清道光九年，1829 年）七月……兴化昭晋州丰收堡目刁国麟为清人越境夺之去。北城臣以闻，帝谕曰：“南北疆界截然，岂得如是？此乃镇臣防范不严，致彼得以来去自由也。其即派人摄守堡所，镇臣坐降。”

——《大南实录正编第二纪·圣祖仁皇帝实录》卷六十，二十三；[408] 2238

明命十年（清道光九年，1829 年）七月……广安海匪陆蹶等纠船十余艘，围住商船于满土澳。适参协潘世振在先安州闻报赴援，匪引去。城臣以事闻，帝曰：“城辖海疆匪船曩常出没，经饬城镇查缉，乃今犹有匪徒如此滋事，则近来所办者何？不过徒奉具文焉耳！”乃罚镇臣俸，令增派兵船缉捕。数日，匪复来掠商船于潭河口，镇臣遣右军该队阮文德将兵策应。德一与匪遇，便舍舟走。匪遂如锦普林门关，尽掠其税钱、械杖、簿籍而去。帝以世振在行不能调度坐革留，镇守阮文兑降四级，署协镇黎道广降三级，阮文德退守斩监候。于是兑亲率城镇官兵追剿，至模海口攻夺其船三艘，斩十数馘、俘十数丁、收获炮械甚众，匪乃远窜。捷闻，帝谕赏还阮文兑三级，在行官兵加赏级、纪、银钱有差，对仗死伤者从优恤给。匪渠陆蹶寻为陈贵所获，送于清。

——《大南实录正编第二纪·圣祖仁皇帝实录》卷六十，二十三至二十四；[408] 2238 - [409] 2239

明命十年（清道光九年，1829 年）七月……帝谕户、兵二部曰：“北城属辖海阳、广安沿海地面多是洋匪窜伏渊薮，而就中海阳之塗山犹为冲要，曾令城臣相地社堡，盖欲绝匪迹、奠民居，寻以捕务稍宽遂止。今二镇增广船额足备巡防，可谕令城臣派看塗山一带何处当设炮台，调兵戍守，以镇海疆；与广安何处当设屯堡防汛者，一并议奏。再广安僻处海滨田地稀少，故其民粒食全资于海阳、南定，向闻多托以买米自支而盗卖与匪船者，似此弊端不可不革。今万宁、云屯等州情愿买米用度者，应否计口量定米数于海阳仓照价粜之，使民不至匮乏亦不得贪利转资盗粮，当如何十分妥善，行之无弊？详议以闻。”城臣会同列曹臣议奏，以为：“炮台之设，须有船艘方可以严防卫。塗山一带皆无可置船之地，其炮台拟应停置，惟此处内江外海四通五达之冲，不可不为之备。近者，有明堥、茱萸【社名】地接三歧江口，东之霪海、灰海、南召等汛，西之香罗江，南之佳渡、哄渡，北之达恭、达禁诸江共凑于此，江派多歧，奸徒尝于此窜伏，诚为冲要，而其地可以置船。请设一大堡，派在城管奇一，领南兵五十、北兵一百、船四艘前往驻防。无事则按辖巡哨，有事则出力缉捕，庶可以镇压海疆。再广安安快旧堡稍近葩封海口，内有大江、外有大海，亦是海滨要地，但旧堡地势狭隘，请因而增广之，立土垒、建舍寨，派在城官兵一百、船二艘守之。又云屯之明珠【社名】地居沿海，凡清船潜泊夹洲、出入二海口与驶过葩封洋分，于此一望无不周徹。请设一小堡，拨所在土豪一、手下三十守之。至如万宁州锦普、同尊、智川、渭赖、北岩、定立等堡皆要害之地，原有设置屯札，请增兵丁、手下额数：万宁镇兵、手下各五十，锦普镇兵五十，北岩、同尊、智川、渭赖手下各三十，定立手下二十，各据汛地防守一如大堡，如是亦稍严防截而靖海氛。至如广安之万宁、云屯等州田地无多，民专以渔为业；或以鱼盐转卖于海阳、南定而取其粟，或海阳、南定民载粟米换之，贸迁有无，诚为无穷之利矣！第琐屑奸商每于洋外盗卖以求纤毫之得，经有条禁而法外遗奸未能尽革。今定为量口买米之令，盖欲使之不禁而弊自祛，以归于尽善也，仍照二州籍内人数与侨居无籍之民约略三千余人月支粟三千余斛。请令镇臣据所在里役出结给凭，往海阳仓纳钱领粟，以三月为一次。然但可试行之二三年，若十分妥善行之永久，则未敢必也。盖此处僻居洋岛，陆路不通，自此抵海阳水程往返不下九十日子，以下户穷丁办得二三缗钱谅以为难，而远涉旬日之水程买一二斛之粟子费必倍之，不免豪富者包买以取利而贫者终无聊赖矣！夫广安界接清国，北连谅平、南控大海，亦是边陲之一雄镇，而其地粟米无多，虽以安阳、水棠二县从征，一岁所入亦不过一万二千余斛。纵有缓急，何以充需？且海阳之荆门七县与广安相接，水道流通，请并从广安征纳税例。三年内仓储稍裕，即听镇臣如前所议人数、米数粜之，则不惟镇仓之蓄积岁增，而民之领买亦近便矣！”命廷臣议奏，以为：

“设置屯堡，城议已合。惟广安买米一事，以生民朝夕之谋而往来需费未免拮据，此法诚不可行之永久。至如所请荆门五县并征于广安，则水道迂回，输将既属不便，而粟纳广安、钱纳海阳，一民之税两处分征，亦未为经久可行之良法。且广安三州从来以所产之鱼盐易他处之粟米，生理之所在也。今虑其奸而遂禁其往来商卖，则海滨之赤子无以裕其生涯。况盗卖米粒自有条禁，地方能严加检察、犯者罪之，则狡商知所畏，而其弊可祛矣。其广安民可听其仍前贸易、买米自支为便。”帝然之，敕城臣递年派运海阳仓粟于广安，务足三万斛上下。

——《大南实录正编第二纪·圣祖仁皇帝实录》卷六十，二十九至三十三；[411] 2241 – [413] 2243

明命十年（清道光九年，1829 年）七月……承天府辖有商船雇载清人买米者，事发，府臣轻拟盗卖与奸载者问杖、知情者问笞。刑部覆阅不能摘出，郎中武德敏进绿头牌又不以案上，只将票拟进呈。帝照拟批点，随即忆记令索之。见其中所拟多轻纵，下吏部议：“请坐刑部堂官降二级调，武德敏与承天府臣降三级调。”帝加恩部臣，黄金灿、阮公著、阮名碑改为降一级留；府臣阮文凤革去署统制衔，并与邓德赡、汤辉慎改为降二级留；武德敏依议降，补翰林院侍讲；所犯盗买及奸载，发甘露定蛮奇为兵；知情者满杖；统制范文典轻给路引，罚六月俸。

——《大南实录正编第二纪·圣祖仁皇帝实录》卷六十，三十四；[414] 2244

第七册

明命十年（清道光九年，1829 年）八月……（嘉定城臣）又言："前间米价甚贱，一方不过五六陌。近来虽丰稔之年，而价亦不下一缗者，盖由狡商盗买者众及清船搭客聚食太繁故也。请增立条禁：凡代役船征船常年，二月领单回帆递纳。年内或有行商多次，亦照次领纳以为凭验。其行商所载米数明著单内，由所在批许及到所往地方海口汛守略勘之，如数者听其发卖，否则报官究治；及回复，取此处汛守凭编还纳所在；违者罪之，汛守故纵以枉法论。又向来清船搭客岁至数千，今闻居城辖者十之三四，间或诳诱吾民盗吃鸦片，或逞凶恣横、为窃为强，累累在案，其弊亦不可长。请嗣有来商者，柁工、水手悉登之点目册，及回汛守照点放去，毋使一丁遗漏。"帝命群臣妥议以为："民籍从祖父贯，此言诚是，可底于行。惟增立米商条禁只为防盗买者设，而单凭呈纳、节目纷繁，恐更为商者病。且盗卖之禁朝廷具有严条，但岁月易流、人心易懈，奉行者或有玩愒，而商人得以售其奸。请凡诸辖商船一如向例，俾往来贸易以便于商。其诸海分与岛屿深潭之处，奸商常借此潜泊私相卖买米粒者，当遵依向定条禁申严而戒饬之，令诸地方各派拨兵弁与汛守加心巡哨。如捕获奸商者依例以船货充赏，再尽籍犯者家产赏之。其买卖奸商，各加等杖一百、流三千里。至如清人瞻我乐土，咸愿为氓，岂可一概禁止。请嗣凡清船初来者，所在照点目册催问之。有愿留者，必有明乡及帮长保结登籍受差，使之有所管摄，余悉放回。则留居者有限，既省聚食之费，而顽弄之风亦可革矣。"从之。

——《大南实录正编第二纪·圣祖仁皇帝实录》卷六十一，五至八；[3] 2251 - [4] 2252

明命十年（清道光九年，1829 年）八月……移置南定辽栎堡。初领营田使阮公著奏言："南定辽栎海口，自嘉定而北公私船艘必由此以达于北城，洋匪亦必于此伺候，诚为关要。向来守所设在群辽【社名】，去海既远，守兵又少，傥见海匪必须驰报，待得城镇水兵之来，则匪徒已徜徉东去。是关要之所还为虚设，而海氛之不静者，以此也。臣尝过此地，自辽栎汛守而下，约二里有浮沙一带名'突洲'，可堪屯札。自此达海才片晌间，橹楼四望无远不见，请移辽栎堡于此设置，仍派管卫二、管奇一、战船十留守堡所。如见匪船往来洋面，即率在戍兵船追捕，则兵事不至迟误。非惟可绝么麽之海盗，而无赖之清人亦不敢复窥我洋分矣！再自南而北其陆路由三叠山者，既有扁山堡【属清化省】、复有里仁堡【属宁平省】足以讥察，其辽栎堡对岸之蓬海堡非是正路，请罢之。"命北城臣会诸曹臣议奏。至是议上，以为："公著所请移置辽栎堡之处，东西北三面皆是大江、南接大海，非用武之地。自此跨沥昂江有一沙洲地势爽垲，东西南大江萦绕、北接田畴，去辽汛一千八百余丈、去栎汛一千六百余丈，而达海亦稍近，凡诸船艘出入二海口者必由之。今请撤辽、栎二汛于此并为一堡，派诸军管奇一以本职领按堡兼守御事，拣兵该队一兵五十、募兵率队一兵五十、水军队长一兵二十、乌船四艘隶从驻守。凡商船往来者讥察之，官船出入者引护之，无事则按辖巡哨，有事则随机追缉，如是庶可严防备而奠海疆矣。至如蓬海，属宁平别辖，自清葩而北由官路则有扁山堡、里仁堡，沿海滨则有正大堡、乾堡与蓬海堡相为唇齿。今辽栎堡既移于下流而此堡又罢，则二镇界接之处纵有奸细关通、往来啸聚其谁诘之？其蓬海堡请勿省。"帝从其议，及堡成，赐名"平海堡"。

——《大南实录正编第二纪·圣祖仁皇帝实录》卷六十一，十六至十八；[8] 2256－[9] 2257

明命十年（清道光九年，1829 年）八月……禁清商偷载妇女。初清人邓福兴商于广南，娶会安铺女。回帆日，偷载以归。事觉，下刑部议："请照将人口、军器出境及下海例减一等罪之，福兴发边远充军，其妻定地发奴。因请明立条禁：凡清人投寓我国受廛为氓已登帮籍者，方得与民婚娶。若偶来游商，并禁弗与。违者，男女各满杖离异，主婚与同罪，媒人、帮长、邻佑各减一等，地方官知而故纵降一级调；其因而揽载回清者，男发边远充军，妇定地发奴，主婚减一等，媒人、帮长、邻佑各满杖，地方官故纵降二级调，汛守失于盘诘官降四级调，兵杖九十，别有贿纵计赃从重论。”廷臣覆议，以为：“刑部议定此例，盖欲使愚民知所惩创、问刑有所执守，其言是也。至如清人配我国人所生子女而偷载回清者，请亦严禁。犯者，男、妇、帮长及邻佑知情各满杖，地方故纵、汛守失察照前议科罪。又所生之子禁无得薙发垂辫。违者，男、妇满杖，帮长、邻佑减二等。”帝皆从之。

——《大南实录正编第二纪·圣祖仁皇帝实录》卷六十二，十一至十二；[25] 2273

明命十年（清道光九年，1829 年）十一月……清差船黄道泰往运官粟于台湾【府名】，因风漂泊河仙洋分。嘉定城臣以闻，令按风难例赈给。船之柁、桅折坏者，听采买材木修补而免其税，仍俟顺放之还。

——《大南实录正编第二纪·圣祖仁皇帝实录》卷六十三，十一；[38] 2286

明命十年（清道光九年，1829 年）十二月……北城臣奏言：“谅山界接清国，其关汛之关要有二：一曰南关，一曰油村关，均属文渊州地辖。嘉隆初给铜印一【刻文渊州首号之章】，凡往复文书，守二关者会商押用，且照关汛与印篆两不相符，请应改给以正名义。帝令有司换制‘文渊汛口’‘油村汛口’铜钤记各一给之。”

——《大南实录正编第二纪·圣祖仁皇帝实录》卷六十三，三十五至三十六；[50] 2298－[51] 2299

明命十一年（清道光十年，1830 年）三月……如清使部阮仲瑀、阮廷宾、邓文启俱坐免。瑀等初奉使临行，帝谕以“抵燕京日可言于清礼部：‘本国人参素少，请据例赏物项从中折价换给关东人参。’及采买苍璧、黄琮、黄珪、青珪。回程日要紧行，以及郊祀”。瑀等至燕，与清礼部言，却以孝养应需人参为辞，颇亏国体。所买玉器，皆玻璃烧料。及还，又缓不及事。帝深谴之，下部议，遂得革。

——《大南实录正编第二纪·圣祖仁皇帝实录》卷六十五，九至十；[72] 2320

明命十一年（清道光十年，1830 年）三月……定广平清人税例【依嘉定始附清人例，人岁纳钱六缗五陌】。

——《大南实录正编第二纪·圣祖仁皇帝实录》卷六十五，十四；[74] 2322

明命十一年（清道光十年，1830 年）四月……帝以南掌曾受清国册封，准班在真腊之上，再赐使臣等并诸贡蛮常、朝冠服各一副，及入谢趋拜皆如仪。帝令传谕嘉奖，赐北城、宣光、谅山、兴化诸镇土司常、朝冠服。

——《大南实录正编第二纪·圣祖仁皇帝实录》卷六十五，二十二；[78] 2326

明命十一年（清道光十年，1830 年）闰四月……北城副总镇潘文璻奏言："高平税课，前经准以道光小项钱输官。第此钱多出清人私铸，原非铜质全好。钱币日众，物价因之腾昂，为商民病。请禁不得输纳，至如民间市肆，姑听年内通用，开年即止。嗣有以此钱贸易者，按违制律科罪。再镇库现贮钱数无多，请量发在城库钱二万缗，运往支发以通民用。"帝许之。

——《大南实录正编第二纪·圣祖仁皇帝实录》卷六十六，二至三；[88] 2336

明命十一年（清道光十年，1830 年）闰四月……广平、清义诸洋分有清匪邀掠商船，诸镇臣以报。帝即命龙武左卫副卫尉阮德长、水军右水卫卫尉阮文勤、副卫尉段金等率兵船分往搜捕。复传谕广南以南至富安、广治以北至北城诸海疆地方各发兵船按辖巡哨。月余无所获，令悉撤还。诸镇臣及京派、镇派捕弁俱坐降罚。帝谓兵部曰："近来水匪为患多自春季至秋初，其间必凭依岛屿以为巢穴，可传旨广平以北诸海疆地方，嗣后递年以三月起、七月止限两次派兵船，向诸岛屿匪船可停泊之处遍往搜索，如有异样清船潜伏，情状可疑者，拏解地方官查办。再通谕诸城镇转饬清商胥相报告。嗣凡来商诸辖，必有货物方准入港，不准托言空船招客以杜奸诈，违者罪之。"

——《大南实录正编第二纪·圣祖仁皇帝实录》卷六十六，十四；[94] 2342

明命十一年（清道光十年，1830 年）五月……清人潘辉记等投定远公眪门下，假借公船行商，希图匿税。刑部以案上，帝曰："定远公为国懿亲，所当端谨持躬以保令誉，乃轻信匪人投为门属，致他得以恃势为奸，究亦不能无过，其罚亲公俸六月，潘辉记等俱坐徒。"

——《大南实录正编第二纪·圣祖仁皇帝实录》卷六十七，六；［100］2348

明命十一年（清道光十年，1830年）五月……兴化昭晋州权摄州务刁永典、权守丰收堡刁政定为清建水县兵役拏去。昭晋州丰收、平庐二峒地界清国猛剌寨【原兴化莱州地，久没于清】，自故黎为清人阴占，称猛梭寨，属建水县关，给土司刁族为掌寨，征其银税。嘉隆初年，土司刁国铨蒙授防御使管知州务。国铨又受清掌寨职，私纳二峒银税岁五十两。国铨死，子刁允亮袭。允亮死，其子刁允安尚幼，镇臣派刁族次支刁永典权摄州务，莱州人刁政定权守丰收堡。至是，允安投于清求为掌寨，且言永典等霸占情弊，与其党刁允坚、刁允武援清兵三百余围捕永典等送建水县。镇臣以事报城转奏，帝令刑部议，以为："此界、彼疆各有钤辖，纵有别境人犯事须确究，当移文所在句提转送。乃建水县前既擅捉刁国麟别去，后又来捉琴因锦。为因锦拒斗获其党马小二等，今复越界生事。若置之不问，则彼将惯习肆行，接境之民动为其所牵制。请敕下礼部，以彼县节次事状，咨会云贵督抚查办，嗣戒毋得搀越。如是，国体邦交两得之矣。"帝可其奏，又以镇兵稀少，敕城臣拨出神机戍兵二百守护，镇所仍量派镇兵六七十人整备械仗往会土兵按辖巡哨。已而，清人放永典等还，我兵各撤回伍，云贵督抚移文寻亦递到。城臣以闻，帝谓礼部曰："观他来文逐层布叙，不过务为体面之辞。且清国边防处分最重，故不得不强为文饰以蔽属员而免吏议耳。如所云建水县查饬刁永典等不得再扰，具结求息，并前次所获清人亦不敢带言索取，可见他辞理已属中馁。朕料他必申饬县属，断不敢妄起衅端，我亦不须多事辩折，徒费文书往复。可传谕城臣转饬兴化，即将马小二等放之，当堂宣示以朝廷务从宽大、不屑苛求等大意。并通饬沿边诸州土目，止宜恪守疆圉，毋得轻过彼界，如金子河、北圈本接壤等处。再向刁族传示，如刁允安能省悔，愿回故土，亦准其投首。他若返回，即送城折奏候旨。"

——《大南实录正编第二纪·圣祖仁皇帝实录》卷六十七，六至八；［100］2348－［101］2349

明命十一年（清道光十年，1830 年）五月……平顺、边和洋分有清船三艘往来停泊。帝闻之，谓兵部曰："近据广平、清葩叠报，清匪窃发。经派京兵水师飞捕并命诸辖搜拏，则匪船先已远飏。今乃有此清船来历不明、徜徉海上，或者闻官兵追剿，故向彼逃窜亦未可知。其即传旨平和、平顺、边和诸镇立派兵船，或分道邀截、或乘夜掩捕，务获这清船全帮，勘明船内有无械杖、果否匪劫？情状据实以闻。"

——《大南实录正编第二纪·圣祖仁皇帝实录》卷六十七，十七；［105］2353

明命十一年（清道光十年，1830 年）五月……帝谕户部曰："国家鼓铸钱文以裕民用，又虑愚民见利易犯，故盗铸之禁国法綦严，所以峻绝滥薄之弊。今闻清人潜于彼地盗铸，运来搀和使用，货重钱轻未必不由于此！其令北城臣严饬沿边诸辖，凡界接清国水陆关津要地面设法密探，如有运铅钱自清来者，拏治之。"

——《大南实录正编第二纪·圣祖仁皇帝实录》卷六十七，十八至十九；［106］2354

明命十一年（清道光十年，1830 年）七月……定诸地方清人税例。先是平顺请籍在辖清人而征其税。准户部议定："以有无物力为差。有物力者，岁征钱六缗五陌，如嘉定始附清人税额；无物力者半之，均免杂派。年十八出赋，六十一而免。无力者帮长三年一察报，已有产业者将项全征。平和以北亦照此例行。"至是，嘉定城臣奏言："城辖清人前经奏准'有镃基者全征，穷雇者免'，较与部议颇差。"帝谕内阁曰："清人适我乐土，既经登籍即为吾民，岂应断以长穷永无受税之理？城臣前议未为全善。嗣户部分别有无物力酌定全半征收，却不并将城议改定，只就平顺以北而言，又非所以示大同而昭画一。"乃令廷臣覆议，准定："凡所在投寓清人，除有物力者全征，其现已在籍而无力者折半征税，统以三年为限，照例全征。不必察报，以省繁絮。间有新附而穷雇者免征三年，限满尚属无力再准半征三年，三年后即全征如例。"

——《大南实录正编第二纪·圣祖仁皇帝实录》卷六十八，二十三至二十四；［122］2370

明命十一年（清道光十年，1830 年）七月……阇婆海匪窃发于平顺扶眉洋外，抢掠商船而去。事闻，帝谕兵部曰："平顺从来一向宁帖，近闻有清船往来停泊，经降旨派出兵船巡缉。乃捕弁顺义一奇试差管奇杨文铎讬故停驻，镇臣亦不善调度，至小匪得以乘间抢掠，捕务诚为不力！杨文铎先降三级，镇臣阮文才等各降二级，责令设法搜捕。"嘉定城亦疏报："边和、永清、河仙诸辖皆有匪船往来掳掠人船财物。"帝即命传旨总镇黎文悦速派兵船并严督诸镇分道截捕。富国所富强各队队长阮文列、次队长阮文议等与匪战于龙头屿，斩数馘、俘十余丁、获其船艘炮械。……

——《大南实录正编第二纪·圣祖仁皇帝实录》卷六十八，二十五至二十六；[123] 2371

明命十一年（清道光十年，1830 年）九月……帝谓兵部曰：本年春季至秋初，海匪窃发于广平、清义诸辖。节经降旨通饬诸海疆地方，凡新来清国空船及些小货项停泊在辖情有可疑者，立拏查问；并严饬所辖汛守及沿海兵民人等，如有清匪潜泊上岸取水采薪立即解官。今节已入冬且弛禁，仍传谕诸地方官，嗣后递年二月至九月，如有海匪，即遵前旨查办，入冬而止。永著为例。

——《大南实录正编第二纪·圣祖仁皇帝实录》卷六十九，十五；[135] 2383

明命十一年（清道光十年，1830 年）十月……遣署中水副衙尉段恪乘清海船如下洲公务。

——《大南实录正编第二纪·圣祖仁皇帝实录》卷六十九，二十四；[139] 2387

明命十一年（清道光十年，1830 年）十月……遣使如清。以吏部左侍郎黄文亶充正使，广安参协张好合改授太常寺少卿、翰林编修潘辉注升授侍讲充甲乙副使。帝谕之曰："朕最好古诗、古画及古人奇书而未能多得，尔等宜加心购买以进。且朕闻燕京仕宦之家多撰私书实录，但以事涉清朝故犹私藏未敢付梓。尔等如见有此等书籍，虽草本亦不吝厚价购之。"

——《大南实录正编第二纪·圣祖仁皇帝实录》卷六十九，二十九至三十；[142] 2390

明命十一年（清道光十年，1830 年）十一月……清葩有清人梁昌愿开琅政州铜矿，岁纳税例。镇臣为之题请，许之。未几，帝谕户部曰："朕思清葩为发祥之地，山川灵秀，旺气所锺，岂宜率尔开凿！况国家之所乏非财，此一铜矿税课何关盈缩。"即命停之。

——《大南实录正编第二纪·圣祖仁皇帝实录》卷七十，十至十一；［147］2395－［148］2396

明命十一年（清道光十年，1830年）十二月……富浪沙国师船泊沱灢汛，言奉彼国王之命，愿得商舶官一来面话。令充办内阁侍讲学士阮知方前往探问，船长坚不肯言。乃命侍郎张登桂权作商舶官以往，其船长说谓："彼国王欲与我通好，第远涉重洋无由自达。今闻红毛谋侵广东，势必连及我国，故彼国王遣来通信，嘱我毋助广东。"登桂还以奏。帝笑曰："彼欲借此结恩于我，以遂求通之计耳。红毛谋侵清国与我何干？"复令阮知方往告知。知方既还，他犹迟留未去，擅登三台山观看，又言："愿得花标一人，同往北城诸辖描取图本。"汛守报兵部以闻。帝曰："入国必问禁，搀越洋分犹有严条，况欲入人国而描取地图以归，是何无理之甚邪？汛守不能严辞拒绝，动辄报闻，又何无定见也！"命知方复往晓示，始驶去。按守安海、奠海二台城守卫黎文详、沱灢守御阮文语、协守张云鸾等以不能遏止登山之事，并坐革。

——《大南实录正编第二纪·圣祖仁皇帝实录》卷七十，十八至十九；［151］2399－［152］2400

明命十一年（清道光十年，1830年）十二月……更定北城诸镇【山西、北宁、谅山、高平、太原、广安、宣光、兴化】清人、蛮人、侬人税例。先是，诸镇清人额籍以北客称准，城臣议请改为明乡、为属户、为客户。户部因奏言："此清人等与蛮人、侬人向来税例曰家曰灶名色不同，或银或钱多少互异【清人有每家纳银一两二钱或五钱，或钱一缗；蛮人有二人为一灶，亦有一人为一灶，每灶或纳银四两、或银二两，或钱一缗、或钱二缗；侬人或每家纳银二两，或每人纳银五钱】，要皆因循旧制未足为准，请更定税法：籍各以人为率，税各以银代钱。其新改明乡属户、客户并蛮人等久列编户，殆与旧额明乡无异，岁收税银人各二两。惟侬人刀耕火耨，迁徙不常，视之土著者有间，请半征之。"帝可其奏。

——《大南实录正编第二纪·圣祖仁皇帝实录》卷七十，二十四；［154］2402

明命十一年（清道光十年，1830 年）十二月……北城臣奏言："城辖关津各所有万宁州、安良铺公司船无人较价，询之原领征者，皆云前年清商多陆运货项经到铺所雇船载往广安、海阳二镇，及抵城商卖，何人招集船艘搭载者，岁纳税钱五千缗。数年来，陆路多梗，商贾不行，领征者屡偿其税，请应停罢。"户部议奏，以为："此船税额之设，专为清货起征，经二十年已成定例。今狡商托为之辞，不过希图省减以为他日邀利之地，岂可辄为之停罢乎？请令城臣转饬广安镇，传示此铺船户人等，凡有清人投商雇载货项听由旧路行，仍于水程关要处船艘出入所必由者，城派会同镇派分往坐征，三月一报部备照。"帝从其议。

——《大南实录正编第二纪·圣祖仁皇帝实录》卷七十，二十九；[157] 2405

明命十二年（清道光十一年，1831 年）正月……广义镇臣陈文养、刘廷鍊、宋德兴等上奏疏四折。帝览之不悦，谓内阁曰："朕览广义所奏等折，一报得雨，却不叙田禾已未滋润，农功已未顺便，只叙所支祷谢钱文而已。朕量晴较雨念切农功，而彼等只知簿计、不念民天，且钱文别由户部月支，何关奏闻春泽？一叙清人风难，止给十日口粮。彼船破荡、财货无余，所当量加抚恤以广皇仁，乃如此些微，成何事体！一迴覆书吏出首之事，日期颠倒、牵引模糊。一叙清商舱口见有红丹水粉二十斤，饬令收贮以备官买。且丹铅本非贵重而止数十斤，国用何足以为有无？辄摘出声叙。……其陈文养等姑从轻各降一级，再传旨严饬，嗣后若犹临事糊涂则革斥随之，断不容恕！"

——《大南实录正编第二纪·圣祖仁皇帝实录》卷七十一，十五至十六；[166] 2414 - [167] 2415

明命十二年（清道光十一年，1831 年）正月……清监生陈启、知县革职李振青及男、妇四十余人搭从商船，遭风泊于平定翠矶洋分。命给李振青银二十两、陈启银十两，余人各钱一缗、米一方。有新凤邑民因他登岸谋盗米，而烧其船装作火灾状。镇臣信之，亦以其船失火入奏。适派员范白如奉往询问，难生陈启、船户因以事诉，且指海崖山路尚有遗米为证。白如还以闻，帝谕内阁曰："前者镇臣奏称此船失火，由船上人遗弃火烬，究无谋盗别情。今据船户所言，前折未为明确，何以贴服其心？且事关谋财放火重案，断不可听其了事颟顸！其令刑部传旨，钦派张明讲就近亲提犯、证，秉公审讯，务发真情，按律定谳具奏。在镇官吏有无出入案情，亦一并参劾、勿稍宽纵。若官官相为、事事雷同，一经觉出，不但国法綦严，尔张明讲何面目尚见人也？”及案上，犯者皆坐流，镇臣坐降，籍犯产发还船户。寻命卫尉黎顺靖带同革员效力，李文馥等乘瑞龙大船送之归。

——《大南实录正编第二纪·圣祖仁皇帝实录》卷七十一，十八至十九；[168] 2416

明命十二年（清道光十一年，1831 年）二月……庚子，祀天地于南郊，帝亲服衮冕行礼，礼成还宫。群臣请上表称贺，许之。辛丑，设大朝仪于太和殿。帝御殿受贺，谓群臣曰：“衮冕之制肇自轩辕，三代而下鲜有行者。今取法为之，亦复古之一事，且其制垂旒肃穆、佩玉铿锵，朕服之愈觉肃敬雍容、益昭礼度，乃知古人制此良有深意！朕历观前史，不惟我国从前所无，而北朝自清人建国以来亦已久废。我今举行之，倘清人易世之后典礼既失，亦将取于我大南取正，视之北朝更有光焉。然朕心犹未敢以为尽善也，盖事天以实不以文，岂徒侈此美观以饰文具而已哉？”又曰：“明世尊不亲郊祀甚失事天之义，清朝祭天一年凡二亦为渎祀，此皆不足法者。惟我皇考世祖高皇帝定为每年一祭甚合礼典，传之万世当遵守之。”

——《大南实录正编第二纪·圣祖仁皇帝实录》卷七十一，二十九至三十；[173] 2421 – [174] 2422

明命十二年（清道光十一年，1831 年）春三月，清商陈应进《皇清经解》《通鉴辑要》二部书。广南镇臣以闻，帝谓内阁曰：“此书皆册府所有，惟念彼是远人，知朕雅好文籍，航海输将芹曝之诚，亦在可奖！”命收。《经解》一部送国子监，赏应白金二十两。

——《大南实录正编第二纪·圣祖仁皇帝实录》卷七十二，一；[176] 2424

明命十二年（清道光十一年，1831 年）三月……申定外国商船税例【先是，准定税例：广州、韶州、南雄州、惠州、肇庆、福建、浙江、玛瑶、西洋诸国船来商嘉定，船横二十五尺至十四尺，尺各税钱一百四十缗；十三尺至十一尺，尺九十缗；十尺至九尺，尺七十缗；八尺至七尺，尺三十五缗。潮州船横二十五尺至十四尺，尺一百十缗；十三尺至十一尺，尺七十缗；十尺至九尺，尺五十缗；八尺至七尺，尺三十缗。来商承天、广治、广平减十之四，广义、清葩、义安减十之三，平顺、平和、富安、平定、广南、北城减十之二。惟船横自二十六尺以上未有定额。至是，申定凡来商嘉定，船横自二十六尺至二十九尺，广州至西洋诸国船每尺税钱一百六十缗，潮州船每尺一百二十缗；横自三十尺至三十六尺，广州至西洋诸国船每尺税钱一百八十缗，潮州船每尺一百三十缗；若来商在京并诸城镇，各照例递减】。

——《大南实录正编第二纪·圣祖仁皇帝实录》卷七十二，十九；[185] 2433

明命十二年（清道光十一年，1831 年）三月……京派巡洋卫尉阮良辉至南定盐户汛分、副卫尉段养至义安乾海汛分各擅捉清商船检出有鸦片者，因而纵属掠其货，将人船赃物交汴山汛更守而去。事闻，令各撤兵还，下刑部究处。其商船人犯委清葩派员阮金榜、黎万功提齐查讯。拟“正犯坐流，船户坐徒，柁工、水手杖责，船货皆籍没。刑部覆审，诸柁工、水手亦问徒”。及案上，帝谓内阁曰：“……其令吏部传旨北城臣，催齐诸清商，将谕旨宣示之。云本朝刑宪綦严，非比尔清国卖官鬻狱、上下蒙蔽、讼以贿成、官以钱得，尔等各宜及早省悔，如有畏罪惜财，向来曾向何衙门、何官职关节营求？有无却受？一一准其首明免罪。若有不尽、不实，别经发觉，不但受贿者从重治罪，其引贿之人亦必坐欺罔论死不赦！”城臣再三诘问，皆言此船乃在城诸商合本搭货，故彼有书来求为辨白，并无贿嘱别状。城臣以奏，令廷臣照案妥议“其挟带鸦片者坐斩监候，船户及次头目等各坐流，船货入官，柁工、水手皆杖释，搭载私货悉还之；犯弁阮良辉坐斩监候，先杖责一百红棍，其属首犯胡文卯斩决，传首于清葩、南定海口枭示三日，为从并发军；段养查未招服，革职付刑部锁禁。”初养至广安洋分，有清商陈贵者【年前以捕获海匪李公全受赏】领镇凭探拏海匪，多集清渔船站于葛澳，挟带军器，掳掠人口。养因其来谒掩捕之，生擒百余人，刺杀及落水死者甚众，获其船数十艘。事闻，下刑部议处，贵坐斩监候，其党发诸边屯堡为兵，附从者杖释。镇臣疏防，降二级。养擅杀罪人问徒，以尚干前案，竟死于狱。

——《大南实录正编第二纪·圣祖仁皇帝实录》卷七十二，二十一至二十三；[186] 2434－[187] 2435

明命十二年（清道光十一年，1831年）四月……命北城采买云南良马。帝谕内阁曰："世传滇池多龙，夏月辄与马交，故云南之马常多龙类。虽此事未必有，然其地所产多良。其令兵部行咨北城转饬兴化、高平、宣光等镇，派往此处访买一二匹，务得高大而善于驰骋者。及随便采买珠玉珍玩之物【如红宝石即'火齐珠'，俗名'红榴石'，及碧玉、翡翠玉已造器如扇坠、镇纸之类】。"宣光寻买得雄马一匹【乌色，高三尺】、宝石一串【号朝珠】以献，发白金百余两给之。复令广南、广义、平定、富安、平和各采买白色良马二三匹以供天闲之选。

——《大南实录正编第二纪·圣祖仁皇帝实录》卷七十三，五；[191] 2439

明命十二年（清道光十一年，1831年）四月……定检察官船盗载鸦片令。帝谕内阁曰："鸦片乃外番所造，转卖愚顽，败坏人心，有关风俗不小。年前节次，严禁外国商船盗载明著条章，更念本国官船间有派往外国，不得不严为禁令以杜弊端。其以本年为始，凡官船洋程公回权泊在何辖者，地方官即派兵加意隄防。如有挟带鸦片上岸，立拏人赃具奏。其安泊在沱灢汛则由镇官，抵京则由兵、刑二部派员会同侍卫各取重供详加检察。若有徇隐，觉出，犯者重治，检察员亦严议。"

——《大南实录正编第二纪·圣祖仁皇帝实录》卷七十三，十至十一；[194] 2442

明命十二年（清道光十一年，1831年）……五月。改授刑部左侍郎兼大理寺卿段谦光署承天府尹。光初以署南定协镇得新命，寻有旨截留清葩，会同阮金榜、黎万功专查巡洋官兵捕获清商挟带鸦片之案，所拟多不合。至是来京，帝谕吏部曰："段谦光经授京职，初试刑名乃承办清商一案，大违律意，有负朕造就之意。本应交部严议，姑与从轻，准改署三品衔。"乃授是职。

——《大南实录正编第二纪·圣祖仁皇帝实录》卷七十三，十一；[194] 2442

明命十二年（清道光十一年，1831 年）五月……帝闻清船来商多自广州出口，所载皆广东货物，而诈称琼州希图减税。命户部行咨诸城镇，今后商船如有多载货物非琼州些小之比者，即照从广州税例征之。

——《大南实录正编第二纪·圣祖仁皇帝实录》卷七十三，十六至十七；[197] 2445

明命十二年（清道光十一年，1831 年）五月……署保城卫副卫尉段景硕去夏管运嘉定木筏，遭风漂于清电白县。清人护送之还，复为风浪所阻，木筏尽荡破。帝命传谕广安，咨清钦州为之照料由陆路回。至是，景硕与在行弁兵二十八人还抵京。

——《大南实录正编第二纪·圣祖仁皇帝实录》卷七十三，二十一；[199] 2447

明命十二年（清道光十一年，1831 年）六月……命兴化镇守武文信、署参协吴辉濬率兵、象往昭晋州经理边务。先是，清建水县执刁永典等报于云南，迫令以丰收、平庐二峒银税交刁允安管纳。永典等既返，而允安犹依猛剌寨未敢还。至是，清临元镇临安府【建水所属】复派目、练六百余来索丰收堡，且言丰收乃清猛梭故地，我堡兵可撤去，毋得逗遛。北城以奏，帝谕兵部曰："兴化与清国毗连而畛域已截然矣，今清国边臣如此好事，在我惟当处置得宜方重国体。其令户曹邓文添统管威胜十奇，阮廷普管将城辖弁兵一千、象十匹速往按守兴化镇。"抵镇日，即摘出弁兵并与镇兵、土兵三百，象五匹，委镇臣武文信、吴辉濬前往昭晋择地驻札备御。仍移咨于清军次以观动静，其咨文略言：丰收本是本国故土，向来因地为守，界线分明，其所谓猛梭者抑或别有其地，在所未闻，勿可偏听允安之言惹开衅隙等大意。才数日，清兵进逼丰收堡，守堡褚廷通力不能支，退平庐峒。复谕邓文添等增拨弁兵二百、象二匹从武文信等直进。既而，清官兵不习水土，病毙者众，日渐解散。及武文信等至丰收堡，先已去了，收获遗弃枪炮剑鼓。信等乃派委正队长率队裴文香管领镇兵、土兵一百驻守，仍于隔水处设立军寨，分兵防御。适见清人递到来文，要我留待旬日，两成和好，不可以刁允安一人之故劳兵动众。北城臣据报以闻，帝谕曰："清人前此误听刁允安请讬，又见堡兵单弱，故侥幸妄为。及闻大兵前进，气馁而退。今看他来文意在讲解，则我亦当及此息事宁人，岂不是安边胜著？可令邓文添等飞咨武文信等，其所获械杖悉送还之，不必与他面会，立将带往弁兵撤回镇所，免致久冒岚瘴。邓文添、阮廷普接信等到镇日，即管前派兵、象回城。此后清人回覆如何，不妨随宜答复，亦可完事也。”

——《大南实录正编第二纪·圣祖仁皇帝实录》卷七十四，十至十二；[205] 2453 - [206] 2454

明命十二年（清道光十一年，1831 年）八月……兴化镇守武文信、署参协吴辉濬捕获刁允安，乃自丰收堡撤兵而还。初清兵既退，信等委人密往猛刺寨诱刁允安回，守堡率队裴文香以计掩捕获之。信因冒瘴得病，卒于道。帝深悯之，赠掌奇，准照赠衔给卹，加赐宋锦二枝、帛五匹、布十匹、钱二百缗。濬亦带病回镇，在行弁兵途间病故者三百余人，余皆患病散落，不相照顾。事闻，帝谓兵部曰：“曩者，清人无故擅派兵壮逼占屯堡，国体边防两皆关重，爰命派兵备御，盖亦不得已而应之。朕岂欲劳人力以勤远略者哉？不谓此地水土恶劣、瘴疠深重，弁兵往返止旬月内而病故至此，甚至途间患病昏沈不知存没，如此情形曷胜悯恻！可谕令城臣潘文璻查照此次病故弁兵如有实授职官，准照品加赠一级；试差、权差并准实授；兵丁各赏银二两，给诸其家。现回带病者，饬镇臣加心抚恤、给药调养；或因而物故，亦照此例赏给。尚欠者，即派人寻访护送之还；并收拾死者骸骨，给布殓之，送贯安厝。至如现回，自吴辉濬至官兵等跋涉山溪、艰劳可轸，濬准即实授，率队以上实授者赏纪录一次，试差、权差不拘久近均予实授，员弁兵丁各赏二月俸饷钱，裴文香赏银一百两。”其获犯刁允安与从党刁允坚、刁允武解送来京，下兵刑二部，查拟并坐斩监候。刁永典、刁政定各杖一百，放释之。乃以刁国铨之子刁国龙管理丰收、平庐二峒兼管丰收堡。初刁允安既获，有清临元镇派人赍公文从牛江径造北城，城臣以其非例，拘其人以奏。帝谕之曰：“清国镇府投递文书必由边汛，何可违越？于理不当接受，但念他来文专道刁允安事亦非无因，且须从中酌办以了前局面。其令兴化镇臣回答，略言丰收堡原隶本朝猛梭地，自属清国不必深究，而刁允安乃我国人，今既返回自有处置。前者彼此微嫌，亦由建水县偏听细人为其所误，毋以此小故尚怀疑讶等大意，仍付来人送于境上遣之。”又以清人越径私行，防汛太疏，令详议关汛盘诘之法。城臣乃请于保胜堡设关，委土目、土兵严加守备。凡清人往来贸易，但听于铺面兑买，不得擅从径路前去。帝因念我国与清敦好，何事过防不若且仍旧贯，乃止。

——《大南实录正编第二纪·圣祖仁皇帝实录》卷七十五，十四至十六；［225］2473－［226］2474

明命十二年（清道光十一年，1831 年）十一月……河仙署协镇阮祐誉坐免。镇辖有清船来商盗买鸦片，初籍犯产值钱二万而入官止三千。事发，嘉定城臣以誉专办抄劄参揭之。令即革职交查，以署吏部左侍郎范春碧调署河仙协镇。

——《大南实录正编第二纪·圣祖仁皇帝实录》卷七十七，六；［252］2500

明命十二年（清道光十一年，1831 年）十二月……兵部上是年弁兵总册，帝览之，曰："兵贵精不贵多，我国兵数只十余万，虽不如清国三十余万之多，倘能操演精熟、械杖鲜明，足以无敌。若徒张虚数，虽多亦奚以为？"

——《大南实录正编第二纪·圣祖仁皇帝实录》卷七十七，十二；［255］2503

明命十三年（清道光十二年，1832 年）正月……禁商船仿清舶样。帝谕户部曰："诸地方商船多似清舶名为战船，样既属不合，而狡商小辈得以从中诈冒，盗载米粒如清贸易，其弊所当厘革。其令漕政传旨京外，凡一切商船但依本国通商平头船样，其船头及两脸间毋得仿清舶样。违者，船户以违制论，船货入官，汛守及诸地方官失察亦并交议。"

——《大南实录正编第二纪·圣祖仁皇帝实录》卷七十八，七至八；［268］2516

明命十三年（清道光十二年，1832 年）正月……准定嗣凡如清使部自关上回程至河内省莅，其私装听谅山、北宁拨民抬递，仍以箱数具奏。自河内来京，由使部随便水陆自运，不得给驿。著为令。

——《大南实录正编第二纪·圣祖仁皇帝实录》卷七十八，九至十；［269］2517

明命十三年（清道光十二年，1832 年）正月……延庆公晋误听狡商叶连丰请托，以清船冒为免税船改造，希图宽免。事闻，有旨令迴奏。

公惶惧，上疏请罪。帝以其能自痛悔、无少讳饰，特免之。

——《大南实录正编第二纪·圣祖仁皇帝实录》卷七十八，十六；［272］2520

明命十三年（清道光十二年，1832 年）二月……河宁总督阮文孝奏言：“河内寿昌县行帆、广福二铺多是清人现成基址，故清商常就此贸易为生。从前船舶东来，先由栎汛盘诘，转详南定护解，原城征税；及回帆，复交南定护送出港，具有成例。今既分设省辖，河内之与南定事体相等，所应酌定，庶便遵循。”事下廷议，请“嗣凡清船投来南定栎汛，汛守员依例盘诘报省。其愿留南定起货发兑者，即验明征税；愿往河内者，则委交河内勘办。至回帆，复由南定送之出汛”。帝允其议。

——《大南实录正编第二纪·圣祖仁皇帝实录》卷七十八，二十六至二十七；［277］2525－［278］2526

明命十三年（清道光十二年，1832 年）二月……广安逋渠阮保与清匪钟亚发纠集渔船，以东西撞山为巢穴【**撞山一名夹州，在大海中，属云屯洋分，连接清国竹山白龙尾**】，每乘间站洋为商民病。省派前锐奇副管奇阮文审管将兵船巡哨，望见匪船六艘驶过洋外。审追之，皆望东走。署抚黎道广闻报，复派广安奇副管奇杜文桂督同土知县、知州前往协缉。事闻，帝谕之曰：“尔辖近来稍获宁帖，今有此匪船海上徜徉，势必乘虚滋事。尔宜加心筹办，严饬所派捕弁出力搜拏，以静海氛。”云屯土练头目范廷盛、阮廷清等遇匪于九头岛，俘其伙六丁、收获船一艘及炮械以纳。帝以道广派委得人先赏加一级，盛等赏银五十两，在行民夫分项赏给银钱有差【**一项赏银人各二两，二项各一两，三项钱各三缗**】。

——《大南实录正编第二纪·圣祖仁皇帝实录》卷七十八，三十七至三十八；［283］2531

明命十三年（清道光十二年，1832 年）三月……命河内择置广东、福建二铺行长，凡有官买二省所产之物，专责之。

——《大南实录正编第二纪·圣祖仁皇帝实录》卷七十九，二；［285］2533

明命十三年（清道光十二年，1832 年）三月……修筑宣光睹呪河界碑。黎保泰年间，清开化府边吏霸占边地。黎帝移书于清，清人遣官会勘，遂以地归我，分界于睹呪河。河之南、北岸各建碑以为识【南岸我国碑，刻“安南国宣光镇渭川州界趾以睹呪河为据”等字。北岸清国碑，其文曰：“开阳远处天末，与交趾接壤之处，考之志乘，当以府治南二百四十里之睹呪河为界。继因界趾混淆，委员查勘，奏请定界于铅厂山。我皇上威德远播，念交趾世守恭顺，宠颁俞旨，复将查出四十里之地仍行锡赉。士鲲等遵奉督部院檄委，于九月初七日会同交趾国差员阮辉润等公同定议，于马白汛之南小河为界，即该国王奏称之睹呪河也。爰于河北建盖遵旨交界碑亭，从此边疆永固，亿万年蒙休于弗替矣。当黎保泰九年，清雍正六年也。”】至是，南岸碑仆折，宣光省臣以奏，命复修之。

——《大南实录正编第二纪·圣祖仁皇帝实录》卷七十九，十四；[291] 2539

明命十三年（清道光十二年，1832 年）四月……如清使部黄文亶、张好合、潘辉注等还，多拨驿站递私装。帝闻而厌之，谕礼部曰：“黄文亶、张好合等身衔王命，责在周询，乃日记访察清国事状率皆草略，无一可堪入览，已属不职。迨回程，所办私货数倍于公，多费民夫抬递。且朕念驿站日夜奔走，屡降恩施，每事务从省节。惟使部自谅山至河内水程不便、陆路又艰，前经酌量，不论公私货项均准由驿。诚以在外经年劳顿，不得不曲加体悉也。若河内来京水陆顺易，凡一切私装听令随便转运在所不禁。至如由驿，止有帑项以省邮传。定例具在，彼等何敢违越邪？黄文亶方初出使，未几即遴授卿贰，待之何等优厚？乃奸巧营私、不忠不正，诚负国恩多矣！其即革职交刑部拏问严议，张好合、潘辉湜亦一并议处具奏。”及案上，黄文亶坐杖一百、发镇海台充当苦差，张好合、潘辉湜俱革职从部效力；河内按察裴元寿滥给引文、布政阮文谋、总督阮文孝预有会办，各降、罚有差；再追雇工银百余两，散给沿途诸驿。帝又以史程日记惟地名、里数，而民情国事不曾叙及，敕礼部嗣届使期宜传旨使臣，询问民情利病、国内灾祥，明白登记；至于地名、里数，已有典故可考，不必赘叙。

——《大南实录正编第二纪·圣祖仁皇帝实录》卷七十九，十七至十八；[293] 2541

明命十三年（清道光十二年，1832 年）五月……复开北宁、谅山、高平、太原、宣光金矿征收税例【……】。敕诸省臣以一年或三年为限，察金气有发旺者增定税额。宣光复以仙桥矿毗近省城，请雇募清人试采，令户部酌定赏格，再分送兴化、太原、高平、谅山诸省，有能开采者照此例行【以十五日为限，每人给雇工钱三缗。采得金沙一钱三分至一钱九分亦可不及一钱者，下次填补；采得二钱以上，赏银三钱；三钱以上，赏银八钱；四钱以上，赏银一两；五钱以上，赏银一两五钱；六钱以上，赏银二两；一两以上，赏银四两】。

——《大南实录正编第二纪·圣祖仁皇帝实录》卷八十，六至七；[303] 2551

明命十三年（清道光十二年，1832 年）六月……遣主事阮廷圭、巡海副飞骑尉邓亚养等乘平字二号船如广东公务。

——《大南实录正编第二纪·圣祖仁皇帝实录》卷八十一，十四；[317] 2565

明命十三年（清道光十二年，1832 年）六月……定远公昞谊属清人韩芳彝借公免役船行商，因而盗买米粒。事觉，公惶惧，据实具奏。帝以自首免罪律有明条特免之，奸商韩芳彝流之河仙。

——《大南实录正编第二纪·圣祖仁皇帝实录》卷八十一，十七；[319] 2567

明命十三年（清道光十二年，1832 年）七月……撤乂安以北巡洋兵还广安。署抚黎道广奏言："探闻匪船多艘潜泊清国竹山港，毗连万宁、玉山洋分。广东亦有巡捕兵船不日且至，请展一月限，随机截拏。"帝许之。

——《大南实录正编第二纪·圣祖仁皇帝实录》卷八十二，一至二；[324] 2572

明命十三年（清道光十二年，1832 年）七月……嘉定城臣奏言："城辖代役船关防牌例由属城诸镇给发，而照收税例及通商单凭却由在城户曹批准。请嗣凡何辖有代役船，其征税、批凭、修递、册籍一切合行事宜并交所在地方官办理。再，清船来商，其巡察出入、征收税例，亦请交藩安专办。"帝皆从之。

——《大南实录正编第二纪·圣祖仁皇帝实录》卷八十二，八；[327] 2575

明命十三年（清道光十二年，1832 年）八月……权领嘉定总镇印阮文桂并诸曹臣奏言："城辖自明命十年至本年四月底，清舶带来搭客为数颇多，而诸镇登籍受税者无几。请嗣凡清舶来商，于入汛之始，汛守饬据舶上人口修点目册三，明注姓名、籍贯，一纳之所在地方官，一留城，一送部备照。迨回帆日，复将带回人口修点目册由所在抄送汛守凭验放去。其留来搭客，责令诸帮长、里长等盘查现数，分别有无物力，会修帮簿，依例征税。仍常加察覈，凡有遗漏即报关续著。若敢用情容隐者，照隐漏丁口律问拟，地方官及总目失察亦并科罪。"帝然之。

——《大南实录正编第二纪·圣祖仁皇帝实录》卷八十二，二十八至二十九；[337] 2585 – [338] 2586

明命十三年（清道光十二年，1832 年）八月……广安署抚黎道广兵次万宁茶古，探闻匪渠钟亚发与逋犯阮保为清捕弁哨拏窜于白龙尾竹山洋外，亲督兵船进至东撞山。匪大小船二艘前来迎战，我兵冲击，保乘小船走脱，广麾直向大船头阻拦，左右围住。云屯土目范廷盛跃过匪船先斩亚发，兵勇乘之连斩十五馘、俘九丁，余赴海死。

——《大南实录正编第二纪·圣祖仁皇帝实录》卷八十二，三十至三十一；[338] 2586 – [339] 2587

明命十三年（清道光十二年，1832 年）九月……命兵部密咨山兴宣总督李大纲探访兴化丰收峒近来清人情状，据实以闻。先是，清临安府误听刁允安惹生边事，允安既诛，复许其族人刁世理为猛梭、猛剌【即丰收、平庐二峒】寨长，世理尚依于清广陵州长龙定昌【允安姑父】未敢归。清建水县亦尝遣人往丰收峒索上年税，诸土目不肯纳，彼亦不敢滋事。大纲探得其状以奏，帝批示曰："要宜留心密访，关尔职事，其慎之。"

——《大南实录正编第二纪·圣祖仁皇帝实录》卷八十三，十；[344] 2592

明命十三年（清道光十二年，1832 年）九月……广安逋匪阮保纠清匪船十余艘潜入真珠【社名，属葩封县】葛澳，守安快堡阮文劝伏岸射之，匪乃退。署抚黎道广兵船驶至，闻匪船已过灰澳、私澳【属海阳涂山洋分】，即溯流前进。匪复于洋外来真珠岛岸争掘野芋，土知县裴允藉与阮文劝率兵勇赶捕，藉为匪所戕，兵勇亦多伤、毙。匪遂纵火烧毁民家，尽掠堡中炮械而去。事闻，帝谕兵部曰："黎道广月前胜仗甫经优赏，乃不能预先防范，致匪伙乘间窃发。本应重治，姑念虽在是行但不遇匪船驶过本辖，而裴允藉等不报官兵迳行捉捕以至失事，则道广之罪尚有可原！姑从轻降二级；守堡阮文劝革职效力；裴允藉轻举妄动，亦有应得之罪，但能奋勇捐躯，视藉口畏缩者有间，加恩赏恤银十两；余阵亡人给银二两，伤者给钱三缗。且这匪至掘芋以食，则穷窘已甚，不啻釜底游魂，何难扑灭？其令黎道广厚集兵船、乡勇上紧缉捕，再传谕署督阮公著速遴妥干领兵一员、生力弁兵三百分坐船艘会剿，毋得刻缓！"适公著请行疏至，帝谕之曰："尔志可嘉，但省务殷繁。已谕令遴委领兵干员足资差派，尔姑留省办事。傥不期得报、情形关紧者，亦准一面具奏，一面亲督兵船紧往，相机剿捕。"

——《大南实录正编第二纪·圣祖仁皇帝实录》卷八十三，十二至十三；[345] 2593－[346] 2594

明命十三年（清道光十二年，1832 年）九月……清钦州分州移书于广安，言海匪滋扰其国，有商船陈金发等情愿自备资斧出洋缉捕。经给照，许以无分封域一律追拏，祈验明无相拦阻。署抚黎道广以事关边防，具奏请旨。帝谕之曰："我国海疆虽与清国毗连，但封域截然，安得以无分为说？纵为剿匪，则各派兵船按辖截捕，贼匪何所逃乎？岂应预为逾境地步！即饬万宁土知州照依部送覆文，精缮以答。嗣后事属重大有关国体者方得入奏，若似此寻常咨覆，断无徇他所请之理。不妨一面具奏一面施行，毋须辗转声请，徒滋迟滞为也。"

——《大南实录正编第二纪·圣祖仁皇帝实录》卷八十三，十六至十七；[347] 2595－[348] 2596

明命十三年（清道光十二年，1832 年）十月……广安署抚黎道广兵抵西撞山，遇匪攻之。匪遗弃其船六艘并旗鼓刀槊而去，乃上岛搜索，获男、妇六人。居数日，匪船十余艘复自清洋来，广驱兵迎击，再扬帆走，追之不及而还。具以情形入奏，且言："今匪巢已破，彼方切齿，若以限销撤回，则沿海之民必遭其毒。恳留洋旬日探捕，必灭此匪然后已。"帝谕曰："尔亲董大队兵船，两次与匪对仗，前次当场不获一犯，追登岸搜捕，亦只获老幼妇人；后次则全无所获，本应治以不力之罪！姑从宽。”传旨严饬，仍勒限二十日，务将匪伙全帮剿杀尽绝！行且量沛恩施，若限外不清，必交严议。

——《大南实录正编第二纪·圣祖仁皇帝实录》卷八十五，二十四至二十五；［374］2622

明命十三年（清道光十二年，1832 年）十月……遣使如清。授乂安署布政陈文忠为礼部左侍郎充正使，承天署府丞潘清简为鸿胪寺卿、内务府司务阮辉炤为翰林院侍读充甲、乙副使。帝以投递外国文书有关国体，敕嗣凡礼部奉缮国书公文各本，呈览后再交当值内阁或廷臣会同覆阅，务要十分周妥方准分发施行，免致遗误。

——《大南实录正编第二纪·圣祖仁皇帝实录》卷八十五，二十九；［376］2624

明命十三年（清道光十二年，1832 年）十月……定如清使部回程装抬给驿例【凡私装自关上至河内，正使五箱，甲、乙副使各四箱，行人八人十二箱，随人九人五箱。自河内来京，使臣三员辋夫各二，品服私装抬夫四为一起，行人八人辋夫各二，分为二起。按辖照给】。复敕嗣凡使部员人，听各先领次年一期俸饷，余按期折给一半，听家人代领；其半，俟公回追给。

——《大南实录正编第二纪·圣祖仁皇帝实录》卷八十五，二十九至三十；［376］2624－［377］2625

明命十三年（清道光十二年，1832 年）十月……帝欲周知清国之事，尝令河内饬清商采买京抄以进。是岁，清兰州、湖北有匪，燕京于正月大雪，坚凝三尺，民多冻死，而京抄皆不录。帝闻之，敕河内传示诸铺商：“凡清国灾伤盗贼之事，虽京抄不载，亦须采访登记。”

——《大南实录正编第二纪·圣祖仁皇帝实录》卷八十五，三十；［377］2625

明命十三年（清道光十二年，1832 年）十月……海安署督阮公著奏言：“广安云屯洋外之东撞山稍北曰西贤山，山之左至白龙尾曰巴廊澳。年前曾访之手下老于海程者，皆云此处人烟凑集无异中土，其风俗稍似故黎。惟从前不供贡赋，海匪每以此为归宿。验之两省官兵追捕，前后收获匪船凡十余艘，既经挫衄，即纠结复来。倘无聚会处，安能若是其敏速也？且向来海匪窃发，先由省辖涂山洋分。为今之计，可以诱致。请催集手下拣其稍善水者二百人、轻快渔船十五艘以为奇兵，再遴选属省干员与善水生力弁兵预备战具以待，仍密令巡洋兵船撤回。彼见其无备，必将复来。得报即前往相机截捕，可收全胜。否则，请亲提水师乘风破浪遍捣巢穴，以抵西贤、巴廊随宜抚剿。”帝谕曰：“尔乃封疆大吏，目击匪徒未静，恐其余烬复然，故加意筹拟，盖欲安奠海疆，朝廷岂有不允尔请之理？但黎道广方请展限期以必歼此匪，若限内遽令撤回，则他岂不以此藉口塞责乎？姑俟道广限满果否清妥，再降旨行未晚也。”

——《大南实录正编第二纪·圣祖仁皇帝实录》卷八十五，三十一至三十二；［377］2625－［378］2626

明命十三年（清道光十二年，1832 年）十一月……广安署抚黎道广奏言：“捕限已销，而匪伙远飏未能弋获，请伏捕务无状之罪。惟今海南洋分有清提督兵船严拏，龙门又有督府防截，匪势穷蹙，早晚当复潜来，请展一月限留洋随机剿灭。”帝谓兵部曰：“黎道广给限捕匪迄无所获，本应交部严议，姑念匪辈出没无常，而岛屿多歧、海洋辽阔，情形亦属颇难，其加恩降二级。且这匪经剿杀之后现已远飏，若久顿我师殊为失算。可传旨黎道广及海阳所派兵船各撤回省休息，如彼尚敢复来，立即驰往痛剿未晚。再海阳署督阮公著前日所奏亦欲绥静海疆，但今这匪仅存遗党窜死穷洋，何必远搜重劳士卒。倘后匪有潜来道广不能剿灭，则广安乃其兼辖，方可提兵追捕。”

——《大南实录正编第二纪·圣祖仁皇帝实录》卷八十六，十七至十八；［389］2637

明命十三年（清道光十二年，1832 年）十二月……改高平侬人为土人。高平属辖四州，民有旧名，辅导者经准部议改名为“侬人”。其民以侬乃清国流人，请赐他名以别之。省臣以奏，帝曰“此亦变夷归夏之一机也”，乃准改称“土人”，仍旧供输银税。

——《大南实录正编第二纪·圣祖仁皇帝实录》卷八十七，三十一；［408］2656

明命十三年（清道光十二年，1832 年）十二月……高平布政杨三、原按察现署海阳布政阮辉霑俱坐免。先是，有清国永淳县派人越过省城良马铺捕犯而无关报，杨三等听其自去，恬不以闻。通判阮登调因以委员来京诉发其事，交吏部议处。至是，议上阮辉霑以问刑专司，坐革职从部效力；杨三降为正五品衔，勒令休致；谅平巡抚黄文权失察，罚一年俸。

——《大南实录正编第二纪·圣祖仁皇帝实录》卷八十七，三十五；[410] 2658

第八册

明命十四年（清道光十三年，1833年）春正月……清广东巡洋师船一艘，因风泊于广南茶山澳。省臣以闻，帝曰："此乃公差，非难商比。"令给之钱三百缗、白米三百方，复派户部郎中黎长名前往慰问，以牛、酒厚款之，船艘有损坏者为之修理。又闻所带兵仗多不堪用，令拨出北机鸟枪、长枪各四十并随枪药弹，齐往宣给。

清广西巡抚移文于谅山，言燕京历书未送到，权将在省书带给。谅平署抚黄文权以事闻，帝批示曰："不知彼国事若何，甚至正朔无以与人。可笑，可笑！岂有巡抚敓正朔之理？断然不应受！命却之。"

——《大南实录正编第二纪·圣祖仁皇帝实录》卷八十八，三；[2] 2662

明命十四年（清道光十三年，1833年）春正月……减福建商船税额。向例，福建之税高于潮洲，近因民穷物贵，来商者少。帝闻之，定以本年为始，凡福建有投来诸省商买者，准依潮洲例征之。

——《大南实录正编第二纪·圣祖仁皇帝实录》卷八十八，五；[3] 2663

明命十四年（清道光十三年，1833年）春正月……河宁总督阮金榜奏言："河内有清商代役船，行商没见驶回，请将为失迹项免税。"帝谓内阁曰："向闻清商多将原领船牌盗载米粒回东，仍改造船样再来，希图免税。此乃狡商伎俩，安得以没无下落率为题请？其此船可据保领人责收递年港税，俟其复来究办。"阮金榜准罚三月俸，仍传旨诸地方："嗣有清商造船受纳港税，止听于本国行商，不得驶往大清、下洲等国。若有潜回不返者，即据保领人责收税例，再从严治罪。"

——《大南实录正编第二纪·圣祖仁皇帝实录》卷八十八，八；[4] 2664

明命十四年（清道光十三年，1833 年）春正月……广安逋渠阮保纠结清匪船帮，出没于葩封云屯洋外。万宁土吏目潘辉璧率手下乡勇巡探与之遇，匪且战且却。追一日夜，至雾水洲【属清琼州府海南洋分】击沈其船一艘，斩清匪目吴亚三，俘其伙潘亚捌，保跳岸仅以身免。余船望东走，皆为清捕弁所获。署抚黎道广以事闻，帝深嘉之，赏授潘辉璧从八品百户，再赏钱五百缗。谓兵部曰："此匪途穷，皆我国乡勇之力，而清弁遂因以成功，不知清难船人等曾闻之否？"乃派出部司往茶山澳探问之。潘辉璧寻复弋获阮保以纳，洋匪悉平。帝降旨褒奖，授辉璧正七品千户，加赏银一百两、钱二百缗。

——《大南实录正编第二纪·圣祖仁皇帝实录》卷八十八，十一；[6] 2666

明命十四年（清道光十三年，1833 年）春三月……安边总督阮文桂奏言："访闻黎文悦标下左保一卫卫尉胡文肇、副卫尉阮文勃、铭义卫副卫尉阮祐儴倚悦之势，年前每拨弁兵登林斫木，因而擅取材板，有卖之清人者、有造为私船者。"帝令各先革职，仍督同臬司，严审定谳具奏。

——《大南实录正编第二纪·圣祖仁皇帝实录》卷九十，九至十；[32] 2692 – [33] 2693

明命十四年（清道光十三年，1833 年）春三月……宁平逋匪黎维良与山音【社名，属乐土县】土司郭必功兄弟纠党起伪。维良，逆犯黎维祎之子。自维祎伏诛，年甫三岁，其属黎维然【清葩玉山县人，姓杜名仲钏。初投黎维祎为家人，冒称黎维然】挟窜于山音，郭必功及其弟郭必在、堂弟郭必济、侄郭必岩等窝养之。煽诱蛮众，常出没宁平、清葩、山西、河内林陇间，图谋不轨。去年事发，严限诸所在派兵哨捕，未之获。至是，其党共推维良为盟主，自称大黎皇孙。造伪印、设伪职：必功为伪统将【维良居山音，凡匪党皆由必功统之】、必济为伪前军、必在为伪后军、必岩为伪左军、郭福成【乐土中黄社人】为伪中军、高曰卞【乐土安志社人】为伪右军、黎维然为伪统制、张廷珧【南定丰盈县人】为伪统领、黎文吝【兴安东安县人】为伪调拨，郭廷至【山西美良县人】为伪天雄军，驱乐土、奉化、安化三县土民为兵，邻辖逸犯、饥民亦多从之，众至数千，乃窃发于让老【社名，属山西美良县】。诸省捕弁山西前雄奇试差副管奇阮茂瑜、河内前振奇管奇阮文茂与匪交攻失利，兵多伤亡，茂退走，瑜力战死于阵。宁平左奇副管奇阮德论在芝泥堡【属安化县】闻之，以土兵为向道赴援，才至古寺津【属让老社】，匪突来拒斗，土兵走于匪反射我兵，试差率队范文宝中弹死，德论为匪所掳，兵皆溃散。匪乘胜直抵芝泥，土兵于堡后开门导之入，守堡该队阮文谊与汉兵十余人脱走，匪遂据芝泥。报至宁平，护抚阮文谋即派委领兵陈有礼率正副管奇阮文襄、裴文长带领兵、象进剿。事闻，帝谕曰："何物小丑，诸道兵才一交锋辄已奔北！且捕匪一事前经训饬，数日前据报黎维养之案复切责之，不谓诸督抚布按等若罔闻知，不能预先防范。及至差派，又不得人，贻误事机，均难辞责。阮文谋与河宁总督阮金榜、山兴宣护督胡佑各先降二级。胡佑前在宁平，逸犯犹得潜聚山谷，今余孽复生，皆胡佑未了之事，宜即亲督兵、象迅往宁平随机剿捕，要将渠伙擒杀殆尽。若辄称他已远飏苟求塞责，或致滋蔓，则惟佑是问。阮文谋可趣清葩前派弁兵速进，阮金榜亦量派生力弁兵五六百与之会。其阵亡，阮茂瑜追授副管奇，赏银二十五两；范文宝追授该队，赏银十两。"

——《大南实录正编第二纪·圣祖仁皇帝实录》卷九十，十八至二十一；[37] 2697 – [38] 2698

明命十四年（清道光十三年，1833 年）春三月……遣水军副卫尉段恪、前锋前卫副卫尉黎文富协同户部署郎中黎文谦、吏部员外郎阮知方等率水师分乘威凤大船、平字一号船往广南送清难弁还国。船出顺安汛口，水军统制阮才能护送之。适海水汐落，能督令驶进，众阻之莫能得。忽艮风骤发，威凤船遂着浅。帝恶其率意妄为，即拏锁下狱，并与分坐段恪各先革职，交刑部严议。而以率队武文胜权署中水卫副卫尉，改派平字七号船往焉。……派员黎文富等至广南，清难弁梁国栋适因病没。事闻，准赍给宋锦一枝、帛三匹、布十匹，再发白金五十两送同船人等，带回给诸其家。

——《大南实录正编第二纪·圣祖仁皇帝实录》卷九十一，八至九；[50] 2710 – [51] 2711

明命十四年（清道光十三年，1833 年）夏五月……刑部奏上原广义布政刘廷鍊案。廷鍊初与省属受清商馈遗，擅减船税，赃至一百八十余两。经钦派何维藩查拟，送部阅覆，廷錬坐杂斩。准徒五年。

——《大南实录正编第二纪·圣祖仁皇帝实录》卷九十四，二十八；[107] 2767

明命十四年（清道光十三年，1833 年）夏六月……顺庆署抚黄国调奏言："昨闻藩安有警，经派兵船放洋巡哨，见清船约十五艘停碇于麻离以至湖【社名】夹边和洋分，我兵船驶到，彼即望东而去。乍来乍去，势难追捕。"

——《大南实录正编第二纪·圣祖仁皇帝实录》卷九十六，四至五；[122] 2782－[123] 2783

明命十四年（清道光十三年，1833 年）六月……以中军都统掌府事宋福樑为讨逆左将军、神策后营统制阮春为参赞大臣、礼部右侍郎张福㯽随军中赞襄机务，给与敕印旗牌，管领羽林右二、龙武左中保一各卫弁兵，分乘战船二十二艘，配以水军炮手并炮弹兵需【……】，以二十日吉辰进发，由永隆、定祥诸海口进剿藩安逆贼。……将军宋福樑等兵船出顺安海口，命官分往南海龙王庙、风伯庙祈风①，舟师遂乘顺以次进发。

——《大南实录正编第二纪·圣祖仁皇帝实录》卷九十八，五至七；[150] 2810－[151] 2811

十四年（清道光十三年，1833 年）秋七月……宣光保乐州土知州农文云叛。先是，兴化有警，在省檄调土勇防截，云不之应，寻又干连命案。署布政范溥、按察黎秉忠以事指参，请革职。派人提问，仍遴出大蛮土知州阮广凯权摄保乐州务。广凯先与云通，省派至，云以兵赫之，且曰："我将举大事，岂屑为知州邪！不日且抵省，何待拘问？我今宽汝一死，姑借汝面寄之省官。"乃刺"省官偏贿"四字于其面，而放之还。溥等即商委领兵陈有晏管率弁兵增催大蛮渭、川二州土勇前往拏捕。具以事闻。

——《大南实录正编第二纪·圣祖仁皇帝实录》卷九十九，七；[165] 2825

① 据《大南会典事例》卷九十三载，越南阮朝的南海龙王庙与风伯庙均在顺安汛沙分，南海龙王庙始建于嘉隆二年（1803 年），初称"顺安海门祠"，明命三年（清道光二年，1822 年）更名为"南海龙王庙"；风伯庙原无，明命七年始建。

明命十四年（清道光十三年，1833 年）秋七月……兴化署抚吴辉濬奏言：省辖五县十六州其地最广，况外邻清界、内而匪徒尚有潜伏，未尽就擒。请由山西加派二奇弁兵往防驻，又请遴选土目设为青川、文盘二县、州土知县吏目。

——《大南实录正编第二纪·圣祖仁皇帝实录》卷一百，十三至十四；［181］2841

明命十四年（清道光十三年，1833 年）秋七月，宣光署布政范溥亲领神策右军弁兵六百余由渭川进攻保乐。初逆云既谋叛，自称“节制上将军”，召集徒党伪设名目，以书诱宁边守堡土司黄金顺约以同事，顺不从，令驰报省。溥乃与署按察刘秉忠以事入奏，自请往剿。又言自省城至保乐相去十四五日，山溪修阻、行路艰劳，请照弁兵例“无饷钱与土兵远贯者”月给钱、米各一。帝令先赏在行官兵一月俸饷钱，土兵远近均准给与口粮。又谕之曰：“近闻清人多有驼载米粒入境，信如斯言，可多运银两从军，随处买以充给更好，但此事难以遽信，要在尔等善为筹画。或运、或买，务得渊源接济，无乏为上。”

——《大南实录正编第二纪·圣祖仁皇帝实录》卷一百零一，一；［190］2850

明命十四年（清道光十三年，1833 年）八月……宣光布政范溥兵次渭川宁边堡，逆犯农文云率党潜往拉岭、支岭、闷隘【均属渭川州】谋图围陷。溥闻之，即派城守尉张福元、巡城率队黎有规及陆安土知州刘仲璋、渭川土吏目黄金葵、土司黄金顺提将兵勇分道邀截。才至小沔江，匪徒突来拒战，土勇溃散，我兵寡不能敌，亦退回堡。堡中官兵仅有四百余，粮食殆尽。溥乃飞咨署按察黎秉忠，速报山兴宣总督加派弁兵赴援。忠以事驰奏，且言：“清人自闻逆云蠢动，没有载米入境，虽有银钱无处采买。而自省城至宁边山溪险侧，势难陆运。前者水运，饷船更因江道屈曲一百七十三滩水势湍激，溯流而上其势稍迟，今始到巧溪，犹隔兵次五六日，现方紧催前进。”

——《大南实录正编第二纪·圣祖仁皇帝实录》卷一百零二，十八；［215］2875

明命十四年（清道光十三年，1833 年）八月……阇婆海匪复于庆和洋分乘间登岸烧掠，省派城守尉阮文多纠率兵民邀截，射毙二丁，匪望东走，获其船四艘并所掠汉民六十余人。事闻，命赏之钱三百缗。

——《大南实录正编第二纪·圣祖仁皇帝实录》卷一百零二，二十一；[216] 2876

明命十四年（清道光十三年，1833 年）八月……讨逆左道参赞阮春攻破贼党清人于柴棍铺。贼自习阵原之败，于柴棍铺悉集清人设屯固守。阮春兵船由葛江直进安通港，道至水会村市，贼伏于左岸铺乱放枪炮，兵不能进。春即令侍卫尊室弼督雄威卫兵登岸纵火焚之，兵船赶上，斩贼二百五十余馘。贼大败，走入铺内扼险以拒。春与范有心等再率兵勇一齐攻破，斩六十馘、俘七百丁，尽获船艘炮械。将军宋福樑、赞襄张福顽得报，以捷闻，且言在行自管卫以下有功状者业已遵旨酌量给与，并前次张崇禧、杜文议等捕获贼中次犯阮文勃亦已照赏格给银五百两。帝谕之曰：“逆傀既经败衄走入城中，其旅拒在柴棍铺地面不过一二贼党散落，纠聚清人以为自保之计。又见官兵经过铺头，不免心怀疑惧，图谋抗拒，致为官兵所斩杀，非如交战者比。阮春其赏军功纪录一次，余官兵已酌量赏格，毋须再赏。至如清人阿附贼党，节令檄谕晓示祸福，使知趋避；近又申谕，俾相报告，如能投降，免其一死。今贼党残败之余尚且执迷不悟，聚徒据险，千百为群，敢与官兵旅拒，殊甚可恶！本应槩与骈诛，姑念彼等乃是从党，为数颇多，不忍尽加杀戮。其现获等犯可摘出渠首及凶悍者正法，余各断右手四指，仍于林分边徼之地分发安置，不准留在民间。或致惹事，犯者财产亦查封明确，交民更守俟案。且王师所至，要在平定安集，诸将军、参赞等即宜遍令晓示所在诸清人，各须安分自可保无连累，若怀疑煽动，拏获即杀无赦。再严饬将弁兵勇，如彼已妥帖，谁敢藉事吓扰取财，亦正法以徇。”又谕之曰：“剿杀清人一事，如当初将军、参赞先令晓示事理，俾他明知祸福咸自解归，则我兵既不劳锋刃而彼亦免死亡，何等妥善？乃计不出此，竟使弁兵好事径行，致彼情疑槩被杀戮，纠伙抗颜酿成一场征战。虽能擒斩亦有微劳，而揆之于理诚为未合。再所叙捕解次犯阮文勃，察验情形似乎他单身逃遁被擒，非如当场杀败致力穷就缚者比，却遽照赏格给与亦是未当。又‘官兵间有伤亡’并‘擒斩贼伙’前经酌定赏格，至如管卫以下功状则须据实奏明候旨方是，乃辄自奖赏，不知从何赏格，而谓为遵旨可乎？此均属含混但事已往，毋须深究。惟向来军中常套，多有冒功邀赏波及无辜，朕心在所不忍。夫弔伐之师需要宣布仁声义闻、不犯秋毫，俾王旅所临莫不畏威怀德，即在殊方异域理亦宜然，况嘉定原是本朝土地，属辖人民莫非赤子。兹进剿逆贼本为救民水火之中，断无宽纵不肖官兵非法肆行之理。嗣凡擒斩贼伙，宜覈果真正贼匪方准预赏；滥及平民，非惟不得预邀赏格，且从重治不恕。如将军、参赞稍存徇隐，察出亦难辞咎。且张福颋身为阁臣委以赞襄机务，凡事必须见理明白妥为筹办，俾军中事务动中机宜，方为不负所职。若一味含糊随众妍媸，致所办有不合处，则尔之罪更大矣！朕既丁宁告戒，各凛遵之。”

——《大南实录正编第二纪·圣祖仁皇帝实录》卷一百零三，二十一至二十四；[232] 2892－[233] 2893

明命十四年（清道光十三年，1833 年）秋八月，讨逆右道将军阮文仲，参赞张明讲、黄登慎兵次高蛮桥北。贼徒约千余，分道一向桥南隐伏，一向花峰垒掩击黎策、阮文兑道兵。适原安河总督黎大纲管将兵、象抵习阵原前来策应，贼稍却。忽有一支自西郭林丛中出，与之交锋数合，应义乡兵先退，弁兵捍御不住亦退，黄登慎即亲督段愈、蔡公朝将兵接战，斩贼二十余馘，贼遂溃散。我兵乃于高蛮桥至习阵原分设屯札。伪都管领陈文义率党五十余人诣军首服，清人二百余亦面缚请降，阮文仲等乃束陈文义党伙为新第五队，清人悉放回生业。

——《大南实录正编第二纪·圣祖仁皇帝实录》卷一百零四，一；[238] 2898

明命十四年（清道光十三年，1833 年）八月……锦衣率队阮文议自南圻还，帝问以军民情状。议奏言：“官军所至，民情欣悦，亦有垂涕泣诉为贼残破资产无遗者。”帝曰：“此辖人物繁盛、风俗奢靡，一旦至此，良可叹也！”议又奏言：“闻前者从贼之清人所至肆行残虐，淫人妻女，杀人父兄，百姓不胜其苦。”帝曰：“信如其言，则彼之凶恶已甚，何阮文仲等受彼新降所奏不曾叙及？且彼凶狠成性，若一概宽免，正所谓以其所不爱及其所爱，将何以慰吾民之心乎！其传谕阮文仲等，如所闻之事并属子虚则止，傥有之，准即将新降者断其右手四指，分发边远处安置，其财产亦查封待案。勿可姑息养奸，遗患黎庶。”……阮文仲等寻究出新降之清人等从贼抗官者四犯，令即斩枭。为所胁从者十五犯，各断指安置。余查无从贼，仍遵前谕，交民管束。

——《大南实录正编第二纪·圣祖仁皇帝实录》卷一百零四，六至七；[240] 2900 - [241] 2901

明命十四年（清道光十三年，1833 年）八月……乂安布政阮廷宾请安折言：“铁木一事，民之所得仅抵佣工，请听与清商贸易而官为定价，十征其一，则公私两利。”帝谕内阁曰：“乂安木户于嘉隆年间已经凋耗，朕加意存抚，或蠲免积欠、或展缓正供，近来渐获起色。又念铁木长大之项难于采办，复准折纳以便民。以及枝表委曲，亦为之收买。谅此格外施恩，彼等已多蒙其利矣。阮廷宾却云所得之价仅抵佣工，试思若果有此，是谁之咎！岂非官吏索勒留难之所致乎？今乃妄请纵民与清商贸易而官又从而定价，岂不是徒饱官吏私囊！民何所利之有？至如所请十征其一，则又属言利之臣尤为可鄙。夫国家经制有常，锱铢之利岂屑计较？况私买铁木之禁具有严条，乃敢以此黩陈何也？其传旨饬令回奏！”宾惶恐上疏请罪，遂降二级。

——《大南实录正编第二纪·圣祖仁皇帝实录》卷一百零四，十六；[245] 2905

明命十四年（清道光十三年，1833 年）八月……帝谓工部曰：“广义洋分一带黄沙之处，远望之则水天一色不辨浅深，迩来商船常被其害。今宜预备船艘，至来年派往建庙立碑于此又多植树木，他日长大郁茂则人易识认，庶免著浅之误。此亦万世之利也。”

——《大南实录正编第二纪·圣祖仁皇帝实录》卷一百零四，十六至十七；[245] 2905 - [246] 2906

明命十四年（清道光十三年，1833 年）八月……帝命兵部传谕南圻诸道将军、参赞……复又谕之曰：“原藩安省城于五月十八夜之变，阮文桂以总督大员现在弁兵、手下数千，仍不能擒制，反为彼所戕，成此变乱。……又于牛渚，现今清商船尚存何艘停泊？抑已先自散去？……即访明实状，具奏候旨。”

——《大南实录正编第二纪·圣祖仁皇帝实录》卷一百零四，十七至二十；[246] 2906 - [247] 2907

明命十四年（清道光十三年，1833 年）八月……谅平巡抚黄文权奏言："高平报称：探见宣光匪徒于密陇、油陇、闭岭等处界接清国镇安府连设五堡，众约二千余，中有韶州二百人，黄阿连为之首唱。请以事关报太平府移知镇安，派兵按截。"帝令礼部缮咨文，略云："本国宣光保乐州农文云谋匪，经派大队官兵征勦，则逆匪不免寻路逃生，想天朝之镇安府界正与本国宣光地势毗连或为彼所逸入者。祈为移书镇安，派兵按界防截。傥见彼奔窜，幸即拏交惩办。"仍送谅山转发。

——《大南实录正编第二纪·圣祖仁皇帝实录》卷一百零四，二十二至二十三；［248］2908－［249］2909

明命十四年（清道光十三年，1833 年）八月……帝谕内阁曰："曩者参赞阮春一道官兵勦杀清人，朕初以为将军、参赞不能先晓示祸福，竟使弁兵好事径行，以至多残人命，心弗慊焉。近来询悉事状，则清人等均属凶狠可恶，官兵才到，即各纠伙水路，连日死拒以抗颜行。则此一番痛勦谅亦势不得已，乃官兵竟能擒斩净尽以绝恶荄，未为不可！阮春其赏加军功纪录二次，在行管卫、管奇各一次，弁兵赏钱一千缗。"

——《大南实录正编第二纪·圣祖仁皇帝实录》卷一百零四，二十九至三十；［252］2912

明命十四年（清道光十三年，1833 年）九月……山兴宣总督黎文德攻解宣光省城之围，逆云败走。……捷闻，帝大嘉悦，谕曰："……阵亡兵丁各赏银二两，汉土民夫、手下人各一两。被伤兵丁重者赏钱五缗，轻者二缗；汉土民夫、手下重者三缗，轻者一缗。……"

——《大南实录正编第二纪·圣祖仁皇帝实录》卷一百零五，十至十三；［259］2919－［260］2920

明命十四年（清道光十三年，1833 年）九月……河仙龙川乐浴铺清人林大孟、林耳、郑大奴自称一哥、二哥、三哥，纠众数百戕杀知县阮文能及妻子门属十二人。乐新铺清人郑神通、陈梼伪称正副统兵，与之合党，肆行劫掠。省派河富奇权差队长阮文瑞纠集民夫攻勦，夺贼船二艘，生擒郑神通，斩陈梼及其伙三十余馘，林大孟等脱走，鄚公榆之侄鄚侯振亦捕获伪党清顺、北顺六犯。权办省务胡公祉以报革员黎大纲，转报讨逆左将军兵次，请量派精兵前往镇压。宋福樑具以事闻，且言：

“姑俟新授安江、河仙护抚布按领兵等抵军，即派出弁兵护送，因便分往巡哨，捕逸匪以宁民居。”帝可其奏，命擢授阮文瑞为该队署副管奇，从省差派在行民夫赏钱三百缗，鄚侯振赏飞龙大银钱五枚。林大孟并从党二十余人寻为巴忒府员弋获，皆诛之。

——《大南实录正编第二纪·圣祖仁皇帝实录》卷一百零五，十八至十九；[263] 2923

明命十四年（清道光十三年，1833 年）九月……嘉定军次诸将军参赞等奏言：“今我兵四面围住，贼于城上连置大木马。近来城内原南圻各色弁兵有缘城而出、有因出城插尖采草乘间走向我军首服。问之皆云……城中尚存雄象二十匹，回良、北顺清人爷苏道徒约一千上下从贼死守。……”

——《大南实录正编第二纪·圣祖仁皇帝实录》卷一百零五，十九至二十；[263] 2923－[264] 2924

明命十四年（清道光十三年，1833 年）秋九月……永隆布政段谦光、按察尹蕴奏言：“省城收复之后，辖民及清人多情愿自出家资以助军饷，凡得钱二千二百八十余缗、米四百九十方、粟一百斛。”帝谕曰：“当南圻有事之秋，而此等乃能急于向义、自乐捐资，虽为数无多，而一念之诚实堪嘉。尚且此辖经久承平，偶因变乱不安生理，朕深为尔一方赤子悯之。国家所乏非财，安忍以私资充公费乎？惟有鉴其真衷耳！尔等可传集到堂宣旨嘉奖，其所出钱粟米粒，待事平如数给还。”再命户部记名，酌量奖赏。

——《大南实录正编第二纪·圣祖仁皇帝实录》卷一百零六，十至十一；[273] 2933

明命十四年（清道光十三年，1833 年）秋九月……光化管道阮肃纠率兵民捕获伪该队范文闻及伪伙清人三百六十余犯并器械于齿溪，押送嘉定军次。侍卫范文伐自南圻还，以奏。帝谕令总督阮文仲、巡抚何维藩究明事状具奏，量予奖赏。其所获清人就中受匪名目及凶悍者先将正法，余分隶所在社民严加管束、随事役使，俟后查明有无从贼，分别汇奏。肃寻为获犯招出受伪职都管领率右匡卫，案拟问斩。奏上，帝念其能早回头，预有功状，加恩降为队长，发军次效力赎罪。

——《大南实录正编第二纪·圣祖仁皇帝实录》卷一百零六，十四至十；[275] 2935

明命十四年（清道光十三年，1833 年）秋九月……广义恶蛮潜下边堡，戕杀汉民。事闻，其汛分守御降四级，管奇降二级，领兵陈文祐以不能戒饬降一级。令省臣严饬，设法缉捕。

——《大南实录正编第二纪·圣祖仁皇帝实录》卷一百零七，十八；［289］2939

明命十四年（清道光十三年，1833 年）秋九月……嘉定军次将军、参赞等以军中情形入奏，言："近来贼党死守城中……再接边和咨称：清匪窃发于坚江、阁婆，出没于洋面，乞量派兵船哨捕。又省库见钱三万余缗，米仅有四百余方，乞酌量何辖仓储稍裕，运给粟一万斛以备支发。业已会同拨出和勇卫权差副卫尉吴文銮率兵二百、船七艘前往捕务，其钱粟饬由安江取给。"帝谕曰："……至如派出兵船前往边和捕务，所办亦合朕意。惟边和见钱至三万缗之多而安江较少，宜令安江派运粟七八千斛于边和，边和再交钱一万五千缗于安江，则一转移间而两省钱粮皆足矣。"

——《大南实录正编第二纪·圣祖仁皇帝实录》卷一百零七，二十二至二十四；［291］2951－［292］2952

明命十四年（清道光十三年，1833 年）秋九月……帝谓侍臣曰："逆瀼死守孤城，卿等量彼计将安出？"署兵部尚书张登桂对曰："臣愚以为彼自度走窜无路，故凭此孤城苟延旦夕之命耳。"帝曰："然。今与逆瀼固守者，不过回良、北顺兵耳。若爷苏党类原是吾民，只以朝廷严禁其道，故怀怨而从贼，非甘心与贼死守者也。况城中贼伙不过一千，所食惟米与盐。迟以三四月，势逼计穷必自降矣。"

——《大南实录正编第二纪·圣祖仁皇帝实录》卷一百零七，二十四；［292］2952

明命十四年（清道光十三年，1833 年）秋九月……帝谕兵部曰："原寓藩安之清人等，均是贫薄无依投居乐土，许久安生乃自作不靖，依附贼党纠众抗官，以至骈首就诛，皆其自取。至如各省清人，从前未曾波及，均属无干，谅可保无他事。唯恐其中尚有一二惊疑，至不得不丁宁告示。可传谕永隆、定祥、安江、河仙诸督抚布按等，晓谕属省诸清人各宜安静守法，相安生业，不得复怀疑惊讶。其官兵以至民庶亦不得妄自指斥、互相吓怵，致他不宁其居，觉出重治。”

——《大南实录正编第二纪·圣祖仁皇帝实录》卷一百零七，二十四至二十五；[292] 2952－[293] 2953

，

明命十四年（清道光十三年，1833年）冬十月……水军率队潘文贝管弁兵并银枪三、四两队乘定字号船一艘运炮弹盐硫钱文【……】于嘉定军次顺风疾驶，才五日抵芹篨海口。帝闻之，谓侍臣曰：“此非神助，安能如此！即令礼部备礼，赛祭南海龙王庙。赏潘文贝纪录一次，飞龙大银钱五枚，弁兵各一月饷钱。银枪两队仍留军次，从诸将军参赞捕务。”

——《大南实录正编第二纪·圣祖仁皇帝实录》卷一百零八，八；[298] 2958

明命十四年（清道光十三年，1833年）冬十月……领兵阮登暄等奏言：“鄭公榆父子兄弟前既经受伪职，后复谋捉伪使人船。其心迹黑白混淆、未甚明晰。”帝谕河仙护抚郑棠派引鄭公榆、鄭公材、鄭侯燿于嘉定，由将军、参赞并与鄭侯熺【熺原从蔡公朝军次】派人带领来京，问明心迹。榆未就，道病死。材等既抵京，交兵部查问。熺下狱，材、燿准由部听候。

——《大南实录正编第二纪·圣祖仁皇帝实录》卷一百零八，十二至十三；[300] 2960－[301] 2961

明命十四年（清道光十三年，1833年）冬十月……太原道总督阮廷普自江仙堡回洞喜、珧璨【社名】屯驻，普闻匪徒分道侵扰进逼太原省城，所在土蛮及诸金银铁矿清人应之者众。乃奏请调山西土酋丁功仲摘取蛮民五六百各带鸟铳往从差派，以资得力【仲，美良永同社人，所属蛮民素称善射】。帝谕曰：“丁功仲土兵前经黎文德带领从征，日下已抵云中，势难调往。……”

——《大南实录正编第二纪·圣祖仁皇帝实录》卷一百零八，十九；[304] 2964

明命十四年（清道光十三年，1833年）冬十月……讨逆将军宋福樑、参赞阮春咨报兵部，言：“前次所获清人八百余丁，业交嘉定按察黄文铭查办。”部臣以闻，帝谕曰：“清人凶悍、抗拒官兵，乃不即遵明谕办理，却止委之黄文铭独办，殊为不合。况匪伙至八百余人，非有数十人防守难期周妥，而迟迴不断，已经阅月，岂不费了许多工夫。可传谕宋福樑、阮春协同何维藩立将现获清人察验：其首渠凶悍者，先将正法；余执械抗拒者，即遵前谕各断右手四指，屏出边远安置；或有幼小老疾及胁从者，即催嘉定各社村酌量分置管束。若敢谋图不轨，准其民杀死勿问；如能安分守法，亦准留之以为奴隶。”

——《大南实录正编第二纪·圣祖仁皇帝实录》卷一百零九，七；［312］2972

明命十四年（清道光十三年，1833年）冬十月……谅平巡抚黎道广进次先安界首奏言：探得谅山匪徒黎文科乃逆傫之弟，招募矿夫三千余并是清人，串通谅山土司驱煽土民为应，在在持兵仗塞林陇，分其伙一半阻住北宁来路，一半围谅山城。且广安来路又有安博州人名世堂，党伙约六百人，暗诱广安沿林之民谋图滋扰。且在行兵勇仅四百余，如进拔那阳之路似亦可办，但思广安之民虽无别情，然一闻邻警亦各为之骚动，傥拔那阳，匪辈必走谅城合伙以拒。以此兵数希少，攻若不克，则土民之附匪者必肆然绕其后，世堂之伙乘之亦必向广安滋事。日下，胡文云之兵尚阻，黄文权之兵已无，而悬军深入险地，进不能以舒谅山之急，返不能以保境内之安，贻误不浅矣。故宁受延迟之罪不敢轻进，现方加派探听胡文云声息及增调民壮徐为进计。

——《大南实录正编第二纪·圣祖仁皇帝实录》卷一百零九，二十四至二十五；［320］2980－［321］2981

明命十四年（清道光十三年，1833年）冬十月……阇婆海匪窃发于河仙、龙川县辖，掠财、捉人、捕弁。河富奇署副管奇阮文瑞与战于巨门港外，炮击杀毙数丁，匪跳岸走。追捕之，尽获其党。又有清人从贼正要犯陈淑恩【**自称天地会，受伪职该府。前此，纠伙数百余抄掠河仙铺，居民皆撤业以避之**】潜窜河洲地面，河奠奇试差正队长率队邓文科率兵侦拏获之。护抚郑棠具以入奏，帝谕内阁曰：“郑棠、邓文元抵省一初，乃能督饬弁兵擒捕恶党，览奏殊深嘉奖。郑棠即赏授巡抚加布政使事，邓文元赏加一级，阮文瑞、邓文科各即实授，其拏获正要犯陈淑恩赏银三十两，余生获阇婆每一犯赏银五两，斩获每一犯赏银三两，在行弁兵普赏钱一百缗。且此辖清人侨寓者多前经谕令妥为处置，兹可传谕郑棠、邓文元等，当即分别淑慝，凶狠者断以严惩，良善者厚加抚慰。毋使尚怀疑讶，各循分守法、奠厥攸居，以共享太平之福。”

——《大南实录正编第二纪·圣祖仁皇帝实录》卷一百一十，七；［326］2986

明命十四年（清道光十三年，1833 年）冬十一月……真腊派兵防御地头，捕获逸匪清人二百八十犯，转送嘉定军次。事闻，谕诸将军、参赞并与前次所获清人等犯一体查办。

——《大南实录正编第二纪·圣祖仁皇帝实录》卷一百一十一，十一；［344］3004

明命十四年（清道光十三年，1833 年）冬十一月……太原道总督阮廷普奏言：“匪徒自一经溃散之后，或潜隐山林或走回周市买市，节次兵民截捕，斩十馘、俘六十余犯，匪目李光珠亦为社民斩馘以献。经究之，获犯皆云前此各支匪目率党攻逼省城，乃逆云之党伪称义胜旅正管旅农文仕纠同北宁逋匪陈文体、太原原太雄奇该队伪称雄顺旅丁珖琎、伪称副统领阮廷濂，清人伪称前胜旅正管旅宋南通、伪称副管旅李光珠，伪称该队李思岳、张凤高。当次交战，宋南通为官兵炮击，人马赴水死。且今匪徒溃散十已三四，早晚终亦败亡。第弁兵阅月艰劳未便轻举，方权宜招抚其民使回故里，并整饬兵马，照随地势分道进剿。”帝谕曰：“此匪啸聚党伙、虚张声势，所在土民不免为所吓诱。今官兵进到，匪已溃败，其各州县土民何者匪中名目及始终从贼法所不赦，余被匪胁从能知改悔或诣军投首或散归民间均加恩宽免前罪。其兵民等间有出力截捕，斩获匪馘、生获匪伙，虽因他残败之后非当场对阵者比，亦准一犯一馘准各赏钱三缗，就中斩获匪渠李光珠一馘赏银五十两。再宋南通乃匪中头目，经为官兵炮击投江溺死，可饬令捞寻务获尸首，即剉断悬示以昭炯戒，捞获者赏银十两。至如生获等犯，谁是胁从，有社民结识者即放之；余清人并别辖人从匪，显是匪党，即按法处治，勿可久留囹圄。今匪徒披靡四散，尔阮廷普即宜乘胜重整军容、随机进剿，能于京兵未到之先将此辈擒杀净尽是尔之功也，朕将不吝恩赏以酬劳焉。”

——《大南实录正编第二纪·圣祖仁皇帝实录》卷一百一十一，十七至十九；［347］3007－［348］3008

明命十四年（清道光十三年，1833年）冬十一月……谅平道总统谢光巨，参赞武文徐、阮寿瑳进解谅山省城之围。先是，谢光巨、武文徐既取桄榔，匪党之在丹砂安排者随亦散窜，乃直进温州。探有匪伏，我兵奋勇而前，斩匪数馘，余皆奔溃。阮寿瑳道兵亦自陆岸来会，齐进谅城。匪徒闻之先解围去，有由高平前路退走者，有由谅山山分潜遁者。巨等即飞递红旗报捷，因访知高平省城现已失守，为贼所据。一面派探前途，一面招安民庶，随疏以闻。报至，帝大悦，谕曰："谢光巨等奉命出征以来，所向无前、连获胜仗，兹能进解谅山之围，厥功不细！谢光巨前既锡封子爵，今加封伯爵。武文徐、阮寿瑳各封男爵，用酬劳绩。……且今既获全胜振薄兵锋，尔等当即日整饬师徒迅往高平剿除余党，仍略地尽高平界辖，使彼震慑天威，敉宁边境，不可迟误。又命兵部以谅山之捷遍谕河静以北诸省，俾各知之。"谅山按察陈辉朴以省城围解情形入奏，言："自巡抚黄文权失事之后，匪徒围逼省城势甚猖獗。仍权委中强副管奇邓文丁调拨城内军务，分派官兵攖城固守。贼多造战车、筑土垒，四面攻之，我兵放炮击杀者多。每乘匪退，即突出城外毁其战车、坏其土垒，又斩获二馘，生获一犯。迨大兵进到界首，匪闻风先遁。经究之获犯者云，匪渠伪称督领将军乃逆云妻弟闭文玹，与谅雄该队伪称正统领阮克铄、七泉土知州伪称副统领阮克和、旧宣慰伪称总理参督阮克张、谅雄该队伪称正调拨阮公渠、脱朗土吏目伪称提督阮廷直，及阮克和之兄阮克牖、阮克礼，弟阮克英、阮克照、阮克信、阮克满、阮克域等各受逆云伪职，再援广安匪渠杨巴安、黄乙安合伙滋事。"帝谕曰："土匪滋蔓、乘势侵逼，城中孤危、无豫备之固；而在城官兵乃能出力固守，以待王师进剿，随即解围，亦与兴化往事相类。可惜解围之后不能开城穷追，使他得自奔窜，实有未满人意耳！重念受围日久援绝势孤，而能完保全城屹然不动，亦堪嘉奖。……"帝因谓侍臣曰："自古有国家者未尝无盗贼也，清国亦有草寇攻破一二省城，必待征他省兵攻之累月然后收复。不独我国为然，岂可以盗贼为讳乎？……"

——《大南实录正编第二纪·圣祖仁皇帝实录》卷一百一十一，二十四至二十七；［351］3011－［352］3012

明命十四年（清道光十三年，1833年）冬十一月，宣光道总督军务黎文德、参赞阮公著进捣云中贼巢。初，我兵自宁边分道前进，黎文德道兵由泸江之右，所过处处各有匪堡凭险邀伏，官兵奋勇而前，或擒或斩，匪皆弃堡走。独文朗【社名】一带山分素称绝险【此处石壁屹立、树木阴森，左瞰吟江深若无底，路绕岩腰，江畔羊肠鸟道，兵最难行。伪西年间，逆云父农文廉、伯父农文宽于此窝伏，放枪兼用石机断坠，伪西弁兵到此为所杀害无算】，匪徒约五百聚于山岭，余零星三五分伏树丛石脚，伺间放枪及于岩腰转石下落。德督将大轮车过山炮向丛中轰击，领兵阮文权先率兵勇出力攻剿，杀匪甚众，我兵亦有伤亡。匪退一步，我兵进一步，自辰至未，方能渡险。匪散于林，我兵遂直抵云中铺，铺后土山高巅有一大堡，我兵初至，匪发枪数声而走。追获一犯，始知逆云自宣光败后，别从太原向高平滋事，云中贼巢但委党守之耳。德乃派兵巡逻，遥见军色数十人，疾招之来，则高平失事弁兵也。问之，皆云："九月初二日，伪称统制闭文瑾围住山堡，逆云接至，攻之益急，堡中药弹殆尽，外无援兵；十月初五日，高平布按与谅山领兵自尽，弁兵皆为所掳，逆云乃委闭文瑾据守省城，摘彼等弁兵二百余从伪参赞陈权【原宣光刑房书吏，逃役投为逆云书手】、伪参论武文儒【怀德人】管率共回保乐。才至玉帽，闻官兵已抵云中，逆云遂于此隐伏，而使权等往探，彼等先行，余尚聚在后路。"德即密嘱："彼等速反为内应。"我兵随之，生获武文儒，斩陈权及其伙二馘，高平失事弁兵投归者一百七十余人。阮公著道兵由江之左进发，所至前途匪已先遁，惟茂裔【社名】山分遇匪与战，俘斩数犯，余皆跑窜所在总、里，多诣军首服，白猫蛮长祝文仝亦率蛮丁一百隶从效力。隔数日，亦抵云中与黎文德会，仍量留副领兵宋文琬、原按察效力黎秉忠管领兵勇三百留驻云中，订日齐进玉帽剿捕。

——《大南实录正编第二纪·圣祖仁皇帝实录》卷一百一十二，一至三；［356］3016－［357］3017

明命十四年（清道光十三年，1833 年）十一月……宣光领兵陈有晏攻破大蛮匪徒，收复贞堡。事闻，令撤兵还，赏有晏纪录一次，弁兵钱二百缗。

——《大南实录正编第二纪·圣祖仁皇帝实录》卷一百一十二，六；［358］3018

明命十四年（清道光十三年，1833 年）十一月……谟图国【一名乌鲁】商船往商于清，因风沉覆，漂入平顺顺静岛者三人，所在民巡洋获之。省臣以闻，帝令给予钱米，派送来京。既至，赐之衣服，交定洋船官兵照管，派通言轮往通译。

——《大南实录正编第二纪·圣祖仁皇帝实录》卷一百一十二，八；［359］3019

明命十四年（清道光十三年，1833 年）十一月……广安护抚武濬奏言：有清渔船六十余艘越过葩封云屯洋分。帝命礼部移文于两广总督，使之驶回，免致惹事。再令武濬饬属辖诸汛地，整顿夫船防守之。

——《大南实录正编第二纪·圣祖仁皇帝实录》卷一百一十二，二十一；［366］3026

明命十四年（清道光十三年，1833 年）十一月……太原道总督阮廷普追捕土匪经洞喜、富良、大慈、文朗、定州诸地辖，匪徒先已解散，所在土侬并皆逃隐。乃驻兵于北件、象头二堡，招抚其民使之还复，又分派弋获伪调拨麻克连【定州土吏目】、伪长校梁伯登【文朗土吏目】、伪督战麻文靖等及党伙三十余犯。适提督范文典、副提督黎顺靖提将兵、象进至，仍会同取路前进。

——《大南实录正编第二纪·圣祖仁皇帝实录》卷一百一十二，二十五；［368］3028

明命十四年（清道光十三年，1833 年）十二月……谅山逆匪阮克铄复伙同广安逋匪杨巴安、黄乙安等窃发于安博州，掠民财物。守安州堡土豪农光铿与战弗敌，巡抚黎道广即派兵截捕。以闻，帝谕曰："阮克铄残败之余，尚敢串通逋匪出没滋事，殊甚可恶！尔已有旨仍留谅山，当善于调度，督饬兵勇缉拿务获，是尔之功也。"

——《大南实录正编第二纪·圣祖仁皇帝实录》卷一百一十三，二；［373］3033

明命十四年（清道光十三年，1833 年）十二月……谅平道总统谢光巨、参赞武文徐收复高平省。初，大兵自洛阳前进，所至匪徒皆望风遁窜，收获象一匹。及抵高平省城，逆犯闭文瑾、闭文玹亦已先带数十残伙去了。城之内外官民房屋残破无遗，惟余行宫并山堡仓库而已。巨等即发红旗报捷，随疏以闻。言："原谅雄奇管奇从军效力阮廷晃、该队阮廷球、正队长率队阮廷朝【均从黄文权失事】、效顺奇正队长率队武光辉【高平失守，为匪所掳，脱回】、脱朗土知州阮廷廉【弃州避匪】均能奋勉，弋获伪正调拨阮克铨及其父阮克胞、伪管奇黄廷语等解纳。又各省旧派捕务失事弁兵节次逸回从征效力，请俟事平后并交地方官送伍。"

——《大南实录正编第二纪·圣祖仁皇帝实录》卷一百一十三，七；[375] 3035

明命十四年（清道光十三年，1833 年）十二月……谅平道总统谢光巨奏言："探闻匪徒溃散之后，逆犯闭文珐窜于高平辖上坡、下坡，闭文瑾窜于太原辖灵光、灵枚诸林分，经派弁兵分道搜拿；参赞武文徐已带领兵、象取路进往玉帽会剿。又访知原谅平巡抚黄文权为匪所获，逼回高平，于十一月日匪已戕杀。"

——《大南实录正编第二纪·圣祖仁皇帝实录》卷一百一十三，十三至十四；[378] 3038－[379] 3039

明命十四年（清道光十三年，1833 年）十二月……宁平护抚黎元熙密奏，言："省辖乐土、安化、奉化三县土俗专尚狡诈，而其地界接清葩、河内、山西、兴化，林陇广邈，山溪峻险，抚驭诚难就中。诸社巨族为逆犯丁世队、郭必功、郭必在、郭必济、郭福诚、郭福智、郭功坦、郭功兄、郭功缵、郭功金、郭功制、高曰哙等数氏，世世为婚，均是亲党。其民维土司、土目是听，如何人犯法应问治者，彼但知姻娅之情，终焉容隐而不知有国法。本年官兵进剿，三四月间所获黎维良、黎维然二犯，乃是他处人来；至如丁世队、郭必功辈，彼等未曾拿解一犯。此狡蛮风俗与汉民不同，所以难治也。其有罪者，于官兵未至，率所管之民、聚无赖之徒肆行扰掠，而其社人恬无发诉，别社土司、土目亦互相徇纵。及官兵缉拿，则潜投山谷，兵到于东，彼窜于西，莫知去向。故巡捕之兵不息，而渠犯犹多漏网。今闻郭必功等啸聚徒党三百余，出没于山音、上陇、校陇、中黄等社林分；又风闻清葩逋匪纠伙四五百出没于勿岭近三叠山，业饬捕弁副领兵阮文襄与天关管府武世界率兵、象迅往山音等处拿捕，复派弁兵协同里仁堡兵巡哨三叠山分，请敕下派出何卫奇弁兵一千会剿。”

——《大南实录正编第二纪·圣祖仁皇帝实录》卷一百一十四，十七至十八；[395] 3055－[396] 3056

明命十四年（清道光十三年，1833 年）十二月……宣光道总督军务黎文德、参赞阮公著进抵玉帽，逆云先已逃窜，搜捕弗获，乃将攻剿情形及筹办机宜飞章入奏，言：“大兵自云中前进，经云光【社名】至曲岭山径崎岖最是险峻，匪徒或于丛莽处设伏放枪、或于岩腰叠石为垒，我兵鼓噪而前，匪皆溃散。及至玉帽庄，乃逆云别窟，此处环堵皆山，其中宽敞平田可二千亩，民家三五各成村落，瓦屋五十余，茅舍一百余，遍觅之没无人影。经派搜索，生获伪管奇及其伙二十余犯，访之皆云逆云已辮发携妻子窜于清界。今节入隆冬，瘴气太盛，兵勇病故者多。而向来兵饷随在取给亦将告匮，况陆安之刘仲璋、黄祯宣，大蛮之阮广凯、何德秦尚在漏网，所当一番搜拿。业已遍告保乐土民，谁能擒斩逆云献纳，悬以重赏。再于东珖、安富二总关要地头各设大堡，遴委土目、土勇驻防，乘机缉捕。其玉帽、云中庐舍悉令烧毁，仍订日分道一往陆安、一往大蛮，搜拿匪目、招安其民。到此如逆云尚未到案，请尽拨三州一县民壮穷林蒐猎、寸草不留，想亦不费余力。”帝谕曰：“此行破巢捣穴所向无前，虽未能弋获首逆颇觉未快人心，而历尽艰险多所俘获，劳绩亦属可轸。其自总督、参赞至率队各赏加军功级纪有差，兵勇普赏钱一千缗。其生获匪目一犯赏银十两，余各二两。间有队长麻允斗、原渭川土知州麻仲岱以临阵伤毙，麻允斗其追授正六品该队，麻仲岱前虽从贼，嗣能向顺奋不顾身，亦宽免前罪仍旧职衔，各加赏卹银十两。弁兵病故给卹一倍，土勇人各钱三缗。且今匪徒现已四散逃生，谅亦可告蒇事。黎文德等即遵节次谕旨立早班师，仍依准所请，便道经过陆安、大蛮二州弹压一遭随即返回。”

——《大南实录正编第二纪·圣祖仁皇帝实录》卷一百一十五，六至八；[406] 3066－[407] 3067

明命十四年（清道光十三年，1833 年）十二月……帝命传谕宁平护抚黎元熙、按察阮伯坦曰：“日前山音郭必叔向明归正，朝廷即厚录其功授以官职；其子必功、必在等来京瞻觐，朕节加奖赏，补授职衔，赏给衣服。郭氏世受国恩何等优厚？近为首逆黎维良等诳诱滋生事端，实彼之自陷罪戾，反累其祖父于壤下矣。姑念蛮獠昏蒙亦可开广自新俾有回头之路，凡逃犯自郭必功、郭必在、郭必济以下，如正要犯能捕正要犯或次要犯、与次要犯能捕获次要犯解官者，均予宽免前罪。如从党而能拿解正要犯，不惟免罪再有厚赏。其郭必功、郭必在、郭必济如能擒斩诸要犯解官固好，傥不能亦准束身归命，由省派引来京，量与宽赦。至如山音二社并奉化、安化、乐土三县汉土人等，前次或有为匪胁从，谅亦迫于虐焰非出本心，经官兵剿戮，一番烈火炎冈，兹亦大施旷荡之恩并从宽宥。嗣宜安居乐业、循分守法，永为太平良民，毋得萌动异图自贻伊戚。或能擒捕正次要犯，解官必从优赏。若一向执迷再生故态，到得天讨大加犁庭扫穴，永远不得复邀宽典，虽悔亦无及矣。尔等宜将刺大义檄谕彼等，俾各知之。”

——《大南实录正编第二纪·圣祖仁皇帝实录》卷一百一十五，二十一至二十二；[414] 3074

第九册

明命十四年（清道光十三年，1833 年）十二月……帝谕内阁曰："前以谅平土匪清夷，经谕令，总统谢光巨、参赞武文徐奏凯班师。近接乂安边报，可传谕谢光巨如回抵乂安，即留在省随宜调度，俟旬日内边境清宁来京瞻觐，其武文徐准先由驿来京。"适谢光巨奏言："参赞武文徐进通农州夹保乐地头，问之土人，皆云宣光道兵进捣玉帽，逆云剃发潜遁。嗣而官兵引出，逆云复召集潮州清人约七八百返回玉帽，其密陇、油陇各委党据险为守。请姑准留高平城镇压，俾武文徐得以专力剿捕，旬日事渐就清，遵即班师。"帝谕曰："首逆农文云经为官兵杀散，剃发逃生，尚敢纠聚零余无赖之徒某图旅拒。谢光巨准姑留高平，仍须加派弁兵从武文徐剿捕以壮声势。傥武文徐势难独办，即统领大兵继至，务将此犯穹庐踏为平地。如能擒斩农文云固好，若彼震慑兵威复先逃窜，亦无须穷山索兽，当与武文徐立即一路凯还。"

——《大南实录正编第二纪·圣祖仁皇帝实录》卷一百一十六，一至二；[1] 3081

明命十四年（清道光十三年，1833 年）十二月……安江军次参赞张明讲、阮春兵船泊于顺港与贼相持，适有腊人魔阿旻知滀自南荣贼中投依军次，言暹将丕雅质知与藩王二弟兵约万余尚在南荣城，其来攻朱笃者乃裨将丕雅簾擒轩，兵船约二百艘，每艘三四十人上下，暹、腊、蛮、獠、清人相杂。彼再闻丕雅伐棱兵船自河仙来，约一百五十艘，兵色多是暹、腊、清人、阇婆爷苏，大船约一百人，中船五六十人，小船三四十人，与丕雅簾擒轩兵合，齐进后江顺港与我兵拒。又逻卒捕获爷苏人黎文功，言尚有爷苏教长名顺在暹煽诱暹、腊、清人、阇婆爷苏二千余人在后未至。讲等以爷苏教徒多从贼潜通消息，即将黎文功斩首，仍以情形入奏。帝谕曰："此不过徒张虚数耳，况彼贼远来，未必熟知地利。节次谕示攻剿机宜亦已明白，尔等当出奇制胜，务将贼伙杀散以称所委。"

——《大南实录正编第二纪·圣祖仁皇帝实录》卷一百一十六，五至六；[3] 3083

明命十四年（清道光十三年，1833 年）十二月……谅平道总统谢光巨奏言："经派兵勇续获逸匪伪管奇阮克照、伪副奇阮克鱼、伪按察阮克牖、伪按守阮克满并伪该队、副队凡十九犯，与匪渠闭文瑾之母、妻及子三人押赴市曹正法，余犯属二十五人姑留监禁。"帝令赏兵勇银两钱文有差，犯属各给付武弁大员之家为奴。

——《大南实录正编第二纪·圣祖仁皇帝实录》卷一百一十六，十七；[9] 3089

明命十四年（清道光十三年，1833 年）十二月……谅平道参赞武文徐抵淰渚山分，遇匪徒五百余，攻斩三馘，匪皆溃散。总统谢光巨以状闻，且言："自此山分前向玉帽只有一条独道，断岸悬崖鱼串而上，若弁兵骤进，则我攻于此，匪奔于彼，未为十分完算。业已咨会武文徐，且进夹玉帽地头扼要严截，仍委探宣光道兵声息，刻期会剿。再谅山安博州有匪千余潜聚，省派兵勇未能杀散，接报亦已摘派在行弁兵二百往从调遣。"帝谕兵部曰："云中贼伙前此黎文德、阮公著大兵进剿覆巢捣穴，匪渠已剃发逃生。兹尚有一二潜聚，不过零星残伙耳。今武文徐既能杀散谅已振薄威声，而宣光黎文德等业由大路凯还，则武文徐亦不必穷山索兽为也。可传旨武文徐即撤回高平休息，开年凯还抵省日，准谢光巨撤留弁兵一千，从武文徐在此镇压，仍先班师。至如安博么麽小辈，已有黎道广所派兵勇多数，足资集事。再传谕北宁、海阳量派弁兵，进往夹接匪徒啸聚之处并力合剿，务期擒斩贼匪净尽，毋留余孽。"

——《大南实录正编第二纪·圣祖仁皇帝实录》卷一百一十六，十九至二十；[10] 3090

明命十四年（清道光十三年，1833 年）十二月……北宁逋匪阮廷体纠党五百扰掠安世县辖，谅江同知府范明翼、试署县丞李登科饬所属及总里民夫攻剿，擒斩匪伙二十余犯，收获械仗。事闻，帝嘉之。

——《大南实录正编第二纪·圣祖仁皇帝实录》卷一百一十六，二十一；[11] 3091

明命十四年（清道光十三年，1833 年）十二月……帝尝谓侍臣曰："近来清国问刑衙门拷讯囚犯，有以两木紧夹囚足使痛者。夫凶狠之徒讯以苦刑务使实招亦奚不可？第恐顽狡者严讯不承而无辜之民一被痛楚辄自认受，则冤枉何以申理？用刑可不谨哉！左副都御史潘伯达奏曰'治道须有治法'。而法必得人后行，苟非其人，则立法以防奸反为奸猾之囊橐耳！"

——《大南实录正编第二纪·圣祖仁皇帝实录》卷一百一十六，二十七；[14] 3094

明命十四年（清道光十三年，1833 年）十二月……宣光复有匪徒窃发于大蛮州贞堡，省臣陈玉琳等派从省右军中雄奇副管奇阮文隆管领兵、象前往攻剿。以闻，帝谕曰："此匪不过零余残伙，前经准阮公著大兵顺道向此弹压搜捕余党，乃不就近谘报以及事机，何见理糊涂若此也！其传旨申饬仍即咨会阮公著，兵抵大蛮速将此匪扑灭，取路返回，俾得永宁地面。"

——《大南实录正编第二纪·圣祖仁皇帝实录》卷一百一十六，二十八；[14] 3094

明命十四年（清道光十三年，1833 年）十二月……南定逋匪阮功铭纠党窃发于舒池县辖，副领兵阮文云将兵巡哨，至则匪伙已从延河地界去了。会天方寒雨，云督兵追蹑，兼夜冒行，闻匪聚在上朗【村名】，赶至围之。匪率党四百余捍截，我兵只百余，抵敌不住，云悉力鏖战，身被多伤而死，兵皆溃走。总督邓文添以闻。帝谕兵部曰："南定向来最称宁帖，节经降谕加意提防，不可稍存懈迟。今乃有匪徒窃发，致此捕弁失事，责复谁归？邓文添其传旨申饬，仍责令咨会兴安设法协缉。至如阮文云轻进致毙咎所难辞，姑念众寡不支乃能奋不顾身亦有可矜，准照原衔给卹。"

——《大南实录正编第二纪·圣祖仁皇帝实录》卷一百一十六，三十一；[16] 3096

明命十五年（清道光十四年，1834 年）春正月……广平署布政黎福侒、按察吴养告以广治、乂安各有边警，河静亦有劫徒窃发，而省辖林分与之毗连，奏请催集下班弁兵操演备派。许之。侒等复商，委领兵武文铨将兵五十人往广巡汛哨探。适闻燕山土知县昌那为蛮寇所侵投桶烂栅，即咨促武文铨增拨土兵择地按守。事闻，帝谕曰："武文铨领兵大员，而派委将兵防札止五十人，尚属成何事体？且蛮寇乘间侵扰燕山界辖，已有乂安官兵征剿，其屯札桶烂一率队足矣。可即撤武文铨还，仍谘会乂安督饬捕弁早将蛮寇剿灭之。"

——《大南实录正编第二纪·圣祖仁皇帝实录》卷一百一十七，五至六；[19] 3099

明命十五年（清道光十四年，1834 年）春正月……宁平逋匪郭功桂纠党烧掠清葩泽林【社名，属宋山县】民家，选锋右卫副卫尉黎福书守扁山堡，将兵赶捕为匪射毙。在行率队阮如理合与府派策应弁兵悉力拒战，斩一馘、擒一犯，匪遂从林分脱去。巡抚阮可凭得报，即亲率兵、象迅往追剿。

——《大南实录正编第二纪·圣祖仁皇帝实录》卷一百一十七，七；[20] 3100

明命十五年（清道光十四年，1834 年）春正月……谅山巡抚黎道广奏言："逆犯阮克铄纠党出没安州林分，搜捕未获。经派确探，彼伙有三百余，皆是安州、丽远【二总名，属安博州】之民。窃料为今之计当先宣达恩纶，散其党与，使彼只影无栖，擒之自易。业奉录出恩谕，委犯员杨三前往宣示，并札饬原派弁兵择地屯驻，示以必战之势。"帝命兵部传谕之曰："前者据奏，伪铄余党尚且发于安州林分，聚众近一千余，拟应增兵剿捕。经有旨北宁、海阳二省各派弁兵会剿，今又称招抚为宜，何前后所言茫无定见？且近来节次降谕，凡从前失身从匪兹能悔罪投首咸与维新，何尝不网开三面？却乃奉行不力，往往徒事空言，毕竟何益？尔有封疆之责，当如何倍加奋勉。或攻或抚，朕亦不为之掣肘，仍限以月内多方设法务获伪铄到案严惩。若仍然无状，难辞重咎。"又以库贮钱文数少，令谘拨北省一万缗运往。

——《大南实录正编第二纪·圣祖仁皇帝实录》卷一百一十七，十八至十九；[25] 3105－[26] 3106

明命十五年（清道光十四年，1834 年）春正月……宣光匪徒窃发于大蛮州土黄【总名】地辖，守福宜堡土司麻允坦率土勇与战，斩获三馘，匪退却。寻复群来至四百余，坦以兵少回堡防护。省臣陈玉琳、胡士秝闻之，即飞咨领兵陈有晏，管将原派兵、象便道会剿。事闻，帝谕令咨会黎文德、阮公著等，大兵凯还当顺路经过，立早扑灭。

——《大南实录正编第二纪·圣祖仁皇帝实录》卷一百一十七，十九；[26] 3106

明命十五年（清道光十四年，1834 年）春正月……高平道总统军务谢光巨奏言：分派弁兵搜捕续获匪目眷属凡十四犯，业将伪督运农宏开并伪和之父阮克迪等七犯正法，余交高平收禁，候旨遵办。帝谕令捕获匪目每犯赏银五两，从伙每犯赏钱三缗。再，凡应得预赏如官兵及土司、土目前无从贼者照给，若效力或前经失身从贼兹能出力捕犯赎罪者具奏候旨，毋须遽赏，示有区别。

——《大南实录正编第二纪·圣祖仁皇帝实录》卷一百一十七，十九至二十；[26] 3106

明命十五年（清道光十四年，1834 年）春正月……广南、广义米贵。谕省臣先给沙糖公本粟以裕民食，官买有余加恩听与清商贩易，至来年仍依前禁。户部复请传示糖户，俟完纳方得兑卖。帝批示曰："随其所乐，不然何以示信于民。河静、清葩米亦贵，令发仓粟减价粜之，愿领贷者亦听。"清葩省臣复奏请续雇穷民采取山石，照向例给以钱米。帝谓户部曰："此亦因公代赈之意也，准依所请。"

——《大南实录正编第二纪·圣祖仁皇帝实录》卷一百一十七，二十；[26] 3106

明命十五年（清道光十四年，1834 年）春正月……宣光逆渠农文云复纠伙侵高平上游界辖。参赞武文徐经探，前途自让畔堡通抵玉帽云中贼巢有三条路【中一条由堡所经中倘堡，过通农、良医诸社至闭岭；右一条横出扶桑、朔江诸社，复经良医至闭岭直抵玉帽；左一条横出轩岭，经塔那、平朗诸社村直抵云中】，乃派委卫尉阮进林、城守尉尊室嗣等于中条良医通农、左条塔那平朗分头防堵，而自领大兵驻中倘堡调遣，复咨总统谢光巨增派弁兵于右条扶桑、朔江按截。匪率党沿山而来，与诸道官兵连日抗斗。谢光巨得报飞章入奏，且言此匪溃败之余逃奔不暇，今忽敢尔旅拒，缘宣光道兵先已撤回，太原道兵亦未进逼，故得复于云中玉帽依为巢穴，纠集潮州人收拾余党，招合残匪之逆瑾、逆玹、逆昭、逆幹【昭、幹皆匪犯黎文僳之侄】余烬复然。而由高平前进，群山纠纷，广险极目，近来玉帽云中地头则又一条险径，鱼串难行。彼于山上凭高放射，官兵冒进不无损伤，料武文徐势难独办。倘遵谕先自凯还，则此匪复来，定非久安之道。业已量留兵、象守护高平省城，仍即取路前进，随机剿捕。帝谕曰："云中匪党前经宣光道兵覆巢捣穴，首逆削发逃生，谅已震慑兵威窜伏林莽，苟延残喘而已。……尔业领兵前往，准即会同武文徐乘此胜势督饬将士大加痛剿，将首犯、要犯并诸党伙擒斩净尽，及早奏凯班师，俾远畅皇威，永宁边圉。"

——《大南实录正编第二纪·圣祖仁皇帝实录》卷一百一十七，二十二至二十四；[27] 3107－[28] 3108

明命十五年（清道光十四年，1834 年）春正月……宣光捕弁右军中雄奇副管奇阮文隆收复大蛮州贞堡。初，贞堡为匪占据，隆承省派将兵进剿，才到里仁【地名】，遇匪徒数百，击走之。遂直进贞堡，复与匪战，斩五馘，获其械仗，余皆向林分散窜。

——《大南实录正编第二纪·圣祖仁皇帝实录》卷一百一十七，二十四；[28] 3108

明命十五年（清道光十四年，1834 年）春正月……宣光道总督军务黎文德、参赞阮公著自云中班师回抵宣光省城。德等初进云中，逆云挈眷窜于清界林陇，分派搜捕一无所获。适匪伙六七百余自高平、太原林分来，据云中前后高山施放枪炮。前面领兵阮文权乘胜轻进，为匪夺失过山炮五辆。及援兵至，匪跑入深山窜去，惟斩获一馘，收获鸟枪数杆而已。后面领兵陈文禄道兵才到，匪即退走，追之不及而还。匪复于我军后路扼险邀截，节次宁边堡转运军饷、投递驿筒皆阻不得达，京派侍卫潘嘉番，省派率队赖世在、杨文金等为其所戕，军中经一月余因粮于敌将不能继。其地岚障太盛，兵勇患病者日滋，德等自以顿兵等待谕旨则日甚一日转为不便，乃订日一路还师。所过安朗【社名】哥董山分，匪徒凭险旅拒，我兵赶进斩杀数馘，随即奔窜。及至粘江傍岸而行，逼侧湾曲，领兵陈文禄、卫尉苏蕙云道兵在后，忽于隔江右坎中并山顶岩腰匪枪乱发，兵多死伤，遗失大轮车炮二辆。经十有五日始抵宁边堡。

量留阮文权管领弁兵四百、土勇一千驻守之，仍回宣光城安歇。将情形上疏请咎，言："保乐僻处边陬，习尚凶狠，蔽锢已深，兹逆云孑身跑窜，闻已辫发之清，苟延残喘。乃大兵在前，党伙尚敢啸聚在后，邀截龙筒，戕杀派人，伺其还师扼要险截路，悖戾终不可驯。就中蒙恩总则有麻仕荥乃逆云之女婿，云光总安朗、安乐【均社名】则有农文仕、农文硕乃逆云之堂兄弟，互为党羽，又甚顽冥，虽已分派土司随地防守，然熟察人情，皆以逆云尚未授首，不免怀畏惧，诚恐余烬复然。况逆仕、逆瑾等均未到案，势必复合，则宣光、太原、谅平未必保其无事。且向者山川风俗均属未谙，今则经已亲履，贼匪之伎俩、民间之情伪、里路之险易远近稍得其详。又匪之所恃者伏险放枪，余无所长，惟叠岩层峦，路径纷纠，自远望之则蜂屯蚁聚，赶紧就之则灰线草蛇，非厚集兵勇诸路夹攻终亦徒劳往返。虽多拨土勇，必须配以官兵为之主持，始能得力。兹值春暄，雨潦未降，请各回原省整顿师徒，及此重来以图后效。恳敕下北宁、谅山诸省，各派弁兵进夹保乐地头，刻期会剿。"帝谕曰："前以宣光土匪滋事，尔等奉命专征、会同进剿，节次奏报胜仗，经已从优奖赏用答艰劳矣。且尔等麾下劲锐不为不多，所至土目争先投首，匪伙望风奔逃。机会人情均好，正在可乘。千里行师贵在神速，乃不能因机疾进，步步迟滞，致逆匪得预先扼要，乘间潜飏。遂进抵云中，仅能烧毁空巢，而逆目并亲眷不曾一获。迨及还师，彼伙又得处处为备，竟致士卒伤亡、炮辆遗失。似此徒劳往返，虽有斩获一二，功不掩过，罪复何辞？交兵部议处。……"

——《大南实录正编第二纪·圣祖仁皇帝实录》卷一百一十七，二十九至三十二；[31] 3111 - [32] 3112

明命十五年（清道光十四年，1834 年）春正月……高平道总统军务谢光巨进抵让畔堡，匪徒各于山分屏息，乃分派屯札探捕。略以事闻，且言："进复高平之始，有原高雄奇管奇休致阮祐侀引其子阮祐佑、阮祐僩、阮祐倕、阮祐僜并该队阮祐员、谭武坚、率队阮祐琔【原守城失事】、该队闭金樵、农智厚【原派往通农捕务，失事】及诸土司十四人各率土勇情愿随军效力，经分派捕务，颇能奋勉。就中阮祐琔于省城失守暗集土豪麻玉理、程文珠据古乐【社名】以拒匪，又能弋获匪伙，确有实状。阮祐员潜将按察范廷擢妻子隐避保养，亦有可取。”帝谕准各宽免前罪，仍从军次差派。

——《大南实录正编第二纪·圣祖仁皇帝实录》卷一百一十八，十一；[42] 3122

明命十五年（清道光十四年，1834 年）春正月……宣光匪党农文仕复纠众千余自通山【社名】向中倘堡与高平道官兵相拒，副领兵文有春、卫尉阮进林亲督兵勇，两日交斗，射杀贼十数，我军亦有伤亡。总统谢光巨、参赞武文徐在让畔闻之，乃饬春等暂回轩岭择地屯札，再分派岸截左右贼来路。径具疏以闻。言，中倘四旁皆山林蓊翳，上达通山，下达良能，止有一条独道险窄崎岖，我兵争山杀进则匪凭林放枪，既非攻战善地，况后投自良能而下经轩岭至让畔，左通于塔那、嘉凭，右通于朔江、功岭，山蛮广险，路径多歧，若仍于中倘攻剿，在前恐匪或得以拟其后，故为此退师之计赚他骄玩，公然群来，我兵三路夹攻方为完全完算。

——《大南实录正编第二纪·圣祖仁皇帝实录》卷一百一十八，二十五至二十六；[49] 3129－[50] 3130

明命十五年（清道光十四年，1834 年）春二月……谅山逋匪阮克铩纠同逋犯杨巴安等潜聚安州林分，巡抚黎道广派委效力杨三往诱，复遣中捷管奇武文原、中强管奇邓文丁等管将兵象关会北宁、海阳、广安诸省派兵协剿。海阳、广安兵未至，原等与北宁兵前进，斩匪三馘，余皆三窜，弋获伪长校及其伙十余犯，并器械印信以纳。安州丽远之民亦多率从杨三赴省陈首，道广各放回安集，使相报告出力捕匪。具以状闻。

——《大南实录正编第二纪·圣祖仁皇帝实录》卷一百一十九，十至十一；[59] 3139－[60] 3140

明命十五年（清道光十四年，1834 年）春二月……宁平巡抚黎元熙、按察阮伯坦密奏，言探得郭必功等复聚党于奉化之真赖【社名】、石堆及嘉远、彰德林分，谋图滋事，业已飞咨河内按辖防截，并督饬副领兵阮文襄、虎威中卫副卫尉甲文新、天关管府武世界管将兵象分道剿捕。又省兵差派扫额，请敕下河宁督臣调兵五百迅往驻防。帝即命传谕总督段文长速派如数。

——《大南实录正编第二纪·圣祖仁皇帝实录》卷一百一十九，十五；[62] 3142

明命十五年（清道光十四年，1834 年）春二月……永隆洋分有清船商于暹，因风难泊入者百余人。帝闻之，谓户部曰：“暹国弃好寻仇无端启衅，此船人口久留于暹，亦与暹人一般。况清人惯为暹贼侦探，本应治罪，但念彼小辈不足深责。其令押送南荣，由陆路驱之出境。”

——《大南实录正编第二纪·圣祖仁皇帝实录》卷一百一十九，二十；［64］3144

明命十五年（清道光十四年，1834 年）春二月……山兴宣总督黎文德奏言：“节据河、宁二省关报，探见山音土匪啸聚徒党，出没于宁平之嘉远、奉化，河内之彰德、怀安，山西之美良等县林分，业派副领兵宋文琬将兵速往美良防截，并关会二省捕弁随机协剿。又有匪徒窃发于扶宁县辖，端雄管府宋有唐兵行遇险，该队阮登宾为匪所害，亦已加派弁兵就处会拿。”帝谕令紧督捕弁立早扑灭。宋有唐巡捕无状，先降一级。

——《大南实录正编第二纪·圣祖仁皇帝实录》卷一百一十九，二十八至二十九；［68］3148－［69］3149

明命十五年（清道光十四年，1834 年）春二月……太原道按察阮谋、副领兵阮文膺登管将兵象进抵感化那猫铺，先咨高平道总统谢光巨、参赞武文徐刻期会剿。及至凭均铺，兵粮已将告匮，乃权取所在民上年所欠租税以供军饷。闻探报，匪伙约二千余自龙陇峒侵干务农、宏谟【均社名，属金马总】以及麟趾、凉茶【均社名，属高平省】地面，即由北亚山进仁山矿【夹金马总界首】顿驻，适接高平道，咨祈取路迅往灵光、灵枚【均社名，亦属金马总】协同攻剿。谋等遂整兵俟日前进，又以后面那猫有二条路，一向凭城古道；一向金马、务农，乃太原咽喉之地。仍报布政阮敦素、领兵宋文治派兵二百于此防守。具将情形入奏。帝谕曰：“此匪残败之余尚敢凭林啸聚，实属可恶。今尔等领兵到此，既与高平道大兵声息相通，准即咨会先将旁近匪伙及早取次剿除，再乘胜刻日直抵玉帽云中诛除首逆，必有重赏。且兵行粮饷最关要著，向来阮敦素所作何事乃有此缺乏，岂不贻误事机！其即革留，仍准筹运充需，一有不周，必按以军法。”既而，匪徒闻两路官兵俱进，退回龙陇。谋等即由讲山、卬山倍道追赶至务农白锡矿。匪已先退，乃居于灵光留，俟宣光、高平诸道兵会剿。随以事闻，帝复谕之曰：“官兵所至，贼先自望风奔窜，事机谅已顺轨，所当刻期前进，早清逆伙以告成功。"

——《大南实录正编第二纪·圣祖仁皇帝实录》卷一百二十，三至四；[73] 3153－[74] 3154

明命十五年（清道光十四年，1834 年）春二月……高平道总统谢光巨、参赞武文徐进兵，于旧屯驻各所分派防截。夜使高雄奇该队谭武坚、正队长率阮祐琔率土豪麻玉理、程文珠等管将土勇袭击功岭，匪向山后走，斩三馘，俘四犯，连烧寨栅二十余所。具以状闻。言："功岭匪徒已退，惟嘉凭、凉茶等伙现方咨会太原道兵刻期协剿。再，此战麻玉理最为出色，程文珠次之，业将银两、银牌赏以示劝。"

——《大南实录正编第二纪·圣祖仁皇帝实录》卷一百二十，四至五；[74] 3154

明命十五年（清道光十四年，1834 年）春二月……河内捕弁攻宁平匪伙于彰德，破之。先是总督段文长闻报，逋匪郭必功等纠党六百余潜聚彰德及嘉远、美良林分，即遣副领兵武廷光管将兵象督同管府阮登庆剿捕。遇匪于庙门【地名】与之战，生获匪统领前军阮文两，俘斩其伙多数，又分派弋获匪参赞阮伯能、匪副奇裴文陌。事闻，帝嘉其捕务出色。……

——《大南实录正编第二纪·圣祖仁皇帝实录》卷一百二十，十；[77] 3157

明命十五年（清道光十四年，1834 年）春二月……清葩布按阮登楷、黎德彦奏言："宁平报有匪徒数百潜向奉化平堆【地名】，近接省辖林分图谋滋事，巡抚阮可凭即已带领兵象前往宋山随机会剿。又广地、永禄诸县辖亦有匪徒窃发，现方分派弁兵追拿，适闻南掌国长遣其子佋蹇将兵万余、战象九十余匹就兴化宁边屯驻，委人来诱镇蛮府呈固、岑椰、蛮吹三县臣属，如故否必屠戮。且照三县前属万象，与南掌初无关涉，今乃将兵来索，殊深怪讶，业经再派确探。"帝批示曰："徒事怵诱亦蛮獠惯习，不足为异。"谕令开示诸县土目先自准备，勿怀惊惧。

——《大南实录正编第二纪·圣祖仁皇帝实录》卷一百二十，十一；[77] 3157

明命十五年（清道光十四年，1834 年）春二月……谅山弋获伪统领阮克铄，诛之。铄初为官兵所败，窜于禄平，土知州加知府衔韦世鉤督饬捕役泠璔堂探拿。铄与其属二人薙发越入清国思陵州辖，捕役追获之，忽见所在委差执送州治。巡抚黎道广得报，即移文太平府祈饬州员解交查办。事闻，命海安、北宁三省会勦弁兵悉撤之还，及思陵送犯到省。道广复具疏入奏，帝谕兵部曰："逆犯阮克铄经授朝廷官职，却心怀枭侥、与匪串通、伪称名目，反戈戕害原巡抚黄文权，又纠伙攻城，罪恶深重。迨为官兵杀败，再图削发北走逃生。泠璔堂以一总目能率土勇手下穷追缉获，诚属得力。泠璔堂准赏授属省该队，正六品加赏银一百两。韦世鉤即实授土知府仍领禄平州，再赏纩戎衣一领。逆铄押入铁柜，轮解来京，尽法惩治！铄之同党伪中军杨巴安、伪后军黄乙安自安州之败走回广安先安州林分，海阳捕弁领兵阮良典获其伙三犯，谕令即赴谅山供职，前以捕务后期得降一级准与开复。广安捕弁副管奇杜文佳亦弋获伪平海左军师参赞刘辉山【清廉州人，与伪铄、伪安合党】，赏银二十两，所得降一级亦与开复。伪铄既解抵京，付法司凌迟处死。"

——《大南实录正编第二纪·圣祖仁皇帝实录》卷一百二十，十二至十三；[78] 3158

明命十五年（清道光十四年，1834 年）春二月……高平道总统谢光巨、参赞武文徐奏言："匪伙中、右二支复由功岭、朔江潜下，又有一支自陆村【接夹清界】来侵茶岭。经分派弁兵攻勦，匪皆败走，擒斩者十数。再闻太原道兵已抵灵枚，左支匪伙窜于龙陇【宣光、太原接壤处】，拟应先就陆村、茶岭及中、右二支次第勦除，俟宣光道兵进到，然后会勦。"帝谕曰："匪徒残败之余，尚敢分支旅拒官兵。虽未一番大创未快人心，而连日所向克捷亦属可奖。其在行员弁土司兵勇各赏半月俸饷钱。今匪伙溃败，尔等当督饬士伍先勦陆村、茶岭及中、右等伙，再取路直进玉帽云中，协与宣光、太原两道官兵随机兜勦。"

——《大南实录正编第二纪·圣祖仁皇帝实录》卷一百二十，十六；[80] 3160

明命十五年（清道光十四年，1834 年）春二月……宣光保乐匪伙复蔓下渭川滋事，按守宁边堡权充领兵阮文权报省益兵接应。布按陈玉琳、胡士穼即飞饬领兵陈有晏管将原派弁兵，由大蛮州取路进往，协同省派神策选锋右卫卫尉苏蕙云、宣光奇副管奇阮文寿等并力会剿。再飞咨总督黎文德照料，以事入奏。帝谕兵部曰："此伙已经残败，尚敢萌心惹事，是自来送死耳。可传谕黎文德、阮公著立速进兵，先将蔓下匪伙取次剿平，再直抵云中玉帽会同高平、太原两道官兵擒斩首逆农文云及逆玹、逆瑾等犯到案，毋使他得以兔脱。若自尔延迟，前鉴不远矣。"

——《大南实录正编第二纪·圣祖仁皇帝实录》卷一百二十，十六至十七；[80] 3160

明命十五年（清道光十四年，1834 年）春二月……宣光匪徒三千余攻围宁边堡，权充领兵阮文权自度难支，先遣咸安土知县加土知府衔阮文表由水程回省，而自率兵勇取路陆退以俟大兵。布按陈玉琳、胡士稴等即飞饬前派领兵陈有晏、卫尉苏蕙云赶进攻剿。并飞咨总督黎文德紧督弁兵倍道疾往，随疏以闻。

——《大南实录正编第二纪·圣祖仁皇帝实录》卷一百二十，二十；[82] 3162

明命十五年（清道光十四年，1834 年）春二月……乂安布按阮廷宾、武梃奏言："有右保一卫兵蔡文祥自镇宁还。言前此镇宁失事，彼为贼所执，引至军寨一所，都是蛮兵居住，军色皆白布缠头，中坐主将一人，头上髡发，额颅上留发一圈，身被蛮纹布，蔽以黄伞，偏裨均于坐前俯伏，俄见峤觃剃头亦似贼将妆样伏于庭外。嗣将彼与被执官兵三十余人解送于暹，途间彼乘夜脱逃，返至镇宁驻防旧所，寂无一人，只见死尸枕藉，镇宁民家烧毁殆尽。且弁兵节次回省一百二十余人，有云起变乃镇宁人，有云间有南掌人。今据彼所言，则逆觃、逆阙暗引暹兵戕杀官军，已属显确。"

——《大南实录正编第二纪·圣祖仁皇帝实录》卷一百二十，二十八至二十九；[86] 3166

明命十五年（清道光十四年，1834 年）春二月……高平道总统谢光巨、参赞武文徐奏言："分派弁兵攻剿茶岭匪伙，直进陆村，踏破匪巢，擒斩甚众，余窜于深林或走于清界，无从追捕。左支匪伙亦有搜获，业饬副领兵文有春仍于麟趾嘉凭地面按驻，与太原道兵交相策应。惟中、右二支匪伙，卫尉阮进林督同副卫尉阮文习、副管奇阮文怡、黎文仕等战于宜布【社名】铁矿，自午至申，匪乃退去，弁兵间有死伤者。”

——《大南实录正编第二纪·圣祖仁皇帝实录》卷一百二十，三十一至三十二；[87] 3167 - [88] 3168

明命十五年（清道光十四年，1834 年）春二月……兴化署抚吴辉濬奏言：“据顺州土知州薄琴继探报，有暹蛮兵约四千抵宁边州屯所。业派率队裴文香将省兵五十人往督附近各州土司防截，并咨调山西兵、象会剿。”帝谕曰：“暹贼残败之余岂能为患？其宁边警报，不过此处接近南掌，彼亦借声暹贼图谋吓怵边蛮耳，不必张皇。差拨所派弁兵已足遥为声援，即止毋须复调山西兵、象为也。再须暗饬所在土司纠集土民各自为守，俟镇宁、镇靖两路剿除暹寇事清，则此一带地方可不烦兵而自服矣。”

——《大南实录正编第二纪·圣祖仁皇帝实录》卷一百二十，三十三；[88] 3168

明命十五年（清道光十四年，1834 年）春二月……太原道按察阮谋、副领兵阮文膺兵次白锡矿，探闻匪渠农文宏【农文仕之弟，称后胜旅正管旅】、闭文玹、闭文瑾【并伪称统制】合与金马该总梁光凤、诸矿长清人张昌帜等党伙至千余顿于龙陇，即由兔岭瓢江进抵务农矿严截，仍饬原该队效力丁珖琎委人招谕梁光凤等，各将鸟枪剑槊诣军首服。言逆宏、逆玹、逆瑾闻官兵进逼，已窜云中。谋等乃商同订日由送星矿径往凭城古道【隔龙陇一日程】，待高平覆到，取路直抵云中会剿，具疏以闻。又言太原逸犯伪正、副督运何添银、梁有德等六人投首，业听从军效力赎罪。帝批示曰：“汝等举动深中机宜，朕心诚为嘉悦。其勉而加勉，早告成功必有重赏。丁珖琎招诱得力，先传旨嘉奖，俟显有功状再降旨行。”改宣光宁边堡为安边堡。

——《大南实录正编第二纪·圣祖仁皇帝实录》卷一百二十，三十三至三十四；[88] 3168 - [89] 3169

明命十五年（清道光十四年，1834 年）春二月……宣光道总督黎文德、参赞阮公著进抵宣光省城，闻报领兵阮文权自安边堡渡泸江退回簿铺【属渭川州平沙社】，与领兵陈有晏、卫尉苏蕙云相会。即先遣副管奇阮德钟、陈文绿迅往接应，而董领大兵继之。具疏入奏，且言：“匪徒侵过渭川，凡诸往来路径填塞捍截，粮饷军需势难预先运往，经催咸安、收州土民，只得八百抬运随军。第程途险远，一次所运仅四百余方，恐或不能接济，深为挂碍。”

——《大南实录正编第二纪·圣祖仁皇帝实录》卷一百二十，三十四至三十五；[89] 3169

明命十五年（清道光十四年，1834 年）春二月……宁平巡抚黎元熙、按察阮伯坦奏言：“前者奉准檄谕逸犯，业派往安化、奉化、乐土三县多方开示，未见归顺。间有石碑丁世队、丁世德曾委从犯丁功意、郭福显向省投首，窃想招携怀二未可以旬日期效，矧蛮人昏蔽难晓，若迫之则鹿之走铤急不及择，势必窜于他辖更滋伏莽之一梗。故有一二从犯出首，权宜放释，使他视此为路头，庶望陆续向化。”

——《大南实录正编第二纪·圣祖仁皇帝实录》卷一百二十，三十五至三十六；[89] 3169－[90] 3170

明命十五年（清道光十四年，1834 年）春三月……山兴宣总督黎文德请安折言：“方今宁平、兴化以至宣光、高平诸土蛮首逆未一到案，山西、北宁盗匪亦尚多漏网，出没靡常，倘彼处处竞发，则分我兵力，诚恐有顾此失彼之患。窃见去冬恩诏，河静以北逃犯准其出首，由地方具奏，酌与宽减。届今几四阅月而罕见就首者，想众犯尚恐既首之后未蒙全免无由自新，故尔观望。拟应法外用权，或可省事。如蒙特降恩谕，除元恶大憝如逆云、逆瑾罪在不赦，余不论渠伙听其投首并与宽宥，仍再展假期限。有此一番大赦，庶众犯明知可生之路，始敢出头。渠犯首多，则党与自然解散。因使之效力缉犯，亦弭盗之一机权也。”帝批示曰：“说亦有理，徐议举行。”

——《大南实录正编第二纪·圣祖仁皇帝实录》卷一百二十一，三至四；[92] 3172－[93] 3173

明命十五年（清道光十四年，1834 年）春三月……海安署督阮公著请安折言：“宣光省莅接山西之端雄府雄关县，自此抵安边堡八日程，自安边由安定北茹抵云中五日程，由大沔、小沔抵云中八日程，通计自省城至保乐州吉行已逾半月。山川之险皆土司之所有，迨事发俟得闻报多缓不可及，矧关要事机！又由山西调度往来征发，旬月始能清办。事有阻误，亦形隔势禁使然也。且宣光、太原毗连，应合为一道，移省城于安边统辖，太原设总督以镇众望。此辖赋政颇简，仍兼布政事务。且安边在宣光最为中土，前有江流限障，三面石山拱揖，中间宽敞可容数万人，可以设立省城。右之从造、左之拉岭各砌关隘，江之南有土山筑一炮台以严武卫，自是险峻可居之地。余诸关要如大沔、小沔、百的、硃矿、安定各修筑屯堡以防堵之，凡扼寒弯窄之处开凿平治以通往来。如此则西可以制御保乐、陆安，东可以镇压大蛮、渭川，南可以控兴化，北可以通太原，得居重驭轻之势，成身使臂指之形，运动即敏、呼应亦灵，可以止其未萌、消其不静，仍各易置其长以抚治之，俾循规蹈矩、耳染目濡。不出三年，自可变蛮习为汉风，永绝边境之患矣。惟易置省城人之所碍者有二：安边岚瘴太重一也，饷道运递艰阻二也。臣已再三筹验，安边与河阳对岸市铺络绎，汉人、清人杂处，自尔蕃息。且自安边至宣光同此源流，秤验江水无甚轻重，指为瘴重亦乐近恶远者耳。至如支需，此辖土气肥腴山皆可播，昨所经过，粟粒露积林陇。在行兵勇四千余人，自十月至十二月于云光社取给不匮，则其他可知。查无田籍、亦无供纳，其可播之土间旷尚多，则其粮饷只须解运一次，可支半年。嗣请招募各社流民垦治，仍照实耕之土酌量征收，以备储积支用，可以裕如，不忧其匮乏矣！再金矿各所一岁输纳自一两至四两，计直一两八十缗，而开矿之清人每所聚食至七八百人上下，均是逋负游荡。穿凿地脉，搅扰方民，每每惹出事衅。日者，逆云所至肆其屠戮，皆彼等为之党羽助其恶也。所入之数不关有无，其金矿各所请权且关闭，聚食清人悉斥回国。嗣有请征者，地方官查实照广南金户之例征之，仍常加检覈，不得仍前自他隐减。既可绝意外之防，亦可裕国家之用矣。再，向来属省弁兵派往诸省捕务其数将半，现在伍者调遣诚恐不敷，而省辖土目与臣之手下遇有戎务较亦得力，请募立为二奇，奇六百人能募得六十人者许为率队，募得十队者许为管奇。其兵丁募取漏籍之人非惟可以备差派，而无所著落者有所管束，亦益兵弭盗之一事也。”帝谕曰：“宣光地接太原而安边又为中路有险可凭，所请‘移宣光省城于安边，统辖太原设总督以镇众望’似亦有理。第事有其渐，则相因而易成。此处地多林莽，人物尚希，若今建设省城实多未便，姑俟后边境晏清，徐议未晚。若夫所请开矿清人尽逐回国以绝恶萌，则金矿锱铢之利朝廷固所不屑，但外国穷民既赖此为俯仰之助，若敢萌端异志自有常刑，岂可逆防其未然而遽逐之邪？又兵贵精不贵多，能善用之，则属省之兵亦足以资剿捕，何必多募游荡之众虚费钱粮为也？所请募束二奇，其勿议。”

——《大南实录正编第二纪·圣祖仁皇帝实录》卷一百二十一，九至十三；［95］3175－［97］3177

明命十五年（清道光十四年，1834 年）春三月……广南有清匪船二艘窃发于大占洋分，邀掠商人财物，复登岸烧破民家。省派兵船与之战，射杀数丁，匪即扬帆东走。未几，复来广义菜芹洋外劫掠而去。捕弁寻获异样清船一艘于沙祈安永澳。事闻，令省臣查办，因谓兵部曰：“彼清船惯习故态，往往徜徉海外盗买米粒及于无人处乘间邀截商船，想不止此一艘已也，况今日南义洋分匪船二三艘曾为官兵追剿，寻方隐窜。而日下北风盛发，势必随诸岛屿潜泊未能远去。可传谕广南以南至平顺各严饬巡洋捕弁并诸汛守日夜梭织巡查，如有异样清船情状可疑、察非行商者，即拿解究治。”

——《大南实录正编第二纪·圣祖仁皇帝实录》卷一百二十一，十三至十四；［97］3177－［98］3178

明命十五年（清道光十四年，1834 年）春三月……乂安布按阮廷宾、武梃奏言：“镇边府车虎、岑祚土知县、县丞等探报，南掌贼兵约万余在兴化宁边州堡扰掠蛮民，声言将来镇边、镇蛮诸府。且南掌原是共球属国，今乃与暹党恶，扰虐边氓，亦天讨所不容缓。惟镇边僻居天末，隔省城二十余日，山溪最为险阻，访之属省员弁均无熟悉，而在省见兵数少，若只派二三百人前往防护，不惟难保完全，而千里馈粮，未免艰涩。业已札饬所在府县土司多集土勇保守疆土，若贼兵果来，则并力攻剿，毋使犯境滋事。并行咨清葩知会。”帝批示曰：“说得是是。”

——《大南实录正编第二纪·圣祖仁皇帝实录》卷一百二十一，二十九；［105］3185

明命十五年（清道光十四年，1834 年）春三月……太原道按察阮谋、副领兵阮文膺与匪战于北浛失利【**北浛，铺名，属白通州雁门社，夹凭城社分，去云中一日程**】，谋等初进抵北浛，此处四顾皆山，中有大溪相隔，乃分道屯驻，谋军于溪前西北山嵿，膺军于溪后东南山嵿。忽匪徒千余自古道来，与谋道兵战，终日未分胜负，次日匪佯于后面据险放枪而悉众攻其前面，自旦至午，我兵药弹殆尽，援兵阻不能进，前胜奇管奇阮文婴、北顺奇该队阮廷吉皆阵死，谋为匪所掳，匪遂四面攻围膺军。膺军战不敌，突围走野市回北件堡，弁兵、炮械多失落者，太原奇管奇加副卫尉衔武文山亦获于贼，贼寻杀之。宁太总督阮廷普闻报即派左威奇管奇阮孝迅往从膺捍御。具以事闻。

——《大南实录正编第二纪·圣祖仁皇帝实录》卷一百二十二，九至十；[111] 3191

明命十五年（清道光十四年，1834 年）春三月……甘露道署抚阮绣进抵巴栏沁，绿江掌奇黎文瑞、布政仍领按察胡有审、副卫尉范绯等亦将兵继至，闻暹贼一道纠岑甬谦、麻辣诸蛮驻硭俸，一道纠目多汉二十八畔驻寻溢，乃派人确探随机攻剿。护抚杨文丰据报以闻。

——《大南实录正编第二纪·圣祖仁皇帝实录》卷一百二十二，十六至十七；[114] 3194 –［115］3195

明命十五年（清道光十四年，1834 年）春三月……嘉定有清船二艘来商，搭客多至八九百。诘之，皆愿仍留在船。省臣以奏，帝谕曰："去年逆傀造反，清人多有阿附自蹈刑诛，今此搭客投来，已无帮长责令结认。可传旨船户等，此番初误，朝廷姑免深责，嗣宜胥相报告，如有来商物力者方得搭从兑卖，若多载无赖游棍盈千累百或致惹出事端，必将犯者正法，船户亦从重治，船货入官。兹限四月内回帆，傥故意姑留搭客或上岸滋事，其船户必斩首不赦。"

——《大南实录正编第二纪·圣祖仁皇帝实录》卷一百二十二，二十二至二十三；[117] 3197 –［118］3198

明命十五年（清道光十四年，1834 年）春三月……遣监城队长张福仕与水军二十余人乘船往广义黄沙处描取图本。及还，帝问以所产物类。仕奏言：此处海中沙渚广漠无涯，惟有清人往来攻鱼捕鸟而已。因以所采禽鸟鱼鳖螺蛤上进，多是奇物人所罕见者。帝召侍臣观之，赏在行人等银钱有差。

——《大南实录正编第二纪·圣祖仁皇帝实录》卷一百二十二，二十三；[118] 3198

明命十五年（清道光十四年，1834 年）春三月……山西有匪徒千余窃发于永祥安朗县辖，省派领兵段文改管将兵、象督同所在府县总里并力协缉，战匪渠伙十余犯。永祥同知府阮俦隔日始引兵至。省臣黄文站等以状闻，并将阮俦参揭。

——《大南实录正编第二纪·圣祖仁皇帝实录》卷一百二十二，二十三；［118］3198

明命十五年（清道光十四年，1834 年）春三月，太原道匪徒蔓下野市、买市。副领兵阮文膺退驻都市堡，驰报总督阮廷普益兵防截。普权委领兵陈廷移将兵一百前往，再咨调河内、南定劲兵各五百、战象三匹。俟到日即亲领续进。具疏以闻。

——《大南实录正编第二纪·圣祖仁皇帝实录》卷一百二十三，一；［119］3199

明命十五年（清道光十四年，1834 年）春三月……宣光道总督黎文德、参赞阮公著进抵渭川界首，探闻匪徒自安边失守日就蔓延渭川，前途及大蛮州分设屯札，谋图旅拒，乃商同分为二道。德由渭川，著转往大蛮，各持数日粮取路前进。德兵过横枚【社名】，闻粮船已抵扶銮【社名】，津次摘留领兵陈有晏接护随军。及至凭衡、玉犨【均社名】，匪于林分或三百或五百分伏放枪，前道阮文权督兵捍战，斩一馘，余皆散逸。土司麻祥辉亦射杀匪渠一犯，夺其械仗，适接阮公著书来。言兵抵福宜堡，由吟江左岸直进，经金锵、能可【均社名】，皆有匪徒伏截前道，土勇斩一馘，匪乃溃走。其隔岸之茹香【地名】报，有匪副将阮廷周自太原合与匪统制阮广凯之弟添设堡三所，其徒至千余人，业方结筏渡江攻破此党，直捣昆仑【社名】踏平广凯巢穴，始能相会。德并将情形入奏，且言两道并行必须量程关报以渐而进取，次剿除相与会兵，收复安边，再分道直抵云中，合剿恐不免稍需日子。

——《大南实录正编第二纪·圣祖仁皇帝实录》卷一百二十三，一至二；［119］3199

明命十五年（清道光十四年，1834 年）春三月……高平道总统谢光巨奏言：官兵攻剿上游匪伙，中路参赞武文徐进抵马回山连破匪寨二十余所，现于中倘山分屯驻；右路巡抚黎道广进次朔江；左路副领兵文有春进次良能。匪各已退却，但于通农以上夹保乐处凭险据守。适闻报太原道兵失利，匪徒聚于灵光约三千人谋将侵下高平。业已檄调文有春转向嘉凭按截，并密咨武文徐、黎道广知会，仍即再返让畔堡就近调度。

——《大南实录正编第二纪·圣祖仁皇帝实录》卷一百二十三，四；［120］3200

明命十五年（清道光十四年，1834 年）春三月……宣光领兵陈有晏护运粮船五艘进泊章溪【社名】，江安忽匪徒五百余从林中突出放枪邀掠，弁兵溃散，晏被伤亦涉江走。船户段文界一艘先断维放下得脱，余皆为匪所获。布按陈玉琳、胡士秝得报以闻。

——《大南实录正编第二纪·圣祖仁皇帝实录》卷一百二十三，十；［123］3203

明命十五年（清道光十四年，1834 年）春三月……庆和署领兵阮文多坐免。多率兵船巡洋，遇清匪船自广南因风飘至虬劲洋分，不能追缉。省臣以事参奏，遂革职发在省为兵。

——《大南实录正编第二纪·圣祖仁皇帝实录》卷一百二十三，十三；［125］3205

明命十五年（清道光十四年，1834 年）春三月……太原属蛮七族愿将私造鸟枪一百六十余杆输于官，命省臣出库钱赏给【堪用者每杆五缗，不堪用者三缗】，仍晓示之，云："尔等既知向义朝廷，实鉴其心，自此饮和食德耕凿相安永作，良民共享太平之福，岂不胜前十倍。"又令宁平、山西、兴化、谅山、高平、广安诸省宣谕所在土民，使之视效。谅山辖民寻纳鸟枪八十余杆，不愿领赏。

——《大南实录正编第二纪·圣祖仁皇帝实录》卷一百二十三，十四；［125］3205

明命十五年（清道光十四年，1834 年）春三月……南定弋获逋匪伪称右军武遹【匪渠潘伯铄之党】诛之。赏捕役银一百两，诉子银三十两。又以南定辖民近来多诉发盗匪，命传旨嘉奖。

——《大南实录正编第二纪·圣祖仁皇帝实录》卷一百二十三，十七；［127］3207

明命十五年（清道光十四年，1834 年）春三月……宣光道总督黎文德道兵进抵马朗【村名】，以军次情形入奏，言："兵行所过匪各望风弃堡先遁，适闻领兵陈有晏失事之信，访之土人云：匪目阮世俄之子阮世魁窃发及派兵往剿至，则他已远飏无从追捕。又接报匪目刘仲璋、黄祯宣纠伙千余自陆安侵扰林塘【总名】地辖，且大兵将近，安边贼伙在前，理难移却。若置之不问恐彼侵过渭川中路则饷道难通。请派出大员就近领一道重兵，由收州增拨土勇，取路速往陆安随宜抚剿，庶绝匪徒在后乘虚滋扰之患。再参赞阮公著道兵原约由大蛮绕出安边上头截匪走路，今公著专事干昆仑不便停待。业已刻日分道进取安边，惟军饷水陆转运殊甚艰阻，省派陆运两米，现到军者一百八十余，方行间曾经紧饬和买而方民尚多逃散，停留一二日才得数十方临期，去给不甚充需，诚深挂碍。”

——《大南实录正编第二纪·圣祖仁皇帝实录》卷一百二十三，二十三至二十四；［130］3210

明命十五年（清道光十四年，1834 年）春三月……平定恶蛮潜下茶云源，捉人掠财而去。事闻，守御坐革，省臣降一级，勒限缉捕。

——《大南实录正编第二纪·圣祖仁皇帝实录》卷一百二十三，二十六；［131］3211

明命十五年（清道光十四年，1834 年）夏四月……宁太总督阮廷普亲提兵、象进至太原地头，闻匪渠伪称统将阮廷体聚党于罗亭【**总名，属司农县，界接洽和、安世二县，人称三县野是**】，谋为不轨。普即督兵赶捕，斩匪管奇，俘匪参谋及其伙六犯，收获旗鼓炮械，余皆奔窜，乃直抵省城驻扎，派委权充壮勇副卫尉武文凭前往都市协与副领兵阮文膺攻剿。具以状闻，言：“派探太原自野市而下匪徒未有滋蔓，而北宁慈山、顺安、天福、谅江等辖匪徒啸聚，有党至一千余、有党至六七百，抗拒捕役、扰掠居民。所在府县屡请加兵攻截，业商同太原布按摘留弁兵三百交领兵宋文治认管守护，仍转回北宁分派查缉。再调遣领兵陈廷移往督阮文膺、武文凭，随机剿御。俟北宁捕务渐清，即遵前谕复往太原调度。”

——《大南实录正编第二纪·圣祖仁皇帝实录》卷一百二十四，六至七；［135］3215－［136］3216

明命十五年（清道光十四年，1834 年）夏四月……宣光道参赞阮公著兵抵永宁【社名】孛岭，疏将近来进止情形委人递奏。言："自大蛮土黄【总名】进发，途经金锵、能可【均社名】，各有匪徒阻截，取次杀散。惟吟江之右匪于茹香土山设三堡，隔江眺望，众至千余。潜遣土豪裴廷邓往苔满堡协与土司麻允溪手下土勇由陆直进，又于林岸多结竹筏以待。匪见邓兵猝至，放枪对仗，大兵渡江齐应，匪多被死伤，随弃旗鼓空堡而走。及至孛岭，匪亦凭险旅拒，分道袭攻良久始散，追获其伙四犯，即于军前斩首。仍派土蛮四下招抚，没有一人出头，其粟米搬藏净尽，有不及运者先毁之，且江右一带去年官兵未到，其地匪处处设备，林莽中各翦开径路，穴坎放尖，其风俗之悖戾，山川之险峻，更甚于保乐今马台【山名】、半夜【村名】，彼设石堡为固守计。适连日骤雨，未便进攻，再军饷自宣光省陆运抵军十九日程一次，抬递往还不充三日之食，军行愈远则饷道愈迟，陆运既艰，水运更多不便，必须分屯递积，始能接济。而在行兵勇多派守护，又不能给致留待需延，非敢以险远推托也。"

——《大南实录正编第二纪·圣祖仁皇帝实录》卷一百二十四，八至九；［136］3216－［137］3217

明命十五年（清道光十四年，1834 年）夏四月……高平道总统谢光巨、参赞武文徐等攻土匪，连败之。巨兵次让畔，报匪徒自太原金马山分侵过牛岭，凭险旅拒，即亲督兵、象前往督饬。副领兵文有春设计夜袭，斩匪副奇长校及其伙六馘，生擒四犯，匪退散。次日，复来钉岭抗战【牛岭、钉岭均连接嘉凭地面】自卯至申，我兵分道夹攻，斩二十九馘，获其炮械，匪大溃败，追至太原辖灵枚匪窝处，烧破而还。高平辖上游匪党蔓下通山中倘，参赞武文徐亲督弁兵剿捕，巡抚黎道广亦派往策应，斩匪八馘，余皆走窜。巨以状闻。言逆云巢穴在宣光、高平、太原上游夹壤上，自闭岭连玉帽、云中以至龙陇一带，群山广险，极目其路通高平辖者有三，由闭岭、淰渚通于良医、通农，是为上路；由夷隆、塔那通于中倘、良能，是为中路；其下则由龙陇经太原辖务农、灵光、灵枚通于嘉凭。今若于嘉凭留一道兵，而直向前进，则彼将悉众纠同大伙乘虚侵轶。脱或赶截不敷，路遥势隔，顾应稍迟，彼或得以拟其后，致嘉凭一面未敢放心。业已飞咨宁太督臣紧促太原辖官兵迅往，俟何日进到金马地头，当即专委文有春兵勇一千协剿。此处匪伙仍亲董大兵会同武文徐、黎道广取路先捣玉帽、云中，以告蕆事。

——《大南实录正编第二纪·圣祖仁皇帝实录》卷一百二十四，二十至二十一；[142] 3222 - [143] 3223

明命十五年（清道光十四年，1834 年）夏四月……清广东捕弁陈子龙师船遭风投泊清葩漪碧汛，命省臣给以钱米。寻遣兵部员外郎李文馥、翰林承旨黎伯秀等乘平字号船护送之还。

——《大南实录正编第二纪·圣祖仁皇帝实录》卷一百二十四，二十四；[144] 3224

明命十五年（清道光十四年，1834 年）夏四月……宣光逆犯农文云投间书于宁太总督阮廷普，谋欲关通。辞皆悖逆，普得书骇愕，即以入奏。帝谕曰："此虽逆贼奸险狡狯，然亦寻常伎俩，匹夫匹妇不为所愚，况其他乎。尔可安心供职，勿以此介怀也。"

——《大南实录正编第二纪·圣祖仁皇帝实录》卷一百二十五，十七；[158] 3238

明命十五年（清道光十四年，1834 年）夏四月……高平道总统谢光巨、参赞武文徐、巡抚黎道广分兵三路齐进通农略尽，高平地界匪徒各望风先窜，乃密相筹议，武文徐领兵勇一千五百、黎道广领兵勇一千二百，各取路进攻闭岭，直捣玉帽、云中与宣道兵会。谢光巨领兵勇九百，分按通农上游诸地面，俟太道兵至金马，即檄副领兵文有春合剿龙陇匪伙，转向云中，光巨亦由闭岭续进，扫荡贼巢。仍将情形具疏以闻。

——《大南实录正编第二纪·圣祖仁皇帝实录》卷一百二十五，十七至十八；[158] 3238

明命十五年（清道光十四年，1834 年）夏四月……宣光道总督黎文德自安边还师，疏言探闻匪目阮世魁与陆安党伙千余侵过渭川之嘉祥、章溪【均社名】一带沿江左岸，谋将渡江横截后面，且安边经贼残破其所在福灵、灵湖【均社名】，人民逃散，庐舍一空，无可为守，而军中患病滋多，食用匮乏日甚一日，岂应坐以待困。业已移咨高、太二道知会，仍亲带在行兵勇转回凭卫、无玷【均社名】就近扶銮停粮处取给军需，并邀接阮公著声息，随机先剿陆安匪伙以舒迩患，再以未经得旨辄尔班师请罪。

——《大南实录正编第二纪·圣祖仁皇帝实录》卷一百二十五，二十二至二十三；［160］3240－［161］3241

明命十五年（清道光十四年，1834年）夏四月……宣光道参赞阮公著道兵转过江左，抵福宜堡。疏言闻得陆安匪璋、匪宣大伙攻占安隆图截安边饷道，若不早扑则水陆不通，权其先后则陆安为急，昆仑为缓，业已飞咨总督黎文德，即饬领兵段文改于安隆对岸预备传法，仍亲率本标便道趋收州直捣匪璋巢穴，攻其所必救，安隆自解。段文改如见匪伙潜移即疾渡乘之，可收全胜，陆安既平便向安边会办。

——《大南实录正编第二纪·圣祖仁皇帝实录》卷一百二十五，二十九；［164］3244

明命十五年（清道光十四年，1834年）夏五月……广平省臣奏言："安代源始附蛮民旧属广治嵘柵，偶因饥馑流散，税例多欠【人数二百，岁纳银税各二钱】。"帝谕令展缓一年，仍招抚安集如故。

——《大南实录正编第二纪·圣祖仁皇帝实录》卷一百二十六，三；［167］3247

明命十五年（清道光十四年，1834年）夏五月……宣光道参赞阮公著攻破陆安匪伙。著初抵收州，莅所界接陆安，闻匪目黄祯宣合伙五百屯于芒村，凭险固守，乃分派兵勇赶进攻拔匪堡，斩四馘，收获械仗，悉焚其积聚寨栅。从征土司有梁伯资【收州土知州加宣慰同知衔，梁伯选之子】最得力，先赏飞龙大银钱五枚，适接到谕旨即引兵还。宣光省具疏以闻。

——《大南实录正编第二纪·圣祖仁皇帝实录》卷一百二十六，十一；［171］3251

明命十五年（清道光十四年，1834年）夏五月……宣光陆安匪伙蔓下收州保爱【社名】地辖，土知州梁伯选请兵救应，布按陈文忠、阮辉炤言于总督黎文德，参赞阮公著派出驻防弁兵三百前往防截。随疏以闻。

——《大南实录正编第二纪·圣祖仁皇帝实录》卷一百二十六，二十八；［179］3259

明命十五年（清道光十四年，1834年）夏五月……陈文忠寻疏报："渭川有匪目麻祥葵纠党五百余占据扶銮堡，索送兵粮；大蛮州亦有匪伙滋蔓，声言刻期来攻。省城民皆逃走渭川，该队麻祥辉及土司阮伯勤等八人各执眷投省，依寓悬候大兵再来，从征效力。”

——《大南实录正编第二纪·圣祖仁皇帝实录》卷一百二十六，二十九；[180] 3260

明命十五年（清道光十四年，1834 年）夏五月……清葩布政阮登楷管领兵勇往石城、广地二县，捕获土匪郭功石等二十余犯，地方宁帖，乃量留土兵三百守铺葛堡、二百守金津堡而还。巡抚阮可凭以事闻，又言阮登楷初到广地曾令所在土目遍往林陇招诱逋匪阮廷邦、阮廷发、阮廷昽兄弟，嗣而廷邦之弟阮廷鲁等诣军乞假限相招，陆续投首，且广地石城土匪本与宁平天关诸县土匪形势相关，今彼等先自向化相率回头，请比宁平逋犯丁世队等，准其首免。

——《大南实录正编第二纪·圣祖仁皇帝实录》卷一百二十七，一至二；[181] 3261 - [182] 3262

明命十五年（清道光十四年，1834 年）夏五月……宣光道总督黎文德、参赞阮公著奏言：节经廉访，宣光、太原、谅平土匪各有雄长，而皆以逆云为主，保乐则麻仕荥、阮允高、农文孽、农文海、农廷彭，渭川则阮世俄及其子阮世魁、阮世寿、阮世五，其党阮世照、阮世儒、麻祥魁，大蛮则阮广凯、刘仲璋、黄帧宣、黄金柜，此但就匪中之杰黠者，言其余土司、土目不出首从征者，皆其党羽。又有负犯汉人逃往各州为他鹰犬，会已多方告示，而壁灯一向顽冥终难改悟，故小民不得不从。至所需械仗则土人恶习已成，凡丁壮者便有鸟枪、盐、硫、铅、炭，殆同日用常行之物，临期各自制办应手裕；如所需粮饷，则由诸州山皆可播粟粒稍丰彼等到处吓怵裹胁者供应取用，逃隐者抄掠充需。贼之党类情形如此，而山路多岐，饷运艰险，必须厚集兵勇及此秋候，分为三道，一由渭川，一由陆安，一由大蛮，取次进剿，所至随宜，注措俾无后顾之防，方期集事。

——《大南实录正编第二纪·圣祖仁皇帝实录》卷一百二十七，十一至十二；[186] 3266 - [187] 3267

明命十五年（清道光十四年，1834 年）夏五月……宣光布按陈文忠、阮辉炤奏言：大蛮匪伙在安琅、为山【均社名】地面，队长麻允都、麻允养、麻允溪与土司麻允坦纠率土勇截剿，各已退散。陆安匪伙闻省兵进至，随亦潜窜，不敢复扰收州。

——《大南实录正编第二纪·圣祖仁皇帝实录》卷一百二十七，十四；［188］3268

明命十五年（清道光十四年，1834年）夏五月……北宁布政阮克谐往堪东岸堤条途过龙酒，猝遇匪徒突来截击，从者或毙或伤，谐退于东舍，其民闭里门，不得入，遂为匪所害【龙酒、东舍均社名】。

——《大南实录正编第二纪·圣祖仁皇帝实录》卷一百二十七，二十；［191］3271

明命十五年（清道光十四年，1834年）夏六月……山西匪渠黎文勃、阮文间等受逆云伪词，纠合诸辖负犯党伙至六七千余，伪设名目【勃、间均兴化人。勃伪称前军大将，间伪称左军大将，北宁人阮廷体伪称中军统将，南定人范文南伪称右军大将，山西人黄冯销伪称后军大将，余伪称统领、参谋、督战、该奇、该队，名色不可胜数】，潜谋不轨，顿聚于永祥国威地辖，接河内、北宁、太原林分，常出没扰掠方民。省派捕弁前保二卫署副卫尉尊室弼、中勇奇管奇冯有和管将兵勇五百协与永祥管府黎辉值战于安朗外泽【社名】，土目丁功征、卫兵阮文安先放枪击杀匪目二犯，匪徒披靡，我兵乘之杀伤多数，收获旗鼓械仗，匪寻向扶宁立石烧掠县衙。

——《大南实录正编第二纪·圣祖仁皇帝实录》卷一百二十八，十；［201］3281

明命十五年（清道光十四年，1834年）夏六月……太原捕弁中胜管奇阮文烟亦遇匪于平泉县，莅与战，失利，领兵宋文治提兵接应，匪复从金葩、安朗二县林分而去。署按察尊室俍上疏自请亲往会同与山西、北宁两省捕弁征剿。帝许之，其阮文烟姑准革留效力。

——《大南实录正编第二纪·圣祖仁皇帝实录》卷一百二十八，十一至十二；［201］3281－［202］3282

明命十五年（清道光十四年，1834年）夏六月……宣光匪伙二百余占据渭川扶銮堡，总里谢辉幹、麻文豪纠率蛮丁袭击之，射杀匪目二犯，匪溃走，其在收州者亦为卫尉苏蕙云道兵追剿窜于陆安林分。总督黎文德以闻，又言大蛮尚有匪徒潜聚，业派管奇阮文和将兵前往，俟旬日得报，如彼果退散，即一面量留兵勇防护省城，一面具奏撤回原伍。

——《大南实录正编第二纪·圣祖仁皇帝实录》卷一百二十八，十二；[202] 3282

明命十五年（清道光十四年，1834 年）夏六月……河仙有汉民十九人自暹逃回者，署抚陈震诘问贼中情形，具咨兵部。部臣以奏，帝特免其罪，再给之钱，令择地安插【壮者给钱各三缗，老幼妇女各一缗】。

——《大南实录正编第二纪·圣祖仁皇帝实录》卷一百二十八，十七至十八；[204] 3284 - [205] 3285

明命十五年（清道光十四年，1834 年）夏六月……太原匪渠阮廷濂率党潜向云陵【社名，属洞喜县】索送钱粮。所在民不与，共击杀之，又斩其伙三馘，收获械仗。事闻，赏银五十两、钱二百缗。

——《大南实录正编第二纪·圣祖仁皇帝实录》卷一百二十八，二十一；[206] 3286

明命十五年（清道光十四年，1834 年）夏六月……广安匪渠陈文凛啸聚徒党，邀掠商船于横蒲洋分，试差土县丞黎仲谋率手下兵民捕获，诛之。谋准即实授，加赏银二十两、钱一百缗。

——《大南实录正编第二纪·圣祖仁皇帝实录》卷一百二十八，二十一；[206] 3286

安河总督张明讲、安江署抚黎大纲奏言：省辖始立四十一社村坊铺，间有三坊二铺均是清人，请照别纳清人例起征【人岁纳庸、役，钱六缗五陌】，嗣有招立者，照此例行。再请仍留江锐、江勇二奇乡勇在省操演以充守护。帝皆许之。

——《大南实录正编第二纪·圣祖仁皇帝实录》卷一百二十八，二十一至二十二；[206] 3286 - [207] 3287

明命十五年（清道光十四年，1834 年）夏六月……宣光匪党农文仕、农文宏复纠聚于太原感化地辖，其伙千余分为三道，一蔓下白通北件堡，一侵过高平嘉凭堡，一向谅山尖岭【夹高平界首】，谋截兵粮。高平、太原各派兵剿御，随以事闻。高平疏言：据探报，彼伙复来谋图劫掠度活，想见在兵勇并力防截，虽未必逆渠到案，而所调北宁、谅山军需若能常继，亦可保奇无虞。太原疏言：省兵希少，业方咨会领兵宋文治，摘在行弁兵二百转回备派。署按察尊室俍再请留省筹办而止平泉之行。

——《大南实录正编第二纪·圣祖仁皇帝实录》卷一百二十九，十一至十二；[215] 3295 – [216] 3296

明命十五年（清道光十四年，1834 年）夏六月……山西、河内捕弁攻匪徒于清波，破之。匪初自扶宁蔓过清波，烧掠县，莅顿聚于俸州【社名】林分。河内署领兵武廷光与山西副卫尉尊室弼，管奇黄文厚、冯有和，副管奇领临洮管府黄文恬各管将兵、象分道攻剿。恬身先士卒与匪鏖战，诸道一齐夹击，斩匪目及其伙九馘，收获械仗。匪多伤死，退入深山凭险旅拒。捷闻。

——《大南实录正编第二纪·圣祖仁皇帝实录》卷一百二十九，十三至十四；[216] 3296 – [217] 3297

明命十五年（清道光十四年，1834 年）夏六月……宣光匪渠农文云与其党闭文瑾复纠众来侵高平通农地辖，文有春、黄文秀、张士箢等飞章入奏。言各色弁兵见数虽有二千余人，然久冒岚瘴，率多疲劳，所用不甚得力，经催土勇未见齐集，兼之仓储未裕，解运难继，诚深关碍，业已飞咨河内、北宁派兵策应，再前次官兵进剿有龙武右卫卫尉阮进林、神策选锋前卫副卫尉阮情禄骁勇出色，最为敌情军心所畏服，请派二员上紧再往以资得力。

——《大南实录正编第二纪·圣祖仁皇帝实录》卷一百二十九，十五；[217] 3297

明命十五年（清道光十四年，1834 年）夏六月……太原匪徒侵据北件堡，守堡该队武黄练退高邱铺，布按黎长名、尊室俍等即增派兵、象进剿，并飞报总督阮廷普照料，具疏以闻。普亦奏言：“北件关要地头，为匪所占则所在民亦为胁诱，恐至滋蔓，所应加派重兵及早扑灭。第北宁匪徒尚多窃发，有所至千余，有所至五六百目，今安世一伙白日开旗，捕务正在紧急，而太原平泉之党闻已远飏，业咨饬领兵宋文治量留巡缉，仍迅往北件随机剿御。”

——《大南实录正编第二纪·圣祖仁皇帝实录》卷一百二十九，十七至十八；[218] 3298 – [219] 3299

明命十五年（清道光十四年，1834 年）夏六月……山西领兵段文改攻破匪徒于石室富礼市【富礼，村名，在泸江左岸，对近省城】。先是匪勃等既败，谋欲蔓上收州与逆云合伙，使其党伪称应义将军黄冯徽率众六百余转回永祥府辖，随地滋事以分官兵剿捕之力。匪徽至安乐阁沙洲，声言将往富礼所送，若不与则烧掠。省臣黄文站等闻探报即密令古衙豪目邓文樊【古衙，社名，属白鹤县。昨者匪徒所送社民，樊率邻勇拒之，不肯馈遗】设计赚留而派委段文改领弁兵渡江截剿，匪鼓行到富礼市上顿歇，樊使人以酒殽待，潜率总里乡勇分伏，乘匪醉先袭攻之。改与山西中卫署副管奇阮玉义、白鹤县丞潘迓各将兵勇继至，匪大溃走，斩六馘，擒匪参谋阮名儒、匪督战潘文诚，并党伙三十九犯，收获旗鼓器械匪徽，及其众投江溺死者无算。

——《大南实录正编第二纪·圣祖仁皇帝实录》卷一百二十九，十九至二十；[219] 3299 – [220] 3300

明命十五年（清道光十四年，1834 年）夏六月……太原署按察尊室俍上疏密陈戎务，言："前者探闻逆匪各伙约一万余，由山兴宣地面向云中与逆云会，约期分党先取宣光，次取山西、谅山、北宁，以阻我兵救援，则高平、兴化、太原不烦兵而自下，这等情形虽曰得之听闻，而厝火积薪之势，最宜注意。今省辖北件失守，匪伙滋蔓，渐不可长，仍照之在省与各省奇兵每临阵对敌则退怯抛戈，殊无斗志，以如此之兵而抗张之匪，纵有方叔召虎末如之何，请派出京兵或清又神策迅往诸省分防，其北兵悉抽回京训练。再请预制衣袴各五百，给发豪目手下俾壮军容。"

——《大南实录正编第二纪·圣祖仁皇帝实录》卷一百二十九，二十二；[221] 3301

明命十五年（清道光十四年，1834 年）夏六月……宣光土匪自通农蔓下鄱东让畔，文有春、黄文秀、张士箢等飞章告急，且言军需不继，外援未至，深以为虑。

——《大南实录正编第二纪·圣祖仁皇帝实录》卷一百二十九，二十四；[222] 3302

明命十五年（清道光十四年，1834 年）夏六月……宣光匪徒侵至石林县，高平官兵悉退回城谋守，文有春、黄文秀、张士箢等以事驰奏。

言："保守省城必有得力之员纠率弹压方能激励士气，业商委中强管奇邓文丁调拨各道弁兵严加防备，再北宁、谅山运往粮盐不接，正在危急。"

——《大南实录正编第二纪·圣祖仁皇帝实录》卷一百二十九，二十六；[223] 3303

明命十五年（清道光十四年，1834 年）夏六月……山西匪徒二千余烧掠夏葩县，莅复向同陇堡围住。捕弁武廷光、尊室弼道兵进至，匪遂向收州窜去。省臣黄文站等闻之，即飞饬光等上紧追剿，并报总督黎文德调度，又移咨兴化及饬接界端雄府准备防截。疏入，帝谕之曰："尔等所办亦中款，可转饬武廷光等，如匪徒尚于收州地辖滋扰，可进则进。倘彼先已遁向大蛮、保乐林分，则以许多党伙无所资食，而夏天暑雨山瘴气深，谅亦不攻自破。即宜择地驻守，以为黎文德掎角之势，勿使他得以乘间复下抄掠汉民而已，不屑穷林索兽为也。"

——《大南实录正编第二纪·圣祖仁皇帝实录》卷一百二十九，三十；[225] 3305

明命十五年（清道光十四年，1834 年）夏六月……宣光逆渠农文云侵逼高平，布按领兵黄文秀、张士筦、阮文顺与革员文有春弃城走，退驻谅山那冷堡。署抚陈文恂据七泉知县邓辉述探报以闻，且言省兵希少，请派出劲兵一二大队星速赴援。

——《大南实录正编第二纪·圣祖仁皇帝实录》卷一百二十九，三十；[225] 3305

明命十五年（清道光十四年，1834 年）夏六月……山西匪徒侵据收州大同堡，诸道捕弁会剿，大破之。总督黎文德初闻匪至大同，其党七千余结浮桥欲过雷江向陆安上去。即飞饬阮文权、苏蕙云等疾将兵、象于江之左岸按截，贼不得渡。武廷光、尊室弼诸道兵由右岸齐进。三面夹击，自卯至未，连破贼栅十余所，匪大溃，投林四散。我兵乘胜长驱，或擒或斩，日向暮乃停军。次日，闻匪残伙窜在冷水【社名】林分，约一千余，又有陆安土匪数百来援。光等复督率兵勇追剿，自未至酉，匪多死伤，遂溃走，争渡江溺死者无算。是役也，连日两战，凡斩获九十五馘，生获伪左军正将阮文芒【河内慈廉人】、右军副将阮文【北宁金葩人】、伪正卫正奇该队及伪伙七十二犯，所得枪炮械仗以数百计。德以捷书飞报，言现方紧饬诸道乘彼途穷搜捕净尽。

——《大南实录正编第二纪·圣祖仁皇帝实录》卷一百三十，十至十一；[230] 3310－[231] 3311

明命十五年（清道光十四年，1834 年）夏六月……兴化左卫署副卫尉阮文琼将兵截剿大同匪党之逸于镇安者，生获匪渠陈铭奉【伪称中翎中营大将军】、阮廷重【伪称右军督战大将军】及其伙六十余犯，斩获二十余馘。事闻，帝降谕嘉奖。

——《大南实录正编第二纪·圣祖仁皇帝实录》卷一百三十，十四至十五；[232] 3312－[233] 3313

明命十五年（清道光十四年，1834 年）夏六月……高平布按领兵黄文秀等复自那冷退洛阳堡【在七泉县所】，以省城失守情形具疏请罪，言："贼初侵到让畔众至六千，诸军协力死战，贼势渐衰，忽有韶州一伙千余从山后袭击，致官兵溃乱，多毙伤且战且却，贼乘势烧破石林县所，分道追迫，势甚猖狂，而城中粮米不供三日之用，不得已夜令土勇于山上社为疑兵，仍悉将兵、象并布按二司倍道走回谅山界首以资军粮，待有外援兵来再图恢复。"

——《大南实录正编第二纪·圣祖仁皇帝实录》卷一百三十，十五至十六；[233] 3313

明命十五年（清道光十四年，1834 年）夏六月……山兴宣总督黎文德奏言："收州匪徒尚须追蹑，致仍留宣光紧饬各道捕弁四下搜索，并飞饬诸地方截捕。至如渭川、大蛮两路向来无复报警，业派确探情状，请俟回报果已无事，并与收州各道捕弁报到。现就清帖即将所派弁兵撤回，仍遵前谕，量留从宣光省防护。"

——《大南实录正编第二纪·圣祖仁皇帝实录》卷一百三十，十八；[234] 3314

明命十五年（清道光十四年，1834 年）夏六月……太原领兵宋文治管将兵、象进复北件堡，匪徒潜退，寻复纠伙二千余自那衢【铺名】来象头山，治督兵交战，太雄奇试差副管奇郑秀、率队阮文邓皆被伤，乃报省加兵策应。布按黎长名、尊室佷即飞咨总督阮廷普速拨弁兵合剿。随疏以闻。

——《大南实录正编第二纪·圣祖仁皇帝实录》卷一百三十，二十三；[237] 3317

明命十五年（清道光十四年，1834 年）秋七月……河内有清人造代役船行商，经年不返，保领者累赔港税，力不能堪。总督段文长为之奏，帝特免之。又以清人向来多讬造船受税为名因而盗载米粒远飏者，乃令户部通饬诸地方官，嗣有清人情愿造船纳税者，须殷实有力人出结方听。若他别去，其所欠港税即惟保结人永远征收，不准宽减。著为例。

——《大南实录正编第二纪·圣祖仁皇帝实录》卷一百三十一，一至二；［239］3319

明命十五年（清道光十四年，1834 年）秋七月……参赞阮公著带领兵勇一千五百余自海阳进往高平援剿，途过北宁闻太原有警，阮廷普已提兵前进。因上疏言："高平一路匪但于尖岭以上扼险据守，已有总统谢光巨及领兵阮进林、段文改等大队官兵足资攻剿，惟太原地势一由定州构通宣光之大蛮，一由北件沿白通感化上通于宣光之保乐，又一由灵光、灵枚接嘉凭堡通高平之尖岭，林路多岐，而阮廷普所带弁兵仅得千余，若向北件进攻，则定州之党得以拟其后。若但于定州及嘉凭诸路按截，则北件匪势必至滋蔓，而谅山官兵亦未能越尖岭取高平权其缓急，则太原尤为吃紧，请将原带兵勇星往会阮廷普分路进北件，一由嘉凭向尖岭杀破贼徒阻截之兵，一由白通感化向凭城古道进迫贼巢，想谅山道兵亦易为力，高平早可收复矣。"

——《大南实录正编第二纪·圣祖仁皇帝实录》卷一百三十一，十一至十二；［244］3324

明命十五年（清道光十四年，1834 年）秋七月……北宁匪徒窃发于嘉平县辖，省派前锐管奇尊室鸾将弁兵四百、战象二匹协与顺安管府范文德剿捕。匪于春莱、福莱【均社名】引伙突出约二千余，该队阮有池、队长阮文哆当先力战死于阵，兵多伤亡，鸾等以此处左则江道，右则深田，只有独道势难前进，乃退朗吟【社名】拒守。布按阮登楷、陈世儒即商委领兵陶文议会剿。

——《大南实录正编第二纪·圣祖仁皇帝实录》卷一百三十一，十四至十五；［245］3325－［246］3326

明命十五年（清道光十四年，1834 年）秋七月……山兴宣总督黎文德奏言：收州余匪今已尽向陆安林分散窜，业饬捕弁武廷光、尊室弼等管将兵、象还山西驻札，惟留黄文厚协同阮文权、苏蕙云分派搜捕。

——《大南实录正编第二纪·圣祖仁皇帝实录》卷一百三十一，十七至十八；[247] 3327

明命十五年（清道光十四年，1834 年）秋七月……太原领兵宋文治引兵退买市堡，治探闻匪徒窝聚日众谋将攻，自念兵寡不敌而买市粮饷所在，恐匪或由径后袭，乃退师。匪遂侵下邱岭呈门【地名】扼要据守。总督阮廷普闻报，即飞咨副领兵范绯摘派弁兵从治截勦，以事入奏。

——《大南实录正编第二纪·圣祖仁皇帝实录》卷一百三十一，二十九至三十；[253] 3333

明命十五年（清道光十四年，1834 年）秋七月……领兵阮进林、卫尉阮情禄与高平布按黄文秀、张士筦、领兵阮文顺攻土匪于尖岭败绩。先是逆云既据高平城，委其党闭文瑾蔓下尖岭，黄文秀等谋将进勦，使人密报阮祐玷、麻玉理多集土勇分伏匪后以俟会阮进林、阮情禄抵军，即整饬兵、象齐进，才到谅指【站名】山隘，遇匪伏险截击，前道阮情禄阵亡，兵多伤毙，复退回洛阳按守。

——《大南实录正编第二纪·圣祖仁皇帝实录》卷一百三十一，三十二；[254] 3334

明命十五年（清道光十四年，1834 年）秋七月……参赞阮公著道兵进抵洛阳军次。初，阮进林等既败而还，匪率党六千余四面围绕，适见著引兵至，遂登山据险自守。著乃上疏，言："军中人数不下四千五百而粮米仅有三百余方，不周三日之食，其在谅山陆运到军，吉行四日。若遇雨潦，未能定期，其在七泉和买向来所得亦属无几，今挥兵直前如一路顺利，饷道犹难接济，倘为风雨所阻愈觉不便，且去年三省会勦，太原之师已抵务农，山西之师直抵玉帽，故谅平一道收功稍易。而今两省之师尚俟秋深，致他得并力扼险抗截，再量留之兵久冒岚瘴，又经搓衄，亦非得力，似此情形，左右思惟，莫知如何为妥。"

——《大南实录正编第二纪·圣祖仁皇帝实录》卷一百三十一，三十三；[255] 3335

明命十五年（清道光十四年，1834 年）秋七月……宁平护抚黎元熙、按察阮伯坦奏言：汉、土逃犯经派招谕，续首者二十余丁，间有丁功曙父子四人乃兴化土匪要犯，请旨遵办。

——《大南实录正编第二纪·圣祖仁皇帝实录》卷一百三十一，三十六；[256] 3336

明命十五年（清道光十四年，1834 年）秋七月……总统谅平军务谢光巨初抵洛阳会同参赞阮公著攻剿土匪，克之。匪徒于洛阳山分设寨栅二十余所，与我兵拒，又分党潜下花山夹路邀截，图绝粮道。光巨等即亲督弁兵自花山连上洛阳一齐进剿，斩五十八馘，俘二犯，匪大溃败，窜走于深林，我兵悉焚其寨栅，按地驻守。阮公著复将原带兵勇转回太原，并以入奏【花山，社名，后改锦山】。

——《大南实录正编第二纪·圣祖仁皇帝实录》卷一百三十二，一；[257] 3337

明命十五年（清道光十四年，1834 年）秋七月……高平高雄奇副管奇阮祐琁、该队麻玉理、正队长程文珠等斩获匪统制闭文瑾，收复省城。先是省城失守，琁等据守广渊上琅、下琅诸县，召集土勇以拒贼，前后二十余战，多杀贼众，贼不能犯。至是闻大兵进抵七泉攻剿，乃率中直向宠山【近省城之左】，望见省仓火起，至则逆云已从城外右后路去了，追获其党一丁，访知逆瑾在洛阳为官兵杀退，即分派土勇于宁乐堡后设伏邀其归路。逆瑾至，伏兵四起，程文珠枪击瑾，中之，土勇何廷宝趁入斩其首，匪大溃，抛戈而走。生获四犯，斩杀多数。琁等赍逆瑾首级驰诣总统谢光巨军前献纳，光巨先飞递红旗报捷，遂提兵前进高平省城。随疏以闻，帝大悦。

——《大南实录正编第二纪·圣祖仁皇帝实录》卷一百三十二，六至七；[260] 3340

明命十五年（清道光十四年，1834 年）秋七月……太原领兵宋文治再收复北件堡。匪徒初侵下邱领呈门，治军于高邱【铺名】，隔江捍御，匪分顿二栅与之对射，治夜潜权充北宁中卫卫尉阮孝将奇兵二百涉江暗袭匪栅，率对杨文说当先闯入发炮掩击，匪大惊溃，斩二馘，俘一犯。治督兵赶进追之，匪走那衢【铺名】，遂收复北件。总督阮廷普得报以闻，且言："北件虽已收复，第此处山径多岐，而春阳一路尚有匪徒顿据，其地势可通于买市，绕出北件之后。今若骤进深入重地，恐或有后面意外之虞，业饬宋文治姑于北件屯驻严截，俟参赞阮公著兵至，当即会同分道进剿。”

——《大南实录正编第二纪·圣祖仁皇帝实录》卷一百三十二，二十六；[270] 3350

明命十五年（清道光十四年，1834 年）秋七月……山兴宣总督黎文德奏言：“按守扶銮堡该队谢辉幹捕获匪伙八犯，皆云匪渠黎文勃等自大同既败，将残伙千余窜于陆安上游林分，芋菜度活，几不聊生，土匪黄祯宣为之资以粮食，委人向路径过太原潜回，及至安隆【社名】，勃与同伙已渡过小溪而去，彼等后行为其所获，且匪勃等均是最正要犯，岂应使得远飏？即已派出左勇奇管阮文和带领兵勇五百迅往大蛮，督同领知州阮文表，按守苔满、福宜二堡麻允养、麻允溪等多拨土勇，凡径路可通太原者分往截捕，毋使走漏。”

——《大南实录正编第二纪·圣祖仁皇帝实录》卷一百三十二，二十七至二十八；[270] 3350－[271] 3351

明命十五年（清道光十四年，1834 年）秋七月……北宁有匪徒五百窃发于云棣【社名，属安世县】，守涧外堡该队阮廷安率兵民追剿，斩匪一馘，收获枪械，匪遂向太原林分散去。布按阮登楷、陈世儒以事闻。帝嘉之。

——《大南实录正编第二纪·圣祖仁皇帝实录》卷一百三十二，二十八至二十九；[271] 3351

明命十五年（清道光十四年，1834 年）秋七月……高平道总统谢光巨疏，将查访高平弁兵失事缘由入奏。言：“匪党初自太原来，凉茶蓟门之战，左锐权差副管奇阮仲季与弁兵阵亡者七人，及逆云复自保乐来让畔之战，义武副卫尉阮春值、左锐副管奇杜文劲与弁兵阵亡者四十七人，余皆出力与匪鏖战多有被杀，但众寡不敌，以至退却散落，原非怯懦而先走者。”

——《大南实录正编第二纪·圣祖仁皇帝实录》卷一百三十二，二十九；[271] 3351

明命十五年（清道光十四年，1834 年）秋七月……山兴宣总督黎文德自宣光回抵山西，河宁提督黄文站转赴河内供职。德初以大蛮州界没见逸匪经过，而收州亦已宁帖，乃量留兵、象委权充宣光领兵阮文权管率，会同布按陈玉琳、胡士秝分派守护，余即带领撤回山西原莅。适闻报有匪千余聚于凭衡【社名】林分，暗向土黄【总名】索送兵粮。复摘派量留宣光兵勇前往剿截，并以事闻。再言："阮文权为人勇敢，历练戎行，比之在行将弁艰老较胜，请量与恩施，俾知激励。"

——《大南实录正编第二纪·圣祖仁皇帝实录》卷一百三十二，三十三；［273］3353

明命十五年（清道光十四年，1834 年）秋八月……山西逸匪黎文勃与宣光匪党大蛮阮广凯、保乐阮允高、渭川麻祥葵合伙二千余扰掠土黄，侵据福宜、苔满二堡，土目麻允坦、麻允都、麻允溪等力不能敌，执眷投省依寓。省臣陈玉琳、胡士秝即派委权充领兵阮文权管领弁兵二百迅往贞堡，督前派黄文后、阮文和并力剿捕。总督黎文德接报，复增派中雄管奇阮文隆将兵六百往从备御。随疏以闻。

——《大南实录正编第二纪·圣祖仁皇帝实录》卷一百三十三，十四；［283］3363

明命十五年（清道光十四年，1834 年）秋八月……宣光匪徒自聚隆侵扰兴化水尾州玉碗峒，民皆惊散。试差知州阮金报守保胜堡黎世崑请兵援剿，省臣吴辉濬等即遣右勇管奇林威将兵三百前进，总督黎文德亦增派弁兵策应。

——《大南实录正编第二纪·圣祖仁皇帝实录》卷一百三十三，十八；［285］3365

甲午明命十五年（清道光十四年，1834 年）秋八月，参赞阮公著自谅山回抵太原，会同宁太总督阮廷普商办戎务，适闻匪勃党伙自宣光走向接夹太原诸县州，即派出弁兵，并飞饬所在土目总里暗辖防截。匪至大慈文朗，捕获伪督战阮名棹及匪伙二十八犯，斩二馘，匪遂从山西登道县林分跑窜。普登又闻北宁良才、仙游、安世诸尚有劫徒窃发，恐此匪窜逸，潜回，势必复合，或致滋蔓，乃相商阮廷普仍留太原筹办军实，阮公著率原带兵勇转回北宁弹压一遭，以下旬再就太原候旨进剿。会疏以闻，且言："向来逆犯得以许久逋诛，均由总里为之窝贮，若不严加惩办，则互相党恶，终为民害，请照年前廷议，试行于南定者，凡拿获匪目、匪伙在何社、村，其里长与犯同罪，该副总各从重科治，则总里不敢藏匿犯者无所遁形，而平民始得以安息矣。”帝许之。

——《大南实录正编第二纪·圣祖仁皇帝实录》卷一百三十四，一至二；[292] 3372

明命十五年（清道光十四年，1834 年）秋八月……宣光布按陈玉琳、胡士秝奏言：“据土知府领大蛮州阮文表报，有匪徒约五千余从昆仑、凭卫二道蔓下，福宜堡守堡麻允养兵寡弗敌退于贞堡，业派中强管奇阮文隆将兵六百前往截剿。”

——《大南实录正编第二纪·圣祖仁皇帝实录》卷一百三十四，四；[293] 3373

明命十五年（清道光十四年，1834 年）秋八月……兴化匪徒侵据保义、泸溪诸堡【属水尾州】，省臣吴辉濬、郑文儒商委领兵裴文道亲率弁兵四百往督前派捕弁林威进剿，及至濡溪铺【属文盘州】，适遇陆安逆璋之子伪称正副统领刘仲尊、刘仲钟党伙约四千余分立三堡，日夜攻围，我兵间有伤毙。濬登以事入奏，且言：“在省节次所派弁兵近至千余，今皆被围于此，三面受敌一面阻河，进退路难，势甚危急，业已飞咨总督黎文德派兵应援。”

——《大南实录正编第二纪·圣祖仁皇帝实录》卷一百三十四，二十三；[303] 3383

明命十五年（清道光十四年，1834 年）秋九月……宣光匪徒复侵扰大蛮州贞堡，省臣即派兵勇防截。

——《大南实录正编第二纪·圣祖仁皇帝实录》卷一百三十六，十二至十三；[327] 3407

明命十五年（清道光十四年，1834 年）秋九月……高平道总统谢光巨、参赞阮进林、胡佑奏言：“访闻逆云有一妾贯清国镇安府博炭村，想彼技穷力屈，势必于此奔逃。业令谙详此处之清人班光润前往确探，约以能密诱其民捕获逆云解纳者赏银一千两。否则转报军次，便凭飞咨地方官现获送交，赏银五百两。又访闻匪党农文仕与逆云有隙，率伙别顿于太原北淰铺。亦已派委土人密将檄示，如能擒斩逆云诣军投首，不惟免罪，且有厚赏，恳俟二道探子回报，随机料理。”帝然之。

——《大南实录正编第二纪·圣祖仁皇帝实录》卷一百三十六，十三；[327] 3407

明命十五年（清道光十四年，1834 年）秋九月……派员李文馥、黎伯秀等护送清难弁抵广东还，奏言：“此行间有分派从行水军兵丁阮文会等无人配坐难船，适因海程风涛不能相顾，官船先到广东省，难船泊入此省辖文昌县，县员逼令起陆送回。会等据理折辩，不为清人所屈，遂送到广东得与官船相会。”帝曰：“彼等以一兵丁之微有此见识，不辱事体，诚可嘉也。其头目阮文会准即拔补队长，同行兵四人各赏飞龙大银钱二枚示劝。”馥等又片奏言红毛商船与清人构隙之事。帝召张登桂、阮知方等谕曰：“朕观红毛之与清人、暹人往来辞语多属骄蹇，惟于我国则一于敬信者，盖彼素知清、暹可以利啗，故轻侮之。若我国，所买物项货价适平不贪其利，又酬接之际不失信义，故彼独见重也。乃知君子之待小人不为已甚，惟信义二字可以使蛮貊起敬、起畏，最为上策!”

——《大南实录正编第二纪·圣祖仁皇帝实录》卷一百三十六，二十一至二十二；［331］3411 –［332］3412

明命十五年（清道光十四年，1834 年）秋九月……清葩省臣奏言：前者派人赍照会公文于南掌，已达其国，再取叶书而还，书中辞多不顺。帝谓礼部曰：“此书不过出于暹人指使耳，且南掌小国不及镇宁一境，我若派一道兵立见扫灭，但彼一介蛮陬所言，何关轻重，不必兴问罪之师也。又以派人跋涉间，关其老可轸，命发库钱赏给之【道死一人，赏五十缗，余各赏三十缗】。”

——《大南实录正编第二纪·圣祖仁皇帝实录》卷一百三十六，二十二至二十三；［332］3412

明命十五年（清道光十四年，1834 年）秋九月……广安逋匪黄乙安、杨巴安通书于清思陆州逸犯巫进贤【前与逆铄同伙】约以来会那阳【铺名】起，伪委其党黄宝钤【谅山禄平人】、家人黄曰朱传递为峙。马汛土司韦势堂盘获以纳，署抚陈文恂即密派捕役拿钤获之。

——《大南实录正编第二纪·圣祖仁皇帝实录》卷一百三十六，二十七；［334］3414

明命十五年（清道光十四年，1834 年）冬十月……山西逋匪阮文间窃发于永祥地辖，省派广治左卫权充副卫尉阮春吉管将兵、象哨捕，与匪战于稻畴【社名，属立石县】，破之。有权差队长阮文奉身先刺杀一匪目，更为飞弹中死。事闻，令追赠正队长，赏银五两、钱五十缗。

——《大南实录正编第二纪·圣祖仁皇帝实录》卷一百三十七，十一至十二；[342] 3422 - [343] 3423

明命十五年（清道光十四年，1834 年）冬十月……乂安镇定甘灵县有南掌蛮兵侵境，县目邑麻曷催集土勇击走之。

——《大南实录正编第二纪·圣祖仁皇帝实录》卷一百三十七，二十；[347] 3427

明命十五年（清道光十四年，1834 年）冬十月……太原道统督阮廷普、参赞阮公著进抵野市，匪徒先已退遁。探闻匪总戎农文仕尚于北淰铺扼险固守，自此经凭城古道峤歌【山名】以抵云中，山路险峻，师行至六日程。乃相与商议，分道进剿【自野市至北淰有二条路：一由那裕经北奋社，一由北阔社经红罗社】。具疏以闻。又言："战象山行不便，业摘弁兵二百余留那猫堡，从按察尹蕴防护。"

——《大南实录正编第二纪·圣祖仁皇帝实录》卷一百三十七，二十三；[348] 3428

明命十五年（清道光十四年，1834 年）冬十月……宣光道提督范文典道兵进抵渭川扶銮堡，所至匪皆闻风先遁，直进嘉祥【社名，在泸江左岸】，烧破逆娥巢穴，搜获匪伙二犯，诛之。别派宣光领兵冯有和、中雄管奇阮文隆、副管奇阮文凤取大蛮、贞宜二堡。匪退走琅玕【社名】林分，复遣京兵右卫权充卫尉阮文荣策应。

——《大南实录正编第二纪·圣祖仁皇帝实录》卷一百三十七，二十四至二十五；[349] 3429

明命十五年（清道光十四年，1834 年）冬十月……宣光道总督黎文德进抵安边堡与提督范文典道兵相会，疏言："前经派委收州加土知县衔阮克宽、大同堡队长梁伯资各率土勇搜获逆犯黄祯宣妻子及其党二十余人，又别派前勇管奇阮德钟、后雄副管奇阮文事带同该队麻允培进取聚隆，仍由北堡转从军次。今大兵现驻河阳【铺名，即安边堡】，请姑留数日，前派兵勇及饷运船帮会齐即与范文典分道前进。"

——《大南实录正编第二纪·圣祖仁皇帝实录》卷一百三十七，三十八；[356] 3436

明命十五年（清道光十四年，1834 年）冬十月……高平道总统谢光巨、参赞阮进林、胡佑进次淰渚，先遣卫尉程文珠率土勇往探那情山路【**自那情经密陇、油陇以至闭岭约半日程**】，匪于岭上设立寨栅叠石为垒者二重，垒外有濠，濠外放尖，势甚险固。珠才至山脚，为匪炮中伤，其弟程文光亦被毙，光巨等闻报，即遴战心军数百，使为前驱，乘夜暗袭拔其垒，匪退走。我兵追至密陇分屯驻札，适前次派诱匪仕者还，言匪仕见檄颇有疑意，但闻得匪徒相约逆云就河阳、匪仕就北淰、匪横就密陇，各率伙以拒官军而已，乃并以军次情形入奏。帝传谕嘉奖，准查明此战谁是头功者量以银钱赏之。阵亡程文光追授该队，秩正六品，再赏银二十两。促令疾进。

——《大南实录正编第二纪·圣祖仁皇帝实录》卷一百三十七，三十九；[356] 3436

明命十五年（清道光十四年，1834 年）冬十月……太原道参赞阮公著自野市进抵红罗牒隘，匪弃寨退走，追至孛岭，日暮乃停留军。闻匪于捧隘扼险固守【**此处石磴崚嶒，下临深溪，两岸对峙，最是难行**】，拟将取路夜袭，忽报有匪一支出牒隘之右，一支出红罗山分之左，图截其后，即分派防捍以闻。且言太原屡次失利，均由入险遇伏，匪惯用此术，愈肆猖狂，若不十分审慎，不免为蛮丑卖弄，况兵行愈远则馈道公文愈觉关碍致，且权顿于此，随机而进。

——《大南实录正编第二纪·圣祖仁皇帝实录》卷一百三十七，三十九至四十；[356] 3436－［357］3437

明命十五年（清道光十四年，1834 年）冬十一月……高平道总统谢光巨兵次那情岭，参赞胡佑军于密陇，阮进林军于油陇，有匪徒七百余从闭岭出，进林亲督弁兵捍战，战四觱，炮击杀毙者十数，匪乃退据鸡陇【**此处连接闭岭，两旁石山壁立，树木丛蔚，中有一条曲径最为险要**】，设垒拒守。

——《大南实录正编第二纪·圣祖仁皇帝实录》卷一百三十八，十；[362] 3442

明命十五年（清道光十四年，1834 年）冬十一月……北宁多盗。帝闻之，谓兵部曰："今河内、南定、海阳、山西诸辖在在均获宁帖，惟北宁一省犹有匪徒啸聚，三五成群往来乘间窃发，且此处本年禾谷收成减于诸辖，又有此鼠窜之辈民不安居，而河内现宿重兵未应以畛域歧视，可传谕总督段文长、提督黄文隐派饬领兵武廷光量带弁兵一千或七八百前往对岸之东岸嘉林地面匪徒潜聚之处擒制，扑灭以绝恶萌，事平即撤回原伍。”北宁捕弁管卫尊室鸾寻于顺安府辖俘战匪渠及其伙二十余犯，帝嘉之，鸾原得降四级全予开复，赏在行弁兵钱三百缗。

——《大南实录正编第二纪·圣祖仁皇帝实录》卷一百三十八，十二至十三；[363] 3444

明命十五年（清道光十四年，1834 年）冬十一月……太原道总督阮廷普攻匪于北奋【社名】，败绩。普初进抵那裕【社名】，匪徒遇前道兵即走。及至北奋，匪分为二支，一顿山上，一顿当路溪边，与我兵拒。普分派北宁副领兵范绯、南定副领兵黎福山各率兵勇向前攻剿，占得三重岭。忽有匪一伙数百自北淰来，据险放枪，北宁右卫副卫尉范德行、左威奇试差管奇白文诱皆死于阵，范绯亦被伤退却，黎福山提剑盾身先士卒赶上，才过半岭亦为飞弹中毙，右捷奇副管奇阮文改、效力该队阮文膺及弁兵死者八十余人，伤者多数。普乃收兵退于那裕，仍飞咨参赞阮公著知会，再以失利情形上疏请罪。

——《大南实录正编第二纪·圣祖仁皇帝实录》卷一百三十八，十五至十六；[365] 3445

明命十五年（清道光十四年，1834 年）冬十一月……太原道参赞阮公著兵次红罗，匪四面围之，凭高放射，我兵分道捍击，三面退走，惟后面牒碍处山径延袤，石岩峻峭，匪据险旅拒，自巳至申，不肯退。复增派手下兵勇悉力痛剿，匪多伤死，始溃散。著以情形入奏，且言：“自阮廷普道兵不利，匪益猖狂，今闻退师那裕，致彼得合伙来围，拒绝饷道。而在行兵勇感染者多京兵，左卫病至过半，留之不便，抬递更难，兵行不免难涩，请伏牵延之罪。”

——《大南实录正编第二纪·圣祖仁皇帝实录》卷一百三十八，十九；[367] 3447

明命十五年（清道光十四年，1834 年）冬十一月……宣光道总督黎文德、提督范文典会兵于小沔【社名】，进剿云中。初，黎文德道兵进抵蝉峡【此处两边石岩屹立，中间山凹处有一条路，蜂石嶙峋，拾级而登，

势甚险要】，匪于嶺上傍石作垒立堡寨以守。德遴得力兵勇数十人缘崖攀木，登最高山放射，匪徒辟易，我兵赶上遂弃堡走追，斩数馘，余皆入林遁窜。范文典道兵进抵画峡**【与蝉峡相对，左依山岩，右林沔渚，中有径路甚属跷蹊】**，匪亦叠积木石树栅放尖，凭险旅拒。典督兵杀进，随即溃散安定。别道弁兵遇匪伏五次，该队阮文权前驱督战，皆破之，复与两道大兵相会，刻日并进，随疏以闻。又言自安边进兵，来兹所至，皆因粮于敌，其陆运军需尚随行次以备不期支给，再该队麻允培、土吏目黄金葵各将土勇从征，惟领兵冯有和、管奇阮文龙一道兵勇多以千计，至今亦未见抵军。

——《大南实录正编第二纪·圣祖仁皇帝实录》卷一百三十九，七至八；[375] 3455

明命十五年（清道光十四年，1834 年）冬十一月……太原道统督阮廷普奏言："自回师那裕，匪伙约八百余分为四支前来对仗，我兵赶进以枪炮放击，匪多死伤乃退走，适接参赞阮公著咨会，转往红罗并力进剿。窃以野市乃权贮钱粮之所，而那裕地面为野市之咽喉，敌匪在前未能痛杀，若遽移师则匪伙必蹑其后，虽量留弁兵千人亦难抗捍，万一那裕为匪所据，彼必乘势蔓及野市，反为红罗道兵之后，致未敢转往。业已覆咨知会再在行将弁兵勇患病者多京兵，中卫精壮者仅存一百余而已，致未能及早前进。"

——《大南实录正编第二纪·圣祖仁皇帝实录》卷一百三十九，十一至十二；[377] 3457

明命十五年（清道光十四年，1834 年）冬十一月……高平道总统谢光巨、参赞阮进林、胡佑奏言："探得闭岭之右连山峻绝，不便军行，惟闭岭之左有二条路均可穿山通于玉帽，绕出贼后。方将分道袭攻，适闻报后路之中倘、良能登堡有匪徒从太原来，谋图滋事，业派在行弁兵协与守堡兵截剿，又有匪徒从闭岭向油陇左右山分凭高放射，我兵枪击毙七犯，匪仍于山上扼险据守。再接太原咨叙，北淰山路最险，两次进战亦未能前，正方随机袭击，且北淰未取则高平、太原接壤处匪徒势必滋蔓，若独先深入，恐在后饷道有碍，致尚于那情、密陇、油陇等处仍旧屯驻，俟太原道拔得北淰，即刻日取路进攻闭岭，直抵云中会剿。"

——《大南实录正编第二纪·圣祖仁皇帝实录》卷一百三十九，十六至十七；[379] 3459－[380] 3460

明命十五年（清道光十四年，1834 年）冬十一月……申定外国商船税额，户部议奏："以为明命元年例，定外国商船投来诸地辖原嘉定城则全额征税，自平顺以北有照嘉定递减二分或三四分不等，诚以嘉定乃商贾凑集之地，诸辖则忽有多寡不同，故从中酌定分数有差第近。来平顺以北海程利涉商舶日多，南定、河内又不让于嘉定，若槩依向例不几于执刻舟之见乎？请嗣凡外国诸商船来商，其南圻六省照依原嘉定城，按尺全征，余左畿自平顺以外至南直之广南，北直自广治以外至北圻之宁平，各照南圻递减十分之一，至如北圻之南定、河内以至外诸省辖均比南圻全额征收。惟承天邦畿之地，事体视他辖不同，请依向例递减南圻十分之四。再麻六甲税例向定同于琼州、雷州、阇婆等处，今其地已属英吉利，请如西洋诸国征之，以明命十六年正月施行为始。"帝从其议。

——《大南实录正编第二纪·圣祖仁皇帝实录》卷一百三十九，二十二至二十三；［382］3462－［383］3463

明命十五年（清道光十四年，1834 年）冬十一月……宣光道提督范文典、总督黎文德进捣云中贼巢。先是大兵由小沔进发，德先行而典继之，至底定、界首、百的【社名】北盖处【此处右倚高山，左临沔水，沿岸一条路径逼侧沔之左，亦岩石巑岏树木岑郁】，匪副统领麻允高纠党千余于此左右设两大堡，相为犄角，势甚险固【两岸依山设堡，自山腰至水次积木叠石为垒，垒之外树栅放尖，又于来路多斫大树横塞之】。德派委副卫尉阮文权领兵勇力战者数百为前驱，负蒙冲木板以御炮弹，翦开塞木，断栅拔尖，且攻且进。复派安隆堡目黄廷凤率土勇穿山登最高岭，暗出贼堡之右凭高放射，诸军乘之枪炮迭发，匪立脚不定，伤死者多，遂弃堡窜走，收获所遗粮米八十余抬及鸟枪药弹。典随亦接到自此一路遄行无敢抗者，及抵云中，逆云已烧毁所居，携眷先遁。即遣阮文权领兵千余进剿玉帽，邀接高平道兵管奇阮德钟、副管奇阮文事别道奇兵由谷旁【地名，夹接清界】绕出云中，亦斩获匪馘，收获匪仗。领兵冯有和、管奇阮文隆自琅玕取路进兵，为匪遮截，累次交攻，斩获七馘，至是亦随到军次。典等并以情形飞章入奏。阮文权并至玉帽，匪皆空寨先遁，高平道总统谢光巨、参赞阮进林、胡佑自油陇逾闭岭续到，遂直进云中与宣光道会，亦具疏以闻。

——《大南实录正编第二纪·圣祖仁皇帝实录》卷一百三十九，二十四至二十六；[383] 3463－[384] 3464

明命十五年（清道光十四年，1834 年）冬十二月……太原道统督阮廷普，参赞阮公著兵至北淰，匪已先遁，乃进次古道【夹峤歌岭】分派哨探，匪目伪称左威管奇麻达忠、协管前胜旅麻文秀、督运杨文鸾、麻文度诣军投首乞效力赎罪，并将粮米输纳。普登以情形入奏，且言："古道、凭城一代自去年来官兵未到，其地蔽锢已深，若不及此抚治，恐官兵凯还之后不免滋事，请暂驻一二日镇压民情、搜捕逸匪，渐得稳妥，即进往云中会办。"

——《大南实录正编第二纪·圣祖仁皇帝实录》卷一百四十，一；[386] 3466

明命十五年（清道光十四年，1834 年）冬十二月……兴化捕弁后勇副管奇阮春和攻破土匪于水尾山腰峒，斩十数馘，俘十数犯，匪尽投清界窜去。事闻，赏春和纪录一次，令撤兵还。

——《大南实录正编第二纪·圣祖仁皇帝实录》卷一百四十，二至三；[387] 3467

明命十五年（清道光十四年，1834 年）冬十二月……太原道统督阮廷普，参赞阮公著进抵底定偕乐山分【偕乐与安乐、安德等社均属云光，总匪总戎，农文仕所管分民】，闻匪徒尚多于林莽潜伏，乃分派搜捕，生获匪统领将军赵文召【清人，寓居白通雁门社，与匪仕合党侵扰太原】及从伙七犯，收获前次所失公象一匹。普等即将赵文召凌迟处死，余皆斩之枭首于峤歌山嶺。具以状闻，言："云光一带山溪险峻，路径纠纷，必须分道遮截始能不漏，而攒林穿径惟土勇为得力，照之宣光道土勇现数四千人，请应分给三分之一。"

——《大南实录正编第二纪·圣祖仁皇帝实录》卷一百四十，十六至十七；[394] 3474

明命十五年（清道光十四年，1834 年）冬十二月……宣光收州土县丞加知县衔阮克宽、守大同堡队长梁伯资、属省队长黄祯闰等率土勇搜捕陆安余匪，弋获匪正奇该队三犯并逆璋之妻，其子刘仲尊乃出首乞，率属从军效力赎罪。

——《大南实录正编第二纪·圣祖仁皇帝实录》卷一百四十，二十五；［398］3478

明命十五年（清道光十四年，1834 年）冬十二月……南掌致书于呈固，吓使供税，否则加兵。清葩巡抚阮可凭闻报，令所在并邻接岑、蛮维二县各拨土兵按守。事闻，帝谕曰："此不过蛮獠吓怵常态耳，彼以一小国前此藉暹声势来侵，随复望风退走。今暹人久经败衄窜遁无迹，则彼已失所恃，又何能为倘敢复来？须饬土县等并力杀散，用帖边疆。"

——《大南实录正编第二纪·圣祖仁皇帝实录》卷一百四十，三十；［401］3481

明命十五年（清道光十四年，1834 年）冬十二月……宣光、高平二道兵驻云中，闻匪犯农文仕纠党千余按据云光诸要害处设立屯札，图阻太原道前进之路，乃商同分道攻剿。总统谢光巨由左道，提督范文典由右道，副卫尉阮文权别管一支兵亦于左道，各取路齐进，以为太原道声应。谢光巨道兵所至，匪徒皆望风溃散，追之弗获，惟收得阮佑僩眷属，妇女、童幼为匪所掳者十五人送回高平，及多少粟米可供旬日军需而已。及抵偕乐山分，与太原道官兵相接，复引兵还云中屯驻。

——《大南实录正编第二纪·圣祖仁皇帝实录》卷一百四十一，三至四；［403］3483－［404］3484

明命十五年（清道光十四年，1834 年）冬十二月……宣、高、太三道会于云中，据探报，逆云窜于岸林山陇。总统谢光巨、提督范文典、统督阮廷普各亲提兵勇追剿，没无人影。即分行搜索，夹至清界，获逸犯贾文趋、鲍布合。访知逆云已携眷潜投清国弄猛、博炭【均村名】，边氓为之隐匿。乃会衔移文镇安分府祈即拿交，仍按兵境上以待。具将情形入奏，且言："沿边一带清人各有派兵防截，我兵近前彼辄拦阻，致不敢越界追蹑。再逆云党羽就中农文仕兄弟桀颉为最，闻彼等犯尚出没于偕乐安德山分，现方分派搜捕，一并因粮。"帝谕曰："据奏，则逆云势已穷蹙，潜往清国窜隐偷生，已敕礼部缮具公文投递广西地方，饬拿送交矣。尔三道统兵大员各宜加心查访，彼犯去处多派兵勇分道截拿，仍勿吝厚赏。凡所在清人、侬人头目谁有情愿出力追蹑者，先给白金三五十两或一二百两或与以衣服物件，俾之欢感争先方能得力。再传示彼等，如能拿获逆云的身送官者，即依原定赏格给与所获，他带随一切金银货物均准充赏，弋获逆眷党与亦各酌量赏给。且逆云此窜必有带随货物厚利饵人，冀其容隐以延旦夕，兹我以厚赏购之，使利其所得悉心搜捕，则彼无所躲藏必成擒矣，此为上策。至如逆仕、逆硕现于偕乐安德山分窜逸，其势未能远遁，亦须分派兵勇随处按截协拿务获，毋使漏网。又如所在粟米势必尚于林壑困藏，须令在在搜寻，务要多得以备军需，倘所得无多，宜可预先紧督运往充给方期妥济。其在行兵勇间有染病稍轻者，听留军中调养，痊后从戎；重者饬拨近在土民抬递，据道途稍近之高平、太原送交医治，仍照前次病兵痊可者即派随征以厚兵力。凡搜获老幼妇女并释之，俾转相报，告复回安集，余强壮准带从军次管束，令向引贼党窝避的处及贼所藏贮器械粮饷之所，如报指得实，均与免罪；若有心隐匿，即寸磔示惩。且兹诸道大兵会齐进剿贼徒巢穴，覆捣无余，则向来为国宣劳，在朕已经洞烛，惟逆首等犯尚在逋诛，当如何分猷共虑多方索拿，务使逆贼就俘，边疆永奠，庶不负此行也。”

——《大南实录正编第二纪·圣祖仁皇帝实录》卷一百四十一，二十六至二十八；[415] 3495－[416] 3496

第十册

明命十六年（清道光十五年，1835 年）春正月……嘉定有清商船四艘投来芹蒢海口，省臣以闻。帝谓户部曰："彼等自远而来，盖以此地易于生业，断无他意。朝廷柔怀远人，亦所不禁，但水手搭客多是贫乏无赖之徒。可传谕省臣，听他就近三岐江照常兑卖，严禁搭客，无得一人登岸，仍期以四五月间各放洋还。"

——《大南实录正编第二纪·圣祖仁皇帝实录》卷一百四十二，十六至十七；[8] 3508 - [9] 3509

明命十六年（清道光十五年，1835 年）春正月……宣光道提督范文典、总督黎文德分派弁兵搜索偕乐云光林分，擒斩匪目、匪伙八犯，起获原失过山铜炮五辆。又守安边堡管卫何文矩、管奇阮文怡攻匪目阮世娥于渭川芳渡【社名】，斩获匪馘，收获炮械甚众，报到军次，并以状闻。帝批示曰："犹有功状可纪。"乃谕赏何文矩、阮文怡纪录各一次，余赏纱衣、银钱有差。

——《大南实录正编第二纪·圣祖仁皇帝实录》卷一百四十二，二十五；[13] 3513

明命十六年（清道光十五年，1835 年）春正月……宣、高、太三道统兵大员与清地方官相见于剥淰隘上。初，我官兵探闻逆云窜居博炭，遣人投递公文于所在祈以拿送，清镇安知府、分府、督府等乃委隘目邀我面会。总统谢光巨、总督黎文德，参赞阮公著、胡佑带兵前往。他以宾主之礼相接，洽谈间但云经已查办不见逆云影迹，惟弋获底定男妇童幼十余人，因便解交至，如公文投递，例由南关。若频数往复文书，恐干通交外国条禁，故邀来说明底事。光巨等以逆云投窜清壤确有众言再三辨折，他亦一向推卸，乃还寻获侬人首出逆云由博炭移窜于车登山，即密派卫尉程文珠、土目黄金葵、通事汤长合带随土勇百余妆作清样，厚雇清人向引蹑捕，行抵半况山搜获逆犯闭文瑾之子闭文靓及其妻妹二氏以纳【原从逆云之妻闭氏药同隐，及闻清兵哨拿，各别窜。氏药乃逆瑾之妹】。高平道又别派外委率奇阮佑瑞手下梁忠贵等四人拿获逆犯刘仲璋之子刘仲玹【伪称正统领】、侄刘仲僚【伪称调拨】并从伙三犯于威陇【属底定县】，并以状闻。

——《大南实录正编第二纪·圣祖仁皇帝实录》卷一百四十三，十二至十四；[21] 3521 - [22] 3522

明命十六年（清道光十五年，1835 年）春正月……太原弋获逋匪伪副统领赵文凭，诛之。土知县黄廷达以探拿得力赏加一级、妆缎中开衣一领，捕役赏钱二百缗。

——《大南实录正编第二纪·圣祖仁皇帝实录》卷一百四十三，十七；[23] 3523

明命十六年（清道光十五年，1835 年）春正月……广义有清匪船窃发于菜芹洋分，事闻，降所在汛守二级，令省臣速派追捕，复令内外沿海诸地方各量拨兵船巡缉，如遇匪船并力剿杀。谕之曰："匪船多轻便善走，凡与彼交斗，稍远者必用大炮，指定其船之舵柄击碎；近则用钩镰钩斩舵网，使之迴倒不能驶去自成擒矣，各宜遵此方略行之。"

——《大南实录正编第二纪·圣祖仁皇帝实录》卷一百四十三，二十四至二十五；[27] 3527

明命十六年（清道光十五年，1835 年）春正月……宣、高、太三道官兵分往偕乐、安乐、安德、云光诸山分搜拿逆仕、逆硕。太原道弋获匪目、匪伙十五犯，宣光道擒斩匪目、匪伙十九犯，再起获原失大轮车铜炮二辆。又守安边堡管卫裴文是将兵哨拿近堡一带林陇，遇匪交攻，多所擒斩。匪徒屏迹，所在芳渡、松柏土民相率首服，地方无事。

——《大南实录正编第二纪·圣祖仁皇帝实录》卷一百四十三，二十六；[28] 3528

明命十六年（清道光十五年，1835 年）春正月……宣光按察阮文犨奏报秋季动静，言："探闻大蛮州永宁、昆仑二总犹有逆凯窜逆，余渭川、陆安并获宁帖。"

——《大南实录正编第二纪·圣祖仁皇帝实录》卷一百四十三，二十七；[28] 3528

明命十六年（清道光十五年，1835 年）春正月……谅平署抚陈文恂派委河内后卫权充副卫尉黎文生、守嘉凭堡该队阮文通管将兵勇夹太原金马林分探捕逸犯，弋获匪目八，匪伙十一。事闻，赏黎文生、阮文通各加一级，在行队长黄益剩、闭文选各纪录二次。

——《大南实录正编第二纪·圣祖仁皇帝实录》卷一百四十三，二十七；[28] 3528

明命十六年（清道光十五年，1835 年）春二月……宣光道提督范文典、总督黎文德奏言：底定县民尽已首服，业饬将二年来应征租税供输粟米以给军，并据自云中军次至安边堡量地分设塘汛护送公文往返，其原受伪目农廷潘【伪称左翎卫正卫尉】、农靖和【伪称右胜旅正管旅】等诣军投首，皆愿追捕逆云赎罪。再军次分派弁兵搜索安乐林分，擒斩匪目、匪伙六犯，按守安边堡管卫何文矩、队长枚文道亦于安定、松柏、瑜珈、大沔、小沔诸社地面斩获匪伙十数馘，生获逆犯阮世娥之孙阮世典，已将正法。并以其状入奏。

——《大南实录正编第二纪·圣祖仁皇帝实录》卷一百四十四，六至七；[32] 3532

明命十六年（清道光十五年，1835 年）春二月……宣光、高平、太原三道统兵大员会衔奏言："前此弋获逆云妻眷招出清那落村人潜引逆云隐于令村山分，即已密报镇安府员严缉。嗣接覆言：连日搜查没见逆云影迹，亦无底定一人；再云：南北疆界攸分，我兵进内驻宿不合，宜带出边外细验情形。虑他以拿获逆云在内地为讳，故饰辞推托苟图塞责耳。且清国剥淰乃逆云之母贯，博炭又其妾贯，平日交结者多，既为之转相藏匿，而清官搜拿又属不力，小小弁目亦不无贿纵，别情不免稍需旬月。今彼来文槩以疆界为辞，亦不应违强或生事端。即已饬令原派卫尉程文珠撤回平门隘外驻札防截，仍密委汤长合带同手下再潜往确探，随机擒捕。又高平道别派土勇弋获逆犯黎文傫之女黎氏益【前此留监高平，因省城失守乃逃】于剥淰山分，业已诛之。

——《大南实录正编第二纪·圣祖仁皇帝实录》卷一百四十四，八至九；[33] 3533

明命十六年（清道光十五年，1835 年）春二月……北宁匪渠伪称中军郡公范伯密纠党八百余扰掠安丰县辖，有陈舍社民于匪徒攻逼，闭垒拒守，或抛土砖或放灰水，匪伤其面目终不能入，遂向邻邑烧掠而去。布按阮登楷、陈世儒夜见火起，以领兵陶文议、范文评未谙里路委之守城，而自率兵、象分道截捕。儒遇匪于蕉山【社名】，督兵与战，密被伤脱走，获其党五人及器械甚众，平旦，楷引兵来会，搜获逸犯者十数。事闻，帝嘉之。

——《大南实录正编第二纪·圣祖仁皇帝实录》卷一百四十四，二十一；［39］3539

明命十六年（清道光十五年，1835 年）春二月……太原道捕获伪督领闭文玹，槛送京师，诛之。玹初与其兄闭文瑾从逆云煽乱，两次攻逼高平，又侵扰谅山地方，自逆瑾既被杀，潜窜于太原辖古道山分。统督阮廷普，参赞阮公著、黎文瑞分派弁兵穷山搜捕，获之。具以状闻。

——《大南实录正编第二纪·圣祖仁皇帝实录》卷一百四十五，一；［44］3544

明命十六年（清道光十五年，1835 年）春二月……宣光道兵于云光林陇弋获匪目、匪伙二十余犯，太原道兵亦于古道龙陇搜获十余犯，伪后胜旅正官旅农文宏、前胜旅副管旅农文绕及管奇该队诣军投首者甚多。二道各专折以闻。

——《大南实录正编第二纪·圣祖仁皇帝实录》卷一百四十五，二；［44］3544

明命十六年（清道光十五年，1835 年）春二月……高平道总统谢光巨，参赞阮进林、胡佑奏言：外委奇阮祐璒、副率奇阮祐密委手下同与惯识清人潜往清国蛮陇拿获伪正翎农文孽【逆犯农文仕堂弟】及其弟伪后胜旅农文海子农文焉解回军次，经将匪孽、匪海凌迟处死，犯子斩决。赏清人引拿者白金十两，手下人等各飞龙大银钱二枚、小银钱二枚。惟近来土民输纳鸟枪八十余杆，有旨每杆赏钱三缗，且彼等前经从匪徒迨今，势穷出头，蒙得宽免，已觉优厚，拟应停给。

——《大南实录正编第二纪·圣祖仁皇帝实录》卷一百四十五，二至三；［44］3544－［45］3545

明命十六年（清道光十五年，1835 年）春三月……山西省臣奏言：地辖界接北宁林分，尚有匪党啸聚，请留原戍前二卫弁兵剿捕。帝命调河内驻防骁骑、轻骑二卫往从，分派其前二卫仍遵前旨放还。又以清又神策选锋前右定武、忠武、奋武、强武等卫从戍山西，有已逾年者、有至数年者亦令各放回原伍。

——《大南实录正编第二纪·圣祖仁皇帝实录》卷一百四十六，十一；[61] 3561

明命十六年（清道光十五年，1835 年）春三月……太原道兵捕获逆犯农文仕之母、妻、眷属及匪目、匪伙十余犯。

——《大南实录正编第二纪·圣祖仁皇帝实录》卷一百四十六，十七；[64] 3564

明命十六年（清道光十五年，1835 年）春三月……谅平署抚陈文恂奏言：兵抵安乐半俸、半象诸林陇，搜获匪目六犯，并枪炮、火药、械仗。又河内后卫权充副卫尉黎文生往金马霍岭林分，捕获伪副督领闭阮球，伪管奇闭阮尧、闭阮淑，斩获伪管奇闭阮谊【四犯均高平土司】，间有伪副统制阮克和【原七泉州知州】及匪目十余犯诣军投首，愿委属探拿拟仕赎罪。

——《大南实录正编第二纪·圣祖仁皇帝实录》卷一百四十六，二十一；[66] 3566

明命十六年（清道光十五年，1835 年）春三月……宣光道烧杀首逆农文云。云初窜于清界，广西巡抚接我国移文，促镇安捕弁索之甚急，云潜回恩光【社名】。审拨山丁农靖和侦获从党农文炉并其奴一犯驰报军次，提督范文典、总督黎文德即派诸军卫尉阮文权领兵勇一千五百余迅往围捕。兵未至，云将穿山别去，靖和率手下土勇放枪邀截，云复退隐，追获其伙李斗、李琬、李生三犯【均安乐社人，为逆云资给盐米，同谋引遁】。此处山势崎岖，灌莽极目，搜索势难周遍，日向晚，权恐其兔脱，四面纵火焚之，适风猛火烈，顷刻间茅草丛篁尽成灰烬。云在石隙突出为火烧死落于崖旁，身边有黄金一大锭，间饰金银刀一把。典等先飞递红旗报捷【旗书“斩获首逆农文云”等字】，仍函首驰献阙下，其尸以高杆倒挂于云中山顶，人皆快之。再将军中赏项二则团龙五丝衣一领、花红素绸纱袴一腰、锦荷包一副、飞龙银钱大小各五枚先赏农靖和示劝。随疏以闻。

——《大南实录正编第二纪·圣祖仁皇帝实录》卷一百四十七，十九至二十；[78] 3578 - [79] 3579

明命十六年（清道光十五年，1835 年）春三月……高、宣二道总统谢光巨、提督范文典、总督黎文德，参赞阮进林、胡佑等会衔奏言：清镇安府送到前后所获逆云眷党并底定、永奠二县民男妇童幼六十余人，业将逆犯农文海之子农文刚、黎文之侄黎文杨、逆云之家役从伙四犯正法，余体民悉放之，惟逆云之子农文雷与其母、妻、妾、女九人乃是首恶亲眷，未敢辄办。帝批示曰：一网打尽甚好。谕令摘农文雷一犯陷入囚车派送来京尽法惩治，余皆斩之不必久系。范文典、黎文德别疏。言：匪目伪副统领阮允高、伪副长校阮世颖等出首者二十人在军听候。又有底定土司阮廷瑸原无从贼，屡次出力随征，真能奋勉，请量与奖录，以为底定、永奠二县人激励。

——《大南实录正编第二纪·圣祖仁皇帝实录》卷一百四十八，十一至十二；[89] 3589

明命十六年（清道光十五年，1835 年）春三月……太原道参赞阮公著、黎文瑞奏言：弋获安德【社名】淰烂店窝犯黄文镄，搜出逆仕所载兵器及伪词、伪印。问之，云月前逆仕、逆硕与妾、仆六人投驻其家。嗣官兵搜拿，所在民或馈之粮，或导之路，由谷旁隘窜于清贵州那戎地界。经募得贵州人寓底定者先给雇银五十两，使跟寻二犯捕纳领赏。再咨总督黎文德责令当次土知县及帮办人等紧勒淰烂民探拿，并拘縻其里长，倘不获犯，其里长与窝家黄文镄斩首示警。再，逆仕之母及妹在禁称病，绝不饮食，冀欲自尽，业已正法。

——《大南实录正编第二纪·圣祖仁皇帝实录》卷一百四十八，十三至十四；[90] 3590

明命十六年（清道光十五年，1835 年）春三月……北宁布按阮登楷、陈世儒奏言：属辖金葩、东岸、嘉林三县道路多岐，向来盗匪常于此地面出没，扰掠其民，咸显于安荣【村名，属金葩县】、古螺【社名，属东岸县】、富市【社名，属嘉林县】冲要地头，各设屯所。业听鸠办，请量派每所管卫或管奇一、战象二匹、弁兵四五百潜往驻防，数月后事平撤止。

——《大南实录正编第二纪·圣祖仁皇帝实录》卷一百四十八，二十六至二十七；[96] 3596－[97] 3597

明命十六年（清道光十五年，1835 年）夏四月……清商谢毛等人船四艘于癸巳冬自暹投来，嘉定适方暹人入寇，情有可疑，勒省臣拘留俟旨。至是边方静帖，命放之还。

——《大南实录正编第二纪·圣祖仁皇帝实录》卷一百四十九，三；[100] 3600

明命十六年（清道光十五年，1835 年）夏四月……兴化署抚吴辉潽奏言：暹牢兵约千余扰掠宁边州，试差土吏目薄琴政拨土勇一百余派委州人豪目阮文安乘夜潜抵贼住所发炮，贼出其不意，惊溃退散。

——《大南实录正编第二纪·圣祖仁皇帝实录》卷一百四十九，十七至十八；[107] 3607

明命十六年（清道光十五年，1835 年）夏四月……太原道阮公著、黎文瑞奏言："前此雇贵州人往那戎探捕逆仕、逆硕，至则已随惯人引向南宁别去窝家，黄文镄乞以其子黄文萝代禁觅路之，清雇拿二犯赎罪。业摘弁兵一百留于历陇古道以俟，倘不获犯而黄文镄亦逃，请将黄文萝并安德里长婴文诚斩首枭示，俾济恶者知所惩戒。再首犯丁珖琎阳顺阴违，留之恐复为民害，请应正法。"帝皆许之。

——《大南实录正编第二纪·圣祖仁皇帝实录》卷一百五十，二；[112] 3612

明命十六年（清道光十五年，1835 年）夏四月……乂安布政阮廷宾自岸浦带领兵、象进驻甘吉龙马堡，疏言："询之土目、土民皆云叛犯郎为歆，且接引暹兵潜来侵掠，追闻官兵进剿，随即退去。惟有帆灵【地名】一伙蛮民界居江北岸与镇定相接，其民旧属乐凡，自改为乐边不复归附，及专冈父子叛去又从而附党。年来暹牢兵扰境，彼为之资给粮饷，探我兵情。若不剿除，恐无以绝后患，据所言则帆灵乃为匪巢穴所，当早正其罪以奠民居，请留俟京派官兵续到，即分道齐进声罪致讨，倘彼已尽投暹境，即遵谕撤还。"帝批示曰："办理亦是，但须疾速，不可迟延。"寻复。

——《大南实录正编第二纪·圣祖仁皇帝实录》卷一百五十，十三；[118] 3618

明命十六年（清道光十五年，1835 年）夏四月……广南捕弁管卫阮文质遇清匪船于小压汛分，击走之，有匪伙在商船跳于海，俘获梁开发等三犯，余溺水死。

——《大南实录正编第二纪·圣祖仁皇帝实录》卷一百五十，十四；[118] 3618

明命十六年（清道光十五年，1835 年）夏四月……顺安海口洋外有清匪船三艘窃发，邀掠商船。平定水卫队长陈公桃护递官帑适遇之，赶来炮击，匪即望东走。

——《大南实录正编第二纪·圣祖仁皇帝实录》卷一百五十，二十；[121] 3621

明命十六年（清道光十五年，1835 年）夏四月……乂安领兵阮文祈自芒杆进抵镇宁府莅，疏言："我兵未到之先，诸土县丞万刚岭齿林物石，探等调集土民与贼交战，斩十数馘，俘三犯。暹寇窜走于滘江南岸，所至土民各已复回，生理有侣舍【乃侣舍厘之弟】率蛮民年前为暹所驱者三百余自盆潘畔【逆贼驻所】潜回诣军首服，业令同知府阮仲裕转饬广县土县丞善为抚视，使之安业，乃带领弁兵回省。"

——《大南实录正编第二纪·圣祖仁皇帝实录》卷一百五十，二十一；[122] 3622

明命十六年（清道光十五年，1835 年）夏五月……定京兵巡洋例。帝谕兵部曰："承天畿甸之地，向来海氛静帖。近有清匪饥饿之徒，乘间邀截商船，劫掠食物，适为管帮员进剿，随即走散。经派兵船追捕，彼已远飏，亦已撤还矣。今风水顺便，海运正期，南北船帮来京多数，当防意外之虞。其令京城提督黎文贵管将在汛兵船，再增拨锦衣水军弁兵一百，配以护卫警跸神机，分乘乌梨船三艘巡哨承天、广南诸海分，或于洋外放驶，或潜向近岸稳泊，如见异样清船窃发，即竖起招旗，迅来协拿，俟海运清完，各撤回伍。嗣后每届夏天解运之期，准承天提督量带属府弁兵、率在汛兵船按据洋分，往来巡护。何期漕船多者，咨部增拨兵船协同探哨。其递年所派兵船，定以三月起，七月止。"

——《大南实录正编第二纪·圣祖仁皇帝实录》卷一百五十一，一至二；[125] 3625

明命十六年（清道光十五年，1835 年）夏五月……帝巡幸顺安海口，赏应作行宫二所【顺安行宫、蛤州行宫】兵匠钱各四百缗。敕："嗣凡盖葺行宫，须用橝皮代椰叶【**橝皮性质湿润，可辟火患**】。”命礼部备办香帛礼品，派六部堂官二员，分往南海龙王、风伯二庙宣旨致告。嗣有驾幸者，准照此行。翌日，命驾观镇海城。

——《大南实录正编第二纪·圣祖仁皇帝实录》卷一百五十一，二至三；[125] 3625 - [126] 3626

明命十六年（清道光十五年，1835 年）夏五月……赐高平义民匾额。初，土匪蠢动，省辖三十九社村【**广渊县二十四，上琅县六，下琅县七，石林县二**】义不肯从，自相纠率擒斩逆匪，收复省城。事平后，又与县民供输米粒以给军饷。至是，署抚陈文恂于请安折声请旌赏为来者劝。

——《大南实录正编第二纪·圣祖仁皇帝实录》卷一百五十二，一；[137] 3637

明命十六年（清道光十五年，1835 年）夏六月……广安护抚黎育德奏言：“属辖万宁州有茶古、米山二澫毗连清国，四面皆洋，与州内各总地势遥隔，请别立为安海总，置该总一俾有统摄。”许之。

——《大南实录正编第二纪·圣祖仁皇帝实录》卷一百五十三，四；[150] 3650

明命十六年（清道光十五年，1835 年）夏六月……建广义黄沙神祠。黄沙在广义海分，有一处白沙堆树木茂盛，堆中有井，西南有古庙，牌刻“万里波平”四字【**白沙堆周围一千七十丈，旧名“佛寺山”，东西南岸皆珊瑚石斜遶水面，北接珊瑚石突立一堆，周围三百四十丈，高一丈三尺，与沙堆齐名“磐滩石”**】。去年，帝将于此处建庙立碑，适因风涛未果。至是，乃遣水军该队范文原率监城兵匠与广义、平定二省夫船，运往材料建立庙宇【**隔古庙七丈**】。庙之左竖石碑，前设屏障，旬日工竣而还。

——《大南实录正编第二纪·圣祖仁皇帝实录》卷一百五十四，四；[164] 3664

明命十六年（清道光十五年，1835 年）夏六月……（帝）又谓工部曰：“乂安铁木甲于诸辖，向来木户采办其成项者充正供，疵项及枝表之直者，官亦并买，至如屈挠可为曲首亦船料之所紧需。今因米价稍昂，可谕令悉以输纳，照价给粟米，愿折税者亦听。务使民蒙实惠，国用裕如，而木之长短皆为有用，是一举而三利也。又松、杉二木材质轻浮用之，兴造船艘诚为轻便。而广安地界清国，乃其所产亦令厚价广买，凡长自七八尺、横自五六寸以上要得五六百株，由南定输京，嗣后递年视此为例。”

——《大南实录正编第二纪·圣祖仁皇帝实录》卷一百五十四，二十六至二十七；[175] 3675

明命十六年（清道光十五年，1835 年）秋八月……山兴宣总督黎文德奏言：逋匪阮文间党伙常出没于永祥地辖扰掠其民，请摘留右军下班弁兵一千，量拨美良土勇二百，委领兵尊室弼带往缉捕，并关会宁、太二省派兵协拿。

——《大南实录正编第二纪·圣祖仁皇帝实录》卷一百五十七，十；[214] 3714

明命十六年（清道光十五年，1835 年）秋八月……权护谅平巡抚陈辉朴请安折条陈四事：“一曰严兵备。言省辖毗连清国，控接诸蕃，关汛屯守二十余所，而兵数希少，差派不敷，请摘出北宁全奇换驻，庶缓急有用，保无鞭长不及之虞。二曰广储积。言省辖丁田无几，岁征税钱一万一千余缗、粟二千余斛，而官吏俸饷视昔加多，请就近摘出北宁保禄县租税从征，庶军饷渐充，可免临渴求泉之患。三曰壮军容。言属省效顺之兵，向来征战得力，而单衣薄袴恐无以御冬寒，请岁给冬衣一次，使军情知所鼓励。四曰弭奸盗。言辖民僻居林陇，邑里相悬，多为盗贼渊薮，而屯兵尟少，防范难周；今州县设有充员，戢盗安民皆其分事，请应讲明乡甲之法，设立条约，连接保伍：一人为盗，阖约听相纠举告拿，得实者免罪；一家被盗，同保得相追捕擒斩，到案者有赏，庶绝盗根。”

——《大南实录正编第二纪·圣祖仁皇帝实录》卷一百五十七，十二至十三；[215] 3715 - [216] 3716

明命十六年（清道光十五年，1835 年）秋八月……太原布政黎长名奏言：“属辖那猫、梁上二关所自土匪滋蔓之后，商客罕到，半年征征所得税钱无几。有那衢、燕乐二铺，路径多岐，清人、土人多由此往来商卖。请移那猫关于锦江庄，近那衢铺，名锦江关；移梁上关于梁下社，近燕乐铺，名梁下关。仍饬派员坐收，以充税课。”许之。

——《大南实录正编第二纪·圣祖仁皇帝实录》卷一百五十七，二十一；[220] 3720

明命十六年（清道光十五年，1835 年）秋八月……广安逋匪伪称后军黄乙安，初与谅山逆犯阮克铢合党攻围屯堡，经严限二省查缉未获。至是，潜往北宁林分，守住佑堡队长韦文沛掩捕以纳，诛之。授沛为该队，加赏钱一百缗。

——《大南实录正编第二纪·圣祖仁皇帝实录》卷一百五十八，九；[225] 3725

明命十六年（清道光十五年，1835 年）秋九月……高平署布政武梃请安折言："省辖一带小溪地有余利土沃之民不材，安于懒惰。清界侬人相率而侨寓，勤于食力致富饶。今二府五县居者近半从前侬是客户、土是居人，侬每为土所役。昨因匪徒滋事，官兵进征其应从捕务隶在乡勇各奇者土人少而侬人多，迨至戎事告成叠蒙恩赐，侬人恃其有功于土，悻悻然渐欲相凌，土人愧其藉力于侬，惴惴然忧其见逼，察他隐情不相逊顺。若非先事预防，万一群居而衅起，惹出不好事端，到此处置不免费了许多力量。其乡勇三奇管率等已授职衔者，请仍从省派；未有职衔者，除免兵徭；余乡勇并与四五等奇方之回业，则侬、土各安其分，而争端息矣。"帝谕曰："侬、土隐情渐不相能，此责在地方官吏。若能善为调剂，必将有感化之机，而宜宣示朝廷德意晓谕之云，尔侬、土人等族类虽殊而居土为民，均是朝廷赤子。土人出土以居，侬人出力以作，向来久会惯习，况出入守望同井共邻，岂应有所岐视？兹宜交相亲睦，物我忘形，土人不可以有土而凌人，侬人不可以有功而傲物，贫富相济，耕凿相安，永远恬熙，共作太平之良民，岂非至美。毋得妄怀不静，转相欺凌，一旦惹出事端干咎，非小如此，则彼知能感发莫不率从，自可疑息争矣。至如乡勇三奇经准无事归农，有事征发，再定以四孟点阅，亦欲使之闲习以备有用。惟今边陲静帖，盗贼敉宁，所在方民谅已渐染卖刀买犊之化，何事于兵？兹准照何人敏干、差派得力者，察实汇奏、候降恩施，余悉放回，供受兵徭如例。"

——《大南实录正编第二纪·圣祖仁皇帝实录》卷一百五十九，八至十；[236] 3736－[237] 3737

明命十六年（清道光十五年，1835 年）秋九月……宣光按察阮文犨请安折言："土目麻仕荣、农廷典等前日从贼抗官最为凶横，迨首后蒙得放释，土民畏之如虎，良民视之如仇，彼亦自知罪恶，心怀疑惧，请应随案除去以绝恶荄。”帝以此辈野性难驯，若听其去留不无惹事。谕令设法拿禁之。

——《大南实录正编第二纪·圣祖仁皇帝实录》卷一百五十九，十；[237] 3737

明命十六年（清道光十五年，1835 年）秋九月……河仙布政段谦光请安折言：“辖民前因事变散落，节经招抚还复未得半，缘省辖地势广漠，山泽之利有余，真腊、清人间居数倍，彼避就之民潜藏，生理亦足以资衣食，致未出头。又河仙奇原坚雄支兵额五百余人著贯，凡三十七册自去年来，兹回伍者只一百八十人，盖此等册民虽居坚江县辖，而县臣从无统摄。向来专辖大员亦未曾亲履其地，致他得以瞒过。兹请商委按察臣亲往属辖河洲、坚江、龙川三县，查看情形，仿依乐化府丁田事宜措办。俾蛮民、清人各有册籍，凡事属之县臣，则其弊可革矣。至如汉民，何者完聚遵例拣兵，何者未回展限招集，其有避就即按律惩治。”帝从之，及谦光将规措三县事宜入奏，特准凡清人由所在帮长照管漏者登籍受税，蛮人各册随大小改为社村，分设总目，听从诸县员管摄定征税、拣兵，年限有差【其属坚江县三十五社村，兵民六百四十余人，分为坚好、江宁二总；属河洲县十八社村，民数二百余人，分为润德、清夷二总；暗婆民九人，置为花甲村，属龙川县府；毛一册民数三十一人，置为平朗社。据所居地分树立界，碉见耕田土度成畋篙登册，酌定税例。从前无姓氏者各以所属社村一字为姓，坚好、江宁二总人丁半补为兵半留为民，来年以后，身庸税例与汉民同。清夷、润德二总流散始回，未堪拣点，摘取二十二人为芙蓉站兵，余与花甲村民征率钱，人各一陌，三年后一律征税拣兵。平朗社一初新设，俟来年征税拣兵如例】。

——《大南实录正编第二纪·圣祖仁皇帝实录》卷一百五十九，十二至十三；[238] 3738－[239] 3739

明命十六年（清道光十五年，1835 年）秋九月……兴化巡抚吴辉濬奏言：据遵教土知州薄琴前报，称探闻暹兵聚在南掌谋复扰边，业令接近诸州预集土民，如有关报，速来策应。

——《大南实录正编第二纪·圣祖仁皇帝实录》卷一百五十九，十七至十八；[241] 3741

明命十六年（清道光十五年，1835 年）冬十月……河仙有清商裹铜船一艘泊于□屿，船内有红毛人，载新州货项，并石机鸟枪、短马枪，愿入汛商卖受税。事闻，帝谕省臣晓之曰："今寇盗已平，本非顾虑，惟西洋船例由沱瀼收泊，诸海口不得来商。国法綦严，岂容违越？宜立早放洋，不许入口。嗣后清人即乘清船，方准照例投入诸海口贸易。如西洋人，即乘西洋船由沱瀼海口通商，不得搀入诸海口，致干条禁。"寻有阇婆海匪窃发于省辖三江守，掠过山炮二辆而去。省臣段谦光、胡公熙、黄文李各降一级。

——《大南实录正编第二纪·圣祖仁皇帝实录》卷一百六十，二至三；［253］3753－［254］3754

明命十六年（清道光十五年，1835 年）冬十月……河仙有清人自暹逃回者一百余人，省臣以奏。准交所在明乡帮长管束生业，嗣有镃基，登籍受税。

——《大南实录正编第二纪·圣祖仁皇帝实录》卷一百六十，十五至十六；［260］3760

明命十六年（清道光十五年，1835 年）冬十月……清福建商船一艘往商台湾府，因风漂泊于广义洋分。省臣照风难例，给与钱米。以闻，船内有搭客廪生蔡廷香，特加恩增给钱五十缗、米二十方，俟便遣之回国。

——《大南实录正编第二纪·圣祖仁皇帝实录》卷一百六十，三十六至三十七；［270］3770－［271］3771

明命十六年（清道光十五年，1835 年）冬十一月……宣光逋匪农文仕、农文硕【窜在清国镇安府那波街】复聚清人、侬人五百余，自云中上道而下，掠破永奠县，莅知县范登情力不能支，退走安富【总名】，请并援剿。省臣陈玉琳登即派宣光左卫副卫尉范文开、左雄奇管奇陈文爱管将兵勇四百，督同土知府领霑化州阮文表随机截捕，并飞咨总督黎文德益兵充派。具以事闻。

——《大南实录正编第二纪·圣祖仁皇帝实录》卷一百六十一，十一；［276］3776

明命十六年（清道光十五年，1835 年）冬十一月……海阳捕弁试差正队长阮文青弋获逋渠伪称副后军段名吏。事闻，准阮文青实授再赏加一级、钱三百缗。吏寻越狱脱逃，总督阮公著具疏请罪。

——《大南实录正编第二纪·圣祖仁皇帝实录》卷一百六十二，一；［282］3782

明命十六年（清道光十五年，1835 年）冬十一月……安河总督张明讲、安江巡抚黎大纲奏言：“招得清人一百八人，立为橄榄脂猛火油二户，三十五人立为盐硝户，请酌定税额。”许之【**脂油二户人岁征各五十斤，盐硝户人岁征八斤**】。

——《大南实录正编第二纪·圣祖仁皇帝实录》卷一百六十二，十至十一；［286］3786－［287］3787

明命十六年（清道光十五年，1835 年）冬十一月……高平布按武梃、裴国桢奏言：宣光匪伙轶过省辖地头戕杀那情守堡陆文豹，省派捕弁副卫尉黎文生追拿，斩获一馘，余走入深林脱去。即已商委副领兵邓文丁带领管卫阮祐锭等兵勇七百前进搜捕。

——《大南实录正编第二纪·圣祖仁皇帝实录》卷一百六十二，二十一；［292］3792

明命十六年（清道光十五年，1835 年）冬十二月……海安总督阮公著奏言：“锦江峨黄社界接北宁良才地辖，水路多歧，匪徒常潜聚窃发，方民屡被其害。请设立屯堡，派属省管卫奇一、弁兵二百驻守，年一更换。”许之。

——《大南实录正编第二纪·圣祖仁皇帝实录》卷一百六十三，二；［293］3793

明命十六年（清道光十五年，1835 年）冬十二月，申定禁止西洋邪教条例。都察院左副都御使潘伯达奏言：“西洋邪教陷溺人心，实为异端中之最黠者也。向来节奉戒饬丁宁毁其道堂、禁其聚讲，业有从此道而能真心改悔者咸与维新，盖欲默化潜消、革之以渐也。嗣于明命十四年，原藩安城起变间，有西洋道长名马双者，伙同逆潜通暹寇，纠集爷苏徒党，困守孤城抗拒官兵三年之久。迨下城日槛送来京，马双具称其国医者于人将死，有刮去其目晒干，合与阿魏、乳香散末制药以治痰嗽。再俗传西洋邪教常有刮人目睛并令一男一女同室隔壁以居，日久欲动情生，因而压杀取水和做饼片，每讲道期遍令人食迷其道而不能舍。与夫从其道者男女，婚娶期则其道长将其女人密室，名为讲道，实则奸污。诚不可不痛绝而严惩也！前此西洋道长搭从清船投往本国潜隐诸地方如逆双者想亦尚有多人，彼等所居之地传习左道蛊惑人心，所关于风化也不细谨。按《礼·王制》有曰‘执左道以乱政杀’，《律》条有曰‘左道异端之术煽惑人民，为首者绞监候’，是则邪道之教诚王制之所不容而古今之所深辟也。兹请参酌礼律申明条禁，俾之有所惩儆，庶异端屏息、正道流行而天下同归于善俗矣！【一通国汛分惟广南沱瀼汛西洋商船例得通商。兹请于彼船来泊，其汛守员盘诘船内搭带者几人，登记明白申禀上司，仍听登岸近便市肆贸易，严加防范勿使散处人家。贸易事清再点刷如数，逐去放洋，不容一人留驻。若有留驻者，汛守员立即拿解上司，将犯者照‘境外奸细入境’律问以斩罪，其容隐之人以犯者之罪罪之。倘汛员有心故纵而防守不严致彼得以潜隐，觉出与犯同罪，毋须概以失察轻拟宽减。一诸省汛分向来西洋商船并不得来往通商，兹请仍前禁止。惟清船来商诸讯分，船内常有西洋道长搭从及有傭借西洋一二人为花标者，且西洋人言语衣服与清人不同，而与本国人尤觉迥别，想亦易于稽察。嗣后各汛分有清船投泊，汛守员亲行查察，船内倘有搭载西洋人即问明来历，如西洋道长立拿解官，亦照‘境外奸细入境’律问以斩罪。如傭借西洋人为花标几人，亦须登记明白，其清人听得登岸往来商卖，西洋人为花标者仍留驻船上，迨及回帆一并逐去出洋。敢有遁隐留驻者，汛守员拿解亦照‘境外奸细入境’律问以斩罪，汛守员用情容留并查察不严，致西洋道长并西洋人得以潜寓者，亦与犯同罪。一凡西洋道长如有前经潜隐民间混相居住，请由总里缉拿解官，照以‘左道异端煽惑人民’律问以死罪，其容隐之人亦以犯者之罪罪之，所在社村里役失于查察致彼等得以匿寓，觉出不论有无故纵隐匿亦与犯同罪，该副总减一等。如寓在该副总里内，其该副总亦与犯同罪，概不减等。一凡地方督抚布按以及府县各宜详加戒饬所属，凡有西洋人隐寓严加盘诘查拿，若戒饬不严致彼等得以容隐或在辖内何讯分或在何社村，其所在县员请照‘失察’罪‘止杖一百’律革职，府员减一等杖九十、公罪准降三级留，如在兼理县辖府员亦革职概不减等。布按不能申饬并照‘不应为重’律杖八十、公罪准降二级留，督抚减一等、杖七十、公罪准降一级留。】”帝谕曰："立法之意需要尽善而无弊，今既明立条禁，则盘诘之汛守固不可虚应具文，而奉行不当或至惹出弊端亦为不善。其传旨：嗣凡沱瀼汛洋船来商并诸汛分清船来商而船内有雇借洋人为舵工者，汛守止须问明来历严加防范，勿使洋人得以乘间潜隐留驻，自可杜绝弊端，不得托以盘诘之故指勒索扰转致病商。余如议行。"

——《大南实录正编第二纪·圣祖仁皇帝实录》卷一百六十四，一至四；[304] 3804 – [306] 3806

明命十六年（清道光十五年，1835 年）冬十二月……南定逋匪伪称前锋黄春钦去年纠伙往宣光大同堡与匪勃等合党，为官兵杀散，至是潜窜于河内寿昌法花佛寺。总督邓文添派兵捕获，诛之。赏诉子钱五十缗。

——《大南实录正编第二纪·圣祖仁皇帝实录》卷一百六十四，八；[308] 3808

明命十六年（清道光十五年，1835 年）冬十二月……山西捕弁副领兵阮登庆道兵进到底定县，莅原知事阮文勤先已督率总里土民分行逋匪，擒七犯，斩四十余馘，及收获器械以纳。署布政陈玉琳道兵进抵永奠县，莅复转往底定与阮登庆会。总督黎文德得报以闻，特准起复阮文勤队长原衔仍领底定知事，从县员承办，陈玉琳寻派委首丁麻仕荥搜获匪目一犯、匪伙六犯。逆渠农文仕、农文硕远遁无迹，乃撤兵还。

——《大南实录正编第二纪·圣祖仁皇帝实录》卷一百六十四，二十一；[314] 3814

明命十七年（清道光十六年，1836 年）春正月……工部奏言："本国海疆，黄沙处最是险要。前者曾派描绘图本，而形势广邈仅得一处亦未明晰。所应年常派往遍探以熟海程。请自本年以后，每届正月下旬遴派水军弁兵及监城乘乌船一艘，以二月上旬抵广义，据广义、平定二省雇拨民船四艘，向引驶往黄沙的处。不拘何岛屿、沙洲，凡驶到者，即照此处长横高广、周围及四近海水浅深、有无暗沙石碛、险易形势如何，详加相度，描取图本。再照起行日由何海口出洋、望何方向驶到此处、据所历水程计算约得几里？又于其处望入海岸，正对是何省辖、何方向？斜对是何省辖、何方向？约略隔岸几里？一一贴说明白，递回呈进。"帝允其奏，遣水军率队范有日率兵船往，准带随木牌十，到处竖立为志

【牌长五尺、阔五寸、厚一寸，面刻“明命十七年丙申，水军正队长率队范有日奉命往黄沙相度，至此留志”等字】。

——《大南实录正编第二纪·圣祖仁皇帝实录》卷一百六十五，二十四至二十五；[327] 3827

明命十七年（清道光十六年，1836 年）春二月……山兴宣总督黎文德请安折言：“宁平逋匪郭必功、郭必在尚潜窜于此地辖，未应置之度外，恐彼故态复萌乘间惹事，请派官兵前往弹压一次，以宁地面。”

——《大南实录正编第二纪·圣祖仁皇帝实录》卷一百六十六，八；[334] 3834

明命十七年（清道光十六年，1836 年）春二月……广南有清匪船二艘，邀掠商船于大压、小压汛分，省臣发兵追捕。以闻，帝命传旨严饬。乃派羽林副卫尉阮文客率弁兵乘乌梨船五艘，出顺安汛口分往广南、广义诸洋分巡哨。寻以乌梨小船不能久在洋面，复命水军署卫尉阮文既管将水步炮手弁兵一百余分坐多索安海巡海船二艘带领随船大炮及药弹、连珠弹、阑干弹、火钉逑、火喷筒、铁钩一切械杖水战火攻之具，合与前派阮文客摘取乌梨船二艘，照承天以南至富安北至汴山岛诸洋面梭织往来。如见异样清船徜徉海上，立起招旗协拿，何艘察是商船便放不得侵掠，何艘敢抗即出力擒捕务获。准嗣后递年二月初旬，在京照此例派出巡洋，在外沿海诸地方亦以是月初旬派在省及诸汛兵船巡哨，至七八月潦候撤还。惟嘉定至河仙诸省以四月派十月撤，岁以为常。

——《大南实录正编第二纪·圣祖仁皇帝实录》卷一百六十六，二十二至二十三；[341] 3841

明命十七年（清道光十六年，1836 年）春二月……兴化逋匪阮文间与其党阮铁石常出没于清水林分，省派捕弁署副卫尉黎世昆引兵深入为匪扼险战失利，弁兵有伤亡者，领兵裴文道即亲往搜缉。事闻，世昆坐革职从军效力，省臣坐降，又谕令山西协拿之。

——《大南实录正编第二纪·圣祖仁皇帝实录》卷一百六十六，四十至四十一；[350] 3850

明命十七年（清道光十六年，1836 年）春三月……永隆布政张文琬请安折言：“南圻六省粟米所生之地，诸省代役船来商者多而驶往本国诸地方贸卖者所见无几，其中不无出洋之后因盗卖之清船及往下洲海南、广东奸商者，以至米价日贵，不然则诸地方民多吃鸦片，此物何处得来。请凡诸省代役船就南圻买米与南圻之船买米营商者如欲往何省，须禀详地方，验实放行仍咨原辖知照，所至地方亦即呈验发，卖后领结回呈所在，转咨原买地方捡照，倘无凭照者按律治罪。与夫清人投来本国生理，只许耕田力圃，及通商江道禁不得出海行商，则奸弊可除，鸦片亦无从来矣。再南圻之民甫离事变，若遽尔度田不无惊诧，请应据原田土绳所酌拟税例，俾多寡适均而已。”

——《大南实录正编第二纪·圣祖仁皇帝实录》卷一百六十七，十五至十六；［358］3858

明命十七年（清道光十六年，1836 年）春三月……海安总督阮公著请安折言：“广安辖民多造船艘遍往邻省和买米粒转卖清商，请令省臣照应买之数给许官文以备查验。”事下户部议，以为“广安省安兴、横蒲、先安、葩封、万宁、云屯六县州多沿海斥卤之地所需粟米往往取给于邻省，就中安兴、横蒲、先安、葩封均在江内，如有往来邻省买米，只从港道载运，惟万宁、云屯二州僻居海岛，船行必由海程，才一放洋之后，则东西自适莫知所之，谅非地方所能一一盘验，致贪利小民因而盗载米粒暗向清商贸易者，乃其势之所必有。兹请安兴、横蒲、先安、葩封听其仍旧，如有盗载出洋，自有严条由地方查覆。其万宁、云屯二州常行丁簿，凡六百五人以古者一夫食五人之数推之，此外，男妇老幼当至五倍，通计三千六百余人，一月应支粟三千六百余斛，请以此数计算，岁以正七两月为期，诸社村里役先详所在州员，给与关文递往海阳验实，收留发仓粟或米卖之，换给关文明叙船数、米数以防诈冒，倘遇岁闰，增粜一月，其正月期限至二月底，七月期至八月底，过者停卖。海阳所给关文回日由州员转纳广安留照，广安无得别给关文往他辖取买，如是则海濒人民粒食既有所资，而清人无所牟其利矣。”帝允其议，复念二州常年于海阳省仓领买行之，永久有未便处，准届期派带往民间市肆如数买之。

——《大南实录正编第二纪·圣祖仁皇帝实录》卷一百六十七，二十至二十一；［360］3860－［361］3861

明命十七年（清道光十六年，1836 年）夏四月……山西弋获逋匪黄冯销【伪称后军大将】、阮道锭【伪称后军统管】，诛之，赏捕弁国威管府陈公逸军功加一级，兵役钱四百缗。

——《大南实录正编第二纪·圣祖仁皇帝实录》卷一百六十八，十；[373] 3873

明命十七年（清道光十六年，1836 年）夏四月……宁平布政陈文忠、署按察裴茂先密奏，言："省辖山音逋犯郭必功、郭必在等犹为就擒，验他不过独保孤穷，本无足虑，惟汉犯匪匡、匪慎等伙久在逋诛，未必不藉此以为巢穴。此处林路多岐，若专由省派防截恐有不周，请令清葩、河内、山西、兴化诸辖各于界接山音林分派人探拿。"

——《大南实录正编第二纪·圣祖仁皇帝实录》卷一百六十八，十；[373] 3873

明命十七年（清道光十六年，1836 年）夏四月……宁平布政陈文忠、署按察裴茂先密奏，言："乐土县人郭文迈、裴文方、裴文彰等诉称首犯郭功温、郭功忍与其党通同串匪，宰牲会食。逋犯郭必在之子必润娶功温之女，责彼等馈遗牛酒。业已收取控单，饬回探访。"

——《大南实录正编第二纪·圣祖仁皇帝实录》卷一百六十八，二十一；[378] 3878

明命十七年（清道光十六年，1836 年）夏五月……广安有清匪邀掠商船于云屯州洋分，土吏目阮有寿率手下民夫围捕，斩四馘，俘十犯，余落水死，获其船艘炮械以纳。事闻，帝嘉之，授阮有寿为正队长，赏钱一百缗。

——《大南实录正编第二纪·圣祖仁皇帝实录》卷一百六十九，二十二；[392] 3892

明命十七年（清道光十六年，1836 年）夏六月……兴化省臣奏言："属辖水尾州有清伙五十人执械越来妄认地界，峒民截之乃去。寻复于其国地头日常往返，经饬令边堡严为之防。"帝曰："此州与清界毗连，不过所在逸犯投倚于他，不肖官吏乘间援引吓怵边氓耳。止须自守界分以严疆索，切不可先起争端或生边衅也。"

——《大南实录正编第二纪·圣祖仁皇帝实录》卷一百七十，五至六；[402] 3902

明命十七年（清道光十六年，1836 年）夏六月……平顺巡洋兵船遇清匪于潘切洋外，捕弁率队杜曰丑督兵炮击，杀一匪，夺其杉板船。丑复为匪炮所击，落水死。事闻，帝谕省臣即遴出干员，迅往管督原派兵船追缉，杜曰丑给卹一倍。

——《大南实录正编第二纪·圣祖仁皇帝实录》卷一百七十，六；［402］3902

明命十七年（清道光十六年，1836 年）夏六月……镇西参赞黎大纲、署提督裴公諠奏言："城辖迩来无事，惟有清人李楣等自暹逃回，为广边府游兵拿获，业送河仙省查办。"

——《大南实录正编第二纪·圣祖仁皇帝实录》卷一百七十，十一；［405］3905

明命十七年（清道光十六年，1836 年）夏六月……广义检获清船盗载生鸦片六十五斤、熟鸦片二十五两，递内务府。或请俟便载往广东发兑者，帝曰："此物乃迷人鸩毒，奈何己所不欲而欲施诸人邪?"即令送三法司于公正堂销毁之。又谓侍臣曰："鸦片天下之最恶物也！昨者广义递到，朕令女官试吃之，才下咽，便呕吐不已，经以豆粥、石块糖解之而后止。其毒如此，何乃人嗜之迷而不悟邪！"

——《大南实录正编第二纪·圣祖仁皇帝实录》卷一百七十，十三；［406］3906

明命十七年（清道光十六年，1836 年）夏六月……山西弋获逋匪阮甚，诛之。赏捕弁率队黎仲达钱二百缗，兵民钱五百缗。

——《大南实录正编第二纪·圣祖仁皇帝实录》卷一百七十，十三；［406］3906

明命十七年（清道光十六年，1836 年）夏六月……帝幸思容海口登览灵蔡山，见石塔葩表柱有镌刻蛮字，在京通言皆云非是暹牢字样，莫之能译，因敕平顺择派谙熟占城文字者一人来京。既至，言土人文字有占城、妃尼二体，他但学占字，此乃尼字不能译。命印出一纸，令巡抚杨文丰遍访辖下有能晓得此文字及大略意义者译之以奏。再准于省辖拣取谙详占、尼文字又识汉字者一二人并士民子弟资质稍敏者五六人，俾相训习言语文字。又命河内遴出属省清人二三人、士民子弟十人训习清国声音言语，宣光遴出所辖土人一二人、士民子弟五六人训习沿边底定水奠诸土音字义。各于省城择地居住，月给廪例【**训者钱一缗五陌、米一方，习者钱米各一**】，仍常加申饬及早成熟，以备差派翻译。

——《大南实录正编第二纪·圣祖仁皇帝实录》卷一百七十，二十一至二十二；[410] 3910

明命十七年（清道光十六年，1836 年）夏六月……河宁总督邓文添奏言："探问清商，称有官船流泊于崖州。"帝曰："前者北圻解项号船五艘、漕船二艘遭风飘落久无消息，今据报则此等船艘想亦不出广东一带洋分。"乃遣工部员外郎李文馥、主事黎光琼等管率水师，并银枪神机炮手乘平洋船遍往探访之。

——《大南实录正编第二纪·圣祖仁皇帝实录》卷一百七十，二十四；[411] 3911

第十一册

明命十七年（清道光十六年，1836 年）秋七月……清两广总督咨送盗赃于广安，言："辖民李章胜等劫掠商船在尖波罗洋分，祈交事主照认清楚。"省臣以奏，帝谕内阁曰："前者，广南捕弁拏获洋匪梁开发等会已送交查办，此外沿海地方亦无奏报别有洋匪窃发，况本朝舆图原无尖波罗之地，则李章胜等之劫掠非在我洋分明矣。夫不远数千里发递盗赃劳犹有限，欲于百万户查询事主竟属无期，小民未必仰资而先已拖累。清督此举可谓多事矣！"乃令礼部撰文并将原赃还之。

——《大南实录正编第二纪·圣祖仁皇帝实录》卷一百七十一，四至五；[2] 3916 – [3] 3917

明命十七年（清道光十六年，1836 年）秋九月……河仙省臣奏言：省辖地无产铁，其别纳清人，例输生铁，请代纳钱【人各岁输生铁一百二十斤，纳钱十八缗】，仍免身税。许之，准以本年为始。

——《大南实录正编第二纪·圣祖仁皇帝实录》卷一百七十三，十三；[39] 3953

明命十七年（清道光十六年，1836 年）秋九月……兴安逋渠段名吏积年为匪，北圻诸地方兵民多为所害。去年海阳获禁，越狱而逃，至是潜往北宁嘉林县辖。省派探子秀才裴维琦率家丁协同所在总里捕获，诛之。赏维琦钱五百缗，再赏司务职衔，由部候补，总里赏钱一百缗，省臣黄文站等赏加级纪有差。

——《大南实录正编第二纪·圣祖仁皇帝实录》卷一百七十三，十四；[40] 3954

明命十七年（清道光十六年，1836 年）冬十月……兴安按察阮文然有罪免，以工部郎中武仲岱为兴安按察。先是逋匪段名吏窜于省辖神溪富农庄，然通同府县，故纵窝犯，至是事发革职交查，案成坐满徒。

——《大南实录正编第二纪·圣祖仁皇帝实录》卷一百七十四，十六；[52] 3966

明命十七年（清道光十六年，1836 年）冬十月……山兴宣总督黎文德奏言：“前者派出山西副领兵黄文援将兵四百往金杯【社名】、中雄奇管阮文义将兵三百从兴化调遣，兴化亦已于沱北别派防御。兹接清葩关报，土匪滋事则宁平之逋犯必与关通，而山、兴二省并夹宁平，兴化又夹清葩者，就中崇峰最为险要，且与宁平之石碑、中黄【二社名】地势相连，业即增派山西中奇管奇范文兮将兵二百余，迅往琼林【堡名】接崇峰处择地驻札。再饬美良、不拔二县多拨土目、土勇隶从捕务，并飞咨兴化严饬枚、木二州【接近清葩】严加捍备。”帝然之。

——《大南实录正编第二纪·圣祖仁皇帝实录》卷一百七十四，三十一至三十二；[59] 3973－[60] 3974

明命十七年（清道光十六年，1836 年）冬十二月……平定有清匪船三艘窃发于金蓬洋分，省臣即派兵船追缉。事闻，帝曰：“兹期冬末春初，多有商船往返，而官船亦近回程，岂容此匪站洋滋事？乃命京畿水师管卫丁文邻率弁兵一百五十人配以炮手，分坐巡海船一艘、乌船二艘，整备炮械及水战火攻之具，驶往广南、广义接平定界分巡哨。”又传旨广南、广义、富安诸省各派兵船探捕之。

——《大南实录正编第二纪·圣祖仁皇帝实录》卷一百七十六，三十；[88] 4002

明命十七年（清道光十六年，1836 年）冬十二月……富浪沙师船投泊于广南鸢嘴屿。使人问之，云船在须岺城，国长使之操演洋程，经一年余。兹自玛来，请留一二日采取柴水【略勘船长八丈余，横一丈八尺余，深一丈五尺余，平列板三层，大樯三株，大炮二十四辆，过山炮十辆，鸟枪、马炮、短刀各以百数，脚船六艘，船尾挂间青白赤三色方旗】。省臣疑之，严饬在汛兵船巡哨，并飞咨广义防备，具疏以闻。帝批示曰：“此彼探度海程常事，何得忙张咨报骇人听闻，殊不晓事！”越日，彼果放大炮一声而去。

——《大南实录正编第二纪·圣祖仁皇帝实录》卷一百七十六，三十至三十一；[88] 4002

明命十七年（清道光十六年，1836 年）冬十二月……清商有吞骗雇工投寓河内者，钦州分州委人递移文往追问，广安为之给引。事闻，帝曰："向来清国投递公文已有督、抚，钦州分州安得以些小之事辄自越境关报邪？省臣黎育德、黎经济等不能执理斥驳而轻听之，疆界攸关，岂应如是？下吏部严议，各降三级！令别撰移文并将原咨驳还之。"

——《大南实录正编第二纪·圣祖仁皇帝实录》卷一百七十六，三十二；[89] 4003

明命十七年（清道光十六年，1836 年）冬十二月……清葩署督黄文隐、河内署提督尊室弼兵次高峙，闻匪徒于孕秀、农务等册【孕秀属瑞原县，农务属雷阳县】分屯扼要，两路捕弁苏文直、邓公什未能前进。乃商同分道之地孕秀攻匪背后，匪弃堡走，遂与苏文直会于豪良【册名】，遥为邓公什道兵声势。次日，邓公什自沛上【庄名】暗度梁江袭破农务匪堡。于是率诸道齐进陇眉【社名，夹良政州梁山林分】驻札。具疏以闻且言瑞原、雷阳诸匪虽已溃败四散，而良政、关化乃匪之渠伙巢窟所在，拟由梁山一路乘机进剿，业派管卫阮进万、范文辉转回金炉与阮文祈直趋关化并力协缉，其农贡一道不过零匪余蔓，别派邓公什诚分往拿捕，再宁平原调弁兵一千请摘留一半以资得力。

——《大南实录正编第二纪·圣祖仁皇帝实录》卷一百七十六，三十三；[89] 4003

明命十八年（清道光十七年，1837 年）春正月……广义弁兵水解囚犯发镇西城屯田犯者四十二人，而派送只十三人，临行率队阮文力受财私放六人，歇役才到庆和虬劲汛分，寄碇采柴。囚犯清人李成兴等乘兵少防疎，殴差军推于水，夺船遁去。事闻，阮文力坐绞候，臬司邓金鉴以有问刑专责下刑部严议，责令设法缉犯，再传谕平定以南至河仙密饬诸海口汛分及沿海并岛屿、乡村加心盘诘。如彼囚犯潜到何处，能弋获全伙赏钱三百缗，一人以上亦从优赏，容隐者与犯同罪。

——《大南实录正编第二纪·圣祖仁皇帝实录》卷一百七十七，四至五；[92] 4006

明命十八年（清道光十七年，1837 年）春正月……广安弋获逋匪杨巴安，诛之。赏省臣纪录二次，捕役钱二百缗。

——《大南实录正编第二纪·圣祖仁皇帝实录》卷一百七十七，十六；[98] 4012

明命十八年（清道光十七年，1837 年）春正月……嘉定清人有代役征船乞行商于南北两圻，省臣为之声请。帝谕曰："清商狡诈百端，向来假以造船营商为辞从中险载米粒盗卖鸦片，屡屡破案，前者准依经略使所议，不许出海行商，诚以杜奸绝恶。今却为他声请，曾不思彼等一经放洋之后，南北自由，能保其无弊乎？其此船可令私向民人兑卖，不售则准支官钱给价充公。嗣后清人及明乡等永远不得造买越海船，若地方官失察有罪。"

——《大南实录正编第二纪·圣祖仁皇帝实录》卷一百七十七，二十七至二十八；[103] 4017 – [104] 4018

明命十八年（清道光十七年，1837 年）春二月……京派巡洋管卫武曰俊等捕获清船一艘于里山洋分，省派管卫阮文菊亦于大古垒汛弋获一艘船，内并无商货，惟载沙土及木竿、铁钩、铜锣、小鼓与鸦片禁物。送省查办，省臣以闻，且言匪船自闻京派官兵声势，各已寻方潜隐不敢复发。帝令传谕武曰俊等分往平、富、顺、庆诸辖查缉之。

——《大南实录正编第二纪·圣祖仁皇帝实录》卷一百七十八，四；[110] 4024

明命十八年（清道光十七年，1837 年）春二月……如东派员公回所买色纱，细验之则是南货【此乃清商于河内等省买回加染，别用印志装作清货发兑，邀取厚利】。敕："嗣凡民间所织南彩绫绢绸等项，并丝斤不论生熟均不得与清商、西洋商贸易出口。犯者以违制论，追赃入官，地方官汛守失察亦议。"及兴造"平"字、"定"字巡海各号船六艘，命署掌卫段金董其事。

——《大南实录正编第二纪·圣祖仁皇帝实录》卷一百七十八，十五；[115] 4029

明命十八年（清道光十七年，1837 年）春二月……承天朱买境阳洋分有海匪邀掠米商，守御范文顺率巡洋兵船追之弗及。帝闻之谓兵部曰："京畿重地海匪乃敢伺间窃发，殊为可恨！在汛官兵不能出力擒捕使得远飏，则所谓巡洋者何事？范文顺其即革职带罪捕犯，京尹等各坐降。乃准署提督阮文美拨在府并在汛兵船放洋追缉，再派锦衣管卫黄文厚、水师管卫段恪管将水步弁兵各六十人择其勇健谙熟者分乘乌梨船四艘备炮械火器战具疾速进往，务于旬日内拿获匪伙到案，必有厚赏。且今北风盛发，匪船势必未能北走，定于稍南诸岛屿潜隐以图滋事，其令广南、广义、平定、富安、庆和、平顺诸省严催原派兵船各于属辖岛屿搜捕，若惮劳畏险不敢越海穷追致彼或窃发在何洋分，即惟此辖捕弁并地方官是问。再传旨前次京派摘出巡海或海号一艘、乌船二艘巡哨南自广南、北至广治，余分行南自平顺、北至广南，梭织往来相接，必期海氛宁帖、商旅遄行。不然，断难辞咎。”隔数日，匪复窃发于广南大压、小压汛分，省臣布按胡佑、黎有德，领兵武文熏及捕弁、汛守降革有差。前次京派武曰俊、黎文饬、梁公忠、丁文邻亦各降二级。帝又谕兵部曰：“本国海疆延亘，洋防最关要著。前经准定递年二月旬沿海诸省各派兵船巡洋。第向来捕弁多不得力，其怯懦者往往不敢远出洋外，间有敢往者反不肯实力查缉，又有邀功冒赏惹生弊端，似此亦属有名无实。去年谕派京船巡洋，一以操练舟师俾谙水性，一以训演水战习知海情，且使海匪闻其声势不敢滋事，是一举而三得焉。惟前者所派兵船日久梭缉颇觉艰劳，必须更换以资生力。准在行管卫仍留管率，余率队至兵丁以三月照数换代，俾均劳逸。兹广义、平定二辖已经贴息，京船不必并在一处，其巡海二艘驶往南、义、平、富等省，海号、乌梨等艘即照以南至平顺，以北至广安、万宁洋分往来巡哨，如过何省界分不见省派巡洋兵船据实参奏，至七月雨潦期即撤回伍。”

——《大南实录正编第二纪·圣祖仁皇帝实录》卷一百七十八，十九至二十一；[117] 4031 – [118] 4032

明命十八年（清道光十七年，1837 年）春二月……兴化有清匪三百余人侵掠水尾山腰峒，知州黄廷侃亲督兵民攻剿，斩十数馘，收获械仗。事闻，帝嘉之。

——《大南实录正编第二纪·圣祖仁皇帝实录》卷一百七十八，二十四；[120] 4034

明命十八年（清道光十七年，1837 年）春三月……清葩白驹瀚汛洋分有海匪窃发，省臣及汛守捕弁分别降革，谕令增派兵船哨捕。平顺洊汛亦有海匪击商船而掠其货，守御陈广义率兵民追之，匪乃走。

——《大南实录正编第二纪·圣祖仁皇帝实录》卷一百七十九，四；［128］4042

明命十八年（清道光十七年，1837 年）春三月……高平逋匪伪称义胜旅正管旅名枚【石林县通农总人】伙从宣光匪渠农文什谋图滋事。什使与其党黄文群等驱通农、河广二总土侬数百人攻破和安府，莅知府阮颖及家属五人为其所害，试差知事阮辉谭率所在民夫力与之战，生获二犯。匪复蔓下扶桑、朔江二堡，守堡试差从九品百户农纯忠、闭金松各督兵民剿杀，斩六馘，俘三犯，余皆走散。省臣即派委高雄奇管奇黄义琬将兵追缉，再飞咨邻省宣光、太原按界防截。

——《大南实录正编第二纪·圣祖仁皇帝实录》卷一百七十九，六至七；［129］4043

明命十八年（清道光十七年，1837 年）春三月……宁平经略谢光巨、参赞何维藩在山音次督诸道兵勇分行围捕，斩匪伙十七馘，俘男妇老幼二百七十余人，收获枪炮兵器者多，惟首逆黎维显、正要犯郭必功、郭必在等未能一获，上疏具伏延迟之罪，且言诸土司等从军截剿，间有郭字炮为匪射毙，高曰森为匪射伤，请量给钱文俾与弁兵有别，再今严限已销，恳姑留彼等隶从捕务。

——《大南实录正编第二纪·圣祖仁皇帝实录》卷一百七十九，十一；［131］4045

明命十八年（清道光十七年，1837 年）春三月……北宁弋获逋匪吴文改【伪称西北二道统领】，诛之，赏捕役钱三百缗。

——《大南实录正编第二纪·圣祖仁皇帝实录》卷一百七十九，二十四；［138］4052

明命十八年（清道光十七年，1837 年）夏四月……承天海云汛分复有匪船窃发，汛守黎仲正亲督兵船出力追捕，匪遂舍商船望东走。事闻，赏仲正纪录一次，弁兵一月饷钱。匪复向平定、富安洋外掠商而去，省臣并捕弁、汛守坐降革有差。

——《大南实录正编第二纪·圣祖仁皇帝实录》卷一百八十，十五；［151］4065

明命十八年（清道光十七年，1837 年）夏四月……谅平署抚陈文恂带领谅山弁兵二百余进抵高平督同按察裴国桢、副领兵邓文丁搜捕逸匪，各已远窜。据获犯者云，宣光匪驱农文什、农文硕与匪枚潜聚于玉帽、安乐【玉帽，庄名，属底定县；安乐，社名，属永奠县】。拟将越境拿捕，乃关报宣光刻期会剿。宣光按察阮文荦、副领兵阮登庆即派宣光管奇范文开率将兵勇五百协与署安宁知府范跃如迅往，具以事闻。

——《大南实录正编第二纪·圣祖仁皇帝实录》卷一百八十，二十二；[155] 4069

明命十八年（清道光十七年，1837 年）夏四月……山西逋匪阮文间潜聚党伙于立石县林分，永祥管府黎辉值与省派捕弁管奇黄文留率兵、象捕之。匪皆走脱，弁兵更有毙伤者。总督黎文德闻报，即派领兵武廷光迅往严督追缉。事闻，黎辉值等各坐降。

——《大南实录正编第二纪·圣祖仁皇帝实录》卷一百八十，二十六；[157] 4071

明命十八年（清道光十七年，1837 年）夏四月……清葩白驹、汴山诸汛洋分海匪叠发，省臣及捕弁、汛守坐降革。令传谕京派兵船迅往巡缉。

——《大南实录正编第二纪·圣祖仁皇帝实录》卷一百八十，二十七；[157] 4071

明命十八年（清道光十七年，1837 年）夏五月……增派巡洋兵船。帝谕兵部曰："本国海疆延亙，洋防最关要著。前经准定二月旬派出京船哨捕清匪，惟每至五月南风节候，阇婆海匪常于以南诸省伺间邀掠，必须加派哨巡以静海氛。兹准派出水师管卫一、水步率队二、弁兵八十、炮手十带领大炮药弹火器战具，分乘平海、静海号船二艘，驶往富安、庆和、平顺诸省洋分往来梭缉。又传旨诸省，各饬巡洋捕弁，毋得以既有京派，稍存推诿，一有海匪窃发何处，即以省派捕弁为首，从重治罪。再新派京船二艘据富安至平顺，专责以剿捕阇婆海匪。其前派海号、乌梨等艘，据平定至广安、万宁，专责以剿捕清匪。届潦候抽撤，递年二月及五月期，派往巡洋，照此为例。"

——《大南实录正编第二纪·圣祖仁皇帝实录》卷一百八十一，三至四；[159] 4073

明命十八年（清道光十七年，1837 年）夏五月……初置宣光安宁府管府，筑宣定堡于粘山【社名，属底定县】。府辖界接高平、太原，毗连清国，最为关要。总督黎文德奏请择置管府，增兵戍防，责以搜捕逸犯。又照见粘山地势上抵云中，横过宣静，下抵底定县莅，里路相同，而居民稍稠，遇事易于征拨。请设一堡，名宣定堡，量派弁兵守之，俾与宣静堡相为犄角，且为底定县衙声应。帝可其奏。准以宣光奇管奇范文开为安宁管府兼管宣定、宣静二堡，驻守弁兵，往来云中巡哨。

——《大南实录正编第二纪·圣祖仁皇帝实录》卷一百八十一，十二；［163］4077

明命十八年（清道光十七年，1837 年）夏六月……兴化逋匪阮铁石潜隐于清水、清山县，辖省派副管奇裴廷龙将兵搜捕。匪出其不意夜来掩击，在行率队及兵勇死者十余人，器仗多为所夺。事闻，裴廷龙革职，省臣各降一级，严限责令查缉之。

——《大南实录正编第二纪·圣祖仁皇帝实录》卷一百八十二，六；［176］4090

明命十八年（清道光十七年，1837 年）夏六月……谅平署抚陈文恂道兵自龙溪堡进抵玉帽，首逆农文什已先窜于清界。宣光道副领兵阮登庆、管奇范文开陆续齐到，分派搜缉，获匪党苏文捷【伪称掌中部】十余犯，并所藏枪炮。高平按察裴国桢由塔那别路直捣安乐，匪硕、匪枚亦已潜遁，弋获黄文群及其伙二犯。宣光布政陈玉琳寻亦抵军会办，适潦雨屡降，饷道颇难。恂具以情形入奏，且言逆什为人残忍，有不从者杀之，高平、太原接近之民皆受其胁制，安乐、恩光二社【安乐，逆什之正贯，恩光乃其家居】远隔府县，其民挟彼之势日益凶悍，沿堡巡防有与之串通如杨文隆者方能到此【隆，守宣静堡，受伪职统制，至是事发诛之】，故彼得以居于云中【铺名，属云光社，逆犯农文云所居处】设巡征税，招徒党炼兵器，伪设名目，将图惹事，若不早除必成边患第，方今盛夏未便顿兵穷索，须俟至秋，成高、宣、太三道会兵悉力搜捕其安乐、恩光匪巢，或尽屠之，或迁徙之，方可绝恶荄清地面。

——《大南实录正编第二纪·圣祖仁皇帝实录》卷一百八十二，二十八至二十九；［187］4101－［188］4102

明命十八年（清道光十七年，1837 年）秋七月……北宁弋获逋匪陈仲潘【伪称后军】，诛之。赏捕役钱二百缗。

——《大南实录正编第二纪·圣祖仁皇帝实录》卷一百八十三，二十六至二十七；［205］4119－［206］4120

明命十八年（清道光十七年，1837 年）秋九月……西洋道长高凌泥以爷苏邪教潜寓山西扶宁县辖，串通匪渠谋图不轨，自称伪军师。省派捕弁拿获，诛之。赏钱五百缗。

——《大南实录正编第二纪·圣祖仁皇帝实录》卷一百八十四，四；［216］4130

明命十八年（清道光十七年，1837 年）秋九月……富安署按察杜辉璟请安折言："省辖海分寥廓，前此清匪窃发，惊扰商船，在省设法以代役船巡捕，果获奸商，而清匪亦泯其迹。请令沿海诸省照依代役船式兴造两三搜以备巡洋。"帝曰："近者清匪往往徜徉海上，乘间窃发，一闻兵船巡缉随即远飏，罕与之遇。富安潜以代役船哨捕，颇有见效，亦可仿而行之，但所派乃是借用民船，未由官给。兹准富安并平定、广义、庆和、平顺等省照代役船式样各造二艘，每届南风节候，派得力弁兵装作商人乘坐，备火器炮械潜出洋外。一则乘彼误认来邀或撞遇劫掠商船，因而截捕，自可成擒；二则作为在省兵船巡哨，用壮海防，则一举而两便矣。"

——《大南实录正编第二纪·圣祖仁皇帝实录》卷一百八十四，十二至十三；［220］4134－［221］4135

明命十八年（清道光十七年，1837 年）秋九月……安定道御史阮春光奏言："清商茶号有犯庙讳尊号者，臣子之分目击，不安于心，请应戒禁。"帝曰："茶纸原自清国制造贩卖求售，其于本朝敬忌字面在所不知，若以国法而责别国人，非惟迂阔难行，且恐转为商病。惟我国商贾知而不改，则其过在此不在彼也。其令礼部通谕诸地方铺户，凡买卖清茶，如见有误用庙讳尊字者，粘刮之。"

——《大南实录正编第二纪·圣祖仁皇帝实录》卷一百八十四，二十至二十一；［224］4138－［225］4139

明命十八年（清道光十七年，1837 年）秋九月……申谕河静以北民间改易衣服。谕曰："前以溼江以北衣服尚仍旧俗，谕令改从广平以里用示同风，又宽假程限，俾得从容裁制，乃自明命八年至兹已经十载，犹闻外间农夫村妇多因循未改者。且广平以南一从汉明之制，冠服衣袴如此齐整，视之北人旧俗男子带裤、女子衣著交领下用围裳者，其美恶显然易见。却有已从美俗，亦有安于故常，岂非有意于故违乎！诸省督抚布按等宜以此意开导劝诱，仍限以本年内一齐更换，若开年后仍有狃旧者罪之。”

——《大南实录正编第二纪·圣祖仁皇帝实录》卷一百八十四，二十二；[225] 4139

明命十八年（清道光十七年，1837 年）冬十月……宣光按察阮文犨以逋犯农文什、农文硕等尚逃于清，于秋熟期势必潜回，聚党索食，上疏自请亲率弁兵前往底定、永奠二县随机缉捕。帝许之。……犨乃带同管奇阮得卿将兵百余由右路直进永奠县，密委率队枚文道率手下疾趋底定县北稔、平门【均隘名，属清国夹境处】巡截，再飞咨高平、太原会剿。及犨抵云中，分派搜索玉帽、恩光、安乐等处，逆硕先遁，俘斩其伙四十余人，访知逆什已死。据获犯报指，掘得的尸以奏。令函其首献阙下，付有司砍碎投之于江。

——《大南实录正编第二纪·圣祖仁皇帝实录》卷一百八十五，十一至十二；[235] 4149 – [236] 4150

明命十八年（清道光十七年，1837 年）冬十月……北宁弋获逋匪阮擢、阮文肃等，诛之【擢伪称副后军，肃伪称正前军】。捕弁阮有耀准即实授仍领天福管府，再赏军功纪录一次，吉祥八宝小金钱一枚、飞龙大银钱十枚，弁兵普赏钱一百缗。

——《大南实录正编第二纪·圣祖仁皇帝实录》卷一百八十五，三十至三十一；[245] 4159

明命十八年（清道光十七年，1837 年）冬十一月……山西宣总督黎文德请安折言：省辖逋渠阮文间、阮铁石等纠伙出没尚未尽除，捕务繁于他省，其京兵从戍嗣有换派，请增足二卫，俟宁帖后即省之。

——《大南实录正编第二纪·圣祖仁皇帝实录》卷一百八十六，七至八；[249] 4163

明命十八年（清道光十七年，1837 年）冬十二月……南掌蛮众千余侵掠兴化宁边州仙峰、风清二峒，土民惊散。省臣文报即派弁兵，催调诸州土勇随机会剿，具以事奏。

——《大南实录正编第二纪·圣祖仁皇帝实录》卷一百八十七，十二；［267］4181

明命十九年（清道光十八年，1838 年）春正月……派京兵巡洋。

——《大南实录正编第二纪·圣祖仁皇帝实录》卷一百八十八，十一；［286］4200

明命十九年（清道光十八年，1838 年）春正月……海东叛犯都依纠伙千余，围扰芹多堡，堡中土勇皆执械从贼。署提督裴公諠闻报，飞饬武德忠由沙孙堡前来剿捕。城臣段文富等以奏。

——《大南实录正编第二纪·圣祖仁皇帝实录》卷一百八十八，二十九；［295］4209

明命十九年（清道光十八年，1838 年）春二月……广南有海匪窃发，掠商船于茶山屿洋分，商船泊入顺安海口。帝闻之，即命署提督梁文柳往督汛守兵船，复派锦衣龙船弁兵乘乌棃船四艘出洋追捕。先是，广南探见异样船一艘【全身黑色，两桅相齐，船头似象牙】，不以上闻，但咨广义以南加派会剿。帝降谕严谴之，姑准记过一次，责令设法缉捕。仍通谕诸直省："嗣凡何辖洋面探见异样匪船，当奏者即以具奏，倘未便遽入奏者，亦须关报以南以北严加哨拿。……"

——《大南实录正编第二纪·圣祖仁皇帝实录》卷一百八十九，二十五至二十六；［310］4224－［311］4225

明命十九年（清道光十八年，1838 年）春三月……清匪船窃发于平顺潘里洋分，京派兵船泊罗瀚澳不之觉。帝闻之曰："巡洋之事，经谕令梭织巡防。此际商船可以往来，则无风涛可诿，何故寄碇在此，致匪徒得以滋事?"管卫阮文清、丁文邻各降二级。水师该队阮文坫巡船遇匪于平定提夷洋外，力与之战，救免商船，赏飞龙大银钱五枚。复派水师管卫潘公贵率兵船四艘，据自承天以北至广安，悉力查缉。

——《大南实录正编第二纪·圣祖仁皇帝实录》卷一百九十，二至三；［316］4230

明命十九年（清道光十八年，1838 年）春三月……清匪船窃发于海云关洋分，掠取清溪渡船货物而去。帝降滀严谴之，署提督梁文柳以巡捕无状降二级，撤之。还匪复邀掠商船于广南蝠谷，沱灢驻防领兵阮文谅坐革留，省臣胡佑、阮仲元革降一级。即命拣羽林禁兵精壮得力者分乘乌船四艘，每艘率队一、兵四十，出洋哨拿。清葩漪碧汛潮汛、庆和虬劲汛、平顺渭泥汛亦有清匪窃发，省派巡洋兵船追之，匪望东走。帝闻之曰：此必是清国广东人民饥馑，因而纠伙越境站洋邀商船以掠食。乃传谕沿海诸省各加兵巡缉。顺庆巡抚尊室俍、南义巡抚胡佑皆请亲领兵船往捕。许之。帝谕刑部曰：从来清渔船常于广安洋分啸聚党伙以攻鱼为名，或邀劫商船，或盗买米粒，甚至蚊聚成雷转滋不善。即如年前伪铄滋事，引诱清匪伪白齿以为外援谋攻广安省城，乃前鉴不远，节经捕获海匪正要犯李公仝等及其党伙，又令悉逐渔船出境。年来海氛静帖，彼党谅已散落无迹矣，乃于木年承天、广南洋分各有匪船劫掠随即逸去。如此情形似有窝藏的处，乘间出没。念广安省辖毗连清界，土广民稀而地多岛屿，易为盗贼渊薮，若不穷源拔本，则无以绝恶荄。其令广安省臣速派兵船巡探诸岛屿有无清渔船党伙啸聚，先以奏闻，再如探得彼船只是攻渔船样即逐出境外，若聚集较多又有抢劫器具者，一面派兵严截，一面匪咨海阳协拿。海安总督阮公著有兼辖之责，亦准派员前往探访，如见清匪窝聚，速发水师会剿，毋得专委之广安也。又谕兵部曰："向例京派巡洋兵船定以南至平顺、北至广安查缉，念海疆延亘，照顾恐有不周，而海匪往往于南义清又辖分窃发，临期催召诚有鞭长不及之势，况此等辖洋程多是商船往来，巡缉尤宜加密，其传谕京派巡洋师船以南者自平定至京以北者自汴山以内各依次分起梭织巡缉。俾声息相闻，易于兜剿，日下广安已有官兵屯札，匪势必不敢狃旧站洋，而庆和、富安以南纵有伺隙萌生，则当此南风节候，一闻报到我在风头邀截，彼亦无能脱窜矣。"

——《大南实录正编第二纪·圣祖仁皇帝实录》卷一百九十，二十三至二十六；[326] 4240－[328] 4242

明命十九年（清道光十八年，1838 年）春三月……如清使部范世忠、阮德活、阮文让还，抵京，以办理不善各降二级。寻命范世忠以礼部侍郎原衔权办工部事务，阮德活以翰林侍讲学士原衔权办阁务，阮文让复回国子监司业供职。

——《大南实录正编第二纪·圣祖仁皇帝实录》卷一百九十，二十六；[328] 4242

明命十九年（清道光十八年，1838 年）夏四月……广安葩封洋外有清匪邀劫商船户，泊入录海口。事闻，帝谕兵部曰：“广安界接清国，岛屿多岐，常有清船啸聚党伙，以攻鱼为生，而往往乘间邀劫商船，其弊由来久矣，盖彼等萍浪无根，而海上沧茫无人管束见利心炽，何惮而不为，所以入则为攻鱼，出则为海匪伺隙惹事，乃其常态。经谕令派出兵船驱逐，乃省臣不肯加心查拿，致彼尚得于葛澳、葛晕等处结立寮舍以为窝藏之所。据清葩并承天以南诸省奏报，海匪窃发，安知此辈之出没滋事者乎？再葩封地夹海滨，县员有巡防之责，亦一味纵容，所在总里又利其贸易暗与清船往来，贩卖米粒以资盗粮规图厚利，故彼得以藉此依栖潜行劫掠，今发出商船被劫之案，势难掩饰方始奏闻，则此外犹多，非止一次已也，省臣黎育德始终在职准降四级，阮同科抵省日浅降二级，葩封县兼署府事黎惟永革职留，仍责令黎育德亲率兵船出洋巡缉。”

——《大南实录正编第二纪·圣祖仁皇帝实录》卷一百九十一；［344］4258 －［345］4259

明命十九年（清道光十八年，1838 年）夏闰四月……庆和洋分有清匪大船一艘【**两边黑色，前鼻两脸赤色，后柁中板两边画龙头样，炮门二孔各置大炮**】与京派率队黎文细巡船相遇，交斗自午至酉，匪乘夜脱去。事闻，帝谓兵部曰：“海疆远廓，清匪往往乘间劫掠，但向来不过小船而已，今乃有此异样大船敢与官船相拒，诚可怪也。黎文细与匪交战亦已多辰，同派管卫丁文邻及省派汛守等不能同来援剿，致彼得脱，各降二级，即命增派水师管卫一、率队一、弁兵五十，配以步兵率队一、弁兵三十、炮手八，乘平海号船一艘带随大炮、水攻器具协同前派兵船据自承天以南至平顺往来巡拿。再通谕京外所派捕弁各于岛屿何处可以停躲者悉心搜捕，如能弋获真正大项匪船者赏钱一千缗，次者五百缗。”

——《大南实录正编第二纪·圣祖仁皇帝实录》卷一百九十二，十六至十七；［356］4270

明命十九年（清道光十八年，1838 年）夏五月……清葩漪碧汛岷屿洋分复有清匪窃发，掠商船财物，船户泊入南定辽栎汛以报。事闻，清葩巡洋领兵阮良闲，漪碧、辽栎诸汛守各降二级。

帝因谕兵部曰："广安省辖地处海疆，界连清国，多有岛屿，易为盗贼渊薮。近来海匪窃发于左右两畿，皆以此为窝藏之所。前经降谕海安总督阮公著派往探剿，措办如何未见奏报。传旨饬令其回奏，即派得力干员带领兵船往会广安日夜巡缉，凡渔艺清船悉逐去洋外。傥察有石凡枪剑劫器，立拿严惩！勿容彼等托以攻鱼暂辰停碇，使之无可立脚之地，则海程自然贴息矣。"

阮公著迴奏言："向来自八九月至三四等月，清船五六百艘团聚成帮，于广安洋分攻鱼，派出兵船寻即远去。今春曾派土著干人前往撞山查探，有开尾坊梁平祖言：彼坊人口千计，本是良善。如得于海外攻鱼，请自出力拿解虾罟坊恶伙。且撞山一带盘亘数里，有土可植、有泉可饮、有澳可泊，清人多于山上构庐舍、植花利。凡诸船艘均于此停泊，纵一番搜索焚毁，他必散去；官兵既回，势必复来。即欲永远禁绝，殆难规措。拟应听平祖所愿，使自为守。则彼有资利，自然互相禁遏。想官兵不至费力，而海氛静矣。"

帝曰："此匪站洋滋事，屡为言民之戚。[①] 阮公著既探得撞山是窝聚的处，何不立派扑剿？却为梁平祖甘言所惑为之邀请。仍前栖聚，岂不使奸者得遂其欺？奏对含糊，难辞厥咎。准交兵部议处其所应注措事宜，亦并议奏。"

及议上，请先降公著二级。又言："向来清船常于广安岛屿栖泊，啸聚成帮，势必纠集逃犯与夫不逞之徒狼狈为奸。始虽小群，终成大伙，其渐诚不可长。且撞山是我边界，地利可因，彼既占便宜，又从而为劫、为匪，乃省臣不之管顾。如谓洋外遥隔势不可居，则他国之人尚可远来居住，岂以我之人民于我之土地反有不可居住之理乎？请令公著亲往其地看验形势，何处可以驻守者，量设屯堡炮台派兵驻防，以为久计。招募民居，结立邑里，随便生涯，务可声息相通、易于照应。仍由广安不期派出兵船巡哨，晓以疆界截然。如彼清船敢有越境驶来，则不论船内有无攻鱼器具、是否劫器，立将人船捉解，尽杀无赦，不可姑息，苟容反为所卖。此外别有情形，亦听熟筹入奏。又向来商船失劫，多是乾榔

① "言"，似为版印漫漶所致，视其形及揣以文意，当为"吾民"之"吾"字。

铅钱，均非清人支用通行之物，必彼等以所掠与广安土民贸易盗买米粒，土民亦利之，听彼站洋，恬不报告，积习有所自来。请由公著转饬广安，严戒所在总、里，凡见土民尚敢与清商交通盗卖米粒者，即拿送官，按律重治。总、里用情容隐，亦以其罪罪之。如是，则盗贼之巢穴既除，即清船之奸巧无所措，而海匪可期于永贴矣。”

帝从其议，复遣监城率队黎德好往，据省派向引，于撞山一带并一切岛屿海分周行相度，山上山下何处可以设立炮台城堡？水澳何处可以停泊兵船？何处有土可植？何处有泉可饮？有无我民及清人居住？就中自何岛屿达岸？是何方向？丈尺里数几何？海路萦迂何深何浅？山行曲径何易何难？清匪每于何处栖居？官兵当从何路摄剿？凡所在山形水势，一一绘成图本，递回呈进。

——《大南实录正编第二纪·圣祖仁皇帝实录》卷一百九十三，八至十七；[367] 4281 – [369] 4283

明命十九年（清道光十八年，1838 年）夏五月……广安护抚黎育德有罪免。德带领兵船巡捕海匪，才至河屡【**地名，属横蒲县**】洋分，闻前道捕弁陈琌等遇匪战于箸岛，迟留不赴援。适风猛，弁兵为匪所乘，压没其船，伤亡者甚众，德狼狈引兵而还。帝闻之，即谕令总督阮公著亲率师船迅往追剿，兼因便相视撞山形势，熟筹防剿机宜，妥议续奏。黎育德革职，逮系来京。下刑部议，竟得斩监候。

——《大南实录正编第二纪·圣祖仁皇帝实录》卷一百九十三，三十六；[379] 4293

明命十九年（清道光十八年，1838 年）秋七月……海阳总督阮公著亲率兵船往广安洋分捕匪，具疏以闻。帝谕之曰：“尔须茂展，猷为以称委使。”

——《大南实录正编第二纪·圣祖仁皇帝实录》卷一百九十四，八；[384] 4298

明命十九年（清道光十八年，1838 年）秋九月……海安总督阮公著大队兵船分道直抵撞山围捕海匪，阵斩一馘，匪舍舟登岸走，官兵追之，擒斩多数，尽获其船艘、炮械。捡见庐舍五十余屋均有劫赃，山间栽植花谷五百余亩，悉毁破之。事闻，赏在行管卫、奇各纪录二次，率队各一次，兵勇普赏钱三百缗。著乃与京派监城率队黎德好相视撞山形势，描绘图本递进，疏言：“撞山左右又有东撞、西撞、南撞、潭撞互相辅佐，东边一带山高而树郁，中有一派号通同江；西南一带山岭低平，其下宽坦，其土肥沃，清人居聚常至五百余家，向来广安委为不可到之地，遂成棍匪巢窟。然彼之邀劫必于万宁之大小海口【属永殖社】，攻渔必于云屯之晕村【属观烂社】、葩封之幽囊【地名，属真珠、春盘等社】诸洋分，能截其来路则不敢越洋，严其防御则不能邀劫。拟于撞山东边之潭澳、西南边之倘澳上各设一巨堡，堡设管卫或管奇一、兵五百、船二十艘，倘澳之左，潭澳之右设一炮台，高处各设橹楼、火墩，前沙洲则立船厂。惟海外声息难通，须左右护应，始保无碍。其大海口之该澳、云屯之晕村各设一堡，该澳堡左设炮台，右设火墩，弁兵二百、船六艘；晕村堡止设一火墩，弁兵一百五十、船四艘。撞山倘有缓急即起火号，此二堡亦起号，一面率在堡兵船，一面飞咨万宁、葩封、云屯等州县以及省城齐来策应。如此则声息相同、照顾得敏，海疆可以永奠矣。再撞山成田已得五百余亩，其留戍之兵给以田器使之垦植，不出一年，支度裕如，亦不须重给饷米。至如万宁、葩封、云屯土目及其手下，均是惯耐风涛可堪战斗，请募土著人一奇十队，队五十人，以资差派。且今节入深秋风雨不测，姑返回葩封，俟风信顺便，再往撞山料理。又万宁接壤之永安州罗浮【峒名】、竹山，本是我国地界，兹亦可图收复。”帝谕之曰：“向来海匪多有窃发掠商，朕已料其必以近海诸岛为窝藏之窟。兹据奏，果有撞山一带岛屿迂迴可以潜伏，沃土肥衍可以营生，现在清人居聚至数百余家，栽植至五百余亩，且检有盗赃劫器。事状昭然，若不早图剿逐，递年渔船千百纠合成帮，实为逋逃之一大渊薮，萤火蚊雷势必日滋月长，何能静贴洋氛？此乃尔未了之责，必须再往妥办以告完事。其所拟择地设立屯堡炮台、募土著充屯兵多属合理，但一番注措须要十分妥善，俟后周行相视、熟加筹拟奏上，再降旨行。至如永安州罗浮、竹山地界，乃是海滨僻壤，事属经久，图籍难稽。今若向广东移文，我以得地为荣，则彼必以失地为辱。事关疆索，必不免多费辩折之辞，反为不善。惟边鄙居民处所多无确据，或由广安派人向所在竹山汛员说明此地原属本朝疆籍，自应交还。俾潜移默转于辞语之间不动声色，而他自然退听，斯为美矣。”

——《大南实录正编第二纪·圣祖仁皇帝实录》卷一百九十五，七至十一；［404］4318－［406］4320

明命十九年（清道光十八年，1838 年）秋九月……谅平护抚陈玉瑶请安折言：“省辖接连清界，递年清人多有投来，商贾营生不下数百，须有照管俾相统属。请至今冬关津较价之期，揭示铺户有愿领管者听投单受纳今年税例。”帝准户部议，听遴出明乡额户堪干者一人，使之照管其事。凡清人乞往省辖，验果良善，带有其国州牌，即引领省凭、随便生理。敢擅自行商佣雇者，拿解惩办。其自二三月投来，留至六七月返回者，人各输税钱三缗；留至八九月或年底始回者，人各五缗。年底照所收之数修册钦递，不必较价。寻复准高平依此例行，改定税钱人各五缗，不拘月限。

——《大南实录正编第二纪·圣祖仁皇帝实录》卷一百九十五，十六至十七；［409］4323

明命十九年（清道光十八年，1838 年）秋九月……改定南圻诸省清人傜税。清人各帮有物力者岁纳税钱人各六缗五陌，无物力者半之。至是准户部议，凡有物力者照依别纳，明乡社壮民岁纳人各白金二两，民丁一两，无物力者减半，限满三年一例全征。其明乡及清人如有情愿代纳钱者，并听。

——《大南实录正编第二纪·圣祖仁皇帝实录》卷一百九十五，二十三；［412］4326

明命十九年（清道光十八年，1838 年）秋九月……帝闻郡主玉云许清商铺户煮卖鸦片自取羡利及属城土民多有设场窝赌者，谕将军张明讲、参赞杨文丰验实以奏。讲等奏言：“藩俗从来以二者为利，凡支给兵饷及兴造器械、船艘皆于此取给，所以因循未革。”帝曰：“鸦片毒药与赌博戏局均能蛊溺人心，使之倾赀破产，一有陷于其中，每每迷而不悟。是以朝廷立法于二者条禁尤严。镇西既已隶从版籍自当凛遵法纪，无少逾越。乃彼只见小利，而不知伤紊风俗其害甚大，况在城弁兵驻防并汉民往来商卖动以千万计。若不严禁，则非惟土人陷溺日深，且使兵民渐染恶习冒犯宪章为害更甚。其派出吏部郎中黎谦光、户部员外郎阮有持充为钦使，赍捧敕谕由驿前往，提出镇西库钱一万缗，宣谕赏给郡主玉云并属弁掌卫龙壬于以至藩目等，仍剀切开示之，将军、参赞等亦须加心申饬。其原设烟赌局并禁，若不悔改，严参惩办。至如僻远土民未能尽革者，准一二番开导，使他以渐丕变。倘犹故犯，亦按律重治毋赦。”

——《大南实录正编第二纪·圣祖仁皇帝实录》卷一百九十五，二十八至三十；［415］4329－［416］4330

第十二册

明命十九年（清道光十八年，1838 年）冬十月……户部奏言："近来诸地方报，有清船因风泊入，恳请寄碇俟顺，其应征税例，或全免、或半减，诚所以轸恤远商也。惟清商巧诈百端，未足尽信，就中或妆作遭风情形投入诸汛分，托以寄碇俟顺为辞，留泊至五六月之久，间有潜将货项暗卖，想亦其势之不能无所，应酌定章程以防弊窦，请凡商船有因风投入诸汛分寄碇者，所在官验果桅柁损折、帆索断裂，确有风难实状而船内货项皆空，与虽有货项而止是暂停取办薪水，旬日内即去者方得声请免税，余如船内犹有货项而停泊至一月以上者不论有无商卖即照应征税，额依例征收无得声请宽减。"帝可其奏。

——《大南实录正编第二纪·圣祖仁皇帝实录》卷一百九十六，六至七；[3] 4333 - [4] 4334

明命十九年（清道光十八年，1838 年）冬十月……海东宣抚阮文禧、巴川按抚枚有典有罪免。先是安江按察段元统、领兵阮登暄物故在省，派拨清人陈必童船载归榇及其家眷十人送贯。必童于行间尽投于海，夺取登暄之妾并财物而东，及同船清人黄令等还巴川府。禧原为布政，与枚有典，知情受贿，纵之远飏。至是始发，并革职拿锁，交张明讲、杨文丰鞫之，及案上禧坐绞候，典发边远充军。帝谕户部曰："本朝提封孔厚，土地肥饶，清人偷来生理为数较多，朝廷柔怀远人，亦不之禁，奈彼等狡诈百出，多有私将米粒暗投清国，与潜往下洲再买鸦片禁物将回兑卖，这般弊窦屡经破案，前经准依经略大臣折议，禁清人不得出海通商诚为杜弊防奸设也。兹安江发出清人陈必童之案，其惨毒情形不觉令人发指，而究厥所由，亦在地方官轻率派委，致凶悍得肆其恶，可传谕南圻各省以至诸地方督抚、布按等各宜遵依条禁，凡清人投来生理，只许江道往来，商卖不得出海行商，及在辖一切商船越海营商者亦不得雇借清人为柁工、水手，违者罪之。严饬诸汛守御加心盘诘，如有清人借船出海营商及暗从辖民商船搭往者即拿解严惩，倘或盘核不周及知情故纵，不惟汛守从重治罪，地方官亦交部严议。”

——《大南实录正编第二纪·圣祖仁皇帝实录》卷一百九十六，二十五至二十六；[13] 4343

明命十九年（清道光十八年，1838 年）冬十月……海安总督阮公著巡捕兵船在葩封真珠【社名】洋分遇清匪船六十艘，与之战，管卫阮文语等收获小杉板三艘并械杖，适东风转盛，复驶往云屯。俟顺以闻，且言匪辈徜徉海外，乍聚乍散，我兵船不便长留，请于匪向来常栖泊处设立屯堡、炮台，严加防御，其所需石灰多数应由海省雇拨兵民煮办。帝曰：“尔亲领大队弁兵出洋剿捕，要须直抵撞山攻破匪徒巢穴。虽节届冬天风浪屡作，然岂无何日稍获恬静可以乘便放驶？乃以风涛托辞淹缓！又区区于烧煮石灰，此亦何关紧务？所办殊乖缓急之宜！兹当如何督率兵船疾速前进，务将撞山一带匪所啸聚停泊等处大加搜捕擒斩无遗，此为先著。随即历观形势，筹办善后事宜，方为不负所委也。至如捕弁与匪对仗，虽无斩馘擒渠显状，而当场收获船艘械杖，亦属可嘉。阮文语等准各赏纪录一次，弁兵普赏钱一百缗。”

——《大南实录正编第二纪·圣祖仁皇帝实录》卷一百九十六，三十四至三十五；[17] 4347

明命十九年（清道光十八年，1838 年）冬十二月……海安总督阮公著在云屯州晕村闻依琴山外有清匪船五十余艘，即派在行兵船分为五算趁夜前进，会东风发波涛震荡，将曙，匪船各扬帆脱走。有一艘未及起碇，前算率队阮功劝等乘轻快船赶到，斩一馘，余赴海死。著以事闻，且请暂回广安俟顺再往撞山剿办。帝谕之曰：“尔此行许久，顿兵糜饷，海匪尚尔结成大伙，律以军政，将复何辞？但所遇事势稍难，未忍遽加之罪，姑从轻降一级。且此匪站洋最为海商之梗，今既明知潜聚的处，则剿捕之机诚不可缓，倘能于月内再去办清固好，不然亦准于开正复往，期将此匪一举尽灭，以及善后事宜悉心整理，毋得讬故迟延也。”

——《大南实录正编第二纪·圣祖仁皇帝实录》卷一百九十七，二至三；[21] 4351 – [22] 4352

明命十九年（清道光十八年，1838 年）冬十二月……准定嗣有清商带来清国铜块输官者，为给直【铜一百斤给钱五十缗】，敢犯禁私卖者罪之，其赃入官。

——《大南实录正编第二纪·圣祖仁皇帝实录》卷一百九十七，三十六；［38］4368

明命二十年（清道光十九年，1839 年）春正月……海安总督阮公著亲领大队兵船复往撞山哨捕海匪。疏请于云屯之晕村、万宁之永殖【社名，即大海口接近竹山白龙尾】各设一堡【堡城四面各长二十三丈，脚深一尺五寸，身高五尺，前面砌石厚二尺五寸，中级实土三尺五寸，内级砌石二尺，前后两门并竖木柱，高九尺，上层为橹楼，下列门扉，左设炮台、右设火炖各一，其炮台照随山势，面广二三丈，上下高四尺，深一尺，外砌石，厚四尺，中实土】，委海阳省领兵仝伯喧督办；葩封之春盎【社名】设一堡【四面各长十九丈三尺，高厚门式如前，右边设火炖一，无炮台】，委广安省副领兵丁文安督办。许之。

——《大南实录正编第二纪·圣祖仁皇帝实录》卷一百九十八，十四至十五；［45］4375－［46］4376

明命二十年（清道光十九年，1839 年）春正月……镇西参赞杨文丰请安折言："城辖册籍原有清人投寓，属镇西者八帮，属巴川者十四帮，人数凡一千二百余，税例听从安抚照办。又在镇西别有清人六户三百余人，岁纳油脂人五十斤，事体颇属不一，经询之掌卫茶龙、卫尉罗坚，皆云清人二十二帮自招归于兹，税例不复由安抚登纳，且彼等适我乐国居处营生，既成帮簿，岂应无所隶属而付之一向逃征者乎？兹请清人诸帮其属镇西者由粮储道，属巴川者由安抚使，岁征银税，人各二两，愿纳钱者听照市价折纳，嗣有招成帮者，视此为例。"帝然之，谕令如有清人间居于村邑滥册者，亦登籍征税。

——《大南实录正编第二纪·圣祖仁皇帝实录》卷一百九十八，二十一至二十二；［49］4379

明命二十年（清道光十九年，1839 年）春二月……命义安派探南掌、万象诸国。帝谓枢密院曰："客年南掌委人请罪，再恳输诚纳贡。朕以前此为暹嗾使侵扰镇宁，致令逐回其使，顾彼一穷僻小邦屡苦于暹胁制不得自由，其瞻仰本朝亦出于向化悃诚，原无他意，今未审其国已未宁静？暹虏有无使监其国？又年前万象为暹所灭，国长阿努之子曷蛇芃窜走何处一向无闻，其国城今有何人居住？抑尚留为荒莽？虽边夷僻远，得失无甚相关，然亦不妨一番访探以详虚实。可传谕乂安省臣委员往探，此外别有闻见，亦一一登记，俾悉情状。”及派人还，言：“初至万象，见暹牢民居相间，依开有一大堡，暹兵守之，国城委为荒莽，其曷蛇芃年前乘船窜走，绝无影迹。复往南掌，见有暹兵留守约二百余，半住城中，半住江南岸，其国长已没，暹人立其子镄朗为国长，弟曷蛇笔为副，皆居于国城。”省臣具以入奏，令赏探子钱五十缗。

——《大南实录正编第二纪·圣祖仁皇帝实录》卷一百九十九，十七至十八；[59] 4389 – [60] 4390

明命二十年（清道光十九年，1839 年）春三月……海安总督阮公著巡捕兵船在云屯洋分，见清渔船户开尾、虾罟二帮泰合利等将所获匪渠李公宋及其伙十六俘五十余馘并船艘炮械诣军献纳，言彼等本以渔商营生，近因此党掠商，为其所累，致并力协捕获之，请以事转达，俾得于洋外攻渔，受纳产税。公著即出花银一百元、粮米一百方赏给，令各回唐。彼等恳愿为氓，与明乡同例。著具以入奏。

帝谓机密院曰：“初得报弋获清匪，以为官兵杀贼立功，及至披览之下，则是倩彼商渔船户拿杀以纳，因人成事，深为阮公著耻之！但彼船户等灼知祸福，能出力擒斩匪伙，亦有微劳，准增赏钱五百缗。公著所办银米支帑还之，至如彼等所请为民纳税之事，交户、兵二部妥议具奏。及议上，以为彼之所愿如果出于肫诚，朝廷一视同仁，岂应拒绝？然既愿为之氓，亦须有所著落，若只于海分攻鱼纳税，则重洋之外来去无常，将谁为之管束？请应由督臣即于广安沿海之地，相其闲旷既无险要可凭，又有辖民联比可相牵制者，使彼挈眷偕来，立庐舍，建村邑，设头目以率之。不可委以撞山一带岛屿蟠结聚居，养成他日负隅之势。仍据人船见数，酌定税例【每人岁输银税依诸辖清人例，有物力者二两，无物力者一两。船中心横梁自五尺至六尺九寸照征船税例，横梁自七尺以上照代役船税例，各加二成。如征船横梁五尺，例纳税钱十缗，此渔船，加为十二缗。代役船横梁七尺，例纳税三十一缗，此渔船加为三十七缗二陌，以此推】。又于船头两脸令涂绿色【清国渔船、匪船两脸多涂朱色，故绿以别之】，给以省牌听出海攻鱼生业，船内并不得附带兵器、禁物。倘匪伙啸聚在何岛屿或往来在何洋分，能出力拿解者赏之，通同容隐者罪之。凡此等条，宜催集彼等当面开示。如肯一一遵依，则择地分插。若止愿站住洋面，朝去暮还者，是则目前讬辞图为缓兵之计而无情愿为氓之诚，当即尽驱逐之，毋使得售其巧。”帝允其议，令即录送阮公著遵行之。

——《大南实录正编第二纪·圣祖仁皇帝实录》卷二百，十至十二；［71］4401－［72］4402

明命二十年（清道光十九年，1839年）夏四月……海安总督阮公著率兵船再往撞山，搜获匪党四犯斩之。仍招抚其民，凡得一百八十人，立为向化里，随其所居分为东西南北四甲，置里长、甲长以管之，隶于云屯州登籍受税。疏入，帝许之著。又遵谕催来开尾、虾罟二帮头目，令据人船见数著簿定税【人数男妇七百六十余人，船数七十余艘，以三月、十月两期递纳。税例，每艘横六尺以上岁输花银十二元，五尺以下六元，每元重七钱】，饬挈眷偕来，择地分插。彼等皆云生居水面，若一一登陆，有妨生理。恳俟择每帮一二人投寓，余递年以四月回帆、九月复来。著乃量设帮长、帮目，其船头两脸改涂绿色，各给以木牌【牌方一尺，涂白色，一面书“渔户税船”四大字，一面纸贴书“明命二十年四月日给牌”，渔户姓名押用关防】，插于船尾为识。间有开尾帮留来、冼成德等男妇五人分为二灶，居之东山脚下【属云屯观烂社夹沙洲处，每灶给地一亩】。具以事奏，且言事属一初节候已晚，渔船多先回去，就中册籍所记长横尺寸想亦未得详确，请至九月来期覆校。帝以所办照之原议颇相抵牾，复令户部详议之。

——《大南实录正编第二纪·圣祖仁皇帝实录》卷二百零一，三至四；［82］4412

明命二十年（清道光十九年，1839年）夏四月……广平日丽汛、河静口汛诸洋分海匪叠发，所在汛守与省派捕弁击走之，援免商船一无所失。帝闻而嘉之，复谓兵部曰：“此匪惯于洋面乘间掠食，未遭一番大创，势必复来。可传谕省臣严饬所辖诸汛巡洋兵船往来搜缉，再飞报京派捕弁从稍远洋面占断上风扼截，如撞著匪船，悉力穷追剿杀，毋使脱漏。”

——《大南实录正编第二纪·圣祖仁皇帝实录》卷二百零一，十四至十五；[87] 4417 – [88] 4418

明命二十年（清道光十九年，1839 年）夏四月……海安总督阮公著自撞山还，闻廉州峒民劫掠万宁州边界所在安良【社名】，民与之斗，有为所伤毙者，乃疏请行咨两广总督严饬查办。帝曰：“幺麽小匪何必遽咨两广，动致稽延！”其令广安移文钦州转报廉州，略云本辖之与廉州地势毗连，而此界彼疆截然有限，乃廉州之民辄敢越境潜来杀掠边氓，不难立派弁兵前往扑灭，但疆域分明，恐违条禁。祈转咨廉州设法查缉，务获这劫全伙，到案严惩以宁地面。不然，不免禀到两广总督大人，则纵劫之咎更将谁归恐有大不利也，惟早图之。俾他屈理畏罪，不得不加心缉捕矣。省臣阮同科并州员以许久不报，各坐降。及广安发递移文，钦州不认亦不答，乃命礼部照理缮具公文投递两广总督查办之。嗣而，两广总督林覆，叙公文到日，即派委知府秀山、文禧等会同查办。经究，当此钦州峝民范添条等与万宁州村民因以口角酿争，殴毙二命，实非有抢劫情状。惟杀人之犯律应抵偿，现经檄饬府州，严拿寘法以儆凶顽。至如钦州不认广安文移，殊属拘泥，已将州判谢芝生等分别示惩。嗣后，边疆交涉事件如系寻常细故，仍照旧章由万宁州移咨州判认办。设遇有应查要案，经广安省咨移州判，亦即接收赶紧办理，庶免迟误。

——《大南实录正编第二纪·圣祖仁皇帝实录》卷二百零一，十五至十六；[88] 4418

明命二十年（清道光十九年，1839 年）夏四月……南兴船派员自广东还，言向来此省城许红毛国人列肆十三行，贮卖鸦片，清人多吃之，新督林则徐以其犯禁严收其赃物至千余桶，犹派查捡未已。①

——《大南实录正编第二纪·圣祖仁皇帝实录》卷二百零一，二十四；[92] 4422

明命二十年（清道光十九年，1839 年）夏五月……平定有清匪船窃

① 捡，同“检”。

发于施耐洋分，掠商船而去。事闻，捕弁领兵潘文许及省臣尊室俍等各坐降。

——《大南实录正编第二纪·圣祖仁皇帝实录》卷二百零二，八；[99] 4429

明命二十年（清道光十九年，1839 年）夏五月……遣办理户部潘清简往太原开采送星银矿【属通化府辖】。帝览清国京抄，见清直隶总督琦善言我国送星银矿极旺，而仅征商税，听清人采取岁得纹银二百万两，暗赍以归。因派御史阮文振就递勘验。振奏言：此矿银气稍旺，试采之，则用工亦请应照原征税，额量增其半【原额一百两，增五十两】。乃命清简带同侍卫护抚驿往矿所，拨省库钱四五千缗，厚雇多人并与矿夫等采办，仍据施工难易及所得银数多寡，每十五日一报。

——《大南实录正编第二纪·圣祖仁皇帝实录》卷二百零二，二十三；[106] 4436

明命二十年（清道光十九年，1839 年）夏五月……遣正四品散员张好合、阮文功、潘显达等带同随办人员分乘南兴号船及清船各艘如东公务。

——《大南实录正编第二纪·圣祖仁皇帝实录》卷二百零二，二十四；[107] 4437

明命二十年（清道光十九年，1839 年）夏六月……高平赋博、内占【二社名】山分金气发旺，有清商情愿领征，岁纳金砂四两，输卖四两。省臣以奏，户部斥其税额过少，乃不之许。准省臣派属会同所在和安府员募人开矿，名赋内金矿，照依宣光仙桥例行。

——《大南实录正编第二纪·圣祖仁皇帝实录》卷二百零三，三；[110] 4440

明命二十年（清道光十九年，1839 年）夏六月……京派海运号船自南定还，过河静口汛洋外遇匪船突来邀截，分坐率队邓文庄忙张无措伏于船柁，匪遂登其船，斩杀兵丁数人，夺取炮械而去。

——《大南实录正编第二纪·圣祖仁皇帝实录》卷二百零三；[112] 4442

明命二十年（清道光十九年，1839 年）秋七月……黄沙派员水师率队范文卞等前因风涛散落，至是陆续抵京。询之，云："赖有水神呵护。"

命礼部于顺安汛择地设坛，以太牢礼品向洋外赛谢之。赏范文卞及随派员弁兵民钱有差。

——《大南实录正编第二纪·圣祖仁皇帝实录》卷二百零四，三至四；[121] 4451 – [122] 4452

明命二十年（清道光十九年，1839 年）秋七月……派员潘清简至太原送星银矿，雇募矿夫开采。以工程艰涩，疏请厚给雇工钱米并月支祈神礼品。帝曰：“此役其始虽不无艰涩，而将来成矿银数加多，岂不更为无穷之利?”乃令照所请增给之【**矿夫月给钱三缗、米一方，冶匠钱六缗、米一方，各增钱一缗。祈神月支钱十缗增为十五缗**】。再准自清简以下至省派吏役兵丁所支俸饷钱各加半倍。寻因派员御史阮文振疏言仁山矿亦属通化府辖，银气最丰旺，矿夫现采者至三百余，请量增税额。帝复命清简量摘随办侍卫、护卫协同省派留办送星矿仍即转往仁山矿，雇清人或所在民并与矿夫开采，其雇工钱米、祈神礼品一依送星矿例行。

——《大南实录正编第二纪·圣祖仁皇帝实录》卷二百零四，十五；[127] 4457

明命二十年（清道光十九年，1839 年）秋八月……镇西协赞高有翼条陈边事：“一言城辖垦田，凡得一千四百余亩，偶因水旱难以施功，经访美林、真材、平暹诸县多有沃土，但地势悬隔，未便派兵耕作，惟海西地属肥饶，请摘出戍兵一卫派往垦植。一言南圻六省之民逃流者，多于城辖潜隐，随地营生，请由所在招立邑里，又清人投寓多为番人冗扰，亦请因而抚之，束成帮户，其租税俟干止既宁居聚日众再议征徵。一言从前土俗头目各有分土分民，为之民者一惟头目是听，请嗣凡大小藩职悬缺不必设置，如何职有关兵民事务，由城择其有心向慕者奏请量与职官充办。”帝谕之曰：“屯兵积谷乃是防边要著，向来弁兵驻防屯植已有定所，不须移彼就此徒事更张，况此辖最为广漠，沃土居多，以有限之戍兵岂能一一派往垦治？无论海西一府，即如美林、真材、平暹诸县，既已访得肥土可耕，即宜令所在土兵、土民随便垦植。彼今既为吾民，如能教导使之勤力农亩，谷粒加多，则彼之所有即吾之所有，他日战守可资亦计之得也，何必摘派戍兵为哉？又此辖地广利饶生涯便易，南圻六省之民多于此逃寓，兹所在各县既有流官，可饬察访辖下如有汉民流寓及清人投寓者，各于莅所之左右构居生理，仍照随人数多寡设立村邑，俾彼此沾染，尽成汉民，不必别束清人为帮户也。至如土民新隶版章，革俗亦以其渐，前经谕令，凡有设置土人职官，要将有心向慕及著有功状者推补，俾知感劝。惟藩职名目不知在彼有无私设，夫郡主以及藩僚既受朝廷职官，是为朝廷臣仆，岂可尚循旧俗别置名色？准将军、参赞等传旨郡主，嗣凡藩职缺出必须关白，如应设者由城遴择，奏请补授朝廷职官充办，不应设者则止，不得私自设置，俾知黜陟大政出自朝廷，以一人心定民志。”

——《大南实录正编第二纪·圣祖仁皇帝实录》卷二百零五；［136］4466－［137］4467

明命二十年（清道光十九年，1839 年）冬十月……南定捕获爷稣道长丁曰裕、阮文川【均本国人】，令跨十字架，皆不肯。省臣以奏，命诛之，赏诉获者钱六百缗。又有道长阮文韶潜隐民家掘土穴以遁形，立重壁以藏道经、道器，又作《叹道吟》诱从道坚心守道。省臣派探获之，韶乞跨过十字求免一死，省臣以其情罪较重，所愿非出真心，请问斩决，从之。赏省派钱一百缗。

——《大南实录正编第二纪·圣祖仁皇帝实录》卷二百零七，二；［162］4492

明命二十年（清道光十九年，1839 年）冬十月……安静总督枚公言奏言：据镇宁知府杜金俊报，称府辖居近暹地，遥隔省城，每于冬干之候，常有丑蛮潜来滋事。兹探闻依开、依汉等蛮意图侵扰，请派省兵前往以镇民心。且暹寇前为官兵杀退，二三年来不敢复动，今卒有此报，不过逃叛残氓之从暹者，倡为此说互相吓怵耳。况镇宁地险民稠，以一府之兵力自足擒制，何必动派官兵？业令以此大意晓示属府诸头目，各厚集土兵严防要路，丑蛮如敢潜来协力擒斩，倘势有不敌即飞报到省，立派大兵援剿未晚。帝以边疆要地须有官兵方资镇压，谕令派出弁兵二百，委管卫得力者一人带往，名为巡哨，若彼闻风屏迹，准姑留旬月而还。

——《大南实录正编第二纪·圣祖仁皇帝实录》卷二百零七，十至十一；［166］4496

明命二十年（清道光十九年，1839 年）冬十月……户部奏言：“向来清船要到河内发货、供税，其在南定但循例派送。既抵河内，始勘验折递。纵船内有夹带鸦片禁物及附搭洋人，途间藏隐敲诈百端，将复从何覈出？请嗣凡清船来商由南定辽栎及巴辣入口者，各从其便，所在汛守才见投来，一面派出兵船就处讥察，即令入口不得托故站洋，亦不得擅自登岸，再严禁所在渔船、商船毋得往来贸易；一面禀省派属速往饬船户缮修点目及舱口簿，如捡见鸦片、洋人者，拿解惩办。若别无情节，即依法勘度定税，由省折奏。其船户愿抵省起货者照例征之，倘愿往河内或他省营商受税，亦派人监坐送交，仍于折内夹叙凭照，及回帆派送出口，汛守再盘诘，果无附带金银粟米禁物方放之行，若捡察不周，惟南定省官吏及汛守是问，则奸商之弊无自生矣。”帝从其议。

——《大南实录正编第二纪·圣祖仁皇帝实录》卷二百零七，十六至十七；［169］4499

明命二十年（清道光十九年，1839 年）冬十月……清太平府发到其国礼部公文，叙我国与琉球、暹罗均改为四年朝贡一次。礼部以奏，帝曰：“我国邦交典例二年一贡，四年一遣使来朝。两贡并进循用已久，今云四年朝贡一次，较之向例将何以异？所叙未得明晰。”命移文于广西巡抚问之，则是改定四年遣使朝贡一次，照两贡方物减一半也，自是遂著为例【贡物：象牙一对，犀角二座，土绸、土纨、土绢、土布各一百匹，沉香二百两，速香六百两，砂仁、槟榔各四十五斤】。

——《大南实录正编第二纪·圣祖仁皇帝实录》卷二百零七，四十一至四十二；［181］4511－［182］4512

明命二十年（清道光十九年，1839 年）冬十月……帝因谓礼部曰：“朕尝见清国敕谕押用印信左右各满汉两样字，不亦烦乎？”潘辉湜奏曰：“臣闻之节次本国使部述来，清帝每有视朝与群臣论事，对汉人言则作汉语，对满人言则作满语，在廷之臣自非通晓言语者凡事亦不能详悉。”帝曰：“人君一言一动为臣下之仪，则当公诸众听以达下情，若犹有如此歧视，则上下之情壅塞不通，为臣者未免内怀疑惮，谁肯尽心乎！”

——《大南实录正编第二纪·圣祖仁皇帝实录》卷二百零七，四十二；［182］4512

明命二十年（清道光十九年，1839 年）冬十二月……申定查捡清商船条禁【凡有海分诸直省接报清船来商者，即派所在府县或属省佐领廉明强察者一人就船泊处会同汛员催船户开示令编列舱口簿，簿内取具甘结明叙，“如有隐匿寻常杂货及珠玉绸缎各项贵货，甘受计赃科罪，所隐货项入官。若敢有夹带鸦片禁物与洋人、洋书者，甘受死罪，船、货入官无悔”等字样，仍详加查捡，如捡获鸦片即将拿送，按刑部原议罪之。其有洋人、洋书，临期具奏候旨，余如捡出隐匿货项，照例并赃论罪。就中茶、药、器皿一切杂货，赃自一两以上至十两笞五十，每十两加一等罪，止杖一百；珠玉、锦缎诸贵货赃，自一两以上至五两杖六十，每五两加一等罪，止杖一百，徒三年，所隐之货并入官。若派人查捡不周，及用情故纵，别经觉出，按律加等治罪，地方失察亦议，及依据获赃分为十成，五成入官，五成充赏告者。倘商船别无情节而派员并汛守藉端滋弊，各从严办】。

——《大南实录正编第二纪·圣祖仁皇帝实录》卷二百零八；[191] 4521 – [192] 4522

明命二十年（清道光十九年，1839 年）冬十二月……户部奏言：“嘉定别纳各户有唐人屯田四耨二百三十六人，岁纳税钱人各六缗，老疾半之。且彼等本自清国投来，虽不与清人同帮，而税例岂应有异？惟据所著贯址均在南圻，各省社村不知是原清人而冒著，抑或我民而冒从唐人簿额求免兵徭。请令省臣察覈，何人确是我民贯南圻各省者，抽回受差，如有见成家产愿附籍于所寓者亦听，其余清人插入属省各帮，照从明乡例征税【有物力者，银二两；无物力者，银一两】。”帝从其议。

——《大南实录正编第二纪·圣祖仁皇帝实录》卷二百零八，十七；[192] 4522

明命二十年（清道光十九年，1839 年）冬十二月……如东南兴船派员公回言：“清总督林则徐与红毛拒战，各有死伤，未知孰胜。”帝谓侍臣曰：“红毛兵船不过数艘，林则徐以全省之兵何乃攻之不克？况红毛涉海远来，何所资粮而能久与清人相拒？岂有内为之应，有所恃而敢然乎？是不过为此顽黠之态，以示其慢耳。大清当初以一旅取天下，兵力何其雄也！此又何其委靡也！朕心实为之不平。且红毛前者为商卖而来，所以构起兵端盖以林则徐捡出鸦片抄没船货故耳。朕闻北朝皇子、藩王、文武大臣俱吃鸦片，城门市肆亦有公然排列，其国如此，何以律外国乎！况闻林则徐吃筒纯用金饰，则亦自蹈其恶。身之不正如正人何？今乃借此罪人，弄出许多事来。微之不谨，其流将至于不可遏，此后又未知其何如也。”

——《大南实录正编第二纪·圣祖仁皇帝实录》卷二百零八，二十七至二十八；［197］4527－［198］4528

明命二十一年（清道光二十年，1840年）春正月……广安布、按武仲岱、阮同科等奏言：“前者开尾、虾罟二帮渔船领原督阮公著牌给，今有虾罟帮目冯泗合、冯广利等船四十艘来泊葩封海口，请放凭攻渔，遇匪出力捕纳。经察验属实，业依所请。”帝谕令传示彼等责成以擒防海匪，如能获犯者赏。若查缉不力，一有匪徒窃发者罪之。

——《大南实录正编第二纪·圣祖仁皇帝实录》卷二百零九，五至六；［202］4532

明命二十一年（清道光二十年，1840年）春正月……帝谓兵部参知黎文德曰：“近闻清国与红毛相攻，经六七月未能取胜，夫以堂堂大国天下之瞻仰，始则失信以招兵，终则老师而长寇，成何事体！虽事在彼国而朕亦不能忘怀。以我国与清接界，从来财货百物贸易流通，今红毛为梗则洋程不通，民间所常用如药材、北茶类者从何取办？此既病商又病民也。”又问阮知方、李文馥曰：“尔等往年如东，观他卒伍兵仗如何，而红毛乃敢顽梗如此？”对曰：“清人械仗恰与事神仪卫一般。”帝曰：“兵贵精不贵多，广东兵仗若是，红毛人往来商贩已素知之，故敢与之抗耳。尔等岂不观诸京抄，清人一岁囚丁至二三万，其臣若民多犯吃鸦片者，此禁既严，人必多怨，红毛伺其隙而乘之，清人亦不能不为之虑也。”又曰：“朕尝观清将关天培《筹海》一集，见得清人不但文臣多尚文词以饬其才，如武将亦习用此术，彼《集》中所言不过饬诈以欺世人，何关实用！不然红毛侵扰，何不将操演机略以破之？而狼狈若是！询之清人，亦言天培督战，一闻炮声便走，则将略果安在哉？且当局者迷，而旁观者瞭他人得失不必深办，如我国将臣，能保其无天培之用心而不为他人之议论乎？”

——《大南实录正编第二纪·圣祖仁皇帝实录》卷二百零九，六至七；［202］4532－［203］4533

明命二十一年（清道光二十年，1840 年）春正月……南定有清船来商，船之护龙叠作四件，层层束狭，巧图减税。省臣以奏，准户部议，据最下第一件护龙勘度征税，嗣后照此为例。

——《大南实录正编第二纪·圣祖仁皇帝实录》卷二百零九，十四；[206] 4536

明命二十一年（清道光二十年，1840 年）春正月……准定嗣凡诸辖明乡并各帮清人及客户、铺户等徭税例纳白金者，各征本色，毋得折纳。

——《大南实录正编第二纪·圣祖仁皇帝实录》卷二百零九，十八；[208] 4538

明命二十一年（清道光二十年，1840 年）春正月……广安权领布政武仲岱有罪免。初，虾罟帮目冯广利与开尾帮目冼成德有故怨，因出洋攻鱼遇成德孤舟于众擒岛洋分，指为匪船，群来围杀，投尸于海。同舱等或落水或被伤死者四人，余为捉解。守静海堡管卫阮克宁以获匪谎报，岱遽以入奏。迨有旨交查，却拟广利以应恕，而五命置之不问。海安总督尊室弼闻之，具以参奏。帝曰："武仲岱擢补以来，有过无功。前者巡洋既属无状，今这案又如此率略，其即解职候审。"新补按察武曰仕【**有旨留京祝嘏**】准即赴莅护理巡抚关防，权领布政印篆办事。案成，广利等坐诛，克宁充军，岱革职。

——《大南实录正编第二纪·圣祖仁皇帝实录》卷二百零九，二十二至二十三；[210] 4540－[211] 4541

明命二十一年（清道光二十年，1840 年）春二月……河仙布政阮忠义请安折言："属省广边府辖清人投居者众，或为商户，或为业户，并未有册籍，税例惟胡椒园、槨园有税，而篙亩未分，请应建立帮簿，勘度园土，照例征徵。"事下户部，以为："诸辖清人各帮税例已有定额【**有物力者岁征人各银二两，无物力者一两**】，此亦清人也，岂应一听其漏籍逃征？请令省臣按据见数，随原贯束成帮簿，置帮长以率之，仍以本年为始，照从诸辖清人例征税。至于勘度园土，一齐起办颇属纷繁，姑且展缓。"帝允其议。

——《大南实录正编第二纪·圣祖仁皇帝实录》卷二百一十，四至五；[215] 4545－[216] 4546

明命二十一年（清道光二十年，1840 年）春二月……宣光按察杜客舒请安折言："近闻逸犯阮广凯投窜于清，与农文硕同居一处，其从省队长阮文勤、阮廷琔等并贯底定，居界清国，多有惯识清人。经饬招雇捕犯，则彼等自以为局外人未肯出力，请严谕责令协缉，则逆凯、逆硕可以指日就擒。"帝命传谕布政陈玉琳，据阮文勤、阮廷琔等责以协从阮文表悉力探拿，如获二犯到案，即重赏白金一百两，若查缉不力或发出容纵别情，严参治罪。

——《大南实录正编第二纪·圣祖仁皇帝实录》卷二百一十，八；［217］4547

明命二十一年（清道光二十年，1840年）春三月……定外国商船及关津各所折纳银税例【凡诸地方商船来商，不论清商、洋商，应征港税与北圻诸辖关津税，例应纳半银。如愿纳纹银者，定为十成银；洋银全圆者，为九成银；折碎者，为八成银；土银者，为七成银。其十成银与精银同九成银，每十两抵精银九两，八成银抵八两，七成银抵七两。听商户照色折纳，不必槩征成锭精银，敢有拣斥、偷减者罪之】。

——《大南实录正编第二纪·圣祖仁皇帝实录》卷二百一十一，六至七；［233］4563

明命二十一年（清道光二十年，1840年）春三月……广安省臣奏言："经派人会同海阳省属弁往宁海堡催齐虾罟、开尾二坊头目，使之登陆构居及于船头涂色刻字，照项纳税。彼等托词推卸，且请宽假期限。"帝曰："彼等均是清国穷民适我乐土，前者所请列为边氓供纳税亦出于自愿，原所不强，朕以经理海疆事属关要，节次准依部议行之，再听每船一二人起陆以便呼应，而身税依且宽免，诚以一初向化，姑示涵容，俾知柔怀远人之意。乃今未肯即办，本应驱逐，但据所称帮内人等有犹未就，有方干案亦属有因，姑准展三月限，转相报告，照议遵行，若故意迟延，则是罪同强盗当，即派大队兵船痛剿，尽数骈诛，毋使得徜徉于海外也。"及省派兵船再往开示，则彼等船帮先已去了，乃令撤回葩封洋分，按辖巡防。

——《大南实录正编第二纪·圣祖仁皇帝实录》卷二百一十一，十三至十四；［236］4566－［237］4567

明命二十一年（清道光二十年，1840年）夏四月……庚午。帝驾幸右面各省楼棚，至广南楼，见有最大象牙二对。谓从臣曰："昔我孝明皇帝遣使报聘于清，有象牙一枝重百斤者，今则无之。是年求封，自请则别为一国。而清廷臣皆言：'广南国【是辰，清船惟往来于广南地界，故称我为广南国】与黎乃甥舅之国，何可别封？且观广南国后当必大，占城、真腊皆为所并，黎之子孙将不能制，他日亦并而有之，宁可封之以长其势？'事遂寝。夫清人所言亦是一偏之见，如谓我国有将大之势，则理与数合，莫非天命，彼岂得而限之乎！"

——《大南实录正编第二纪·圣祖仁皇帝实录》卷二百一十二，十二至十三；［248］4578－［249］4579

明命二十一年（清道光二十年，1840 年）夏四月……瑞龙船派员参知陶致富、员外郎陈秀颖自江流波公回。帝以致富等于庆节日未及随班庆祝同预宴赉，加恩各照品赏给彩币。致富买得西洋气机船一艘以献，帝因问之曰："汝曾闻红毛谋扰广东之事乎？"对曰："臣本与富浪沙人兑买相识，他尝对臣言红毛因两广总督林则徐拿获彼国人犯，禁盗卖鸦片，或截其耳，或割其鼻，逐回以耻辱之。去年红毛曾与广东构隙，广东不能制，他知清人稍弱，乃连结大西富浪沙诸国以图之。他兵若来，虽不能舍舟以取其地，而沿海一带清人亦难为备。"帝曰："清人懦弱，我知之矣。去年红毛在广东岛屿徜徉，许久不闻画一策、驶一舟以攻之，今他复来，其势不能御，必托以林则徐之启衅为辞复与他合市耳。"

——《大南实录正编第二纪·圣祖仁皇帝实录》卷二百一十二，三十二至三十三；［258］4588－［259］4589

明命二十一年（清道光二十年，1840 年）夏六月……嘉定覈出清船匿货，具疏以闻。帝谕曰："匿货逃征狡商常态，向来诸地方勘办率略，曾无摘发。兹嘉定乃能派委干员覈出奸隐实状，殊属可嘉！其派员通判、守御各赏加一级，再摘匿货一半充赏。藩司黎庆桢派委得人，赏纪录二次。臬司阮文亦有预办，赏纪录一次。"

——《大南实录正编第二纪·圣祖仁皇帝实录》卷二百一十四，四至五；［278］4608

明命二十一年（清道光二十年，1840 年）秋七月……给广南沱瀼汛战船十艘【巨海导船五，海导船五，随船物件并战栈齐备】交专管安奠二城领兵梁文柳任守备差。帝谓机密院曰："兹闻英吉利与清国构衅惹起兵端，而我国接连清界，向来外国船艘亦常于广南茶山澳暂泊，要当先事加心巡捡，用固海防。可传谕省臣飞饬梁文柳并沱瀼汛员量派妥人日常携千里镜坐快船出洋瞭望，如见有西洋船样，只一二艘必亲往问明情形，遵依向例办理。倘战船至三四艘以外者，立即报省，省臣飞章入奏，仍派出管卫奇一，带领省兵五六百速往，会同安奠二城驻防弁兵并力防护，不得刻缓。"

——《大南实录正编第二纪·圣祖仁皇帝实录》卷二百一十五，十四至十五；[296] 4626

明命二十一年（清道光二十年，1840年）秋八月……广南有英吉利船户歇者【人名】泊茶山澳，省臣请依西洋船例征其港税。他如愿买沙糖，亦照从清商折收货税【凡所买货物值钱一百缗征十缗】。

——《大南实录正编第二纪·圣祖仁皇帝实录》卷二百一十六，十七；[315] 4645

明命二十一年（清道光二十年，1840年）秋八月……广安省臣奏言："探访清渔船户，据向化里冼大兴【冼成德之子】报，有开尾坊小渔船十余艘泊于撞山，请派人往唤回省问示。"帝谓兵部曰："撞山一带原隶广安辖分，省臣自当以辰探访，动息相闻。乃前四月期，折叙彼坊已去，没见往来捕鱼。兹却云现于撞山停泊，何其奏报有此前后不一？岂以此处僻远漠不关怀，自此向兹不曾派人确探，只徒得于传闻而含糊入奏邪？其令明白回奏。"及奏上，以前派巡洋兵船因风涛不能到处为辞，经已派人俟顺放洋往探。乃命兵部议处，并将派探撞山应在何月顺便，明定章程。及以土著人移居，俾成乐土。并议以闻。部臣寻奏言："撞山在广安辖分之南，省派人船驶往，惟北风为顺，然海程稍远，风浪难常，须照随风水节候方为稳便。请递年自正月至七月，在省例有派出巡洋船，因而探报；自八月至十二月，风候已晚，兵船例应撤回，则别派人船，月一驶往，据现在情形报省。凡常事由省妥办，倘有应奏，缮折钦递，候旨遵行。再撞山地势广漠，田土肥饶可堪耕植，兼有鱼盐之利可资贸易，而所在向化里清人不满二百，地广人稀，未能尽垦，必须多募土著人移家居住，互为防守，方能以渐开辟。且照前者在省所募土著束为巡海一二两队，节从官兵捕务，惯耐风涛，兹请先派往西撞驻守，其应设屯、竖栅、构作暂舍与夫照给船艘、炮械、饷例、钱米，由省酌拟奏办，仍增募一百人设为巡海三四两队，分班更换，俾均劳佚。又招募贫乏小民聚处营生，其兵民等有不能自办田器，官为支给，使之出力垦辟，俟成田后，听各私自营业。如是且守且耕，兵民均便，自可成一乐土，而清匪亦不待驱而自息矣。至如前次巡洋捕弁并省臣，各坐降。”从之。

——《大南实录正编第二纪·圣祖仁皇帝实录》卷二百一十六，十九至二十一；[316] 4646 – [317] 4647

明命二十一年（清道光二十年，1840 年）秋八月……钦差大臣黎文德、尹蕴会同镇西将军、参赞张明讲、杨文丰等奏言：“镇西全辖江沱洲渚，递年五六月，郡主、县君并属弁等各据本分发卖其豆蔻。递年成熟，土目令山脚民采取，郡主支银给价有差。本年江沱洲渚各所有已放卖者，亦有未放卖者，豆蔻正届成熟之期，郡主亦有发银交海西，府尉依前收买。今郡主、县君等既移居嘉定，其江沱洲渚何所已卖过者，应据专办土官等追收登库；何所未放卖者，照去年之价卖之【**江沱一百三十六所，凡得银二千五百九十两，小鸡银三千九百五十二枚，钱一万一千二百缗；洲渚三千六所，凡得银八千八十两，纩绽三千三百斤**】。其豆蔻请令海西府量派弁兵前往此山巡哨，仍申饬土民采取，尽数输官领价，毋得私向清人或暹人贩卖，至如酌定税额，恳容办清续递。再本年田土税例，经蒙恩典蠲十之三，兹应征七成，尚有留欠在民，若由府县流官照收，则土俗原据现数十取其一。因而行之，既不免涉于烦碎，而所入亦属无几；若仍听土目照收，则回纳之际恐亦未必尽实。请应豁免，俟丈量亩篙，酌定税课。遵依明谕，以来年起征为始。”帝允其奏。

——《大南实录正编第二纪·圣祖仁皇帝实录》卷二百一十六；[320] 4650

明命二十一年（清道光二十年，1840 年）秋九月……命广安派探广东与红毛构衅事，派人明乡李应利等还，以查访情形入奏。帝嘉其明晰，赏银十两。因谓侍臣张登桂、潘辉湜曰：“清国区处红毛之事何其姑息邪！近闻红毛亲就燕京叩阍，陈控总督林则徐私扰其国商船，以致惹事。清帝听其言，差人抵广东查究，将林则徐回京治罪。意者将与他作讲和计欤？夫林则徐所禁鸦片，未尝不得之君命。兹乃不当其责，竟以激变归罪于臣，是何义也！且洋人素贪欲无厌，年前与缅甸相攻，缅甸求和，则计兴师之费责其赔偿。今亦以此术移之于清。若清人受偿，必至数千万两，其辱国体甚矣！彼洋人纯用商贾之智，虽至用师亦然，可发一笑。”

——《大南实录正编第二纪·圣祖仁皇帝实录》卷二百一十七，三十二；[342] 4672

明命二十一年（清道光二十年，1840 年）冬十月……兼管都察院武德奎上疏言：“向来官船岁往外国操演，洋程因将压舱之物与洋人抵换充需，且因此觇人国之虚实动静，可以增固我国海疆之防，亦事之不容已也。惟夷狄之性见利必争，无复顾义，是以自古有国家者严以绝之，不屑与之为近利。降及近代，沿边置市与狄相交，卒之吐蕃于唐，辽、夏于宋，因利启衅殆患边方。甚者，明太祖得国之初，恃其权力，制造巨舰使郑和驾海，招致诸夷因而相与贸迁，且复爱其技巧，岁使夷人输役国中。此则开路引狄之始，不但当辰已有日本偾师之恨，而终明之世常有倭寇之难，驯至满洲之兴，而中国胥为夷狄矣！斯夷不可近之明验也。彼西方诸夷最强大者莫如大、小西，一以商买立国，苟利所在，必出死力以得之，阇婆、乌艚附近诸小国皆为其所兼并。堂堂清国一许通商，前既占取玛瑶，今复将谋台湾，驱集战船大闹闽粤，盖将为清海东不可除之痼疾，其所以杜渐防微不可不早为之计。夫不贵异物则远人格，此帝王所以拒绝蛮夷之道也。珍异之献远及四夷，此近世所以常有夷狄之忧也。且洋货最为目前美观者无如玻璃，粲然是速坏之物不可久用，矧其间所得布缎多藏无益又公之民庶以为亵服，则何曾贵此等浮靡为哉！但洋人本以利为国，原不知我意之所以来自，以为徒乐他货之所有，设又因我为居奇，洋船洋货释络而来，民人畏法不敢与之相通，若出公帑以收之又不能胜，到此拒之则生怨，将执我所以来者为辞，恐或有意外不及防之患。所当先自我闭绝往来，使视之若天之不可测，纵他欲规求于我，无所因以为名，必不敢突如其来，我之畛防不期固而自固矣！若欲察他情伪，即清船来商者量减税额，使领公项带往贸易，则诸夷情状亦可因而熟悉矣。”帝谕曰：“尔之所奏，不过以红毛与清构衅，睹目前之事而过为意外之防，盖亦不揣其本而徒得其末耳！且本国人民农桑之外，多有煮造沙糖为业，而沙糖之为物，饥不可食、寒不可衣，朝廷念重民天，递年每青黄不接之候，发公本以给诸业户，将米易糖以裕民食，则其利莫大焉。迨至派出官船操演，因取此压舱，所到洋国贸易鸟枪、火药、布缎等物，一以备军需，一以供国用，亦未为不便；况我国地居沿海，其海程险易、行船方法，水师不可以不精。向来京派洋程者，遇有差派往来，大海波涛均能驶放得宜，好去好回，并获清妥；其余差派近洋，多以船务生疏、进止忙错，因而失事者屡矣！则洋行一事，官兵谙习海程见有成效，视与不曾谙熟者，孰得而孰失乎？夫御夷自有其术，苟我提防备至，衅何从生？彼明人岁使夷人输役中国，听其杂处，所至之处描取地图，凡明国海疆险易莫不悉知，明世而有倭寇之虞，无非有间之可投也。清人利其目前银税，既许洋人登岸起十三行以通商，其失已甚；近又因鸦片盛行，势难禁遏，地方官复诳他尽将输纳照价给银，终不还他半值。他被亏本，致得执以为辞，驱集战船，大为清国沿海地方之梗。推厥惹事之由，则清人亦有自取之道也。若夫本朝之于洋人，不拒其来、不追其去，直以夷狄待之耳。间有洋船来商者，只许于茶山澳寄碇兑买，事清即令驶去，不曾许其岸上留居，所在人民亦不许与他私相贸易，其所以杜渐防微者至矣！彼纵狡黠，然无隙可抵，亦何能生心乎？夫自治者强，有备无患，兹广南之沱瀼已增设防海炮台、平定之施耐复新筑虎矶炮台以守险要，永隆之昆仑、河仙之富国各有设堡，分派戍兵巡防以戒不虞，则我之防御海疆凛然有不可犯之势。武备修，即外人见之，足以消其邪念。不惟洋人阻远不敢正视我国，虽强邻接壤亦不敢复萌窥伺之心矣！安可以明清之所以见侮者而概疑之乎？若谓官船不必派往，用以绝彼之来。则我虽不往，亦安能必彼船之不来乎？既不能必彼船之不来，又何惧而不忘也？所言殊不近理，徒示人以弱耳！况所请量减税课使清商领项往彼贸易探访情形又属不达事理，夫洋人素以善驶大船飞越重洋夸示诸国，今我军亦能乘驶不让彼长，既可慑彼之心，因而探察情状方为两得。若只委清人往探，则清人已不足信，而有所闻知亦不过道听途说，徒乱人意，安能熟悉诸夷情伪者乎！总之，见识寻常，其所奏毋须议。”

——《大南实录正编第二纪·圣祖仁皇帝实录》卷二百一十八，十九至二十四；［358］4688－［360］4690

明命二十一年（清道光二十年，1840 年）冬十月……帝以开年届如清岁贡课例，又值清帝六旬正寿庆节，命廷臣遴举二部使。乃以兵部左侍郎阮廷宾改授礼部左侍郎充贺寿正使，户科掌印给事中潘靖改授光禄寺少卿充甲副使，礼部员外郎陈辉璞加翰林院侍讲学士衔充乙副使；海阳按察黄济美加礼部左侍郎衔充岁贡正使，兵部郎中裴日进改授太常寺少卿充甲副使，户部员外郎张好合加翰林院侍讲学士衔充乙副使。帝尝谓侍臣曰："如清使部须有文学言语者方可充选，若其人贪鄙还为他国所轻，如西山使部私买食物，今成笑柄，此可为鉴也。"

——《大南实录正编第二纪·圣祖仁皇帝实录》卷二百一十八，三十二至三十三；[364] 4694 - [365] 4695

明命二十一年（清道光二十年，1840 年）冬十月……科道邓国琅、武范启等上疏言："向来如清使部尝带将物项兑换清货，以我文献之邦素为清人所重，若因奉使而兑易，恐不知者视此为轻重，未足以示雅观。请嗣凡如清使部有应买者以银两兑换，其附带之物并止。"帝曰："所奏殊不近理！夫物各出于其所产，以有易无，古今通义，即如肉桂、豆蔻、燕窝等项均是本国所有，每遇如清之期，曾有附带多少，换易人参、药材、书籍、清贵之品以充国用而已，非如市肆之贩买杂货图利者，向来已经成例，于国体何伤？况清国易其所有而得其所无，想亦未尝不乐，岂有视此为轻重邪？若谓必以银两抵换而后可，试思以银抵换与以物抵换彼此何异？其所见卑鄙不足道也！"

——《大南实录正编第二纪·圣祖仁皇帝实录》卷二百一十八，三十三至三十四；[365] 4695

明命二十一年（清道光二十年，1840 年）冬十一月……权署安河总督杨文丰自宜禾转回靖边府辖，探闻匪渠真哲之党群聚于吹巽、巴吹诸山分为梗【此等处均属河阳县辖，与坚江县相接】。……具以事闻……帝谕枢密院曰："……真哲，匪中最黠，准增悬赏格，不论汉土兵民及清人、蓝人，谁能擒杀到案者，赏钱五百缗再授队长。"

——《大南实录正编第二纪·圣祖仁皇帝实录》卷二百一十九，三十七至三十八；[391] 4721

明命二十一年（清道光二十年，1840 年）冬十二月……礼部预撰如清使部应对语并稽查我使班次以奏。帝曰："班次一事，是年前清国礼部失于排列耳，初岂有我使班在高丽、南掌、暹罗、琉球之次之例乎！且高丽文献之邦固无足论，若南掌则受贡于我，暹罗、琉球并是夷狄之国，我使班在其次，尚成何国体哉！倘复如此排列，宁出班而受其责罚，不宁立在诸国之下。这事最为要著，此外则随事应答，不必印定。"阮廷宾奏请："抵燕京先纳贡、贺表文，即将班次事禀到礼部辩说，以观其意。如或不许，则具表候旨。"帝是之。

——《大南实录正编第二纪·圣祖仁皇帝实录》卷二百二十，八；[397] 4727

明命二十一年（清道光二十年，1840 年）冬十二月……户部员外郎加翰林院侍讲学士衔充如清岁贡乙副使张好合，前者如东公回所得赔赃未清，至是，藉以出差故意延宕。尚书何维藩以事面奏。令即革职，交刑部严追。

——《大南实录正编第二纪·圣祖仁皇帝实录》卷二百二十，十九；[402] 4732

明命二十一年（清道光二十年，1840 年）冬十二月……初置兴化昭晋、沱北、枚州各州流官【从前均设土知州】。兴化护抚魏克循奏言："属辖宁边州接近南掌，其民多投寓于州辖著籍受税，而其国常派人越境别收税例，因而抄掠屡为州民之病。今若派兵往戍，则地远瘴深，恐亦未便，请摘在辖军流减死为兵，五十余犯并与原拨土兵三十人附守州堡。"帝准兵部议，令束兵、犯等为宁边队，遴属省率队一、队长二以管之。

——《大南实录正编第二纪·圣祖仁皇帝实录》卷二百二十，二十五至二十六；[405] 4735 – [406] 4736

第十三册

绍治元年（清道光二十一年，1841 年）春正月……议邦交事宜。敕礼部详查故典，凡遇国孝告哀与请封国书如何？贡贺【凡如清例，四年遣使一次，是年正届贡期，又值清帝六旬庆节】使部进止如何？礼部言："故黎邦交，凡遇国丧遣使告哀，书内但言嗣君权守国印，俟命于朝。无请封专使，亦无另表。又故黎岁贡，遇有国丧，使部免其进关，品仪由告哀使并递。今既有贺贡，又有岁贡，二使部并进，事体稍不同，从无办过之例。"谕之曰："哭则不歌，吉凶不同，体也。既以哀告，要无可贺之理。清国重在贡，贡且免，况贺乎？今当缮国书遣使告哀，如向例办。先咨两广督抚审阅，为之题达【凡国书由广西详阅发递，惟告哀大事并有广东总督审阅，仍专有广西巡抚题达，其清国咨文接于我者，亦由广西不由广东】，俟清国来咨，进止如何，照办为妥。廷臣择候命及可使者，速以名闻。去冬二使部阮廷宾、潘靖、陈辉朴、裴日进、邓辉述等各撤回京，惟黄济美及行随人等姑留河内静候，品仪并留此俟办。"是日，廷臣议以阮廷宾、黄济美充正副候命，以署工部参知李文馥、署乂安布政阮德活、办理兵部裴辅丰充正副使。折上，报可。召阮德活驰驿来京。

——《大南实录正编第三纪·宪祖章皇帝实录》卷一，十三至十四；［26］4768

绍治元年（清道光二十一年，1841 年）春正月……命廷臣拟撰问答条款以授候命。谓礼部曰："阙上问答只是设为之辞，未必他便有问，但其间亦有要处。明命初年国丧以七月告，今年以正月告，迟速不同，一也；封使未行，先用国印，二也。夫天下之事有常有变，处事之宜有经有权，前次国恤非遇岁贡之年，今则适当其年。而使部开关期在二月，事有缓急，故报有迟速，惟其当而已。国印示征信也，在清国则为锡封，在本国则为传世，表文内已有奉守国印之语，国书用之也，自不妨。他若见问，我则有辞。此等大意，转详廷臣斟酌拟办。”

——《大南实录正编第三纪·宪祖章皇帝实录》卷一，十四至十五；［26］4768－［27］4769

绍治元年（清道光二十一年，1841 年）春正月……遣使如清告哀，以署工部右参知李文馥为礼部右参知充正使，署乂安布政阮德活为礼部右侍郎充甲副使，办理兵部裴辅丰为光禄寺卿充乙副使，冠服赏给加一等，特格也【常年例赏：使部冠服，正使正三品，甲、乙副使从三品。是年，正使赏正二品，甲、乙副使正三品，又加赏正使、甲副使宝蓝纯线素绸广袖短衣、天青二则团花八丝缎狭袖短衣、老绿羽丝狭袖衣各一领，玉蓝南素绉纱衿一腰；乙副使并同，惟无广袖衣一领，增给乌袍角带冠服三副；行人礼服八副】。

——《大南实录正编第三纪·宪祖章皇帝实录》卷二，八至九；［35］4777

绍治元年（清道光二十一年，1841 年）春正月……以兵部右侍郎阮廷宾加礼部参知衔充正候，命海阳按察加侍郎衔黄济美署礼部左侍郎充副候命【乌袍、角带、冠服各一副，谅山省臣同加赏，宾白金六十两、美四十两】，宾等驰驿前发，使部陆续分起，俟日进关。

——《大南实录正编第三纪·宪祖章皇帝实录》卷二，九；［35］4777

绍治元年（清道光二十一年，1841 年）春二月……署安河总督杨文丰剿匪于巴川，连破之。巴川土目山卒【原管奇】潜通镇西土僧谋图滋事，清人陈林【原安抚使】有私船二艘，为知府黎光谦胁取，因挟怨纠伙与之合，众至五六千，攻破永定县，围逼巴川府堡，知县黎文成弃衙走，摄府阮德成固守待援。丰在静边闻报，即与副领兵阮惟壮、率副奇朱文宣、阮文俊驰往赴之，先复永定县莅，杀开梗路直抵巴川，副管奇阮文文刺出，山卒死于阵，陈林复纠集无赖清人数千屯札于罢敲市【即永川县】，筑垒据险，树栅截沱，官兵饷道阻梗，丰督将校水路夹攻，连破之，会镇西援兵至，复乘胜追捕，于制兴处生获匪渠目及党伙六十九丁，斩首以徇，杀毙者百四十余，陈林遁走，收其积聚，火其城堡，所获船艘、械仗无算。

——《大南实录正编第三纪·宪祖章皇帝实录》卷三，十一至十二；[51] 4793

绍治元年（清道光二十一年，1841 年）春二月……署抚黎光誼大破土匪于坚江。先是，坚江土民煽动，经为官兵剿灭，逸匪名吹、名潘【原安抚使】复纠党屯结，谋图滋事。省派驻防署副管奇阮文调与权充副奇阮琼、该队阮仲、摄县陈文习刻期会剿。文调先行，遇匪交战，琼闻炮停留，仲与文习趑趄后行，调兵寡不敌，力战死于阵，员弁兵丁为匪所毙者十九人，遗失过山炮二辆。事闻，琼、仲、习俱革职发前驱效力，赠调副管奇。誼在河洲闻报，即与领兵段光密管兵勇六百由海程驶进，土匪、清匪结伙屯聚于核簪、虬化、朗象等处【俱地名，属坚江县】，千百为群，凭险旅拒，官兵贾勇争先，京派尊室能放大轮车炮二发，连毙匪十七丁，匪遂惊散。官兵连日进剿，捣其巢穴，烧其屯栅，三战三克之。誼开复二级，光密加军功纪录二次，赏金帮指各一；尊室能赏授管奇，纪录二次，金帮指、金牌各一，大银钱五枚；率队枚文积以下各赏纪录，弁兵普赏钱三百缗。汉、土、清人投首七百余，饬令随便安业。陈文习以招抚得力免其从军，仍留县加心招集。已而，匪复啸聚于广边地面，按抚使黎光原与卫尉阮文由、副奇阮肃击走之，赏原等纪录各一次。

——《大南实录正编第三纪·宪祖章皇帝实录》卷三，二十六至二十八；[58] 4800 – [59] 4801

绍治元年（清道光二十一年，1841 年）春二月……科道刘揆、邓国琅、白冬温、潘文敞、吴秉德、潘致和等疏言："如清使部及洋程派员内务送交清单间有玩好物项。想珍奇之物诚非日下所紧需，请应买书籍、笔墨、药材、羽翕、彩缎，余乞停省。"谕之曰："国家所乏非财，本非以此为利，谓之应买不应买既属不可，况清单内各项总非明月照乘之珠，则何从指为珍异而分别紧需不紧需者乎？……此奏姑免其深究，著内务府将此两派清单遵依前例办理，不必呈览请旨，俾知非出自朕意也。再著阁臣敬谨抄录圣谕，颁赐科道等恭瞻，俾自醒悟可也。"

——《大南实录正编第三纪·宪祖章皇帝实录》卷四，十一至十二；[67] 4809 – [68] 4810

绍治元年（清道光二十一年，1841 年）春三月……杨文丰败绩于滀瑧沱。永川既破，清、土群匪窜入马族、滀瑧、茶心等处，党伙六千余。丰催集兵勇一千二百名，分为三道：神机中卫副卫尉范文代、副奇朱文宣、阮文内率中道；副管奇阮文俊、试差副奇阮文年、帮办副奇阮文鹰、黎文趣率前道；锦衣副卫尉黄文贵、试差副奇陈文月、帮办副奇阮文龙率后道，刻日进发。是日，丰称病不行，委领兵阮惟壮统管诸道兵进攻马族沱。文俊、文月谓壮曰："水汐沱小，不宜深入。"壮曰："此沱富饶，舍此何适?"遂麾诸道齐进。匪方设酒席，弃而走。在行兵勇争入，或掠取财物，或群坐饮食，偃旗抛械，略不准备。匪伙乘间掩袭后道兵，杀伤士卒，夺其炮械。黄文贵呼援，壮传言无兵可援。匪闻之，攻益急。文贵、文月皆为匪所戕，文龙力战死。后道兵溃，中、前二道兵各抛弃械仗走，惟壮惊惶磕入兵刃，冒险而出，文俊、文代、文内、文年皆战死，文鹰当场督战，斩十一丁，文宣斩七丁，力竭无援皆没于阵，兵勇死者百余，遗失大炮十四辆，兵仗弃者甚多，惟壮、文趣各带伤回。将举张明将闻报，续派副领兵枚文董带领兵勇六百迅往文丰军次，乘夜袭击，连破匪垒二十余所，匪各弃垒走，丰以路多沟沱不便穷追，复引兵回。越十余日，匪复于滀瑧、寻于家二要处竖栅塞沱，两岸各筑土垒，水陆俱梗。丰分委管奇陈文弘等将兵六百由水程驶往寻于家，副领兵枚文董率副卫尉阮进光、帮办副卫尉阮文镶、副奇阮文政、帮办副奇高文轩兵勇八百，分水陆进攻滀瑧沱。丰复以脚力欠便仍留府堡防守。已而，匪伙千余来扰府堡水屯，丰督兵交战，匪徒退却，丰以穷寇勿追收兵回。文弘兵至寻于家，略有斩获，破其屯垒而还。文董兵至滀瑧，悉力攻破，生获六丁，斩十余馘，踏破土垒，开通江道，日暮回军。匪先于沱岸丛林埋伏，多以尖槊乱放，阮文政、阮文镶俱为匪所毙，兵丁落江殒殁者多，枚文董亦为匪刺毙，阮进光、高文轩赴援，俱没于阵，失过山铜炮及械仗各项。初，惟壮失利事闻，丰先得革留，壮革职拿锁，命京派御史潘文敞速往巴川军次，查明失事之由。及闻再败，帝叹曰："庸臣调度失机，尚何言哉!"……

——《大南实录正编第三纪·宪祖章皇帝实录》卷五，十至十三；[79] 4821 - [81] 4822

绍治元年（清道光二十一年，1841 年）春三月……设高平中倘、那烂、令禁三关，省臣奏言："中倘、那烂、贲河三堡均有清商往来，应设中倘、那烂二关，惟贲河堡清商多从间路逃征，应设关于令禁，铺名为令禁关，照例放凭征税【那烂关银一百两，中倘八十两，令禁七十两】，以今年三月为始。"从之。

——《大南实录正编第三纪·宪祖章皇帝实录》卷五，二十二；[85] 4827

绍治元年（清道光二十一年，1841 年）春闰三月……赤毛夷船与广东构兵，广安省臣访状以闻。帝曰："夷狄猖狂，天下之公愤也。事在外国，省臣乃能委探，以事入奏，疆吏不当如是邪？"传旨嘉奖之。

——《大南实录正编第三纪·宪祖章皇帝实录》卷六，五；[98] 4840

绍治元年（清道光二十一年，1841 年）春闰三月……筑谅山使路，赏钱二千缗。省臣言："此路是因旧修筑。去冬奉有圣谕，今春起办，无甚艰劳，请停赏。"帝曰："朝廷惠养边氓，赏给有圣谕在，勿屯其膏，用弘先泽。"

——《大南实录正编第三纪·宪祖章皇帝实录》卷六，六；[98] 4840

绍治元年（清道光二十一年，1841 年）春闰三月……正、副候命阮廷宾、黄济美抵关上，日久不见清报，乃于关所发筒声七。清隘目讶之，前来问故。宾与之见，又以土宜酬之。事闻，礼部弹其非例。帝曰："邦交自有故事，安得违例妄行？清人若以为问，岂不多了一番辨折？况候命之说只为等待清国来文，隘目何与？人臣无外交之礼，何敢私相接酬。"下部议，宾等各降一级留。未几，清国报至，贡贺二使部品仪并停，告哀使订日【是月初十日】开关，李文馥等拜疏而行。宾等乃还，宾调补礼部右侍郎充办阁务，美仍署礼部右侍郎。

——《大南实录正编第三纪·宪祖章皇帝实录》卷六，六至七；[98] 4840 - [99] 4841

绍治元年（清道光二十一年，1841 年）春闰三月……谅山闻清国有警，疏请留兵以严有备。谕报曰："疆场之事慎守吾圉，事在千里之外，山川远隔，何事张皇？况当遣使之期，正当示以间暇，何必乃尔？兵不必留，事至应未之晚。”

——《大南实录正编第三纪·宪祖章皇帝实录》卷六，七；[99] 4841

绍治元年（清道光二十一年，1841 年）春闰三月……清省有站洋匪连日邀劫，商船苦之。事闻，帝谴之曰：“此风浪贼，捕弁失之耳。”即命省臣发兵船兜剿之，南北巡洋船梭织之。复以广安撞山为匪船栖泊之所，命省臣筑撞山堡栅垒寨舍如帖海汛规式，派在省巡海二队兵守之。因间旷地开垦荒田，以供军饷。

——《大南实录正编第三纪·宪祖章皇帝实录》卷六，十三至十四；[102] 4844

绍治元年（清道光二十一年，1841 年）春闰三月……南掌蛮寇兴化宁边州，烧掠兵堡及清风社民居一百三十九屋。护抚魏克循闻报，以省兵追之，至则蛮去十日矣。循以状闻，又请增置府莅，募民立邑垦荒，间通商贾，为实边计。

——《大南实录正编第三纪·宪祖章皇帝实录》卷六，三十；[110] 4852

绍治元年（清道光二十一年，1841 年）夏五月……初置兴化奠边府，以宁边州、莱州、遵教州隶之。宁边州本哀牢地【俗号芒青】，黎景兴年间，逆民黄公舒倡乱于兴化，窃据三万城【可容三万人，故名】，黎讨平之，因招谕马河芒礌蛮归附，置为宁边州，属嘉兴府。其地东西南三面与南掌蛮连接，去省城至十余日。朝廷设堡【宁边堡】，置兵以守之【三十人】。月前，南掌寇边。

——《大南实录正编第三纪·宪祖章皇帝实录》卷八，二十至二十一；[136] 4878 - [137] 4879

绍治元年（清道光二十一年，1841 年）夏五月……申谕清、乂二省派兵船捕海匪。站洋清匪数为海程梗，清化解项船自汴抵权【汴、权二汛名】，与匪遇，管坐率队黎廷欢不知其为匪也，匪迫至跳过其船，炮械、药弹、官项尽为匪所掠。欢乘空船回汴，总督尊室俍以派人非人，疏请罪。

——《大南实录正编第三纪·宪祖章皇帝实录》卷八，二十四至二十五；[138] 4880 - [139] 4881

绍治元年（清道光二十一年，1841 年）秋八月……阮进林、阮知方移师后江进攻芃渤沱诸澮，败之，连拔其屯五所，汉人、清人诣军降者八十八人。复遣人招诱，土民男妇投首者各给官米放之还。寻提兵进攻茶凋澮，匪败走，俘获清匪二十五人，土匪一人，悉斩之，收获积聚粟粒给贫民。

——《大南实录正编第三纪·宪祖章皇帝实录》卷十一，二十四；[183] 4925

绍治元年（清道光二十一年，1841 年）冬十月……阮进林、阮知方、阮公著等大破林森于参都，乐化悉平。自林森窃据茶荣，其党有番僧者以妖术惑众，土人归附者多，官兵讨之，久未克。至是范文典、阮公著引兵来，诸道会兵，分遣弁兵先往泛涞、韵、茶句防截要路，范文典以病留船次，阮公著、段文策、阮公间进攻威阳澮，阮进林、阮知方、尊室议进攻常聚澮。我兵方攻威阳，匪伙奔回常聚合伙拒战，知方等督兵追杀，匪遂散入参都澮会，日暮，驻兵。诘旦，进林进攻宜家澮，知方、公著、尊室议运巨炮袭攻参都壇，之后文策、公间攻其前，匪伙三千余据垒旅拒，诸道兵奋击，斩杀甚众。我兵乘胜长驱，进至小漏，匪伏兵忽起，我兵稍却，副奇阮斌、该队李文白力战阵死，公间、知方复督兵拒战，匪大败走，林森仅以身免，番僧自缢于檬树，官军获其尸，断首枭示。连日搜剿，匪伙先已弃屯远窜，节次攻破十三澮，拔其屯垒二十九所，生获九丁，阵斩六十二馘，射毙者一百五十六人，搜获二十七人，收获器械无算，清、土、汉人投回者七千六百八十三人，匪渠坚烘【即总烘】、陈烘【即驸马烘，又名陈烘】、石突【又名巴勒突】势穷诣军，降槛送阙下军次，以朱旗献捷。帝深喜之，命驰示京师。

——《大南实录正编第三纪·宪祖章皇帝实录》卷十二，十四至十五；[194] 4936

绍治元年（清道光二十一年，1841 年）冬十二月……户部册开诸地方明乡、清人、蛮民、土民属户、客户积欠银钱税例。命蠲承天明乡、清人，广治土民，广安蛮人税银十之五；广南、嘉定清人，河静、义安土民，河内明乡，兴化、北宁蛮人，宣光属户、客户税银，太原蛮人、明乡清人税银、税钱十之三；惟安江、河仙清人、明乡税银，海阳清人税钱并蠲免。

——《大南实录正编第三纪·宪祖章皇帝实录》卷十四，二十二至二十三；［224］4966

绍治二年（清道光二十二年，1842 年）春正月……掌后军阮文仲前在嘉定与布政黎庆祯私受清商馈遗，为派员陶致富所参，交部查议。至是，案上并问杖革。帝以事在赦前，免之，收其赃充公。

——《大南实录正编第三纪·宪祖章皇帝实录》卷十五，十三；［231］4973

绍治二年（清道光二十二年，1842 年）春二月……驾幸乂安省城行宫，阛城士庶夹道欢迎。帝悦，谓御前大臣张登桂曰："人情望幸如此，缓程何如？"对曰："臣以日程计之，清使当于三月上旬始过关，行期想亦整暇。"乃命驻跸数日，阅视城池，休劳军士。

——《大南实录正编第三纪·宪祖章皇帝实录》卷十六，三；［242］4984

绍治二年（清道光二十二年，1842 年）春二月……帝问李文馥曰："清国遣使，给何冠服？本国陪臣立何班品？"对曰："清使给一品顶戴，陪臣立四品班次。"馥又奏言："清使刺来例有馈贶，部议用金银物项，且清典凡使臣出关，金银有大禁。"帝曰："金银有禁，法也；馈贶从厚，情也。如议办，辞受在他。"

——《大南实录正编第三纪·宪祖章皇帝实录》卷十七，八至九；［255］4997－［256］4998

绍治二年（清道光二十二年，1842 年）春二月……以署河内提督阮久德、户部左参知陶致富充关上正、副候命，德等陛辞。既至数日，接到清国太平府公文【内叙清使启关日期】，认递行在。谅平巡抚陈玉瑶以德等所办违例覆奏。帝曰："清国公文例由谅山接递，至如邦交大典遇有使务公文，候命认递亦是照依向办。惟文移往复国体攸关，谅省亦系疆吏，所当和衷商办，凡遇有清国公文，准候命等会同谅省连名折递，毋得各存畛域。"及清使进关，复谕河内、北宁、谅山诸地方充办使务，凡供应款接以至桥梁、道路、夫马、船艘各加心整饬，以肃远国观瞻。摘派河内管卫奇二员、弁兵一千，南定、北宁、山西、海阳管卫奇各一员、弁兵各五百，由行在应候，以备差派。

——《大南实录正编第三纪·宪祖章皇帝实录》卷十七，十八；[260] 5002

绍治二年（清道光二十二年，1842 年）春二月……帝以清使将抵关，先命署吏部左参知武德奎、南定布政阮国驩、河内领兵冯有和充津亭候接，海安总督陈文忠充嘉瑞公馆候接，定安护督何叔良充北宁界首候接。

——《大南实录正编第三纪·宪祖章皇帝实录》卷十七，二十一至二十二；[262] 5004

绍治二年（清道光二十二年，1842 年）春三月……清使宝青抵南关。初，宝青道广西缓程行走，及闻车驾先至河内，乃兼程进行。报至，帝大喜曰："曩者，清使稽程，朕欲移书催趣，书未发而使已至，早一日便一日好。凡百事宜所司各须敬谨，办理要十分庄整，以重国体。"

——《大南实录正编第三纪·宪祖章皇帝实录》卷十八，一；[265] 5007

绍治二年（清道光二十二年，1842 年）春三月……清使宝青抵嘉瑞公馆。青自过关，凡使路所经款给优厚，所在馆舍各于门首结彩张灯，青见道途修治，城郭坚固，军容整肃，民居繁盛，啧啧称赞不已。及至馆，语陈文忠曰："此馆舍礼成后，仍旧贯否？"忠答云："事清，即撤下。"青言："如此岂不枉了许多劳费。"忠还以奏，帝曰："他是质朴底人。"即命礼部将邦交仪注送青阅办，以及吉日行礼。

——《大南实录正编第三纪·宪祖章皇帝实录》卷十八，十九至二十；[274] 5016

绍治二年（清道光二十二年，1842 年）春三月……丙子，册封礼成。是日清晨，陈设大驾卤簿于隆天殿庭，自朱雀门内外至珥河津次排列兵、象，城上旗帜鲜明，仪卫整肃，诸街铺各于门首结彩，设案插花熏香。帝御九龙冠，红袍玉带【先是部议请服黄袍，届日改服红袍，循故典也】，幸朱雀门伫立。皇二子及襄安公绵宝充整理御服，寿春公绵定、富平公绵安充御前亲臣，文明殿大学士张登桂充御前侍立，协办大学士黎登瀛充典仪，统制尊室弼、总督枚公言充扈跸大臣，统制阮仲并、武文解充侍卫大臣，文武百官各具品服于隆天殿庭左右侍立。先命亲臣清化总督尊室佷具紫袍冠服往嘉瑞公馆迎接。午刻，清使宝青至，行册封礼，建安公昊、定远公昞同充受敕。礼成，延之款茶。宝青请辞，命送回公馆安歇。丁丑，行谕祭礼于视朝殿。清使宝青先以祭帛五十匹、祭品代银百两恭递，复命有司增备礼品。帝御礼服，先诣神御前祗告。及清使至，命定远公昞、延庆公晋捧酒，东阁大学士武春谨捧谕，尚书阮忠懋、潘伯达捧香，总督阮登楷，统制尊室闣，参知李文馥、黎伯秀、裴樻，侍郎阮泽捧帛。礼成，宝青拱手叩头而退，帝亦额手答之。宝青将命，凡事一从我国礼典，随行员役一皆奉法。帝深嘉之，馈遗甚厚，宝青惟受八色【**镶金花犀角一端，犀角二端，琦二斤，沉香十斤，象牙一对，肉桂二斤，纨、布各一百匹**】，复遣候命使陶致富等送出关。故事，邦交礼成，遣使报聘。是年，预遣黄济美、裴日进、张好合如清谢恩。清国寻报留抵下次正贡，美等不果行。

——《大南实录正编第三纪·宪祖章皇帝实录》卷十八，二十四至二十六；[276] 5018 - [277] 5019

绍治二年（清道光二十二年，1842 年）夏四月……有清人者立显人门外，持折一、牒一，自言清国为赤毛扰害，求本国为之讲解。府尹范瓃以闻，帝曰："此重事也，彼书生安得如此唐突！府臣慰遣之。"

——《大南实录正编第三纪·宪祖章皇帝实录》卷十九，十五至十六；[287] 5029

绍治二年（清道光二十二年，1842 年）夏四月……永隆有清匪船四艘入昆仑堡滋扰，驻防率队帮办副奇张文避、试差守御阮文登率兵攻之，匪船驶入大潭门停泊，省臣黎庆祯委副领兵武廷谈管将兵船往勦。已而，廷谈以阻风退泊，清匪登陆滋扰，复追逐采燕弁兵，张文避等率堡兵、土民才八十人出力勦杀，斩匪二馘，射毙十二丁，收获匪船一艘，匪望风远遁。据闻，避升授副管奇、登补授守御，兵民普赏钱一百缗，斩馘者各赏钱十缗及赏功银牌一面，射毙者每丁钱三缗，复以此堡僻处海岛，增给过山炮二、鸟枪十、长枪二十。

——《大南实录正编第三纪·宪祖章皇帝实录》卷十九，二十一至二十二；[290] 5032

绍治二年（清道光二十二年，1842 年）夏五月……总统黎文德进兵蛇巽，匪于蛇巽、苏山连结屯垒寨栅十余所，地最险。前面阻以大泽，乱草浮苴，沮洳汙淖。德先拨小船五十艘，量置过山神功大炮。适赞理尊室详及原按察黄敏达带领弁兵八百余自河仙至，乃分为五道，兵各一千。德与黎文富、阮公间、尊室议、尊室详各领本道兵一起疾掉，匪凭险放击，官兵间有伤毙。比抵岸，以大炮轰击，立破屯垒十所，生获、斩获甚多，匪皆望风奔溃。诸道兵追蹑兜剿，惟尊室详道兵以匪既远遁不有准备，忽有匪徒三四十丁自林中带刀突出，先斩炮手兵一名，率队吕廷退亦为匪所毙。平定中奇率队潘文施先走，副管奇宋有化、管卫陈文叶、宋禀及弁兵六百余亦溃走。尊室详悉力督捍，又被重伤，兵丁陈德和等三人掖之下船，兵丁自相蹂躏跑入泽中，土匪乘势追蹑，官兵伤毙者四十余人，弃失过山炮八辆及炮械药弹者多。黎文富、尊室议赶来应救，匪始却。已而，参赞阮进林、署督阮知方带领弁兵千余抵军次，因以蛇巽贼巢现已捣破，乃同进兵苏山。匪徒闻大兵进迫，各自惊惶逃遁林薮。仍各纵兵搜索，凡匪所居店屋括取粟米，余各烧毁无遗。捕获土匪二十，斩首枭示。生获土人男妇老幼二百余，交藩僚认管。出首清人、汉人，各令招回安业。黎文德以此行各道官兵各有所获，惟尊室详道兵失利，即将潘文施斩首以徇，在行之副管奇、副卫尉及该队、率队宋有化、阮文银凡二十人监禁待案。阵前斩馘及射毙、刺毙者照例赏给，阵没者给恤，退缩为贼所戕者停给，陈德和等三名声请拔补队长。

——《大南实录正编第三纪·宪祖章皇帝实录》卷二十，五至六；[294] 5036 - [295] 5037

绍治二年（清道光二十二年，1842 年）夏五月……黎文德寻驻兵苏山，分委阮进林、阮知方、阮公间、尊室议派兵搜捕。所到之处，匪徒先已闻风窜逸。清、土人民投首者一千五百余名氏，分交藩僚及清人管领。德与诸将遵谕委名俺及首丁招抚残匪，又于蛇巽设屯，名曰兴让堡，遴出副奇阮文良、原知府得革起复、八品阮文德、协同副卫张为等管弁兵五百余留堡按防，凡事听由安江调度……

——《大南实录正编第三纪·宪祖章皇帝实录》卷二十，九；[296] 5038

绍治二年（清道光二十二年，1842 年）秋八月……平定、嘉定有风难民十余人泊于清国，地方官派人送之回。帝悯其零丁久苦，复给之衣袴、钱文，各放回贯生业。

——《大南实录正编第三纪·宪祖章皇帝实录》卷二十三，三；[329] 5071

绍治二年（清道光二十二年，1842年）秋八月……南定、广安患洋匪，商船多梗，巡洋官兵邓公什、胡文琔及堡守枚公迟、黄文安、阮文细等皆以防剿不力为省臣所参，得降罚。帝谓兵部曰："海匪桀黠，本年为甚，此皆京派、省派巡洋不力之罪也。著传谕以南、以北诸兵船各宜加心搜捕，以净海氛。若虚应了事，重治不贷。"张登桂因请缮国书，咨广东严拿，毋令越境滋事，或可少省。帝曰："此事已有办过，但嘉隆年间现获匪伙许多人口，有辞可执；今未曾一获，无确状可指，事体较前不同，事关外国，一字不可轻下。"因命礼部拟草咨文，明叙匪伙经捕弁兜剿，望东驶去，不便越境穷追，祈为严行戒饬，免致滋事等大意。

——《大南实录正编第三纪·宪祖章皇帝实录》卷二十三，六至七；[330] 5072－[331] 5073

绍治二年（清道光二十二年，1842年）秋九月……谕隆、祥二省："凡属辖关要并诸海口，各宜先事堤防，以严有备。"未几，河仙巡抚阮良闲奏："据探子回报，清人与西洋【英咭唎】将图袭暹，暹目乌舌及丕邪罗冤产等各将兵船返回望阁城。"

——《大南实录正编第三纪·宪祖章皇帝实录》卷二十四，十一；[343] 5085

绍治二年（清道光二十二年，1842年）秋九月……拿获清匪于清化海分。清匪站洋劫掠商船，河静以北诸洋面苦之，巡洋兵不能擒制，官船解项多为所戕。至是，暴风大作，忽有三艘泊于玉山【县名，属静嘉府】海岸，所在伴甲枚村民驰报，静嘉府驻防协与汴山、蚌瀚各汛守御纠率兵民掩捕，匪伙百余丁皆束手就缚，收获炮械甚多。清化总督尊室佷以闻，帝批示曰："此等罪恶贯盈，天网恢恢，疏而不漏者也。自总督尊室佷以至捕弁及守御汛守著量与开复及赏赐纪录银钱各有差，兵民普赏钱三百缗，获犯仍交佷查拟。再行咨河静以北至南定沿海诸社民及汛守按分搜捕，如有清匪泊入，即行解究，毋令得以远飏。"未几，匪目莫茂山散逸于广安洋分，邀夺官船炮械。驻守撞山堡副卫尉陈宝书闻报，亲率兵民及虾罟、开尾二帮并力兜勦，烧毁匪船二艘，匪多落毙。复并力追勦，收获一艘，俘茂山并从党八丁，尽取其炮械，又获清炮一辆。帝嘉其捕务得力，赏宝书一级、金帮指一，在行二帮各赏银钱五枚、另赏钱三百缗，官兵钱二百缗，省员邓辉述、胡公善、范文奉各赏纪录一次。获犯并交清化归案。案上，情理多未明晰，复派出署大理少卿张好合前往，会同尊室佷查办严讯，茂山等具服向来邀劫商船、戕杀官兵之罪。及案上，具拟重辟。帝不忍多杀，命诛首党莫茂山、苏老四、潘进隆等十二丁，剖取老四、进隆生肝致奠故海阳卫尉黎公饱以舒幽愤【是年六月，黎公饱乘官船解项，途经河静洋分，为匪所戕，苏老四、潘进隆剖取膀胱炙而啖之】，余皆押赴海滨枭斩。从伙江亚旺等八十二犯减发哀牢屯【广治省】、归合汛【河静省】、襄阳、葵州、镇宁各府【俱属义安省】、水尾州【兴化省】、底定县【宣光省】充军，妇女小幼者改发左、右泽源屯田为奴。匪目金二纪、从伙枚茂春八犯屡于清国滋事，命生致阙下，与所获清炮置沱瀼汛，俟后送清国处治。

——《大南实录正编第三纪·宪祖章皇帝实录》卷二十四，十八至二十；[346] 5088 - [347] 5089

绍治二年（清道光二十二年，1842 年）冬十一月……安江巴川府永州铺有潮州帮陈信愿出家粟一百五十斛赒给清、土饥民。省臣以奏，帝嘉之，谓户部曰："陈信一清商，乃能出家赀赒给贫户。虽粟数无几，而似此好义亦可奖也。"乃命赏飞龙银钱大小各三枚，准免陈信身税六年示劝。

——《大南实录正编第三纪·宪祖章皇帝实录》卷二十六，十七至十八；[366] 5108

绍治三年（清道光二十三年，1843 年）春正月……清商风难船泊广南大压汛二百余人，命给之米【人，米一方】，听随便回国。

——《大南实录正编第三纪·宪祖章皇帝实录》卷二十七，二十八；[384] 5126

绍治三年（清道光二十三年，1843 年）春正月……增立安江省清人帮籍。安江省泊僚、茶糯二册【在丰盛县】，清人居者百余户，省臣奏请别立帮号【在洎僚册号潮洲第十五帮，在茶糯册号第十六帮】，各设帮长，税例以来年起科。

——《大南实录正编第三纪·宪祖章皇帝实录》卷二十七，二十九；[384] 5126

绍治三年（清道光二十三年，1843 年）春三月……清国太平府捕弁【带随兵目十六人】抵重庆府，请协捕逸犯。高平以闻，帝问之礼部，奏言："道光九年，云南开广镇府移文宣兴，咨拿逃犯，原无差人追捕；道光十一年，太平府差人自递公文，由北城咨问刁允安事，当次总镇覈其非例，转交谅省解回，从前并无派人追捕之案。"帝曰："邦交有典在，今太平府派越境捕犯，非例也，合谅山咨覆送之出境。"

——《大南实录正编第三纪·宪祖章皇帝实录》卷二十九，十；[401] 5143

绍治三年（清道光二十三年，1843 年）夏四月……有清匪船二十余艘泊广南大占屿，省派副管奇黎文休巡洋与之遇，以众寡不敌引去，副领兵阮议闻报即发兵船往剿。帝闻而讶之曰："清匪惯于洋面出没，为商船往来之梗，今乃敢越入占屿至数十艘，不过乘间掠食延生耳，可怪文休一遇便退，殊属懦劣。准先行革职交省查议，立命南省整饬铜船一艘，派出署銮驾卫卫尉尊室能、兵部署郎中黎国香速往配坐，再增派水师署掌卫段恪、神机副卫尉阮贵分乘平海、巡海号船，复飞咨巡洋兵船一齐驶到南义洋面会剿。"已而，匪船过沙祈汛掠取兵仗，复烧毁里山民居。诸道兵未至，尊室能、黎国香乘青鸾大船先驶，夜与之遇，将大炮轰击，沉破匪船二艘，余党溃散。捷闻，帝嘉之曰："深宵单舰乃能电击匪船都归鳄室，真不负面命矣。"赏在行官兵军功纪录、金银钱有差，尊室能、黎国香并予实授，黎文休后坐发军。复以海氛未静而北圻解项船帮多未进京，再飞饬前派巡洋管卫黎文本等梭织帮护。

——《大南实录正编第三纪·宪祖章皇帝实录》卷三十，五至六；[410] 5152－[411] 5153

绍治三年（清道光二十三年，1843 年）夏四月……清广东总督派委水师提督带领兵船巡缉海匪，移咨万宁州知会。事闻，命广安、海阳各派兵船按辖防截。已而，清匪船三艘为清师船追迫，舍舟登岸，万宁州知州陈光瑶紧饬民夫搜捕，斩一馘，俘二十四名。报至，赏光瑶加一级、金钱一枚，记名以应升之缺按补；当场获馘者赏大银钱三枚、银牌一面；在行民夫普赏钱一百缗；获犯送之清。

——《大南实录正编第三纪·宪祖章皇帝实录》卷三十，七；[411] 5153

绍治三年（清道光二十三年，1843 年）夏四月……赠恤清洋船难弁。去年，清洋船南戍。及还，过广义洋分，遇清匪林璋等船二十七艘围住，副卫尉黎苏等欲发炮，率队陈如是止之曰："渔船耳，勿轻放，枉失药弹。"已而，匪船迫近，护卫长尊室符与之敌，遮截不住，匪群来登船混杀，船中人措手不及。苏挥刀死战，队长黎文特力斗，兵丁黎文盛拒不受缚，既落水犹缘索格斗，匪尽戕之。官兵三百余人死伤沉没殆尽，仅存五十一丁皆为匪所掳，掠其船而东。朝廷初不之知也，后匪逸于钦州洋分，为清国官兵剿捕，得我难弁送归广安。解至京，命兵部鞫问得其状。帝曰："此船官兵不下四百，械仗以千数，乃有此失事，殊为可恨。惟念仓卒之际尚有慷慨力斗、义愤捐生，亦可量予旌表以示激劝。黎苏、黎文特、尊室符、黎文盛等赠恤、荫免各有差【黎苏赠卫尉，赏银十两，荫一子为锦衣千户；黎文特赠禁兵该队，赏银十两，荫一子为锦衣百户；尊室符赠禁兵该队，赏银十两；黎文盛赠禁兵正队长率队，赏银八两，免其子一名兵徭终身】，在行自该队至率队、医生等各追赠一衔，照赠衔给恤，兵丁各给恤一倍。再命礼部备礼，赐祭一坛。陈如是阻误军事，虽死亦追夺告凭，以为劣弁者戒。生还等名，各杖一百，送伍。"未几，南定辽栎汛俘获清匪林璋等五丁。解致阙下，即命押赴海滨剖肝，生祭难弁。辽汛弁兵赏钱一百缗。

——《大南实录正编第三纪·宪祖章皇帝实录》卷三十，十四至十五；[415] 5157

绍治三年（清道光二十三年，1843 年）夏四月……户部奏准："清人初束登入帮籍，所生之子若孙到十八岁，著从明乡社籍，从前冒入者听其陈首改著。"已而，平定奏言："清人子孙七十二人原冒入帮籍，乞别修簿名为新属明乡社，其明乡社原额二百八十余人，名为旧属明乡社。再清人七帮人数零星，其凭簿会修一本名为清人帮，设置属长制给木记。”许之。南定亦言：“原寓清人向来著从明乡社，请摘出原投居十四名改为清人帮，所生子孙九名设为明乡社。”帝以人数无几，不必别建帮籍，准依原额，嗣有投束或只三五名并著新籍，俟自二十名以上情愿别立帮籍者照议办理。

——《大南实录正编第三纪·宪祖章皇帝实录》卷三十，二十一至二十二；［418］5160－［419］5161

绍治三年（清道光二十三年，1843 年）夏五月……命大理少卿张好合、太仆少卿阮居仕乘青鸾大船解洋匪清人金二纪等八犯如东。纪等久为清人患，去年为我官兵弋获拘留之，至是始命好合等交广督处治，复派羽林营左二卫署副卫尉协领侍卫黎止信偕行，照内务府清单商同妥办，革员王有光等皆属焉。

——《大南实录正编第三纪·宪祖章皇帝实录》卷三十一，十三；［426］5168

绍治三年（清道光二十三年，1843 年）秋七月……水师管卫范文谨有罪免。谨前巡哨承天以南，清匪累次窃发恬无策应，及清洋船失事亦不之知。下部议，坐溺职免。

——《大南实录正编第三纪·宪祖章皇帝实录》卷三十二，二十一；［443］5185

绍治三年（清道光二十三年，1843 年）秋九月……清国礼部移文，是年十月十六日月食分杪。帝曰：“太史之设，所以推占历象，凡日月度数、气朔盈虚须一一推详，随事具奏可也。乃必待清国咨报始从而为之辞，诚旷职司矣！传旨严谴之。”

——《大南实录正编第三纪·宪祖章皇帝实录》卷三十三，十三；［450］5192

绍治三年（清道光二十三年，1843 年）秋九月……青鸾大号船毁于广东猎德江。初，派员张好合等解犯如东，至七洲洋分遇暴风，船几覆幸免。及抵粤城，泊猎德江。清人德之，以事奏闻。清帝赏赐优厚，馆于省城外。好合与阮居仕、黎止信、黄济美、阮伯仪、阮久长、王有光及兵丁五十余人留馆采办，委水师卫尉陈文椁等管守官船泊津次。一日，椁移火药函置船尾，忽轰发一声，火焰冲天，俄瞬间，船、货皆烬。椁与率队武曰捡、潘文纯，主事阮公继及兵四十人皆死焉【是月初八日】。事闻，帝愀然曰："不意好合等此行疏误至此！"还日，另有旨。

——《大南实录正编第三纪·宪祖章皇帝实录》卷三十三，二十四至二十五；[455] 5197 - [456] 5198

绍治三年（清道光二十三年，1843 年）秋九月……清国兵船驶来撞山洋分，移文称匪船分窜于本国十八码及昆仑岛，乞派堵拿。广安省臣以闻，帝曰："十八码是我国汴山洋分【汴山岛，清人呼曰十八码】，可传谕清化、南定、广安诸省量派兵船按辖截拿，不必远出重洋搀入他境。今节届深秋，亦宜观风进止，俟旬日静帖撤回，不可久涉风涛为也。"

——《大南实录正编第三纪·宪祖章皇帝实录》卷三十三，二十六；[456] 5198

绍治三年（清道光二十三年，1843 年）冬十月……清国琼州镇巡洋兵船一艘遭风泊于清化汴山汛，船多折罅，船标李茂阶乞雇匠修理。总督尊室佷以闻，命择地安顿，支出官项为修之，再给白米一百方、钱二百缗，加给茂阶银二十两。寻派户部侍郎阮泽驰驿慰问，晓以姑留俟顺、候官护送回国之意，茂阶感谢。复发内帑绸缎、洋布颁给，茂阶辞不受，固请回琼。尊室佷以风水未便不许，茂阶日久等待，心常泱泱。至次年六月，始命侍读阮若山等送回广东。

——《大南实录正编第三纪·宪祖章皇帝实录》卷三十四，四至五；[459] 5201 - [460] 202

第十四册

绍治三年（清道光二十三年，1843 年）冬十二月……宣光布政黎元鑑、按察武名驰奏言："聚龙石碑倒折，请制新碑，照旧文镌刻。"帝谴之曰："碑以征信而正封疆，一成不可易。此碑原会同清国竖立【黎保泰九年清人（雍正六年）归所侵聚龙铜厂地。黎帝遣侍郎阮辉润、祭酒阮公来会同清开化府吴士锟于宣光立界，以赌咒河为界，疆事始定。碑在今永绥县聚龙社】，如有倒坏，不妨随宜整理，明命年间已准依旧重修矣。今制碑镌刻，则新碑旧号岂不窒碍难行？著依旧竖碑，随势粘补，酌拨所在民夫守之。"

——《大南实录正编第三纪·宪祖章皇帝实录》卷三十五，十至十一；[5] 5213 - [6] 5214

绍治四年（清道光二十四年，1844 年）春正月……遣使送缅人回国。先是，山兴宣署督阮登楷闻有西山伪孽潜窜于奠边府，夹南掌地头，伪称名目，招集叛亡。经派兴化土豪岑因壮、刁政定等往侦之，至莱州北秦处【夹清国广陵州】，拿获伪犯潘有富等八丁，余党窜逸。有缅甸国人二十八名【正使獴滀炙蛮蛇、副使滀檝、行人摩罗为罗舍及随者二十四人】亦从有富等偕来，并致书一角，恳求入贡。壮等并解回兴省。阮登楷先得报，马递以闻。兴化范世忠亦以续奏。

——《大南实录正编第三纪·宪祖章皇帝实录》卷三十六，四至五；[11] 5219 - [12] 5220

绍治四年（清道光二十四年，1844 年）春三月……派员张好合等如东公回。初，青鸾船毁破，两广总督祁𡊮以事奏，清帝给银二千三百两，复给船送之回。

——《大南实录正编第三纪·宪祖章皇帝实录》卷三十七，十三；[28] 5236

绍治四年（清道光二十四年，1844 年）夏四月……清匪逸于广安洋分，万宁知州阮登接率民邀截，俘三丁，斩二馘。事闻，赏接纪录一次，民夫钱五千缗，获犯交钦州处治。

——《大南实录正编第三纪·宪祖章皇帝实录》卷三十八，十五至十六；[40] 5248

绍治四年（清道光二十四年，1844 年）夏四月……命宣光布政胡祐进兵恩光堡。宣省逸匪阮广凯、农雄硕久窜于永奠、底定等县辖【原保乐州】，自移设恩光堡，环堡铺舍夜间为匪烧毁，土民因而惊散，商旅不通。襄安知府阮廷清乞派兵就府驻防，祐委副领兵阮有利前往镇压。事闻，乃命祐带领弁兵督同有利拿捕逸犯、招集土民，再谕阮登楷摘出山西兵一卫从宣省差派。祐既至，探捉匪伙二犯斩之，闻广凯等逸于清界，移文镇安府协拿。数月，以久留岚瘴，撤兵而回。

——《大南实录正编第三纪·宪祖章皇帝实录》卷三十八，二十至二十一；[42] 5250 - [43] 5251

绍治四年（清道光二十四年，1844 年）秋八月……初设高平高勇奇。高平初置高雄一奇，至是始增拣民丁与高雄奇剩数，增立为高勇奇，以原乡勇三奇头目分管之【明命年间高平土匪惹事，土豪土目率将土勇从官兵剿捕。事平，束为乡勇三奇，有事征调，无事放回生业】。

——《大南实录正编第三纪·宪祖章皇帝实录》卷四十一，九；[73] 5281

绍治四年（清道光二十四年，1844 年）秋八月……山兴宣总督阮登楷密陈兴、宣二省改设流官。

——《大南实录正编第三纪·宪祖章皇帝实录》卷四十一，十；[74] 5282

绍治四年（清道光二十四年，1844 年）秋八月……初定兴化诸州总名，置总目。兴省臣上言："水尾、文盘、枚州、扶安、莱州稍习汉风，请照里路远近、丁田多寡设总，置总目【水尾州总三；文盘、扶安、枚州各设总二；莱州总一】"。

——《大南实录正编第三纪·宪祖章皇帝实录》卷四十一，十五；[76] 5284

绍治四年（清道光二十四年，1844 年）秋八月……清国琼州镇巡洋船七艘，遭风泊于漪碧汛。船标邝勉乞给与口粮及修补船物项。清督尊室俍以闻，命择地安顿款待。加给白金百两，米二百方，钱三百缗，船料损坏官为之修理。复派礼部侍郎黄济美前来慰问。及回帆，令护之出汛口。清人德之，寻以珍玩答谢焉【金瓶、玉如意、蟒彩闪素各色缎、江绸诸品物】。

——《大南实录正编第三纪·宪祖章皇帝实录》卷四十一，十五至十六；[76] 5284 - [77] 5285

绍治四年（清道光二十四年，1844 年）秋九月……高平逸犯闭文幹伏诛。幹，逆云党目也。云败，幹薙发窜于清。至是，潜回为官兵拿获，坐极刑。重庆知府阮德俊及捕弁各赏纪录、银钱有差。

——《大南实录正编第三纪·宪祖章皇帝实录》卷四十二，十四至十五；[87] 5295 - [88] 5296

绍治四年（清道光二十四年，1844 年）秋九月……宣光布政胡祐复请行边，许之。初，祐自恩光堡撤回，留阮文表侦探无状。至是，复奏言奠、定二县与高、太、谅、山接壤，毗连于清，地势险恶延袤，匪犯出没林莽，一闻官兵探拿，投窜于清。官兵撤回，寻复旧巢栖隐。而恩光兵勇仅有一百，节经多方剿捕，未告成功。今禾谷告熟，岚瘴稍轻，请带领弁兵前往截拿。再宽假一限五个月，号集土豪，使自诱拿，并咨广西与高、太、谅、山各按辖防截。北宁卫兵与山西山勇奇兵年前捕务稍为得力，请派调一千，以资臂指。至如军粮，请带随库银三百两就处因便兑易。谕之曰："用兵之道，巧迟不如拙速。今于烟瘴地头久顿一千之众，亦非策之得也。必须派探确实，随即提兵迅往掩捕，则一二月内谅可收功。若遽将兵众前往，使彼闻风远窜，自己坐以俟限，岂不老师縻饷乎？至如千里兵行，岂有空手取给于人之理？准其带领银两并酌量运随备用，务使军需接济斯可矣。余均准依请行。"仍传谕署宁太总督阮久德派出北宁一卫弁兵，山兴宣总督阮登楷摘派山勇奇兵二百，各往宣省隶随分派。谅山、高平、太原量派兵勇，各按地头防截。

——《大南实录正编第三纪·宪祖章皇帝实录》卷四十二，十五至十七；[88] 5296 - [89] 5297

绍治四年（清道光二十四年，1844 年）冬十一月……蠲奠边府清、土民身税三年。奠边地接清国及南掌，为沱北十州藩蔽。前者，招募清人、土人设立铺舍，给予闲田。至是，兴化省臣奏言，伊等一初投寓生理，未得裕如，恳请蠲免身税三年。从之。

——《大南实录正编第三纪·宪祖章皇帝实录》卷四十四，七；[109] 5317

绍治四年（清道光二十四年，1844 年）冬十一月……撞山有清匪，虾罟帮长卢急喜遇匪船，会帮围捕，斩二馘，匪岸走。管堡试差副管奇陈用宾督兵截拿，续俘五丁。广安以事闻，赏宾纪录一次，帮长飞龙大银钱三枚，同帮钱五十缗，获犯送钦州处治。

——《大南实录正编第三纪·宪祖章皇帝实录》卷四十四，九；[110] 5318

绍治五年（清道光二十五年，1845 年）春正月……命宁太署督阮久德为提督剿捕军务。先是，宣光布政史胡祐前往霑化州，匪凯窜走清界。数月，有匪伙烧毁恩光堡，戕杀管堡阮文表、堡目农廷岱。祐惶恐请罪，且请益兵。

——《大南实录正编第三纪·宪祖章皇帝实录》卷四十六，四；[135] 5343

绍治五年（清道光二十五年，1845 年）春正月……广安布政武允恭、按察邓金鉴免。万宁州砃硶滩与清界毗连，原设斥篌堠一所，拨民防守。州人高蕴楧赂允恭妾兄陈盛泽，倖求把守，擅收盐税，索扰商民。又越入清界滋事，为钦州拿获咨查，邓金鉴以投递非例，驳不受理。事发，命刑部侍郎张文琬、礼科给事中胡仲濬前往查办。案成，蕴楧斩枭，盛泽斩监候，允恭满杖徒，金鉴革效。以山西按察范辉升署广安布政使，胡仲濬升署广安按察使。署工科掌印给事中阮文琰补授翰林院侍讲学士、升署山西按察使。

——《大南实录正编第三纪·宪祖章皇帝实录》卷四十六，八至九；[137] 5345

绍治五年（清道光二十五年，1845 年）春二月……以鸿胪寺卿办理户部事务张好合补授礼部左侍郎充如清正使，翰林侍读学士充史馆编修范芝香改鸿胪寺卿、内阁侍读王有光升授侍讲学士充甲、乙副使。

——《大南实录正编第三纪·宪祖章皇帝实录》卷四十六，十四；[140] 5348

绍治五年（清道光二十五年，1845 年）春二月……边和布政何叔言请安折言嘉定清人多逃寓镇西，每来交易场彼此相通，致所在举动多为泄露，请行禁止。帝曰："朝廷注措边事亦在远者大者，岂可责旦夕之功、计锱铢之利？今若不听交易，则奸商愈多，其弊亦与相等，况清人投寓处处有之，彼欲藉此窥伺我亦何难？因而探访敌情，要在善为处置耳！其令安江、西宁二辖转饬专办人等须密加防范，毋令泄露边情。"

——《大南实录正编第三纪·宪祖章皇帝实录》卷四十六，十八至十九；[141] 5349 - [142] 5350

绍治五年（清道光二十五年，1845 年）春三月……宣光军次提督阮久德撤兵回。德驻兵恩光堡，因以暑盛瘴深、士卒多病死遂撤兵回。事后以闻。帝曰："阮久德身董大兵，久不弋获一犯，顿兵糜饷，迄无成功，又不待旨先回，尤属不合。胡祐前者请行无状，迨拾获伪词【云中各社民容隐广凯约词】，又不即查办，均交刑部议处。诸省所派弁兵，各放回贯一月休息，增给半月饷钱。病者给药，死者倍恤。阮久德准回贯治丧。"德回至北宁病卒，后追授统制衔。及案上，祐革职，发镇西新疆为兵。

——《大南实录正编第三纪·宪祖章皇帝实录》卷四十七，二十四；[157] 5365

绍治五年（清道光二十五年，1845 年）夏五月……解送清俘于广东。先是，清化弋获清匪二犯生致阙下，遂命官兵乘灵凤船解交广东，以吏部郎中杜俊大补授鸿胪寺卿、署吏科掌印枚德常补授翰林院侍读学士充正副行价卫尉，充协领侍卫黎止信、管奇胡等询充正副办。

——《大南实录正编第三纪·宪祖章皇帝实录》卷四十八，五；[161] 5369

绍治五年（清道光二十五年，1845 年）夏五月……山兴宣总督阮登楷疏请前往宣光措置边防，许之。先是，阮久德上言恩光堡本非善地，请应停省，并归襄安府衙屯驻。又于邻省夹界之头党【属太原省白通州界】、叫歌【属白通州】、那情【属高平省石林县界】等处设立屯堡，各择土目管之。德寻撤兵回。

——《大南实录正编第三纪·宪祖章皇帝实录》卷四十八，二十五至二十六；[172] 5379

绍治五年（清道光二十五年，1845 年）八月……命有司制给铜船、火机船图记，分别定项明著某项号船图记以示征信【宝龙、彩鸾、金鹰、灵凤为大项，鹜飞、云雕、神蛟、仙螭、寿鹤为一项，静洋、平洋、定洋、恬洋为二项，清海、静海、平海、定海、安海为三项；火机，电飞大船、烟飞中船、云飞小船】，后有增造亦如之。……彩鸾船工竣，命试驶茶山澳。往来稳捷，帝嘉之。……是年派出京外海运船领载帑项一百三十六艘，有五艘遭风荡破，漂到清国粤东海分。所在官给口粮，陆解回国，有兵丁十二名不知著落。广安以闻，帝以此号船因风失事情形属确，死者给恤一倍，生还者免其深究。

——《大南实录正编第三纪·宪祖章皇帝实录》卷四十九，二十一至二十二；［183］5391－［184］5392

绍治五年（清道光二十五年，1845 年）冬十月……有清匪乘间出没于撞山洋分，管堡署副卫尉陈秀闻报，督率兵民截拿，斩获十一馘，收获匪船枪炮，生获一丁，解省查办。

——《大南实录正编第三纪·宪祖章皇帝实录》卷五十一，二；［198］5406

绍治五年（清道光二十五年，1845 年）冬十二月……申定盗买米粒条禁。广安省粟粒稀少，年前例定【明命十七年户部议准】安兴、尧封、先安、横蒲四县州所需米粒，听其照常往来邻省取买；惟万宁及云屯州【后改隶尧封县云海总】僻居海岛无田可耕，每岁以正、七两月就海阳省按口领买。至是，广安省臣疏言："属辖州县均系沿海，多有小船往来邻省商买暗行盗载，近来清船多有往来，托以捕盗为名，未必不由求买米粒之故。请申定条禁，俾有限度。"下户部覆议，以为："年前例定盖亦酌随民便，惟小民趋利玩法营私，亦当申明前例。惟安兴、先安、尧封、横蒲四县州所买米粒止听于江上往来，若有出海营生亦据人口多少量载，随船度口而已。如有盗载发卖，查果照奸商例坐以杖流，船货家产尽行籍记充赏。再严饬汛守加心盘诘，贿纵者加等治罪。余均依前例。"从之。

——《大南实录正编第三纪·宪祖章皇帝实录》卷五十三，十三；［221］5429

绍治六年（清道光二十六年，1846 年）春正月……谕内阁臣斶吉命工镌刻图书金玺二部【大颗三：一刻“经筵之玺”，又阳刻“久道化成”、阴刻“云汉章天”；各一小颗二：一阳刻“学古”，一阴刻“会心”】，其刻画字体要得疏简古劲。谕之曰：“昔清臣有自号‘二希’者，高尊念系潜邸旧学，复加赐‘三希’，盖取‘希天、希圣、希贤’之意。似此称号，殊未谦雅。朕今以‘学古’‘会心’等字称号，不知古人曾有此邪？宜详检之。”

——《大南实录正编第三纪·宪祖章皇帝实录》卷五十四，八；[232] 5440

绍治六年（清道光二十六年，1846 年）春正月……灵凤船派员杜俊大等如东公回，进清国京抄折，恭遇讳字皆无粘改。帝谴之曰：“杜俊大以及随办人等多有出身文事，岂无一二见知？胡乃付之恝然！律以臣子事君之义，于心安乎？其正办、副办等各罚一年俸，随办人等各罚九月俸。”

——《大南实录正编第三纪·宪祖章皇帝实录》卷五十四，十一；[234] 5442

绍治六年（清道光二十六年，1846 年）春正月……蠲永隆潮州帮流民逋税。

——《大南实录正编第三纪·宪祖章皇帝实录》卷五十四，十八；[234] 5442

绍治六年（清道光二十六年，1846 年）春正月……赏宣光捕弁。有农雄硕者，宣巨匪也，许久逋诛。至是，硕与从伙五六人自清国投回，近至谷簇【地处名】，属省率队阮树、土目龙文远自丛中跑出杀之及其从伙一丁。事闻，帝疑其赝，令覆究之。省臣又言：“硕死有征焉，总里佥供证认明白。”

——《大南实录正编第三纪·宪祖章皇帝实录》卷五十四，二十一至二十二；[237] 5445

绍治六年（清道光二十六年，1846 年）春二月……广安弋获清匪刘东宝，命送钦州鞫治之。

——《大南实录正编第三纪·宪祖章皇帝实录》卷五十五，九；[245] 5453

绍治六年（清道光二十六年，1846 年）夏四月……有清商船长吴会兴、船户王复兴者赍递品仪，由承天府以进。命拣採古器一二品，仍给之钱五百缗，余珠玉锦绣悉还之，其船、税并免征。

——《大南实录正编第三纪·宪祖章皇帝实录》卷五十六，十七至十八；[262] 5470

绍治六年（清道光二十六年，1846 年）夏闰五月……遣谨信司员外郎吴金声等六人照领官项搭从清商船驶往广东采买清货。帝召问礼部臣曰："如清使部去年七月开关，今年回程，约至何月抵关？其开关日期向例有报文否？"李文馥对曰："使部仿于六月行可抵关，其开关日期由谅山省接清国移文，一面报部奏闻，一面就关候接，已有成例。"

——《大南实录正编第三纪·宪祖章皇帝实录》卷五十八，一至二；[277] 5485 - [278] 5486

绍治六年（清道光二十六年，1846 年）夏闰五月……帝谓礼部臣曰："如清使部回期近已抵关，宜行咨谅省系接回日其奏折并日记先由马上发递，使部分起续回。"

——《大南实录正编第三纪·宪祖章皇帝实录》卷五十八，十一；[282] 5490

绍治六年（清道光二十六年，1846 年）夏闰五月……清匪郭有幅等投窜于广安洋分。省臣闻报，遣虾罟帮长卢急喜出洋截捕，撞遇于云屯海门。急喜发炮轰击，获有幅及其党五人，余皆投水而死。省臣上其状，赏急喜飞龙大银钱三枚，在行丁夫、手下钱三十缗，所获清匪送交钦州处治。

——《大南实录正编第三纪·宪祖章皇帝实录》卷五十八，十七；[285] 5493

绍治六年（清道光二十六年，1846 年）秋七月……如清使部礼部左侍郎张好合、鸿胪寺卿范芝香、翰林院侍读学士王有光公回。初，好合、芝香之抵燕也，清帝三次宣召，亲御赐酒，人皆荣之。及回，沿途多拨民夫抬递私装。事发，交刑部议处，好合、芝香俱坐革留，有光降留。寻，调补好合户部左侍郎、芝香刑部郎中、有光刑科掌印给事中。

——《大南实录正编第三纪·宪祖章皇帝实录》卷六十，九至十；[309] 5517

绍治六年（清道光二十六年，1846 年）秋八月……恩诏开列诸地方积欠税例、借贷钱粟及明乡、清人、蛮民、土民、属户、客户积欠银钱，凡前经彫耗及偶被灾伤者悉蠲免之，余各宽免五成、带征五成。

——《大南实录正编第三纪·宪祖章皇帝实录》卷六十，二十三至二十四；[316] 5524

绍治六年（清道光二十六年，1846 年）冬十一月……帝谓内阁臣曰："朕御制文有总论一篇，历考北朝自外纪至清世次、国号及治乱兴衰无所不载，令初学读之便见大略。可多印给督学、教训、诸学舍以资肄习。"即命付梓。

——《大南实录正编第三纪·宪祖章皇帝实录》卷六十二，一；[331] 5539

绍治六年（清道光二十六年，1846 年）冬十二月……南定护督范维贞疏言："巴辣港口水势散漫、沙泥淤浅，商船难于出入。有清商邓贞吉者，请自出家赀，于港之两旁筑起堤防、开垦闲田，依例纳税。"许之。

——《大南实录正编第三纪·宪祖章皇帝实录》卷六十三，十四；[349] 5557

绍治七年（清道光二十七年，1847 年）春正月……以行人司八品行人李泰升补谨信司额外主事仍领行人司。泰，广南清商，累派如东采买得力，故有是命。

——《大南实录正编第三纪·宪祖章皇帝实录》卷六十四，十二至十三；[360] 5568

绍治七年（清道光二十七年，1847 年）春二月……广安有海匪站洋乘间邀劫，虾罟帮长卢急喜督率手下、民夫弋获清匪五丁及其船艘械仗。事闻，赏急喜飞龙大银钱三枚，手下、民夫钱三十缗，获犯解交钦州认办。

——《大南实录正编第三纪·宪祖章皇帝实录》卷六十五，二十；[376] 5584

绍治七年（清道光二十七年，1847 年）春三月……命京畿水师掌卫阮文留、卫尉阮苏阮文即管率官船、漕船运北圻货项输于京。适有清艚站洋滋事，复通饬京派巡洋兵船各加心防截，以保不虞。

——《大南实录正编第三纪·宪祖章皇帝实录》卷六十六，十五；[384] 5592

绍治七年（清道光二十七年，1847 年）夏四月……立广安安良店。安良界于清国，是岁钦、廉饥，多有棍徒啸聚邀劫。省臣请遴择土豪一人，纠率民夫五十人立店巡防。许之【安良社属万宁州】。

——《大南实录正编第三纪·宪祖章皇帝实录》卷六十七，十四；［399］5607

绍治七年（清道光二十七年，1847 年）夏四月……平顺、庆和有海匪劫掠商船。帝谓兵部曰："我国与清为邻，近来多有清匪搀越滋事。陆路则钦州饥民聚党至六七百人，水路则匪船往来至十五六艘。前者，清化、义安、广义诸海分商船病之，今顺、庆又见告矣，是则所在汛守既无所事而省派、京派巡洋兵船亦徒虚应焉耳！"即传谕沿海诸地方，凡京派兵船及诸省巡洋，如遇匪船，立即兜剿，以清海氛。若敢无状，各查取职名，分别严议，以肃军政。

——《大南实录正编第三纪·宪祖章皇帝实录》卷六十七，二十一；［402］5610

绍治七年（清道光二十七年，1847 年）夏五月……遣员外郎杜文海、二等侍卫胡得宣等照领官帑搭载清商船如东采买清货。

——《大南实录正编第三纪·宪祖章皇帝实录》卷六十八，二十五；［416］5624

绍治七年（清道光二十七年，1847 年）夏五月……广安有清匪数十人劫掠安良庯【属万宁州】，万宁知州裴辉璠击却之。清匪复啸聚龙林隘【属钦州界】数百人，图掠砨碓庯【属万宁州】。事闻，命按辖防截，又移咨钦州协拿，以静边氛。

——《大南实录正编第三纪·宪祖章皇帝实录》卷六十八，二十五；［416］5624

绍治七年（清道光二十七年，1847 年）秋七月……洋派宝龙船公回，赏派员尊室常等级纪有差，随派员弁亦交部查覈，分项议赏。初，常如东私给清商裕兴船号引文来商于嘉定，省臣覈其非例。帝曰："常奉派外洋，但照职司办理，事清即止，安得擅给别商引文而奏折、日记曾无叙及？罚常三月俸。"

——《大南实录正编第三纪·宪祖章皇帝实录》卷七十，十二；［433］5641

绍治七年（清道光二十七年，1847 年）秋七月……广安省臣胡仲睿疏言："属辖撞山堡原派巡海一、二二队驻守，递年派出管卫奇一员，轮往管办。且撞山远在洋外，二队弁兵日久服习，请以该队陈池仍留专管二队，其管卫奇递年换派，请应停省。"许之。

——《大南实录正编第三纪·宪祖章皇帝实录》卷七十，十九；[436] 5644

绍治七年（清道光二十七年，1847 年）秋七月……广安领兵陈宝书出洋巡哨，分委从九品百户杜缗绅拨夫巡探，撞遇匪船二艘，与之恶战，斩获三馘，收获匪船器械。事闻，赏缗绅银钱三枚，民夫三十缗。未几，清艒三艘[①]，为钦州兵船逼逐，窜逸于万宁州地面。所在民并力协拿，阵斩三首，生获一丁。赏民夫钱三十缗。获犯解交钦州处治。[②]

——《大南实录正编第三纪·宪祖章皇帝实录》卷七十，十九至二十；[426] 5634、[436] 5644

绍治七年（清道光二十七年，1847 年）秋七月……申定高平折纳土银。省臣疏言："属辖土银原非所产，只据清商带来贸易，辖民换买纳税。节经详验只得七成零，若仍旧征收，则专办人等不免赔偿。嗣凡辖民纳土银，请定为七成，每精银一两准纳土银一两四钱三分，庶得妥便。"下户部覆议："高平应纳土银自绍治四年以前均得八成，惟五年至兹即是七成，则银质日就减色，出于清商之弄巧，原非辖民采办得来。今若只要得八成银，则输纳之期人民不免稍形拮据。其高平所纳土银，请依原例定为八成银，每十两抵精银八两。如有七成银，请亦听其输纳，每精银一两，照收土银一两四钱二分，零折除税额。"从之。

——《大南实录正编第三纪·宪祖章皇帝实录》卷七十，二十至二十一；[426] 5634

① 艒，音 mù，小船。扬雄《方言》："小舸谓之艖，艖谓之艒"。

② 柏中按："获"字为本页尾字，后接"犯解交钦州处治"在另页，但页码错倒不相衔接，该页眉卷标为"六十九"，册及总页码为［426］5634。

第十五册

绍治七年（清道光二十七年，1847年）十二月……以刑部右参知裴樻【原裴玉樻，至是改为裴樻】充如清使，礼部右侍郎王有光、光禄寺卿【原充史馆纂修】阮攸副之，往告国恤。寻，命发国书，并交该使部递达，恳请使来京举行邦交钜典，从阮登楷、尊室弼之请也【阮登楷折奏："本国自黎以前，国号安南，都于升隆，故历代邦交之礼，即于其地行之，自是正理。我列圣皇帝肇启炎邦，原与安南别为一国。我世祖高皇帝舆图一统，定鼎富春。大定之始，通好于清。先正国号曰越南，都邑维新，已非丁、李、陈、黎之旧矣。升隆在黎为东都，在今为一省城。事异势殊，清人安得执此以为邦交印定！况京师根本重地，千里巡幸不无意外之虞，其今次邦交，请发书由使投达，要恳清使来京行之为便。"尊室弼继亦奏请如之。帝以事关邦交大政，又属一初，未必见从，诏下廷臣并诸地方钦点官会同阅议具奏。咸以为："所言行之于京师，在我有无穷之利，揆之事势亦可底行。盖衣裳之会必在国都，自是古礼。以此言之，于理亦顺，而清国与我朝向来交际毫无疑间，兹若善为词令，以诚动人，谅清国亦有必从之理。请由礼臣撰修国书发交使部递达，请清使之来一路进京举行钜典，再预拟问答之辞，并交照办，务要其说必行，则可以重根本而省烦费，其为利也大矣。"帝从之】。辰内务以清单交如清使部，因便采买清货，间有开列玉器、玩器、古器、瓷器及珍奇玩好者。科道杜名浃奏言："奉我皇上初政清明，凡事抑奢从俭，今在谅阇之际，宫中服用皆从素朴，况使臣将命告哀而及于珍奇玩好，非所以示俭约也，其采买各项均请停止。"帝嘉纳其言。

——《大南实录正编第四纪·翼宗英皇帝实录》卷一，三十至三十二；［38］5708－［39］5709

嗣德元年（清道光二十八年，1848 年）正月……给风难清商船【福建船泊入嘉定芹蓦汛，准给人各米一方。嗣凡赈给诸难船口粮皆照此】。

——《大南实录正编第四纪·翼宗英皇帝实录》卷二，六；[44] 5714

嗣德元年（清道光二十八年，1848 年）正月……派神机水师巡缉南北洋【例，每年春首各派】。

——《大南实录正编第四纪·翼宗英皇帝实录》卷二，六；[44] 5714

嗣德元年（清道光二十八年，1848 年）二月……给风难清商船【广东船泊入广平洋分，内有洋人一名】，船主愿纳西洋铁炮五辆，收之，赐钱三百緍。

——《大南实录正编第四纪·翼宗英皇帝实录》卷二，七；[45] 5715

嗣德元年（清道光二十八年，1848 年）二月……奠边府【属兴化】招募土民垦田，设成平、敦农、颉伯、包葩、蔓凑、居来、森猛加七社，许之。

——《大南实录正编第四纪·翼宗英皇帝实录》卷二，八；[45] 5715

嗣德元年（清道光二十八年，1848 年）二月……宁平巡抚吴金麟进《大学衍义补》一部①，赏金钱一枚。

——《大南实录正编第四纪·翼宗英皇帝实录》卷二，八；[45] 5715

嗣德元年（清道光二十八年，1848 年）四月……给风难清商船【福建船泊入平顺洋分】。

——《大南实录正编第四纪·翼宗英皇帝实录》卷二，二十一；[52] 5722

嗣德元年（清道光二十八年，1848 年）四月……广安署抚阮文振条陈折奏二事【一叙和买物件要需等项遵例办理外，余如东如西诸物项请行停止；一叙万宁、先安二州清人居住，建成都邑，除实户照项纳银税

① 《大学衍义补》，明人邱濬著于成化年间。

外，余客户原例收全年身税。该等回唐不见复来，只据现在实户赔纳，未免拮据，其客户流民请免身税】，准下廷议请依，帝从之。

——《大南实录正编第四纪·翼宗英皇帝实录》卷二，二十四至二十五；[53] 5723－[54] 5724

嗣德元年（清道光二十八年，1848 年）四月……有英吉利船一艘追拿清人流囚于芋屿洋外，西洋人十六名，汉民一名乘杉板船一艘就河仙沂江汛，乞兵夫拿。省臣委领兵尊室直将兵一百并行人一名，乘船就处察访驱逐。事闻，帝曰："该船系英吉利人，须问明事状，妥为办理，不必概行斥逐，徒示人以不广也。"著即饬究问来由，一面随宜妥办，一面飞章入奏，以悉情状【向来英吉利、麻离根、笔须稽诸国船投来兑卖、讨办食物、取柴水不禁，惟佛兰西船不许入澳、不许升岸，以其曾来惹事也】。

——《大南实录正编第四纪·翼宗英皇帝实录》卷二，二十五至二十六；[54] 5724

嗣德元年（清道光二十八年，1848 年）四月……蠲免清商王复兴船港税【该船因风漂泊，帝体念远商，故免之】。

——《大南实录正编第四纪·翼宗英皇帝实录》卷二，二十六；[54] 5724

嗣德元年（清道光二十八年，1848 年）四月……分设化铺总为化铺、中安二总【化铺总属高平省石林县十二社村：化铺、境办、安陇、邱安、稔熟、叫得六村社仍旧为化铺总。中安、上、中、下、内、外陇六村别处□隅，山陇崎岖，地势广漠，又与清界毗连，势难周顾，别设为中安总，置该总】。

——《大南实录正编第四纪·翼宗英皇帝实录》卷二，二十七；[55] 5725

嗣德元年（清道光二十八年，1848 年）五月……给风难清商船【广东船舶入义安汛分】。

——《大南实录正编第四纪·翼宗英皇帝实录》卷二，二十九；[56] 5726

嗣德元年（清道光二十八年，1848 年）五月……辰，清船三艘领载官项如东，准交清人曾授六品衔承办李泰认往兑易。泰辞以老弱，乞派员附办。林维浃为之寄请，廷臣具由公参，命交刑部严议，案拟革职。帝谕曰："派员如东，前经准依廷议，永行停止。朝廷布大信于天下，岂有朝更夕改之理乎？乃林维浃不能揆度事理，前既会同廷议，后因李泰托以衰老为辞，辄复为他调停，率行寄奏，请增派员，似此脂韦茫无定见，诚有应得之罪。但详察此办，只系一辰昏瞶思量所未到耳。前者一闻寄奏，朕已立斥其非，该员自知痛悔不敢，遂非视与故意违误者有间，部拟亦属失之过当加恩。林维浃改为革留，仍毋须充管领侍卫处大臣，退回原衙专办部务。廷臣此次公议执理严参，实系杜渐防微整肃朝纲，深副朕望助倚毗之意，著传旨嘉奖。"

——《大南实录正编第四纪·翼宗英皇帝实录》卷二，三十五至三十六；[59] 5729

嗣德元年（清道光二十八年，1848 年）五月……清国洋分匪船滋扰，钦州知州员札知万宁州。知州多雇船勇于交界扼要处防堵。广安省臣以闻，准多拨夫船，水陆严加防截，以静海氛。

——《大南实录正编第四纪·翼宗英皇帝实录》卷二，三十八；[60] 5730

嗣德元年（清道光二十八年，1848 年）九月……蠲减诸辖明乡、清人、侬人、蛮民、土民、属户、客户留欠银税【绍治六年十二月底以前，因流散未还复者，并行豁免；原无拮据而尚留拖欠者，宽免十之五。此遵去年十一月恩诏议准】。

——《大南实录正编第四纪·翼宗英皇帝实录》卷三，十八；[75] 5745

嗣德元年（清道光二十八年，1848 年）十一月……帝以开年届如清岁贡，命礼部右侍郎潘靖充正使，鸿胪寺卿枚德常充甲副使，翰林院侍讲学士阮文超充乙副使【例以巳、酉、丑贡】。

——《大南实录正编第四纪·翼宗英皇帝实录》卷三，三十九；[86] 5756

嗣德元年（清道光二十八年，1848 年）十二月……给风难清商船【福建船泊富安洋分】。

——《大南实录正编第四纪·翼宗英皇帝实录》卷三，四十三；[88] 5758

嗣德二年（清道光二十九年，1849 年）正月……清地股匪黄威吉等徒党千余人烧掠广安安良社北望甲，官兵获之，咨交清国钦州。

——《大南实录正编第四纪·翼宗英皇帝实录》卷四，五；［92］5762

嗣德二年（清道光二十九年，1849 年）二月……如清【岁贡】正使潘靖、乙副使阮文超等陛辞，奉赍国书就道【辰，甲副使枚德常并行随人等已先往河内伫候】。

——《大南实录正编第四纪·翼宗英皇帝实录》卷四，七至八；［93］5763－［94］5764

嗣德二年（清道光二十九年，1849 年）三月……帝以邦交近期【前恳清使来京行邦交礼，经得报清帝允从】，命都统尊室弼充董理在京殿堂，参知黄济美副之。统制阮仲并董理使馆船艘，侍郎尊室瀞副之。巡抚黎长名董理治平使馆，侍郎丁文铭充协同董理。总督邓德赡董理安静使馆，侍郎杜光舒协同。总督尊室恭董理清化、宁平使馆，布政潘儒协同。总督黎文富董理自嘉瑞以北至谅枚使馆并北圻水程船艘，巡抚张好合协同。各派出贤良公正科道一人，会同捡办。

——《大南实录正编第四纪·翼宗英皇帝实录》卷四，十至十一；［95］5765

嗣德二年（清道光二十九年，1849 年）三月……除安江清帮【潮州二，福建一】挂欠银税【三帮原镇西撤回插入，寻逃去】。

——《大南实录正编第四纪·翼宗英皇帝实录》卷四，十二；［96］5766

嗣德二年（清道光二十九年，1849 年）四月……给风难清商船【福建船泊入平定洋分】。

——《大南实录正编第四纪·翼宗英皇帝实录》卷四，十三；［96］5766

嗣德二年（清道光二十九年，1849 年）四月……准立西宁潮顺帮【潮州帮民陈恭募外漏清人十一名，请立帮受税，许之】。

——《大南实录正编第四纪·翼宗英皇帝实录》卷四，十五；［97］5767

嗣德二年（清道光二十九年，1849 年）闰四月……清国钦州帖报，州辖山匪千余人肆行劫掠，洋外匪船七十余艘，徜徉滋扰。广安省臣以闻，命承天以北海疆诸省按辖严防，又派巡洋船严行兜剿。

——《大南实录正编第四纪·翼宗英皇帝实录》卷四，二十；［100］5770

嗣德二年（清道光二十九年，1849 年）闰四月……派京畿水师乌朱船二艘往河静护渡清使，至广平洋分因风失事。

——《大南实录正编第四纪·翼宗英皇帝实录》卷四，二十；［100］5770

嗣德二年（清道光二十九年，1849 年）闰四月……封闭谅山同仆金矿、凭铁矿【以金气、铁气耗竭，无有愿征故】。

——《大南实录正编第四纪·翼宗英皇帝实录》卷四，二十二；［101］5771

嗣德二年（清道光二十九年，1849 年）五月……如清前使部裴樻等回复命。帝慰问久之，又曰："次此使部较与常年事体有间，乃能妥济，可嘉。"樻等趋出拜谢。寻谕裴樻、王有光、阮攸等："赍递国书邀清使进京行邦交礼，一接国书，他已听允，这系交邻大义，尤于国体有光。虽此以凭藉国灵，固不待辩折。而该等将命乃能干办，事底于成，殊堪嘉奖。所应出格施恩，用彰异贶。"乃各赏加一级，并厚加赏赐有差。

——《大南实录正编第四纪·翼宗英皇帝实录》卷四，二十四至二十五；［102］5772

嗣德二年（清道光二十九年，1849 年）六月，协办大学士阮知方条奏安江省府城应行移建及清人投来南圻居住事宜【一请安江省城移建于东川县隆山村，其旧城留为绥边府莅。安边府莅移建于江城永济河右岸，永通旧堡改设大堡。又自安边府以达河仙省莅，量筑条路。一请自有清人投来南圻六省情愿留居，确有在辖帮民明乡保认者听其居住，仍各宽免税例三年，就中或愿入帮民籍，或愿照诸闲旷，立邑垦田受税，并听随便】。从之，惟省府城移建，准姑徐议。

——《大南实录正编第四纪·翼宗英皇帝实录》卷四，二十六；［103］5773

嗣德二年（清道光二十九年，1849 年）六月……清地股匪二千余滋扰钦州，移屯于北仑、那良等铺【夹万宁州北岩社那巴笞】。广安布政使阮科昱饬所在【先安】州员按防仍以事闻，命增派省兵一百，海阳派副管奇阮仕带将弁兵三百往广安，由副领兵官陈宝书并管，往万宁州严截之。

——《大南实录正编第四纪·翼宗英皇帝实录》卷四，二十八；[104] 5774

嗣德二年（清道光二十九年，1849 年）七月……清国钦使广西按察使劳崇光【湖南长沙人，第二甲进士】及陪佐等【即用道縻良泽，即用同知府张汝瀛】抵京。丁巳，崇光恭捧敕书置于龙亭，随至太和殿前行宣封礼，帝诣拜位受敕谢恩。礼成，延崇光于宣德殿款接，致问道光皇帝安好，及慰问崇光途间行状。茶毕，崇光辞出。帝亲送至帐次乃回銮。戊午，崇光恭捧谕文金帛置于龙亭，随至隆安殿恭诣宪祖章皇帝神御，前行进香礼。捧金香三拱加额行奠酒礼，三奠三揖，趋出，立位【东】立。帝诣龙亭前谢恩。礼成，崇光降阶出门，帝亦亲送至帐次乃回銮。翌日，崇光具启辞回，语意恭敬，帝命柬答。之国都行礼，事属一初，其间仪文整肃、体统尊严与夫交际之诚、赠遗之厚，前此所未有也【辰，崇光初抵京馆，即求观本国诗，乃命集诸皇亲并诸臣名作者，名为《风雅统编》。许观，崇光深所叹赏。后从善公绵审以所著《苍山诗集》寄使部带往广西（辰，崇光已为广西巡抚），征序于崇光。崇光为作序文，尚将是编追述焉】。

——《大南实录正编第四纪·翼宗英皇帝实录》卷四，二十九至三十一；[104] 5774－[105] 5775

嗣德二年（清道光二十九年，1849 年）八月……帝以邦交礼成，遣使如清答谢。命礼部右侍郎潘辉泳、太仆寺卿陈践诚【践诚原旧名敏，后赐改践诚】、翰林院侍读学士黎德等充之。既而，清帝念其使程频数【辰，前使部裴樻等甫回贡，使部潘靖等现方继往】，准缓俟下次贡期并遣，乃停。

——《大南实录正编第四纪·翼宗英皇帝实录》卷四，三十四；[107] 5777

嗣德二年（清道光二十九年，1849 年）九月……海匪【凡海匪亦皆清地匪，下同】船七十余艘搀到海阳洋分登陆扰掠，官兵剿杀之。匪退去，寻又乘夜潜来广安江分，向省城滋事。布政使阮科昱出城督战，大破之，斩首、生俘、收获船艘炮械无算。赏阮科昱军功加一级，员弁兵丁分别奖赏，获犯陈晚等一百六十四丁并劫器【大炮五十六辆，短炮、短刀、藤牌各项】准解交清国钦州。

——《大南实录正编第四纪·翼宗英皇帝实录》卷四，三十八；[109] 5779

嗣德二年（清道光二十九年，1849 年）十月……给风难清商船【广东船二艘，泊入广平洋分】，船主愿纳铁炮二辆，听收留之，赐钱一百缗。

——《大南实录正编第四纪·翼宗英皇帝实录》卷四，四十二；[111] 5781

嗣德二年（清道光二十九年，1849 年）十二月……初，广安抚臣阮科昱拿获清地逸犯及劫器各项，经准解交钦州。至是，琼州总镇【缺名】委捕弁黄开广将兵船到白藤江投文认之，寻委守府黄彬递将茶、扇、果品送好，并洋银十五枚赏给捕弁。科昱辞之曰："此次敝邑捕弁已蒙我皇上从优奖赏矣，其今诸珍贶奉璧不敢受。"事闻，帝嘉其得体。

——《大南实录正编第四纪·翼宗英皇帝实录》卷四，五十三；[116] 5786

嗣德三年（清道光三十年，1850 年）三月……清帝崩【庙号宣尊】，皇子奕詝即位，以次年为咸丰元年。讣闻，辍朝五日【初以义起，原无故典】。

——《大南实录正编第四纪·翼宗英皇帝实录》卷五，十一；[124] 5794

嗣德三年（清道光三十年，1850 年）三月……准定奸商盐米禁例【凡清船潜泊岛屿各处私与奸商买米并南圻六省人将盐米就蛮境商卖者，捡获船货（清人）、家产（本国商人）尽赏告者，卖买奸商满杖流。各辖民盗将米粒潜往下洲及清国奸商者，船主绞候，柁、水满杖流，汛守故纵与犯同罪】。

——《大南实录正编第四纪·翼宗英皇帝实录》卷五，十三；[125] 5795

嗣德三年（清道光三十年，1850 年）三月……设兴化上游诸土民总名。辰，奠边、遵教、伦州、枚州、木州、陀北、照晋等府州渐被汉风，照随里路远近、地丁相称设总名以统属之【奠边府设风清、仙峰，木州设木上、木下，照晋州设丰川、杨逵，陀北设德关、贤良各二总；遵教设国安，伦州设文榜，枚州设呈吉各一总】。

——《大南实录正编第四纪·翼宗英皇帝实录》卷五，十三至十四；［125］5795

嗣德三年（清道光三十年，1850年）六月……并省乂、清并广安诸府县州。以乂安安城县并归演州府员兼理；梁山县并归英山府员兼理；义堂、桂峰、翠云三县并归葵州府员兼理；襄阳、祈山、会元、永和四县并归襄阳府员兼理。清化厚禄县并归河中府员兼理；广地、石城二县并归广化府员兼理；良政、常春二州并归寿春府员兼理；弘、美二县合为弘化县，设弘化县知县一，仍隶河中府；锦水、关化二县州合为锦水县，设知县一，仍隶广化府；其河中同知府与美化县名、关化州名并行裁省。广安万宁州设为海宁府，置知府一兼理万宁州，仍摘山定府之先安州改隶该府统辖，余原属该府之尧封、安兴二县与横蒲县隶归山定府，仍由横蒲县员兼理。辰，因阮登楷奏请并省乂安、清化诸府县，经交廷臣妥议，至是廷议因将广安事宜并议一体，故皆准行之。

——《大南实录正编第四纪·翼宗英皇帝实录》卷五，二十五至二十六；［131］5801

嗣德三年（清道光三十年，1850年）七月……募清、土流民垦苏州【属河仙】旷土。

——《大南实录正编第四纪·翼宗英皇帝实录》卷五，二十九；［133］5803

嗣德三年（清道光三十年，1850年）七月……清国饥民搀来万宁【属广安】杀摄州事裴文璻，命武公度【按察】剿之。至则遁散，乃追获其军器，其余伙窜归清之北仑、那勒等处。

——《大南实录正编第四纪·翼宗英皇帝实录》卷五，二十九；［133］5803

嗣德三年（清道光三十年，1850年）八月……清地股匪自龙州、凭祥【属清界】搀来长定【属谅山】，知府范惟燃抵敌不住，遂逼至谅城。官军于城上射毙匪渠一、匪伙百余，匪乃窜回。赏省臣张好合实授巡抚，仍移书两广会剿。

——《大南实录正编第四纪·翼宗英皇帝实录》卷五，三十三；[135] 5805

嗣德三年（清道光三十年，1850 年）十月……赠清派张文田食品帑项。辰，我风难船户【平顺人】泊广东文昌【县名】，官为给粮，派文田送回，故赐之。

——《大南实录正编第四纪·翼宗英皇帝实录》卷五，三十六；[136] 5806

嗣德三年（清道光三十年，1850 年）十一月……并丰盛、安定【安江二县】于巴川【土汉间居，赋役宽简，以府臣兼莅之】。

——《大南实录正编第四纪·翼宗英皇帝实录》卷五，三十七；[137] 5807

嗣德三年（清道光三十年，1850 年）十一月……定祥汛分有清商逃征者【户部遵议，官吏疏防，以致逃征】，巡抚杜光、按察使黎文诚案问杖徒【谓故违条禁纵犯】，帝加恩降革，从效吏部。

——《大南实录正编第四纪·翼宗英皇帝实录》卷五，三十八；[137] 5807

嗣德三年（清道光三十年，1850 年）十一月……清国边州匪起【夹我高、谅】，其民避难投依高、谅以数百计，命诸帮长管照，事平听归。

——《大南实录正编第四纪·翼宗英皇帝实录》卷五，三十八；[137] 5807

嗣德三年（清道光三十年，1850 年）十二月……风难，率队【水师】阮妥泊清广西感恩【县名】①，官给送回，令移书答之。

——《大南实录正编第四纪·翼宗英皇帝实录》卷五，四十五；[141] 5811

嗣德三年（清道光三十年，1850 年）十二月……赐清风难船派【协把总】吴会麟居于四驿馆【月前泊顺安汛，赐食，月给粮钱、冬衣。将届元旦，赐牲、粢、酒】，令俟给遣回国。

——《大南实录正编第四纪·翼宗英皇帝实录》卷五，四十五；[141] 5811

① 感恩县时属琼州府，隶广东省，非属广西，此误。

嗣德四年（清咸丰元年，1851 年）正月……辰，清地股匪因饥搀来谅山、高平、广安。张登桂奏言："三省广漠，彼乘间来去，无他伎俩。多设堡御，恐滋烦费。"乃命省臣勘办【或量设堡，或团土勇，或别拟良策】。

——《大南实录正编第四纪·翼宗英皇帝实录》卷六，一至二；［142］5812

嗣德四年（清咸丰元年，1851 年）二月……清国船七艘投来南义诸汛【广南占屿汛，广义沙圻汛】，称右标都阃府龙发喜承派捕匪，因风漂入，求买火食。省臣以闻，帝疑之，命加防，寻谕兵部增派隼击舟师于南义、平定洋分巡哨。

——《大南实录正编第四纪·翼宗英皇帝实录》卷六，七；［145］5815

嗣德四年（清咸丰元年，1851 年）二月……辰，清风难船派吴会麟现留四驿馆俟遣。帝欲敦邻谊，命礼部办理黎伯挺、协领侍卫武智等十八人以瑞鸿铜船送回，又夹带帑项银米，因便兑换。阁臣枚英俊上疏切谏，略曰："如东一款经奉停止，中外有闻，方喜其为天下臣民之福。今乃以恤难睦邻之举而为营商采买之行，则是以义而往，以利而归，一船之内同派同行，而所差之间有儒有贾，臣不知邻国之人其称斯船也谓何。又谅山一道，清地股匪搀来，旬日之间边书再至，数州之民或被毁烧、或被掳掠，其为苦难亦已甚矣。乃守土之臣袖手旁观，半筹莫展，朝廷何不一虑及此，而汲汲于清国难弁之吴会麟等数辈？臣窃谓事之倒行逆施，未有当于义者也。请如礼部臣所议，许该难弁搭从商船回东，仍照在行人数厚与给赏，亦足以示朝廷恤难睦邻至意。"帝谓英俊慢弄不敬，交议。继而都察院臣亦上谏章，帝谴之。院臣又为枚英俊奏请宽释。

——《大南实录正编第四纪·翼宗英皇帝实录》卷六，十至十一；［146］5816－［147］5817

嗣德四年（清咸丰元年，1851 年）三月……清边州【思陵、防城夹我国先安州】有匪警，广安省请调邻省兵堵截，从之。

——《大南实录正编第四纪·翼宗英皇帝实录》卷六，十三；［148］5818

嗣德四年（清咸丰元年，1851 年）三月……清地股匪掠先安【属广安】，知州范金钟率民夫杀退之【射毙匪伙，斩首三，收回牛牢六十头】。赏纪录二次，在行普赏钱二百缗。

——《大南实录正编第四纪·翼宗英皇帝实录》卷六，十四；［148］5818

嗣德四年（清咸丰元年，1851 年）四月……清地股匪黄晚搀扰谅山，领兵阮春常与匪战于保林【社名】，失利【弁兵散溃约一千余人，常失落寻死】。省臣张好合与阮铎【原署掌卫作为领兵】以调度失宜各坐降留。

——《大南实录正编第四纪·翼宗英皇帝实录》卷六，十七至十八；［150］5820

嗣德四年（清咸丰元年，1851 年）四月……赈河仙明乡社火灾。

——《大南实录正编第四纪·翼宗英皇帝实录》卷六，十八；［150］5820

嗣德四年（清咸丰元年，1851 年）四月……追赠那通堡【属高平】死事诸员弁。先是，清地逸匪约二百余，乘间突来逼战，该堡诸员弁相持阵毙。省臣阮金顺以闻，令追赠之【原该队阮桂赠副管奇试差正队长，率队阮圭试差从九品百户，闭珑外委队长，阮有农、段文柒均与追授，土豪阮辉锐赠正九品百户】。

——《大南实录正编第四纪·翼宗英皇帝实录》卷六，十八；［150］5820

嗣德四年（清咸丰元年，1851 年）四月……清地股匪黄晚党伙数千人蔓入脱朗州【属谅山】黄同社，领兵黄战、阮进权等杀退之，匪徒溃遁出境，获俘、馘、印、旗、械杖。帝曰："此举也差强人意！"赏战、权等军功纪录银钱有差，余在行弁兵赏钱六百缗。

——《大南实录正编第四纪·翼宗英皇帝实录》卷六，十九；［151］5821

嗣德四年（清咸丰元年，1851 年）五月……黄晚匪伙又从廉州来，约七千人抄掠于思明、宁明【清边地】。谅平抚臣张好合飞调河内、北宁弁兵四千名、战象四匹，委领兵黄战督往防堵，以事奏闻。

——《大南实录正编第四纪·翼宗英皇帝实录》卷六，二十；［151］5821

嗣德四年（清咸丰元年，1851 年）五月……广安边民屡被清地股匪劫掠，海宁府员陈光仲击退之，赏纪录二次，在行兵勇各赏银钱有差。

——《大南实录正编第四纪·翼宗英皇帝实录》卷六，二十；［151］5821

嗣德四年（清咸丰元年，1851 年）六月……清地匪党约六千人聚于清思州，声言越界扰掠。谅平抚臣张好合请将原署谅山领兵经准调北宁黄战并河内、北宁弁兵各一千名仍留备派。从之。

——《大南实录正编第四纪·翼宗英皇帝实录》卷六，二十四；［153］5823

嗣德四年（清咸丰元年，1851 年）七月……获清地匪目王三才，押赴万宁【州名，属广安，夹清钦州】，诛之。帝以谅平清地逸匪已溃散，令省臣摘原调谅山兵五百名并教养选锋三十名仍留高平弹压，余原调之河内、北宁弁兵准各撤交黄战带回。

——《大南实录正编第四纪·翼宗英皇帝实录》卷七，一至二；［156］5826

嗣德四年（清咸丰元年，1851 年）七月……我难民回自凌水【清国县名，属钦州[①]】，男女二十一人【广义省民兑买粟子，因风漂泊至清国洋分、凌水县轮解送回至海宁】。

——《大南实录正编第四纪·翼宗英皇帝实录》卷七，三；［157］5827

嗣德四年（清咸丰元年，1851 年）七月……又获清地匪黄盛记等七犯，押赴境上【钦州】诛之。清地匪蒙天牛与名官三【思陵州土知州之叔】纠集思州，蔓扰上龙、凭祥【约六千余人】。谅山省臣张好合以闻，命督弁兵土勇严防沿边诸要处。

——《大南实录正编第四纪·翼宗英皇帝实录》卷七，三；［157］5827

嗣德四年（清咸丰元年，1851 年）八月……清地股匪千余人由无碍【总名，属广安省先安州】取路至河娄【社名】烧掠，知州范金钟袭击之，匪多伤毙【斩获五十四馘】窜走，获旗马枪刀，收回牛牢【五十

① 凌水即陵水，清代陵水县属广东省琼州府辖，此言属钦州误。

头】。赏军功纪录三次，在行亦赏钱米有差。

——《大南实录正编第四纪·翼宗英皇帝实录》卷七，九至十；［160］5830

嗣德四年（清咸丰元年，1851年）八月……钦差经略河宁、宁太、谅平等省阮登楷请调诸省【河内、山西、北宁】募兵往谅备派，拣兵撤回。

——《大南实录正编第四纪·翼宗英皇帝实录》卷七，十；［160］5830

嗣德四年（清咸丰元年，1851年）八月……清地匪三堂二千余啸聚于有产【属谅山安博县】等社分掠，署掌卫作为领兵阮铎、按察枚英俊率兵勇一千余进攻，斩获十余馘，匪弃牛羊退遁潜伏于铁滩【属安博】。阮铎乃分三道追击之，以山西副管奇裴副为右道，谅勇奇署副奇阮寿纪为左道并进，枚英俊接应，而铎自将中道追至铁潭，前为泥田所阻，铎与弁兵【选锋武举】八十先涉。匪见兵少，复来混战，射杀阮铎。阮寿纪、枚英俊兵继至，皆遇害。报至，帝曰："阮铎主将兵事素娴，贪胜致败。枚英俊以书生而从戎务，奋不顾身，死于非命，朕为之流涕"。乃追授铎为掌卫，赠英俊为翰林院直学士，录用其子，由省护送棺柩回贯。又赐英俊母钱米帛匹，以充养赡。阮寿纪亦追与实授副管奇，其当场阵亡正队长率队武德追授该队，武举高盛、武文道、潘点、黎文持、陈之节等五名追授禁兵队长，正八品书吏吴光扬追授灵台郎，各照衔给恤一倍。余兵丁给钱有差。巡抚张好合以调度失宜，准拿解回京交究。迨至河静省病故，仍准追夺。

——《大南实录正编第四纪·翼宗英皇帝实录》卷七，十至十二；［160］5830－［161］5831

嗣德四年（清咸丰元年，1851年）闰八月……清兵田文藻越境拿犯于聚和【社名，属宣光】，为犯伙杀毙【田文藻行至聚和董亮寨，获犯陆小保捆缚。伊伙陆老外、唐小麻、陆老占群来开解，陆小保援得小刀，刺田文藻，立毙】。开化府理刑厅李臬【缺名】移书言："聚隆为匪徒渊薮，而驻防该总匿纵猖獗。"省臣阮德欢查拿获之【陆小保、唐小麻】。陆小保畏罪自戕，欢令正法，唐小麻留监。以事闻且言该府派田文藻越境拿犯，不曾移文，自有取死之道，请下礼部拟咨以复。帝从之，令将唐小麻交开化府员。

——《大南实录正编第四纪·翼宗英皇帝实录》卷七，十三至十四；［162］5832

嗣德四年（清咸丰元年，1851年）闰八月……清地股匪又蔓掠先安【州名，属广安】，驻弁协管阮仕、管奇阮特等得报率弁兵二百余自万宁州往截。闻后屯率队阮衍失守被戕，直前救应，斩获匪目一馘，射毙二丁，与匪相持待援。省派副管奇胡巴、先安州员邓高峰继进，分道射杀【二十九馘】，匪退，在行官军赏给有差。

——《大南实录正编第四纪·翼宗英皇帝实录》卷七，十五；［163］5833

嗣德四年（清咸丰元年，1851年）闰八月……经略使阮登楷奏言："清地匪颜大党伙七八千，啸聚上思州龙头【清边地】，与广西按察劳崇光相拒，清兵方在围拿。又李清党千余人据钦、廉【二州名，属清边界】，出入万宁【州名，属本国广安省】，以为巢穴。劳按察或直向太平府与本国会剿，或与两广总督讨紫山、天德之贼，未得确信。然查关上至龙头才七八日，果如其事，则我国应用弁兵、象、马及一切酬应事宜有关邻交重谊，请下部议。"礼部奏言："劳按察前年使我国，如果提兵会剿，邀以面商，经略臣亦可与之相见。惟有事军旅，当以军礼见。如他员来，但于谅省驻马，随宜调度，以重国体。"从之。

——《大南实录正编第四纪·翼宗英皇帝实录》卷七，十五至十六；［163］5833

嗣德四年（清咸丰元年，1851年）闰八月……阮登楷又奏拟边筹五条【一清地蔓匪巢穴系该国边民，若非该国官兵会剿，势难蒇事。请再修国书，派员赍到广西，要该抚一面调剂饥民，俾无失所；一面剿除渠党，使绝恶荄。倘该国重于用师，亦当督所在沿边官兵向引本国官兵，直捣巢穴，务得该匪净尽，用固边疆。如该国允从所请，该员请随机征调各省兵勇，相机会剿。如其未然，当饬令沿边土民防按，仍各撤回官兵休息，以省劳费。一清人未经会剿，请将各省拣兵撤回，省伍仍留北宁、河内、山西各卫奇募兵。每省务足五百名，轮流三月一次，与原戍谅省之海防奇兵一百，属省之谅雄、谅勇各奇队全数弁兵该千余，俾资守护，其余该三省募兵，请各转回北宁界分，廊夹堡善地设大屯驻扎，并加派山西战象二匹在此立养，委得力领兵一员管之，日夜操演，以严有备。再谅山省城完固，外施鹿角尖，内有劲兵按驻，该匪必不敢复来围逼。万一该城有警，先须坚壁不动，即就近飞调该堡弁兵、象匹，从温州文关直至同登铺暗截匪退路，仍以烽台通消息。接报日该员即飞调河、北二省大队兵勇星往援剿。如此则该匪进退无路，一鼓可扑灭。且今该匪未就清夷，尚需征发，其河、北二省兵请分为二班，一班放回休息，一班除寻常差派外，余每省请以一千日常操演，以备临辰有用。至如各驻守募兵，在谅省请各月给钱三缗；在北宁堡，请各给钱三缗，米各一方。原派武举教养选锋，亦加给每月钱一缗，使之裕如，以励士气。若遇匪侵过劫掠者，各由所在团结堵御，不须差派。一谅省年来或征募土勇、或解运粮饷，土民正甚劳顿。今年应征钱粟，除经奉蠲缓外，余今冬应征租粟，听收实色以资支饷。其钱数千蠲免以舒贫民之急。一谅省岚瘴重地，而北圻拣兵家乡之念重，敌忾之情轻；得力者少，伤病者多，均无妥便之计。照自治、平以北现监囚犯省以百数，则羁禁者多，既属干和，而主守弁兵转增劳费。请恩旨敕下各省臣，照囚犯自斩监候至军流徙为兵项，其有情愿杀贼赎罪，各发交军次开释，给以械饷，责令军前效力，亦可当一卫劲兵。再请敕下各该省照所辖尚有犯案出首数千，亦并交军次差派。事平后，囚首人等各照功状汇册，钦候恩典。则刑狱因以日清，而亦可分官军之力矣。一沿边各省土官乃中州之藩蔽。前因逆云惹事改置流官，亦大圣人之一大段经理处也。然观逆云煽变数月，自可清夷，诚以巢穴可除，而我土、我民呼应亦敏，则其为患犹浅。自流官之法行，土司、土目一概废弃，官与民音话不同，风土绝异。平日则以蛮为易欺，藉官法以哧怵，贪冗残刻，无所不为，该土民敢怒而不敢言。迨其有事则呼应不灵，动辄龃龉，土民素怀忿疾，谁肯有亲上死长之心？此则流官之弊倍于土官不知底止。请量设土官，以管率其民，团结土民，责以捍御，方为安边紧著。又兴、宣、太均夹接地头，不无该匪乘虚劫掠，请敕下各省预先催饬原土目、土豪，各自管率其民，互相团结，令先事防范以安边围。事平之后，择其尤者授以土县尉或丞，其次者授以千户、百户，供兵纳税，方为久佚永宁之计】。准下兵部覆拟，以为："移书广西，前经准行，而清国地方亦仍虚应。兹由该经略使拟撰谅山省文，自申前书之意，仍具式呈揽交办，但咨太平府转报方合。至如囚犯所干罪状，自有轻重不同，岂应一律开释？兹照自宁平以北各省，查系军流以下与犯案出首者就近发交谅山军次差派。若夫流官之设，本欲改土归流，惟谅山、高平二省近有边务，使之团结，事平授职亦是随宜。余各省亦不必遽行生事，团结为也。"帝从部议，其勇兵应留、应撤，亦听由该经略臣审度行之。

——《大南实录正编第四纪·翼宗英皇帝实录》卷七，十六至十九；[163] 5833 - [165] 5835

嗣德四年（清咸丰元年，1851 年）闰八月……合伦州于遵教州【属兴化】，仍隶奠边府，罢钦河堡，仍交所在文磐州员照顾。罢锦川县【属河静】，原隶之乐川、土垠、云伞、美裔四总复归于奇英县，并由河清府兼理。复设河津、安澳二汛。

——《大南实录正编第四纪·翼宗英皇帝实录》卷七，十九；[165] 5835

嗣德四年（清咸丰元年，1851 年）九月……清地匪目刘亚五等十七兄弟【古森峒劲村人，属清界】将党伙约百余人潜来化岩【社名，属海宁府。广安省与清州毗连】抄掠，窜回该国古森峒。府员【陈光仲，守海宁府】以越界违禁不便穷追，禀乞咨会。省臣阮科昱奏之，帝命礼部代拟广安咨文赍往钦州。

——《大南实录正编第四纪·翼宗英皇帝实录》卷七，二十一；[166] 5836

嗣德四年（清咸丰元年，1851 年）九月……罢那岭、扶桑、嘉凭、博溪四堡【属高平】，仍交所在辖民巡防。

——《大南实录正编第四纪·翼宗英皇帝实录》卷七，二十二；[166] 5836

嗣德四年（清咸丰元年，1851 年）十一月……准再展聚隆铜矿原欠铜税【九万八千斤】，以是年清国咨拿逃犯，矿夫多有散去故也。

——《大南实录正编第四纪·翼宗英皇帝实录》卷七，二十四；[167] 5837

嗣德四年（清咸丰元年，1851 年）十一月……感化【属太原（以下）】、白通、平川三县仍旧设置县员【该三县前经裁省，至是省臣黎光原以感化、白通二县，地势广漠，其间汉、土、清、蛮、侬人杂处，与平川居民接，夹山、北两省界分，均系冲要地头，请应仍旧】，余司农、普安、洞喜、武崖、定州、文朗、大慈、富良等八县，仍旧由富平府员兼理，司农县并摄普安县，洞喜县员并摄武崕县，从化府员兼理定州并摄文朗县，大慈县员并摄富良县，洞喜、大慈二县仍旧隶富平、从化二府员统辖。鹭铺【俗号铺鹭】、茗嵘二堡【普安县原设在鹭铺旧所，文朗原设在茗嵘旧所】仍交该二府员遴择所在【该总豪目】，招募立为堡兵驻防。

——《大南实录正编第四纪·翼宗英皇帝实录》卷七，二十六；［168］5838

嗣德四年（清咸丰元年，1851 年）十一月……阮登楷奏言清地股匪投降应行区处事宜【略叙：该匪广义堂通言陈振、大胜堂通言谢三、德胜堂通言黎通富，抵省投谒，将首词一折。照词内三堂李大昌、黄二晚（即前称黄晚）、刘仕英原钦州人，与首匪李仕昌同邻。自李仕昌作孽，该等不能阻，及大兵征剿，玉石俱焚，该等逃生，行劫度口。去年七月日，尝合伙攻打谅城，又节次扰掠边民，与官兵对仗。本年八月，思州土马、亚楂五等入隘抢掠，杀伤官民，与该等无涉。闰八月，闻得大兵到谅及告示投降免罪，今乞领章程得凭听令。该等得以悔罪自新，愿将逆犯之亚楂五及各党陆续首拿，以赎前愆。议请听其归顺，量许头目数十名，照给银饷，于谅辖金矿、银矿二处听其构采营生或立铺商买，并责其出力拿犯，俟数年后干止攸宁，再行照例征税】。下兵部议，以为彼经清官劳按察不准其首，兹我若遽受其降，听之插居谅山，其迹颇涉招亡纳叛，将来内地官执此为辞，则于辞命往来有不著处。拟应由经略臣晓示该通言等，既悔过自新，且回静候。闻得劳按察亦尝招安，匪目宁正行、张家详等投降皆贷其罪。当即咨会劳按察为他请命，势必见从。俟劳按察覆文，再行报他自诣军门投首，此亦安边一策。张登桂、武春谨、武文解、何维藩、邓文添、陈文忠、魏克循等皆言该伙实繁有徒，此次请降虽止六十人，若既受之，则彼闻风而来不啻千计，亦照给粮饷，势有不敷。况又于禄平、安博地面使之开矿立铺，将来类聚日多，势难一一从而防范。彼徒手无资，不免复萌故态，边民又受其害，岂计之得乎？惟经略臣业已招来，若一概停止，想非所以示信于人。兹宜行咨该经略臣，商同谅省照事理审熟筹，拟一番处置。保无别碍，即行奏闻，准其投首，仍即行咨广西知会。若处置未必十分无碍，则放该通言等回，仍置之度外。帝曰："兹当开示通言回报该党头目，如果真心归命，必责拿正要犯投纳赎罪，其头目等人束械来降，余从党数干各令散归田里，随便生涯，勿可复聚。若能如此，则听其投首，随便分插。即修移文广西，略叙该等虽系内地小盗，会经侵轶我疆，戕害捕弁，则亦系两国之罪人，岂可以畛域而视同膜外邪？一经开示，悔罪投诚，应专由本国处置，不必动烦解纳，其从伙已令散归随便生理，毋须查问。使他奠厥攸居，勿怀反侧，则民安盗弭，两国皆获其利矣。词意明白正大，想必顺听以求无事。然后饬他订日归降，随机处置。倘该等不依开示，便是假降，即当斥去以存国体，何必往返咨报为也？"准即录行。

——《大南实录正编第四纪·翼宗英皇帝实录》卷七，二十七至二十九；[169] 5839－[170] 5840

嗣德四年（清咸丰元年，1851 年）十一月……海匪掠潭河洋分【属广安】，海宁知府陈光仲派委通吏段有仕率将夫民乘船出缉，射毙匪丁落水，匪退走，该等督船追战。段有仕、黄世明与手下二人先登匪船，斩获匪四馘，匪仓皇投水，收获匪船一艘。省臣阮科昱以闻，赏段有仕给凭吏目俟缺即补，同行先登匪船斩获匪馘之河门总暂给该总黄世明即补授该总，陈光仲纪录一次，在行亦普赏钱文有差。

——《大南实录正编第四纪·翼宗英皇帝实录》卷七，三十；[170] 5840

嗣德四年（清咸丰元年，1851 年）十二月……给风难清商船【广东船泊入顺安汛】。

——《大南实录正编第四纪·翼宗英皇帝实录》卷七，三十三；[172] 5842

嗣德四年（清咸丰元年，1851 年）十二月……并省永隆、谅山、兴安、兴化属辖诸府县州【永隆维明县并于新明，保安县并于保佑，弘治府员仍旧兼理保佑，并摄保安，统辖新明、维明二县。谅山安博县由长庆府，脱朗州由长定府并摄。兴安天施县并交芙叶县、兴仁县并交延河县兼理，原设快州分府省之。兴化陀北州合归枚州，安州合归木州，琼崖州合归来州，清水县插入清山县，清水县之高峰、石安、琼林三社落入山省不找县，听插入不找】。

——《大南实录正编第四纪·翼宗英皇帝实录》卷七，三十三；[172] 5842

嗣德四年（清咸丰元年，1851 年）十二月……清国开化府刘邵高移书言南山【属宣光】土目黄金菊窝留贼匪，扰害边民。本年闰八月十六日，带领土民二百余人，执械檑号句串汉奸罗秀在芭蕉岭搭卡房三间，将中外地界混淆。又黄金菊移覆李司狱妄占内地南脂、阿老等入界，近复筑卡谋占，以为蚕食地步。祈将黄金菊严惩，饬令土目立将卡房拆去。又照沿边一带仍旧以河为界，勿得妄行混争。省臣阮德欢并行入奏。帝曰："黄金菊窝留盗匪，越境侵界等款，经二月余始奏不合，其阮德欢【现布政】、裴樻【原按察】各夺六月俸，仍究明速覆。"阮德欢等覆奏："本年九月日，节接清国开化府公文，大略移叙各理。即派省属八品阮文性会同永绥县知县阮昌前往确勘，并催齐查究事属臆说【黄金菊开称，伊总平夷社与清国开化府东安里夹境，以大岭杆为界。原有属户侬人投寓伊社纳税。本年闰八月，县饬巡防，伊率拨总内民一百余，各具田刀棍杖往诸接壤地头防守。且大岭杆原有设立斥候一所，久经朽弊修补驻防。后见清人撤将原在芭蕉岭卡房建立逼近在此，又于平夷社河边教笘竖立界地新木牌一面，面内横书"天朝"二字，中直书"界址至南温河隘口河边止"，右边书"署开化府知府刘邵高、中衡府巴哈布仝立"，左边书"咸丰元年闰八月日"等字。且自大岭以南实系平夷地分，忽见界牌竖立在此，伊乃拔取这牌，将行禀照。此次该府因伊拔去界牌，常委人勒问原委。间有平夷社人黄文陈递详原伊高祖故黄金蹄为南山城官日原札一张，内叙这处原系伊祖业，世袭代管，经禀天朝文山县正堂潭宪批断，给四立为界，照界管业，年号著景兴四十三年。伊将这词略叙四界具覆李田主以免生事，其原伊祖所遗词内，有著南脂、南隅、阿老三寨。现今经已失脱，不知何年代。余如开化府咨文所称，伊就安边、猛硐两处借兵，要与该国争界及带兵执械越向芭蕉岭、另搭卡房及私通汉奸罗秀等买卖硝磺等款并无】。仍照该宣省辖夹接清壤，惟赌呪河两岸与该国原各立碑亭以为志限，余夹该国之各社村并无有合符立界。阅地图，该府之夹省辖有段以河为界，亦有段以土山为界，历历可稽。兹该府征志这段以南温河为界，查系泸河，从无有南温河之名。礼部请代拟咨文照该府原咨各理按款详覆。其疆界一款，仍须照依该省臣所言大意咨办，且订期该府亲往界上会同催齐，两伴勘明，立定界址，以止争端。看他如何回覆，再由该省具奏。”从之。

——《大南实录正编第四纪·翼宗英皇帝实录》卷七，三十四至三十六；［172］5842－［173］5843

嗣德五年（清咸丰二年，1852 年）正月……清地匪目广义堂李大昌、大胜堂黄二晚、德胜堂刘仕英降，阮登楷受之。以闻，科道臣阮惟叙劾之【言三堂前称戕害官兵出于亚楂五，请将投纳赎罪。今云楂五已被杀毙，此奸情也。登楷乃不恭候谕旨，率意受降，护短邀功】。帝以登楷既受其降，不应示人不信，特予降级，仍令注措要十分妥善。

——《大南实录正编第四纪·翼宗英皇帝实录》卷八，二至三；［175］5845

嗣德五年（清咸丰二年，1852 年）正月……移设海宁【广安】府城【移在万宁州，设府辖万宁、先安二州，接夹清国，定为要缺】。

——《大南实录正编第四纪·翼宗英皇帝实录》卷八，五；［176］5846

嗣德五年（清咸丰二年，1852 年）三月……命魏克循会阮登楷于河内，处置三堂降犯。

——《大南实录正编第四纪·翼宗英皇帝实录》卷八，十四；［181］5851

嗣德五年（清咸丰二年，1852 年）四月……归清俘余大于太平府【月前，清太平府札咨购拿。嗣高平省获之，因准解交归案】。

——《大南实录正编第四纪·翼宗英皇帝实录》卷八，十五；［181］5851

嗣德五年（清咸丰二年，1852 年）四月……阮登楷、魏克循槛送匪目陈长、黄玉光、滕金龙等于京【该三犯均清地匪渠黄亚潘党伙（长、光为先锋，金龙为旗头），节次搀来谅省扰掠。至是，降匪广义堂李大昌拿纳赎罪，准经略臣槛送，上京究治】。

——《大南实录正编第四纪·翼宗英皇帝实录》卷八，十六；［182］5852

嗣德五年（清咸丰二年，1852 年）五月……恩荫谅山、广安、高平诸剿清地股匪死事员人子弟【当场阵亡凡三百六员名，阮铎、枚英俊等以下至协管该队十二员名，荫授其子或弟一人品衔有差；率队以下至民勇二百九十四员名，免其子或弟一人终身兵徭】。

——《大南实录正编第四纪·翼宗英皇帝实录》卷八，十八；［183］5853

嗣德五年（清咸丰二年，1852 年）六月……赐赈祭亡商及死事捕弁于广南。帝以去年范赤等妄杀清商【七十六人】于广南海分，经伸国宪而尚或伤和，故特赐祭亡商。复命广南赈祭死弁，以彰厚道、迓休征焉。

——《大南实录正编第四纪·翼宗英皇帝实录》卷八；［184］5854

嗣德五年（清咸丰二年，1852 年）六月……定宣光省界【宣光平夷社分与清国东安里分夹壤，以大岭杆为界。去年清开化府员曲徇彼民，咨移宣光，诬言我民越占清境，请会勘界分，乃私令移立家店瓦墙，执枪刀逐我民。居占之事闻，令魏克循带大队官兵履勘。彼知理屈，窜归。克循令撤家屋，作宣光省臣札文揭于夹界处，戒我边民毋得越清界。至如此处田有人耕，里有人居，久经世代，界限截然。彼人若来，听所在以义理办阻之；若彼用强，听一面斗杀，一面报知，不得姑息，遂归镇以事闻，机密院臣乃请作宣光覆开化府公文，用示执言之意。该府员复咨勘办，帝问克循，克循以为一带沿江，岂能尽勘？且我国宣光省臣与开化府员例无咨移，请寝不报。边界遂定】。

——《大南实录正编第四纪·翼宗英皇帝实录》卷八，二十一至二十二；［184］5854－［185］5855

嗣德五年（清咸丰二年，1852 年）七月……谅山捕弁及三堂人获清地逸匪于屈金、锦段等处。事闻，帝谕阮登楷先机备御，以保无虞。

——《大南实录正编第四纪·翼宗英皇帝实录》卷八，二十四；［186］5856

嗣德五年（清咸丰二年，1852 年）七月……清地获匪陈长、黄玉光凌迟，滕金龙斩决，余均留监俟事平。其降匪三堂李大昌、黄二晚、刘仕英等听使臣处置，令其立功赎罪，赒者黎达记、阮克全赏之银两。阮登楷复请招降，帝念此匪势难尽招，虽有三堂数十人，不免动我兵勇剿捕。况后来事变岂能臆度？谕以此非良策。

——《大南实录正编第四纪·翼宗英皇帝实录》卷八，二十五；[186] 5856

嗣德五年（清咸丰二年，1852 年）九月……命二部使如清。吏部左侍郎潘辉泳充答谢【二年邦交礼成】正使，鸿胪寺卿刘亮、翰林院侍读武文俊充甲、乙使。礼部左侍郎范芝香充岁贡【开年癸丑贡例】正使，侍读学士阮有绚、侍读学士阮惟充甲、乙使【答谢使部二年正派嗣停，至是始行并遣】。

——《大南实录正编第四纪·翼宗英皇帝实录》卷八，二十八；[188] 5858

嗣德五年（清咸丰二年，1852 年）九月……清地股匪寇谅山东龙【村名】，省臣潘克慎攻破之【擒斩四十馘，射毙百十四丁】。

——《大南实录正编第四纪·翼宗英皇帝实录》卷八，二十八；[188] 5858

嗣德五年（清咸丰二年，1852 年）十月……建高平长定府莅【移郎州堂室建之】。

——《大南实录正编第四纪·翼宗英皇帝实录》卷八，二十九；[188] 5858

嗣德五年（清咸丰二年，1852 年）十二月……阮登楷上北边三事【一放降匪回内地，及谅山之峙马、那何、那麻，广安之夔麻、同钟各设大堡与开条路、通关报，派兵、象护守谅城。二请分插三堂，以李大昌为向义帮长，黎达记、李三益为正副管帮钤束之，令招来未降渠伙者，其居常或垦征，或开铺、开矿，各给公本生理，三年回纳，不辰催从捕务，则给饷械。三请禄平、安博、文渊、脱朗被匪最害，宜蠲税例，放其拣兵回民，团结防御，其效勇囚犯则量停之】。廷议以为分插降匪，设置管帮，开铺、垦荒，治其从伙及蠲诸被匪害者，皆措置得宜，惟降匪既来放回，则示人不信，设大堡留兵、象，则困人于岚瘴，且彼野性难驯，不可处之辽漠旷地。谅山、广安匪伙尚蔓不可遽停效勇。至如四县州在伍之兵，照班为便。帝曰："是复谕分插一事，宜审熟之。"乃准插降匪【九十余人】于谅山、禄平等六县州，使散居营生且无生心。

——《大南实录正编第四纪·翼宗英皇帝实录》卷八，三十六至三十七；[192] 5862

嗣德六年（清咸丰三年，1853 年）春正月……清、汉土民【南圻】归自暹【前为暹掳】，复其身三年。

——《大南实录正编第四纪·翼宗英皇帝实录》卷九，三；[195] 5865

嗣德六年（清咸丰三年，1853 年）春正月……清地股匪入先安【州名，属广安】，副管卫陈秀分派捕弁迎战于平廒【社名】，破之，奖赏有差。

——《大南实录正编第四纪·翼宗英皇帝实录》卷九，四；[195] 5865

嗣德六年（清咸丰三年，1853 年）春二月……经略使阮登楷请合高平于谅山，以免孤虚。廷臣以为："此辖接夹清国，一大险地头。土汉间居习俗不一，客侬杂处驯抚良难，况赋税贮纳征调最非便民。"帝是之。

——《大南实录正编第四纪·翼宗英皇帝实录》卷九，七至八；[197] 5867

嗣德六年（清咸丰三年，1853 年）夏五月……免广安阵毙【四年节次攻剿蔓匪】员弁、民勇兄弟孙侄【有亲子者五年已准，余无子，故特移准兄弟孙侄各一人，俾弘恩格】兵徭终身【已及格者册免凡三十一，未及格者著册十七名，俟及格覆办】。

——《大南实录正编第四纪·翼宗英皇帝实录》卷九，十八；[202] 5872

嗣德六年（清咸丰三年，1853 年）夏五月……开太原、北宁、谅山诸铅矿以广铸钱。

——《大南实录正编第四纪·翼宗英皇帝实录》卷九，二十二；[204] 5874

嗣德六年（清咸丰三年，1853 年）夏六月……降匪谭德威、方三泰

【清人】擅杀【杀降匪黄大头】。案奏，帝谕："降匪初来，未谙法度，且顽凶难化，不免为方民之弊。阮登楷并谅省臣严加训导，使畏威怀德，不敢为非【擅杀事发在四月日，原尊室镠结递，至是覆奏。准依（畏罪先递，俟获另办）。辰，阮登楷已奉抵莅】。"

——《大南实录正编第四纪·翼宗英皇帝实录》卷九，二十二；[204] 5874

嗣德六年（清咸丰三年，1853 年）秋八月……海宁府兵船与清钦州捕弁会剿海匪于永植【社名】洋分，擒斩匪犯，获其炮辆。赏府臣陈光仲纪录，归清俘苏二等四犯于钦州及其匪赃。

——《大南实录正编第四纪·翼宗英皇帝实录》卷九，三十二至三十三；[209] 5879 – [210] 5880

嗣德六年（清咸丰三年，1853 年）秋八月……帝览宣光强盗案，有杖徒五犯年余监毙者，命处分省臣。再谕省问刑不得违限，以伤和气。复有清人案问徒满发兵，特改徒满逐出境外。

——《大南实录正编第四纪·翼宗英皇帝实录》卷九，三十三；[210] 5880

嗣德六年（清咸丰三年，1853 年）秋九月……清地股匪数入边州，广安省臣请以海阳之荆门三县【英山、东潮、水棠】改隶广安，以资兵粮。户部以为仓储不便，下海安督臣议，复言："于地势，则为一大江【白藤】所隔；人情，则三县民不安，况边警征调统于东省仍旧为便。"从之。

——《大南实录正编第四纪·翼宗英皇帝实录》卷九，三十五；[211] 5881

嗣德六年（清咸丰三年，1853 年）秋九月……难弁率队黄金、阮和、阮芁等回自清琼州【巡船载船员弁九十余人，遭风漂泊。清国琼州府臣给衣裤钱粮，护送由广安回。乃令移文答之】。

——《大南实录正编第四纪·翼宗英皇帝实录》卷九，三十六；[211] 5881

嗣德六年（清咸丰三年，1853 年）……冬十月，兵部上言："我国海疆延亘，水师防御须教以预，请十日一操演，三年之后，阅定赏罚，以期有用。"帝善之。

——《大南实录正编第四纪·翼宗英皇帝实录》卷九，三十八；[212] 5882

嗣德六年（清咸丰三年，1853 年）冬十二月……河仙抚臣黎光原、清查裴文风上边防事【**请听清船来商芹渤，并起筑长垒，及分插释囚，分泊清商**】。帝以问阮知方，知方上言：“鄚天赐疏防，致有苏州之警。若今，苏洲之右有金屿堡横堰，之左又有鲈溪堡，宜增设苏洲堡相为犄角，毋须起筑长垒，徒劳民力又生人疑讶。河仙、安江则宜分插释囚，或三百名、或七百名，束为向善归善队伍。给资垦田，限以十年纳完，不宜多聚。至如芹渤，清船听其来商，宜令悉泊于鹿峙堡，分纳其随船、炮器，以便防捡。”帝皆善之。

——《大南实录正编第四纪·翼宗英皇帝实录》卷九，四十八至四十九；[217] 5887 – [218] 5888

嗣德七年（清咸丰四年，1854 年）春正月……命广安署抚阮科昱增派副领兵阮良与前派副管奇胡巴、黄蕡等截捕清地逸匪于安良【**社名**】。

——《大南实录正编第四纪·翼宗英皇帝实录》卷十，二；[221] 5891

嗣德七年（清咸丰四年，1854 年）春正月……改明义县【**属山西**】为从善县，绥安县【**属平顺**】为绥理县。

——《大南实录正编第四纪·翼宗英皇帝实录》卷十，三；[222] 5892

嗣德七年（清咸丰四年，1854 年）春正月……给风难清商船【**福建船泊广南大压汛**】。

——《大南实录正编第四纪·翼宗英皇帝实录》卷十，四；[222] 5892

嗣德七年（清咸丰四年，1854 年）正月……清地逸匪入高平那砑村，阮登楷带领兵、象往高谅调度。

——《大南实录正编第四纪·翼宗英皇帝实录》卷十，六；[223] 5893

嗣德七年（清咸丰四年，1854 年）三月……清地匪目李正清及从党二十丁乞降。头目六名交向义帮认管备派，从党交太原铅矿长认管雇工。

——《大南实录正编第四纪·翼宗英皇帝实录》卷十，七；[224] 5894

嗣德七年（清咸丰四年，1854 年）三月……河宁领督阮登楷、谅平巡抚潘克慎拟奏边防事宜五条【一请谅平二省抽回拣兵，并与籍民束成奇伍；一请招诱逸匪，拔捕降人；一请高平五府县并归谅山统辖，省城改重庆府；一请北圻拣兵分班演习枪法阵法，其募兵不拘南北，饬各募充；一请该二省地头增设屯堡】，廷臣以为多有不便。帝乃谕令筹拟别策。

——《大南实录正编第四纪·翼宗英皇帝实录》卷十，七至八；［224］5894

嗣德七年（清咸丰四年，1854 年）三月……向义帮刘仕英、土豪百户丁功虎连破逸匪于谅山边界，擒匪党黄国张等五名以归，诛之。谅山逸匪蔓过广安界分，总目何忠信攻却之。逸匪入高平上琅县，知县黄文超击走之。逸匪复扰高平边界，土豪何文枕、李文旁等击走之。

——《大南实录正编第四纪·翼宗英皇帝实录》卷十，八；［224］5894

嗣德七年（清咸丰四年，1854 年）四月……省宣光省底定县【以该县丁田希少故省之，仍交襄安府并摄】。

——《大南实录正编第四纪·翼宗英皇帝实录》卷十，十一；［226］5896

嗣德七年（清咸丰四年，1854 年）四月……清地股匪为太平府官兵剿捕，高平省臣以势必逸入界辖，奏请留北宁增调兵五百，以资弹压。俟边警稍舒，并与原前次调兵三百撤回原伍。阮登楷奏亦同，从之。

——《大南实录正编第四纪·翼宗英皇帝实录》卷十，十六；［228］5898

嗣德七年（清咸丰四年，1854 年）五月……广安署抚阮科昱请移北岩堡于弘蒙等社，增设安良、平辽、坚本三堡【此等处清地逸匪必由之路】，每堡驻守土勇五十名，日夜哨探，以该总潘廷妥、何忠信管堡。皆许之。

——《大南实录正编第四纪·翼宗英皇帝实录》卷十，十七；［229］5899

嗣德七年（清咸丰四年，1854 年）五月……北宁、山西有飞蝗【自清界来，有身黑头赤者，有身赤头黑者，万亿为群，其飞翳空，食竹蔗

叶及豆麦禾苗】。帝命速查古人捕蝗之法，录送遵行。仍令各守其田，亦易为力，不可因事督扰病民。

——《大南实录正编第四纪·翼宗英皇帝实录》卷十，十九；[230] 5900

嗣德七年（清咸丰四年，1854 年）五月……高平副领兵阮有伸、阮殷等攻清地股匪，大破之，赏赐有差。

——《大南实录正编第四纪·翼宗英皇帝实录》卷十，二十二；[231] 5901

嗣德七年（清咸丰四年，1854 年）五月……放向义帮黎达记、李三益等回国。帮人凌八、江亚吓人取财，照例斩绝。阮登楷以纳降失策，降四级留。

——《大南实录正编第四纪·翼宗英皇帝实录》卷十，二十二；[231] 5901

嗣德七年（清咸丰四年，1854 年）六月……宣光按察使裴维琦入觐，帝以在外日久，令据辖内并诸辖情形具奏。维琦奏："省辖戍兵山省派拨，每队摘出四五名，务足三百之数。为之管率者，平日既不相统摄，疾病又不肯扶持，所以随替随逃。请敕下山西省摘取全队，依例派戍。再省辖东北一带与清国云南开化接壤，倘卒然有警，驻兵屯兵数少【**四百余名**】，不免别调，岚瘴太深，饷馈不继，难以久居。照之省辖猫蛮间处，技艺各有好处，拟请饬下土目、土豪、蛮长、帮长，听各募为乡兵，募得五十名者补授该队，五百者补授管奇，自相管摄。无事则耕凿相安，有事则尽数催集，计日给粮剿捕，则边境可以无事矣。"帝以为可，采令善体行之。琦再言："省辖地处上游，国初府州县皆以土官为之，明命年间改设流官，但地处极边，瘴毒太盛，府县臣才一到莅，疾病乘之，寻即向省城调养。是则有流官之名，而无流官之实，欲其渐染夏风鲜矣。拟应再行增设土县丞一，使之更往迭来，互相维制，人烟日集，即水土日平，再专设流官亦便。"帝谕令诸边省臣会同察访，现在情形较与琦意见同否。嗣诸边省察奏【**多言自设流官来，兹每于水土稍平者，居住无何感染，而人民亦已惯习渐染夏风，增设土县丞不便**】与琦相左，遂仍旧。

——《大南实录正编第四纪·翼宗英皇帝实录》卷十，二十七至二十八；[234] 5904

嗣德七年（清咸丰四年，1854 年）六月……上琅、下琅【二县名，属高平】节被清地逸匪残破，准缓夏征税。

——《大南实录正编第四纪·翼宗英皇帝实录》卷十，二十九；［235］5905

嗣德七年（清咸丰四年，1854 年）六月……阮登楷、潘克慎奏："海阳弁兵从戍谅省，请以六月一换，庶免岚瘴。"从之。

——《大南实录正编第四纪·翼宗英皇帝实录》卷十，三十二；［236］5906

嗣德七年（清咸丰四年，1854 年）七月……改定清商铸钱税例。三成扣纳白铅，七成登纳实钱【原例五成奉纳实钱，五成扣纳白铅】。

——《大南实录正编第四纪·翼宗英皇帝实录》卷十一，一；［238］5908

嗣德七年（清咸丰四年，1854 年）七月……兼知宁太谅平大臣阮登楷以谅省边务稍舒，请转回河内。许之。

——《大南实录正编第四纪·翼宗英皇帝实录》卷十一，二；［238］5908

嗣德七年（清咸丰四年，1854 年）七月……阮登楷奏："谅平夹清国多歧，请设立斥堠、烽台，随势筑墙、围栅，使自为守。遴择每总一人为千户或百户为之倡率，给以枪炮药弹，预备药箭、药尖，每总团练给方旗一面，临辰策应，有实状者赏。再谅山五县州【七溪、脱朗、文渊、禄平、安博】，高平五县州【广渊、石林、石安、上琅、下琅】有愿出家赀支度、出力堵御者，其本年身税请行蠲免，事平征纳。沿边邑里零星节为匪残破业，饬随便插住，彼此相维。脱朗州、洛阳总请仍旧改隶七溪，俾得联络。"皆许之。

——《大南实录正编第四纪·翼宗英皇帝实录》卷十一，四至五；［239］5909－［240］5910

嗣德七年（清咸丰四年，1854 年）闰七月……谅山【七溪、脱朗、文渊、禄平、安博】五县州有匪扰，令择该副总或土豪增设试差千户各二，权充百户各十，以资堵截。近省文关、温州预拣土勇三百，亦于该副总、土豪中择民情素服者，每日名权置试差千户一，权充百户二，遇有差派，各照给日程口粮资度，无事即止。从抚臣潘克慎之请也。

——《大南实录正编第四纪·翼宗英皇帝实录》卷十一，十一；[243] 5913

嗣德七年（清咸丰四年，1854 年）闰七月……清地股匪入文渊州及脱朗州【均属谅山】扰掠，土豪权充千百户阮廷俊、段辉才等杀退之。

——《大南实录正编第四纪·翼宗英皇帝实录》卷十一，十四；[244] 5914

嗣德七年（清咸丰四年，1854 年）八月……清地股匪复入文渊州及脱朗州，按察裴霭、领兵阮进权率官兵及土豪、土勇攻走之。

——《大南实录正编第四纪·翼宗英皇帝实录》卷十一，十五；[245] 5915

嗣德七年（清咸丰四年，1854 年）八月……下阮金顺【高平布政】、阮世併【按察】、黎祝【管奇】、武恭【率队】于狱。先是，金顺等据同脊帮铺长廖同和探，拿清人梁亚韦、潭十等五人，捡得朱书一纸，内有“早带人马、驾到木马、攻平”及“请驾【二月二十八日】”等字。顺、併等不辨清土有广马、土马、木马等音话，妄认“木马”为“牧马”旧城之名，乃钳拷。该等称系农文高【巫业】家人，谎招串匪，因而派拿。黎祝、武恭兵勇白夺民布，文高心疑，闭门自守。祝、恭乃肆行烧杀，文高惊脱。祝、恭拿将文高父、妻、家人三名氏，并炮械、首馘回纳，禀称文高拒捕，射伤兵丁走脱。金顺自知惹事，锻炼成狱。阮登楷恐激变，奏请权释，未之许，乃以事题参。至是，文高妻毙于狱，高平兵民骚动。命阮廷宾等查果以闻，金顺等遂得罪。金顺毙于狱，世併斩枭，祝斩监候，恭满杖流。

——《大南实录正编第四纪·翼宗英皇帝实录》卷十一，十六；[245] 5915

嗣德七年（清咸丰四年，1854 年）九月……高平按察使阮炯奏：“凡清国人来商，社民劫掠，确有赃犯可据，方听抵控于官。傥擎执炮械，携带鸦片，公然前往者，即为盗贼，驱之不许入境。如有返来拒捕，临辰社民杀毙者，请行勘果发落，以省案牍而止顽风。”帝谓刑部曰：“炯此请亦有见识。”

——《大南实录正编第四纪·翼宗英皇帝实录》卷十一，二十四；[249] 5919

嗣德七年（清咸丰四年，1854年）九月……署刑科掌印给事中阮泰廉得清船一艘，久泊施耐汛，多载米粒，潜带洋人，而平定省臣纵之使去。以事声参，命内阁侍郎武维宁往查之。寻案上，护督王有光与原委往勘之，领兵黎巍竟以违禁纵犯，有光坐徒，巍革回籍。

——《大南实录正编第四纪·翼宗英皇帝实录》卷十一，二十四至二十五；[249] 5919－[250] 5920

嗣德七年（清咸丰四年，1854年）十月……清地股匪入高平中安总抄掠，土豪罗文安、权充千户农文达等截击之，匪败走。

——《大南实录正编第四纪·翼宗英皇帝实录》卷十一，二十六至二十七；[250] 5920－[251] 5921

嗣德七年（清咸丰四年，1854年）十一月……清国难弁杨其驯船漂到广南汛分，省臣给钱米款待。以闻，帝以冬天寒冷，令出内库货项颁给之，再赐白金二十两。

——《大南实录正编第四纪·翼宗英皇帝实录》卷十一，二十八；[251] 5921

嗣德七年（清咸丰四年，1854年）十二月……高平逸匪入上琅县抄掠，权充千户黄廷岸等堵截却之。

——《大南实录正编第四纪·翼宗英皇帝实录》卷十一，三十七；[256] 5926

嗣德七年（清咸丰四年，1854年）十二月……河宁领督林维浃请札给清人原向义帮黎达记、矿目胡楚记等，纠集矿夫手下三百余名【自办器械钱米】，以御土酋丁功美。帝曰："以我劲旅制彼小匪，譬如洪炉燎毛，何必别假外人，转生别碍。"不许。

——《大南实录正编第四纪·翼宗英皇帝实录》卷十一，四十至四十一；[257] 5927－[258] 5928

嗣德八年（清咸丰五年，1855年）正月……清地匪目符亚四伏诛。

——《大南实录正编第四纪·翼宗英皇帝实录》卷十二，三；[259] 5929

嗣德八年（清咸丰五年，1855年）正月……清地股匪抄掠上琅县峩坞总上贡社，权充千户农贵豪等分道杀退之。

——《大南实录正编第四纪·翼宗英皇帝实录》卷十二，三至四；[259] 5929－[260] 5930

嗣德八年（清咸丰五年，1855 年）二月……清地股匪扰掠通农、广畴等总【属高平】，权充百户农金石、阮士馨等分截破之，掳匪目李蛮【即曾名香】并匪党以归【曾名香凌迟枭首】。

——《大南实录正编第四纪·翼宗英皇帝实录》卷十二，十；［263］5933

嗣德八年（清咸丰五年，1855 年）二月……礼部员外郎阮璠北探公回，奏山西金明矿清人胡楚记等，原称募货夫只二十名，上下受纳银税不过八两，乃兹聚凶徒至一千余，处险要之地，间以反侧土民，诚为不便。请俟事平，由所在地方官察办。海阳直葛屯前面江分清商来泊，或有辰至百余艘，惟以盗买米粒，该等凶横，地保无可奈何。恐匪渠逋诛，复兴交通，请敕该省赶出免碍。帝谓户部曰："金明矿募夫记覆直葛汛清船咨饬之。"

——《大南实录正编第四纪·翼宗英皇帝实录》卷十二，十；［263］5933

嗣德八年（清咸丰五年，1855 年）二月……太原按察使胡仲濬条陈三事【一请北圻关津巡司，凡商船过关，照例征税，一一明叙。若略略编交，听船户将编凭投告地方官，将领征人等治以浮收罪。一请北圻逃犯，展限出首，若限销不首，府县即给限总里遍往邻辖探拿。一请弛土民鸟枪之禁】。机密院以为：关税一一明叙放票，恐等待多日病商。给限遍往邻辖拿犯，恐其生事扰民。鸟枪之禁，原惩土司逆云煽变之事，今犹有发出丁功美案，如曰设禁以饱贪官之囊橐，则凡贪蠹藉事行私不止禁鸟枪一事也。帝曰："原请固不便，而巡司例外浮收，以求厚利，其奸弊亦宜防禁。逃犯亦应设法责拿，至如土民鸟枪宜禁，但犹恐有索扰之弊，而鸟枪未必净尽耳。"

——《大南实录正编第四纪·翼宗英皇帝实录》卷十二，十至十一；［263］5933

嗣德八年（清咸丰五年，1855 年）三月……帝以海阳直葛清艚多泊凶横，经准赶出，而该等未肯出洋，恐生别碍，乃谕海阳署督阮泽曰："尔辖清船前者擅就直葛投泊，船内具有炮仗，登岸结立寮舍，盗买米粒，调胁妇女，所以民人多有不便。经责赶之，乃莫敢谁何。兹该托以避匪，移泊荆门一山社江分安，必不敢为非。尔阮泽严逐该等船尽数出洋，不得稍存姑息或致藏奸惹事。再勘访情形，应作如何措置，熟筹具奏，候旨遵办。”

——《大南实录正编第四纪·翼宗英皇帝实录》卷十二，十八；[267] 5937

嗣德八年（清咸丰五年，1855 年）三月……谕：“北圻捕务现就清夷，匪渠黎维秬、黎维稻、黎维稛、丁功美等窜往山西、海阳、宁平各辖分潜住，尔阮伯仪、阮泽、尊室瀞均有地方之责，要及此搜寻，俾皆伏法，以告蒇事。”

——《大南实录正编第四纪·翼宗英皇帝实录》卷十二，十九至二十；[267] 5937 - [268] 5938

嗣德八年（清咸丰五年，1855 年）四月……谅山省边民牛畜叠遭匪掠、疫毙，田土荒废。令省臣饬民领凭就北宁省仓认钱买耕，足二千缗即止，展至嗣德十一年，照收登库。准三农县【经奉改隶兴省】拣兵【四十名，原属山西后勇奇】归隶兴化，增设为兴雄奇五队。高峰总【经奉改隶山西】拣兵【九名，原属兴化兴雄奇】归隶山西，以填后勇奇。其后勇奇尚有缺数者，由省臣捡何奇队有零剩者【山省十奇有队多至五十四五名以外】，照随地势近便，摘补以足之。

——《大南实录正编第四纪·翼宗英皇帝实录》卷十二，二十三至二十四；[269] 5939 - [270] 5940

嗣德八年（清咸丰五年，1855 年）四月……清地股匪劫掠巴山铺【属高平】，土豪韦尚义、黄文龙等击走之。帝谓阁臣曰：“去年河内、山西、北宁、海阳、兴安诸辖各有逆匪动烦攻剿，惟南定省现获宁帖，此亦幸与不幸何如耳！惟朝廷信赏必罚，所以激劝天下守牧。阮廷宾守御有方，赏加一级；吴秉德、裴文风、杜副、阮铭预有商办，各赏纪录三次。”

——《大南实录正编第四纪·翼宗英皇帝实录》卷十二，二十四至二十五；[270] 5940

嗣德八年（清咸丰五年，1855 年）四月……官船、渔船捕获异样清船二艘于泳淋汛【属富安】，省臣奏言：“一称汉大明参赞军机文雄镇、黄耿功船，一称许天赏船，均大将黄国立标下。仍饬捡，现载多系行劫凶器。”帝曰：“这船情属可疑，该船人等姑留监俟办。”寻究无劫掠显状，放之【**清国有朱天德贼，自称明后，以复明为名，故号汉大明国，立乃其党也。辰被清兵剿逐，故窜往我海分**】。

——《大南实录正编第四纪·翼宗英皇帝实录》卷十二，二十六至二十七；［271］5941

嗣德八年（清咸丰五年，1855 年）五月……海阳布政使黎伯挺、副领兵官吴庆解职，候查南策失守事。布政使之缺以国子监祭酒潘三省领之。三省陛辞，帝谕曰：“直葛汛清商多弊，尔与阮泽当如何明立条禁，遏绝奸商，俾可永无患，悉心筹拟具奏。”

——《大南实录正编第四纪·翼宗英皇帝实录》卷十二，三十；［273］5943

嗣德八年（清咸丰五年，1855 年）五月……清难弁崇端请从清客商船回东。端，清游击将军也。去腊，船因风漂泊施耐汛，兵三百名。帝令优给之，又派侍郎范辉驰往问劳，赐白金六十两。既而请给每月钱八百缗，亦许之，又加给端银三十两，守备银十五两。至是回东，又命继给钱米并分给银钱、银两，以重国体。其后，我使部潘辉泳等改路回广东，该省臣照数发交我使部认领。我使部固辞不领，回朝覆奏。帝以为得体，嘉之。

——《大南实录正编第四纪·翼宗英皇帝实录》卷十二，三十至三十一；［273］5943

嗣德八年（清咸丰五年，1855 年）五月……广安省臣以安兴堡与民居遥隔，奸徒易于出没，请移设堡于白藤江次，许之。

——《大南实录正编第四纪·翼宗英皇帝实录》卷十二，三十一；［273］5943

嗣德八年（清咸丰五年，1855 年）五月……清地股匪入先安州【**属广安**】抄掠，州派阮文巡等邀击于建延【**总名**】，破之，复入于情旭【**社名**】。省派副卫尉潘党、知州邓高峰会剿，又大破之。

——《大南实录正编第四纪·翼宗英皇帝实录》卷十二，三十一；［273］5943

嗣德八年（清咸丰五年，1855 年）七月……赐谅山阵毙【**去年节次**

截剿逸匪】员人子弟四十七名饶身，未及格者俟办。

——《大南实录正编第四纪·翼宗英皇帝实录》卷十三，三；［280］5950

嗣德八年（清咸丰五年，1855年）八月……前如清二使部潘辉泳、范芝香等以道梗【清国有兵】日久【三年】未回。帝每念之，乃赐使臣及随行人父母钱米各有差，令在贯亲人计自出关日。至是各追领该等俸例十之八，俾资养赡。

——《大南实录正编第四纪·翼宗英皇帝实录》卷十三，八；［283］5953

嗣德八年（清咸丰五年，1855年）八月……移河西汛【属海阳】于端礼社，与安兴堡东西相对，以便盘诘奸商。

——《大南实录正编第四纪·翼宗英皇帝实录》卷十三，十一；［284］5954

嗣德八年（清咸丰五年，1855年）十月……海阳省臣奏言，商船投入省辖，其泊处至省津远隔，易以盗买米粒，请停清船商卖，以防奸弊。许之。

——《大南实录正编第四纪·翼宗英皇帝实录》卷十三，二十七；［292］5962

嗣德八年（清咸丰五年，1855年）十月……科道武元营、范懿、黎有棣请阅选宽限以十年一次，巡哨洋分递年专派水师，停派步兵。下户、兵议，户部以为年前廷臣议定，限以五年一选，颇已适当。兵部以为巡哨停派步兵，而专以水师充派，则公务多歧，恐有不敷，该科道所陈颇属拘泥。再明命年间奉圣谕，步兵以辰习知水程，运掉放驶；水兵亦以辰习知枪炮，坐作击刺之法。兹请由水师诸统管每营设一武场，每卫拣出管率谙详武艺一员，公务稍舒之日，将该各队弁兵轮次教以棍枪、藤牌、朴刀及长剑等艺。步兵诸统管亦以辰督饬各卫，将奉守乌梨各号船就于香江当津次演习，运掉俱要娴熟，夫如是则差派可期得力。帝从部议，仍谕令部与科道不期廉访，若有懈怠，声参惩办，用示策励。

——《大南实录正编第四纪·翼宗英皇帝实录》卷十三，二十七至二十八；［292］5962－［293］5963

嗣德八年（清咸丰五年，1855年）十一月……协理京畿水师、尊室常奏请："嗣凡挑补各号铜船，由水师掌管等员拣择各卫弁兵强壮者，充补典护、管率。饬令原预项者，日常训练新补之人，使之谙熟船务，庶临事可期得力。"帝然之。

——《大南实录正编第四纪·翼宗英皇帝实录》卷十三，二十九至三十；[293] 5963－[294] 5964

嗣德八年（清咸丰五年，1855年）十一月……增砌谅省禄马土山城【省臣潘克慎以此城系冲要地请之，故准增砌】。

——《大南实录正编第四纪·翼宗英皇帝实录》卷十三，三十；[294] 5964

嗣德八年（清咸丰五年，1855年）十一月……潘辉泳、范芝香等奉使至自清，帝以该二使部万里跋涉，三载艰危，特厚加赏赐【正使潘辉泳、范芝香各赏勤劳可录大金磬，副使刘亮、阮惟、武文俊各赏是磬中项，再赐各人御制诗各一道。又与随行人等赏赐衣服银两各有差】，并宴劳之。既乃赏授辉泳刑部右参知，芝香工部右参知兼充史馆纂修，刘亮户部左侍郎，阮惟鸿胪寺卿办理吏部，武文俊翰林院侍讲学士，行随以下亦各量与升补【贡使部甲副使阮有绚途间卒于梧州，归榇亦准加厚恤】。再召内阁臣，谓曰："该二使部为国忘家，久劳于外，上有倚闾之亲，下有候门之子，心之忧矣于今三年，岂不怀归王事？靡盬室家之情，人谁无之！他人有心，予忖度之！其自正副使至随行通驿人等，俟恭候正旦令节事清，准各假限回贯省探以慰其情，限销即就供职【贯属承天四直者，假十五日限；家贯悬远者，一月限；正副使去回各给驿】"。

——《大南实录正编第四纪·翼宗英皇帝实录》卷十三，三十七至三十八；[297] 5967 [298] 5968

嗣德八年（清咸丰五年，1855年）十二月……庆和省臣奏："虬勋、柑棂、云峰三汛，岛屿、潭澳多岐，奸匪易于隐泊，盘诘恐不能周。请由各该汛守员遴择干人，召募每汛所五十名或三十名，附与该汛备派。募充五十名补授正队长率队，三十名队长充率队。又请嗣凡出洋巡哨或撞遇清船涂黑，船内现有炮械与装载网罟者，听拘拿解查。拿获一艘查果匪船，则变卖犯产，给赏钱一百缗，二艘以上照此递给。剩者登库，不足者出库钱充赏。又请嗣凡清人投来，无论投寓是何处所，必须有所在帮长保结纳税，方许居住生涯。若无帮长结认，即逐回唐，不许居住免碍。有敢窝隐，即照律治罪。”皆许之。帝又以该等初来，未有家产，听仝年纳税银五钱，俟三年后照明乡例征收。

——《大南实录正编第四纪·翼宗英皇帝实录》卷十三，四十三至四十四；[300] 5970－[301] 5971

嗣德八年（清咸丰五年，1855 年）十二月……准定清船停泊条禁。嗣凡清船来商，停碇何汛洋分，欠柴水者，假五日采取；帆樯裂者，假十日补办，限销即令起碇。何辖清船来商数多，查捡事清，量择空旷之地，饬令停泊成帮，以便巡防。至如来商嘉定、定祥、永隆诸辖，每省限十二艘，倘过此数，即由省臣逐令转往他辖商买。

——《大南实录正编第四纪·翼宗英皇帝实录》卷十三，四十四至四十五；[301] 5971

嗣德八年（清咸丰五年，1855 年）十二月……初【去年十二月】，广南士人周中立实封条陈官吏情弊【内叙商船馈银省官，隐漏官税、桂税；省吏输财应役，省派白允麟、通判阮占谅、按察邓堪、知府阮伯惇、督学郑春赏侵蠹】，法司请驳。帝曰：“向来朝廷绥凋抚瘵而民瘼未苏，功赏罪惩而官方未正，甚至为闾里小民所愤诉，是朕有望治之心，而污官者无辅治之实，令人不胜恨恶。所应一番厘整，以帖民情。”因派廉访得实，乃命兵部右参知兼管都察院张文琬，带同科道阮永、刑司员外郎范公堤往查之。阁臣阮思僩、黎伯慎以为“地方接受清船港银，在广南者罪之，在他省者幸免，挟怨陷人应否停其查拟?”请旨。帝曰：“清船港银接受虽是同病，但有发觉者问则惩以一警百，安得谓之幸免乎？中立见得官贪吏弊，故发愤而诉告耳，若果有挟怨报复，交钦差查明并议，亦足惩创。尔等不识公法，将为他日饕餮地步邪?”至是，张文琬查拟案成，干是案者绞候十七【原通判四，经历二，八品八，九品二，未入流一】，流二十五【原八品二，九品十，未入流十三】，徒十二【原九品三，未入流九】，杖革八【原经历二，八九品各一，未入流四，均分验清商船，受漏税并入港银钱】，留俟结一【原布政，现户部参知潘靖，节次索取漏税银与陶致富（原布政）、潘弼（原督）分赃（本分共六十两），现解职由部候究】，由部归结四【现总督陈知，北宁护督阮国琡（原布政以下）刑部侍郎阮同科，平定布政阮有度，均以省吏受银，应得失察，但另干清商馈银之款，现由部取覆究拟】，消籍一【吉士原奠盘知府阮伯惇受控单索取贿银，节次共十二两】，追夺除名一【故按察邓堪节次确取赃贿银二两，余八十两业被人识破交还。照行捡有亏例问拟】、声叙一【进士原督学郑春赏代人说事受财米糖土宜，折赃不及两，视伯惇有间】。帝准摘案内问流以上年届七八十者六人，发疾者二人，各减罪革去职役。郑春赏加恩降四级调，余依议。又准向上诸接受清商馈银何系清赔者，具奏量减。既而部拟准陈知、阮国驩、阮同科、阮有度【接受馈银系是循袭常套，原无抑勒别情】各降四级留，潘靖【咨查一味不认，而引赃者经已回唐，同事者久已灭口，事无左证】、杜有功【原经历，现升员外，案处杖革，现赔清】各降三级调。

——《大南实录正编第四纪·翼宗英皇帝实录》卷十三，四十五至四十七；［301］5971－［302］5972

嗣德九年（清咸丰六年，1856年）正月……给风难清商船【一福建泊平顺，一广东泊富安】，令因便往搭回唐。

——《大南实录正编第四纪·翼宗英皇帝实录》卷十四，二；［304］5974

嗣德九年（清咸丰六年，1856年）正月……钦派科道黎文谱、潘治等前往兴化省会同省臣【阮有和、段文焕】察验香山峝矿所，奏言："金气复旺，应将为次丰项量加金砂税三钱并与原额五钱、仝年金砂税八钱，请交清人赵文令认领开采。"许之。

——《大南实录正编第四纪·翼宗英皇帝实录》卷十四，三；［304］5974

嗣德九年（清咸丰六年，1856年）二月……复设美良、从善二县知县并明农、琼林二堡【均属山西】。前因事简裁省，至是省臣以此二县均系地居四冲，土民犷悍，此二堡亦系沿边冲要，请仍旧复设。从之。

——《大南实录正编第四纪·翼宗英皇帝实录》卷十四，八；［307］5977

嗣德九年（清咸丰六年，1856年）二月……给风难清商船【一福建船泊永隆汛分，内有洋人八。一潮州船泊边和洋分】，寻命随便搭船回唐。

——《大南实录正编第四纪·翼宗英皇帝实录》卷十四，十；[308] 5978

嗣德九年（清咸丰六年，1856 年）二月……复设不拔县【属山西】训导。前【明命】因士数稀少裁省，至是省臣以文风稍振，请复设，许之。

——《大南实录正编第四纪·翼宗英皇帝实录》卷十四，十二；[309] 5979

嗣德九年（清咸丰六年，1856 年）二月……获清地恶棍罗老五【老五从罗三，纠党百余人赴境抢夺，兴化省捉获】，令斩枭境上示戒。

——《大南实录正编第四纪·翼宗英皇帝实录》卷十四，十二；[309] 5979

嗣德九年（清咸丰六年，1856 年）二月……给风难清商船二艘衣服钱米有差，并款宴各一次，令随便搭回【辰协右营右哨额外委张志新往琼州公务，风泊于顺安汛；军功七品顶戴陈国金往新州贸易，风泊于施耐汛】。

——《大南实录正编第四纪·翼宗英皇帝实录》卷十四，十四；[310] 5980

嗣德九年（清咸丰六年，1856 年）三月……赏高平七溪县义田总土豪民勇银钱有差。先是【月前十五日】清地股匪分道搀入义田社烧掠，义田总试差千户陈堂株等率团练民勇手下人等齐来，分头袭击，具有斩馘获赃实状。至是事闻，故赏之。

——《大南实录正编第四纪·翼宗英皇帝实录》卷十四，二十；[313] 5983

嗣德九年（清咸丰六年，1856 年）三月……广安抚臣阮科昱奏言，该辖月前米价较胜，而弁兵向例均折给钱文，米粒尤为稀少，致日就昂贵。经遴派在辖信实的人雇船驶往邻辖，买米回兑，以资民食。帝谕曰："此亦循例办理，准依请行。惟该省洋分与清国接夹，或有因此暗将米粒卖与清人以邀厚利尚未可知，省宜严行查核，当如何俾民食稍舒而米粒不至外泄，斯善矣。"

——《大南实录正编第四纪·翼宗英皇帝实录》卷十四，二十一；[313] 5983

嗣德九年（清咸丰六年，1856 年）三月……清商船二艘因风泊入广南大占、沱瀼二汛。省臣勘奏：“二船被风，情属苦切，经乞寄碇一月修补，事清俟顺回帆。惟寄碇至一月以上者，照例应收港税【金裕船应征一千四百十七缗五陌，万春船应征八百十二缗七陌，银钱各半】，而该二船现此资斧缺如，应否量减？候旨。”帝准免六收四，既而该等叫称无以供受，复准加恩尽免。

——《大南实录正编第四纪·翼宗英皇帝实录》卷十四，二十四至二十五；［315］5985

嗣德九年（清咸丰六年，1856 年）三月……命将清船载纳白锡印字活板交国史馆藏板所典守。又命遴派在监举人、监生奉充捡办，并现在刊刻匠人随同余协记【原货主】指示行款试行印刷，俾得谙详。

——《大南实录正编第四纪·翼宗英皇帝实录》卷十四，二十五；［315］5985

嗣德九年（清咸丰六年，1856 年）四月……命内务武库汇列应需清货、洋货各项，咨交各清船回唐采买。

——《大南实录正编第四纪·翼宗英皇帝实录》卷十四，四十；［323］5993

嗣德九年（清咸丰六年，1856 年）四月……海匪劫掠商船三艘于庆和芽敷汛分，省臣并汛守、巡哨员弁降级有差。永安州【属清钦州】潘廷妥【是州海安总该总】向海宁府【属广安】粘单言，情愿将本州归附，为豪目黄玑龙兄弟拦阻。府员范文擘率受该单，擅行移文钦州争办，并带兵勘拿玑龙。玑龙援党控由钦州衙批饬催取，廷妥拘究，广安抚臣阮科昱拟请支出库银雇拿玑龙。户部臣以事声参内阁，拟以昱前经革留，兹请照溺职例问革离；壁专辄移文外国，又带兵夫擅自越境，应发边远充军，预商之署按察江文显，降三级留用。帝从之，仍准昱从部效赎。

——《大南实录正编第四纪·翼宗英皇帝实录》卷十四，四十一至四十二；［323］5993－［324］5994

嗣德九年（清咸丰六年，1856 年）四月……阮伯仪又奏请催集下班兵筑美良、从善二县土城，许之。

——《大南实录正编第四纪·翼宗英皇帝实录》卷十四，四十二；［324］5994

嗣德九年（清咸丰六年，1856 年）五月……增设安州【属兴化以下】册林总并水尾州玉碗、乐山二总副总【省臣阮有和以该各总地头林路多岐、接夹清国奏请之，故准增设】。

——《大南实录正编第四纪·翼宗英皇帝实录》卷十四，五十五；[330] 6000

嗣德九年（清咸丰六年，1856 年）六月……清商船采买洋货【铜钉、铜叶、黑光油、麻帆布等项】载来奉纳，免征港税。

——《大南实录正编第四纪·翼宗英皇帝实录》卷十四，五十六；[331] 6001

嗣德九年（清咸丰六年，1856 年）六月……清船二艘驶入庆和省虬勋汛寄碇【一称忠义王林天文，一称成武大将军黄朱盛】，兵部奏言该亦系去年黄国立之党，请由该省暗为提防，仍饬速行驶去为妥。帝然之。

——《大南实录正编第四纪·翼宗英皇帝实录》卷十四，六十一；[333] 6003

嗣德九年（清咸丰六年，1856 年）六月……原如清使部范芝香等采买物项间有胜支银两，帝轸其此行阻滞，并特免其责赔。

——《大南实录正编第四纪·翼宗英皇帝实录》卷十四，六十二；[334] 6004

嗣德九年（清咸丰六年，1856 年）……八月，初建重庆府【属高平】学舍【该府学舍未经设立，教授暂舍省城内。至是省臣裴霭以学生日众请建，许之】。

——《大南实录正编第四纪·翼宗英皇帝实录》卷十五，七；[338] 6008

嗣德九年（清咸丰六年，1856 年）九月……清国咨缓开年贡期【国有秀全贼，故缓至后期，两贡并进】。

——《大南实录正编第四纪·翼宗英皇帝实录》卷十五，十八；[343] 6013

嗣德九年（清咸丰六年，1856 年）十月……清国土匪围开化府城，宣光省臣派探以闻。帝以该省辖系与清国毗连，正宜严加防备，令省臣遍饬府县及土豪土勇，按辖防堵，以宁疆圉。

——《大南实录正编第四纪·翼宗英皇帝实录》卷十五，二十四；[346] 6016

嗣德九年（清咸丰六年，1856 年）十月……改定奸商米粒条禁。帝以去秋议定【别辖人运米往海阳辖贸买，以奸商论。海阳水棠、东潮辖民买米，验无文凭，照违制加等治罪】，未为允当，著改定“何系潜将米粒与清船贸买，仍照奸商例处治。如北宁、定安等辖如有违禁运贸买者，方照违制律加等问拟”。

——《大南实录正编第四纪·翼宗英皇帝实录》卷十五，二十七；[348] 6018

嗣德九年（清咸丰六年，1856 年）十一月……清国太平府并左江兵备道札咨谅平辖查缉逃匿逸匪，抚臣潘克慎以闻。帝谕兵部臣曰：“清国逸匪逃隐谅平未知果否，清国屡屡札问，谅不能无。准咨饬二省严加盘诘诸铺户、堡目，亦不得容留。违者及疏，率将团练及堡目、铺户加等治罪。”

——《大南实录正编第四纪·翼宗英皇帝实录》卷十五，三十五；[352] 6022

嗣德九年（清咸丰六年，1856 年）十二月……申定广南旃檀、秋盆二源桂税并清商贸买征徵例。初，明乡周中立条陈桂税多有隐漏，经究无状。至是准增其税【向例旃檀源年纳三斤，兹增为十斤。秋盆源年纳一斤八两，兹增为五斤】，并再定买卖征税例【称重一斤值钱二缗，百斤值钱二百缗，一万斤值钱二万缗。每百缗照例征收税钱五缗】，俾便遵循。

——《大南实录正编第四纪·翼宗英皇帝实录》卷十五，四十二；[355] 6025

嗣德九年（清咸丰六年，1856 年）十二月……定边督臣范世显覆奏禁防奸商。原录限定年内清商船投来只十二艘，则商人不来，港税减逊，先领买者无由买纳，货品亦无由拣。请据现泊津次，限十二艘，年内干艘，以年底登册。许之。

——《大南实录正编第四纪·翼宗英皇帝实录》卷十五，四十三；[356] 6026

嗣德九年（清咸丰六年，1856 年）十二月……命谅山调兵边防【以清太平府咨林九大、平山雷等十余首匪带伙窜来扰边】。

——《大南实录正编第四纪·翼宗英皇帝实录》卷十五，四十四；[356] 6026

嗣德十年（清咸丰七年，1857 年）正月……谅山省臣奏弋获清国逸匪周亚启。帝命礼部代拟公文由该省缮覆清国兵备道员吴德征，并将逸匪由油村汛交该隘目认辨。

——《大南实录正编第四纪·翼宗英皇帝实录》卷十六，二；[358] 6028

嗣德十年（清咸丰七年，1857 年）正月……准增给顺安汛两傍暂垒过山炮二辆，武功炮八辆。

——《大南实录正编第四纪·翼宗英皇帝实录》卷十六，三；[359] 6029

嗣德十年（清咸丰七年，1857 年）正月……给风难清商船【广东船泊入永隆、古羶汛】。

——《大南实录正编第四纪·翼宗英皇帝实录》卷十六，七；[361] 6031

嗣德十年（清咸丰七年，1857 年）三月……海安督臣阮泽奏请停罢林门、安良二关。帝以林门关正友随处征税，未免病民，罢之。至如安良关设在沿边，非徒征税，亦以诘奸，命仍旧。

——《大南实录正编第四纪·翼宗英皇帝实录》卷十六，十九；[367] 6037

嗣德十年（清咸丰七年，1857 年）三月……庆和布政使阮炯奏言虬勋汛芽庄澳有海匪船七艘前来扰掠。该员闻报，即紧拨兵船督同领兵黎春分道协剿，仍将现下事宜奏请，并有捉获匪船遗下赤毛一丁，在省无有通译，声请处置。……敕阮炯留此，督同黎春等悉心剿捕。其所获赤毛人，派出通译前往究问，称系俄罗国人，清商船雇为花标，为匪所掠。昨匪船抵岸，该因逃遁。命解交嘉定，随便搭回。

——《大南实录正编第四纪·翼宗英皇帝实录》卷十六，二十一至二十二；[368] 6038

嗣德十年（清咸丰七年，1857 年）四月……帝以清国狪匪煽动[①]，

---

① 即指当时杜文秀等领导的云南回民起义。在道光、咸丰年间，云南、贵州的官府及豪绅恶霸在地方实行“以汉制回”，接连制造欺凌、侮辱回民的事件。在官府庇护操纵下，各地地方团练“以屠灭回族为能事”，大肆煽动“见回即杀”。咸丰五至六年，云南兵练屠回愈演愈烈。云南巡抚舒兴阿更扬言“聚团屠回，须横直剿灭八百里”。咸丰六年春夏之间，云南回民首先起义反抗，后来贵州及四川等地的回民也纷纷响应，起义席卷西南数省的广大地区。

命宣、高沿边严加防备。

——《大南实录正编第四纪·翼宗英皇帝实录》卷十六，二十五；［370］6040

嗣德十年（清咸丰七年，1857 年）五月……清国钦州差役送我国难民【嘉定人遭风飘到香港】回自香港。

——《大南实录正编第四纪·翼宗英皇帝实录》卷十六，三十一；［373］6043

嗣德十年（清咸丰七年，1857 年）六月……刑科给事中张懿条陈四事，一请慎用人以收贤俊【……】；二请正风俗以关邪教【……】；三请劝农桑以裕国本【……】；四请抑清商以重国帑【关税不及万缗者，仍听商人领征，扣纳铜铅。余米所程舍、纯美、芹驿、三岐、扶轩、馆司、保胜等所，各照依年前派员坐收。又照诸省仓库储积较多，公帑关重，而守之者武弁不识字，吏胥多奸猾，屡经发案。兹请大省以通判，中省以经历，均充主守，俾之各有专责，其职稍高，必能守法。至如和买一款，户部悉心廉访诸南北物项货价，稽核务得平适，递年各照应需数干，行咨诸地方和买照，依原咨之数，当价买纳。傥何省徇听狡商，倍开货价，或不由部咨而擅买者，觉出即行声请议处。其余留下之剩货，并不中用，尽行发还责赔，以重官帑】。帝曰："所陈亦有可采，愈于空谈，准交吏户兵刑诸部阅议具奏。"嗣部议以为均属一偏之见，竟置之。

——《大南实录正编第四纪·翼宗英皇帝实录》卷十六，四十至四十一；［377］6047－［378］6048

嗣德十年（清咸丰七年，1857 年）七月……海安督臣阮泽奏，安海汛南召三岐处，春来清船投泊至二百余艘，构居沙渚至七八十屋，恃其多人肆为不法，越汛分，射伤汛兵。该省业行一面开示，假以一月尽行驶去；一面商委正副领兵及藩臬二司轮往防截，若执迷不悟，请提出大队兵船随机剿杀。帝准依请，以尽阃责。嗣而，领兵范勇与水棠县员率兵船民勇射剿，沙岸草屋均以火烧【该匪自烧而去】，清船各已驶退。省以闻，帝以此次清船团结向新汛分炮射，又敢起陆旅拒斩伤捕弁，掠畜烧家【烧掠左开社】，毫无忌惮。捕弁不曾获犯一丁，船一艘，使他得以挟取牛畜，舒徐而去。则所谓清船惊去未必信然。乃降谕谴之，仍责令设法力行如何要除积弊方可。

——《大南实录正编第四纪·翼宗英皇帝实录》卷十七，七至八；[384] 6054－[385] 6055

嗣德十年（清咸丰七年，1857年）八月……赈给被匪清商船【被匪劫掠于庆和虬勋汛，船人二百二十二人，伤五十人，派医药调治，给米一百方】。所在匪发省臣，并汛哨员弁各降罚有差。

——《大南实录正编第四纪·翼宗英皇帝实录》卷十七，十一；[386] 6056

嗣德十年（清咸丰七年，1857年）八月……免风难清商裕庆船税【平定辖】。

——《大南实录正编第四纪·翼宗英皇帝实录》卷十七，十六；[389] 6059

嗣德十年（清咸丰七年，1857年）九月……海安督臣阮泽奏，月前官兵射剿奸商船，各已驶去净尽，遵前旨【九年三月日议准南召三岐外有沙渚清船投来，只许碇于这沙土外】于武定【村名】沙渚外与南召泾口，用铁木标志内江外海之限，不许越入。帝命武仲平即就该讯勘察，果否覆奏。

——《大南实录正编第四纪·翼宗英皇帝实录》卷十七，十六至十七；[389] 6059

嗣德十年（清咸丰七年，1857年）九月……风难清商二十名【琼州】，投富山汛【属富安道】，准给日程粮米及引文陆回【船主吴盛斯等情愿由陆回国】。

——《大南实录正编第四纪·翼宗英皇帝实录》卷十七，十七至十八；[389] 6059－[390] 6060

嗣德十年（清咸丰七年，1857年）十月……帝以兴化省接界清国，日下文山【清县名】匪徒扰动，敕省臣严加防堵。

——《大南实录正编第四纪·翼宗英皇帝实录》卷十七，二十八；[395] 6065

嗣德十年（清咸丰七年，1857年）十一月……管理堤政武仲平奏遵谕前往海阳覆勘，现见南召三岐处奸商船驶去净尽，但派探广安幽囊山处现泊四百余艘。访之，该等血本尚留铺面及诸商主未及扣换者多，则该讯奸商之款未必其能了事。拟应由部通照广安辖丁数酌给米数三四倍量买，无使剩出居奇，其驶往邻省买米，即行禁止，庶弊端可息。疏上，命咨海阳、广安二省查照广安人数并酌拟和粜事宜覆办。

——《大南实录正编第四纪·翼宗英皇帝实录》卷十七，三十至三十一；[396] 6066

嗣德十年（清咸丰七年，1857 年）十一月……风难清渔船投泊河静汛分，省臣给与口粮，转交广安取路回国，并给与衣裤。部以非例驳之。帝曰：“姑准销，部另咨饬。”

——《大南实录正编第四纪·翼宗英皇帝实录》卷十七，三十一；[396] 6066

嗣德十年（清咸丰七年，1857 年）十一月……清钦州衙解送我风难民回【阮文新等八名，均平顺人】。

——《大南实录正编第四纪·翼宗英皇帝实录》卷十七，三十三；[397] 6067

嗣德十年（清咸丰七年，1857 年）十二月……谅山辖民节次逃死，填续欠数【二千六百余人】，帝以该辖经清国股匪搀扰，情形拮据，准徐徐填续，限至嗣德十五年充额。

——《大南实录正编第四纪·翼宗英皇帝实录》卷十七，三十八；[400] 6070

嗣德十年（清咸丰七年，1857 年）十二月……风难西洋商船泊入广南大压汛分，船内清人八名乞留会安铺，俟清船来寄搭。洋人八名乞往嘉定搭清船回下洲。各准随便，仍命日给路费轮送，并给与衣裤。

——《大南实录正编第四纪·翼宗英皇帝实录》卷十七，四十；[401] 6071

嗣德十年（清咸丰七年，1857 年）十二月……免广南难清商船税例【泊大占汛，被大风沉破】。

——《大南实录正编第四纪·翼宗英皇帝实录》卷十七，四十三；[402] 6072

嗣德十年（清咸丰七年，1857 年）十二月……清船十三艘具有炮器，投富安道各汛分停碇，省臣以闻。敕道员黎有香、副领兵武玩加心防范，勿可徒事忙张，转致惊疑惹事。至如巡哨兵船，准由该省随宜妥办【该清船寻各驶去】。

——《大南实录正编第四纪·翼宗英皇帝实录》卷十七，四十四；[403] 6073

嗣德十年（清咸丰七年，1857 年）十二月……给风难清商船【广东船泊广南大占汛】。

——《大南实录正编第四纪·翼宗英皇帝实录》卷十七，四十五；[403] 6073

第十六册

嗣德十一年（清咸丰八年，1858 年）正月……兵部奏："巡哨各号船向例二月派，七月撤回，但数年来南北商船于十二月正月间屡为海匪阻截，请于春首阅兵后即派巡哨，俾得早清海氛。"从之。

——《大南实录正编第四纪·翼宗英皇帝实录》卷十八，五；[3] 6077

嗣德十一年（清咸丰八年，1858 年）正月……给风难清商船【潮州船，一泊义安洋分，一泊广南洋分】。

——《大南实录正编第四纪·翼宗英皇帝实录》卷十八，五；[3] 6077

嗣德十一年（清咸丰八年，1858 年）二月……经略使阮知方奏请："巡哨及解项船，洋程撞遇匪船，放射药弹。回辰各由所在之省从实报销，不必依向例责取所在汛守社民及经过省辖批凭，以省烦冗。"许之。

——《大南实录正编第四纪·翼宗英皇帝实录》卷十八，六；[3] 6077

嗣德十一年（清咸丰八年，1858 年）二月……复设安谟县知县【属宁平安庆府兼摄】，兼摄金山县。嗣金山亦以地势关要复，仍旧增设知县。

——《大南实录正编第四纪·翼宗英皇帝实录》卷十八，九；[5] 6079

嗣德十一年（清咸丰八年，1858 年）二月……广安署抚阮文振委递清帝敕书赉项回进。先是，清帝以福建兵船前经因风泊入我国，资送优厚【银一千两，并钱米给赡】，故令赉敕并金玉如意、金瓶、缎匹等项奖慰。两广总督叶咨到，省臣照项祗领，委员递进，命礼部拟撰公文覆达。

——《大南实录正编第四纪·翼宗英皇帝实录》卷十八，十一；[6] 6080

嗣德十一年（清咸丰八年，1858 年）五月……帝以高平匪梗，商旅不通，别纳银两人等【明乡清土侬蛮人民并铁矿等所】难于讨办，准以本年银税并留欠折纳钱【六百七十三两，一两值钱八缗】，五年后邻境清夷由省奏办。

——《大南实录正编第四纪·翼宗英皇帝实录》卷十八，二十；［10］6084

嗣德十一年（清咸丰八年，1858 年）五月……帝以海阳夏禾希少，命省臣饬民往定、安二省买米回兑，严禁其暗向清艚贸易。

——《大南实录正编第四纪·翼宗英皇帝实录》卷十八，二十七；［14］6088

嗣德十一年（清咸丰八年，1858 年）八月……暹罗因清人吴麟凤来商委递书【叙送回难兵事】，并搭我国风难兵【嘉定兵七名】送回嘉定。命经略使阮知方、总督范世显等为书复之，仍厚给麟凤，免其税。

——《大南实录正编第四纪·翼宗英皇帝实录》卷十九，十四；［25］6099

嗣德十一年（清咸丰八年，1858 年）八月……准清商关衡记、黎达记【原领征开太原铅矿】等铸铅钱。初，该商愿铸铅钱，帝以原欠铅税数多【十八万八千七百斤】不许，命阮廷宾筹拟并察勘太原铅矿。至是，廷宾使关衡记开煮，其色光好，比与本国工匠较胜，奏请施行，其原欠铅如能限内【自本年至次年三月】赔清，听其煮办。全年所得白铅数干分十成，四成纳官给价，六成运往省城铸钱。许之。

——《大南实录正编第四纪·翼宗英皇帝实录》卷十九，十六至十七；［26］6100

嗣德十一年（清咸丰八年，1858 年）八月……清人周召记请开太原安宝金矿【全年税六两】，许之。

——《大南实录正编第四纪·翼宗英皇帝实录》卷十九，十八；［27］6101

嗣德十一年（清咸丰八年，1858 年）十月……命南北诸省设台堡于关要分，置炮械以辰防捡。

——《大南实录正编第四纪·翼宗英皇帝实录》卷十九，二十一；［28］6102

嗣德十一年（清咸丰八年，1858 年）十月……帝以兴化奠边府关要地头，而地多岚瘴，戍兵久留不便，准依阮伯仪等前请，撤兵勇回束宁边，各村土民成奇队，交府驻防员管领分派。

——《大南实录正编第四纪·翼宗英皇帝实录》卷十九，二十二；［29］6103

嗣德十一年（清咸丰八年，1858 年）十一月……清地股匪黄二晚扰七溪【谅山】，领兵阮有算率兵、象攻之，不获。命省臣饬兵勇防截诸关要地头。

——《大南实录正编第四纪·翼宗英皇帝实录》卷十九，二十四；［30］6104

嗣德十一年（清咸丰八年，1858 年）十一月……帝谕阮泽【海安】、阮廷宾【定安】、阮文振【广安】等曰："昨者伪渠黎维明等与洋通，或于巴濑汛相会，或于钦州罗浮洞相邀，均由尔辖水陆诸路潜行，无人觉察。嗣各宜加严饬诸关汛屯守，日夜巡察之【维明本名杜早，托称黎后，为伪盟主】。"

——《大南实录正编第四纪·翼宗英皇帝实录》卷十九，二十七；［31］6105

嗣德十一年（清咸丰八年，1858 年）十二月……帝御文明殿，召诸大臣，命赐茶问以西洋事势。张登桂对曰："诸关要应派官兵防守，不甚关要者亦宜以辰来往照顾。"帝曰："南圻如芹蒢汛深广，不曾报来。北圻东南各汛浅狭，频来停泊，朕所不解。"登桂对曰："年前，清国雇洋船捕水匪，曾到直葛汛，又来南定请赎道长，故能惯熟。"潘清简对曰："南圻民从道者少，北圻民从道者多。近日南定道长伏诛，海安左道煽变，不无暗通消息。"帝曰："芹蒢海疆亦是关要，不可以不来而疏防。且洋船投来茶澳，岂容久住？朕日夜忧思，迟一日则增一日劳费。卿等宜思退之之策。"皆曰："唯。"尊室常对曰："洋人久在，左道之民留之也。"帝曰："小人无知，俟其自新，若严治之，何待今日。"陈文忠对曰："芹蒢南圻关要，阮知方既去，范世显又去，洋船不得志于茶山，必来此汛。武惟宁未熟地势，恐有别碍。"帝曰："昨准世显留一月整理屯堡，惟宁慎守，亦可无碍。顺安，京师门户，曾委陈贱诚、阮如升修筑屯堡。朕欲巡幸，恐烦民。张登桂年老，余如黎止信等，宜轮往指示。”登桂请行，帝许之。

——《大南实录正编第四纪·翼宗英皇帝实录》卷十九，三十三至三十四；[34] 6108 - [35] 6109

嗣德十二年（清咸丰九年，1859 年）正月……洋风难杉板船一艘泊广南大压汛，洋人十一名氏，一是英吉利，一是和郎低，余皆閩阇人。机密院请准厚给衣食、文凭，搭清船回，使知朝廷德意。给风难清商船【一福建船泊承天洋分，一广东船泊广义洋分】。

——《大南实录正编第四纪·翼宗英皇帝实录》卷二十，四；[38] 6112

嗣德十二年（清咸丰九年，1859 年）正月……海阳匪渠名剧【伪郡公】烧掠凤凰支关【广安】，蔓过海阳汛分。

——《大南实录正编第四纪·翼宗英皇帝实录》卷二十，六；[39] 6113

嗣德十二年（清咸丰九年，1859 年）五月……海匪船【九艘】掠商船于潘切洋分【平顺】，咸顺府员阮公权闻报，随拨清船三艘【官巡船一，渔船二，因风泊入】合汛兵船追射救免。省臣以闻，准赏公权【纪录一次】，并给清船死伤钱文有差【给巡船梁岐山五十缗，渔船新万合、新就合各三十缗，死一名十缗，伤二名各五缗】。

——《大南实录正编第四纪·翼宗英皇帝实录》卷二十，四十；[56] 6130

嗣德十二年（清咸丰九年，1859 年）六月……帝谕平顺省臣曰：“清船泊潘切汛洋分，多至百艘，内地奸民暗通贸易者有之，南东米船遮载买掠者有之，无怪乎米价日昂，民食未裕也。尔阮有机亲行勘察，准将此情弊一面具奏，一面设法驱逐，俾米粒流通，裕民食用，斯善矣。”

——《大南实录正编第四纪·翼宗英皇帝实录》卷二十，四十三至四十四；[58] 6132

嗣德十二年（清咸丰九年，1859 年）六月……给风难清商船【福建船泊广治洋分】。

——《大南实录正编第四纪·翼宗英皇帝实录》卷二十，四十四；[58] 6132

嗣德十二年（清咸丰九年，1859 年）六月……清地股匪二千余扰掠先安、海宁【属广安】，省臣阮文振飞咨，征海阳兵，派领兵官阮龙、弁兵五百，迅往督剿。管名济【摄先安州】、潘阐【海宁府员】先率吏隶民勇截击于丰裕、谭河，破之，斩获者众【斩十二馘，俘三丁，获旗刀铁槊剑炮牛马】。官兵追蹑，匪徒穿山散去，阮龙等各撤兵回。既而匪扰横模【社名】，阮龙等会兵复剿。事闻，各赏给有差【每俘馘钱十缗，弁兵、民勇等三百缗。死者钱五缗，伤重者三缗，轻者二缗】。

——《大南实录正编第四纪·翼宗英皇帝实录》卷二十，四十四；［58］6132

嗣德十二年（清咸丰九年，1859 年）六月……洋船烧漕船【五艘】、商船【三艘】于治平洋外【辰洋船每于洋外往来，凡遇漕船及商渔船，悉射烧之】。事闻，准给商船人等口粮【七十六名，每名米十碗】。

——《大南实录正编第四纪·翼宗英皇帝实录》卷二十，四十八；［60］6134

嗣德十二年（清咸丰九年，1859 年）七月……命北圻诸大省铸过山炮弹【炮二百十六辆，每辆弹五十发】。

——《大南实录正编第四纪·翼宗英皇帝实录》卷二十一，一；［62］6136

嗣德十二年（清咸丰九年，1859 年）七月……是月癸未望有月食，钦天监无有预奏，以失于推算坐罚。帝曰："月食有常度，清国监臣既知，尔监算法未精，嗣当勉之。"南定督臣阮廷宾以月食异常露章陈奏，帝谴曰："天象人所共见，谁敢隐默？乃敢妄引陈谈露章发递，无知辈岂不惑听？"乃掷回原封。

——《大南实录正编第四纪·翼宗英皇帝实录》卷二十一三至四；［63］6137

嗣德十二年（清咸丰九年，1859 年）八月……砌筑广平石垒，撤渌江【一百三人】、洊江【五十】驻兵，以乂安驻兵【一百】守之。

——《大南实录正编第四纪·翼宗英皇帝实录》卷二十一，六；［64］6138

嗣德十二年（清咸丰九年，1859 年）八月……敕礼部访问曾经洋程差派员人并谙详西洋音话、文字确系可充通译者，具奏备派。

——《大南实录正编第四纪·翼宗英皇帝实录》卷二十一，十三；[68] 6142

嗣德十二年（清咸丰九年，1859 年）十月……初【正月】车里国头目侣凭蛇携兵民八百余乞驻宁边州【兴化】。省臣阮有和使人驱之，乃乞暂留百余人而去。至是始以事闻，帝谴之，有和坐降，命饬莱州土知州委人探访。

——《大南实录正编第四纪·翼宗英皇帝实录》卷二十一，十九；[71] 6145

嗣德十二年（清咸丰九年，1859 年）十二月……帝谓："如东如西买项这款久停，应办物项必寄清商，致狡商以此居奇，抬价邀利，其费甚多。"乃命户部会同武库内务府捡应需用诸货物，南货可代者酌议片列，不可代者临期紧需奏办。余常需将本国货项给发，清货、洋货并停。又命河内省臣劝饬诸织造坊，以备临辰采办。

——《大南实录正编第四纪·翼宗英皇帝实录》卷二十一，三十；[76] 6150

嗣德十三年（清咸丰十年，1860 年）正月……谅山清地匪党【李大益、宁国金、吴凌云】搀过北宁陆岸县辖滋扰，领知县陈绍率众拒战，弗克死之，追授知县。

——《大南实录正编第四纪·翼宗英皇帝实录》卷二十二，三；[78] 6152

嗣德十三年（清咸丰十年，1860 年）四月……清地股匪扰广安海宁府辖，署按察使阮科昱【前署巡抚，得革，嗣起复】与战失利，死之，追授按察使。

——《大南实录正编第四纪·翼宗英皇帝实录》卷二十二，十六；[85] 6159

嗣德十三年（清咸丰十年，1860 年）六月……清琼州总镇令黄廷光等出洋巡捕，因风泊于金蓬汛【属平定】，令出钱米给之【总镇缺姓名，廷光原清六品官，因住该汛修补巡船】。

——《大南实录正编第四纪·翼宗英皇帝实录》卷二十二，三十；[92] 6166

嗣德十三年（清咸丰十年，1860 年）十月……赐诸公主铁簪、画壁诗二章【七言】。辰，帝闻诸公主多尚奢诩，每遇清船来商，多买异物，不惜巨费，故用《唐书》汉阳公主俭德事【《唐书》唐文尊辰，汉阳公主尝以铁簪记采邑田税于画壁】命题，令太长公主永顺、安美，长公主徽柔拟进，因赋示之训俭也。

——《大南实录正编第四纪·翼宗英皇帝实录》卷二十三，二十七；[106] 6180

嗣德十三年（清咸丰十年，1860 年）十一月……广安副领兵官张登进剿清地股匪阵没，赠卫尉，给银十两。

——《大南实录正编第四纪·翼宗英皇帝实录》卷二十三，三十四；[110] 6184

嗣德十三年（清咸丰十年，1860 年）十一月……遣使如清【丁巳、辛酉二贡】。加太仆寺卿黄善长【原仲元】礼部左侍郎衔充正使，翰林院侍讲学士文德圭【原佳】、阮辉玘充甲、乙副使。帝谕之曰：“专对四方要须不辱君命，尔等各宜加心谨慎，以称所委。”又以道路艰阻，加给衣服银钱有差。清国寻以两广【广东、广西】未靖，又报留下次。

——《大南实录正编第四纪·翼宗英皇帝实录》卷二十三，三十四至三十五；[110] 6184

嗣德十三年（清咸丰十年，1860 年）十一月……清下冻州知州赵光茂，因清边匪攻逼州城，乃率州民投来我高平省辖，恳求容留。省臣以闻，许之。

——《大南实录正编第四纪·翼宗英皇帝实录》卷二十三，三十五至三十六；[110] 6184－[111] 6185

嗣德十三年（清咸丰十年，1860 年）十二月……清地股匪搀过海阳东潮、祕江、米山、内黄等总滋扰。领兵官吴德修与荆门府知府范辉鹏会同剿拿，大获胜仗【斩获匪目十五馘，匪伙七十四丁，射毙匪伙四十一丁，收获水牛四十余头，收回男妇三百余名氏】，令赏军功、纪录、银钱各有差，德修寻领副提督。

——《大南实录正编第四纪·翼宗英皇帝实录》卷二十三，三十七；[111] 6185

嗣德十三年（清咸丰十年，1860 年）十二月，白旗徊寇水尾保胜堡

【属兴化】，管堡阮仲息督饬兵勇与战于旧市处，败之。

——《大南实录正编第四纪·翼宗英皇帝实录》卷二十三，三十七；[111] 6185

嗣德十三年（清咸丰十年，1860 年）十二月……谅平护抚裴辉璠筹拟边防疏上【长定府拟应仍旧兼理文渊，统辖脱朗、七溪、文关等县州。长庆府原禄平州知州兼署府事，拟应改设为府兼理禄平州，统辖安博、温州等县州，脱朗、安博二县州，请再设专员。其二府原无筑城并弁兵驻防，兹请遴属府之千、百户或该副总饬募壮民，每府五十名，仍给凭该等充为队长，唱率募兵驻守府城，其械杖、月饷请应从峙马堡募兵之例办理。该二府城并官舍、兵寨，请拨社民与募兵修筑土城，采取材木，构做官舍，俟工舒另行修砌砖城，并饬沿边社民重修山寨俾得牢固】，从之。

——《大南实录正编第四纪·翼宗英皇帝实录》卷二十三，三十七至三十八；[111] 6185 - [112] 6186

嗣德十四年（清咸丰十一年，1861 年）四月……署前锋营统制尊室𪻐以原在清化有罪，与同事之阮璠【原布政，经干别款得革】、陈文继【原按察，新升鸿胪寺卿，办理刑部】革徒有差。先是，清商何明性暗买铁木、米粒数多，为秀才黎曰霑诉觉不即究治。及该原诉由法司委控，准令回奏，犹为之伸说，欲停其查拿，经派科道裴廷智查果。至是，案准𪻐与文继革往边和军次效力，璠杖徒，限满效派。

——《大南实录正编第四纪·翼宗英皇帝实录》卷二十四，二十七；[129] 6203

嗣德十四年（清咸丰十一年，1861 年）五月……清地股匪搀扰于海宁府，副领兵官胡巴率兵交攻胜仗，赏纪录二次。

——《大南实录正编第四纪·翼宗英皇帝实录》卷二十四，三十三；[132] 6206

嗣德十四年（清咸丰十一年，1861 年）五月……衣坡儒国派汽机船一艘由边和次臣递求成书【书言：请于海阳之涂山一幅居住，广安尧封之县门立巡征税，十年后还来我国。诸款若不得请，则由北圻生事等意】，次臣以其书进呈。帝谓："他邀求非理不可许！"令发还其书。该船寻由嘉定芹蒢汛放洋。事闻，帝令机密院臣料他主意，覆言："第据近信，或他生事于广安葛娑，要以分我之势而实其言。”乃命所在预为之备。

——《大南实录正编第四纪·翼宗英皇帝实录》卷二十四，三十六至三十七；[133] 6207 - [134] 6208

嗣德十四年（清咸丰十一年，1861 年）六月……申饬诸地方严插莠民。先是莠民分插多漏，至是严责地方府县，凡莠民男妇老幼不拘已未出教，皆刺字分插于无从道各社村，严行钤束。其桀黠头目仍旧严监，倘洋人由来，即将该等尽杀。若复姑息容奸，致生别碍，必以军法治罪。

——《大南实录正编第四纪·翼宗英皇帝实录》卷二十四，四十三；[137] 6211

嗣德十四年（清咸丰十一年，1861 年）六月……初，清国饥民【以千百计】搀掠广安边州【海宁府辖】，抚臣阮文振不善调度【员弁两次失利】，坐革效【回部效派】，以鸿胪寺卿胡士驯领广安布政使护理巡抚，谕令招抚插垦，以安边民。

——《大南实录正编第四纪·翼宗英皇帝实录》卷二十四，四十五；[138] 6212

嗣德十四年（清咸丰十一年，1861 年）八月……命北圻诸地方筹办江防。

——《大南实录正编第四纪·翼宗英皇帝实录》卷二十五，六；[141] 6215

嗣德十四年（清咸丰十一年，1861 年）八月……富安清商船买大炮登纳，又愿将随船各项炮并纳于官，许之免港税。

——《大南实录正编第四纪·翼宗英皇帝实录》卷二十五，六；[141] 6215

嗣德十四年（清咸丰十一年，1861 年）八月……清地股匪扰先安县辖【广安】，领海宁知府阮成【义安人】督兵拒战，众寡不敌，死之。事闻，赠翰林院侍读。

——《大南实录正编第四纪·翼宗英皇帝实录》卷二十五，七至八；[142] 6216

嗣德十四年（清咸丰十一年，1861 年）九月……清商金瑞典纳大炮二辆，减港税十成之五。

——《大南实录正编第四纪·翼宗英皇帝实录》卷二十五，九；[143] 6217

嗣德十四年（清咸丰十一年，1861 年）九月……广义米价昂，清商金永安买米回兑，又请纳大炮五辆以供兵用，免港税。

——《大南实录正编第四纪·翼宗英皇帝实录》卷二十五，十；［143］6217

嗣德十四年（清咸丰十一年，1861 年）九月……高蛮国螉蠍二子【螉蚝、螉蟒】争立，国内乱，清商等避回平夷堡，乞居商受税。帝曰："此系避难而来，免之。"

——《大南实录正编第四纪·翼宗英皇帝实录》卷二十五，十一；［144］6218

嗣德十四年（清咸丰十一年，1861 年）十月……清帝崩【庙号文尊】，皇子载淳即位，以次年为同治元年。邦交成典例有进香庆贺二礼，此次清国报停之。

——《大南实录正编第四纪·翼宗英皇帝实录》卷二十五，十五；［146］6220

嗣德十四年（清咸丰十一年，1861 年）十一月……清地股匪【一千余丁】聚扰于江吴、陶宁、永山等社【属高平】，领兵阮久礼、知府郑春枚击退之，各赏纪录二次。

——《大南实录正编第四纪·翼宗英皇帝实录》卷二十五，二十一；［149］6223

嗣德十四年（清咸丰十一年，1861 年）十一月……申定处置莠民二条【一发军之道徒莠民与现监之桀黠头目，由地方官详加开导察验，每月二次，何系傲慢凶悍，即摘绞决。执迷不出教，仍严禁待毙。一所插之莠民不拘男妇，何系出教而未真心悔改，问杖六十，未出教者问杖八十，逃往别省问杖一百】。

——《大南实录正编第四纪·翼宗英皇帝实录》卷二十五，二十二；［149］6223

嗣德十四年（清咸丰十一年，1861 年）十二月……广安水匪【道长名长为伪谋主，推谢文奉（一作风）为伪盟主，冒称黎后黎维明。匪约、匪度等为伪渠目，后与海阳、北宁、山西、太原、宣光、清化、义安诸土匪并清股匪相串通】自秋初啸聚于海宁府先安州诸洋分劫掠水陆诸民，护抚胡士驯派委领兵官胡巴，管将水步二道兵前往防抚，水道兵寻失利。

事闻，命海阳领提督吴德修充广安军次提督军务督剿，于季秋交攻水道又失利，德修没于阵，追授实衔。仍命鸿胪寺卿、参办堤政阮文伟充钦派广安军务【堤政由署吏部右侍郎、协理堤政事务阮思僩专办】，仍调海阳、南定、河内、北宁弁兵并清化、义安水师船艘备派。辰，掌卫权掌虎威营胡炎钦派往勘办广平以北诸海防适抵义安，因命炎管将清义兵船迅往军次筹办征剿，于是安静署督武仲平陈奏军务事宜【其略言：“日下捕务系属海分，乘风破浪须有坚巨船舰，堪置大项炮弹以为镇压。正兵再增拨渔船轻捷左右接应以为差派，奇兵方能得力。经派出清、义二省大小船五十余艘，大小炮五十余辆杆，水师炮手柁工五百余员名，又与胡炎商拟以节属。冬天官船高大，进驶不如民船之敏捷，业增拨渔船十四只，一面祈风，一面驾驶。嗣接兵部录到阮文伟筹拟折，叙该匪船至二百只，就中亦有大船大炮，而海省所拨民船均属细小，河内、北宁、兴安摘交过山、神功各项炮只七十辆杆。日下海安二省大炮数少，该匪现于先安、海宁啸聚，傥一为官兵剿捕，势必奔溃，以海为依，不于撞山、撞东，必于幽囊、云海等处潜泊，则官兵穷追截拿，必需巨船大炮方可。对敌各等由臣恭遵阅，始知在次无有巨船大炮，臣再访知海阳、南定各项大炮本年载运晚期，均留京次，而现拨白驹汛船亦仅差胜臣辖渔船，只可分置神功、过山数辆，配兵十余名而已，且水战必须多炮，非如步战之可以短兵逼前冲突，而海战应用巨船，非如江道之利于小船往来游击，况海宁地接清国，形势孤悬，陆路崎岖，水程遥隔。该匪伙既占此立脚，势必串结清股匪渔船以为党援，剿平尚需阅月，难期旦夕奏功。而现派此等船炮既难利涉重洋，又无射长及远，想亦未为善计。臣再派兵船炮弹续往直葛汛（对岸广安省辖），由钦派胡炎、阮文伟认办。再照海阳之直葛清船聚泊商买（俗□外□船）以千百计，难经奉严禁，而法外营生势亦不能遏止。臣访知该船每艘带随大项炮至十余辆，柁水精善，而海分岛屿均所谙熟，拟由海阳并钦派臣等饬属铺帮长催来，厚雇一十艘，协从官兵征剿，实属得力，方可期及早蒇事。”】帝以为是。又鸿胪寺卿、领清化布政使阮永密奏筹策【其略言：“广安省辖与清国广东省东兴州、钦州地势颇属毗连，臣访知该等州均无田禾，米粒最贵。所在富商厚雇船艘驶往尧封县界末，停泊常有三四百艘上下，多将银钱寄与广安省及诸邻省奸商暗行贸买。且广安省辖二府五县州均系人多田少，海宁府例得照据在籍人数又加六倍每岁四孟驶往邻省讨买米粒。安兴、横蒲、先安、尧封等县州例得依常驶往邻省讨买，人数、粮数无有限定。惟该辖民藉以买回食用为名，其实则自食无几，而暗将卖与清船居其太半。诸邻省射利之徒又从中夤缘为奸，多受清人银钱为之盗买。虽往来贸易条禁綦严，而所在汛守巡江受他厚贿，间有摘发亦许放行，米粒外洩职此之故。目今匪约、匪度等现于该辖滋事，不过幺麽小丑，有何储积？未必不于该各辖奸米是资。若奸米之禁不严，是资敌以粮，想非为计之得。窃拟应申严米禁，若有敢将米粒出洋贸易，与汛守巡江敢有贿纵，觉出并以军法从治。夫如是，米粒不至外洩，匪党绝其资粮，可当不攻而自破矣。再访该辖万宁州之茶古社、尧封县之云屯总、兴安县之风流社，该等总社其民最善水战，万宁州安良社其民勇悍，善于步战，请敕下广安省臣加心招抚，使为我用，毋为匪徒所诱，是亦小有补处。”】经廷臣阅，亦以所陈申米禁绝匪饷为是。帝遂令兵部并录交省次臣妥办，又以侍讲阮进篡商办军务。是月，那匪大项清艚十三艘，中小项一百余艘，合伙二千余名，又有步匪一道均清人六七百丁，分道搀来篡汛烧掠。诸社村程途去向不通，胡炎乃管督水道一千八百八十余员名，船七十一艘，大炮二百二十一辆杆，按据安兴县辖接尧封县辖洋分严行堵御。文伟管督步道一千一百余员名，由陆剿之，以清道路，乃合与水道商剿，具以事闻。帝曰：“尔等抵次已久，未立寸功，兹听其施展，要能早献捷音。若复迟回疲师糜饷，断难宽贷。”既而剿办间有克捷，而那匪日滋，复准增调兵船剿之。

——《大南实录正编第四纪·翼宗英皇帝实录》卷二十五，三十至三十四；[153] 6227 – [155] 6229

嗣德十五年（清同治元年，1862 年）正月……清地股匪入高平广渊县，官兵攻之，斩匪目二馘，匪伙七十二馘，射毙一百二十二丁，赏纪级银钱有差。

——《大南实录正编第四纪·翼宗英皇帝实录》卷二十六，五；[161] 6235

嗣德十五年（清同治元年，1862 年）三月……建瑞、谅江诸辖莠犯滋蔓，因谕令清化以北所分插之莠民如有奸萌，即将桀黠头目先机处治【建瑞府属海阳，谅江府属北宁】。

——《大南实录正编第四纪·翼宗英皇帝实录》卷二十六，十三；[165] 6239

嗣德十五年（清同治元年，1862 年）三月……清地股匪土匪犯永祥【属山西】，护督裴霭遣领兵官范春、知府范青白、分府范曰立等攻破之【获匪目匪伙三十有五，斩匪馘一百余】。

——《大南实录正编第四纪·翼宗英皇帝实录》卷二十六，十四至十五；[166] 6240

嗣德十五年（清同治元年，1862 年）三月……清地股匪入七溪【属谅山】，副管奇陈进、摄县范枝芳等击走之【斩二十四馘，擒十九丁，射毙四百三丁】。

——《大南实录正编第四纪·翼宗英皇帝实录》卷二十六，十五；[166] 6240

嗣德十五年（清同治元年，1862 年）四月……清地股匪入广渊、石安【属高平】，管奇陈惟珍、率队黄贤禄战没。省臣黎文谱、阮辉请师，乃以吴文度帮办高省率所募兵勇合剿之。

——《大南实录正编第四纪·翼宗英皇帝实录》卷二十六，十六至十七；[167] 6241

嗣德十五年（清同治元年，1862 年）七月……清蛮侬诸匪寇从化大慈，官兵溃，遂围太原，攻逼富平。知府尹正拒战经三月余，贼不得下。辰西北路梗，援绝饷尽，正乃乘夜出围投亨江而死。帝曰："此最难得，不愧古人，亦不愧名臣之后。"赠侍读学士【正，尹蕴之子】。

——《大南实录正编第四纪·翼宗英皇帝实录》卷二十七，四至五；[180] 6254

嗣德十五年（清同治元年，1862 年）……八月，匪�与宣光土匪农雄硕并清股匪黄英等合伙【万余】围宣光省城，省臣阮必做【布政，副榜】、阮文做【按察，同进士】纳城走。辰，山北未静，关报不通，匪投书言"如欲全活，一城早降，不然则尽屠之"。必做等以路梗无援，乃为书并印委吏纳于贼，与城中官兵五百余人潜开城而出，匪遂入据之。事闻，帝令西、北二次臣筹办，并究该城失守原委议处【必做、文做寻瘿病死】。

——《大南实录正编第四纪·翼宗英皇帝实录》卷二十七，六至七；[181] 6255

嗣德十五年（清同治元年，1862 年）八月……清地股匪李合胜、朱志晚等【兵二千】围高平，省臣黎文谱、阮辉，副领兵官阮詠退保仓屯【移省莅自此】，以图【指画贼状、地势】请援于谅平。抚臣范芝香率兵二千余人赴援，攻破匪于莪祉山分，进复省城。捷闻赏级纪银钱。

——《大南实录正编第四纪·翼宗英皇帝实录》卷二十七，八至九；[182] 6256

嗣德十五年（清同治元年，1862 年）闰八月……罢河仙屯兵勇【六百七十人】及明人、汉人【四百二十人】十之五归田。

——《大南实录正编第四纪·翼宗英皇帝实录》卷二十七，十四；[185] 6259

嗣德十五年（清同治元年，1862 年）闰八月……初，车里司国与南掌国构兵，其国长佋冯蛇率民丁一百余人请寓奠边【属兴化】。及是解兵，国人请迎蛇还。帝谕省臣抚而遣之。

——《大南实录正编第四纪·翼宗英皇帝实录》卷二十七，十四；[185] 6259

嗣德十五年（清同治元年，1862 年）九月……山西督学尹奎，兴化协管阮文诚会剿克复青波【属山西】，进复安立、文振【属兴化】，获匪冯、匪机，诛之，复与副领兵朱评攻复临洮【属山西】。

——《大南实录正编第四纪·翼宗英皇帝实录》卷二十七，二十至二十一；[188] 6262

嗣德十五年（清同治元年，1862 年）十二月……匪船自海岛入芙蒥【属广安】，副领兵官陈春光杀退之。辰匪雇洋船【二艘】、清船【十艘】协与匪船【三百余艘】溯尧封进向广安省城。官军分内外屯【芙蒥堤畔】伏炮射之，沉匪船四艘，毙百余丁，匪乃退。夜半复进，又射退之。来日复进，闯入堤畔外屯死战，官军溃，春光即赴内屯督兵勇截射，又沉匪船四艘，毙清勇百余丁，匪遂退，泊塗山，官兵屯于白藤御之。

——《大南实录正编第四纪·翼宗英皇帝实录》卷二十七，二十八至二十九；[192] 6266

嗣德十六年（清同治二年，1863 年）正月……赈赤毛风难商人【泊平定洋分，给钱米衣裤】，搭从清船返回。

——《大南实录正编第四纪·翼宗英皇帝实录》卷二十八，五；［195］6269

嗣德十六年（清同治二年，1863 年）……三月，山西军次收复宣光省城。辰提督范有春、副提督武早、商办省务阮有造订约分道进兵，节遇匪于扶轩、仁者、束水【三社名】馆云处鹿谷崗，烧破匪屯，射斩匪目匪伙多数。经二十日，各算兵同辰进逼省城，匪党不及入城，各自溃散。其在城中者，亦各奔窜。官军入城，仓库钱谷盐米、枪炮器械亦无大损，春等乃遣蛮目协与校长招谕，蛮土皆服降。烧破匪硕【土匪雄硕】巢穴，槛送匪榀【黎维榀】以纳，遂复霑化等州。于是，令随次员分摄霑化、渭水、永绥、襄安印务，留武早等于宣次【阮有造权领布政】，还军山西。既而，逸匪巡巴等回袭，破捕弁协管阮孚等军。阮伯仪疏言阮有造、武早难兼办，请掌卫阮艳【北次提督】领宣省提督，副管奇陈光派充督兵。帝皆命迅往，至则巴已就擒，艳等巡捕余党【清地匪周利，汉匪曰郡勃】平之。

——《大南实录正编第四纪·翼宗英皇帝实录》卷二十八，八；［197］6271

嗣德十六年（清同治二年，1863 年）三月……复设夏和、扶宁【属山西】、安阳【属海阳】等县知县【嗣德五年裁省，是年复设县莅，至十七年复设训导】。

——《大南实录正编第四纪·翼宗英皇帝实录》卷二十八，九；［197］6271

嗣德十六年（清同治二年，1863 年）四月……太原省城为清地股匪合蛮侬围犯，经八月，布政使阮登仕为匪所戕，署按察使潘治被掳【事在去年九月，治在虏中薙发随从，经八月余匪散始回】。至是，阮知方既清北路，乃与阮文伟率师进复其城，俘伪清【伪大王，冒称蓝山正统黎文清】、伪得【伪参谋尹文得】以归。北宁逸匪伪云等【伪元帅阮文云、黎文严】皆捕获诛之，治以浼匪坐，登仕【撄城拒战不屈】追复侍讲【原干交讪革罢】。

——《大南实录正编第四纪·翼宗英皇帝实录》卷二十八，十四；［200］6274

嗣德十六年（清同治二年，1863 年）四月……阮文伟【帮办】、黎遵【领兵】等督将兵、象进破贼巢【在白通麻轩山】，获清侬汉匪十七，通化府知府黎光辉斩匪渠黎魁轩【清匪党首，伪统制】于农下。摄从化府武平获伪敕印、炮械于蓝尾，匪目谢文山、邓挽窜归内地，匪稻出首，令太次坚监使诱正犯。

——《大南实录正编第四纪·翼宗英皇帝实录》卷二十八，十四；[200] 6274

嗣德十六年（清同治二年，1863 年）十月……工部郎中陈如山如广东公干，帝令阁臣传旨谓曰："此行非专采买，宜加心细纺清国事体，及浪沙赤毛等国设铺在广东省情形，与昨者洋人投来我国惹事诸别国曾有闻知？指议如何？务得精确。再有何机会可以裨益于事者，各宜熟思详记回覆。"

——《大南实录正编第四纪·翼宗英皇帝实录》卷二十八，三十三；[209] 6283

嗣德十七年（清同治三年，1864 年）二月……谅平抚臣范芝香奏言："去腊来，匪徒据同来、同文等铺，坚闸拒守，官兵未能捣破。月前又有一党约二千余搀入文关县扰掠屯聚，高平路梗。又探报有一党亦约二千余现于宁明州【清地】祭旗，订日搀来侵扰。二三日来，环省往往虚惊，扶老携幼络绎道路，现下边情警急，在省各色兵勇不满二千，守此失彼。又署按察陈文清老病，经请回休，领兵阮久礼现病回省服药，请遴派督兵一员，统领清义劲兵二千人驰往援剿，兵请将绞监候囚阮文让、军囚卢永才【年前差派捕务，均有得力】暂解枷锁，听率将家丁手下充为前驱，效力赎罪。"疏上，下兵部议。部臣请摘派现戍北宁省肃武卫兵【属清化】四百余员名，再由河内遴派得力管员、精壮奇兵五百，均交北宁领兵官黎才管督，趁紧抵谅山，合与各色兵勇【约得三千上下】防剿，并请将山西省胜武戍兵【义安兵】三百九十名前往北宁驻札，以壮声势。北宁副领兵之缺，请以选锋权充协管邓文超充领。帝从之，并敕阮久礼紧治，仍留剿办。

——《大南实录正编第四纪·翼宗英皇帝实录》卷二十九，十一至十二；[219] 6293 – [220] 6294

嗣德十七年（清同治三年，1864 年）二月……猫蛮并清侬土人扰掠太原、北宁，省臣咨摘河内兵并北宁兵各二百五十名，与在次武生七十名，派权充协管陈龚前往剿办。

——《大南实录正编第四纪·翼宗英皇帝实录》卷二十九，十三至十四；［220］6294－［221］6295

嗣德十七年（清同治三年，1864 年）二月……蠲展北圻明乡、清乡、侬土人及诸矿留欠金银税【其漂流失迹项尽免，最切害项免五成，次项展次年带征】。

——《大南实录正编第四纪·翼宗英皇帝实录》卷二十九，十七；［222］6296

嗣德十七年（清同治三年，1864 年）三月……清地股匪分扰谅山诸县，桄榔屯失守，北谅驿路不通，令阮文丰、范芝香等悉力兜剿，早开道路。复准海安赞理潘廷选遵前旨【升领谅平巡抚】提兵二千带同在次督兵丁会北宁副领兵邓文超与新按察黄文讲赴职会办。

——《大南实录正编第四纪·翼宗英皇帝实录》卷二十九，十七至十八；［222］6296－［223］6297

嗣德十七年（清同治三年，1864 年）三月……清地股匪一千余搀扰广安海宁府，人民多饥散，军次臣派副领兵潘文济将兵、象前往河谏社【自省城至此三日半，自横蒲县至此二日半】驻压。又遣雄武、壮武兵二百住守横蒲，并运米数十方赈之。

——《大南实录正编第四纪·翼宗英皇帝实录》卷二十九，十九；［223］6297

嗣德十七年（清同治三年，1864 年）三月……广安海宁府米贵，省臣请调剂，帝令随宜妥办，仍饬土人百户潘廷妥即雇清船随便由海阳、南定认领粮米二三千方，以备赈给并支拨军饷。

——《大南实录正编第四纪·翼宗英皇帝实录》卷二十九，二十三；［225］6299

嗣德十七年（清同治三年，1864 年）四月……清化护督尊室瑶前为河内布政使，批发清商公本钱，留欠二十六万七千八百缗零。部拟分赔，问瑶杖徒。帝以其无侵亏的情，特予仍留职，假限赔清，量减之。

——《大南实录正编第四纪·翼宗英皇帝实录》卷二十九，三十；［229］6303

嗣德十七年（清同治三年，1864 年）五月……清化属客彭廷秀雇清船巡缉，拿获匪船二艘。省臣奏闻，先普赏钱二百缗，仍敕究明加赏。

——《大南实录正编第四纪·翼宗英皇帝实录》卷二十九，三十九；［233］6307

嗣德十七年（清同治三年，1864 年）六月……清国巡洋船黄廷光递将轰山钢炮四辆并米三千方，由平定奉纳。令省臣整办牛酒款待一次，加赏白银二百两，银钱二十枚【廷光巡洋，因风泊入平定修船】。

——《大南实录正编第四纪·翼宗英皇帝实录》卷二十九，四十八；［238］6312

嗣德十七年（清同治三年，1864 年）七月……清商万顺载暹罗国米就平顺发兑，准免港税。

——《大南实录正编第四纪·翼宗英皇帝实录》卷三十，二；［241］6315

嗣德十七年（清同治三年，1864 年）七月……如东派员陈如山搭清船回施耐汛，货项由平定省运贮递纳，船主仝德春乞停领搭雇钱【三千七百余缗】。帝嘉之，免港税【二千余缗】，又赐羊酒示劝。

——《大南实录正编第四纪·翼宗英皇帝实录》卷三十，五；［242］6316

嗣德十七年（清同治三年，1864 年）九月……清地股匪及土匪一千余搀扰先安州，钦派臣郑履亨密将海安军情形势折奏【言军次设筑屯垒三十余所，兵分力弱，匪易乘虚。涂山汛分拟得铜船、乌船、海船、民船就此屯泊，随机剿办，并增办战船给许粮械，民船何系自办照例赏给，探确伪渠住处，乘虚袭击等款】，帝令交军次熟察拟办。

——《大南实录正编第四纪·翼宗英皇帝实录》卷三十，十七；［248］6322

嗣德十七年（清同治三年，1864 年）九月……准定广、南、平、富清船出港税。初，广南省属客侯利和、庄叔茗等乞领征沙糖税【属广南】及广、南、平、富清船货税，省臣以闻。帝谓逐货查征属烦，又有隐减之弊。原户部侍郎郑履亨奏请不必征货，但于船出港辰照入港例征收一半。至是部臣言其过重，乃准照征十成之三，听纳半银半钱，仍饬平定、广南二省臣实力承行一年，或有遗漏如何拟覆。

——《大南实录正编第四纪·翼宗英皇帝实录》卷三十，二十二；[251] 6325

嗣德十七年（清同治三年，1864 年）十一月……钦派郑履亨所雇清船颜成等十五艘抵南定茶里汛俟调【**每艘月请给银六百两，十五艘月应需银九千两，食用、酬死均在数内**】。

——《大南实录正编第四纪·翼宗英皇帝实录》卷三十，四十四；[262] 6336

嗣德十七年（清同治三年，1864 年）十二月……谅山按察使阮恕条陈五事："一言清国昇平团长黄兆荣、汤亘可寓七溪县扰掠良民，请作处置。一言在省应征钱米数少，请设暂仓于桄榔屯，摘北省凤眼、保禄、右陇、陆岸四县从征。一请移长庆府于温州桄榔站，移长定府于七溪县洛阳屯。一请文关、脱朗、安博三县州改设土官。一言在省弁兵数少，请摘北省凤眼、保禄、右陇、陆岸、安世五县拣兵充戍。"帝令经略武仲平并领抚范芝香察拟，嗣准如恕言。

——《大南实录正编第四纪·翼宗英皇帝实录》卷三十，四十七至四十八；[263] 6337 - [264] 6338

嗣德十八年（清同治四年，1865 年）三月……清化护督尊室瑶、转运使胡炎复请雇清船帮剿匪。兵部臣奏言，水匪现散于清乂洋分，势甚猖獗。而军次所雇清船现泊塗山，亦无所事，想应先于所急。请紧咨次臣，据情形酌派，迅往合与清省原派兵船并力剿捕。帝曰："原雇只欲除大伙，犹翻改要索，迁延需费更甚，水匪未必皆非彼党，而肯相攻，岂应加派？"命密咨知方知之。

——《大南实录正编第四纪·翼宗英皇帝实录》卷三十一，二十三；[276] 6350

嗣德十八年（清同治四年，1865 年）三月……清地股匪黄二晚党二千余据石安【**属高平**】，分掠上、下坡，平均各村社，钦派夏维桢以闻。帝曰："匪状如此，而谅高二省及武仲平不见调度，亦不奏报，平日团结诸豪目素称得力，今恬然不救，则袍泽之义谓何？"遂命省次臣即督兵进剿。

——《大南实录正编第四纪·翼宗英皇帝实录》卷三十一，二十四；[277] 6351

嗣德十八年（清同治四年，1865 年）四月……帝以海匪滋蔓，欲雇火船助剿。复令舶臣潘辉泳移书于富帅全权大臣，大略叙随宜相助之意，又命顺庆抚臣阮有机备土物往赠好，因及其事富帅，以官项不敢擅行，辞之。

——《大南实录正编第四纪·翼宗英皇帝实录》卷三十一，二十七；[278] 6352

嗣德十八年（清同治四年，1865 年）四月……水匪船三百余自扶隆、葛婆诸岛【属广安】分三支来扰，阮知方遣阮文伟督清船帮员弁分支从上风驶下击之，射沉二十余艘，收获六十余艘，斩俘甚众，匪大惊溃。捷闻，帝谕奖阮知方等曰："深赖天恩佑助，卿等宜督帮船乘机剿捕，我兵水陆亦分道截剿，务得盟主目伙等擒斩净尽，勿以一胜而稍解。"

——《大南实录正编第四纪·翼宗英皇帝实录》卷三十一，二十八至二十九；[279] 6353

嗣德十八年（清同治四年，1865 年）四月……帝谓兵部臣曰："沿海诸省道匪船较多，就中亦广安党逸为梗，海疆延亘，皆有民居，防则难周，委之不可。近日神蛟铜船巡船等艘同辰失事，朕每索怀。目今京船多缺，只三数艘无益于事，应由各省以兵船自守，随匪数出洋截捕，按陆防守。或饬诸省拣商渔船暗伏弁兵炮仗作商样，三四成围，诱彼入汛，惟在人善办则可。或再雇清船彭廷秀剿捕。"部臣奏言："南哨铜船二艘，平洋未出海，而瑞鹭一艘顾此失彼。北哨船巨海海运四艘尚留汛俟顺，海面广漠，侥幸行险，想非万全。近来兵船失事，皆被匪掷火礶、火桶所致，实在炮手不得力、炮器不及远也。兹请由各省随载哨船力，增置轰山大炮三四辆，择强壮曾谙演射海程者充派，往来海门演习实放，一以使炮兵谙知炮力，一以使兵船谙知炮响。巡缉汛口如或匪故久站洋势难获，已乃咨转运使臣取铜船及巡船结帮护送至顺安汛，仍旧南哨。至如北哨未有铜船，拟应且俟。"许之。

——《大南实录正编第四纪·翼宗英皇帝实录》卷三十一，三十一至三十二；[280] 6354－[281] 6355

嗣德十八年（清同治四年，1865 年）五月……黄二晚党伙搀扰高平、石安，驿路不通。省臣派委督兵阮般、陈齐城，守尉阮酉率兵进剿于芃葑、铺那，匪窜走河潭【总名】。谅山省派弁兵援剿之，匪伙败散，驿路乃通。

——《大南实录正编第四纪·翼宗英皇帝实录》卷三十二，三；[286] 6360

嗣德十八年（清同治四年，1865 年）五月……清船帮射破水匪于尧封【属广安】洋外，获板船二艘，水匪闯入于江上诸屯堡，官兵迎击，斩获四十一馘，又战于塗山、扶隆，克之，赏船帮银一千两。

——《大南实录正编第四纪·翼宗英皇帝实录》卷三十二，四；[287] 6361

嗣德十八年（清同治四年，1865 年）五月……属客彭廷秀复捐银一千两，以助军需。户部议加旌赏。帝曰："廷秀方雇剿干办，早清海匪，以通海运，其功足录。"命还之以资雇办。

——《大南实录正编第四纪·翼宗英皇帝实录》卷三十二，六；[288] 6362

嗣德十八年（清同治四年，1865 年）五月……清国巡弁黄廷光射退海匪于平定金蓬汛外，赏银钱。

——《大南实录正编第四纪·翼宗英皇帝实录》卷三十二，七；[288] 6362

嗣德十八年（清同治四年，1865 年）五月……清船帮按泊海汛，要请通商买米。兵部臣奏言，雇募船帮已明程限，乃派员如何致他得以翻改，牵延转多糜费，请由次臣阮知方转饬，派员随机问答而妥办之，并严责保领人等向该船劝诱，使速出力剿办。

——《大南实录正编第四纪·翼宗英皇帝实录》卷三十二，七；[288] 6362

嗣德十八年（清同治四年，1865 年）闰五月……刑部右侍郎阮威、办理吏部尊室亶奏言："海阳各汛商船凑集而禁止清船，其害有三：内米暗泄而港税虚亏，一也；农夫失利而耕稼卤莽，二也；商业之民无所资仰，穷而为奸，三也。招徕清商其利有三：听相贸易，量收货税，一也；农力耕田而荒莽日辟，二也；业商有资，不至为奸，而从前失脚虏中，今有归路或散为柁工，或退作商民，不抚而降，不剿而定，三也。尤可虑者，此辖汛分为四方帆樯凑集之最，若不早加经理，万一富人寻践塗山旧约独占其利。”疏上，下廷议。潘清简等以为：“法外不免遗奸，但禁则奸有所畏，不犹愈于不禁乎？目今年谷屡歉，海匪未平，民食军需正属吃紧，若听其通商，米将外洩，吾民何资？况水匪方穷饿，商船因以厚利暗卖于他，不几于赍盗粮乎？”帝然之，令海安省、次臣知办。

——《大南实录正编第四纪·翼宗英皇帝实录》卷三十二，九至十；［289］6363－［290］2364

嗣德十八年（清同治四年，1865 年）闰五月……命派平洋船与巡船五艘都护北载船，瑞鹭船与巡船三艘都护南载船。

——《大南实录正编第四纪·翼宗英皇帝实录》卷三十二，十二；［291］6365

嗣德十八年（清同治四年，1865 年）六月……海匪遮逐商、渔船于云山洋【属清化】，副领兵阮詹派权协管枚文接督兵船围剿之，获匪船二艘、匪伙三十、斩匪馘十一。赏阮詹、文接一秩，省臣、兵弁赏赐有差。赐清国巡弁黄廷光豚酒钱米【清国难弁廷光原住平定修理巡船，数助剿海匪，故令省臣备办劳之】。副卫尉潘廷绥率勇截击水匪于登春、罗浮二社【属广安】连捷，复分兵截诸陆路要处。

——《大南实录正编第四纪·翼宗英皇帝实录》卷三十二，二十至二十一；［295］6369

嗣德十八年（清同治四年，1865 年）六月……帝以海安水匪【伪凤、伪约等】三四周星池中弄甲，近闻穷蹙株守海宁，外则清船、民船堵截向攻，内则官兵团勇、土勇由陆趁剿，计宜决机，令他腹背受敌，一鼓成擒。因谕阮知方、范芝香严将令、提胜算，督水道阮文伟等、陆道枚善等迅剿之。

——《大南实录正编第四纪·翼宗英皇帝实录》卷三十二，二十二；［296］6370

嗣德十八年（清同治四年，1865 年）六月……水匪船百余艘泊矺寒江【海宁贼外】。辰清船帮绕围海外，潘廷妥分驻海宁陆路，那匪势穷，相谋整船一战，败则南驶清乂洋。阮知方得报，乃飞咨清乂严守海分，调赞理邓陈颛、督兵翁益兼带兵【三百】、船【二十八】、军需并银【三十两】、钱【二万二千】往驻海宁督剿。又增调副领兵潘彬率兵【二百】

取路先安，往海宁合剿，仍留赞襄范肫驻守广安城，知方与范芝香即次轮往先安军调度。

——《大南实录正编第四纪·翼宗英皇帝实录》卷三十二，二十三；［296］6370

嗣德十八年（清同治四年，1865 年）七月……复雇清船巡洋护送北圻载船，命安静署督黄佐炎饬属客彭廷秀主其事【原约船五艘，每月雇银二千一百两，今雇半月，一千五十两】。

——《大南实录正编第四纪·翼宗英皇帝实录》卷三十二，三十一；［300］6374

嗣德十八年（清同治四年，1865 年）七月……海宁军次赞理邓陈颙使督兵翁益兼、副卫尉潘廷妥率兵勇夜伏罗浮，约清钦州李燕纹夹攻。翌日复海宁城，益兼乘胜追至砤寒山，大败之，匪船退玉山澳【约七八十艘】，朱旗报捷。帝大悦，赏陈颙参知、益兼侍读充赞襄、廷妥卫尉，各加赏纪功金磬。

——《大南实录正编第四纪·翼宗英皇帝实录》卷三十二，三十一；［300］6374

嗣德十八年（清同治四年，1865 年）七月……清地股匪袭桄榔【属谅山】暂仓，副领兵范文香遁，协管陈美鸣角召兵为匪所伤，取路别驻，各道兵皆走，匪掳掠而去【被掳知县一，吏目一，隶目该总一，㹜协管一，弁兵二，掠仓钱六千七百五十缗，米一百四十二方】。省臣以闻，文香斩监候，美革效，武仲平降一级留，命谅、平二省臣增筑栅垒、斥堠，加兵严防，以通运路。

——《大南实录正编第四纪·翼宗英皇帝实录》卷三十二，三十二；［301］6375

嗣德十八年（清同治四年，1865 年）八月……准定自今明乡人全年税有物力者每名银二两，无物力者半，与清人税例照收实色。靖蛮剿抚使阮缙复分道剿廊依蛮栅，破之，斩获蛮丁二十五馘，收回汉民二十四名，牛畜三头，居民自此少息。

——《大南实录正编第四纪·翼宗英皇帝实录》卷三十二，三十五；［302］6376

嗣德十八年（清同治四年，1865 年）八月……命南、义二省捡整平洋、瑞鹭二铜船各带巡船三艘停当值汛，通饬以南防备关汛俟报匪船各即出洋合剿，又移书富帅探拿。命水师掌卫阮讨办理工部，黄峻绩管海运巡船十二艘并清船五艘，合剿海匪【赏二员银各三两，弁兵半月俸饷钱，清船钱一百，牛猪酒米各项】。复派清化【三】、乂安【十】、南定【八】各项船二十一艘巡洋，以静海程。

——《大南实录正编第四纪·翼宗英皇帝实录》卷三十二，三十五至三十六；[302] 6376－[303] 6377

嗣德十八年（清同治四年，1865年）八月……海安次兵败水匪于河来嘉论江【匪船沉溃，伪主凤、伪渠约等窜清乂洋，伪合、伪瑟、伪莹等潜隐诸岛。阮知方撤诸水道兵回广安抚截，沿江屯垒。派赞襄范朓、督兵范文忠同阮文伟分坐清船二十艘追蹑之】。事闻，令先赏总统、参赞以至督兵龙纹金银钱有差。又谕曰："水匪株守海宁澳内，陆有各道兵，水有官船、清船，则彼釜底游魂，何难为力？乃听彼得以漏网，摘党逃生，未能大创一番以告蒇事，引日养寇，转增费劳，负朕多矣！尔等当紧督清船帮悉力剿捕，或增募土著人船或清船、渔船谙熟岛屿路径，勇敢干实者使随处逼攻，或拣死士冒险出奇，使彼无险可恃，擒斩到案。勿谓海山遥险，听其出没、余烬复燃，以至功亏一篑。"既而，知方所派尧封知县阮有顺管率兵船打探嘉论江分，忽遇伪后军都统潘文姜船，又攻获之，及其伪统领名莹党伙五十九丁、炮四十二辆、枪三十九杆、船七艘并军器药弹等项。知方即令将匪莹诛之，其匪姜系最黠犯，乃将槛送京师。帝谕令先赏有顺纪功紫金磬一面，余俟功状册上议赏。再饬知方早清遗烬，并筹拟善后事宜。

——《大南实录正编第四纪·翼宗英皇帝实录》卷三十二，三十七至三十八；[303] 6377－[304] 6378

嗣德十八年（清同治四年，1865年）八月……经略使臣武仲平疏言："谅平辖股匪残扰重，以今年荒歉凋残更甚，仓储匮乏，兵饷俱绌，皆取给于北省。才十月间，语其运饷，则给券钱至十二万八千余，银两称是；语其调兵，则谅省一千七百人，高平五百人，染病过半；解运，则道路疲劳，北宁之民为之困弊；派兵，则水土不服，亦不会干得一事。此皆事势大不得已，况又沿夹清界，官法不行，兵至则匪退，不便越境穷追，客来之兵又不便久驻，撤去又来，派兵未能了事，不若派土著人得力而省便。业已团练、乡兵、土勇以口饷代赈，使之防截，以俟清兵进剿。固知辰绌势难，惟竭其力而已。”帝慰之曰：“边情如此，何不著意施行，早舒财力？不然中州兵民愈久愈疲，非独边省受害已也，而调剂亦难著手矣。鞠躬尽瘁，臣分当然，朕已谅之，节次提醒，正欲全其器识，若诿畏难弄巧不以实力承当，宜严参重治，择堪耐奋勉者代之，使经略之权必行，呼应必灵，可以坐一处而镇千里。”

——《大南实录正编第四纪·翼宗英皇帝实录》卷三十二，三十八至四十；[304] 6378－[305] 6379

嗣德十八年（清同治四年，1865 年）八月……清地股匪扰高平诸府县【重庆、广渊】，领兵裴副将兵进剿，匪乃引兵攻陷省城。布政阮敏、按察杨嘉训退驻嵩高社，招集余卒。谅平抚臣郑履亨闻报，乃派兵勇四百驻芃葑截之。以其事闻，帝严谕武仲平、郑履亨速派大兵往高平与裴副道兵兜剿，或亲往芃葑调度。阮敏、杨嘉训先革效，若不堪，换举干人，无贻边患。

——《大南实录正编第四纪·翼宗英皇帝实录》卷三十二，四十二；[306] 6380

嗣德十八年（清同治四年，1865 年）九月……署谅平巡抚郑履亨奏言匪情，并请厚集兵饷为持久计【言清国升平团黄兆荣与匪通，又匪闻大兵至，欲入七溪铺扼绝粮道，以高平为巢。又据省仓，以主待客，纠党分割田禾，为固守之计。请派劲兵五百守芃葑铺，声言往谅以绝他疑。及处置该团，俟武仲平抵会。并加价买米，咨仲平量交银钱支饷】。帝曰：“前者，诸省多事，谅平势孤援绝，而范芝香能力捍大伙，迄保无虞。今事势已舒，匪党亦少，乃动辄告艰，皆由尔等不肯加心故也。武仲平督同郑履亨速出力收复高平，驱除匪徒。凡剿抚转运事宜，听其便宜妥办，随事奏闻。如何人不堪，即严议处。海安军次如已稍简，即派紧往，否则调河内及多募充派，不可重劳京兵、清乂兵远涉。”

——《大南实录正编第四纪·翼宗英皇帝实录》卷三十三，一至二；[307] 6381

嗣德十八年（清同治四年，1865 年）九月……清帮船截攻水匪于海宁洋外，获伪右军才琴。赞襄范肫督清帮船勦水匪于草屿【广平】洋外，获其渠梁文勇【伪后军度之子】。既而，伪盟主凤、中军约、左军德师父阮文年船漂入广治，越安海门陆逌，伪领兵名和船漂入让汛，伪提督阮文监船漂入顺安海岸，皆获之，槛送京师【获匪伙一百七十四名氏，大将军炮六辆及印篆、金银、锦彩、衣服各项，又收回原尧封县知县阮登椿并随行二名】。

——《大南实录正编第四纪·翼宗英皇帝实录》卷三十三，五至六；[309] 6383

嗣德十八年（清同治四年，1865 年）……冬十月，武仲平至谅城，檄报高省绅弁豪目纠勇随地按住，率大兵屯芁葑，派委吴文度、阮高嵣进驻高雅、高福，会高省兵订日攻城。上疏言："高辖接清界，匪掠无常，其沿边之凭祥、龙州、下冻处处有之。清国勦兵迟回不进，残敝已甚，未可言战，防守亦难，乍撤乍来，终无了局。若摘派客兵，则路远瘴深，一二月间疲病逃亡十存一二，饷绌虚縻，善后终无全策。想应勦后权宜招抚，归附者分插安业，以御他寇。并将向前情弊咨达清广西巡抚，及早处置，以宁边圉。"帝谕之曰："攻城之策，亦多善用土著，或为内应、或杂樵采、或开生路，多方以务之，收复后尽歼灭，俾永慑为上。胁从罔治，刺痕逐之，有一二辈穷途乞降，又有清团眷识保结，方可交领。固知清国之匪未净，边患终无了期，但彼皆清国罪人，不可形招纳之名，况犷悍难驯，久而习熟，则分插之议决不便矣。后彼或问不得不交人，穷则变又烦注措，即如三堂之辈及目前谅山之事可知矣！不如整饬城池，团结勇丁，设险以守为愈，尔其思之。"乃命范芝香驰往高平，以参赞原衔统兵勦办，并赐仲平参桂，令"协同商筹胜算，立行荡定，以固我圉、惠方民。毋如前次养寇，贻近来八九年之劳"。

——《大南实录正编第四纪·翼宗英皇帝实录》卷三十三，八至九；[310] 6384 – [311] 6385

嗣德十八年（清同治四年，1865 年）十月……命清、乂二省再雇属客彭廷秀船三数艘，合与省兵船，勦捕海匪。

——《大南实录正编第四纪·翼宗英皇帝实录》卷三十三，九；[311] 6385

嗣德十八年（清同治四年，1865 年）十一月……武仲平军溃于谅山芁葑铺。辰，仲平军屯芁葑昇平团【属清地】，黄兆荣潜引土匪袭其不意，军遂溃。仲平乃退守桄榔铺，坐革留。谅平署抚郑履亨以匪情狡黠，奏请调河内武生卫兵五百名、北宁当班兵三百名备派，许之。仍令仲平与范芝香速行收集兵勇，会吴文度道兵协力夹攻，早复其屯，以为立脚之地。又调阮久礼充谅平军次提督，管南定武生兵五百名，合诸道兵剿之。再催北宁下班兵以次接应。

——《大南实录正编第四纪·翼宗英皇帝实录》卷三十三，二十四至二十五；[318] 6392－[319] 6393

嗣德十八年（清同治四年，1865 年）十一月……赏从八品彭廷秀管奇衔，从清、乂差派，以雇船护载剿匪得力也。

——《大南实录正编第四纪·翼宗英皇帝实录》卷三十三，二十六；[319] 6393

嗣德十八年（清同治四年，1865 年）十二月……清地股匪曾满、梁在蔓扰太原，领兵阮玱、督兵阮文思分道进攻，遇匪于义利【矿名】，副管奇武寿【武早之子】战死，玱兵退，匪夹攻之，玱因败走，匪遂围逼银山、福山【矿名】。省臣以闻，赠寿管奇，倍恤，玱革效，思与副提督阮有伸并省臣均坐降。调北宁兵五百迅往太原，宁平武生卫兵往驰北宁。

——《大南实录正编第四纪·翼宗英皇帝实录》卷三十三，三十二；[322] 6396

嗣德十八年（清同治四年，1865 年）十二月……廷臣奏言："递年南定照依市价买米【二三十万方。何年歉收，奏减原额；倘大稔，增买四五十万方】，登贮发兑。惟清渔、商船均泊广安汛外，暗买米粒，其弊已久。请嗣凡外关清商投来安海、尧封二汛，由省臣晓示，悉往茶里汛外停泊。如乞买米，每千斤收税银三两，听其装载下船，以来年施行为始。"从之【安海、尧封属广安，茶里属南定】。

——《大南实录正编第四纪·翼宗英皇帝实录》卷三十三，三十二至三十三；[322] 6396－[323] 6397

嗣德十八年（清同治四年，1865 年）十二月……谅平署抚郑履亨与领兵邓文亥率兵一千五百余，攻匪于同仆铺，克之【擒斩一百余】。又进剿坤桄匪屯【擒斩六十七】，匪党各退出境。

——《大南实录正编第四纪·翼宗英皇帝实录》卷三十三，三十七；[325] 6399

嗣德十九年（清同治五年，1866 年）正月……海安督臣潘三省奏言："清商、渔船与助剿船停泊禁江，请开港通商，却之，又屡吁请。"帝曰："有军次大臣在，而他犹敢如此，班师后更如何？此皆阮知方未了之责。责据次、省臣妥办早清，要无后弊。"

——《大南实录正编第四纪·翼宗英皇帝实录》卷三十四，四；[327] 6401

嗣德十九年（清同治五年，1866 年）正月……匪徒五百余搀扰温州【属谅山】，与土匪百户详串通，谋入谅桄暂仓滋事。仓兵五百，逃、病，仅存百五十人。北省臣请摘募兵三百给饷往截，许之。

——《大南实录正编第四纪·翼宗英皇帝实录》卷三十四，四；[327] 6401

嗣德十九年（清同治五年，1866 年）正月……清船二艘载米来广义兑卖，令免港税。又通饬诸省知办，俾乐于来商，以舒民食。

——《大南实录正编第四纪·翼宗英皇帝实录》卷三十四，四；[327] 6401

嗣德十九年（清同治五年，1866 年）正月……兴化抚臣阮辉玘奏言："猫蛮边远愚氓，无他伎俩，前因饥馑掠食，后以抗官畏罪，致未首服。经探之非系大伙，今若剿之，则兵来彼去、兵去彼来【寮舍零落，无屯聚的处】。多方诱之，彼必回头向化。倘有一二冥顽，则抚用已服之党，令拿解邀赏或指引围捕，亦可以息群疑而去恶荄矣。"又曰："向前惟土、民往来州、县、省莅，猫蛮无知，须就近处招抚，方使易从。按察阮怡与副领兵阮光宣业将兵勇随便招诱，想亦早清。"帝曰："尔等宜悉心妥办早清一律宁帖，以称所委。"

——《大南实录正编第四纪·翼宗英皇帝实录》卷三十四，五；[328] 6402

嗣德十九年（清同治五年，1866 年）三月……清地股匪据高福、高雅二站【均属高平】，运饷不通，次臣请增兵。乃假阮勇提督衔并帮办阮文伟迅往商剿，复调南定、兴安各一奇会剿于洛阳屯，仍谕严责诸道大员督剿。

——《大南实录正编第四纪·翼宗英皇帝实录》卷三十四，十四；[332] 6406

嗣德十九年（清同治五年，1866 年）夏四月……兴化猫蛮率服。先是，猫蛮蠢动于水尾、文盘、镇安等县州，领兵陈德壮与之攻失利。抚臣阮辉玘、委领按察阮怡、领副领兵武光宣带将弁兵往攻，招诱该蛮头目二十丁就军前首服。事闻，帝以彼蛮胜之非难而安之为难，官兵虽无攻剿事状而招抚得力，有此不战屈人，各优加赏之【阮辉玘赏加一级，阮怡升授侍讲学士仍领按察，武光宣实授管奇仍领副领兵及员弁兵吏各赏钱有差】，再加赏主举阮伯仪【山兴宣总督，举阮辉玘】、尊室菊【后军都统，举武光宣】纪录二次。

——《大南实录正编第四纪·翼宗英皇帝实录》卷三十四，二十；［335］6409

嗣德十九年（清同治五年，1866 年）六月……海安建延军次烧破苏四巢穴，擒获党伙数多。四乃逸入内地，官兵募生致者赏银五百两。又咨清钦州知州，饬各岗防拿，仍以其状闻。帝念军次许久艰劳，令赏钱二千缗，宴劳一次，取次凯旋。又赐祭节次阵亡将士于城外，其次臣随功状议赏，弁兵随年限久近给俸饷钱有差，手勇各酌免徭税。

——《大南实录正编第四纪·翼宗英皇帝实录》卷三十四，三十一；［341］6415

嗣德十九年（清同治五年，1866 年）六月……移广安先安州莅于屯度社，砌筑土墙置炮【原莅贼破】。

——《大南实录正编第四纪·翼宗英皇帝实录》卷三十四，三十六；［343］6417

嗣德十九年（清同治五年，1866 年）七月……初征永隆、安河三省酒税【有清商者乞领征仝年钱二千五百缗，因准酌定税司条约四十分取一，如鸦片司税。此亦以地近富人管辖，事体较别，故权辰征之】。

——《大南实录正编第四纪·翼宗英皇帝实录》卷三十五，一；［345］6419

嗣德十九年（清同治五年，1866 年）七月……平定、富安、庆和蝗【形似螳螂，黄青二类】，帝曰："年来北圻各省飞蝗自清国飞来，今年富辖又自蛮来，则蝗灾似非我国所有，速捕灭之。"

——《大南实录正编第四纪·翼宗英皇帝实录》卷三十五，二至三；［345］6419－［346］6420

嗣德十九年（清同治五年，1866 年）七月……谅平抚臣郑履亨请募清勇剿先安【属广安】逸匪【匪扰禄平州】，命增派省兵迅即剿清。又命广安严加堵截，毋使窜逸。

——《大南实录正编第四纪·翼宗英皇帝实录》卷三十五，三；［346］6420

嗣德十九年（清同治五年，1866 年）七月……北圻诸省请设置府县城池，募勇增隶，酌给炮械防备。

——《大南实录正编第四纪·翼宗英皇帝实录》卷三十五，三；［346］6420

嗣德十九年（清同治五年，1866 年）七月……准定商船行商外国禁例【节次例定，凡清船来商，如有盗载米盐、金银、铜锡、琦、沉香、犀角、象牙、生丝、布帛、铜钱诸禁物者，货、船入官。又如有夹带鸦片发卖者，听于舱口簿开明，照例征徵四十之一。兹准定本国民船，何系领凭行商外国，其于出入港口应禁诸货物与鸦片，应征税例亦依清商例办理，若敢奸隐，觉出并没船、货，籍其家产一半入官，一半赏告者，船主照律重治】。

——《大南实录正编第四纪·翼宗英皇帝实录》卷三十五，五；［347］6421

嗣德十九年（清同治五年，1866 年）十月……设禁江柔远关【海阳】。先是，助剿清船帮等由三法司控，乞于禁江开港立市铺通商买米，乞免征五年【阮文伟、潘廷妥往雇辰与他约，贼平后如此】。经廷议，以该江米禁具有严条，不准。至是，复由海安控称茶里水气甚毒，不便久停。禁江来往近便，乞留通市，税例、条禁请一切遵奉。该二省臣奏乞俯从所请，以慰其心。帝以该船助剿颇有微劳，且详于禁而不免法外之奸，不若设关征之，而公私两利。乃准依所请，以安边、良规、湛泊等社一条江为清商船泊所，置关名、定税额，并设屯派兵，由省遴干员坐管照办。凡清船来商，除助剿船【六十九艘】原得免征次数【或三、二、一不等】各照数准；除此外，何船来商与原得免船次数已满者，各照新例征税【广州府、韶州府、南雄州、惠州府、肇庆府、浙江省，玛、西洋麻六甲等国商船，横自十三尺至十一尺，依原例每尺九十缗；十尺至九尺，酌定每尺八十缗（加原例十缗）；八尺至七尺，每尺七十缗（加原例一倍）。潮州府、福建省十三尺至十一尺，依原例每尺七十缗；十尺至九尺，每尺六十四缗（加原例十四缗）；八尺至七尺，每尺六十缗（加原例一倍）。琼州府、雷州府、廉州府、高州府，阇閍国十三尺至十尺，每尺六十缗（加原例五缗）；九尺至七尺，每尺五十六缗（加原例三十六缗）。各项船又加出港货税，照入港例收十成之三】。

——《大南实录正编第四纪·翼宗英皇帝实录》卷三十五，三十七至三十九；［363］6437－［364］6438

嗣德十九年（清同治五年，1866 年）十月……谅平署抚郑履亨奏言："匪目陈七等尚啸聚于清龙州，请量减戍兵【不服水土】，留土勇防守芁葑铺，以为洛阳屯犄角。"从之。

——《大南实录正编第四纪·翼宗英皇帝实录》卷三十五，四十二；［365］6439

嗣德十九年（清同治五年，1866 年）十一月……阮知方请设沿边各府县州尉。帝曰："何地冲要，其人谨干，方可请设。非其地其人则止，勿繁设遗患。"

——《大南实录正编第四纪·翼宗英皇帝实录》卷三十五，四十五；［367］6441

嗣德十九年（清同治五年，1866 年）十一月……帮办成化县务阮文祥奏言："镇牢堡稍有岚瘴，而土旷民淳，与中州无异。又闻西人将派从山后占荒，宜早为之计。且冒瘴辟荒治生多术，惟清人为善。高平首匪如有愿带二三百丁并居近府道客人抵堡诸林分，徐徐垦治，听其开矿立户，以广卫翼，二三年间想亦稍能就效。首匪既离巢分党，其势易防，而沿边间旷各有分守，亦先占开荒之一要著。"许之。

——《大南实录正编第四纪·翼宗英皇帝实录》卷三十五，四十六；［367］6441

嗣德十九年（清同治五年，1866 年）十一月……增置北宁屯田衙三卫【前准武仲平请，置屯田衙于陆岸县辖。至是，复准范芝香请，于洽和、安世、多福、金英、司农五县地头增左右中三卫，充为田卒】。

——《大南实录正编第四纪·翼宗英皇帝实录》卷三十五，四十六；［367］6441

嗣德十九年（清同治五年，1866 年）十一月……清地股匪【五百余】攻破白通州屯，太原领兵黎遵、白通知州朱春弃屯走，各革效。令按察陈文美、领兵阮諂剿之。

——《大南实录正编第四纪·翼宗英皇帝实录》卷三十五，四十八；［368］6442

嗣德十九年（清同治五年，1866 年）十二月……匪目赵奇观等前数月分驻于金喜、斌市等处，希由高平侵扰保乐。省臣派向义团二百与重庆府员率乡勇防之。至是，匪伙三百搀掠上琅、下琅二县，令领兵黎有瑞前往督剿，匪遂窜去。

——《大南实录正编第四纪·翼宗英皇帝实录》卷三十五，六十；［374］6448

嗣德十九年（清同治五年，1866 年）十二月……帝以各省兵船分段护送载船，零星希疏，不相统摄，难期得力，命乂安副领兵阮威管督各省派兵船痛剿海匪，同团长送载船抵京。又咨清省哓饬彭廷秀雇清船二三艘协从官兵合剿，以清海氛。

——《大南实录正编第四纪·翼宗英皇帝实录》卷三十五，六十一；［375］6449

第十七册

嗣德二十年（清同治六年，1867 年）正月……宣光猫匪复扰渭川、永绥二县，布政使邓璞率兵一千往安边【地名】剿抚，以率队裴文绣派运不谨，粮药船三艘尽为匪掠，请行拿斩。许之。

——《大南实录正编第四纪·翼宗英皇帝实录》卷三十六，四；[2] 6452

嗣德二十年（清同治六年，1867 年）正月……命以顺捷气机船并平洋铜船巡船、清乂广平战船及彭廷秀所雇清船合剿海匪。寻以官船足用，停雇船。

——《大南实录正编第四纪·翼宗英皇帝实录》卷三十六，四至五；[2] 6452 - [3] 6453

嗣德二十年（清同治六年，1867 年）二月……复准广安省海宁、先安、横蒲、尧封诸府县团结民勇，防堵海匪【照依十八年例】。

——《大南实录正编第四纪·翼宗英皇帝实录》卷三十六，五；[3] 6453

嗣德二十年（清同治六年，1867 年）二月……太原匪目邓志雄【即邓挽】、谢招曰等乞降，省臣阮有恬请酌给银钱，立条约量分插，俟成基址，登籍受税。许之，仍命领兵陈文美留白通州屯，随宜注措。

——《大南实录正编第四纪·翼宗英皇帝实录》卷三十六，六；[3] 6453

嗣德二十年（清同治六年，1867 年）二月……命探拿伪目阮廷造等。先是，广安拿获逸犯伪中军阮贞与伙犯【名厚，名宣】，鞫之，贞招言自溃散逃入嘉定，与通言陈廷允同往香港，见伪称盟主黎维定【清化省人。贞为伪中军，黄文规为伪后军，阮廷造为伪前军，张廷奎为伪左军，阮廷张为伪右军】。维定谓兹已雇得火船，宜往诱步兵，劝捐举事。乃委贞与名厚、名宣招募道长、清匪往山西、北宁、宣太诱伙，伪前军阮廷造【义安人，通言】装作讲道，便往清义北圻招诱。至是，南义省臣又探得伪造暗诱十二人往香港招募北匪，余党五名现已造船买药弹，订期妆商招党往北圻滋事。帝乃命诸省道系见南圻商船，严加盘捡；又命移书富帅，照约拿交，以绝恶荄；又使人至香港购获伪定赏银五百两，获伪规等赏三百两。

——《大南实录正编第四纪·翼宗英皇帝实录》卷三十六，六至七；[3] 6453－[4] 6454

嗣德二十年（清同治六年，1867 年）二月……兵部奏言：“选锋兵及禁兵近多缺额，又有临辰摘派学习不专，徒增糜饷。请束拣如嗣德三年例【每卫选率队一，兵五十】，免役增饷【每兵四名，月增米一方】，专事操演，三年一换。则在伍分派不至需兵而弁兵取次遴充学习，又得多人临辰差派，可期得力。”从之。

——《大南实录正编第四纪·翼宗英皇帝实录》卷三十六，八；[4] 6454

嗣德二十年（清同治六年，1867 年）二月……增设海阳纯美支关于芳渚社【后以病商罢之】。

——《大南实录正编第四纪·翼宗英皇帝实录》卷三十六，九；[5] 6455

嗣德二十年（清同治六年，1867 年）二月……宣光猫蛮烧破渭川、永绥诸屯堡，省臣邓璞复言：“匪势险远，非剿不除。”兼督臣阮伯仪言：“专于抚诱，亦可无事。”帝览奏曰：“凡事同心则济，不同则不济，乃或主抚、主剿，牵延不了。大员如此，标属将焉从乎？故零星派兵转饷，毫无济事。”令阮伯仪速往督同察办【事见后四月】。

——《大南实录正编第四纪·翼宗英皇帝实录》卷三十六，十三至十四；[7] 6457

嗣德二十年（清同治六年，1867 年）三月……清地股匪陈七邓扰掠龙州下揀，高平降匪吴和卿与谢净川、张觐邦等摘团逃回助之。太平知府将兵剿捕，移书令我按界堵御。谅平抚臣郑履亨派兵防截，高平布政阮文伟奏言："吴和卿即吴鲲，乃清国匪渠，前次归顺，匿名投首，兹刘士英首觉，请议处置之策。"帝令机密院修书交谅平抚臣递清太平府员知之【略言该等投降因而分插，亦以省清国之劳。今始闻出首情状如此，初不之知，致未及报】，又派北宁兵五百、河内兵四百往压，以壮声势。

——《大南实录正编第四纪·翼宗英皇帝实录》卷三十六，十六；[8] 6458

嗣德二十年（清同治六年，1867 年）三月……清地股匪韦再寿为清国官兵逼攻，搀来本拔寨【属广安先安，降匪苏四里应】，协管张日强等出兵勇杀退之。

——《大南实录正编第四纪·翼宗英皇帝实录》卷三十六，十六至十七；[8] 6458 – [9] 6459

嗣德二十年（清同治六年，1867 年）四月……帝以左畿旱灾特甚，命摘载京仓米及南定、北宁、海阳米三万斛备贮，又摘京仓米卖与清商船，饬载往米贵等辖发兑，免税。

——《大南实录正编第四纪·翼宗英皇帝实录》卷三十六，十七；[9] 6459

嗣德二十年（清同治六年，1867 年）四月……给清国风难船钱米【船经平顺辖被风，救活得四百七人，内番子三十六名。寻见火船抵，认难人载回。探之，是吕宋船，买无赖之辈开削荒野】。

——《大南实录正编第四纪·翼宗英皇帝实录》卷三十六，十七；[9] 6459

嗣德二十年（清同治六年，1867 年）四月……弛白锡禁，征其税【每千斤税银十两，寻又加三两】。白锡产出清国云南蒙自州【夹兴化】，前由广西取道运就广东。近因匪路梗，假道由洮江过河内雇外关船载回东。自禁清船不得载出洋后，停积至三四十万斤。平准使邓辉𤓶请姑弛禁征税，以免病商。廷议因请设茶里【属南定】、禁江【属海阳】二港税司，帝从之，再派气机船载河内、太原现贮白锡如东发兑。

——《大南实录正编第四纪·翼宗英皇帝实录》卷三十六，二十一；[11] 6461

嗣德二十年（清同治六年，1867 年）……五月，户部臣奏言："海阳柔远关之设，边情、国课两非等闲。乃东港正月来兹兑米，只助剿船三艘税银三百十两，如此其少，比南定茶里不及十分之一【茶里汛，江板船兑米，凡二十五艘税银五千五百六十三两】。访之北来人，言船帮兑米，月只许八九日，余以奸商论；或只许抬米往兑，而不许车载船运；或饬各府县照辖内应买米数，分送各社就省仓登纳，然后载去交兑；或省属自行收买发卖而不加价，民卖、船买均见迟难，致清商旷日费功兑得无几，衔恨驶去。果如所云，恐徒有开关征税之名而终无惠商增课之实，求乎柔远、人助国用两皆失之。请派科道一人前往廉访，果有向上拘常病民等款，即简京堂干员往地头，遵照议定审妥经理，务令法可继而可久、人易知而易从，不但米商云集、税课日赢，想亦可慰远人之情、化强悍为恭顺，边情可得而海防亦固矣。”帝令海阳省臣回覆。嗣，省臣覆言：“由清商船小货粗，不肯出途恐受重税，致此减额。乞于新定税额量减，俾之乐商。”帝曰：“原欲重其税使不来，岂应利其税而开之？”再交机密院阅覆。院臣言：“狡商趋利求免重征，不入禁江则入茶里，此绌则彼赢，想亦不至亏课。再究之前次阮德厚救回难民，内十四人均称往禁江行市节为清商船诱买，则此关之设利未必而害已见。当初拟重其征，微意盖有在也，岂应遽行量减？请由省臣照依前议，仍严饬诸屯守盘察，如有诱买人口拿获重治，并每诱买人责收银十两充赏告者。”

——《大南实录正编第四纪·翼宗英皇帝实录》卷三十六，二十五至二十六；[13] 6463

嗣德二十年（清同治六年，1867 年）五月……命兴、宣二省四县、州立土勇奇【兴化文振原拣兵六十名抽回民籍，摘取土勇五百。宣光咸安、枚州、霑化三县州原兵八十三抽回，摘取土勇一千，遴设管率，有事征给饷免民税，无事归农，每年二月阅一次】。

——《大南实录正编第四纪·翼宗英皇帝实录》卷三十六，二十八；[14] 6464

嗣德二十年（清同治六年，1867 年）六月……清国太平府咨言，遣黄文乾率练勇来会剿匪于高平贪班铺。省臣以闻，且言日下如有接咨，催刘士英请听其前往候派。帝曰：“得人往来道达，凡事省费必甚便。该匪未能早清，我巡防不应稍弛。”谅山匪目陈正客率党请降，范芝香以闻。帝曰：“待有清客来索，即拿交；或该等有露出反覆形迹，从而拿杀，报与清官；或因两边攻逼，乘势尽逐之出境可也。”

——《大南实录正编第四纪·翼宗英皇帝实录》卷三十六，三十；[15] 6465

嗣德二十年（清同治六年，1867 年）六月……清地股匪扰掠保禄、陆岸等县，屯田副使阮廷润与陆岸知县阮素立夹勦不利【素立失落，率队申文丁死】，命提督阮有伸将兵往勦，匪伙潜窜，寻又搀掠谅山禄平、安博等辖，省臣派拨兵勇截之，匪党退散，赏赐有差【保禄、陆岸二县属北宁】。

——《大南实录正编第四纪·翼宗英皇帝实录》卷三十六，三十四；[17] 6467

嗣德二十年（清同治六年，1867 年）七月……宁太督臣范芝香与谅山省臣以清国龙栋匪势鸱张，请益兵严防。帝曰："边境不如中州，尔等悉心抚用土著人自防务固，以省劳费，毋以边报不常乍放乍征，更为不便且亦难应。"

——《大南实录正编第四纪·翼宗英皇帝实录》卷三十七，四；[21] 6471

嗣德二十年（清同治六年，1867 年）七月……北宁省臣奏言：清地逸犯韦再寿等各支谋串通惹事，请益兵。令调清乂兵五百迅往，仍谕之曰："先事预防，严饬府县总里多率民勇手下按防，能擒斩渠目厚赏之，窝隐及伙从者杀斯无赦。"寻以兵部侍郎翁益兼充钦派北宁勦抚使，赐衣服帑银【二十两】遣行，仍令北省帮办范慎遹会同阮有伸先行相机防勦或招诱之，又增设北宁副领兵官一员。

——《大南实录正编第四纪·翼宗英皇帝实录》卷三十七，五；[21] 6471

嗣德二十年（清同治六年，1867 年）七月……清国思陵知州韦明武移书言逆匪韦再寿据占太平府，复聚众围逼州治，乞我援兵。乃令复书并作书先咨龙栋军次大员仍饬降匪苏四等整备团勇，俟报进往援勦【数月后不见报，明武走，坤招其母与眷属六人栖寓我高平】。

——《大南实录正编第四纪·翼宗英皇帝实录》卷三十七，六至七；[22] 6472

嗣德二十年（清同治六年，1867 年）八月……北太逸匪蔓扰山西安朗县辖，防住协管裴瓒及管奇裴参将手下住兵会剿。

——《大南实录正编第四纪·翼宗英皇帝实录》卷三十七，二十九；[33] 6483

嗣德二十年（清同治六年，1867 年）九月……广安省臣派解匪犯吴亚二、陈亚二于清钦州。辰清官兵追剿海匪至尧封县界，匪逸登岸为辖民所获，命解交究处。

——《大南实录正编第四纪·翼宗英皇帝实录》卷三十七，三十一；[34] 6484

嗣德二十年（清同治六年，1867 年）十月……命诸省道屯堡修完已置炮辆者各饬实放，每辆二发，以验炮度熟炮艺。

——《大南实录正编第四纪·翼宗英皇帝实录》卷三十七，三十六；[37] 6487

嗣德二十年（清同治六年，1867 年）十月……清地股匪【三四百】越境扰广安安滩社，捕弁张廷欢【权管】、陈广道【权率队】等督率手勇一百五十余擒斩匪目、匪伙四十余丁、馘，赏廷欢、广道正八品衔，余赏纪录、银钱有差。

——《大南实录正编第四纪·翼宗英皇帝实录》卷三十七，三十六；[37] 6487

嗣德二十年（清同治六年，1867 年）……十一月，户部臣奏言："货不通方则国贫，利泄一孔而国病，故齐独以盐政致富强，汉唐至明清盐禁甚严、济用甚钜。我国滨海致人贱盐，行之山城岛国与贵货无异。向来既无管榷之司，又无出货之税，散有用而受偏亏，莫此为甚！况米盐利权操之所以足民而益国，古来财政之常经，宜不以财绌、财裕而有所去取，亦不应以有事海防而屡听私商之外泄也。其通国盐税请仍旧征收，惟船艘买卖请照米课出洋例，先行派人于出盐数多之平定、平顺诸汛另征出港货税以助经费。既无就田管榷，则不至于病民；转贩而多，可取赢于商亦不为病。较一岁所入，然后定为中价，许人领征，想为兼便【向来平定、平顺港口多有清商买盐，载兑南圻以至下州山岛，未有征出港税如兴化保胜铺有载盐出关税者】。"帝曰："无论诸外国，一切利权尽归于国，而以商为甚。故立致富强可以横行诸国，而中国亦然。则其所行，要如何同年出入加减，皆知一于是理。会本国从来每以王道治民，行一事、设一法则恐病民，亦以为耻，胡用日绌而民不见富？皆由人为之弊耳！无实心为国，非经远之策，岂待随辰而然邪？朕常恨之！惟民情吏弊未甚详，不敢率行。诸大臣即阅覆，此外尚有何款应行可济国用者，亦各悉意商陈。《易》曰‘何以聚民曰财’，岂急近功哉?”嗣诸大臣阮知方等覆阅亦言其便，仍准设平定、平顺榷盐司。

——《大南实录正编第四纪·翼宗英皇帝实录》卷三十七，四十一至四十三；[39] 6489 – [40] 6490

嗣德二十年（清同治六年，1867 年）十二月……分插知止【苏四】、向善【黄仝实】二团丁于谅辖闲旷处，给牛耕田器及公本钱，使有资仰。

——《大南实录正编第四纪·翼宗英皇帝实录》卷三十七，四十九；[43] 6493

嗣德二十年（清同治六年，1867 年）十二月……清地股匪二百余人啸聚于平辽寨【属先安州】，捕弁黄廷瑾、张欢等分率手勇乘风烧寨，大获胜仗。广安抚臣黎有常以闻，赏钱有差。

——《大南实录正编第四纪·翼宗英皇帝实录》卷三十七，四十九；[43] 6493

嗣德二十年（清同治六年，1867 年）十二月……匪党多窜逸高平省辖，命领兵官邓文亥【原谅山领兵留住河内】带领兵、象迅往剿办。

——《大南实录正编第四纪·翼宗英皇帝实录》卷三十七，四十九；[43] 6493

嗣德二十一年（清同治七年，1868 年）正月……谅平巡抚邓算请征兵会剿边匪，兵部以为：“太省防剿已舒，而谅省剿截又紧，请由北督兼知谅平范芝香量派太次弁兵转往谅省截剿，仍咨广西提督夹攻，庶得一举清夷。”从之，命赏管率至兵丁各一月俸饷钱。

——《大南实录正编第四纪·翼宗英皇帝实录》卷三十八，四；[46] 6496

嗣德二十一年（清同治七年，1868 年）正月……命兴化按察使阮怡、领兵官杜登象带将兵勇往镇安、文盘、水尾等州，剿诱逸匪抚集土民。

——《大南实录正编第四纪·翼宗英皇帝实录》卷三十八，四；[46] 6496

嗣德二十一年（清同治七年，1868 年）正月……清地股匪盘文二、梁文利等挂白旗号扰掠陆安州【属宣光】，省臣潘文述请责令权管阮文潘督新降头目刘永福等剿之【前经出首，束为宣光团勇头目】。帝令兼督臣阮伯仪熟筹剿抚，处置要求无碍。

——《大南实录正编第四纪·翼宗英皇帝实录》卷三十八，五；［46］6496

嗣德二十一年（清同治七年，1868 年）正月……谅山领兵官黎文也、摄办长定府武维桢等乘匪夜行，督饬兵民合剿，胜之。省臣邓算以闻，各赏加一级，又普赏在行兵勇钱文。

——《大南实录正编第四纪·翼宗英皇帝实录》卷三十八，七；［47］6497

嗣德二十一年（清同治七年，1868 年）正月……清国官兵逼剿归顺龙冻诸股匪，匪途穷蔓逸高辖抄掠。省臣阮文伟请增摘兵、象备派，乃准调河宁兵一千，再摘北宁银一千两给交备用。

——《大南实录正编第四纪·翼宗英皇帝实录》卷三十八，八；［48］6498

嗣德二十一年（清同治七年，1868 年）二月……给高平首插张觐邦等钱六千缗，因谕兵部臣曰："今者清国土匪未平，则我边境难防，故为此权宜以宁民耳。但择我土著人豪强达理众服者，拔而抚之，使气势足以制之，方为远计，不至养虎贻患。"乃令密录诸省有降匪者，加心遵办。

——《大南实录正编第四纪·翼宗英皇帝实录》卷三十八，十一；［49］6499

嗣德二十一年（清同治七年，1868 年）二月……宣光团勇头目刘永福乞开矿，白旗匪梁文利、赵仙童、赵有典愿首。次臣以闻，兵部覆言："盘文二等尚在漏网，则陆安州未尽清夷，请由阮伯仪熟筹剿抚。"许之。

——《大南实录正编第四纪·翼宗英皇帝实录》卷三十八，十一至十二；［49］6499－［50］6500

嗣德二十一年（清同治七年，1868 年）二月……降匪吴鲲袭高平，领布政使阮文伟为所执【降匪谢净川、刘士英暗引吴鲲等带团丁入谒，阮文伟以为该系向义，听其出入，匪等乃乘虚陆续入城观看。申刻三四十名继入，刺毙率队黎文终，先入城者内藏短枪，登辰射毙多人。城内只存兵三百余名，亦无整束器械，城遂陷】。帝闻报，谓兵部臣曰："区处降匪系是权宜，已知后亦生事。高平小小极边，兵粮不足，乍收乍失。命范芝香速往详察，如可邀清国官兵，速会剿收复，因此尽驱降匪无遗；如未可遽收，亦思善策，毋致后艰。"廷臣乃议奏："沿边诸省听许降匪首插，现在高宣太谅皆有之。若遽言剿逐，非惟势有未便，且又一概疑之，示人不广。请由各省臣以辰细察，傥有微萌，先机防杜免碍。阮文伟现为匪掳，请将按察黎吴吉、领兵黎有瑞先行革职，交范芝香严督，前驱杀贼，俟文伟如有脱回，并行究治。"从之【鲲一名忠，又名亚终，名和卿。前在清国归顺处滋扰，因清国官兵逼剿，乃来与诸股匪入伙，经乞首插，至是复叛】。

——《大南实录正编第四纪·翼宗英皇帝实录》卷三十八，十二至十三；[50] 6500

嗣德二十一年（清同治七年，1868 年）二月……辰，兵民多为匪掠卖与外国，通言阮德厚【此次随派如西】寻得九十二人载回香港，英国总督为之雇船交回。广南省臣以闻，赏授德厚九品行人，仍令户部侍郎陈廷肃等递土物往香港答之。

——《大南实录正编第四纪·翼宗英皇帝实录》卷三十八，十三；[50] 6500

嗣德二十一年（清同治七年，1868 年）二月……高平逸匪复起，命范芝香将兵【一千】迅往调度，仍以剿抚使翁益兼商同藩、臬，权掌宁太总督。

——《大南实录正编第四纪·翼宗英皇帝实录》卷三十八，十四；[51] 6501

嗣德二十一年（清同治七年，1868 年）三月……匪目吴鲲率党二千余分支扰掠谅山，领兵官邓文亥率兵攻截失利。帝以谅平防抚属紧，命范芝香充统督谅平军务大臣，兵部左参知充南定钦差裴俊权护宁太总督，剿抚使翁益兼充军次赞理，卫尉权掌羽林右翊潘永充军次提督，原提督阮曰成改充副提督，各赏银有差。仍申谕北圻官吏军民募立手勇备派。

——《大南实录正编第四纪·翼宗英皇帝实录》卷三十八，十五至十六；[51] 6501－[52] 6502

嗣德二十一年（清同治七年，1868年）四月……设广安团勇【安兴县二团，民夫八百二十名；尧封县一团，民夫二百名】。

——《大南实录正编第四纪·翼宗英皇帝实录》卷三十八，二十一；[54] 6504

嗣德二十一年（清同治七年，1868年）四月……匪目吴鲲围洛阳，以河内署抚阮劢充谅平军次参赞，乂安提督丁会充谅平军次提督。帝谓群臣曰："高谅防剿事宜，廷臣别有计策如何？据所见奏。"阮知方对曰："高谅地势孤悬，而后路洛阳屯又阻不通。北宁前经匪变，后因沿边有事，征调多端，财力俱屈，日下调度仿应遴派重臣一员坐镇此地，以壮声势。"帝曰："此意前已虑及，山西有阮伯仪，河内有陶致，北宁有裴俊，均干员，在朝而谙熟北圻惟有武仲平与卿。卿年已衰迈，久劳于外，朕亦不忍再派也。"知方奏曰："臣年虽衰老，如奉准派，不干辞劳。"帝曰："京师根本重地，诸大臣宜各留心整理，务期壮固。余地方各有专责，若每处各派重臣，朝廷安得多人？"仍谕令统督范芝香咨会清国官兵协剿。

——《大南实录正编第四纪·翼宗英皇帝实录》卷三十八，二十一至二十二；[54] 6504 - [55] 6505

嗣德二十一年（清同治七年，1868年）四月……刘永福率团勇从官军剿匪【猫蛮】，三次胜仗，宣光省臣潘文述以闻，赏九品百户。

——《大南实录正编第四纪·翼宗英皇帝实录》卷三十八，二十二；[55] 6505

嗣德二十一年（清同治七年，1868年）四月……清国会剿营弁【兵四千余】进至我谅山邱常处，命范芝香前往迎接，照清国体例犒赏【清国铜钱一文抵我当四铜钱一文，哨长每名给清国铜钱一百文，兵丁三十文，米各一升半。兵勇毙一名给银十两，重伤三两，中伤二两，轻伤一两】。谕曰："能速完一日好一日，减一兵省一费。我兵勇择其精壮者速进同剿。"

——《大南实录正编第四纪·翼宗英皇帝实录》卷三十八，二十三；[55] 6505

嗣德二十一年（清同治七年，1868年）闰四月……赞理翁益谦、提督阮曰成等率兵会清国副将谢继贵剿匪于七溪，大破之，半日间连烧匪屯三十余所，匪党溃散，洛阳围解。捷至，谕加奖赏【益兼、曰成嵌晶光玻璃金帮指，范芝香嵌火齐联珠金帮指各一，军功各一级。谢继贵嵌火齐联珠金帮指一，五福垂缨金钱一】，令迅往收复高平。

——《大南实录正编第四纪·翼宗英皇帝实录》卷三十八，二十五；[56] 6506

嗣德二十一年（清同治七年，1868 年）五月……股匪扰谅山，命谅山省臣咨清广西太平府会剿。

——《大南实录正编第四纪·翼宗英皇帝实录》卷三十八，三十八；[63] 6513

嗣德二十一年（清同治七年，1868 年）五月……高平布政使阮文伟前被匪掳，至是自绣山屯收回【文伟被匪縻在是屯，至是官军抵到，匪弃屯走】。帝乃命与黎吴吉、黎文瑞撤回北宁查办。因谕曰：“法不肃则人但知爱身。弃职贻累多人，宁诛数人以活万人，得失轻重何如?”伟等竟坐革效。

——《大南实录正编第四纪·翼宗英皇帝实录》卷三十八，三十八；[63] 6513

嗣德二十一年（清同治七年，1868 年）五月……刘永福、黄胜利与逸匪黄宾兴相合，图攻兴化保胜堡。命省臣阮辉玘、统辖督臣阮伯仪妥为调度【永福、胜利前经愿率徒伴于宣光陆安州剿除猫匪，既而永福节次胜仗，蒙赏百户；胜利一次获胜，随将徒伴别往兴化】。

——《大南实录正编第四纪·翼宗英皇帝实录》卷三十八，三十九；[63] 6513

嗣德二十一年（清同治七年，1868 年）六月……遣使如清。以署清化布政使黎峻【实授翰林院直学士】充正使，鸿胪寺少卿、办理户部阮思僩【升授鸿胪寺卿】充甲副使，兵部郎中黄并【以甫升改授侍读学士】充乙副使。先是，清国南太两郡军务未平，经展丁巳、辛酉、乙丑三次使部，至是遣使【次年己巳届期】并将前三次贡品同递，临行赐诗勉之【行随等除甫升外，余均准升一秩】。

——《大南实录正编第四纪·翼宗英皇帝实录》卷三十八，四十四；[66] 6516

嗣德二十一年（清同治七年，1868年）六月……统督谅平军务范芝香将兵往高平会剿，以帮办范有烁、副领兵官胡文越驻守洛阳。

——《大南实录正编第四纪·翼宗英皇帝实录》卷三十八，四十六；[67] 6517

嗣德二十一年（清同治七年，1868年）六月……刘永福擅往兴化与降匪何远芳等交攻，命兼辖臣阮伯仪熟筹剿抚。

——《大南实录正编第四纪·翼宗英皇帝实录》卷三十八，四十七；[67] 6517

嗣德二十一年（清同治七年，1868年）六月……吴鲲匪党分支直趁前屯【属高平】，攻扰据之。提督丁会等率将兵勇剿之，匪弃屯走，赏给有差【赏提督、领兵以上纪录二次或一次，此次情愿杀贼兵勇等名依次臣悬赏赏银五十两】。领北宁按察使尊室旛、副管奇潘文延剿吴鲲匪党于诃护社失利死之，追赠尊室旛【原侍讲衔】为侍讲学士、潘文延为管奇。

——《大南实录正编第四纪·翼宗英皇帝实录》卷三十八，四十七至四十八；[67] 6517－[68] 6518

嗣德二十一年（清同治七年，1868年）六月……辰，北宁诃护屯次事繁【清国上思州黄桂馨、亘大、马大陈与何三，思陵州一生、黎四、陈九等串通广安股匪黄晚搀扰谅山禄平州及夹谅山诃护等社】，乃以原擢授侍读陈敦复充帮办北宁省务，管领兵勇前往协同该屯副领兵黎光戎悉心防剿，以固谅平后路【敦复南定举人，以所至举职历升南策知府，寻又升授侍读仍领】。

——《大南实录正编第四纪·翼宗英皇帝实录》卷三十八，五十至五十一；[69] 6519

嗣德二十一年（清同治七年，1868年）七月……官军失利于谅山绣山屯，署参知充参赞阮劢【山西人，戊申科进士】、领兵充副提督阮曰成死之，统督范芝香陷虏中。廷臣以为："军次现情紧急，则洛阳屯所应急为救应，请由河内总督陶致量带弁兵迅往北宁商同北督裴俊遥为调度，仍咨商谅抚邓算分派防截，俟大兵至转回河内往来，旬宣以资镇静。"从之。阮知方请北行。帝以其久劳且镇朝望，不许。赠阮劢为兵部尚书，给恤一倍，加给钱三百缗，荫其子一人文阶从七品。阮曰成赠掌卫，荫其子一人，从七品千户。次臣翁益兼、丁会等分别降革均留。

——《大南实录正编第四纪·翼宗英皇帝实录》卷三十九，一至二；[70] 6520 – [71] 6521

嗣德二十一年（清同治七年，1868 年）七月……以署中军都统府都统、掌府事段寿充平寇将军，左军都统阮轩充讨逆左将军，兵部尚书领南义巡抚潘克慎充讨逆右将军，都察副都御史黎伯慎充正道参赞大臣，户部左参知黄文选充左道参赞大臣，掌卫权掌虎威营张福李充右道参赞大臣，侍郎充办阁务阮有恬充赞理，成化县帮办阮文祥充赞襄，指挥使阮文雄充副提督，副卫尉陈文熊作为谅山领兵官，带将中保、羽林选锋，清义、河宁、南定、山兴各省兵、象，分为三道，按地防截【正兵赴谅，左兵赴太，右兵赴宣】，赏赐各有差。启行，命陈践诚赐酒于午门，仍准北圻官何系愿回自募手勇，隶随何道征剿，具奏候旨【三道均由段寿节制，便宜行事】。

——《大南实录正编第四纪·翼宗英皇帝实录》卷三十九，四；[72] 6522

嗣德二十一年（清同治七年，1868 年）七月……帝以讨逆右将军潘克慎前曾莅谅山，命摘带协管范文忠等先驰往谅山，商同抚臣邓算并新派赴谅提督潘彬、赞襄枚贵悉心防守，俟平寇将军段寿至，转回宣光本道。

——《大南实录正编第四纪·翼宗英皇帝实录》卷三十九，五；[72] 6522

嗣德二十一年（清同治七年，1868 年）七月……吴鲲乞首【原统督范芝香自匪屯折奏】。兵部以为："匪渠吴鲲党伙繁多，既胜而首，与前次刘士英因败而首者不同，况吴鲲此来惹事，系刘士英线引，则野性难驯，前事可鉴。廷臣以为昨经咨会清国冯提督会剿，兹若准他降首，不惟清国咨索答有碍辞，而他党伙多至一万四五千余，若曲从赈给，则边储有限，欲壑难填，请准三道大兵钦遵谕旨，分起进行，抵次悉心筹办，以绝恶荄。"帝曰："朕料吴鲲等狡甚，然彼亦爱其死，既为清国官兵所逼无归路，故轶入我境，亦求一容身之地，其降亦诈中真也。而我现在事势不得已，方用兵长虑，却故省得一分劳费，公私亦便一分，有心者深思自解。著潘克慎佩右将军印驰往审察彼情状如何，清国管弁同否会剿，如何处置奏办。”

——《大南实录正编第四纪·翼宗英皇帝实录》卷三十九，五至六；[72] 6522－[73] 6523

嗣德二十一年（清同治七年，1868 年）七月……清国太平府咨会协剿吴匪。事闻，帝问群臣曰：“除恶务尽，方合一劳久逸，但困兽犹斗，急则难图，卿等有何高见，听先筹候采。”廷臣以为：“用兵劳多费广，自古不得已而为之。兹遽听吴鲲降首，不惟容受有所不堪，而清国谓我为招纳；且他途穷食尽，掉尾乞怜，以求得我粮米济急，一听之插则整居日久，伙附日繁，巢穴又得以日深，到此窥伺复萌，剿之、抚之均属两难。请凡诸扼要等处严加防堵，有不可犯之势；又为清野之计，将夹近匪巢之民居、畜产撤回军次后路，俾他无所侵掠。如他果亲诣军门投首，由次、省即行飞奏，仍咨太平府会办，方能蒇事。”从之。

——《大南实录正编第四纪·翼宗英皇帝实录》卷三十九，七至八；[73] 6523－[74] 6524

嗣德二十一年（清同治七年，1868 年）七月……初河门总【属广安】被匪搀破，人民惊往清国钦州避之，因将本分田卖与州人。至是，州人乞构屋耕田受税【田户十八人，构屋十八户】，许之。令仝人户设为一团，照从蛮人税例，仝年每丁银税一两，仍给一名为团长。

——《大南实录正编第四纪·翼宗英皇帝实录》卷三十九，八；[74] 6524

嗣德二十一年（清同治七年，1868 年）七月……清商欧阳荣进果品、圆镜、火药、画扇、钢炮二辆、钢弹五十，凡免入港税【二千三百三十一缗】，加赏金钱一枚、“使民富寿”银钱大中小各五枚，以慰远情。

——《大南实录正编第四纪·翼宗英皇帝实录》卷三十九，九；[74] 6524

嗣德二十一年（清同治七年，1868 年）八月……匪目吴鲲希图扰掠宣、太二辖。次臣以闻，帝曰：“吴鲲犹怀有两样，张觐邦【降匪】姑令他适暂驻，以看吴鲲等情真否，又探察清国营弁果否责拿会剿。密令范芝香乘机设计而回受罪。于是三道决计合攻，务在必除，一劳久逸，是为全策。”廷臣以为：“吴鲲虽云听依原次臣范芝香饬示静息，而与其伙谢净川犹以报仇张觐邦为辞，则他之真假未知。惟兵无常形，势难遥度，张觐邦亦系谢净川一们党伙，若听该远驻，则该果与吴鲲相仇，不免心怀疑惧，或彼设词巧诈，更恐为其所赚。请由将军段寿、潘克慎等熟筹周悉，并访察清国情形，应办如何折递，庶免遗碍。”从之。

——《大南实录正编第四纪·翼宗英皇帝实录》卷三十九，十五至十六；[77] 6527－[78] 6528

嗣德二十一年（清同治七年，1868 年）八月……匪目吴鲲蔓扰太原，命提督潘彬复回太次防截【月前，往属辖博德津次防截】。

——《大南实录正编第四纪·翼宗英皇帝实录》卷三十九，十六；[78] 6528

嗣德二十一年（清同治七年，1868 年）八月……钦派户部侍郎陈廷肃自香港回【前往咨英好】，命复办营田事务。

——《大南实录正编第四纪·翼宗英皇帝实录》卷三十九，十六；[78] 6528

嗣德二十一年（清同治七年，1868 年）八月……谅宣次臣段寿、阮轩等奏言：“边情剿抚两难。”廷议以为：“剿之难者，特以路远瘴深，征运劳费耳。然及今彼方乌合，根脚未立，我之大兵各已抵次。清国捕弁现有按界，乘此机会悉力图之，虽一劳而久逸，暂费而永宁，犹为愈也。若言乎抚，则彼世为渠匪拥众万余，即其诱邓挽词敢云不肯安分营生，则其乞降者方迫清国之剿逐，故暂乞怜，而其情甚狡【如言先许银二千两，米二千方，即将象匹、大炮各一半回纳】，其欲甚奢【如请牛耕三千余，本银一万两及选团一百，永支粮饷】。一准其首，无论过望之请难满所求，清国有问碍于回答，而彼凭险整居，巢穴既固，党羽将繁，到此更欲剿之，虽劳费过倍，已不及矣！于两难之中，而权其轻重，则抚之难而终于不可为，不若剿之难而犹可为也。请以谅平一道为正兵，专于进剿，太宣二道为奇兵，严行防堵。惟兵多则饷广而运饷亦属烦难，请摘出现派谅道帮办阮致泽、原充屯田阮辉光协同北省派充督饷运【往谅由辉光，往太由致泽】，宣次近由山西以期接济。至如降匪邓挽、苏四、谢文山等善加钤抚使为我用，张觐邦既称与吴鲲有仇，不妨因而抚之，使得自效，庶无误事。”从之。

——《大南实录正编第四纪·翼宗英皇帝实录》卷三十九，二十至二十二；[80] 6530 - [81] 6531

嗣德二十一年（清同治七年，1868 年）九月……匪团吴英、黎成美、黄英【旧黄崇英】乞降。帝曰：“该等乞降，虽未分真假，第察似异吴党，应从权酌给善用之，并与原降插苏四、邓挽、文山、永福等给抚之，令往剿吴党。”乃命兵部传谕次臣察办。

——《大南实录正编第四纪·翼宗英皇帝实录》卷三十九，二十三；[81] 6531

嗣德二十一年（清同治七年，1868 年）九月……谕诸次、省臣曰：“用兵一事出于不得已，求安民非以毒民。清国逸匪吴鲲呼朋引类，蔓扰我疆，荼毒边民，戕害捕弁，爰简命三道将军、参赞带领大队兵、象分出剿截，乃自抵次来兹，未闻建一策立寸功。节据奏报，但言地远瘴深，兵多逃病，阃外之责当如是乎？著三道军次并诸省臣各思捡身以励军士，仍必明其赏罚、严其号令，其逃兵即按数咨原贯究办，勿得宽假，以严师律。”

——《大南实录正编第四纪·翼宗英皇帝实录》卷三十九，二十四至二十五；[82] 6532

嗣德二十一年（清同治七年，1868 年）十月……宣光次省臣张福李、潘文述等奏言：“黄英匪党情非真首。”命再行详察，严饬兵勇，随机剿办。

——《大南实录正编第四纪·翼宗英皇帝实录》卷三十九，二十七；[83] 6533

嗣德二十一年（清同治七年，1868 年）十月……降匪周祥麟、黄裕胜、赵三才等【节由邓璞分插，给公本银一千两】扰掠从化【府名】辖分，蔓及山辖。次臣阮轩、黄文选以闻，太原布政使邓璞以不善钤抚得革离，仍准军次给为帮办。以阮有恬为太原布政使仍充赞理，谕令紧办早清。

——《大南实录正编第四纪·翼宗英皇帝实录》卷三十九，三十；[85] 6535

嗣德二十一年（清同治七年，1868 年）十一月……给北边诸降匪公本银【除张觐邦乞率团丁回清外，余降匪赵福案、赵福桢隆恩拔现数一百四十人给公本银五百两，吴英、黎成美团丁共八百人给公本银二千六百两】。

——《大南实录正编第四纪·翼宗英皇帝实录》卷三十九，三十七；［88］6538

嗣德二十一年（清同治七年，1868 年）十一月……清太平知府来书请增兵会剿吴匪及派人乡道兼济军饷。将军段寿、潘克慎、参赞黎伯慎等以闻，又请征兵。帝以次臣节以应抚为言，率给钱米，嗣接清国咨文又请征兵，皆无定算，各先降留。仍增派武举英名教养武生驻练河北以备征调，以顺安副防练阮有伸充军次提督，又柬北圻乡兵【河内、山西、兴安、海阳每省二奇一千人】并饬上游蛮、土土司、总目纠率善射土民从军剿办。

——《大南实录正编第四纪·翼宗英皇帝实录》卷三十九，三十八；［89］6539

嗣德二十一年（清同治七年，1868 年）十二月……谅平军次段寿、钦差武仲平奏言："吴匪现情拟应权抚，抽回新派员弁兵勇。"帝谕之曰："该匪应剿应抚最关边疆重事，昨据奏报未可说抚，今又云权抚为便，机宜尚未一定，著由次臣、钦差臣速将商筹无碍合辞断请，毋得持疑。"仍准派往弁兵各留北宁、河内操演备派，复谕令河内巡抚阮炳前往北宁预商防剿。

——《大南实录正编第四纪·翼宗英皇帝实录》卷三十九，四十五至四十六；［92］6542－［93］6543

嗣德二十一年（清同治七年，1868 年）十二月……黄英乞首，宣次臣不许，请征山西兵合剿。兵部以为："山西为宣次后路，当先剿周匪，然后移师策应，方为完算。"从之。

——《大南实录正编第四纪·翼宗英皇帝实录》卷三十九，四十八；［94］6544

嗣德二十一年（清同治七年，1868 年）十二月……申定禁江港税，以新例颇重，清人不乐商故也【广州府、韶州府、南雄州、惠州府、肇庆府、浙江省，玛、西洋、麻六甲等船，横梁十三尺至十一尺仍每尺九十缗，十尺至九尺改定每尺七十缗，八尺至七尺每尺四十二缗。潮州府、福建省等船十三尺至十一尺仍每尺七十缗，十尺至九尺改定五十缗，八尺至七尺每尺三十五缗。琼州府、雷州府、廉州府、高州府、阇閪国等船，十三尺至十尺仍每尺五十五缗，九尺至七尺改定每尺二十六缗。至如出港税，均照入港加三成依原例】。

——《大南实录正编第四纪·翼宗英皇帝实录》卷三十九，五十二；[96] 6546

嗣德二十一年（清同治七年，1868 年）十二月……原次臣范芝香引吴鲲抵军门诣首【谅城门外】，谅次臣段寿、钦差臣武仲平等受之，给银一万两，匪团纳还艽封铺，率丁回高平候插。谅平次臣段寿、黎伯慎，钦差臣武仲平奏言："吴匪蔓延边场孔棘，攻守是为正办。然守则高谅地势林莽延袤，无从扼要，彼徒实繁，或乘间扰掠，或从后邀截，处处分防，未免顾此失彼，而屯兵糜饷殚竭中州，亦非可久，是守之难矣。攻则清国约以会剿，其机似有可乘。但该匪前在清国，冯提督以数万甲兵，三四年间才收归顺，复失凭祥，今又于上雷滋扰。始次臣范芝香亲率六千兵勇助剿，又有清国营弁，而得一洛阳，又陷富庶【即绣山】。盖彼虽奔溃而徒党尚有万余，均系途穷恶战，况沿边一带半步皆山，鼠伏狐潜，路径四出，纵有数万之师，其势亦难一网。牵延岁月，久驻则兵疲，兵多则饷广，在我解运不继，则营弁必不久留。到此边患，我当此则剿既无功，而抚亦难示信。自古沿边多为贼境，而安边不在胜之，要在审彼己酌辰势如何耳。观彼所乞【本业耕读，只因仇家构成咎戾，昨为清兵追逼，突入高辖，业将眷属求寄，高城不允，故谋袭取，如蒙宥罪，量与安插，愿各效劳。仍请给银二万三千两，尽纳城铺象械，听候处置】情辞，想可随机酌办，请宽彼罪，捐数万银权且招安，以解兵民之苦。又请恩准范芝香协同高臬领兵前往高城饬他纳还，留驻以据形胜。至如清国有问，请以高谅险远，饷运最难为辞。"尊人廷臣遵议："次臣钦差臣蒙委阃权，此次升帐受降，播诸闻听，想应姑依拟办，以卒所图。仍责令约束得他，使之永遵法度，在我边疆相安无事，而该党亦不回本处扰掠，使清国无得执辞曲我。且匪情叵测，一初绥抚，事属繁难，其弁兵应行留撤及量地分插、筑屯垒、设土官、束土兵，凡关善后诸事宜请由次臣、钦差臣会同商办。”许之。

——《大南实录正编第四纪·翼宗英皇帝实录》卷三十九，五十二至五十四；[96] 6546 - [97] 6547

嗣德二十二年（清同治八年，1869 年）正月……提督阮有伸、潘彬袭攻太原买市匪屯失利，潘彬为匪所掳，左将军阮轩、参赞黄文选等并有伸各降留，因谕曰：“帝王用兵所以禁暴止乱，然兵久而国利，古未之有。朕于军次诸臣委用之重，期望之深，乃逾辰之久！谅次则以吴匪乞降，请招抚之，而筹画处置如何，久未折递；宣次则所办黄英之款，株守无策；太次则剿办周祥麟、吴英、黎成美等，调度乖宜，前既失买市屯，后又袭击失利，似此不力，请行何益？各宜尽展谋力，速将匪党早早办清。饮至策勋，朕将不吝厚赏。”

——《大南实录正编第四纪·翼宗英皇帝实录》卷四十，四；[103] 6553

嗣德二十二年（清同治八年，1869 年）正月……清国协镇吴兴抵有秋屯【属谅山】。

——《大南实录正编第四纪·翼宗英皇帝实录》卷四十，五；[104] 6554

嗣德二十二年（清同治八年，1869 年）二月……黄英抵宣光省乞首，乞插于聚隆。次省臣张福李、潘文述以闻，兵部言：“黄英要插占利，则所在土民未必甘心，不免转滋多事。惟日下在谅之吴鲲，在太之吴英、黎成美、周祥麟尚未清办，遽绝未便。请由领督阮伯仪、次臣张福李等熟筹以羁縻之，俟谅太筹办事清，相机料办。”从之。

——《大南实录正编第四纪·翼宗英皇帝实录》卷四十，六至七；[104] 6554 - [105] 6555

嗣德二十二年（清同治八年，1869 年）二月……帝以边情迟报，谕曰：“明命年间，边务无事，亦十日一报平安信。今军次节见咨报，或云该匪势必横逸，或云我正当严防。而冯提督道兵已未抵境，协镇吴兴道兵作何事状？及匪情、匪势如何？与在次筹办如何？许久不见奏报。其令三次臣各遵依明命年间边报，将现情报叙，每十日一次【辰，清国提督冯子材奉谕出关，会剿吴匪】。”

——《大南实录正编第四纪·翼宗英皇帝实录》卷四十，十；[106] 6556

嗣德二十二年（清同治八年，1869 年）……三月，太次参赞黄文选屡以病假，降为光禄寺卿，调回京。改命段寿充太道总统，钦差武仲平充谅平总统，阮轩充谅次协统，黎伯慎充太道参赞，张福李充宣次提督，阮文祥充宣次赞襄，枚贵充宣次赞理。辰，吴匪据同登駈驴【近谅城】，谋图扼截谅太营弁饷路。清国提督冯子材抵境，商将兵会剿。次臣段寿、黎伯慎与钦差武仲平言语失和，俱声请简代归朝待罪。帝以段寿、黎伯慎既与武仲平不和，强之同事亦难共济，故改之。再准范芝香【以前偾军陷贼，问斩监候】留次帮办。翁益兼【以干捕弁烧掠之案问满杖徒】、黎吴吉【原高平按察，干失守之案】募勇从征，征义安、河内、南定卫兵剿办。谕曰："次臣屡屡以剿为难、以抚为便，朝廷以兵难遥度，亦从所请，以卒所图。乃徒以率懦贻误，劳兵縻帑，迄无所成。迨兹该匪反覆，诡横已露，清兵越境，势异事殊，又不能和衷共济。卸责保身，臣道有如是乎？今三道惟有决剿而已，各宜奋起心力，展尽猷谋，务期早清，不必计费。预有征调之诸省亦各同志竭力，多方鼓励，以备供应。"于是，科道阮茂璹等请将寿、仲平等交议，范芝香枷锁回京，以正公法。廷臣请责以后效，帝曰："朕已知该等之言塞责且赘，但亦录次臣，使知公论之严如此。"

——《大南实录正编第四纪·翼宗英皇帝实录》卷四十，十二至十三；[107] 6557 – [108] 6558

嗣德二十二年（清同治八年，1869 年）三月……复设沿边土官。先是，钦派邓辉𤎒、科道武维琦并诸省次条陈边务者，多以沿边州县复设土官为言。廷臣遵议："明命年间，沿边分设流官，防专袭之弊耳。然以岚瘴之地，流官既非所宜，而言语嗜欲各不相通，非惟夷风难可一律变移，而一有不得其人，恐更导蛮侬以诈伪之习。但变法有渐，方合辰宜，应由各省详察诸土酋之后或所在豪目为蛮土所信服者，因而奏请量与职衔，俾知权自我出，方为得策。"从之。

——《大南实录正编第四纪·翼宗英皇帝实录》卷四十，十五；[109] 6559

嗣德二十二年（清同治八年，1869 年）三月……清提督冯子材出关攻破枯株、凌淰【属高平】，来书言会捣通携，进图木马，进攻駈驴、板大，直取葑洛。帝命武仲平、阮轩邓将兵会之。

——《大南实录正编第四纪·翼宗英皇帝实录》卷四十，十九至二十；[111] 6561

嗣德二十二年（清同治八年，1869 年）三月……清广西都阃府陈朝纲提兵进从宣光道，攻索铁厂股匪，破之。命省臣修书会剿。

——《大南实录正编第四纪·翼宗英皇帝实录》卷四十，二十；[111] 6561

嗣德二十二年（清同治八年，1869 年）四月……清国官兵攻破駈驴、朱卷、同登匪屯，命协统阮轩将兵往谅会剿。帝因谓兵部臣曰："清国兵远来，何不多病？即匪党亦能久住，我兵系是风土人，反谓多病不能用，岂理乎？彼兵勇锐如此，我兵何不愧奋？他为我办贼，其劳费何等？在我当百倍之以存国体，方为有臣。谅次武仲平则留多兵以自卫，所派无大员；段寿等往代太次，徒存怯心，迟留道路，致阮轩亦未往谅；不谓段寿、黎伯慎平日所言所行相悖至此，甚可怪恨！各传旨严饬之。"

——《大南实录正编第四纪·翼宗英皇帝实录》卷四十，二十五至二十六；[114] 6564

嗣德二十二年（清同治八年，1869 年）四月……申定三道军次赏罚格【生获吴鲲者，除另由清次照数领赏（广西檄叙生获吴鲲赏银八千两）外，再加赏银三千两，斩获者二千两，刺射毙者一千两；军民未有品衔而生获者，除赏银外，加赏授正四品，斩获正五品，刺射毙从五品。其别率大伙抗官如周祥麟者，生获赏一千两，斩获六百两，刺射毙三百两；军民生获者赏授正六品，斩获正七品，刺射毙正八品。向上有官职者，另酌量升赏。阵毙者，兵追赠队长，手勇赏正九品百户，子或弟侄一人各免兵徭终身。绅弁阵毙，除蒙出格赠荫外，余各加一秩赠荫。临阵退缩，其兵丁队长由管率督兵，以至管率，由管督本道之提督等员，即于阵前斩首；余提督、领兵等大员或号令不严，致将弁退散，或先自退怯，以致误事，总统、参赞即行参揭重治】。

——《大南实录正编第四纪·翼宗英皇帝实录》卷四十，二十八；[115] 6565

嗣德二十二年（清同治八年，1869 年）四月……复出洋米禁。帝以高谅军饷颇广，若米粒外洩，取用难以接济。清商贸易米粒出洋，姑且禁止，事平复弛之。

——《大南实录正编第四纪·翼宗英皇帝实录》卷四十，二十八；[115] 6565

嗣德二十二年（清同治八年，1869 年）……五月，清广西巡抚苏【缺名】派人来河内货物①，谅平抚臣邓算咨河内巡抚陈廷肃支钱买办，又款赠之。帝曰："此殊乖人臣不私交之义，苏抚既擅派越境，我官亦一味愚疏。"邓算、陈廷肃各降一级留。

——《大南实录正编第四纪·翼宗英皇帝实录》卷四十，二十九；[116] 6566

嗣德二十二年（清同治八年，1869 年）五月……吴匪弃葑洛，宵遁回高平。帝以"我兵与清国兵均未进抵交战，遽已遁去，未必无他谋"，命武仲平、阮轩诣洛阳，商与清国营弁，指引分道扼截。

——《大南实录正编第四纪·翼宗英皇帝实录》卷四十，三十一至三十二；[117] 6567

嗣德二十二年（清同治八年，1869 年）五月……谅平抚臣邓算请委摄办长定府武维桢往清国龙州买米以应军需，许之。

——《大南实录正编第四纪·翼宗英皇帝实录》卷四十，三十二；[117] 6567

嗣德二十二年（清同治八年，1869 年）五月……阮轩、丁会将兵与清国统领唐元方【谅道】、陈朝纲【宣道】、谢继贵、刘玉成【高道】带首丁张觐邦等进围匪党于峩趾山【接仓屯】，武仲平以抬粮艰劳，请增派办。帝命阮炳往谅山商同邓算【巡抚】、黄相协【按察】筹粮饷，以陈廷肃改商办宣次军务。先是，黄英来保胜【属兴化】，以开矿为词，不肯回宣静候。至是，与刘永福构隙相攻，图往河杨。宣次、省臣张福李、潘文述请以陈廷肃会商，许之。再命总督阮伯仪派山阳道兵五百与兴化捕弁及团目刘永福、潘美利、许元斌，土目黄龙等协剿。

——《大南实录正编第四纪·翼宗英皇帝实录》卷四十，三十四；[118] 6568

---

① 据《清史稿》卷二百零四"疆臣年表八·各省巡抚"，同治六年七月，苏凤文代理广西巡抚；同治九年十一月卸任。

嗣德二十二年（清同治八年，1869年）五月……收复高平。先是清国营弁攻破登驴、葑洛等处，匪势穷蹙，走回仓城。武仲平至洛阳商与协统阮轩、提督丁会将兵与营弁各道进逼仓城，拔之。乘胜进剿，收复高平，驻札匪党溃散。捷至，帝谕曰："恭值大庆节，得此捷音，实赖穹示庙社保佑我圣慈福庆所致，宜先行奖赏，用示劝励。"武仲平全行开复，阮轩开复六级，丁会开复原衔。先赏在行员弁兵勇钱六百缗，仍摘内务帛纨、象牙扇、象尾毛、龙茶、乂桂、白金五千两，以备款给。

——《大南实录正编第四纪·翼宗英皇帝实录》卷四十，三十五至三十六；[119] 6569

嗣德二十二年（清同治八年，1869年）五月……黄英自高平遁往兴化保胜铺，刘永福击败之，英带伙二百余人下船图脱，诈遣五丁向副领兵武光宣乞降，遂奔宣光，捕弁追之，只获所弃船艘炮械。帝曰："此机会甚可惜！"省次臣以截拿不力，各降级留。

——《大南实录正编第四纪·翼宗英皇帝实录》卷四十，四十一；[122] 6572

嗣德二十二年（清同治八年，1869年）六月……冯提督会师于芃葑铺【高平】，分为三道【一由高辖凭和攻到银山（太原），一由谅辖平均攻往通化府，一转回北辖转攻而上】进攻太原逸匪。

——《大南实录正编第四纪·翼宗英皇帝实录》卷四十，四十六；[124] 6574

嗣德二十二年（清同治八年，1869年）七月……宣次提督潘仕、领兵官陈光河分道剿匪于义安【社名，属白鹤县】，仕乘胜追蹑，匪突出围之，光河赴救，为匪射毙于象棚中，仕亦遇害，追赠仕都统，光河掌卫。

——《大南实录正编第四纪·翼宗英皇帝实录》卷四十一，一；[126] 6576

嗣德二十二年（清同治八年，1869年）七月……命户部左侍郎兼管通政使范懿、定安御史胡珽往河内、山西、北宁、太、宣、谅详察匪情民情、我兵清兵情状及各省次臣筹办、现办入奏。

——《大南实录正编第四纪·翼宗英皇帝实录》卷四十一，一；[126] 6576

嗣德二十二年（清同治八年，1869年）七月……匪目吴鲲围北宁，逼前面城门，贼气甚锐。阮文丰、裴俊等撄城固守，翁益兼闻报，自金英县管将兵、象，乘夜倍道赶回援勦，城中交射，鲲中飞弹，其匪党退保治滂【近省城】，北宁围解。捷至，赏益兼“万世永赖”大金钱一枚、良玉佩牌一面、银五十两，开复北宁布政衔，充赞理军务。再先赏兵勇钱一千缗，仍命乘胜追缴治滂匪，进通太次。

——《大南实录正编第四纪·翼宗英皇帝实录》卷四十一，五至六；［128］6578

嗣德二十二年（清同治八年，1869 年）七月……辰清国营弁久驻糜费，次臣以银款送军需，冯帅皆璧还。乃命摘金银钱、象牙、琦璃、沉香、燕巢、清乂桂诸土宜，款给有差。

——《大南实录正编第四纪·翼宗英皇帝实录》卷四十一，六至七；［128］6578－［129］6579

嗣德二十二年（清同治八年，1869 年）八月……解战象于山北，分隶二军及清营兵。

——《大南实录正编第四纪·翼宗英皇帝实录》卷四十一，九；［130］6580

嗣德二十二年（清同治八年，1869 年）八月……清营兵至桄榔屯，北宁拨运夫粮不及，清官以米尽军饥责我。武仲平以闻，帝怒，护督裴俊、董运、阮炳各坐革留，钦差阮文丰、统督陶致各坐降留，因谕诸次臣曰：“日下清兵取次进发，不日抵到，夫饷一款，尔所在省臣专为料理，凡所到皆先具供给要充，我兵亦然。东隅之失，不可追桑榆之功。在今日饷专责之省、兵专责之次既兼本道，则道内各住兵皆其统也。如宁太道则太之大慈、周买，北之陆岸、金英、多福，何处有匪，非皆尔段寿统乎？山兴宣道则山之永祥、山阳、三阳、安朗，宣之平歌、沙杨、苦关，兴之夹边，何处有匪，非为尔陶致统乎？要皆自办，酌与清国营弁分兵，一从下而上，一从旁而截，必须谙详地利方可。”

——《大南实录正编第四纪·翼宗英皇帝实录》卷四十一，九至十；［130］6580

嗣德二十二年（清同治八年，1869 年）八月……宁太赞襄枚贵与权管梁文率团勇罗二、关三攻吴匪于椿市、巴困等处，克之。

——《大南实录正编第四纪·翼宗英皇帝实录》卷四十一，十；［130］6580

嗣德二十二年（清同治八年，1869 年）八月……清国提督冯子材分兵截太原、山西、宣光【五营往大慈、平川，三营往周市、买市，七营往安朗、永祥，七营往山都、壖贞】，又借银五千两整办军中行帐，武仲平以闻，乃谕令武仲平邀子材移节北宁，督各道兵进剿。

——《大南实录正编第四纪·翼宗英皇帝实录》卷四十一，十至十一；［130］6580－［131］6581

嗣德二十二年（清同治八年，1869 年）八月……陆岸股匪黄简、陈晚率党千余向冯提督军门请降，谕武仲平随宜处置，并商冯帅饬回免碍。

——《大南实录正编第四纪·翼宗英皇帝实录》卷四十一，十一；［131］6581

嗣德二十二年（清同治八年，1869 年）八月……冯提督抵谅山，来书言招讨兼施，已降愿从军者，月给米一方、银二两；愿回贯者，给米一方、钱二缗；米钱由我取给，银令河内、南定诸客商捐助之。帝因命摘银一万五千两，交武仲平犒师。冯提督派兵十营往山，十一营往太进剿。

——《大南实录正编第四纪·翼宗英皇帝实录》卷四十一，十一；［131］6581

嗣德二十二年（清同治八年，1869 年）八月……帝命统督陶致派兵六七百驻宣光诸要害以扼匪后路，翁益兼防剿下游并檄示兴化、广安、山西、海阳、北宁、河内、宁平严截以防匪逸，又派北宁兵五百往谅，以河内兵五百往北代守。

——《大南实录正编第四纪·翼宗英皇帝实录》卷四十一，十一；［131］6581

嗣德二十二年（清同治八年，1869 年）九月……清国难民陈来纠合同帮向冯提督军门乞隶派，冯帅给盐银饬从征剿。武仲平等请给月粮，许之。仍要事平即将该等回唐免碍。

——《大南实录正编第四纪·翼宗英皇帝实录》卷四十一，十七；［134］6584

嗣德二十二年（清同治八年，1869 年）九月……清国统领唐元芳抵山西，诸股匪投首二千余，命次省臣陶致、阮轩、阮伯仪等熟察现情，商留二营与原派六营剿办，余邀清官进往宣光防剿。

——《大南实录正编第四纪·翼宗英皇帝实录》卷四十一，十九；［135］6585

嗣德二十二年（清同治八年，1869 年）九月……清国提督冯子材抵北宁，于城内住歇，乃提兵往太。武仲平、阮文祥请送至太，复回北宁公务，许之。

——《大南实录正编第四纪·翼宗英皇帝实录》卷四十一，二十；[135] 6585

嗣德二十二年（清同治八年，1869 年）九月……命祭清兵诸营阵亡将士一坛，又支库项给寒衣【本地南缎蓝、绿、赤各六匹，平绉蓝、绿各十匹，雪白葩绉纱十五匹，雪白葩绸五十匹，雪白帛一百匹，赠给提督至诸统领、裨将制办寒服，又支银六千两给各营兵勇自办寒服】。

——《大南实录正编第四纪·翼宗英皇帝实录》卷四十一，二十至二十一；[135] 6585 - [136] 6586

嗣德二十二年（清同治八年，1869 年）九月……改定木税【铁木与楠木，本国民三十分取一，外国、清商及南圻来兑，二十取一。各色木，本国民四十分取一，外国、清商与南圻，三十分取一。杂木免征，间有与外商船卖，四十分取一】。

——《大南实录正编第四纪·翼宗英皇帝实录》卷四十一，二十一；[136] 6586

嗣德二十二年（清同治八年，1869 年）冬十月……山、太诸匪相率向清国营官军门投降，凡一万余人。令三次臣照据现情会商紧办以及事机，复令武仲平商提督冯子材，遍饬诸降匪尽还原掠我民人产，又命户部预办金银钱、金带、羽扇等项，以备款送。

——《大南实录正编第四纪·翼宗英皇帝实录》卷四十一，二十二；[136] 6586

嗣德二十二年（清同治八年，1869 年）十月……哩烽蛮纠合清地股匪并土匪扰掠侘倩【属兴化宁边州】，遂扰南掌、稔崴等处。南掌借暹为援，与哩烽蛮相拒。事闻，命镇宁府【属义安，与南掌接近】防御使佋应回府【原于土知县造雅蓦，控由省究】按御，再命兴化省臣派探防截。

——《大南实录正编第四纪·翼宗英皇帝实录》卷四十一，二十五至二十六；[138] 6588

嗣德二十二年（清同治八年，1869 年）十月……清国守备唐连胜进剿得贤【社名，属太原】匪党阵亡，赐祭一坛，给银一百两。

——《大南实录正编第四纪·翼宗英皇帝实录》卷四十一，二十六；[138] 6588

嗣德二十二年（清同治八年，1869 年）十月……清国统领谢继贵追剿白通州【属太原】匪党失利，帝谓兵部曰："似此情形，则该匪尚存死党，未可易视。"著准次臣段寿商与冯子材严督太山宣各营，相机剿拿，务将匪渠到案，以绝恶荄。

——《大南实录正编第四纪·翼宗英皇帝实录》卷四十一，二十六；[138] 6588

嗣德二十二年（清同治八年，1869 年）十月……邓志雄【即邓挽】与农雄硕相攻，命段寿、武仲平商提督冯子材尽遣回国。

——《大南实录正编第四纪·翼宗英皇帝实录》卷四十一，二十六；[138] 6588

嗣德二十二年（清同治八年，1869 年）十月……宣次赞理陈廷肃、阮廷诗奏言："保胜财货可居之地，刘永福党伴类颇犷悍难制，去年径往兴辖，与何均昌争居，邀征商税，只欲据此以为巢穴，将来基址已成，谅亦难于禁遏。请由三次总统山督阮伯仪商与子材，早饬回唐，庶乎边务可舒，而边民获蒙其福矣。"帝纳之，命三次臣遵依妥办，勿留一梗。

——《大南实录正编第四纪·翼宗英皇帝实录》卷四十一，二十七；[139] 6589

嗣德二十二年（清同治八年，1869 年）十月……清国营弁进剿咸安、霑化【二县名，属宣光】匪党。

——《大南实录正编第四纪·翼宗英皇帝实录》卷四十一，二十七；[139] 6589

嗣德二十二年（清同治八年，1869 年）十一月……清国营兵分剿河阳匪党，命陶致等指引会剿。降匪梁易反戈杀毙营兵至百余，率党别往山阳扰掠。命赞理阮有恬前往盘捡，仍商冯帅派往诸矿严防。

——《大南实录正编第四纪·翼宗英皇帝实录》卷四十一，三十；[140] 6590

嗣德二十二年（清同治八年，1869 年）十一月……股匪袭破青鸟屯【太原】，掳提督阮有伸，土木马建兴救脱之。辰匪掠从化府辖，有伸带同副领兵黎文仕，督兵陈文美往驻青鸟，探闻近处有匪聚，有伸即分屯兵委文仕往剿。梁易曾夺得清派吴统领旗号、号衣，乃冒用之，自称吴统领经过，官军以为真，开门纳之。匪发炮混刺，督兵陈文美被毙，有伸被掳，文仕不知屯已为匪赚据，返至屯亦为匪所败。建兴前为匪协从，见匪将有伸拘监，欲解脱之，乘间以谋告，令且静俟数日。建兴率土丁六十余，乘夜袭匪屯，梁易被伤走，乃使人护有伸回次。准有伸降四级，文仕二级，均留。命段寿商清派刘玉成、关松志【均太驻】各道兜剿【嗣建兴出首，准免罪再赏银钱，又普赏土丁钱一百缗】。

——《大南实录正编第四纪·翼宗英皇帝实录》卷四十一，三十至三十一；[141] 6591

嗣德二十二年（清同治八年，1869 年）十一月……冯提督委统领党敏宣转回山西，剿清梁匪，再往河阳会办。命陶致督同宣次预备粮饷。

——《大南实录正编第四纪·翼宗英皇帝实录》卷四十一，三十一；[141] 6591

嗣德二十二年（清同治八年，1869 年）十一月……清国统领侯云武进剿河杨逸匪【黄英窜入河杨，与猫匪顺主串通】，赞襄枚贵、按察阮清亮以闻，遣宣次提督何德振往莕铺督运饷，仍命陶致迅往宣次督同贵、清亮将兵进往永安会剿，再命翁益兼、陈善政商与阮伯仪亦将辖下逋犯扫灭，早报成功。

——《大南实录正编第四纪·翼宗英皇帝实录》卷四十一，三十一；[141] 6591

嗣德二十二年（清同治八年，1869 年）十一月……清国提督冯子材自太原回北宁留歇，延僧设醮超度从征阵亡诸将士，订日回师。我以国书留之【内叙何均昌、刘永福、苏四、邓志雄、黄英未尽剿灭，尚多为梗】，子材责以山次臣不即商报，故择吉入关不便留。俟段寿、武仲平以闻，命善词固留，早清边匪，子材乃听之。

——《大南实录正编第四纪·翼宗英皇帝实录》卷四十一，三十一至三十二；[141] 6591

嗣德二十二年（清同治八年，1869 年）十二月……枚贵引刘玉成、吴兴、侯云武三统领进剿河杨匪党，派委督战潘仕等袭攻泐油匪屯，获匪目黄澄，斩之。赏枚贵军功纪录一次，陶致以怠慢【半月不见派往】降为统制，仍充督运。

——《大南实录正编第四纪·翼宗英皇帝实录》卷四十一，三十三；［142］6592

嗣德二十二年（清同治八年，1869年）十二月……叛匪梁易串入灊卜，与伪顺主合。陶致以为宜置于度外，段寿以为伪顺主蟠据灊卜六七年，于兹近又有黄英相为倚附，况清客聚集矿所或七八百、或五六百，日后不无遗患。请再商冯帅差官前往督同次臣遍往各处盘捡，何系降众者遣回免碍。帝准即商办。

——《大南实录正编第四纪·翼宗英皇帝实录》卷四十一，三十三；［142］6592

嗣德二十三年（清同治九年，1870年）正月……黎峻、阮思僩、黄并等奉使至自清，赐宴劳，并赏级有差【峻、思僩前已准升，各加一级，并前未蒙升，加二级，各调京职，行随人等除前已升外，余各准量升一秩】。

——《大南实录正编第四纪·翼宗英皇帝实录》卷四十二，五；［145］6595

嗣德二十三年（清同治九年，1870年）二月……清国提督冯子材移节于宣光城，会讨梁天锡【即梁易】、黄英匪党。先是，冯帅自谅山越北宁赴太原提剿，拔大慈，围左洲，其将佐谢继贵、关松志、党敏宣、刘玉成、唐元芳、吴天兴、杨安龙、萧鋆、贾勇赴敌一月间，大小数十战，俘逆鲲亲属二十余人【鲲于去年四月北宁之役中飞弹，至九月死在太原琀珧地分之那宥寨】，斩一千九百余馘，降者万计。梁天锡既降，寻反戈与黄英合为宣光之梗，乃增调营弁会讨之。

——《大南实录正编第四纪·翼宗英皇帝实录》卷四十二，六；［146］6596

嗣德二十三年（清同治九年，1870年）二月……帝谓："用兵贵速，而军行粮随亦最紧要。"令总统武仲平、赞襄阮文祥赞冯帅迅移宣城，其宣次夫饷委山兴宣总督阮伯仪、统督陶致等协筹及办。迨会宣营弁【灵湖驻次】粮药不继，冯帅以为言，仲平以闻。帝遂夺致、伯仪职，发次效赎。以河内署抚陈评代伯仪护督、以仲平兼知山兴宣征饷诸事务，仍与祥再赞冯帅必进，冯帅从之。至是乃决进会讨焉。

——《大南实录正编第四纪·翼宗英皇帝实录》卷四十二，七；［146］6596

嗣德二十三年（清同治九年，1870 年）三月……清派把总刘步高擅入寿昌县衙哄扰，知县谭慎礼饬缚之，遂惹事【辰，该派往河内铺失盗，县受究未能发，该即直入县衙索哄县员与吏目，阮博瑼捆缚之，该即自作伤托祸，委人驰报冯提督。省臣委布政陈文系、领兵阮俨就处不能分解，及得冯提来文，祈将县员究治，省臣颇为县员回护】。冯帅达书朝廷，词多不满，欲占上风【如指省臣为同恶相济，并拟咨回广西叙我薄待之意】。帝曰："清弁为我办贼，凡事不甚关碍，宜委曲妥料，非惟冀早安民，亦合恭顺之意。该省县臣不能善处，致此惹事，甚是失体。"即以内阁侍郎潘廷评充钦差，带同科道丁文彬、刑司员外阮绩往查之。慎礼准革锁待究，阮文丰【权督】、陈评【署抚】、陈文系【布政】、武堂【按察】亦先行革留，并交严议。仍谕廷评查办事清，即遍往山兴宣、宁太、高谅等辖访察情形回奏【嗣，案准慎礼杖徒，该派所失赃先发库帑给还，仍据县员监赔，省臣各降留有差】。

——《大南实录正编第四纪·翼宗英皇帝实录》卷四十二，十至十一；［148］6598

嗣德二十三年（清同治九年，1870 年）三月……复设下琅县【属高平】知县【嗣德五年裁省，由上琅兼摄，至是以地接清国，绥防关要复之】。

——《大南实录正编第四纪·翼宗英皇帝实录》卷四十二，十一；［148］6598

嗣德二十三年（清同治九年，1870 年）五月……初，冯帅移节宣城，黄英分党据娄山【谅山接宣光地界，可达安边、河杨】六屯，是山高阻，匪党凭险伏射不出。统领刘玉成等协与赞襄枚贵多放柴草，连踏五屯，斩获无算。武仲平等因递送附赏银一千三百两，冯帅不受，曰："贵国出此，恐诸军眄泽，反缓边功。"帝以其有心，令紧商剿办。冯帅乃自宣城转往渭川【三月】、安河【四月】，诸军败匪于那蓬、山柳、中芑等处，南兵焚积聚，北兵捣巢穴，尽拔安边、河杨，梁天锡死，黄英内窜，长驱入大、小沔，宣路清夷。

——《大南实录正编第四纪·翼宗英皇帝实录》卷四十二，二十一；［153］6603

嗣德二十三年（清同治九年，1870年）五月……清国广西巡抚拟善后事宜，移文言：嗣凡内地民人有置货赴本国商贾者，必验有本籍地方官给予票牌，方准前往。如无置货通商票牌而潜入我国境地者，无论是否匪徒，概行严拿送回究治，以期严密。帝令录交沿边之高、谅、宣、兴、太原、广安每省各一道，永如此办。

——《大南实录正编第四纪·翼宗英皇帝实录》卷四十二，二十一至二十二；［153］6603－［154］6604

嗣德二十三年（清同治九年，1870年）六月……辰，诸逸匪尚未尽平，但冯帅畏其险瘴，未克河杨已回奏清帝，言远出助剿有八难【河杨距关二千余里，穷兵讨捕，丛林险阻，大潦纵横，骑步相持，进退失便，难一也。水土恶劣，雨露毒湿，疾疫弃损十常七八，难二也。空垒大举，追无留屯，逐垒追杀，师乏继援，难三也。千里馈粮，樵苏后爨，旷日烦费，儴运不给，难四也。丑类繁多，南兵积弱，至则走险，还则为寇，难五也。兽困犹斗，一有挫失，损重亵威，难六也。雉窜穷岨，非滇则苗，兵连不休，殚縻岁月，难七也。宿兵不毛，坐自疲弊，难八也】，请还师内地，以固边圉，而宣太余匪交我国自行攻剿。至是，既拔河杨，会雨潦难进，遂移书凯撤。

——《大南实录正编第四纪·翼宗英皇帝实录》卷四十二，二十二至二十三；［154］6604

嗣德二十三年（清同治九年，1870年）六月……帝初尝轸念清国营兵为国安边，数令总统武仲平等优款，又出使部递回镶玉如意一柄【如清使部递回】及我新铸金剑二把赠之，提督冯子材皆不之受。总镇关松志病卒，阮文祥充钦命致赙白金二百两。送沈琦、白豆蔻、清乂桂、银三千两于诸营。令仲平建照忠祠于谅城之外，祀清国诸营阵亡将校【令阁臣作祭文，春秋致祭】，山、北二省分设祭坛【山省祭兴宣清官清兵各一坛，我官兵各一坛，运饷夫一坛。北省祭谅平、宁太、海安次阵亡将士】。又亲制诗三首题扇赠冯帅，颁诸偏佐以金银小镜、盉盏、扇帕品项。又令文臣作纪功碑记，以彰显歆动之。及大兵言还，帝问阮知方："何以早完，可免重劳?"对曰："黄英回唐，未知果否无来。"阮文祥亦陈善后事宜【言南北两圻国本焉依，南中事势当在缓图，宜先保北圻，以为要著。高谅太宣藩篱之守，东兑南北山海之防，河内居中，形胜在也。无事之辰宜深注意，况弄甲逋渠尚多漏网，回唐旧匪间或恋巢，未应以事平而放过也。日下公私之积可为哀痛，兵民之力亦曰既殚，待之恐无策矣。当事率多苟且，似无留意，卒然有警，只以兵怯民顽自解，劳怨谁当？欲直陈其弊则有不胜言，欲作法以正之又虑不可恃。昔人云："得一良令胜精兵三千，得一良守胜精兵三万"，盖无苛政则无大逆也。请简文武廉干者东兑南北，每省各二人以充总提，又隶以劲兵五百（戍兵外每省各五百，京及清乂兵各半）；河内则以大臣公忠体国、威望素著如武显臣、阮知方者一人居之，充为经略大使，隶以劲兵二千，以资弹压；北圻诸省整理封疆、董率兵政、访察官吏、绥辑人民，均委大使专督；河内旧规，亦须以辰修理。夫如是，官正则民莫敢不正，而中州势壮足资以镇群奸，沿边诸省方得以徐图善后。俟一二年事渐就绪，兵有应撤者由大使拟办，不然大兵凯还，未免重劳注措。非敢尽言，以增皇上之宵旰也】。帝以问省次臣，或言余匪无几我军易办，或言降匪归命不必借兵。冯帅乃还军谅山，设坛醮祭物故诸营弁【计兵物故者十之二三】，至是班师入关【冯帅统三十一营，每营二三百人，数不满万。去年三月出关，是年六月回轺。我支米十一万一千六百六十三方，每方扣银三钱五分四厘零，值银合共三万九千五百五十九两，计所扣银欠二千五百七两零。我国移书停扣，诸病弁兵陆续起回，至七八等月方清。兵勇病者令月给四缗，故者十五缗；队长病者六缗，故者二十缗；率队病者八缗，故者三十缗；病者每月白米各一方，并给医药。此次移书停扣，冯帅不听，以银还之】。

——《大南实录正编第四纪·翼宗英皇帝实录》卷四十二，二十三至二十五；［154］6604－［155］6605

嗣德二十三年（清同治九年，1870年）六月……曾亚治、黄晚匪党伙聚陆岸林中【北太】，黎伯慎、翁益兼、阮雄【卫尉充提督】、黎文仕

【副管奇领副领兵官】等会剿，大破之，斩一百八十余馘。捷闻，帝嘉奖之曰："穷寇据险久顿，今一网打尽，又免靠人增费，其绩可嘉。"令宣示捷旗于城门内外，擢伯慎兵部尚书、益兼兵部左参知、雄掌卫、仕管奇。

——《大南实录正编第四纪·翼宗英皇帝实录》卷四十二，二十五至二十六；[155] 6605－[156] 6606

嗣德二十三年（清同治九年，1870 年）八月……初，冯帅招降诸匪，帝命武仲平商说回辕之日必尽带以归，毋遗我边患，冯帅既受辞。至是降者犯边，乃遗书广西，令设法追回。冯帅乃遣太平府知府徐延勖至谅，晓谕散匪入关。帝曰："此亦招安一著。"令次臣善辞教他追回，不烦兵力。

——《大南实录正编第四纪·翼宗英皇帝实录》卷四十三，五；[159] 6609

嗣德二十三年（清同治九年，1870 年）八月……团目刘永福回唐惧诛，请留保胜营生，寻复请从官军剿匪。兴化布政使阮辉玘、按察使陈尹达以闻。帝曰："以蛮攻蛮一要著也，永福素与黄英相仇，善激用之，但野性难驯，勿使过望转成难制。"

——《大南实录正编第四纪·翼宗英皇帝实录》卷四十三，五；[159] 6609

嗣德二十三年（清同治九年，1870 年）九月……定清人间架税【大项屋仝年十五缗，中项十二缗，小项十缗，但有现货居成基址方征之】。辰，有陈请征者，故准议定，寻以廷议复停之。

——《大南实录正编第四纪·翼宗英皇帝实录》卷四十三，八；[161] 6611

嗣德二十三年（清同治九年，1870 年）九月……降匪袭高平省城，据之。先是，省臣委督兵程恩禄【土人】招阮四、张十一、邓挽、陆晚等，率伙四五百丁来守省城。至是该等乘夜袭攻，按察黄造为所掳，寻不屈遇害【布政阮文慎别往】，领兵官张文班走脱。武仲平、邓算以事闻，请招诱恩禄，纠集义勇，以图收复，量免前过，许之。

——《大南实录正编第四纪·翼宗英皇帝实录》卷四十三，八至九；[161] 6611

嗣德二十三年（清同治九年，1870 年）九月……责宣太、谅平、北宁诸次臣筹办上安边方略。谕曰："自清国多虞，边吏抚御失策，顽民弄甲，数十年来以邻为壑。我之边吏玩愒苟安，听其群来营窟牟利、跌宕我疆陲、扰据我城邑、剽掠我人民，沿边五六省久罹其患，中州征役久已疲困。朕以国计民生为虑，于是命将出征，三道并进，又有经略大臣为之调度。不谓施措乖宜，坐听滋蔓，动至借兵他国，亏体已多。始终一意委曲推挽，竟成何事？亦不过苟塞彼责，终诒我患！未出关而降匪已拒命、散卒已谋食，甫出关则逐匪已归巢、逋匪已聚党，处处噬攫如故。而我兵仆仆于道路，死于岚瘴；我民困于挑运，毙于横虐，已不胜言矣。而诸次、省臣间多谓事已了，辄以病告，其谋国当事之心，从可知已！是以致兹全局尽乖，艰劳滋甚。是谁使然？无非蔽于私则暗于公，放其小以致其大！幸乎近必忽乎远，蔑乎易必剧乎难。即如近来宣太、谅平、北宁节次奏报，或谓逐匪穷逸无几，已为蛮目所击；或谓逃匪窜隐甚少、势亦易办，来匪饥窘，兵民数倍已搤截之，不必借援；或谓只有三数小伙，借径之他，辖下已防，可保无事；或谓彼已从令束装，各乞便道回故；或谓匪已远窜没迹，零星降卒乞食于途，撤兵无碍。历历具在，自问自知。而今卒致迥异，非心有蔽、虑不周，而何不然？匪之初发者，多者百计、少者十数，以现兵民之力，不啻倍蓰，何难刻下扑灭？而留至此！即今，就匪数多者亦止六七百，而兵数各二三千余，若善用之，岂不足制其死命？古有以百骑拒数千之敌者、有以数千人破四十万余之众者何哉？知己知彼，善用之而已。军机胜败决于俄顷，故谓兵贵拙速，不覩巧久。岂有拥千百之兵，驱残零之匪，而首鼠择便，如陈文美者有之；趦趄致寇，如阮惟胝者有之；袭捕不谨，如阮克威、阮辉猷者有之；疏防偾事，如枚贵者有之；株守自保，如丁会、黄相协、阮文慎等亦有之。而为之统帅者，不闻进一能、刑一劣，因循弊习，私顾重、公义轻，则士何由奋？功何由成？抑内省未浑，不如恕便？果然，则国家将何赖哉？兵民何恃哉？吁亦危矣！总之，节节办不中窾，不肯尽心竭智！非惟远不逮于古人，亦有愧于明命、绍治年间诸臣多矣。夫天生才以佐国，何代无之忠义？固有平生抱负！亦自不少不在其位、不谋其政，无论已既当推毂专阃之责，则信用之、恃望之，尚浅尠邪？犹不肯勉，既厥事是诚何心哉？此而不思，乃独汲汲于征兵催粮、朝请增将、暮请益兵，则虽多亦何以为？不颠蹶于山溪，亦尫羸于岚瘴！割心腹以补四肢，为谋已左，且又要尽征南兵，不虞他变，是岂深图远虑哉？不观各圈栅民犹能拒贼，而以官兵临之，又有将帅以主之，何独不能？即前日清兵未至，吴贼方炽，而解北围者何兵？及后表潘文同之卫与踏平陆岸甫蒙上赏亦何兵？而今反不能办，必要多得南兵，不几欺罔者乎？诚不可解也，卿等自省何如！朕尝读《营平侯传》，其曰：'羌戎背畔，愿陛下以属老臣，勿以为忧。'又曰：'穷天子之精兵，散车甲于山野，虽无尺寸之功，媮得避嫌之便，而忘后咎余责。此人臣不忠之利，非明主社稷之福。'未尝不拊髀三叹，恨不得与之同辰。今岂尽无其人，但未肯尽心纯诚耳。且善用兵者，役不再兴、粮不三载，故师不久暴。今殚竭财力专事北边已三年矣，而攻守与抚无一成效，征求无厌不知所从，是岂先计后战以全取胜之道乎？夫用兵而舍是三者，不知何以兹此匪非一朝一夕之故，清国不能钤抚，则我边患终无已期。果宜急图，大集将士，一战尽驱出境，使之永远震慑，不敢复窥我边。或尽能草芟禽狝，绝无遗患，则当如冯奉世量敌请兵，合用若干人、几月足以决，朝廷亦为之应，期早蒇事。傥虑其出没不常未可遽灭，则当如赵充国之屯金城，战不必胜不苟接刃，攻不必取不苟劳众，略其所可略，守其所必守；招抚豪目，连结砦栅，各自为守，各自为战；大兵拣放择善地屯壮兵蓄练，以须见可而动；夫如彼饥穷伎俩进无所得、退亦待毙，我将士以逸待劳、人人气壮求战，于是机来势顺，一举而歼之，不啻疾风扫叶；苟有一二逃命，相与报告，亦必腑落心寒，以为不可再犯；于是亟图善后，占地势、筑营壁，招还流亡，以耕以守，兵农合一，征运可省，岂非计之得乎？若夫用抚，斯为不策，然亦有辰不得已而用之，必须操纵在我，以舒目前、不虞背后乃可耳。今卿等于此三者，未有成算，乃徒纷纷四应，逐迹泥形，罄有用之兵财，竞穿窬之盗贼，尝试取侮，反制于人，何异借寇兵而赍盗粮？非徒无益而又害之，朕甚不取也！朕于卿等，义则君臣、恩犹父子，久违左右、怀望一心，何忍使之久劳于外，亦非执理而责难也。而卿等亦必不以此为自重、自封之计，但安危重事，义不可辞、计不可苟。今准总统、协统二大臣立即详阅熟计，商同诸参赞、提督、赞理、赞襄等，作何方略、决何辰月可以告蒇者，速会衔详悉驰奏。朕必参稽，准定施行。断不中制。观向来卿等所办何如？而朕待之何如？谅各已知矣。但恐公论军法终不可骫，勿以朕宽厚而存恃恩之心，勿以朕不能明烛而狃阶前万里之见，其各悉意远思，必定万全之策，毋迟毋略，称朕意焉。”仍令兵部即通录诸次、省，咸使知勉遵行。

——《大南实录正编第四纪·翼宗英皇帝实录》卷四十三，十三至十八；［163］6613－［166］6616

嗣德二十三年（清同治九年，1870 年）……冬十月，遣使如清。以署工部右侍郎兼管翰林院阮有立充正使，光禄寺少卿办理刑部事务范熙亮充甲副使，侍讲领按察使陈文准充乙副使。先是，清地股匪吴鲲【一名亚终】窜入高谅滋扰，我国具文由广西抚臣递达清国，大皇帝乃命提督冯子材统率三十一营出关会剿。至是，吴匪殒毙，边事渐清，故命陪臣阮有立等赍表函方物【视贡品加厚】并驯象【二匹】往谢。再令机密院臣拟撰问答辞授之【辞凡三条：一使臣过关后，凡途径诸省及抵燕京，省臣部臣如有问及我国处置洋人事宜，答云本国与富浪沙言语文字不同，未曾通问。年前，节次该国火船投来本国之广南省沱瀼汛，投书声言愿得弛禁通商，而辞多欠雅，汛员不敢认受，遂执以为嫌，不行通说明白，遽将兵船前来惹事，本国不得已应之，富人退据嘉定、边和、定祥三省，以致三四年间兵革不休。本国不忍兵民之苦，因该国曾遣人讲和，本国亦权与之定约，盖出于不得已。寻复请兼管以南永隆、安江、河仙三省，本国专守旧约，该用计袭取，本国不与兵争，现方寄书该国长，申说疆事，未经答复清妥。昨接该国帅报，叙普鲁士现与该国交攻，接报叙普国兵多，该国与战再三败北，该国长那铺离翁被擒，各座军民立一会同局共图治道保守国家，普国人现谋攻该国都玻璃城等情，外间探访亦多略同。但本国前经与该国交好，今亦照常弔唁，不忍乘危，使他自悔，以全邻谊。一使臣经过清国各府县道省及抵燕京，有问及我边事者，宜答云本国沿边诸省辖，向前多有内地人民投来居住生理，十余年来，各有招引徒党曾为小小劫掠，贻害边氓。近来逆匪吴亚终携党蔓逸滋扰，不肖之徒处处线起，沿边之广安、谅山、高平、太原、宣光、兴化等省辖土民或被扰掠罹锋镝，情形更加切害。嗣广西提督冯大人遵旨越境追剿，本国亦派师会办，吴亚终巨伙虽已剿绝，而该余党如黄文英、苏国汉、刘永福、邓挽等辈尚尔反覆不常。曾承冯提督说谓何日还师，并将该等尽数带回，又差官分往催饬遣回，使无遗碍。乃冯提督以内地军务急于回轺，而差官不过徒说无奈他何，致该匪等尚恋故巢，惯为匪逆，引党伺掠，边民苦之。原随冯提散遣卒无所依归亦多附伙，实繁有徒。本国现方派兵分剿，并咨呈广东、广西督抚大人饬下边吏善为防抚，如何俾边氛一律靖帖而下国边民赖得永安。或有问及冯提督此次越剿事状者，略答云有心助剿，为德未终，大略而已。余宜以不得详知答之，庶为浑妥。又如抵广西与燕京，应预草使臣禀文，尽述我边苦况，禀该抚乞商与东督严办，禀部乞为之题达，俾得旨严饬诸边吏行如何，明正永帖。一在使馆如遇高丽、日本、琉球使臣，初见宜以同文之谊往来谈叙，以探其情。如该各使臣果有厌洋真情，说及这款，宜历叙始末和款与答清国官吏者略同，仍申说云西洋诸国专以合纵为计，侵轶我东方，诸国多被其毒。本国与诸贵国均系同文，而地远势隔，其所以自强自治之策，请私与执事商之等大意，以观其言论如何。仍记之另随宜答复，不可深言，免贻别碍。向上各款仿拟如此，酬答如无提及则止，就中话及洋事涉密者，傥何处有要写出言语小简即宜收置，不可留遗片文只字或致传播，以防别碍。余常事应随事善答，毋张毋屈是可，傥有不必答者则曰不知，略而过之，以合使体】。临行，谕之曰：“专对之责，国体攸关，宜同心协虑以济实事。”

——《大南实录正编第四纪·翼宗英皇帝实录》卷四十三，十八至二十；[166] 6616 - [167] 6617

嗣德二十三年（清同治九年，1870 年）十月……苏匪党夜袭谅山，杀领兵官黎文也，武仲平、阮文祥、邓算越城走【辰赞理翁益兼，谅臬黄相协将大兵往谅桄站剿那杨匪巢，城内单虚。及闻城变，引回駈驴铺，仲平、祥、算涉江来会】，段寿登城督残卒十余人拒战，不抵死之。事闻，帝深悼曰：“不能保全大臣朕之咎也，用人不称亦朕之过也。”乃夺仲平职，假以鸿胪寺卿衔，降文祥著作算侍读，均回北省。由北督裴俊随事商委，在次军务交赞理翁益兼专办，改黄相协【谅臬】为赞襄、武德【山西副领】为副提督，与现提督丁会佐之【寻复准文祥权充赞襄】。

又令修国书移广西抚并冯提督祈为妥料，增派河静以北兵三千迅往北宁弹压，以俟调遣。又以北宁乃太谅后路兵饷必由，令裴俊、阮炳等调遣接济，以及事机。

——《大南实录正编第四纪·翼宗英皇帝实录》卷四十三，二十一至二十二；[167] 6617－[168] 6618

嗣德二十四年（清同治十年，1871 年）正月……葛娑澳海匪船【十八马匪二十余艘】扰掠洋外商船，清两广总督咨祈会剿【葛娑洋与清国疆界毗连】。帝曰："我国与清国敦谊，凡事有应会办，我不可辞。"乃命工部右参知阮文邃、水师掌卫阮有乐乘顺捷火船迅往乂安、清化、南定、海阳、广安等省，随次拣取战船、巡船并管率弁兵、大炮，合清船商剿广平以北，各于隐泊处截捕，毋使窜逸。已而，清兵船与我官民船、府县捕弁、总里出力会剿，擒斩多数，江洋均帖，赏赐有差。清乂、南定兵船、火船撤回，至如逸匪交海安省臣严饬搜拿，潭河【属广安】流民、田子【清民】令抚诱之，使案堵如故。

——《大南实录正编第四纪·翼宗英皇帝实录》卷四十四，四至五；[180] 6630

嗣德二十四年（清同治十年，1871 年）二月……刘永福、黄英交攻，兴化省臣以闻，且言："探闻英为永福所杀，请赏永福品衔。"帝曰："前言永福力不足制英，兹英为永福所杀，不知果否？或探报失实，或永福托此为辞，一以邀厚赏，一以遂他所求，尚未可知。"黄佐炎请："权为两抚，先赏金银示他以信，俾乐为用，俟高太事平另拟。"已而，宣光次臣探报，黄英只被炮伤，现方医治，永福追抵安平，已回隆鲁。帝曰："果不出统督所料，可谓长虑，却顾朕亦幸之！边臣轻信探报，筹办如此，几至误事。"各严责之。

——《大南实录正编第四纪·翼宗英皇帝实录》卷四十四，六至七；[181] 6631

嗣德二十四年（清同治十年，1871 年）二月……苏党劳允才【即劳二】、曾亚治等前月才受抚，即率党别往诸辖肆行扰掠【劳扰谅北，曾扰海安】，次臣以责国汉，国汉言力不能制。帝曰："招抚给费亦已甚巨，而今尚如此，显然以财赎得一谅城以便使事耳，余何所益？国帑民生付之，不问该次臣所办，甚不可解！”即严责佐炎等要力办，务得早清。至是，复有浪匪自清地新来，与苏、邓之散伙合，处处蚊聚，北谅驿路不通。太原、海安诸地方边报日至，帝切责佐炎曰：“抚令之行，经饬详察真心者方听，所以杀匪党而图诸逆命者，以敏边功，初非一于抚也。乃不能审察情伪，苟图了事，今日此党横肆则曰另委诱回，他日彼党蔓掠则曰现饬戢退，老师縻饷，予敌以暇，致兹事繁，莫之能遏。况事关边情，而所奏又隐略不明言之，愈增怪恨。”乃降佐炎三级、辉玘二级，均留令紧办，早清饷路为要，然后将诸匪取次扑灭，方为不负所委。佐炎又言劳允才如肯受抚，请插于陆岸诸闲地。帝曰：“陆岸是中州地面，为北谅、海安之冲。昨者曾亚治由此啸聚而蔓及海安，前事可鉴。以此为插地，无乃引他入腹乎？”不许。

——《大南实录正编第四纪·翼宗英皇帝实录》卷四十四，七至九；［181］6631－［182］6632

嗣德二十四年（清同治十年，1871 年）二月……黄佐炎请移书清国广西巡抚，祈派兵六七营会剿蔓匪。帝曰：“明言乞兵，多来不免更增民苦。应照现情明白切报，俾之妥料而已。”乃命廷臣修书咨之。

——《大南实录正编第四纪·翼宗英皇帝实录》卷四十四，九；［182］6632

嗣德二十四年（清同治十年，1871 年）三月……帝以北圻军需颇广，又有清兵会办，供亿不赀，令清乂、宁平、河内、南定、兴安、海阳、北宁、山西、兴化省臣加心熟筹，有何方略劝导，就近取给，以舒解运者，各听折奏，由部阅拟行之。

——《大南实录正编第四纪·翼宗英皇帝实录》卷四十四，十；［183］6633

嗣德二十四年（清同治十年，1871 年）三月……清国广西来文言冯提督奉谕率兵十六营会我兵堵剿边匪，已择期出关。又问年前苏抚所咨善后事宜久未见覆。廷臣言蔓匪现往多处，统督臣所叙俟剿俟抚事势未能印定。兹清兵之来至十六营之多，抬运甚属劳费，拟应遵依前书，祈派出太平府员带将弁二三员，兵勇二三千速来会剿，抬运由他自办，何日驿通运接，另即赔还。冯帅道兵请仍于龙州、凭祥住札，俟有大会痛剿另覆，以合事机。帝善之，命速复文【略叙曩因匪逆窜入高平、谅山边地滋事，钦蒙大国准派冯提督董戎助剿，该匪虽已殒毙，而该党苏国汉、邓挽、黄英、刘永福、曾亚治等或叛或逸，尚繁有徒。自冯提督移节入关，该等袭取高平、谅山省城，本国派兵剿截，未能收复。嗣而苏、邓二匪投首乞纳，还炮械、城池，本国权宜招抚，量行遣插。惟此党处置未了，他党越境潜来，日滋月蔓，将无止期。经奉国书呈祈派出得力官员，或委太平府正堂徐带将勇干将弁二三员，精兵二三千上下，紧来会同诸次省臣拟办，或不得已必须震之以威，则有贵派将勇会剿，庶得早舒边民之苦。这书想未抵到，兹接冯提督所统大兵已临境上，诚仰见大国轸念藩封，而大人曲为照顾，无所不用其至，惟本国边地久为匪徒蹂躏，高谅民夫经被凋散，在处拨夫输饷为势实难，况牧马省城。苏四现当真心乞抚，而复草芟禽狝之，想亦天朝之所不忍。兹祈大兵且于上国龙州、凭祥等处住札，遥为调度。傥该匪畏摄归顺，仍由太平府正堂筹拟遣插，或敢狃旧违抗，另由冯提督紧行痛剿。至如善后章程，经已录交沿边各省遵办矣】。又令黄佐炎紧饬各次省臣，何系我能独办者即行早办，何系俟清官接抵亦必会办，务合事机。谅山就抚首民亦饬会清国太平府官确查，分别插遣。

——《大南实录正编第四纪·翼宗英皇帝实录》卷四十四，十一至十三；[183] 6633 - [184] 6634

嗣德二十四年（清同治十年，1871 年）四月……命诸辖关汛盘拿清商伪钱【辰奸商铸造伪钱替我铜钱，民多误取，故令拿之，其辖民误取者首纳销化】。

——《大南实录正编第四纪·翼宗英皇帝实录》卷四十四，二十一；[188] 6638

嗣德二十四年（清同治十年，1871 年）四月……股匪据谅桄屯。事闻，帝曰："高谅夫饷北次是资，桄屯失守则驿路阻梗。"参赞阮辉玘、抚臣梁归正各降四级留，赞理翁益兼、阮文祥与统督黄佐炎各降二级留。既而，谅山复以运路未通，军需又紧入奏。帝怒准皆革留，复谕曰："清国知内地顽民扰我，本国严谕清兵复来会剿，恐清官虚应，则我边事终无了期。拟作国书劝激，俾他速会，庶得早完。尔佐炎等设立何法速达，以及事机而赎前罪。”

——《大南实录正编第四纪·翼宗英皇帝实录》卷四十四，二十一至二十二；[188] 6638 - 【189】6639

嗣德二十四年（清同治十年，1871 年）四月……降匪苏国汉在那扬【属谅山】俟插，闻清兵已抵龙州，即烧其居坞率党往安州。曾亚治亦同就啸聚，令次臣严防，俟清官抵会处置之。

——《大南实录正编第四纪·翼宗英皇帝实录》卷四十四，二十二至二十三；[189] 6639

嗣德二十四年（清同治十年，1871 年）五月……清冯提督、葩道台驻节龙州【接界】，委将弁出关。谅山次臣以闻，帝命赍国书并物项赠慰【沈、琦、纱、桂、金银钱】，谕曰："冯帅将兵来，匪徒不免闻声散逸，在我防截诚不可疏。尔统督并北谅、海安、太宣、兴山诸省次臣等即当随机扼要防截，先邀一二营直入中州，又一二营直抵谅洛屯，两下夹攻，俾该匪首尾不能相顾。傥未能一打成擒，亦不能蔓入腹地，是为要著。其善图之。"既而，黄佐炎、黎峻上疏请设土官、拣兵旅、拔人才。帝曰："事有先后缓急，善谋事者，莫不先其所急，而后其所缓，况用兵乎？日下边情吃紧，尔等不此是图，而摭拾迂缓事件陈奏，是何心也？兹清国营弁已订抵会，尔等亟商督我兵合与他兵剿办，要无遗患。若徒思迂缓之事，而甘于迟误无状，以致取辱邻邦、贻忧君国，则尔等自取罪戾，朕言不再。"又以军需紧乏，令省、次臣所募手勇量行留放，以省虚费。

——《大南实录正编第四纪·翼宗英皇帝实录》卷四十四，二十四至二十五；[190] 6640

嗣德二十四年（清同治十年，1871 年）五月……清兵进至谅山桄榔屯，股匪惊散，饷路遂通。乃令北省多拨民夫紧解粮饷，由谅山充给以及进剿。复密谕诸将曰："股匪狼子野心，不独苏匪已逸，海阳邓建新窜遁已也。他如劳允才、黄英、刘永福或向清兵乞效，或向我乞抚，终亦生事。尔等熟察何者应剿，必务净尽。何者应抚，要有条绪折奏候裁。仍商与清官并力妥办，务得恶荄永绝，边境永宁，是朕厚望也。"

——《大南实录正编第四纪·翼宗英皇帝实录》卷四十四，二十五至二十六；[190] 6640 - [191] 6641

嗣德二十四年（清同治十年，1871 年）五月……清提督冯子材调参将林日贵，管带营兵驰往安博住剿，命北省臣拨民给饷以合国体。

——《大南实录正编第四纪·翼宗英皇帝实录》卷四十四，二十八；［192］6642

嗣德二十四年（清同治十年，1871 年）六月……十八马海匪船复扰于海阳、广安，命省臣黎有常、胡仲珽派兵击走之【匪渠清人崩牙雄、王益等犯】。

——《大南实录正编第四纪·翼宗英皇帝实录》卷四十四，三十八至三十九；［197］6647

嗣德二十四年（清同治十年，1871 年）六月……科道臣潘文典疏参统督黄佐炎剿抚无成，徒增糜费。阁臣覆奏："统督佐炎仗节以来，专以抚为定局，浪掷帑银，养寇贻患。劳二初抚即叛，则文饰其辞，谓与苏四别党，不知据城者劳二、领银者亦劳二，与苏四同之欺蔽，孰甚？饷道久阻又不能通，迨清兵会剿，不闻身督诸道兵上下夹攻，致清兵一来，匪得东西窜逸，穷山蹑剿，劳师费财，何可胜言！请交廷臣究明严议，应否责赔，以重帑项、肃军政。再视师黎峻自来未闻有何施展，亦请并议。"帝谴阁臣曰："章奏自有体，士不可以不学如此！奏章多虚语，非古雅。其身临阵与否，不应责大将，要其成功可也，不应刻论。且责赔元帅亦成何事体？惟多误办，将更增忧。又犹文饰隐蔽，此向来诸臣通弊。听交拟，要正当。"佐炎、峻寻以奏折谬妄【炎折有延河劫发、寿昌反狱二案引用胜、广亡秦等语】与立言不合【峻折有"苟且、偷安"等语】又交议。议从重问炎杖一百、徒三年，帝特加恩，准记过立功以补前过，峻降三级留。

——《大南实录正编第四纪·翼宗英皇帝实录》卷四十四，三十九至四十；［197］6647－［198］6648

嗣德二十四年（清同治十年，1871 年）七月……股匪据香淯【属北宁】，效派权充督兵黎文瑞【原副领兵得革】，督兵阮得贮【该队】率兵勇协清弁兵剿破之，连夺匪三屯。帝嘉之，升赏有差。

——《大南实录正编第四纪·翼宗英皇帝实录》卷四十五，四；［201］6651

嗣德二十四年（清同治十年，1871 年）七月……统督黄佐炎、视师黎峻将诸省次匪情入奏，帝曰："现下匪情，尔等自料势难独办，经请移书冯帅、葩道台往北分兵进剿，已撰国书递达矣。兹清兵合与我兵兜剿，则该匪势穷，不入于北则入于山或于宣高太谅诸极边。到此穷山索兽为力颇难，尔等即严督诸次臣并商说清兵，照据各股匪必由之路先事扼截，使釜鱼笼鸟无路可逃，早将全伙到案，以奏肤公。若迟懦贻艰，必干军政。"

——《大南实录正编第四纪·翼宗英皇帝实录》卷四十五，四至五；［201］6651－［202］6652

嗣德二十四年（清同治十年，1871 年）七月……广安护抚胡仲珽将清国副将雷秉刚密书奏递进呈，帝览曰："股匪苏四剿抚二者，该国督抚如有祕要区处，不妨具奏密叙，或由海安省臣或军次大臣商说，另行折递，候裁遵办。乃该副将招抚许久不清，遽已回唐，复请来京面见，揆以人臣无外交之义，殊甚不合。俟副将再来如有提及，胡仲珽宜善为说辩，俾他知之。傥有该督部咨文，或该有说出何意要请来京自陈，即说该副将且留，以俟飞奏，毋得率听。"

——《大南实录正编第四纪·翼宗英皇帝实录》卷四十五，五；［202］6652

嗣德二十四年（清同治十年，1871 年）七月……统督军务黄佐炎奏言："冯帅咨文所叙只办谅平股匪及善后事宜，若诸次逸匪由我自办。"帝谓："姑俟冯帅筹办，及广西抚院回答如何。至如山次诸匪，经尔增派次兵迅往堵截，尔即遵前谕商说统领等员，量带营兵速往住办，庶合机宜。傥或事体如何，亦当随宜即办，驰奏以悉边情。"

——《大南实录正编第四纪·翼宗英皇帝实录》卷四十五，五至六；［202］6652

嗣德二十四年（清同治十年，1871 年）七月……辰，谅、北、海安诸道我兵与清弁分往紧捕，劳允才经向清派投降，曾亚治亦被我民【义芳社】射毙。诸散匪复窜往山、兴、宣诸辖滋扰，山西之立石、山阳、三阳、不拔诸县为甚，以赞理翁益兼【升授侍郎加参知衔】改充参赞与提督阮雄【均原往东次驻剿】复转往山次剿办。仍准益兼专董该道，得便宜调遣，专折发递。

——《大南实录正编第四纪·翼宗英皇帝实录》卷四十五，八；［203］6653

嗣德二十四年（清同治十年，1871 年）八月……万寿庆节赐北圻军次官兵及清兵诸营银钱有差。

——《大南实录正编第四纪·翼宗英皇帝实录》卷四十五，九；［204］6654

嗣德二十四年（清同治十年，1871 年）八月……帝因冯帅咨言边事，谓我兵剿截不力。谕军次臣曰："朕见奏报，则匪党中多有本国汉土侬蛮伙从，未必全是清地股匪。地方平日不能绥抚，临事又不能宣示朝廷德意，遂使蚊聚成雷，更贻许多艰著。至如清弁会剿，黄佐炎、陈廷肃等不欲邀来，只恐劳费亏体，应由自办，乃延回引日，无一处了。视师黎峻陛辞之日曾谓整励痛剿一二阵，使他震慑方便说抚。乃抵次来兹，不见有何施措。尔二臣朕所委责，谓何进观冯帅、葩道台公文内叙，贼一被剿随意奔突，未见我兵拦头剿击？虽有智者亦难以善其后，是则次臣不肯力办，致此贻笑取侮，朕甚为当事者羞之。尔二臣筹办，如何可以济国事、安民生，各其折递，候朕采择，施行责以成效。"

——《大南实录正编第四纪·翼宗英皇帝实录》卷四十五，九至十；［204］6654

嗣德二十四年（清同治十年，1871 年）八月……高平省臣邓惟贞奏言："土兵言语不通，更守不便，请派北宁、河内兵一百名充戍，原戍兵三十名只存十余，均多病患，请放回原伍。"许之。

——《大南实录正编第四纪·翼宗英皇帝实录》卷四十五，十至十一；［204］6654－［205］6655

嗣德二十四年（清同治十年，1871 年）……九月，统督黄佐炎、视师黎峻等疏言：探得卜峝猫长为英匪窝主，英匪又为北太诸逸犯窝主，及黄英、刘永福相仇情状。谕令商详冯帅知办，并督山西、北宁、海阳派兵堵截，所募土勇善射民丁听照京兵派往高谅宣太例给饷【每月钱三缗、米一方，在次每足四个月给衣裤一次】，再增给钱一缗。

——《大南实录正编第四纪·翼宗英皇帝实录》卷四十五，十一至十二；［205］6655

嗣德二十四年（清同治十年，1871 年）九月……帝以山兴宣匪情最紧，而冯帅不果移节剿办，命黄佐炎抽将大兵，派参赞、提督大员紧往宣兴，与在山益兼协力攻勦，驱之回北，使归一处，易于勦灭。谅次参赞阮辉玘回兴化、巡抚陈廷肃回北次、协商参赞阮廷诗转往宣次力办，一切事宜专由黄佐炎、黎峻调遣，俾合相资，以期成效。

——《大南实录正编第四纪·翼宗英皇帝实录》卷四十五，十七至十八；[208] 6658

嗣德二十四年（清同治十年，1871 年）……冬十月，降匪苏四等回清国东兴听候，副将雷秉刚擒之，余党散走海宁府界。广安省臣胡仲珽以闻，帝谕黄佐炎商说刘【玉成】、陈【秉彝】诸统领并督我官兵于北、谅、海安诸要路截勦。胡仲珽、阮恕即商说与雷秉刚及清钦州分道扼截，尽将余党擒斩，以绝恶荄。

——《大南实录正编第四纪·翼宗英皇帝实录》卷四十五，十九至二十；[209] 6659

嗣德二十四年（清同治十年，1871 年）十月……广安黄齐潜于尧封洋聚党造船，与十八马匪客工【即崩牙雄，又名客鸿】串通。视师黎峻以闻，帝曰："凡事必有其萌，先遏则易，海安何不预知先防？甚为瘝职！"省臣黎有常、海防使潘三省等均交部严议【齐，尧封人，幼丧父母，流清地，为清话、清服；长回贯，有姊嫁十八马匪客工，遂习为劫掠。至是起伪，合伙有名豹、名奇湘、名营万、名准，皆匪中之黠也】。

——《大南实录正编第四纪·翼宗英皇帝实录》卷四十五，二十；[209] 6659

嗣德二十四年（清同治十年，1871 年）十月……帝以海安辖匪势稍舒，清兵各营亦已撤回太原勦办其苏匪余党及水匪等，谕令省臣黎有常、胡仲珽等严督本辖弁兵民勇并量留南定兵船相机勦办，其太与山兴宣等辖令统督黄佐炎、视师黎峻通将全局随宜筹办。

——《大南实录正编第四纪·翼宗英皇帝实录》卷四十五，二十至二十一；[209] 6659 - [210] 6660

嗣德二十四年（清同治十年，1871 年）十一月……以宣次参赞阮廷诗转董太次军务。辰太匪复炽，清弁方往紧勦，廷诗前曾充伴引，言多见听，故复命之。

——《大南实录正编第四纪·翼宗英皇帝实录》卷四十五，二十五；[212] 6662

嗣德二十四年（清同治十年，1871 年）十一月……清统领刘玉成率镇柳四营进剿太匪，统督黄佐炎委提督阮雄管劲兵往武崖【县名】，以俟夹剿。督运阮茂建往谅桄督夫饷，以备供给。既而商办阮文荥、督兵郑光辉等与清兵剿太匪，克之，复白通、通化等州府。捷闻，赏荥等军功纪录各二次，并令劳慰诸营兵。

——《大南实录正编第四纪·翼宗英皇帝实录》卷四十五，二十五；［212］6662

嗣德二十四年（清同治十年，1871 年）十一月……增给大清乾隆御批《历代通鉴辑览》书于南北学堂。帝以："读史者在求古人之事迹，以明得失而正是非，《历代通鉴辑览》一书可谓要矣。"明命十八、嗣德二十一等年两次经行颁给，至是又准廷议，令增印给之，以广传习【省道学堂前经颁给，至是颁给诸府县学堂各一部，令学臣将这书与《五经》《四书大全》书加心训肄，届课试将书中大议论、大制度出题发问。外间赝书俗本，如新删、补正、少微《通鉴节要》等书诸家议论斑驳之类不得滥引。诸地方绅士如有自办纸墨就印，将回讲肄者亦听】。

——《大南实录正编第四纪·翼宗英皇帝实录》卷四十五，二十六至二十七；［212］6662－［213］6663

嗣德二十四年（清同治十年，1871 年）十二月……统督黄佐炎及各省臣连章飞奏请兵，帝谕曰："边事引日不清，朝廷非不欲益兵，以求早济。经准柬乡兵招募手勇不为不多，而一遇紧情，每以清乂以南劲兵为请，则所募者何用？试观清国之兵，亦系雇募，何以能出境从征，不避劳瘴？曾闻勇悍，未闻逃亡，岂非为将者善于抚用，得其死力？而然我官所募皆土著人，而反不彼若，自问能无愧乎？要乞无厌，不知思患预防，将安用尔等为哉？"

——《大南实录正编第四纪·翼宗英皇帝实录》卷四十五，三十七；［218］6668

嗣德二十五年（清同治十一年，1872 年）正月……给清弁自总镇至兵勇银币有差，均辞不受。

——《大南实录正编第四纪·翼宗英皇帝实录》卷四十六，一；［219］6669

嗣德二十五年（清同治十一年，1872 年）正月……给琉球属国风难船钱米衣裤，助补樯帆，派火船护送至广东，俾便回国【原该船泊入平顺罗翰汛，省臣阮威奏言该船入汛，饬问称系琉球属国，居八重山岛，副使姓长兴名善庸，巡察姓文林名方保，带随官伴五十五人，纳贡于琉球都城。清回途遇飓风，漂泊至此。乃命该省给助，特派陈希曾会同阮文邃、胡文龙（原船官）乘顺捷火船送至广东，俾该随便转往福建，俟搭（原琉球国例贡清朝，其贡船现在福建，定以四月返回该国）】。

——《大南实录正编第四纪·翼宗英皇帝实录》卷四十六，一至二；［219］6669－［220］6670

嗣德二十五年（清同治十一年，1872 年）正月……北边匪党屡扰，因谕次、省臣曰："兵，民之残也；财，用之蠹也，不得已而用之。我北边有事征剿已经三载，居者疲于馈转，行者苦于锋镝。去秋经已谕准严督，紧限以年内要得一律办清，又有清弁助剿，亦至十七营之多。乃该各股匪不于山辖蜂屯，则于宣兴乌合，不于太谅狐潜，则于海安蚊聚。所到呼群引类，肆行抄掠，边患未知何辰已也。而统督黄佐炎、视师黎峻前经拟请募战士、筹军饷，乃向来未见一得，是则徒有筹兵筹饷之名，而无兵饷之实。与夫谅省臣梁归正等均有奏请，劝诸土豪募立土兵，饬诸县民各立圈栅。高省臣邓惟贞等亦请募束土勇，轮换守卫。所办何似？自来亦未见奏报。又如武仲平、阮文祥等所干重款，朕不忍遐弃，经准假以职衔，使之立功补过，乃近来不见有何实办。清官用府陈秉彝往已久，亦没见有何施措，这亦著由统督黄佐炎一并据实夹奏以知。"

——《大南实录正编第四纪·翼宗英皇帝实录》卷四十六，二至三；［220］6670

嗣德二十五年（清同治十一年，1872 年）正月……去年清地逸匪据山阳县莅【属山西】，权副领兵官吴必宁等分道进剿，收复县莅，大获胜仗。至是，赏级纪金钱有差。

——《大南实录正编第四纪·翼宗英皇帝实录》卷四十六，四；［221］6671

嗣德二十五年（清同治十一年，1872 年）正月……处置清国钦州流民【在广安省海宁府地分，良者许留雇度，不良逐回原贯】。

——《大南实录正编第四纪·翼宗英皇帝实录》卷四十六，四；[221] 6671

嗣德二十五年（清同治十一年，1872 年）正月……清官兵【统领刘玉成、陈朝纲】会勦太匪，踏破匪巢，令办品物慰劳之【金、银钱，金帮指，沉，桂，纱、帛，银二十两，并牛、猪、糯酒等项】。土豪麻允进、罗廷东各赏银钱、银牌，手勇普赏钱文。

——《大南实录正编第四纪·翼宗英皇帝实录》卷四十六，五；[221] 6671

嗣德二十五年（清同治十一年，1872 年）正月……赏山西提督阮文雄等十一员军功、纪录、金银钱有差。去年文雄率诸军大破清地逸匪于莲湖、玉琪等社，土豪杨仲和、霍功妥以最得力，先赏，余未之及。至是，并追赏之。

——《大南实录正编第四纪·翼宗英皇帝实录》卷四十六，五；[221] 6671

嗣德二十五年（清同治十一年，1872 年）二月……清国派人递历书抵谅山省交认，无有太平府札，文渊汛守问答，省臣罚俸。

——《大南实录正编第四纪·翼宗英皇帝实录》卷四十六，九；[223] 6673

嗣德二十五年（清同治十一年，1872 年）二月……辰，清提督冯子材【驻龙州】书言撤兵入关，帝谕黄佐炎、阮廷诗【太次参赞】等曰："该帅若尽撤回，则当自强自奋，岂可一味专倚于人。尔等悉心筹勦，务有实效。"

——《大南实录正编第四纪·翼宗英皇帝实录》卷四十六，九；[223] 6673

嗣德二十五年（清同治十一年，1872 年）二月……副提督陈斌、参赞翁益兼、赞理阮文祥大破清地逸匪于太原青野屯，准升赏有差。

——《大南实录正编第四纪·翼宗英皇帝实录》卷四十六，十四；[226] 6676

嗣德二十五年（清同治十一年，1872 年）三月……辰，清副将雷秉刚督带各号船往东辖内江会勦，不肯终办。视师黎峻以闻，帝曰："该水匪自经杀散，所存不过残伙，乃许多兵船缘何与匪以暇，令他得以走险旅拒宜严防堵，并商说清官轮船于禁江关要处，相机攻守，趁紧图之。”寻而，该匪出海远飏，峻复以闻。帝以军令不严，调度不周，次臣、省臣【海阳】各予降留。

——《大南实录正编第四纪·翼宗英皇帝实录》卷四十六，十五至十六；[226] 6676－[227] 6677

嗣德二十五年（清同治十一年，1872 年）三月……命摘清乂桂、琦、沉香、燕窝、象牙并金钱、绉纱各项赠给清弁入关。

——《大南实录正编第四纪·翼宗英皇帝实录》卷四十六，十六；[227] 6677

嗣德二十五年（清同治十一年，1872 年）四月……初【二十三年十二月】，太次赞理尊室说，副领兵官张文雁等大破清地逸匪于太原那坤社。至是，赏说等军功纪录二次，兵勇钱五百缗。

——《大南实录正编第四纪·翼宗英皇帝实录》卷四十六，十八；[228] 6678

嗣德二十五年（清同治十一年，1872 年）四月……命南北诸省道派拨例留船【原例，诸省道各有仍留船一艘或二艘】及巡船、哨船等艘，整备兵炮出洋巡缉，凡载船、火铜船经过即随哨护至界末，若遇匪并力会剿。

——《大南实录正编第四纪·翼宗英皇帝实录》卷四十六，二十三；[230] 6680

嗣德二十五年（清同治十一年，1872 年）四月……清地逸匪扰掠兴化省诸州，日益滋蔓，逼近清省呈固县。该省臣恐其蔓过辖分，奏准立屯严防，并饬上游土兵及各府县扼要防截。

——《大南实录正编第四纪·翼宗英皇帝实录》卷四十六，二十四至二十五；[231] 6681

嗣德二十五年（清同治十一年，1872 年）四月……匪渠黄英乞抚，宣次省臣阮文润、枚贵将现情咨兵部审覆。部声叙进呈，帝批示曰：“英匪系甚顽梗，他见兵来故穷路至此。应由翁益兼、陈评并宣次省臣各知办，先制之勿误。如势已固，则声罪致讨，檄福与硕子【英党首效】等助攻，严责他党纳领。赏断以义理，则他自阻，勿再姑息。”并咨黄佐炎、黎峻各知办、各预防。

——《大南实录正编第四纪·翼宗英皇帝实录》卷四十六，二十七；[232] 6682

嗣德二十五年（清同治十一年，1872 年）四月……敕："嗣凡沿海诸地方亟应严饬属辖各汛加心盘捡辖民，毋得诱汉民妇女转卖清船。或有惯行此习，为人告发，即行拿治。卖者、买者与汛守不能摘发各重治不贷，其所在之省道府县总里等亦并分别议处。"

——《大南实录正编第四纪·翼宗英皇帝实录》卷四十六，二十八；[233] 6683

嗣德二十五年（清同治十一年，1872 年）四月……参赞翁益兼道兵进图大同股匪失利退却革留，命统督黄佐炎商说清官刘玉成留太防截。

——《大南实录正编第四纪·翼宗英皇帝实录》卷四十六，三十；[234] 6684

嗣德二十五年（清同治十一年，1872 年）五月……清地逸匪扰北宁纸作、嵬浪二社，社民陈光润、阮文璫等唱率民勇攻退之。事闻，帝曰："似此义概可奖！"准各赏授从九品百户。

——《大南实录正编第四纪·翼宗英皇帝实录》卷四十六，三十二；[235] 6685

嗣德二十五年（清同治十一年，1872 年）五月……命修国书【二封】投递两广总督瑞麟及广西提督冯子材。先是海宁【属广安与清钦州接壤】水陆诸匪肆扰，瑞督派雷将军前来会剿略平【间有射沈匪船及烧破匪巢】，近因雷将军回船，匪势复甚猖獗。节经【四月初九日】致书祈派文武大员或钦州知府紧带兵勇前往海宁会办，未见覆到，乃命续书以促之。又冯子材书言，现下遵谕回师，而北圻未尽宁帖，业饬刘玉成统带六营，仍留太原、谅山分行住截，俟我国戍兵接到乃撤还，特令覆书以酬好意。

——《大南实录正编第四纪·翼宗英皇帝实录》卷四十六，三十六；[237] 6687

嗣德二十五年（清同治十一年，1872 年）……六月，初清地匪合与土匪一千余屯聚沛上【社名，属北宁越安县】，官兵分道进剿失利【督兵阮文运阵毙，副领兵阮思被伤，弁兵毙四十四，伤五十六，失落八】。视师黎峻将兵三百余进至山果社接报，即于该社市严屯，那匪四面围逼，从派之典籍杨允谙【原海安赞理得降】、权协管吴文往随势截战，匪不能攻。千户霍功妥【原浼匪出首】率兵援剿，力战破之【事在去年五月】。经统督黄佐炎究状以闻，且言功妥勇干，请先出格奖拔。

——《大南实录正编第四纪·翼宗英皇帝实录》卷四十六，三十七至三十八；[237] 6687－[238] 6688

嗣德二十五年（清同治十一年，1872 年）六月……海阳布政使尊室说、赞襄张文悌剿清地逸匪于朝渡社【属广安】，匪水陆合伙一千余，三面搀来，说、文悌督饬弁兵【一千六百】大破之，奖赏有差。

——《大南实录正编第四纪·翼宗英皇帝实录》卷四十六，四十；[239] 6689

嗣德二十五年（清同治十一年，1872 年）六月……清地匪合与土匪八百余围逼端雄府【属山西】，拿办陈德宏、权领兵官阮廷贵报省乞援。山西护督陈评飞呈统督黄佐炎【辰在北，现未往山】派兵迅往剿办，嗣覆经派黄舍住次陈善政、张文悌将兵赴援。奈文悌经撄重病回省，善政又以该次匪势滋蔓未便赴援，该大臣现提兵二千抵河内省，适因阴雨未能进发，姑留数日另往，陈评具事奏闻。帝批示曰："严责端雄府住阮廷贵并陈德宏等悉力保捍，务在必固，乘机出奇杀散。黄佐炎、陈评立即调援，早解府围，岂有孤城告急而统帅犹恝然逗留？陈善政、张文悌既握重兵，则辖内处处莫非调遣，分内而不之救，何也？又凡调度先要击其渠，则其余不劳而理矣。"其后官兵进剿，那匪携党从云梦路去。

——《大南实录正编第四纪·翼宗英皇帝实录》卷四十六，四十二至四十三；[240] 6690

嗣德二十五年（清同治十一年，1872 年）七月……匪渠黄英乞纳炮、象，还给粮米，统督黄佐炎以闻。帝曰："朕观诸匪如英者均是狡黠，却乃无故投诚，殊为不近情理。或探我虚实，或党多食绌讬以缓兵，或恐我资助刘永福，故作此说，便图福党，不可轻听。"

——《大南实录正编第四纪·翼宗英皇帝实录》卷四十七，一；[242] 6692

嗣德二十五年（清同治十一年，1872 年）七月……命阮知方充宣察董饬大臣，驰往山西、海阳二军次。……又谕知方曰："冯帅现住龙州调度，今卿此行非专责以征剿，宜详察他意，如有应修禀文及备土宜款赠，商与统督黄佐炎，折奏候准。卿素有威望，静镇一处，调度得宜人思自奋，不必惯勇冒险亲往为也。今在朝耆旧，惟卿一人，廷臣每请卿北伐，朕不欲烦以军务。奈兹边患迟久不清，朕甚关怀，卿亦有心图报，故命之。"

——《大南实录正编第四纪·翼宗英皇帝实录》卷四十七，一、三；［242］6692－［243］6693

嗣德二十五年（清同治十一年，1872年）七月……辰，冯帅札抽选建五营入关。事闻，帝饬黄佐炎飞咨冯帅且留各营【选建镇柳】，剿清太匪以便徐图【原住龙州十六营，出关十一营。二月日，冯帅书言振旅入关，派委刘玉成统带镇柳六营仍留太谅住截。兹撤选建五营先回，其镇柳营全军住处仍由统督黄佐炎迅催我兵紧替便撤】。

——《大南实录正编第四纪·翼宗英皇帝实录》卷四十七，五；［244］6694

嗣德二十五年（清同治十一年，1872年）七月……腾辉火船损弊，命驶往香港补办。

——《大南实录正编第四纪·翼宗英皇帝实录》卷四十七，五；［244］6694

嗣德二十五年（清同治十一年，1872年）七月……高藩阮璠因买米递冯提督禀文不合，事闻，谕之曰："我国沿边之高谅、兴宣、广安等辖与清国沿边各府县相接，移文往来已有体例。沿边诸省若他有径报，即奏待旨。府县州有接他书到，由省禀办，府县州以下不得擅禀。诸省无故与寻常事亦不得擅行移文，违者重治。"

——《大南实录正编第四纪·翼宗英皇帝实录》卷四十七，六；［245］6695

嗣德二十五年（清同治十一年，1872年）七月……赐腾辉火船洋人其們啰哏【看机】、唏嗛噓【看标】、清人亚二【附办】银钱纱帛有差，以去冬派往广安护剿故也。

——《大南实录正编第四纪·翼宗英皇帝实录》卷四十七，七；［245］6695

嗣德二十五年（清同治十一年，1872 年）八月……乂安艚船督兵谢现等大破清汉匪船【三十艘】于邯江【属广安】。捷闻，帝曰："水战之与步战其势较难，而乂安艚船原坐七十余员名，阵上毙伤至十六人，而该船不少摇动，卒能以寡制众，视与在行又为较胜。谢现赏升副管奇。"

——《大南实录正编第四纪·翼宗英皇帝实录》卷四十七，十；［247］6697

嗣德二十五年（清同治十一年，1872 年）九月……买远通火船。初【四月日】，普鲁士专住香港领事栏旗派小火船【船内一二三圈该七人，均甫捽国人；柁水十二人，均阇閍国人】致书商舶，并赍递该国长画像一、洋枪二及炮弹、新式图本五幅恭进。命官款顿接认及译出书意，欲为我国通好帮助。帝曰："我久念不能远通，今他不速而来，诚非所料，但事甚关重，须问明另拟。"乃厚赐遣归，仍命署吏部侍郎阮政插顺捷火船【此船原派送琉球风难人往广东】往港，向该领事扣质详明回覆。及抵港叙话，该领事谓现奏国长，俟得报另寄信来。至是，复派前次火船【坐船文官名乌苏嗉呢□，武官名谷】护送阮政回，并恭进品项【鸟枪一，方函一，内贮布网烟药及随枪物件】。既而，该派情愿换卖火船，由陆往嘉定搭船回港。准收买【价四万银元】，以慰其心【政在港日，该领事曾提及卖船事，祈为妥办】，遂赐名其船为"远通"。

——《大南实录正编第四纪·翼宗英皇帝实录》卷四十七，十一至十二；［247］6697－［248］6698

嗣德二十五年（清同治十一年，1872 年）九月……如清使臣阮有立等公回抵京，片将途间失窃【乙副陈文准失朝袍一副，业已办还】认咎，由礼部静候【应否复命候旨】。帝曰："事由人，片且留部另捡拟。"仍准其复命。嗣，拟覆："该使臣奉差途间有此不谨，揆之事体未得浑雅，惟此次行止由人，情有足谅，而业经办还，趋拜及事，应免其深究。"帝允之，乃准有立实授侍郎，升署户部右参知。

——《大南实录正编第四纪·翼宗英皇帝实录》卷四十七，十四；［249］6699

嗣德二十五年（清同治十一年，1872 年）九月……赐清弁寒服银四千六百四十九两。

——《大南实录正编第四纪·翼宗英皇帝实录》卷四十七，十五；[249] 6699

嗣德二十五年（清同治十一年，1872年）十月……清地逸匪陆之平等聚扰于芳园、南亩二社，太次参赞阮廷诗以闻。帝曰："兹他聚此一隅，吾民不免罹其荼毒。"谕令统督黄佐炎、视师阮威即照现在情势筹奏，廷诗商与清统领陈得贵摘派营兵及次兵并力紧剿，以清辖分。

——《大南实录正编第四纪·翼宗英皇帝实录》卷四十七，十九；[251] 6701

嗣德二十五年（清同治十一年，1872年）十一月……银凭【属太原】余匪纠党蔓扰高谅。事闻，帝曰："朕已知匪穷则四逸，西抚冯提已云按界分防，无令内匪复串，兹何由有此？阮威即将高太节报等情飞禀冯提，明白令他速调度严截，并督驻太陈得贵【清统领】等速剿清太匪，分截高谅要周。尔阮威与谅平、宁太次省臣亦各自奋自图，要能保固，毋使蔓逸得便，三宣剿办是尔等之力也。"又令书达广西，转咨云南，先严防之。

——《大南实录正编第四纪·翼宗英皇帝实录》卷四十七，二十至二十一；[252] 6702

嗣德二十五年（清同治十一年，1872年）十一月……三宣分道进剿高太诸匪党，书递广西冯提督、刘巡抚，期与协力夹剿。

——《大南实录正编第四纪·翼宗英皇帝实录》卷四十七，二十一；[252] 6702

嗣德二十五年（清同治十一年，1872年）十一月……富人涂普义船三艘【火船二，帆船一】抵海阳禁门，乞假道往云南。先是，富帅致书商舶，叙派逋链船驶往北圻沿海诸洋分探拿海匪，探访道教地分，便往香港。这船往广平、河静、清义、葛娑皆有射破匪船，抵广安径入内江，又出海。至是，在海阳禁门汛与涂普义船团合，涂普义船三艘称都配船，其管坐一称法国领事涂普义，一称英吉利人受大清武职乔尔特，一称大清府官李玉墀，其随船有清人、法人、英吉利人、吕宋人、黑人间杂，其所装载多炮枪火器，船内挂"大清云南提督马"旗号。逋链船官致书经略黎峻，叙商人都配悬乞该逋链船官代禀，便得通行北江，便开通商新路。又谓此系承富帅嘱使，又谓这系清官委办。情辞每每相左，峻执理却之。逋链船官知理屈，即放洋驶去，都配船仍就海阳省次官呈云南提督札文，乞由江道往云南。峻乃与海阳督臣黎有常具事奏闻，帝命大臣集议。皆云："该船为云南措办军装，假道我国江程，何无两广、云南咨文可据？且我国久列清国职贡，今该船载军装向滇，而无大清列省上宪来文，我国许行恐清国见责。请令北圻诸省臣执理阻止，再移书两广，转咨云南，俟覆另办。"从之。

——《大南实录正编第四纪·翼宗英皇帝实录》卷四十七，二十四至二十五；[254] 6704

嗣德二十五年（清同治十一年，1872 年）十一月……涂普义船自海阳往北宁、河内，省次再三辩阻不听，至河内省发炮雇船往云南。署督裴式坚执理阻止不得，具折奏闻。帝谕河内以上诸省次臣相机酬应不引不接，他到处自知难行自退，处处各有职分，遵体善办要称。仍将所至所行即飞奏便办，毋先自惹衅，无致自亏可也。既而，经略黎峻不能善办，节与李玉墀、涂普义往复书札，措辞颇未得体【其书札均抄钉咨部片进，内有事出新奇，朝议人情实多惊骇疑讶等语。院臣以为似将自家隐情向人说破】。又给凭现干案之陈昌往候，而该船团执意固辞，并委阮文庄【侍读革留】往山商说【商说江程自海际达兴化，有可通行与否】。帝谴其率办，令他窥测，准降二级留。

——《大南实录正编第四纪·翼宗英皇帝实录》卷四十七，二十五至二十六；[254] 6704 – [255] 6705

嗣德二十五年（清同治十一年，1872 年）十一月……普义船经过兴安，省臣派副领兵官陈良带兵自行防察。事闻，阮德达、尊室瀹降一级留，陈良降二级留【原经准北圻诸省系该船所至，遵体善办，勿形声迹致人疑讶。乃该省所办不合，故罚】。

——《大南实录正编第四纪·翼宗英皇帝实录》卷四十七，二十九；[256] 6706

嗣德二十五年（清同治十一年，1872 年）十一月……清统领刘玉成调镇柳两营赴谅江【属北宁】会剿遵道【社名】股匪，经略黎峻飞饬各府县预备火饷给之。

——《大南实录正编第四纪·翼宗英皇帝实录》卷四十七，二十九；[256] 6706

嗣德二十五年（清同治十一年，1872 年）十二月……给清管带杨汝廷【剿谅山股匪阵毙】恤银一百五十两。

——《大南实录正编第四纪·翼宗英皇帝实录》卷四十七，三十四；[259] 6709

嗣德二十五年（清同治十一年，1872 年）十二月……清降匪农修业、黄文英二团乞借银三千两，以备军费。兴化省臣以闻，帝曰："该团隶随军次立功，颇属得力。"令即给以慰他心。

——《大南实录正编第四纪·翼宗英皇帝实录》卷四十七，三十四；[259] 6709

嗣德二十六年（清同治十二年，1873 年）春正月，机密院奏河内、山西咨叙涂普义船溯驶兴化，帝曰："他已到兴化，黄佐炎应迅回端雄，便就近调度山兴事务。河内专交裴式坚妥办，阮威就近商应。"

——《大南实录正编第四纪·翼宗英皇帝实录》卷四十八，一；[261] 6711

嗣德二十六年（清同治十二年，1873 年）正月……清地匪欧姜、苏健、黄记西、赵廷茂、方名满、谭奉等伏诛。初，姜等从刘六、周建新扰聚银山，因败夜遁，过高平博恭屯，率性总蛮目盘承士等擒获。事闻，命斩之，赏承士等有差。

——《大南实录正编第四纪·翼宗英皇帝实录》卷四十八，三；[262] 6712

嗣德二十六年（清同治十二年，1873 年）二月……清地匪自兴化搀来清化呈固县烧掠，省臣以闻，帝令商办阮僩量带兵仗往上游晓饬各土州县按辖防截，以奠民居。寻报蔓扰关化、锦水等处，请增兵派剿。

——《大南实录正编第四纪·翼宗英皇帝实录》卷四十八，四至五；[262] 6712－[263] 6713

嗣德二十六年（清同治十二年，1873 年）二月……清地匪白桂香烧掠宣光咸安县诸社，土蛮民惊走，就省城旁住。钦命大臣阮知方摘米赈给之，嗣官兵分道截剿，匪徒退散，令县员转饬散民回贯。

——《大南实录正编第四纪·翼宗英皇帝实录》卷四十八，六；[263] 6713

嗣德二十六年（清同治十二年，1873 年）二月……清地逸匪群来【一千五六百余】围逼丰稔屯【属宣光】，副提督陈斌、帮办阮信等以兵少【二百余】孤守待援不至，乘间夜回，为匪所败，宣次臣以闻。帝以斌等在次屡立战功，姑加恩革留，钦命阮知方调度失宜，降三级留，余各降革有差。

——《大南实录正编第四纪·翼宗英皇帝实录》卷四十八，六至七；[263] 6713－[264] 6714

嗣德二十六年（清同治十二年，1873 年）二月……遣使如清【岁贡】。以署广义布政使潘仕俶改署礼部右侍郎充正使，侍读领河静管道何文关升授侍讲学士、员外郎领户部郎中阮修改鸿胪寺少卿充甲、乙副使。因敕陈践诚、黎伯慎曰："北边一带沿边与清接壤，清弁节次远来，未肯实办，清帝安能知悉。节次咨广西，屡为遮掩，兹因岁贡应以国书问明，刘、冯实办何似该抚提有碍奏案【刘、冯奏兴宣匪请由我国自办】，不敢进，不敢奏，则本国当力陈交使达。"乃命修北边疆事表交仕俶等递奏清帝，又面谕曰："北边疆事一表，系是要著。他有推卸，随宜妥办，务达清帝以悉边情。"

——《大南实录正编第四纪·翼宗英皇帝实录》卷四十八，八；[264] 6714

嗣德二十六年（清同治十二年，1873 年）二月……清地股匪搀到山西武威社，乘夜袭击严武兵【义安戍兵】住处，协管阮青惠被跷兵溃，督兵陈胜援不及，领兵官黎文名、帮办尊室灞率前锋虎威兵继至，匪从后痛射，各败走。事闻，文名、胜各问革，灞降四级，均留，青惠照衔倍恤。

——《大南实录正编第四纪·翼宗英皇帝实录》卷四十八，九；[265] 6715

嗣德二十六年（清同治十二年，1873 年）三月……富帅书来言欲助退北匪，便抽清弁免费。帝以多碍，交机密院审覆。嗣覆："为惠则易，报恩实难，请且停俟。”

——《大南实录正编第四纪·翼宗英皇帝实录》卷四十八，十四；［267］6717

嗣德二十六年（清同治十二年，1873年）四月……首匪黄英乞钱米，宣光省臣疏请劝捐以备抚给。帝曰：“枚贵【布政】、阮桂【按察】若果能以恩信服得他心，必出力当之，以尽守土之责。”

——《大南实录正编第四纪·翼宗英皇帝实录》卷四十八，十七；［269］6719

嗣德二十六年（清同治十二年，1873年）四月……清地匪聚于虬山社【属宣光】，提督丁会率副提陈斌、领兵张文雁等管将兵、象分道交攻，匪党齐来趁击，各道兵溃。会坐革，斌等坐降，均留。谕令北圻诸省臣拟平清地逸匪之策。

——《大南实录正编第四纪·翼宗英皇帝实录》卷四十八，十七；［269］6719

嗣德二十六年（清同治十二年，1873年）四月……阮威请解视师董率之职，帝曰：“清弁将撤，逸犯犹多，而为此语，甚不可取。”

——《大南实录正编第四纪·翼宗英皇帝实录》卷四十八，十八；［269］6719

嗣德二十六年（清同治十二年，1873年）五月……清地匪蔓扰山西临洮、青波、夏和三府县，民多伤毙。帝以阮遣【副提督】等剿截无状，黄佐炎等不善调度，各降留，伤毙人等照例给恤。

——《大南实录正编第四纪·翼宗英皇帝实录》卷四十八，二十二；［271］6721

嗣德二十六年（清同治十二年，1873年）五月……辰清弁将撤入关，户部拟赠经准录交北谅太三省遵办【谅太均接录办】。北省臣阮威未接录到，先摘帑项【原节次款赠清弁不受，留贮在省】，泛支数多【清义桂六十三片，绉纱、绢帛七十三匹，琦香四两，燕窝四两，沉香四斤，象牙箸五十八对，除璧还金银钱外】办过咨部。部臣以事在拟赠之，先声请毋须计算。帝怒曰：“阮威等既率办，部臣亦隐过，国帑一一由省部私相给报，不得一词入奏，是何法纪！”户部与北省均交吏部严议，范富庶【署尚书】，阮顲、武科【均署侍郎】等甚巧慢，法不能宽，各解职交刑部监待案。户部印务著交潘廷评【兵部参知】、阮有立【原署户部参知，别派藏书楼量理】、裴殷年等权掌。既而，释富庶等监，准仍办事【辰，廷评等尚未认代】。俟议及案上，帝裁之，降范富庶为左侍郎，阮颧、武科各降为鸿胪寺卿办理，均会同权掌部印办事，北省已给过，休论免赔【原议户部臣均降四级调，北省臣估价责赔】。

——《大南实录正编第四纪·翼宗英皇帝实录》卷四十八，二十三至二十四；[272] 6722

嗣德二十六年（清同治十二年，1873年）六月……广安海宁府清人黄亚、徐芳标招党两相仇斗，省臣胡仲珽等恐累及平民，以事闻。帝以化外之人，势所难遏，令董率黎有常饬海宁、先安二府州各先机防探，务杜其萌；胡仲珽咨钦州员知办。

——《大南实录正编第四纪·翼宗英皇帝实录》卷四十八，二十五至二十六；[273] 6723

嗣德二十六年（清同治十二年，1873年）六月……清化按察使邓文训、领兵官张文盛等攻清地逸匪于省辖上游【训盛原准从武吕、阮政商委攻剿】，雄锐兵多被伤。权协管郑有豪将兵回□埃渡防截，匪断前路浮桥，全军皆散，土兵权管奇范伯飞等寻败之，匪散回枚下【属兴化】死守。事闻，帝以训、盛等督剿不力，各降二级留，武吕、阮政调度不周，各降一级留，伯飞等赏给有差。

——《大南实录正编第四纪·翼宗英皇帝实录》卷四十八，二十六；[273] 6723

嗣德二十六年（清同治十二年，1873年）六月……帝御文明殿，召原经略黎峻问曰：“海安边事如何许久未清？”峻对曰：“尧封县三总，敦良一总居海沙，外河、莲云二总均落海岛，中有高炉山，系匪老巢，最为险阻，每官军追讨，须用舟楫，一遇风涛不能久住。及进剿，该匪窜伏多岐，顾此失彼，难能穷索，致许久经理未清。臣将回之日，见撞山民言盎贡生、钟亚工情愿投首，臣商与黎有常妥拟，且该等在清多行扰掠，如蒙朝廷容首，亦须咨由广东知之。该二名果真心效顺，则海安可保无事矣。”又奏曰：“海阳水道多岐，去广安、南定只一日程，而海口至七八所，均系深广，如有别碍，此尤可防。”帝曰：“此一最难著，亦当预筹，岂可诿之适然而侥幸无事。”又召原赞理阮文祥，问曰：“北边事何许久未清?”祥对曰：“匪徒一入上游，水毒瘴深，军行染病者多，必欲强进，不免亏损。持久未清，职此之故。”帝曰：“清弁技艺有何长于我兵，而能为匪所畏?”祥对曰：“清弁多系招募沿边人，其出入林涧冲冒岚瘴颇谙，不比我兵多非惯著，一入诸险远路径，不三五日随即染病，攻剿难期得力，致不为他见畏。”帝曰：“古者用兵不过三年，兹已经四五年剿抚无成，财绌力殚，将何以济?”祥对曰：“此事臣等各已尽心，但势出无奈。”帝曰：“望安此一方便专意他图，不谓乃尔淹延，实深挂碍。”

——《大南实录正编第四纪·翼宗英皇帝实录》卷四十八，二十八至二十九；[274] 6724 - [275] 6725

嗣德二十六年（清同治十二年，1873 年）六月……帝谓兵部曰：“近有侍卫往诸军次，回奏北边清地匪多用枪炮，壮似神功而长过之，无有车具，只一人肩之、一人点放，及洋样六心炮皆用铜冒，故能发放敏速，不知从何买得?诸军次如有收获匪炮，有此项者，部咨发回备看，便及今次照买备用。”

——《大南实录正编第四纪·翼宗英皇帝实录》卷四十八，二十九至三十；[275] 6725

嗣德二十六年（清同治十二年，1873 年）六月……命工部右参知陈文绥充北宁钦差【原钦差往兴安查办尊室亶干参之款。辰谅江分府拿办杨琬杀清勇冒功，为清官刘统领摘觉，省臣以闻，因就近命绥往会查】。

——《大南实录正编第四纪·翼宗英皇帝实录》卷四十八，三十一；[276] 6726

嗣德二十六年（清同治十二年，1873 年）闰六月，敕兵部曰：“近据太原、高谅等省奏报，则清弁撤回，那匪复蔓下太辖接夹高平等处扰掠，民间不堪受害。似此情形不报与冯提，则该谓边匪已清，照与前书未合。部代草视师禀文，具将紧急现情祈为调度如何等大意交阮威即发，以舒边患。至如国书事体关重，未便频数。”

——《大南实录正编第四纪·翼宗英皇帝实录》卷四十八，三十一至三十二；[276] 6726

嗣德二十六年（清同治十二年，1873 年）闰六月……清地匪扰兴化扶安州，土勇权充率队琴文恩攻破之，招集流民，陈乞给贷，省臣以闻。帝令赏琴文恩银牌银钱示劝，俾加善抚乐从州民，增给足资，毋使流莩。

——《大南实录正编第四纪·翼宗英皇帝实录》卷四十八，三十九；[280] 6730

嗣德二十六年（清同治十二年，1873 年）七月……清地匪据同陇【属山西】往来洮江，黄佐炎、尊室说派提督陈斌、赞理武辉瑞、赞襄杨允谙等管将兵船分作三道进剿，克之，匪退守桂株、镇河等处。事闻，帝嘉之，各赏军功纪录有差，令佐炎等乘胜紧剿，以收完算。

——《大南实录正编第四纪·翼宗英皇帝实录》卷四十九，二；[282] 6732

嗣德二十六年（清同治十二年，1873 年）七月……机密院臣奏言："涂普义船团自去年冬闯入河内，藉以装载云南军火，久留肆横【殴伤原督学黎廷延，射杀金莲里长，暗装盐米交通英匪】，由河内商客彭利记、关佐廷一们图利为之羽翼。节经寄书富帅，移文两广，徒恃文诰之修，不先去腹心之蠹，恐此患未已也。兹请敕钦命阮知方即将彭利记等察果同伙者，声言山省探报该等惯往上游通匪，为人密告，锁交山省严禁，使见闻之下有所疑畏，不敢复与阿从，则普义既无线，促早为退听，幸或省事。"帝曰："他已拂横，兹如此急办，更生多事。但既拟请著交阮知方审察妥办如何，要使彼知感知畏，可速促回，不至生事加烦，方为尽善。"

——《大南实录正编第四纪·翼宗英皇帝实录》卷四十九，六；[284] 6734

嗣德二十六年（清同治十二年，1873 年）八月……初，涂普义船团之来也，经修国书投递清东督【瑞麟】查覆，嗣覆同治八年，云南岑抚派涂普义赴香港采办洋炮，此后未有来咨，饬委法国领事涂普义及中国官李玉墀采办军火之事。廷拟以为照此覆书，则这船显系假冒的情，但处置如何未有明示凭办。乃再拟准【四月日】修国书续递东督，又叙普义载军器、白盐向上游，许逆匪黄英及回抵河内恣横【打伤行客，射杀平民，逼胁铺市，包买货物】等情，祈为妥办。至是东督来书，言该领事涂普义系奉冯提督委办军装，业已解到，应将头批军火之数验实放行，一次交卸清楚回帆。仍饬该领事不得再来，以符岑抚截留委员【李玉墀】奏案【同治十二年四月日，云南岑抚奏滇省军务渐次肃清，俟荡平余孽，追缴军器。上年云南委员赴粤购买洋炮、药物各项多未解到，请饬各省督抚截留。奉清帝谕饬将云南委员赴粤采买军火截留，以免事后追缴之烦】。廷拟又请复书【言据如来书所叙是云南购买军器委员，凡系同治十二年四月以前尚未解到，在中国、诸国得一体截留，何淹留下国之洋商船未蒙追缴，令他得藉事奸商，以贻下国边地无穷之害也？贵大人平心体念，当必有以处此，祈查照前呈飞饬，涂普义立即整捡船团，由下国之广安海口放洋，及早回粤，毋须再令起将现泊河内船取路赴滇，以符谕准，而杜奸萌，下国实感佩无既矣】，要他饬回，仍由机密院录东督书并国书草本交钦命阮知方、统督黄佐炎遵办，庶无抵牾。帝曰："廷拟已合，但照今次东督来文，实已分别妥处。我若固执以奏案谕准，甚正料他亦难改。但此事已久执，我理已伸、他意已屈，若又牵延，该督已札复该知，若该执此径行亦难阻止，而反无恩加怨，善后尤难。或应将此示之催他就馆，派省员详示谕案，如此本应不许，但念久泊已费只存无几，许我察勘的实放行，事清即回，不得复来。余盐米留足用，不得带往。依此则放行，否则执驳，若然或可省事，俟办清答东督亦此意，卿等再阅覆。"廷臣详加商榷，覆叙："衡量可否之间，执而却之，于理近正而于情则寡。今欲处之，各当请遵批录，交钦命大臣照办。"阮知方乃委武堂【布政】邀请涂普义就馆会说，普义别往，李玉墀【清人称天朝知府，在普义船内】撄病，船属汪师爷、何燊等代会，堂言军火例在截留，饬开船内人项，便凭勘办。至于体情宽待等意会无道及，致他不乐听受。事闻，帝因切责钦命臣无得仍前挑激生事【以知方欲以责言邀人必服，若不服或至挑激，亦甘为之，故委派者不敢尽情向他商说】。

——《大南实录正编第四纪·翼宗英皇帝实录》卷四十九，七至九；［285］6735－［286］6736

嗣德二十六年（清同治十二年，1873 年）八月……命兵部右参知潘廷评充钦派，迅往河内协同阮知方处置涂普义事，因召敕曰："普义船捡整赴滇，弭怨省事在此一举。惟事甚可虑，阮知方年高性执，裴式坚遇事周章，往复移文有妨事体。尔此行宜随机善办，使该乐听，要早完事。近日据报，普义故意托避，玉墀已到，方可亲会，如小小头目勿可轻与失体，凡事贻误皆由阮知方苛责所致，前既误事，兹善为处置。且清客趋利，其通商云南事固有之，姑置勿问，俟事清徐办，使他服情，若一切绳之以法，恐未便。”廷评对曰：“节访来人，知属客所附和者，皆游荡无根脚之徒，到处旁访，当各知之。”帝曰：“君门万里，据纸上则如此。但朕细访则该亦无甚肆横，在我苛刻所致。然阮知方性执，此行办国大事可否相商，若不合，据实密奏。”

——《大南实录正编第四纪·翼宗英皇帝实录》卷四十九，九至十；[286] 6736

嗣德二十六年（清同治十二年，1873 年）八月……太原上游匪党肆扰，谅平护抚梁归正经禀与清统领刘玉成派办。嗣该统领来文叙冯提札饬止于高谅境内剿截，不许前进。该抚臣以事奏闻，帝批示曰：“由阮威善禀与刘玉成即派数营，迅往太速剿早清，然后回住亦可，亦据实谅平无匪言之，惟太紧急不应膜视，勿听他自便，是可。”寻接统领李扬才会叙，调英字、勇字、立字各营，并亲率常胜军营迅赴高平，分别调遣。该抚臣具咨兵部进呈，准由该抚臣遵前批示办理。

——《大南实录正编第四纪·翼宗英皇帝实录》卷四十九，十一至十二；[287] 6737

嗣德二十六年（清同治十二年，1873 年）八月……钦命阮知方等奏言普义船团装载军火并盐米驶上云南，经派省属伴送探察，惟河省投递云贵督抚与冯提禀文未及接递。帝曰：“江程不远，谅亦可及。”令速派递，要于山兴江次密交省派认达。既而，该船团驶到山西夏和江分肆掠【胁捉民船射伤兵勇，夺取炮械断截草龙】。护督陈评以闻，帝曰：“他心迹诡秘狡诈，宜善自防备，无坠他计，毋生他疑方称。”

——《大南实录正编第四纪·翼宗英皇帝实录》卷四十九，十二；[287] 6737

嗣德二十六年（清同治十二年，1873 年）九月……统督黄佐炎以刘永福历从官兵效剿，请擢为防御使。帝谕曰：“拔用永福，资其死力以绝英。情势亦合，但未有大功，遽许官职，不几于滥赏乎?”姑准支出库银

【三四百两】赏给，且抚慰之。

——《大南实录正编第四纪·翼宗英皇帝实录》卷四十九，十六；[289] 6739

嗣德二十六年（清同治十二年，1873 年）九月……帝以北边军务久未告蒇【经五六年】，密谕黄佐炎、阮威等曰："用兵之道贵出万全，胜之固难，安之亦非易。要在专责者相机紧图，乃克有济。年来援剿清官节已推卸，疆事应由我办。尔等身当阃责，顾乃坐视，专欲因人成事，虚负委寄，忧劳之义何在？嗣宜各悉心力茂展猷焉，或调派官兵、或号召豪目、或纠集民勇，当如何兜剿，早清是为至要。"

——《大南实录正编第四纪·翼宗英皇帝实录》卷四十九，十七；[290] 6740

嗣德二十六年（清同治十二年，1873 年）九月……命署吏部左参知阮政权充商舶大臣，谕曰："清系大国，诸外国多与交通，故设有总理衙以掌其事。我国虽小，亦有邻好往来，近因事设商舶，其职即清之总理，非特专办往复文书已也。尔今虽权充，亦非五日京兆之见，凡事可否，宜与诸大臣相商，事臻妥善。日下事务尚多，要宜尽心思、展猷为，勉称简委。"

——《大南实录正编第四纪·翼宗英皇帝实录》卷四十九，十八至十九；[290] 6740－[291] 6741

嗣德二十六年（清同治十二年，1873 年）十月……富派安业攻陷河内省城。先是，安业急欲开商，屡为我官【钦命、钦派及省臣】阻止，心怀不平。乃预定条约【内叙通商事务】递交该省粘揭，我官仍答以未奉朝命，莫敢率行。该派怫然，乃于是月朔袭攻省城，官兵分门拒守。钦命阮知方与其子驸马林【原请往探】守东南门，富兵先破之，林为炮毙，知方被伤，诸门兵溃，城遂陷。裴式坚【署督】、尊室徏【按察】脱去城北隐住【住青池县仁睦社书吏苏泶家，其后该总德捉获裴式坚引纳，富派赏钱一百缗】，富人掳潘廷评【钦派】、武堂【布政】、邓超【提督】、阮登俨【领兵】等，派火船载回嘉定【辰抵嘉定，富帅拟欲载回富国献功，使臣阮文祥力为救解得免，后因交还】，知方以伤留原住署疗治【富兵縻守】。

——《大南实录正编第四纪·翼宗英皇帝实录》卷四十九，十九至二十；[291] 6741

嗣德二十六年（清同治十二年，1873 年）……十一月，河宁新督陈廷肃遵前准力疾就道，与新抚阮仲合往抵河内省城【新臬张嘉会、领兵黄敦典及鉴牧平灵、牧登等亦与同往】，安业派人迎入城中安歇，遂将开商事提问，谓这款朝廷筹拟如何？没见全权会办，以致惹出事来。今新员已抵，讲定得否？廷肃等答：以未有全权，仍经奉准前往会办这款。安业闻言，颇亦平心，相与商酌【辰，督、抚二员住处，安业以兵逻守，外人不得关通。诸汉奸为安业所用者，见该二员来，莫不错愕，图阻挠其事。是夜即欲为变，以他党中有阻之，迟回不发而止】。

——《大南实录正编第四纪·翼宗英皇帝实录》卷四十九，三十二；［297］6747

嗣德二十六年（清同治十二年，1873 年）十一月……香梗住次官兵袭杀安业于罗城外。初，三宣统督黄佐炎、参赞尊室说以河内警报，奏准统率弁兵进往该辖，相机剿办。嗣闻四省连破，彼情恣横，乃咨催刘永福率团备派。永福情愿效报，军住香梗社【属慈廉县，下同】。至是，进兵安决社，夹西坞门。是月初二日，刘团就城下挑战，辰安业方与陈廷肃住署会议，未及提说。忽报有兵来攻，即走回率部属出城迎战。该团佯走，安业策马追至纸桥，该团袭杀之【此次斩获五馘，三圈一即安业，并二圈一、一圈一，无圈二】。事闻，帝以刘团诱杀安业，特出自一辰计取，若堂堂正正与之角胜，想亦难于持久。日下商说事已渐有端绪，统论处置全局，必非专倚该团所能了，宜使回截上游为妥。乃喻示黄佐炎、尊室说曰："当此有事之日，乃能鼓励戎行，先声夺人，大局因而顺妥，殊深嘉悦。且兹中州军务已舒，尔等著仍于山省驻兵，养威蓄锐，俟诸省交清即派剿英匪，早将三宣全辖一律肃清，俾及此机会得便休息整饬，克卒前功，更为甚好。至如刘永福团勇，准由尔等区处妥帖，俟事平一并论功行赏。"

——《大南实录正编第四纪·翼宗英皇帝实录》卷四十九，三十三至三十四；［298］6748

嗣德二十七年（清同治十三年，1874 年）正月……命递书广西【去年十二月接大清公文，叙我使臣疏请饬派兵攻剿诸匪，经清帝谕令刘巡抚、冯提督妥筹速奏，至是递书刘、冯祈为早料】。

——《大南实录正编第四纪·翼宗英皇帝实录》卷五十，二至三；［309］6759 -［310］6760

嗣德二十七年（清同治十三年，1874 年）正月……清地匪千余搀扰清化上游，呈固县不守，省臣以闻。帝曰："尔省与山防宜各方力剿早清，无使滋扰。"

——《大南实录正编第四纪·翼宗英皇帝实录》卷五十，三；［310］6760

嗣德二十七年（清同治十三年，1874 年）正月……准封黎后黎维见【现插平定】为副管奇，延嗣男给冠袍驰驿回清监祀【黎庙在清】，命礼部催来察问。维见抵部禀称："前年插居平定【明命年间以维焕、维良谋逆，从父维庚插居】，干止已宁，兹蒙回清，密迩先祖，固为甚愿。恐或有假之藉端生事，反速厥辜，有负朝廷矜全之德，情愿仍留插所，以永承恩。"部臣以闻。帝曰："听依所愿，以安其生，且停袭监。其黎庙祀典并与历代祀典，国为之办。"寻赐黎维见准免兵徭、身税终身。

——《大南实录正编第四纪·翼宗英皇帝实录》卷五十，三；［310］6760

嗣德二十七年（清同治十三年，1874 年）正月……清地匪周建新、赵花丹率团三百，由太省首效，准各赏白金【五百十八两】，仍饬往上游剿办。

——《大南实录正编第四纪·翼宗英皇帝实录》卷五十，七；［312］6762

嗣德二十七年（清同治十三年，1874 年）正月……命院、舶臣画界首图本，发交富帅执照【年前富帅致书，祈画界首图，交该执照。至是，画成二图本，递由平顺省臣，一交富帅，一留省】。

——《大南实录正编第四纪·翼宗英皇帝实录》卷五十，十六至十七；［316］6766－［317］6767

嗣德二十七年（清同治十三年，1874 年）二月……准刘永福拔授该次副领兵官，该团自管带以下赏升三秩，并普赏在行兵勇银两钱文【银三百四十五两，钱三千缗】，录纸桥战功也。

——《大南实录正编第四纪·翼宗英皇帝实录》卷五十，十八；［317］6767

嗣德二十七年（清同治十三年，1874 年）二月……赏山西白榴下社义民。辰，清地逸匪屡扰，该社民团结拎防，具有实状。省臣陈评以闻，命旌赏之【头目赏正九品衔，民免徭、身税五年，匾额一面，刻“白榴下社义民”等字】。

——《大南实录正编第四纪·翼宗英皇帝实录》卷五十，二十三；[320] 6770

嗣德二十七年（清同治十三年，1874 年）二月……北次首目周建新、赵花丹等率募勇进攻匪党，旬月连胜之，收复大慈县城，令次臣阮威等犒赏之【银钱牛酒】。

——《大南实录正编第四纪·翼宗英皇帝实录》卷五十，二十七；[322] 6772

嗣德二十七年（清同治十三年，1874 年）二月……辰，广安流民多犷悍，而陈灼琼、徐嘉杨等是首恶，两广公文叙钦、廉官兵不日进往围拿。乃准谭光闻【管督水道员外郎，系土著谙干人】以从四品衔领海宁府知府，与清官会办。

——《大南实录正编第四纪·翼宗英皇帝实录》卷五十，二十七；[322] 6772

嗣德二十七年（清同治十三年，1874 年）三月……谅山省臣抄上两广督抚晓文【晓示清匪、散民、散匪】，命兵部抄交各次省揭之。

——《大南实录正编第四纪·翼宗英皇帝实录》卷五十，二十八；[322] 6772

嗣德二十七年（清同治十三年，1874 年）三月……参赞尊室说大败英匪于安立【属宣光】。捷闻，帝曰：“英匪蔓阻已久，兹得此则宣亦可通济，朕深喜之。”机密院臣奏言：“黄英肆扰诸辖，宣次兵勇万计，非不足于战也，乃三宣省次臣筹拟，则欲催取高谅二勇兵，河咨则欲借富兵船，谅咨则谓刘玉成托辞卸撤，贼情众议似此纷纭，诚难遥度。窃思安边之计，剿抚而已。兹请一由阮威覆书刘玉成，谓：‘本国与富缔好才十余年，而该帅欲以助攻无非公愤。贵总统始终其事，遽欲撤兵，其于千百年情谊谓何？’一由河内省臣试问富派黎那助攻，以通商路，看他答复如何，另拟合行事宜。”帝从之。

——《大南实录正编第四纪·翼宗英皇帝实录》卷五十，三十一至三十二；[324] 6774

嗣德二十七年（清同治十三年，1874 年）四月……命通饬诸地方，嗣凡清国平民有愿留居者多则由帮长记册给票，少则由里长认实别悬，以清人侨寓额籍不明故也。

——《大南实录正编第四纪·翼宗英皇帝实录》卷五十，四十一；［329］6779

嗣德二十七年（清同治十三年，1874 年）……秋七月，统督黄佐炎折奏兴宣匪情，谕曰："三宣英匪据蔓五六年来，财力耗困，今兵威大振，匪势已穷，尔宜分道进剿，以绝恶荄，切勿听他狡缓遗碍。"

——《大南实录正编第四纪·翼宗英皇帝实录》卷五十一，二十一；［340］6790

嗣德二十七年（清同治十三年，1874 年）七月……太原布政使武辉瑞奏言："清降匪周祥麟、赵葩丹二团妇幼口粮奉已停给，请许该等管领同姥、卯支、北三关津税减成责纳，俾有资仰。又言辖民屡遭兵燹，兹始回复，斫办林产与商户贸易。一遇风雨，商户不来则无所仰，请设司贸易以为救荒活法。"帝皆许之【去腊，视师阮威奏准周、赵二团男女千余人就抚给三月口粮，每人每月钱、米各一缗、方。至是三月限满停给，二团现从剿匪，故许领关津税】。

——《大南实录正编第四纪·翼宗英皇帝实录》卷五十一，二十一至二十二；［340］6790－［341］6791

嗣德二十七年（清同治十三年，1874 年）八月……英匪又书来乞降。统督黄佐炎以闻，帝曰："行如何永帖方听，若了事遗碍，必贬罢，毋悔。"

——《大南实录正编第四纪·翼宗英皇帝实录》卷五十一，四十；［350］6800

嗣德二十七年（清同治十三年，1874 年）八月……兴化之镇河据匪【黄英】负固有年，至是巡抚阮辉玘督刘团剿拔之。统督黄佐炎具折奏闻，帝嘉赏之，其得力之副领兵刘永福赏升领兵官，俟乘胜力追早获黄英、尽灭三宣余匪，必加赏拔；佐炎、辉玘各赏加军功一级。

——《大南实录正编第四纪·翼宗英皇帝实录》卷五十一四十二；［351］6801

嗣德二十七年（清同治十三年，1874 年）八月……北宁匪阵【阵初聚党于金英县上福社约四百人，乃掠食一小寇。其后，阿从影附，党伙

至二千余】线合清帝逸匪，分扰于谅江安勇诸府县，视师阮威奏请劲兵一千，以资攻剿。乃命参赞尊室说带将张文悌等并弁兵驰往北辖剿办。

——《大南实录正编第四纪·翼宗英皇帝实录》卷五十一，四十二至四十三；[351] 6801

嗣德二十七年（清同治十三年，1874 年）八月……阮文祥奏言："今富人要居河内，以清商所聚故也。商人唯利是趋，不常迁徙，于宁海、禁江开市聚货，立铺招商，使成乐土。清商既以为归，则西商不应舍此而他求也。请密咨河、南二省遍饬辖下诸商客，如有情愿于宁海汛立铺居商者，限三月内均由海阳省官投乞，于宁海屯以上之禁江两岸构居开市。又请敕下廷臣会同遴择，得人董理商政，以期济事。"帝然之。

——《大南实录正编第四纪·翼宗英皇帝实录》卷五十一，四十三；[351] 6801

嗣德二十七年（清同治十三年，1874 年）八月……初宣辖上游匪党滋扰，泸、洮诸江并行封禁。至是，统督黄佐炎奏请弛禁通商，既以补给刘团，亦免病民。兵部以为："封江禁商所以困贼，今英匪虽穷，尚于上游据聚散党，尚扰于兴、清、宁诸辖，遽行弛禁，无亦有妨垂成大局？"乃命佐炎再详察英匪，果能早灭，弛禁无碍，另覆候准。嗣覆："剿灭英匪，现奉筹办。凭仗威灵，想亦可能奏绩。"帝曰："如果无碍，听依弛禁，俾永福得以抽丰之利尽心办贼，而方民亦免受害。如或贻碍，必责问【**原请弛禁洮江，交刘团管顾；而泸江自宣城以上仍禁，其宣城以下各听通商**】。"

——《大南实录正编第四纪·翼宗英皇帝实录》卷五十一，四十三至四十四；[351] 6801－[352] 6802

嗣德二十七年（清同治十三年，1874 年）九月……如清使部潘仕俶等回，因路梗【**北宁匪阵扰掠**】久住谅城。疏闻，帝曰："尔等隔年跋涉万里艰劳，兹幸早回，为之欣慰。昨闻北辖接夹官路有梗，经准诸次省臣剿清，便护好回矣。尔等宜加审慎，去回平安可也。"因谕责次臣曰："阮威视师之责，军中筹请一一俯从，至今未清，则前所请今春告蒇，其言安在？殊可怪恨！尊室说远来合剿，阅月来兹些小胜仗，未能大惬人意，致使部回车经久犹梗。兹著严责尔等各各督饬捕弁，扫荡渠伙无遗，护回使部早到京师，则尔等之功尚可抵过。”

——《大南实录正编第四纪·翼宗英皇帝实录》卷五十二，四；［354］6804

嗣德二十七年（清同治十三年，1874年）九月……户部奏言：“北次清弁诸营经过各省索借银两钱米，只凭一帖营号，篆迹或有或无。及会捡，该弁多摘驳，经咨各省，查明其所驳帖均非浮冒。侵染的情应否听得开销？候旨。”帝曰：“亦加恩准销，嗣不得如此率办。”乃命视师阮威会汇饷册呈达冯提，并以其事夹叙。

——《大南实录正编第四纪·翼宗英皇帝实录》卷五十二，五至六；［355］6805

嗣德二十七年（清同治十三年，1874年）十月……统督黄佐炎奏请调四道兵【兴化刘永福一道，谅山丁冠桢一道，高平梁俊秀一道，宣光农雄福一道】往宣剿英匪，钦给领兵官刘永福权充三宣军务副提督兼督各道。许之。

——《大南实录正编第四纪·翼宗英皇帝实录》卷五十二，十四；［359］6809

嗣德二十七年（清同治十三年，1874年）十月……辰，清弁住高谅，清地匪日加游勇或有劫掠，差弁往来，或与富人殴斗。帝欲达书撤之，下廷议，议上以为：“清国闻我与富定约书商滇路，又疑我藉富势收回两广，致久留自卫。然高谅二三年来幸得无扰，则清兵在此非全无益。请修国书以达广西刘抚祈为熟察事宜，严加禁饬。”许之。

——《大南实录正编第四纪·翼宗英皇帝实录》卷五十二，十五至十六；［360］6810

嗣德二十七年（清同治十三年，1874年）十一月……晓示北圻官吏士民。谕曰：“甚矣，习俗之移人也，不有贤人民望起而正之，难矣哉！北圻风俗浇薄侈荡，从来素矣。虽其间良家善士、义夫节妇固不为少，而其游手游食之民、顽夫荡子、妓女狡商又不知其几倍。豪放相尚，窘迫立至。凡讬名犯义之事，无所不为。自来乍息乍动，痼不可除。就中宁太为甚，海安、三宣又次之。河内素称都会繁丰之地，而窃盗屡发，黎庶虚惊。惟南定一辖亦云沃壤，而人心稍得淳悫，犹为近之。夫以范文谊、尹奎、杜发诸人亦是一老儒休官，乃能为国牖民，不至贻朝廷忧。他如阮炳、黎廷延、阮域之伦，无非士民之望。又朕所不能尽知者，在在有人，何乃不能导民训士？务令改恶迁善，除暴安民，宽朕北顾之忧！今清地匪窜逸，凭陵我疆圉，荡析我闾里，劫辱我士女，正当同仇敌忾，誓必一鼓歼驱，方显相保相助之意。奈何又纵我荡子，害我良民，助其虐焰，其不仁更甚矣！官吏将校绥攘既不力，师儒士子劝导又无术，朕何能一刻安枕哉！今后诚愿方牧、守宰、乡闾、父兄、师友各以善心善行教率其子弟，改过迁善，偕之大道，丕应朕志，毋藐朕言【文谊、奎、发、人、廷延、河】。”

——《大南实录正编第四纪·翼宗英皇帝实录》卷五十二，二十一至二十二；[363] 6813

嗣德二十七年（清同治十三年，1874 年）十一月……辰，太匪首团【周祥麟、赵葩丹】阳顺阴违，暗串合伙。参赞尊室说奏言：“太省以其轻抚，故有畏隐，请敕下省臣出力会勦。”帝曰：“周、赵首团，武辉瑞抚之，阮威成之。兹若株守待人，其地方之责何？”遂从其请。

——《大南实录正编第四纪·翼宗英皇帝实录》卷五十二，二十五；[365] 6815

嗣德二十七年（清同治十三年，1874 年）……十二月，河宁领督陈廷肃并原钦派阮增阭以忙遽率办，各坐罚。先是，洋船雇清商货项，经准严禁，俟商约定后方行。乃擅许罗登搭商及听洋派增筑移葬【安业】土区【百尺】，均属不合。廷肃降一级留，增阭罚俸一年。

——《大南实录正编第四纪·翼宗英皇帝实录》卷五十二，二十七；[366] 6816

嗣德二十七年（清同治十三年，1874 年）十二月……普义船团因久住窘迫，总理商政范富庶以闻。准权许雇载清货，一次取利，以资路费，仍照例纳税。

——《大南实录正编第四纪·翼宗英皇帝实录》卷五十二，二十七；[366] 6816

嗣德二十七年（清同治十三年，1874 年）十二月……帝以北太募兵有名少实，令省臣阮威等详加拣汰。帝谓机密院曰：“三宣勦局以刘永福道兵为正办，乃该却回守保胜，屡派往宣不肯行。且保胜乃通商门户，商政不日施行，如有阻梗，富人或有烦言如何?”陈践诚等对曰：“黄佐炎节奉调度，剿局已成，应听卒其所图。日下佐炎调遣三道往宣剿英，近接咨文，则各已进行，永福亦禀拨夫饷进往。似此势成人集正有可乘，况兵机倏忽亲履者详。请密谕次臣开导永福，使之安心效剿，早将英匪荡平，以清边圉，而尽责成。”帝是之。

——《大南实录正编第四纪·翼宗英皇帝实录》卷五十二，二十八至二十九；[366] 6816 - [367] 6817

嗣德二十七年（清同治十三年，1874 年）十二月……广安水匪名客工率船勇拿获匪渠船炮，委乞解纳领赏。因愿纠团会剿，抚臣胡仲珽奏请支给招抚。辰，清官已督带兵勇进夹海宁剿诱。帝曰：“究果实状照例赏给，令随剿匪。然那系由清官招诱，事平之后，其客工交与清官引回该国就抚。”

——《大南实录正编第四纪·翼宗英皇帝实录》卷五十二，三十二；[368] 6818

嗣德二十七年（清同治十三年，1874 年）十二月……提督阮文雄等剿清地匪于古螺、扶来等处，胜之。参赞尊室说奏言二阵尤为艰劳，当面普赏钱二千五百缗。帝命加赏尊室说及提督等各有差，又以此二阵剿杀汉匪至五六百，令谕晓北山太诸社民，凡诸为匪诳诱者，各及早散回，或擒斩渠目解纳免罪领赏。

——《大南实录正编第四纪·翼宗英皇帝实录》卷五十二，三十二至三十三；[368] 6818 - [369] 6819

嗣德二十七年（清同治十三年，1874 年）十二月……辰，使部潘仕俶等回程既先回家贯，买项又多不中用，吏部究拟折奏，阁阅拟请革职。帝曰：“迟慢杂忽，尚何臣心？部引奉使议勤甚非，使亦有别，如艰劳干济重事岂不可议？若只照常，又无能有过，安可？曲引本应各革，但朕一念体臣，姑从宽典，仕俶降鸿胪寺卿办理吏部，文关降鸿胪寺少卿办理兵部，修降从五品领员外郎，随从各降一秩【仕俶原署礼部侍郎，文关原侍读学士，修原鸿胪寺少卿】。”迨仕俶等入谢，帝因问曰：“清国处置诸洋及同治政事，官吏得失如何，其势盛否?”仕俶对曰：“清国之于洋人也，分地居之【汉阳镇外洋人所居有立石碑刻‘大英广隆地界’】，列铺聚之【所在各竖旗号为别】。湖北总督李瀚章为通商大臣，通其往来，正定府城有道堂在城内，燕京亦然。士夫不闻有横议，识者或有谓今同治春秋未盛，兼以数十年来兵疲财绌，姑且曲为回护，近已敕下军机，修辑剿平方略。江苏又开巧局，诸省令习洋炮，各刻刻自励。至如处置该洋在军机处，臣等不得而闻也。同治亲政以来，政事则一遵成典，专用旧臣；官吏则自咸丰以来，仕途掺杂，贪冗多而民生日促，捐纳为之弊也。问之诸省总督，则直隶之李鸿章、陕甘之左尊堂皆为儒将，湖广之李瀚章则沈静有机略，广西巡抚刘长佑则严重而谙行阵，与兵部之单懋谦、礼部之万青藜皆为名臣。又闻甘肃匪害经十余年，专由左尊堂筹办，去冬肃清。现下四方无事，且臣等行程一路，观其大势，及在燕见诸日报，大略国用稍细，而兵力尚强。至如大事在军机处，臣等不得而闻也。”因献蚌珠及拭眼仙方【蚌珠向照灯日内含二影者真，用以拭眼清热。仙方云老人目痛久翳，以青皮熏洗数日清眼垢，百余日渐消翳，人效用之多验】。

——《大南实录正编第四纪·翼宗英皇帝实录》卷五十二，三十四至三十五；［369］6819－［370］6820

嗣德二十七年（清同治十三年，1874 年）十二月……海阳匪目【伪前军】胡文万伏诛。初水匪搀扰该辖，经被官兵剿散，存匪目名万窜逸逋诛。至是清勇黄财胜率党拿获之，向省解纳，仍乞往海宁府安插营生。该省以事具奏，准将名万正法，其黄财胜伙伴各赏给之【银一千五百两】。仍批示该省臣曰：“该清勇虽能归顺立功，而原系不逞棍徒，尔省既经抚之，当自处之。若分交诸省不免烦碍，应于尔省辖择便安插，仍遴头目领之，使有统属，庶无遗患。”

——《大南实录正编第四纪·翼宗英皇帝实录》卷五十二，三十六至三十七；［370］6820－［371］6821

第十八册

嗣德二十八年（清光绪元年，1875 年）正月……帝谓："沿边诸省与清毗连，年来清国逋渠多越险搀来、潜行扰掠，皆由边吏制驭失策。乃通饬沿边并中州诸省臣要加捡诘除治，要使辖内肃清、绝无遗患，方为不负所委。"

——《大南实录正编第四纪·翼宗英皇帝实录》卷五十三，三；[2] 6828

嗣德二十八年（清光绪元年，1875 年）二月……命统督黄佐炎立限剿匪。辰，军兴六七年，北边诸匪歼除殆尽，黄英老寇，仅留残喘，帝经听其限办。佐炎奏言："不敢逆料，惟知殚竭心力筹办，仰赖朝廷威德，幸能告蒇。"帝曰："黄英倡乱，朝廷之忧，责尔早办，乃作未了之辞，则兵民何日息肩，财力何能继给？况各道兵勇整齐竞奋，岂宜迟费？尔当悉力筹剿，仿二三月间，或何月告蒇，立限奏闻，以舒悬眄。"

——《大南实录正编第四纪·翼宗英皇帝实录》卷五十三，八；[4] 6830

嗣德二十八年（清光绪元年，1875 年）二月……平顺风难民自香港回【该省难民男十四，妇女五，现于巡理府署安置。辰管坐腾辉火船往港公干，闻知勘实认回住所，支出官银给养，访有英国火船往嘉定，因便搭回。另书富帅转交回顺省，其脚价、口粮、衣裤共银一百七十一元汇销，许之】。

——《大南实录正编第四纪·翼宗英皇帝实录》卷五十三，九；[5] 6831

嗣德二十八年（清光绪元年，1875 年）二月……宁太次省臣尊室说遣提赞阮文雄、张文悌、吴必宁、张文班等分道攻清汉匪于安园、东鲁等处，冒雨进兵，一齐拔垒，擒获逆首名阵【伪称大元帅】，斩之，传首示众，擒斩清汉匪一千四百余丁馘，收获器械无算。捷闻，帝制诗志喜，赏说升署宁太总督，加赏良玉佩牌一、嵌火齐珠金帮指一、龙云契会一、二项金钱各一枚，提赞等赏升有差。

——《大南实录正编第四纪·翼宗英皇帝实录》卷五十三，十九；[10] 6836

嗣德二十八年（清光绪元年，1875 年）三月……命统督黄佐炎会诸军进剿英匪。清弁赵道营拦头攻下，刘永福团丁从下剿进，山西兵船、土目、猫人同辰会剿。谕炎调遣号令要得严明，督饬解运要得接济，要于月内告蒇。

——《大南实录正编第四纪·翼宗英皇帝实录》卷五十三，二十；[10] 6836

嗣德二十八年（清光绪元年，1875 年）三月……权副提督刘永福率勇踏破英匪巢于北坡、板果等处【属兴化陆安州】，命加赏之【军功一级，紫金牌一面】。

——《大南实录正编第四纪·翼宗英皇帝实录》卷五十三，二十三；[12] 6838

嗣德二十八年（清光绪元年，1875 年）三月……统督黄佐炎近以军次饷广，请摘何省现贮稍裕者解交钱米备给，经准由河内【钱五万缗】、兴安【三万缗】、南定【米五万方】量数，即行解交。至是，又奏言清弁五营及高谅、保乐各算兵会剿卜外屯连胜，经宣省臣派人款慰，仍照该省各道兵并清弁军需甚广【每月饷米至七八千方】，请增米五万方、钱五万缗续交及用。再准摘河内钱六万、宁平米三万并与前次诸省现解欠，于各即紧办。

——《大南实录正编第四纪·翼宗英皇帝实录》卷五十三，二十五至二十六；[13] 6839

嗣德二十八年（清光绪元年，1875 年）三月……令商舶修书达富帅【一叙自平顺至海安，水匪阻梗，祈该帅嘱该派行间因便剿逐匪船。再本国北圻偶因艰食，望米甚殷，祈遍饬南圻商船多载米往北发兑取利。一叙永福归顺本国，亦是本国臣子，前与安业两不相下，以约未定耳。兹和约既定，各释勿疑，免生嫌衅。一叙广西刘抚移文叙，该抚奉奏准俟三宣平靖，道路通畅，方可前往云南】。

——《大南实录正编第四纪·翼宗英皇帝实录》卷五十三，三十二；[16] 6842

嗣德二十八年（清光绪元年，1875 年）三月……谕北圻省臣曰："团练之法，昔人有行之者。自州闾族党之法废，而求可以相友相助以遏寇盗，莫此为善。北圻沿边林陇多岐，临事虽有派兵，而修阻崎岖，远水难救近火，曷若团结之为便乎？前经谕准各省团结既导之使行，又赏之示劝。兹著三宣、宁太、谅平、海阳、广安等省臣严饬府县加心劝饬，或苟且虚应，必交严议。"

——《大南实录正编第四纪·翼宗英皇帝实录》卷五十三，三十三至三十四；[17] 6843

嗣德二十八年（清光绪元年，1875 年）四月……辰，清统领刘玉成、赵沃等分派营勇剿匪，帝以挑夫运饷实觉甚难，乃命黄佐炎、尊室说以真情告与清官，使之自办【清官嗣亦覆言依办】大饷。二宣由炎，北太、谅平由说，随事速办，必得早清。

——《大南实录正编第四纪·翼宗英皇帝实录》卷五十三，三十九；[20] 6846

嗣德二十八年（清光绪元年，1875 年）四月……命宣、高、太、谅、广安、兴化募兵【辰，各边省兵少，乃准招募，不拘南北，束为属省兵额，有事调派，无事分班】。

——《大南实录正编第四纪·翼宗英皇帝实录》卷五十三，三十九；[20] 6846

嗣德二十八年（清光绪元年，1875 年）五月……准权设宣光四府县州【襄安、永绥、渭川、陆安】帮办【以清弁及各道兵会剿事繁故也】。

——《大南实录正编第四纪·翼宗英皇帝实录》卷五十三，四十五；[23] 6849

嗣德二十八年（清光绪元年，1875 年）五月……初平顺省举人阮有勋及欧阳璘并六省文绅会同清人纠众三千人，节与富人拒战获胜，至是富帅收获杀之【勋于年前募义，被流海外放回，复与璘等起事，及为富帅所获，勋、璘并头目百余人均被髡】。

——《大南实录正编第四纪·翼宗英皇帝实录》卷五十三，四十五至四十六；[23] 6849

嗣德二十八年（清光绪元年，1875 年）五月……命印和、商二《约》【见二十七年】二百本给南、义、平、富、乂、清、南、河、海阳等省，分赐清商船。

——《大南实录正编第四纪·翼宗英皇帝实录》卷五十三，四十九至五十；［25］6851

嗣德二十八年（清光绪元年，1875 年）五月……命尊室说即派提督、领兵各一员，带京、省兵一千往山兴宣军次。辰，宁太渠伙渐清，而宣次需兵，故摘派以剿英匪。

——《大南实录正编第四纪·翼宗英皇帝实录》卷五十三，五十；［25］6851

嗣德二十八年（清光绪元年，1875 年）五月……命统督黄佐炎犒赠清弁【土物牛酒】，以清官赵沃【道台】抵次，有心助剿故也。

——《大南实录正编第四纪·翼宗英皇帝实录》卷五十三，五十二；［26］6852

嗣德二十八年（清光绪元年，1875 年）六月……宣次副提督陈斌、权副提督刘永福攻破托汪苗匪巢，直进捣破安隆老巢一所及旁护匪巢七所。帝以斌等一经进抵，便能连胜，各加赏级及金银钱有差。

——《大南实录正编第四纪·翼宗英皇帝实录》卷五十三，五十四；［27］6853

嗣德二十八年（清光绪元年，1875 年）六月……命兴化巡抚阮辉玘及次臣阮文教分往十州堵截英匪。辰清弁及我官兵分道进剿，英匪势促图窜十州，故命往截之。

——《大南实录正编第四纪·翼宗英皇帝实录》卷五十三，五十四；［27］6853

嗣德二十八年（清光绪元年，1875 年）六月……致清国广西巡抚书。谢派助剿并祈饬减征运【以清弁征拨颇广】，并叙往商云南之款，富国今未遽行。

——《大南实录正编第四纪·翼宗英皇帝实录》卷五十三，五十四；［27］6853

嗣德二十八年（清光绪元年，1875 年）六月……命北圻诸省次严拿清棍。辰，匪渠黄英、周建新等既皆奔遁【北次弁兵与刘道兵进剿太之通从二府积匪老巢，周、赵二匪溃散。宣次弁兵及赵道兵捣拔河阳、安隆匪巢，逆英逃窜，又为聚隆土蛮截击】，间恐逃逸，通饬诸次、省臣督饬搜捕巡防，务令诸零余清匪尽灭。若有游勇散匪无文凭者，拿交清官尽逐回唐，以免遗碍。

——《大南实录正编第四纪·翼宗英皇帝实录》卷五十三，五十六至五十七；[28] 6854 – [29] 6855

嗣德二十八年（清光绪元年，1875 年）六月……派敏妥火船合与诸省哨船巡洋。辰，广平慈澳以至清化汴山，多有水匪潜伏扰掠，致诸载船梗迟【是年诸省解米四十九万方，现纳始得一万三百五十方】。故令派哨，俾清海氛而期敏济【又令诸省饬清商雇船领载】。

——《大南实录正编第四纪·翼宗英皇帝实录》卷五十三，五十七；[29] 6855

嗣德二十八年（清光绪元年，1875 年）六月……复征河内白锡税【全年钱一万缗】。锡产云南，清商带至河内，搭由广东兑卖。原前有税例【全年七万三千缗】，近因上游路梗停之。至是江道渐通，复减价起征。

——《大南实录正编第四纪·翼宗英皇帝实录》卷五十三，五十九；[30] 6856

嗣德二十八年（清光绪元年，1875 年）七月……谕："北圻沿边地多林莽，清国逋渠视为渊薮。昔之吴鲲，今之黄英、周、赵，肆行扰掠。六七年来，剿办需费不知纪极。清国虽有命将助剿，而清官远来，惮劳苟了。年前尽辞邀说，而他以距关较远为辞。今幸有清道员赵沃、统领刘玉成由宣、谅上游捕剿，其英、赵诸渠均已奔窜，逢此机会所当紧图尽敌。统督黄佐炎、董督尊室说宜迅往宣、太严督，将弁协与清弁搜拿逆英、周、赵诸首渠到案，以绝恶荄。"

——《大南实录正编第四纪·翼宗英皇帝实录》卷五十四，四至五；[32] 6858 – [33] 6859

嗣德二十八年（清光绪元年，1875 年）八月……宣次官兵生擒匪渠黄英，统督黄佐炎以闻。帝命依宣次悬赏格赏银五千两，其该渠由宣次臣即同清弁查讯，该党伙潜隐处即行拿办，仍会同凌迟、枭示传首北圻，函送与清。辰，佐炎经将黄英首级函送献俘不许，命轮咨前途转交这臧，遵前旨办。因谕曰："北圻沿边诸省清地匪逸扰已几十年，命将出师为民除害，久未奏绩。近来黄佐炎决策进剿，三道协图，适遇清官赵沃亦奋迅赴敌，一志安边，故能捣贼巢擒渠魁，彰天讨之公，雪神人之愤，厥功伟矣！虽未能一律荡定，而殚忠积虑动求万全，亦为裘带之儒，干城之将。董督尊室说威武将也，临阵擒斩，所向克捷，虽近来未副而前功亦不可忘，著各赏赐以答勋劳。尔等宜勉卒图功，以沾实惠【佐炎、说各赏八丝缎中衣一、大金磬一、尚方参桂、镀金目镜、千里镜、短马、洋枪等项】。"又以枚贵、吕春葳、梁俊秀亦各有劳，并赏劳之。

——《大南实录正编第四纪·翼宗英皇帝实录》卷五十四，七至八；［34］6860

嗣德二十八年（清光绪元年，1875 年）八月……命修书递两广总督祈派员督同钦州员速来广安，会同抚臣处置流民【流民原插钦州，自投海宁，劫杀平民，抑占田土】。

——《大南实录正编第四纪·翼宗英皇帝实录》卷五十四，十一；［36］6862

嗣德二十八年（清光绪元年，1875 年）八月……统督黄佐炎疏言宣省善后事宜凡十二款【一遴择府县干员；一团结土猫蛮民勇；一处置东光总（土民交土目唱率，猫民交管团唱率）；一调剂流民；一处置刘团；一分别淑慝；一开通盐路；一留兵住压；一申明关禁；一处置流勇；一捡刷奸党；一招回首匪】，帝皆从之。

——《大南实录正编第四纪·翼宗英皇帝实录》卷五十四，十一至十二；［36］6862

嗣德二十八年（清光绪元年，1875 年）八月……辰，逆英就擒，余党尚需捕剿。帝命宁太督臣尊室说迅往太省严督紧办，并与清弁刘玉成商筹善后诸事。说奏言："兹统领刘玉成现住北省，臣请仍留与之商酌便办省务【辰，说因撄病，奉谕准紧调三五日】，其边事由统督臣黄佐炎会与赵沃妥商。"帝谕曰："宣太之与清西南地势毗连，匪徒易于来往，则搜拿防截最为艰紧。此次弋获逆英由赵沃亲抵严督，则遥督不若亲督，闻筹不若见筹之为胜也。著尔遵依前准紧调病情，善辞要他并往紧督搜拿，俾早蒇事，以称重委。”

——《大南实录正编第四纪·翼宗英皇帝实录》卷五十四，十二；[36] 6862

嗣德二十八年（清光绪元年，1875 年）八月……准义安增炼神功短炮一百杆，留贮备用【以这炮轻捷，便于行阵，年前四百余杆，解交各省扫数】。

——《大南实录正编第四纪·翼宗英皇帝实录》卷五十四，十二；[36] 6862

嗣德二十八年（清光绪元年，1875 年）九月……统督黄佐炎折请往兴化督办商路，帝命迅往宣次办清，即转往十州处置刘团。佐炎寻奏：“遵往商说，赵道已派兵剿匪，并筹访善后事宜。经已折奏听行，请无再往。”乃设大屯于兴化熟练社【属清山县】住办【因原屯增广之，署舍仓储皆备】。

——《大南实录正编第四纪·翼宗英皇帝实录》卷五十四，十五；[38] 6864

嗣德二十八年（清光绪元年，1875 年）九月……命宁太总督尊室说往太次专督军务，以北宁巡抚范慎遹护理总督。辰，说在北宁，富派疑忌，说请代督遵往太宣督剿。帝因命说剿清太匪即往宣、兴，改为协督军务大臣，与黄佐炎办清余匪及处置刘团【辰，河内、海阳富派又以刘团为虑，浮言閙惑。帝闻之，谕海阳、河内、山西、北宁、南定诸省臣各一心体国，随宜妥办，俾各孚贴】。

——《大南实录正编第四纪·翼宗英皇帝实录》卷五十四，十八；[39] 6865

嗣德二十八年（清光绪元年，1875 年）九月……帝闻宁太谅平诸省抬夫多为清弁横杀，命诸省臣以事商与统领刘玉成及管带等，使各戢属，不可偏庇。

——《大南实录正编第四纪·翼宗英皇帝实录》卷五十四，二十一至二十二；[41] 6867

嗣德二十八年（清光绪元年，1875 年）九月……命广安南定省臣设法查拿海匪。辰，茶里汛【属南定】聚匪与广安流民串结为海梗，故令查拿，以绝奸萌【又令海阳省臣商与西官派船助剿】。

——《大南实录正编第四纪·翼宗英皇帝实录》卷五十四，二十二；[41] 6867

嗣德二十八年（清光绪元年，1875年）九月……赏广安向化里民【属海宁府】剿匪功。初，清地匪盎贡生【即全胜】、苏亚邓【苏四之子】、龙德子【即姜龙德、姜达川】均是渠目中最黠，年来纠党为水梗，官军经剿未获。至是，该里民乃阴集密谋攻杀之，又擒斩该党伙数多。省臣以“义概可奖”声请，准赏银五十两，里目赏从九品百户，其府员并省臣亦各赏有差【领知府谭光闻以派饬得力，赏加军功一级，金钱一枚；省臣胡仲珽、黄炜以督办得力，各赏加军功一级】。

——《大南实录正编第四纪·翼宗英皇帝实录》卷五十四，二十七；［44］6870

嗣德二十八年（清光绪元年，1875年）……冬十月，初征布纩税【清商乞领征承天、南义、平富等辖仝年税银一千五百两。许之】。

——《大南实录正编第四纪·翼宗英皇帝实录》卷五十四，二十八；［44］6870

嗣德二十八年（清光绪元年，1875年）十月……侍读加鸿胪寺卿衔充海阳商政管理兼办海防阮有度自海阳回【京寓省扫】入觐。帝以有度在外已久，因询及北圻事，有度奏言北圻有三大难：一曰堤政；二曰流民；三曰商政【略曰：“嗣来诸省经兵火之后，民生拮据，十室九空，而北宁、海阳、兴安为甚。四五年来，文江堤溃，民多流荡，节经调剂，稍得苏息，第堤政最难，工费甚广，一番注措，万世利害所关，请就处详勘商同省臣。另奉折递，海安流民乃清之逸匪，啸聚骄悍，其性难驯，向来虚费钱粮，终难了局，请由该省臣加心晓饬，使彼回唐或随地分插。若他冥顽不听，以事飞咨两广总督知办。若一味回护，请密以利害情势商同海防富派率将火船，协同我兵船大加痛剿，想区处流民之一著也。商政一初亦为难事，臣见富派在此用度既广，加以设暂仓筑居，土程费不赀。目今商政虽行，商税未裕，似此所为，料必别有深意。他常向臣言开商溯上游诸省，达至云南，以通利路。臣每以路梗为辞，彼虽暂缓，而所求想不肯释，且上游利害尚未可知，而彼遽尔到此，则刘团在此不免一番滋事，请准由山西省臣酌办，庶保无碍。又言富派有谓上游诸矿岂不厚利，何不采取以充国用，则他日开矿事在必行，若固执为辞，到此势难阻止。请临辰派出干员多人协他分往督办，要使我操利柄而他不敢死肆，想为两得”】。间且陈其所应行者，帝嘉纳之，准升署鸿胪寺卿办理吏部充参办商舶事务。

——《大南实录正编第四纪·翼宗英皇帝实录》卷五十四，三十三至三十四；[47] 6873

嗣德二十八年（清光绪元年，1875 年）十月……帝以北边未静，清官欲撤，严责黄佐炎、尊室说剿清余匪，合与清官拟办善后事宜并经理边事【择人开矿以占利权，商路诸扼要处量设防守，择善地以处刘团】。

——《大南实录正编第四纪·翼宗英皇帝实录》卷五十四，三十四；[47] 6873

嗣德二十八年（清光绪元年，1875 年）十一月……与广西巡抚书。辰，清弁将撤，而太宣尚多逸匪，不绝奸萌，恐贻艰著，故移书刘抚祈留营弁，协我官兵了办，以图善后【刘抚寻以经奉清帝谕，应撤入关覆。帝令再书祈留赵沃数月，以收完局。嗣而刘统领撤兵入关，赵道台仍留协剿】。

——《大南实录正编第四纪·翼宗英皇帝实录》卷五十四，三十六至三十七；[48] 6874－[49] 6875

嗣德二十八年（清光绪元年，1875 年）十一月……初征谅山茴油税【谅山省臣梁归正言：“属辖夹清界上石、凭祥诸县州。原前辖民效植大茴作油，发卖清国得利甚钜，未有税例，应征税。茴产一年开花、一年结实或间一年方开花结实。征税拟定三年为一限，请许清商领征，三年税钱四千缗。”从之】。

——《大南实录正编第四纪·翼宗英皇帝实录》卷五十四，三十七；[49] 6875

嗣德二十八年（清光绪元年，1875 年）十一月……免征清商载银入汛税【所以集商广货也】。

——《大南实录正编第四纪·翼宗英皇帝实录》卷五十四，四十；[50] 6876

嗣德二十八年（清光绪元年，1875 年）十二月……赏北边军次将士及清营弁。辰近岁旦，帝念将士久劳于外，而清营弁助剿亦艰，各赏赠以慰劳之【银两凡二千八百四十七两，银锭五钱锭六千六百、三钱锭一百八十二，凡六千七百余锭】。又以清官赵沃有心，而其人廉介【款赠多不领受】，命户部摘彼所贵项厚款之。

——《大南实录正编第四纪·翼宗英皇帝实录》卷五十四，四十四；[52] 6878

嗣德二十八年（清光绪元年，1875 年）十二月……命海阳委派干员往广安察访流民情状。辰钦州流民窜居广安，多有肆横，钦州官却又袒护。前虽书达两广派员会办，而所派之高廉道却托卸未肯，即会抚臣胡仲珽请再以事达两广。帝以事关封疆，而仲珽似偏边情，未知果否，令察访之。

——《大南实录正编第四纪·翼宗英皇帝实录》卷五十四，四十五；[53] 6879

嗣德二十九年（清光绪二年，1876 年）正月……清商吴联德、程春田愿雇清船往北圻领载。许之【辰海程多有匪梗，官船哨护不周】。

——《大南实录正编第四纪·翼宗英皇帝实录》卷五十五，一；[54] 6880

嗣德二十九年（清光绪二年，1876 年）二月……清地匪白桂香等乞抚，安静总督阮政遵准晓示劝诱【委镇宁府员高秉心、商晓、钟子祥劝诱白桂香等，令各携党回十州原贯，或往暹、掌散居】，以事奏闻。

——《大南实录正编第四纪·翼宗英皇帝实录》卷五十五，三；[55] 6881

嗣德二十九年（清光绪二年，1876 年）二月……筑屯于广安葛婆岛【葛婆地有形胜，于高处设屯，遇有匪船，可以四望知防又有富兵附守，策应亦敏】。

——《大南实录正编第四纪·翼宗英皇帝实录》卷五十五，六；[57] 6883

嗣德二十九年（清光绪二年，1876 年）三月……设兴化山防衙。辰，统督黄佐炎以该辖上游地势广漠，林陇多岐，致棍徒得以走险择荫，若不有一番经理，置为荒旷，反为盗资，请设山防衙，遴派员属专办屯垦事务。饬令领募人等各于荒莽处随力垦治，仍将联络者每丁率自五十至一百名立为一里，十里或八九里【丁率要得五百名上下】立为一乡，额籍由所在县州登著，庶期聚辟而壮声势，限周照例赏罚。准依办。其该防使，佐炎经以国子监祭酒阮光碧请充，亦许之【该防设于清山县辖熟练屯之右，事宜与山西山防略同】。

——《大南实录正编第四纪·翼宗英皇帝实录》卷五十五，十三；[60] 6886

嗣德二十九年（清光绪二年，1876 年）……夏四月，降协办大学士迪中子黄佐炎为总督仍带革留署总督衔、正男尊室说为参知，各革去子、男爵，仍充统督、协督。谕之曰："尔二大臣责在董戎，几十年来需费已甚，而逸匪之朱成辉、黄玉帛、马二等袭破苔屯【属宣省】，在兴则白刚正携党不知所去，文、叶二团既经受抚，尚费提防。经准宣太合为一次，尔等协商调督。乃尔二大臣一接谕准，均以病辞，其间折叙情辞不无芥蒂推辞，揆以君令臣恭之道，人将谓何？朕断不难从严正法，惟念日久宣劳于外，若遽弃之，有乖体臣之道。兹听各照旧分办，三宣及刘团责由尔黄佐炎，宁太、谅平责由尔尊室说各行分督，结限于日月，早告蒇事，以践其言。若或误事机，尔等各自当其咎。其各凛之。"

——《大南实录正编第四纪·翼宗英皇帝实录》卷五十五，十四至十五；[61] 6887

嗣德二十九年（清光绪二年，1876 年）四月……统督黄佐炎上疏筹拟边防并善后事宜七条【筹拟边防一条，兴化省辖截取上游十余府县州，增设一省，增设官吏，量给以兵，俾清国棍徒不得据为邻壑。善后事宜六条：一整理屯堡，以严钤防；二经理州县，以期聚辟；三调剂州民；四奖劝豪干；五安抚胁从；六安插首丁】。帝从之，乃设新化道于兴化上游【择地设一大堡，正副管道各一，正副领兵各一；县州用土著人，清义、河南派兵八百驻守】。

——《大南实录正编第四纪·翼宗英皇帝实录》卷五十五，十六；[62] 6888

嗣德二十九年（清光绪二年，1876 年）五月……清地逸匪潜过谅山脱朗州，攻扰同文铺。该州知州阮仲光、州尉卢永才率兵勇破之，赏赐有差。帝因谕谅平兴宣太广安等辖，劝饬所在州县纠率兵民悉力防剿。匪来而能杀者，即厚加赏格；疏防而匪得滋蔓者，即以军法从事。俾人人各知劝惩。

——《大南实录正编第四纪·翼宗英皇帝实录》卷五十五；[64] 6890

嗣德二十九年（清光绪二年，1876 年）……闰五月，清地逸匪曾亚工等寇撞山【属广安】，领兵官黄廷尚率兵勇迅剿，生获亚工等七犯【梁加、方保、朱贵秋、黄开魁、李传、黄东秀、卢亚平等】，斩之。赏廷尚军功一级，兵勇银钱有差。

——《大南实录正编第四纪·翼宗英皇帝实录》卷五十五，二十七；[67] 6893

嗣德二十九年（清光绪二年，1876 年）闰五月……命商舶参办阮有度充钦差往嘉定捡认赠好火机战船。辰富帅致书商舶言，该国照约赠船并随船炮械、药弹，现在嘉定，邀以派官往认之。舶臣奏闻，故有是命。

——《大南实录正编第四纪·翼宗英皇帝实录》卷五十五，二十七；[67] 6893

嗣德二十九年（清光绪二年，1876 年）闰五月……罢京畿商政衙【以在京清商亦罕出入，所征甚少，其弊甚多，故省之。一归户部阅办，派属住汛照例征收】。

——《大南实录正编第四纪·翼宗英皇帝实录》卷五十五，三十；[69] 6895

嗣德二十九年（清光绪二年，1876 年）闰五月……以侍郎领兴安巡抚陈文准充参赞大臣，调度宁太、谅平军务。先是，协督尊室说撄病回北调治，准提督阮文雄、剿抚使武辉瑞权同统调。至是，帝以清勇游棍窜逸，防剿属紧，文雄、辉瑞等机宜未曾、品望又浅，恐未堪当。陈文准科甲中人，亦曾预办军务，人称强干勇敢，故有是命。

——《大南实录正编第四纪·翼宗英皇帝实录》卷五十五，三十一；[69] 6895

嗣德二十九年（清光绪二年，1876 年）六月……遣使如清【岁贡】，以光禄寺卿充办阁务裴殷年加礼部右侍郎衔充正使、鸿胪寺卿林宏充甲副使、侍讲学士黎吉充乙副使。殷年临行，帝制诗赐之，又敕曰："大夫载贽出疆颇属艰重，若何事有益于国家者办得甚好，要和衷共济，如古人五善方为无愧。"

——《大南实录正编第四纪·翼宗英皇帝实录》卷五十五，三十一至三十二；[69] 6895－[70] 6896

嗣德二十九年（清光绪二年，1876 年）六月……逸匪白桂香前蔓乂辖镇宁府，复窜回兴，近被叶团剿逐，窜入清化上游，又亦逼近镇宁。帝谕义安省臣曰："节据清省及统督臣奏报，白桂香挈党窜住岑那等县。尔省镇宁上游与清、兴连接，白桂香惯行走险择荫，现下该匪图窜兴辖，已准统督黄佐炎紧督叶成林团勇剿拿，清省确探严防及封江清野，该匪不日饥穷窜兴蔓清不得，必往镇宁以为偷生之计。尔省臣当先机调督该府员弁防堵周固，务使该匪无所投窜，是为要著。"

——《大南实录正编第四纪·翼宗英皇帝实录》卷五十五，三十二至三十三；[70] 6896

嗣德二十九年（清光绪二年，1876 年）六月……给风难清渔船【广东船因风泊入广治省草屿】。

——《大南实录正编第四纪·翼宗英皇帝实录》卷五十五，三十三；[70] 6896

嗣德二十九年（清光绪二年，1876 年）七月……清地匪陆之平、张十二、李广隆、周成光、唐晚等向太次乞降，协督尊室说以闻，准由该次效派。

——《大南实录正编第四纪·翼宗英皇帝实录》卷五十五，三十八；[73] 6899

嗣德二十九年（清光绪二年，1876 年）九月……与清广西巡抚书。辰，住河内富领事稽罗的订日【是月十五日左右】往洮江探看通商江路，恐彼或越境【兴化上游与清滇省接壤】，命书达广西先知料办。

——《大南实录正编第四纪·翼宗英皇帝实录》卷五十六，一；[79] 6905

嗣德二十九年（清光绪二年，1876 年）九月……海阳省臣疏请增设勇船十艘【勇兵一百】于澳津附住，以便巡缉辖内江洋分。许之。

——《大南实录正编第四纪·翼宗英皇帝实录》卷五十六，二；[80] 6906

嗣德二十九年（清光绪二年，1876 年）九月……初征清化绽粉、广南干椰税【清商领征仝年绽粉税银四百两，干椰税银三百两】。

——《大南实录正编第四纪·翼宗英皇帝实录》卷五十六，四；[81] 6907

嗣德二十九年（清光绪二年，1876 年）九月……帝召范慎遹问以北太上游诸匪现情，慎遹奏言："北辖惟存一二逸匪，太原残匪仅存数党，均乞首插协。督臣尊室说常言清余匪应听首一半，存一半应痛剿，想如此办方保无碍，惟善后事宜间设土官，方期干济。然现下太辖土酋得力者少，惟有阮文务、阮文石节从征剿，有实状可堪土官。"又问北宁风俗，慎遹奏："北宁风俗半是文雅，半是鸷悍。"

——《大南实录正编第四纪·翼宗英皇帝实录》卷五十六，五至六；[81] 6907 - [82] 6908

嗣德二十九年（清光绪二年，1876 年）九月……赏清降匪叶成林权充宣慰同知。先是，成林就统督黄佐炎受抚，承派追剿白匪胜仗，故令佐炎凭给权充是职，俾知感劝。

——《大南实录正编第四纪·翼宗英皇帝实录》卷五十六，七；[82] 6908

嗣德二十九年（清光绪二年，1876 年）九月……命海阳、广安二省臣区处河桧流民。辰，清国流民在河桧者多有稔恶【或修整船炮，竖立屯栅；或招合匪党，肆行劫杀】，而海阳请抚，广安请剿，更属相左。乃令广安省臣督同商办梁文进【进自海阳，弃西火船前来广安军次】确察现情，或剿或抚，必得早清。如果悔改回头，即饬将船炮首纳，候随处置；若暂为掉尾乞怜，即当刻期剿灭。嗣覆奏近准派往晓饬该流民均已就抚，毫无可疑。惟田户人丁应行勘度，设帮置目，开册受税，现方取次续办。又请遴派堪干领兵一员于河桧江分附住巡缉，方期敏济。准依办，以宁边圉。仍再批示，须要如何永无遗碍方可。

——《大南实录正编第四纪·翼宗英皇帝实录》卷五十六，十一至十二；[84] 6910 - [85] 6911

嗣德二十九年（清光绪二年，1876 年）十月……统督黄佐炎奏："此次黄英就擒，仰赖朝廷威德，远加神明相护，其原蒙赏银五千两，请交宣光省臣一千两赛祭【一千两赛谢辖内诸神祠及阵亡将士，四千两赏预办员人兵勇】。"许之。

——《大南实录正编第四纪·翼宗英皇帝实录》卷五十六，十二；[85] 6911

嗣德二十九年（清光绪二年，1876 年）十月……初征广义落葩生及葩生油壳税【全年税钱一千五百缗，由清商领征，仍定载出汛者方征。落葩生，俗名豆凤、葩生。油油壳，凡诸植物皆以此粪土。此二项凡民间兑卖、市肆贸易不得横征，惟载出汛者依例征】。

——《大南实录正编第四纪·翼宗英皇帝实录》卷五十六，十三；[85] 6911

嗣德二十九年（清光绪二年，1876 年）十月……命清化、乂安省臣严饬上游各府县州拨勇防拿白匪。辰，白桂香节为叶团所败，分支散入老挝及奠边，石碑、陀枚等州县系与清乂上游接夹，故有是命。

——《大南实录正编第四纪·翼宗英皇帝实录》卷五十六，十五至十六；[86] 6912 – [87] 6913

嗣德二十九年（清光绪二年，1876 年）十月……住河内富领事往探上游【由珥河达洮江上流，至水尾州】。

——《大南实录正编第四纪·翼宗英皇帝实录》卷五十六，十八；[88] 6914

嗣德二十九年（清光绪二年，1876 年）十月……辰，清地匪陆之平、覃四姊等与唐晚、罗四串扰，黄佐炎请由河内遴兵及派，乃命派兵三百往宣次会剿。

——《大南实录正编第四纪·翼宗英皇帝实录》卷五十六，十九；[88] 6914

嗣德二十九年（清光绪二年，1876 年）十月……辰，清龙州匪李六、王仕林等串合太原诸匪致翁七、唐晚据银山【屯名】，陆之平、覃四姊据金马【地名】，匪目马王伯、黄春记来占广溪、柔远二总，分扰陇今。省、次臣以闻，帝命修国书递广西巡抚，祈派赵道台统带兵勇数四营，迅往太原会剿。又命谅高省臣严饬各府县州员拨勇于夹接处扼要防截周固，毋使蔓逸转生艰碍。

——《大南实录正编第四纪·翼宗英皇帝实录》卷五十六，二十一至二十二；[89] 6915 – [90] 6916

嗣德二十九年（清光绪二年，1876 年）十月……许清商领征诸产税。先是，清商乞征产税，皆不准。至是，帝欲通变宜民，因许节乞领征诸商认征，仍敕户部及诸省臣凡闻见有弊，即严惩务止。

——《大南实录正编第四纪·翼宗英皇帝实录》卷五十六，二十二；[90] 6916

嗣德二十九年（清光绪二年，1876 年）十月……初征乂安紫蚁、黄草【黄草俗名石斛，清凉药品】税【由清人领征，全年税钱一千缗】。

——《大南实录正编第四纪·翼宗英皇帝实录》卷五十六，二十三；[90] 6916

嗣德二十九年（清光绪二年，1876 年）十一月……辰，河内有苏州水客搭古铜钱出汛，省臣以闻。准嗣凡商船【不拘清或本国】出汛，不拘何国号钱并行严禁，敢有盗载，捡出即行籍没。

——《大南实录正编第四纪·翼宗英皇帝实录》卷五十六，二十八；[93] 6919

嗣德二十九年（清光绪二年，1876 年）十一月……南义巡抚陈文韶以事坐罪。辰清商原领征广南鸦片税，林富记乞依平价再征，该省许之。既而陈丰典由部加价请征，户部奏准录办。该省以业许原征为辞阻止丰典，丰典向部陈诉。户部以闻，准交吏部严议。及案上，文韶以涉有情节坐满杖徒，布政使阮青新亦降调。

——《大南实录正编第四纪·翼宗英皇帝实录》卷五十六，二十九；[93] 6919

嗣德二十九年（清光绪二年，1876 年）十一月……广安逃犯张十【该系钦州分州河洲岗人，前年干案海宁府拿获监查，该乘间逃脱】合客民荡子三百余来攻禄扶寨【属海宁府】。副领兵黄廷尚阵毙，准赠恤之。其抚臣胡仲珽及府员谭光闻各降一级，仍责紧行剿拿到案。嗣官兵进剿烧破匪巢，张十遂率余党远窜清地，该府咨钦州拿之。

——《大南实录正编第四纪·翼宗英皇帝实录》卷五十六，三十一；[94] 6920

嗣德二十九年（清光绪二年，1876 年）十一月……清统领苏元章代刘玉成【补授右江镇总兵】驻防，龙州【属广西】[①] 移札。谅山仰将该军门除暴安良公意奏闻，并确探匪情禀报。谅平护抚梁思次以闻，帝命礼部代拟谅山禀文并抄十月递广西国书交阅【禀文云现今逆首覃四娣尚

① 苏元章，广西蒙山人，抗法名将苏元春胞兄，1863 年携弟投湘军统领席宝田部从戎，后历升都司、参将、总兵和提督。据《清德宗实录》载，1876 年 8 月，时为沅江记名提督的苏元章经简选，钦命赴广西代刘玉成统领边境防务，后积劳病故。

纠合本国通化之据匪唐晚、罗四、陆之平、马二、陈大、何大等聚众数千，戕害良民，急应设法兜擒，以作一劳永逸之计，务使余烬不至复燃、边疆永帖，受赐多矣。至如匪势边情已具在国书内】。

——《大南实录正编第四纪·翼宗英皇帝实录》卷五十六，三十一；[94] 6920

嗣德二十九年（清光绪二年，1876 年）十二月……辰，清统领苏元章札报谅省先期筹粮，以待兵至。该省臣以事闻，会统督黄佐炎、协督尊室说将现情奏言，覃四、翁七、唐晚率党往雁门瀑布劫掠，陆之平、张十二在安马候抚。帝批示曰："远求清兵系由尔等迟久，不能同心悉力办清，故不得已出此下策。若该弁多往重加劳费，著即察商剿抚二者如何早清，应缓应停，明白奏办。"嗣覆奏，则佐炎主抚，说主剿，尚未定局。再令确察情势，有应剿而可万全永帖边圉、有应抚而无后碍且合辰宜，即各速行筹拟，毋得老师縻饷转致多艰。该次臣现方筹拟，寻接宣抚臣枚贵咨，叙覃、陆、张等真心就抚【请给口粮十二月】，供结已明存，翁、唐俟再晓覆。另拟兵部票进，乃准佐炎、说等咨由宣抚臣速行妥办。其那匪请给口粮，且量予多少先以示信，使之资生。仍责该等使翁、唐一皆归顺以表真心，或相图如叶成林之逐白党，益见报效然后全给，无徒为他所骗是可。因谓兵部曰："清弁会办之款，昨以报紧，故书邀之。嗣而匪党间已就抚，军次现方察奏，应由谅抚梁思次说他姑缓【辰，即命礼部臣将现情代拟谅省禀文，略叙祈且按界严防，毋使游匪增来，以俟剿抚。何似另即报办，以免重劳。倘或念情出力，有应必往，且于高谅分住数营，便近报办亦好等意，录交思次缮发苏统领知办】。"适【是月二十九日】苏统领派人【经历吕汝勋，游击刘文成】前往谅山会办【该统领已传会出关，订以开正初八日，先锋二营先行。十五日该统领即提三营进，由谅而北至太，并咨右江赵道台量带三四营，由高往太。前经札报二大臣筹办粮草，乃未见禀，故派人来】，该省臣以闻。仍准梁思次且将现情说与该差官回报该统领，姑缓以待【辰，禀文未及发到谅，而该派已来，故有是准祈如禀文且停之】。又以清弁行期在即，谕示尊室说曰："或该统领现已到谅，谅抚遵禀且住镇压固好。如已由谅到北而太者，著尔善款合体。即咨佐炎速办早清，便报与他，免致烦费。"

嗣以翁、唐乞抚不明【宣省奏报】，复准佐炎、说等善说与清官会办。

——《大南实录正编第四纪·翼宗英皇帝实录》卷五十六，三十五至三十七；[96] 6922－[97] 6923

嗣德三十年（清光绪三年，1877年）正月……宣光猫党归顺【初，猫党吴二等与开化府棍徒串通伺掠，府尉侬雄恩乞募清土勇剿办。至是，棍徒既散，吴二复与雄恩讲解】。省臣以闻，帝曰："似此亦可为一方喜慰，但留兵少而新附多，须善加防抚方保无碍。"谕令统督黄佐炎照随现情筹度，俾得相安。

——《大南实录正编第四纪·翼宗英皇帝实录》卷五十七，一；[98] 6924

嗣德三十年（清光绪三年，1877年）正月……清统领苏元章提兵三营前来北太助剿，事闻，帝敕曰："清弁此来军费颇广，二省仓储无多。"准由河内、海阳预摘钱、米各二万缗、方，解交备给。嗣而清弁抵谅，谅抚梁思次遵前准说缓，该统领以此介意，议欲返回。次臣黄佐炎，尊室说亦以翁、唐残匪无他伎俩，不邀助剿【近以该匪乞首不明，经准次臣善说清官助剿，兹该匪现已各乞首插，经受口粮，则专意在抚，故听清弁自回】，该统领寻复抽兵入关。

——《大南实录正编第四纪·翼宗英皇帝实录》卷五十七，十至十一；[103] 6929

嗣德三十年（清光绪三年，1877年）二月……广安逸匪张十伏诛【张十本清民，寓海宁府。前干控率党劫掠等款，府员谭光闻拿监查究，嗣而逃脱，该府员捉其妻妾坐监。该犯招党为匪，至是拿获，查认显确。省臣胡仲珽奏闻，准将该犯即行处死凌迟，该妻妾解交原族。府员以功过相抵免议】。

——《大南实录正编第四纪·翼宗英皇帝实录》卷五十七，十五；[105] 6931

嗣德三十年（清光绪三年，1877年）三月……初商政将行，廷臣请置刘团远避商路【刘团现居保胜，而富人商路必由保胜达云南，故请移之】。帝以佐炎能结之于前，必能虑之于后，乃另筹之。佐炎奏言："永福之在保胜，为富所忌，福已自知，经向臣恳求海宁一职，以为栖止。

臣因以剿清英匪，应有厚赏晓示之，该已悉心剿办。但山溪延阻，尚需旬月，而商政开年已行，请敕商政臣商与富派罗登，且于下游诸省铺通商，若往云南水陆尚有匪据，须俟剿清，然后通商为妥。其永福如果成功，请依该所乞许往海宁，以为藩屏。至如保胜原有设堡，年来多事未遑，今应再为整理，遴干员充防御使【派兵防三百，六月一换。俟数年后繁聚，听招募土著一二百充住，抽回派兵】，协与该州员招抚，以复昔年之盛。”帝曰：“永福恳海宁一职，则其心已稍知敛避，惟我留永福在此，不为无助。而海宁属广安，海分与东省接，移永福在此，安得声息泯然，亦未稳妥。著院且咨商政臣向富派试说，如能动听固好。尔黄佐炎亦即详问永福，自料能与富释仇，仍居保胜生理而无碍者听，或徙居何处稍远商路，如兴太二辖，开矿营生而于我有益、于富无妨者亦听，要宜戢敛徒伴，毋阻商足矣。若过远则或有生心难制，亦非完算。其保胜应设堡准依办，尔宜全审速图之。”佐炎复奏曰：“富人志在通滇，其路必由保胜，而永福在保胜则仇利交攻，谓其能戢伴无阻商，非臣所能逆料也。求其于我有益、于富无妨，则臣前请【俟有功许就海宁一职】已竭一得之愚，请交廷议，俾臻妥当。”嗣廷议覆奏：“海宁连结钦、廉，永福就此，清棍串通难制。惟太原一辖五金产焉，应听该充太提仍领一府或县拣团开矿亦为实边一著。或应就海宁，请咨由海、安二省臣商拟覆办。”及咨覆，则二省臣【海阳总督范富庶，广安巡抚胡仲珽】皆以为不便【一则流民未安，易以串煽；一则海匪出没，恐富疑团所为】。帝曰：“海宁不若太，著交佐炎遵办。”佐炎遵准晓示永福。永福谓：“该团至一千余，若处之于太，无以谋生。起矿则艺既不谙，又无资本，著手良难。”反覆再三，该一味坚以海宁为请。佐炎仍复奏，请加恩予以世袭海宁府，使之及早移住，庶可省事。帝曰：“苟率如此行，不著又遗碍，太叫则夹宁太或兴夹宁清，如何可资亦易钤易唤。若许留保胜，必料说如何两合方可，著悉心熟筹奏准。”佐炎再以问永福，永福谓：“该不知何处可往，该亦别无他想，请仍留保胜，勉供防御之役，以固边隅。”寻复据情奏谓：“永福前乞海宁不遂，今又乞留保胜，其心迹固不得而知。惟富人尚气，永福又非下气人者，留此恐不相下，转致遗艰。与其使之挟气以求逞之为危且难，何如使之舍危以就安之为顺且易。海宁偏陬，与海防相隔稍远，予之既彰信义，处之又远声迹，臣昧想如此较稳，愿留三思。”帝复下廷臣再议，廷议以为：“处置刘团，统督臣似必于海宁为得。而臣等并海、安诸省臣深以为碍，请遵前准移之于兴太，以保无碍。仍由统督臣直说与永福并仿择居处示之，要他听领【如奠边、陀北、顺州等处择一处垦辟，果能立成一府一县，遵准世世袭爵，永沐恩荣】，再会同兴抚臣【阮辉玘】确勘定限，并筹拟聚辟与应行世袭，诸事宜周妥，俾该永永畏慕，勿萌他心者，即具折绘图递奏。”帝然之，准依议录办。至是，佐炎遵说永福，又叫称：“该团丁皆非农业，该系清人，如欲募民立邑，恐不信从。况该素无资产，幸蒙收录，寄寓保胜，招集商船往来，赖取抽丰，以资给养。今若弃此之他，千余人无以度活，请仍留此永作臣仆凛遵命令。富人如有往滇，听他来去自由，莫敢阻碍。”佐炎察其情辞款曲，竟请且听留保胜，俟后有应助费，移住如何，另随机酌办。从之。

——《大南实录正编第四纪·翼宗英皇帝实录》卷五十七，二十四至二十八；[110] 6936 - [112] 6938

嗣德三十年（清光绪三年，1877 年）四月……赠清统领苏元章清桂【该统领初抵谅，祈买好项清桂。谅抚难办，以事奏闻。准摘三片赠之，现未递到，而该已进关，仍由谅抚委派往赠】。

——《大南实录正编第四纪·翼宗英皇帝实录》卷五十七，三十一；[113] 6939

嗣德三十年（清光绪三年，1877 年）四月……辰，清地逸匪与广安土匪合扰谅山，省臣梁思次折请派拨兵勇防剿，并移书太平府【属清国】与苏统领拿办。帝允所请，又令严督接夹清界，与咨广安紧饬属辖，各悉心防堵周固。那匪如有蔓逸，务截拿到案，以邀厚赏，若疏防必干军政【其后苏统领往界上住压，仍派莫参府前来助剿，太平府员亦饬截拿】。

——《大南实录正编第四纪·翼宗英皇帝实录》卷五十七，三十四；[115] 6941

嗣德三十年（清光绪三年，1877 年）五月……清官莫参府带将员弁到广安助剿获胜。事闻，帝曰：“莫参府所办果有实状，准摘库项【清义桂各二片，沉香十两，燕窝一斤】赠之，以慰远怀。”

——《大南实录正编第四纪·翼宗英皇帝实录》卷五十七，四十；[118] 6944

嗣德三十年（清光绪三年，1877 年）六月……富帅派逋槺火船巡缉水匪，事闻，命兵部行咨自沱瀼以北诸汛，各于洋外巡探，系见该船报指匪处，会力剿捕。如有入何汛，照例款顿得体。

——《大南实录正编第四纪·翼宗英皇帝实录》卷五十七，四十四至四十五；[120] 6946

嗣德三十年（清光绪三年，1877 年）六月……清商船被匪，泊入广义汛分。事闻，令省臣赈给之。

——《大南实录正编第四纪·翼宗英皇帝实录》卷五十七，四十五；[120] 6946

嗣德三十年（清光绪三年，1877 年）六月……敕北圻诸省申饬关汛盘诘清商，无有印给者即行拿解。先是，清商邓祥记等【三十余人】携将生鸦片往河内发兑。此行既无路票，又擅带军器，北省拿解，谅山书由清国太平府问办。嗣覆宜申饬关汛，认真盘诘该国商民，何系无印给者拿治【不得于许入之后，始縻执解送生烦】。谅省经咨北省照办，以事奏，闻故敕之。

——《大南实录正编第四纪·翼宗英皇帝实录》卷五十七，四十六；[121] 6947

嗣德三十年（清光绪三年，1877 年）六月……匪目唐晚攻安边屯败窜，蛮目邓德达等率土勇劫杀之，赏给有差。

——《大南实录正编第四纪·翼宗英皇帝实录》卷五十七，四十六；[121] 6947

嗣德三十年（清光绪三年，1877 年）七月……初谅山省臣派人【陈廷丰】往龙州，不先咨太平府知照，及该府札叙后有派往内地，应预报知。事闻，经准覆办【覆谓此系因循近办，非有违异】。因谕饬之曰：“封疆之守各有界限，从前典例已严。近因沿边多事，该国员弁前来助剿，各省次臣多有派员前往关白军务、投递赠项，或事紧不及预报，向来彼此来往习以为常，不闻有何声口。兹该府不过因我每摘发彼人搀越，故寻摘以偿图掩己之不是，非有心严察也。然在我亦当守法，毋以惯习效尤，致彼得以为辞。兹著申饬谅山省臣，嗣凡事不得差人径往该国，如有探察投赠及紧办何事应差者，必奏明俟准方可。仍先报使彼知之，若犹敢擅派，必照例重治。其广安、高平亦照此办，至如该国差官及商旅之来我境者，仍由我官吏盘察，确有路票、信牌方准放行，勿许非人拦入，事关边徼，慎勿如前疏忽取戾。”

——《大南实录正编第四纪·翼宗英皇帝实录》卷五十八，五至六；[124] 6950－[125] 6951

嗣德三十年（清光绪三年，1877 年）九月……清地逸匪翁七余党扰掠高平界分【金马总】，省臣派兵协与清弁剿拿，匪党散回太辖。事闻，帝敕黄佐炎乘此机会紧督各道悉力合捕早清，毋得执见虚待。

——《大南实录正编第四纪·翼宗英皇帝实录》卷五十八，十二；[128] 6954

清地逸匪黄祥英率党烧破襄安府，宣光巡抚黄相协以闻，帝命统督黄佐炎与省臣严饬截剿。

——《大南实录正编第四纪·翼宗英皇帝实录》卷五十八，二十四；[134] 6960

嗣德三十年（清光绪三年，1877 年）十一月……河内省臣请许清商领征各项税【白盐、干榔、生丝、纱线、纨绢】。帝曰：“凡物过关已征，出汛又征。兹又听征，无定所藉官法，以剥我民而肥他人，非竭泽求鱼乎？此类应停，惟何物果漏又征有定所，狡商不得病民方可。”

——《大南实录正编第四纪·翼宗英皇帝实录》卷五十八，二十八；[136] 6962

嗣德三十年（清光绪三年，1877 年）十二月……清国龙门协镇吴迪文、委员都府满俊乘船出洋，因风漂入广平汛分。命省臣量给银两钱米，派护送回。

——《大南实录正编第四纪·翼宗英皇帝实录》卷五十八，三十一；[137] 6963

嗣德三十一年（清光绪四年，1878 年）正月……款赠清统领赵沃营弁，示以志庆年慰远情之意【原清广西左右江军统领，管四营留住谅山、高平二省弹压。去腊准由谅平省臣预办品物，届是庆年元旦节款赠，视常年加厚】。住嘉定富帅并住京使馆钦使及三商政所领事、统摄人等，亦各令递品物款赠之。

——《大南实录正编第四纪·翼宗英皇帝实录》卷五十九，四；[141] 6967

嗣德三十一年（清光绪四年，1878 年）正月……清地股匪翁七党蔓入原平县，据扰高平，省臣阮廷润、陈光训等拨兵勇会清官剿捕，胜仗【事在前年十月】，至是赏级纪银钱有差。

——《大南实录正编第四纪·翼宗英皇帝实录》卷五十九，六；[142] 6968

嗣德三十一年（清光绪四年，1878 年）三月……覃志成、陆之平年前首插，乞引翁七匪伙护纳。提督阮文雄、剿抚使武辉瑞【前被匪获】领银候插，统督黄佐炎许以护纳。文雄、辉瑞二员先赏银千两，嗣翁七委护辉瑞一员递纳，乞给银数百两，将回散给团丁，然后应命。志成、之平亦愿保给，黄佐炎依给，仍以事闻。帝谕佐炎曰："覃、陆、翁七等贪狡难驯，当整张声势会报清弁合办，振之以威方可驯之以恩，便早真服，否则灭之。"既而，翁七护纳文雄引团首抚。帝复谕佐炎曰："须筹善后事宜，毋遗边患。"文雄、辉瑞各予革效【覃、陆等寻复叛】。

——《大南实录正编第四纪·翼宗英皇帝实录》卷五十九，十七；[147] 6973

嗣德三十一年（清光绪四年，1878 年）三月……三宣军次副提督刘永福团属黄才爷抵河内，途遇富派兵交激【富领事言才爷拔刀几刺，寻复逃脱，此次河内领督陈廷肃严遏探解弗获，查证不详，仍随机说他知晓】。事闻，院舶臣覆言："刘之于富，两素相仇，该团属负气者多。请令河内省密咨统督黄佐炎转会永福，严禁团丁。嗣有惯横遗碍，惟该是问。"从之。

——《大南实录正编第四纪·翼宗英皇帝实录》卷五十九，十七至十八；[147] 6973－[148] 6974

嗣德三十一年（清光绪四年，1878 年）三月……赏授员外郎充海阳海防监督梁文进郎中衔。初清国流民分处广安海宁府辖潭河、河桧、马斯、大田等处，十余年来，未有一齐就抚者。至是，领督范富庶派委文进往，以利害晓谕之，流民各撤垒开栅受税。督臣以事闻，故赏授之

【辰，因军次声请就办，流民震詟，又有富船巡戢洋分，故易招抚】。

——《大南实录正编第四纪·翼宗英皇帝实录》卷五十九，十九；［148］6974

嗣德三十一年（清光绪四年，1878 年）四月……如清使裴殷年等回，抵京入见【丙子年八月出关，是年三月开关】。帝问曰："清国主少，又政出宫闱，不知所行如何，国内亦得安帖?"殷年奏言："内有恭亲王和硕辅政，外则诸总督亦多能臣，国内安宁盖由于此【再奉批问多款，殷年另密片覆】。"

——《大南实录正编第四纪·翼宗英皇帝实录》卷五十九，二十三；［150］6976

嗣德三十一年（清光绪四年，1878 年）五月……北圻诸省近多有清人自称公派越往者，牌票多门，真假难辨。至是，复有管带刘蒋花自称浔州协镇李扬才委访机密事，遍往河内、山西、北宁、兴化诸省，寻复径回。帝以所行已属违例，而股匪未靖，尤当严防，乃令移书两广总督、广西巡抚查办，再祈设法抽回余匪，以靖边防【书叙乾隆年间议定章程，内地人民出口贸易，准领明江、龙州两处印照腰牌，取道由村隘行走，本国验照放行。又有事咨报例由广西移文照办，如事出邻接寻常咨报，则或由钦州咨广安，或由太平咨谅山照办。若无牌票及擅递等款，听得拦回，或押送查办。同治年间李德安、王景祥、陈昌等冒往会拿犯，经奉大皇帝谕严拿惩办，乃近来节次径冒肆，出札派多门，如庆符县刘票给周顺等拿犯，浔州协镇李札给钟万新、李凯廷、李世宾等往兴化探匪，又票给陈佐邦赍公文递往十州镇，柳左营唐票给赵惟清往探密事，钦州邓票给叶庆云往探叶成林；又如吕开枢冒承贵州会牌，给往递两湖伪文查办被害被抢各案者，或违例擅给，或假札冒行，其中真假涉难辨白，一均遵谕拘拿，恐属阻误，若概放行，又恐中其奸计。兹刘蒋花等由本国河内、北宁抵山西、兴化，其移文印给查有差异，寻又径回不无托冒，祈查照李协镇如果不应移札、蒋花等果系冒越即为处置，仍照现在行商并查探投递，何款应由何衙专给遵例，申饬所在诸地方并各该府县州及现住边防诸营镇，各行照例发给牌票，内明叙所至何处、所带干人、所随何器、所商何物，另移会所往何辖地方知照，并饬关津、隘汛人等严加盘诘，验果放行，违冒者即听拿治。其例外擅给一切禁止，庶免前弊。再祈饬赵统领及接辖诸员，相机设法将现在余匪一并抽回，不许潜来，使边尘早清，方民永奠】。该督、抚【总督刘长佑，巡抚杨重雅】寻覆言李扬才经已参革，余各依咨照办。

——《大南实录正编第四纪·翼宗英皇帝实录》卷五十九，二十四至二十六；[151] 6977－[152] 6978

嗣德三十一年（清光绪四年，1878年）五月……清统领赵沃回驻龙州【来书拔队回镇，其余匪由我抚戢】，令致书量留营弁以镇内外边防。

——《大南实录正编第四纪·翼宗英皇帝实录》卷五十九，三十一；[154] 6980

嗣德三十一年（清光绪四年，1878年）九月……清叛将李扬才攻扰谅山省城，官军败之【扬才，广东灵山县人，属提督冯子材麾下，署广西浔州协镇。前擅给钟万新、陈佐邦等行径，经我国咨究，扬才得参革，乃冒两广委募数千招回余匪，改名李达廷，分其党为十余营，于八月二十九日，分两道出关滋事】。辰，匪才党伙蔓据同仆、駈驴等铺【扬才据同仆，前锋钟万新、黄贰等据駈驴】。事闻，命统督黄佐炎驰往北宁节制北边事务，调京兵、清乂兵各五百隶之，复令谅山布政使、护抚阮廷润等就近咨会清赵沃【驻龙州】并北宁增派援剿兵。辰未抵，匪才乘夜四更来攻谅城恶战，廷润等分委绅弁、吏役、兵勇上城，四面力御，自丑至卯刺射毙匪数多，那匪弃竹梯【二十余件】、架梯【一百余件】、铁斧【六件】窜回同仆。廷润以兵勇希少，乃发库钱三百缗赏劝，固守俟援，以事入奏。帝曰："览奏殊堪嘉悦。"乃降谕奖赏，廷润实授巡抚，赏功金牌一面；侍讲学士领按察使黎如漾实授按察使，领兵官阮如恭升授掌卫，副领兵官潘情升授领兵官，赏功紫金牌各一面；加赏兵勇钱一千缗；效员阮有政【原海阳布政使，干失守案】开复修撰，阮恕【原宁平巡抚，干失守】开复编修，均准帮办省务。既而赵沃遣副将党敏宣率六营合剿，遂收复同仆、駈驴【此次管带田福志、冯鼎有、陈德朝、周炳林，帮办林寿棠等均由副将党敏宣调遣】。又增调二营均分兵绕道前往北宁夹攻，适有李亚生【翁七团党，受抚复窜】、李广隆【即李四，逆才族党，寓在太原】等【伙七百】，自太原搀来朱咘屯【属谅山】据扰，因暂往北分遣陈德朝、周炳林等剿之。

——《大南实录正编第四纪·翼宗英皇帝实录》卷六十，二十四至二十六；［168］6994－［169］6995

嗣德三十一年（清光绪四年，1878年）十月……清、西客商乞领征诸炭矿税【清商吴源成乞征先安州地分，西商逋移乞征广安雩溪处山脚，清商陈穆臣、普商痴移乞征东潮山分及广安省辖】，院舶臣以为："炭矿我非谙悉，掘采如遇金银铜锡铅铁不有拟券加税，则得占羡利。请凡领征者临辰掘得，即报官确勘，毋得隐漏。"从之。

——《大南实录正编第四纪·翼宗英皇帝实录》卷六十，二十九至三十；［171］6997

嗣德三十一年（清光绪四年，1878年）十月……命诸地方通饬辖内物力，愿造火帆船往来香港设立公司商买者听。

——《大南实录正编第四纪·翼宗英皇帝实录》卷六十，三十；［171］6997

嗣德三十一年（清光绪四年，1878年）十月……增设北宁六府县【慈山、多福、谅江、陆岸、东英、金英】帮办。

——《大南实录正编第四纪·翼宗英皇帝实录》卷六十，三十一；［172］6998

嗣德三十一年（清光绪四年，1878年）十月……帝御制奏疏递达清帝，请命官经理边疆。月前，逆才滋蔓，余匪应之，谅山路梗，经书广西，恐有未达。近报赵沃亦谓兵少难分，尚俟增募。

——《大南实录正编第四纪·翼宗英皇帝实录》卷六十，三十一；［172］6998

嗣德三十一年（清光绪四年，1878年）十月……帝念北边清匪剿去又来，经十年余，兵民久疲，以清国制清匪亦是要著，故陈现状【原例由广西】，改由广东总督刘长佑、巡抚张树声一面发疏，请简忠勤才略大臣速往接夹边疆住节，大加经理一番，使人民各安生业、官吏各勤职守、关汛各严防禁，既来者尽数收除，未来者永无违越。又一面飞咨广西巡抚杨重雅，且速增援，俾免远水难救近火之虞。

——《大南实录正编第四纪·翼宗英皇帝实录》卷六十，三十一至三十二；［172］6998

嗣德三十一年（清光绪四年，1878 年）十月……统督黄佐炎初至北宁，败逆才党于北芹屯。逆才前为敏宣分营兜勦，率党六七千，蔓下谅仁【站名，下同】。管奇作为领兵阮文携将兵五百援谅，途遇交攻败回，逆党蔓过谅桄【向上均属谅山】，袭攻北丽屯【属北宁，下同】，权管奇阮文谋、黎文味溃走【携、谋、味均革效】，逆党扰至北芹，势颇鸱张。北宁护督黎有佐等飞咨海河西南四省派援，再咨海安领督范富庶，商富领事，派步兵四五十，火船一艘应助【嗣令商巡缉海阳、河内江道，以卫商政】，具以事闻。帝谕令该四省悉催下班兵演习备派，再令太原、兴化诸边省严加防截，毋使蔓入，转生难著，并录佐炎知办。辰佐炎在道，经会刘永福拣募清勇千余候调，接闻此录，乃奏言："臣与刘团于富派素不相孚，若抽回富派则恐拂人情，专委刘团则兵勇亦少，拟请专办三宣，简出董戎大员调度谅平、宁太、河南、海安军务，以合情势。"帝不听，谕令迅往便宜行事，再令遴举干员协济。于是佐炎以张光憻、吕春葳、黎清慎等为请，帝乃命吏部左侍郎张光憻充北次参赞，原参赞梁归正改充赞理，侍读学士、宁平山防使吕春葳亦充赞理，编修领知府黎清慎充赞襄，又起复效员黎有常【原海安护督，干失守】修撰衔充商办北宁省务。

至是，佐炎自河内移节北宁【官兵五千四百余】，分遣进勦，连日胜仗，收复北芹屯【射毙旗头及匪伙，收获伪木图记，伪凭、伪札印押"奉天承运皇图巩固帝道遐昌"十二字】。遂先赏得力二员金钱【权副领兵官陈春、撰作为领兵官潘德"三寿"金钱各一枚】，普赏兵勇【二千】钱一千缗并拟赏格【生获逆才赏葩银五千元，精兵卫尉秩从三品；纳馘折半，赏精兵该队秩从五品；余有名之清匪渠目分项给赏。至如勦抚胜仗，阵前纳馘每赏银三两，阵后每赏银二两，汉奸及蛮侬每赏一两，若生获、斩获大小匪目及射刺各款究系繁碎无凭者停止】以闻。帝谓："此胜足以挫敌气、振先声。"降谕加奖并依拟行。嗣以贼数【逆才纠合清棍并钦州饥民，又有余匪应之，以千万计】倍于兵数，令递书广东派委参将莫善喜协勦【书言祈派莫参将带兵数千由广安海宁府前往北宁合攻于下，关会赵沃诸营截攻于上等意】，因以边务不行【莫参将驻防广东边州，方勦廖二、刘二匪党】，再覆书广西增给赵沃兵饷，宽其辔策、题达奖劝，使卒所图【嗣报，复增调八营】。

——《大南实录正编第四纪·翼宗英皇帝实录》卷六十，三十二至三十四；[172] 6998 - [173] 6999

嗣德三十一年（清光绪四年，1878 年）十一月……弛异样铜钱禁，征其税。近来，清商多收异样铜钱载来广南以南诸汛，与我国贸易。月前，经准人民有误取者由省首纳，换给铅钱【每铜钱一缗换领铅钱二缗，这铜钱铸成铜登库】。至是，广南钦差黄耀、护抚林宏，广义钦派段克让、布政段瑶等奏言商人因此拣摘，贫民买米不得，情更加苦。均请弛禁。户部覆议以为："钱者泉也，道在阜通。我国号钱行用于广西之凭祥、宁明，广东之玛瑶等处甚多。彼用而我禁之，不但目前病民，恐至我荒而彼裕如。如或虑彼搀杂，则只五六分之间杂得几何？与其禁之而不便不周，曷若通之以裕财源之为得？兹请不拘何国商船，如有我国铜、铅钱号式，均听载来商买；但入汛辰即报汛官验实，照例征税【百分抽十】。若有隐漏，照约【商约】籍没船货入官；失检之省、汛官照律治罪，告发得实摘船货一半充赏。如此，则商人贪利争赴费人之工料，铜铅而充我之号钱，关税想亦稍便。"帝曰："谅、平二辖惯用清钱，向来亦听，准即录行以济民急。"

——《大南实录正编第四纪·翼宗英皇帝实录》卷六十，三十七至三十八；[176] 7002

嗣德三十一年（清光绪四年，1878 年）十一月……清管带陈德朝、周炳林等攻拔朱啼匪屯，生擒李广隆等二百余人，解回龙州。统督黄佐炎遣赞理吕春葳递赠清桂、包银象尾并备礼劳军，仍商说剿办，寻复擒获次逆陈佐邦。

——《大南实录正编第四纪·翼宗英皇帝实录》卷六十，四十；[176] 7002

嗣德三十一年（清光绪四年，1878 年）十一月……逆才党为北谅官军协剿，窜入太原分支【伙四百】袭破买市屯【隔太原省城一日程】，领兵官阮论、效员武辉瑞被毙，匪势复张，北泎屯【隔买屯三日程】寻亦弃去。准赞理梁归正革效，太原布政使枚文质、按察使杜仲玮均革留，参赞张光憻、提督吴必宁、黎文店、统督黄佐炎分别降留，仍谕佐炎筹剿【严截自太而宣而兴诸要路，仍商分营夹攻】。

——《大南实录正编第四纪·翼宗英皇帝实录》卷六十，四十一；[177] 7003

嗣德三十一年（清光绪四年，1878 年）十一月……领海宁府知府裴进先会清参将莫善喜踏破大木根林分匪寨【属该府禄扶社分，夹广东】。先是，清匪廖二、刘二党伙为善喜兜剿，逸入海宁橘东【社名】、八庄【总名】地分扰掠，进先节次督剿胜之。至是，匪目刘德、早二等蔓据大木根林分，进先派府住弁剿之，适善喜将兵巡边，就近助剿，斩获五六十丁，射毙数多，踏平其寨。进先款劳之【牛羊猪各一头、鸡鸭各四只、白米十箕、酒四埕、乌龙茶一斤、葩圆银一百元、中平银一笏，这银元、笏善喜璧还】，善喜于是回东【广东住次】。事闻，赏授进先知府【原著作领】，护抚陈文绥、按察使朱维真调遣得宜，均赏纪录二次。再谕令致赠善喜，仍商助剿，以静边防。

——《大南实录正编第四纪·翼宗英皇帝实录》卷六十，四十一至四十二；[177] 7003

嗣德三十一年（清光绪四年，1878 年）十二月……辰，《香港日报》讹传李后子孙李广隆、李亚生等与太匪勾结至十余万，富帅疑有害及商政，所致书我国派兵帮助。帝虑其浮说滋事，令舶臣具将贼情书达【书叙逆党冒称及现情穷窜】，以释其疑。

——《大南实录正编第四纪·翼宗英皇帝实录》卷六十，四十五；[179] 7005

嗣德三十一年（清光绪四年，1878 年）十二月……太原军次克复买市屯。先是，黄佐炎委张光憻督刘永福等进剿，连败逆才党于灵岩、那坤等处，经奖赏有差【督剿刘永福、吴必宁各赏加军功一级，“四美”金钱各一枚。团目黄守忠“使民富寿”银钱大中小项各四枚，商督张光憻纪录三次，黎清慎纪录二次】。至是，永福复身先督剿克复是屯，佐炎乃先支银百两赏之，复奏加赏紫金赏功牌一面，以旌头功。帝皆许之，谕令严督向前，要获逆才解交清官。

——《大南实录正编第四纪·翼宗英皇帝实录》卷六十，四十六至四十七；[179] 7005 - [180] 7006

嗣德三十一年（清光绪四年，1878 年）十二月……清广西提督冯子材带二十六营出关会剿【清帝因前疏达，谕准两广总督刘长佑、广东巡抚张树声查明钦州、灵州有无逆才匪徒伏匿防范，广西巡抚杨重雅调派官兵追捕逆才，其被诱胁晓谕解散。提督冯子材带兵出关，相机剿办，一切调度事宜，仍与重雅会商办理。赵沃近干参调子材，并带营弁以是月起行，开正初一日出关】。

——《大南实录正编第四纪·翼宗英皇帝实录》卷六十，四十七；[180] 7006

嗣德三十二年（清光绪五年，1879 年）正月……清弁诸营近多拨夫挑运，民甚劳顿，有为所打毙者。帝曰："凶横如此，民既劳又遭毒何堪!"说与冯提严饬各道，嗣不得复尔。

——《大南实录正编第四纪·翼宗英皇帝实录》卷六十一，四；[183] 7009

嗣德三十二年（清光绪五年，1879 年）二月……宁太督臣黎有佐奏言："清弁官兵进剿太辖为数比前倍蓰，需饷数多。该辖除下游七县现方筑坝，上游之陆岸右陇、安勇等县均已凋残，仅供寻常挑拨。至如解运只责于上游八县，虽兄去弟还，势不能给。现下河内、南定、海阳、兴安诸省防备稍舒，亦在无事，乞量拨民夫附解，庶期接济。"帝以远调多劳，令部拟分受夫数【河内二千五百，东、南各一千，兴安六百】，仍准愿往解者听，或愿代纳钱听月每率六缗，交北省雇办。

——《大南实录正编第四纪·翼宗英皇帝实录》卷六十一，八；[185] 7011

嗣德三十二年（清光绪五年，1879 年）二月……清弁入富人住所【在河内铺】，为富人捉获。河内省臣陈廷肃讲还之。帝敕省臣与商政嗣宜饬属防察，勿许再入生事。

——《大南实录正编第四纪·翼宗英皇帝实录》卷六十一，十一；[187] 7013

嗣德三十二年（清光绪五年，1879 年）三月……清地逸匪四百余烧破公弼社【属太原】，权府团阮廷台【曝布社人】纠率兵勇攻剿胜仗，赏给有差。

——《大南实录正编第四纪·翼宗英皇帝实录》卷六十一，十一；[187] 7013

嗣德三十二年（清光绪五年，1879年）闰三月……广安抚臣陈文绥奏言：“尧封县之观澜、明珠二社僻居海外，地势孤悬，水匪辰常往来。探闻清商欲引日本于此设埠，请于二社接夹处设屯守之，庶可左右兼顾。”从之。

——《大南实录正编第四纪·翼宗英皇帝实录》卷六十一，十八至十九；[190] 7016－[191] 7017

嗣德三十二年（清光绪五年，1879年）闰三月……清地逸匪高十二党伙烧破清山县莅并该辖之香芹、同馆等社，令兴化省臣一面飞咨黄佐炎紧行调度，一面速率兵勇进剿，并咨山西省臣亦即严为防固。

——《大南实录正编第四纪·翼宗英皇帝实录》卷六十一，十九至二十；[191] 7017

嗣德三十二年（清光绪五年，1879年）闰三月……辰，清帝复命提督冯子材出关助剿，参赞张光憻奏言：“冯提大军进剿，军火、军饷均系要著，请委员专解并设局，以便转运支发【谅山駈驴局改为支放转运分局；北宁军火分局改为北宁转运局，陆岸、山西增设转运局，太宣增设支放军火局】。”从之。

——《大南实录正编第四纪·翼宗英皇帝实录》卷六十一，二十；[191] 7017

嗣德三十二年（清光绪五年，1879年）四月……辰，李扬才据东园，筑垒拒战。清提督冯子材派副将吴天兴、参将刘敬迅往左鸾、丁大【二社名】绕攻，以分贼势。统领陈朝纲直逼东园，匪窜往涞、岂芃等处。统督黄佐炎飞督诸道兵，按上游要路防截，参赞张光憻派宣次提督吴必宁、陈斌，副提刘永福各出水陆兵，协与营弁进剿，匪焚巢宵遁，窜入三海【均属太原】。至是，太次提督黎文店、副提阮承阅与陈、马二统【清官】分道进捣者岩【原地名】，破之，擒获李逆婢妾，人马无算。捷闻，帝大加赏劳【我官升赏有差，清弁赏银三千两并牛酒羊豕犒军】，因谕曰：“三海为太原一险薮也，李逆挈党窜据，与陆之平互相犄角，乃营弁合与我官兵乘胜连破，虽逆首尚存漏网，而为我助剿，不出数月贼险悉平，似此师律义气，令人乐谈而嘉奖。尔次省臣等情分弥深，忠义素抱，各宜倍加奋勉，如何筹画分布，早将诸逆党擒杀务尽，方为不负。”

——《大南实录正编第四纪·翼宗英皇帝实录》卷六十一，二十六至二十七；[194] 7020－[195] 7021

嗣德三十二年（清光绪五年，1879年）四月……初，帝以北边上游诸省地广人稀，弃为盗薮，为患弥甚，欲募徙以壮边疆。经准定事宜录办【各省臣即察勘辖内何系原有民居及已耕征田上而逃散荒废者，紧行招抚，回复耕居。何系原未耕居荒莽田土者，渐次募垦。有欠者，官给资本，俟五年半纳半，免田土皆为私世业，十年方起科。有官吏情愿招募经理者，随多少定赏，若五年无成，各降革赔费。兹一初起办，应募零星，姑由所在州县府省官管办，俟后多数应设州县，府省续奏】。至是复谕曰：“中国之有外藩，犹人之有四肢，家之有外户。四肢强、外户固，然后可以捍心腹而御外侮。唐守维州，宋不弃灵武，修边备也。我国沿边高、谅、兴、宣、太诸省，上游地势延袤，田皆可耕，土皆可居，兼有山林之利。从前财赋供输号为蕃阜，自边匪骚扰以来，生民之生聚日散，塞下之委积日空，派戍艰劳，飞挽繁费。昔匈奴为寇，晁错建议募民徙塞下以备胡；羌人数叛，赵充国上屯田十二策。汉人行之，边境得以少事。当今边疆有事，尔地方大吏寸筹莫展，又不能身先以劝人，使人乐应，甚至以地远瘴深，哓呜避就，视与古人何不知愧？朕常夙夜以思，惟募民垦田一策为今日备边要著。现下清弁与我兵进剿，诸匪逆不日就擒，边务垂成，善后事宜所当预讲。兹著清乂以北督抚、布按、提领等以至府县官吏各遵谕示，或挺身自当，或劝率招募前往经理。仍各以事奏准及早施行，俾有成效。”

——《大南实录正编第四纪·翼宗英皇帝实录》卷六十一，三十至三十一；[196] 7022－[197] 7023

嗣德三十二年（清光绪五年，1879年）五月……我官兵会清弁攻三海匪巢，擒伪元帅钟万新，伪总营刘廷光，伪丞相李春芳，伪军师李世守，伪中军刘永胜，伪左先锋李杨佳、李世生，伪右先锋李世宣、李世彬，均交清派解回国。

——《大南实录正编第四纪·翼宗英皇帝实录》卷六十一，四十至四十一；[201] 7027－[202] 7028

嗣德三十二年（清光绪五年，1879年）六月……帝览近日军报，谕统督黄佐炎、参赞张光憻等曰："李扬才系是清国狡弁，甘心叛逆，纵有势迫途穷，亦必别寻生路，岂肯暴骨林谷之下？况陆之平最为狡黠，久处边疆，情势谙惯，宁忍自毙者乎！乃光憻前折或认为已在死尸之中，或疑为自尽。佐炎闻冯提订日转回北次，即饬预整赠项，意欲该提速回，同一苟了，将帅如此，尚可为国救民乎！佐炎宜速往该提住次，与光憻会同该提商拟要如何将李、陆、覃、翁等犯到案，及善后事宜均得周妥，免贻后碍。若今番该提入关而那诸匪不尽清，则尔等全家亦不能当此大错，毋忽。"

——《大南实录正编第四纪·翼宗英皇帝实录》卷六十一，四十三至四十四；［203］7029

嗣德三十二年（清光绪五年，1879 年）六月……李扬才窜至柔远总【属太原】，参赞张光憻飞会提赞挑选弁兵同清弁追捕，并飞饬总里土蛮豪目探拿。统督黄佐炎以闻，帝谕曰："李逆现存奔逃，严督我将士多方探拿。总里有能杀毙逆伙，即厚赏。其私馈容留逆伙之土人，即查拿的名正法，并商说冯提亦加心搜捕，俾太宣兴等辖一匪无遗，无得例说例报，有负责用。"

——《大南实录正编第四纪·翼宗英皇帝实录》卷六十一，四十六至四十七；［204］7030－［205］7031

嗣德三十二年（清光绪五年，1879 年）六月……先是，廷臣筹拟善后事宜，或摘由清官咨拟，或由边省照拟严办，凡五款：一申明关禁【嘉庆十一年，太平府员札到谅山，内叙例定嗣后详核，内地出口商民腰牌，照江州、龙州两厅印给，是实无牌，即系私越，拿解惩办。光绪四年，两广总督咨定章程，内一款凡由钦州前往本国界内人民，应由钦州查明印给牌票，其广东、广西以及各外省如有饬派员弁、兵役前往本国何差，均应禀明省辖督抚，捡明给照，并于照内声明不应夹带货物，偷漏税饷，亦不得沿途索扰暨照会本国查照出口。其外省员弁、兵役，须由两粤出口者，一并咨会东督抚札行出口处所之地方官知照，如有自称奉差而查无给照者，即撤回勿令入境，以免假冒。向上关禁应咨由清官照办。至如本国原设关隘等处，应照嗣德二十八年议，何系穷僻者，遴土豪目二人，充为堡长，率民把守。何系大路通衢者，派所在品官充为堡长，量拨兵勇住截，每堡给图记一颗，每隔三四十里听留一堡，原有径路尽行截塞，凡行客往来，均听于堡上行走，毋得行径往来自由。如本地人民及行客往来商卖，听该堡长护给凭验（团内几人、往何地方、去回立限几日，具有明文，以凭查验），听其出堡，如限去回，倘有奸细情节，听由所在拿交堡长究治，若遇有大抄（一二百丁）小掠（二三十丁）公然抢夺，听内外堡长关报，管率兵勇剿拿】；二处置流勇【同治十三年，两广督抚告示清人，内叙现在我国之中国人等，有曾在内地犯案负逃者，现若悔罪投回中国自首，应赴交界地方官及统兵官处呈明候查原案，照例办理。如先于中国本无罪犯续在我国滋事者，若真心改悔求回，亦赴交界地方官及统兵官处呈报实在姓名、籍贯候查，发给路票，递籍安置。傥再玩法生事，即拿正法。至如中国平民流落我国，现果愿回并准报由交界地方官分别递回安插，仍须分起，每起不得过百人，毋许拥挤。各项人等傥敢心怀叵测，暗带军器或假伪混入边界滋事，各统兵官及地方官文武定即堵截。冯提督年前助剿，亦曾谓何日凯还凡销差者，尽数并带回唐，不留一人遗患。至如勇饷，例有量留尾银，此来兵勇家贯非尽夹近，何日凯还凡兵勇干尽数撤回，俟至柳州，另给尾银遣散，庶得近便。家贯不复，流散为非向上等款，应由清官照此办理，仍录交各省粘揭并严饬辖内总里、帮铺头目，凡清客投来，各详开名贯，何系有家产帮税，有人保结者，听留生理。何系无人认管者，拿交现留住营弁解遣入关，若后捡出何名潜隐者，非遁勇则逸匪，即行拿治。今次清弁入关后，我沿边诸省各派弁兵及所在豪目紧行按捕，一月内要得严清，若有缉获流勇，即行正法。其沿边各省投寓诸清人，何系经二三代者，饬令留发以便捡刷】；三量留住压【本国之太、宣、高、谅等省，地势毗连，林莽旷邈，又与清国接壤，逸匪、游棍易以潜来纠聚。年前冯提督助剿，尽将营勇抽撤入关，余匪遂得复燃。嗣而刘、赵再来会办，虽有量留住压，寻又撤回，残匪、销勇寻复纠扰。兹如李、陆、覃、翁各就擒戮，清兵凯撤，祈为量留五营，统领或督带一、管带四，分札太辖二营、宣辖二营、高太谅接夹处一营，以资镇压。余匪如复啸类麕聚，销勇或有逃留滋事，即由量留之清弁量匪多少调督诸营协与本国官兵剿拿，俟后边境确得清厘，另行抽撤。其现隶冯提督军门，如陈以谟、陈德朝、周炳林、王正明、刘应高等员，或韬铃勇略、或地势谙历、或平易民乐，愿留祈为听各留札，向上咨清官照办。而我国次官亦应量留参赞、赞理、提领各一，兵一千，象三五匹，择地驻札，系匪聚何处，即会清弁紧办，俟一律清夷，民可自为守，另行拟撤】；四招回首匪【北边各省鲲、英余党尚未尽除，兹李逆复扰，党伙实繁，除李扬才应痛剿重治外，傥该等果能悔罪投诚，何系由清弁出首，应由该弁带回。何系由我军次投首，亦各行解交该弁遣回原籍，以绝恶荄】；五筑作圈栅团结民勇【嗣德二十五年准定沿边诸省民居，各照随民数多少远近或一总分为二圈，或二总合作一圈，择形势可恃者或筑土垒，或树竹刺，总内民皆于此圈居聚，以便防守。至如田间有构暂舍居住耕植，至收成运回大圈归贮这款已办者，再加整饬；未办者照此紧办。二十八年宣次省臣枚贵、吕春蒇，拟该省请设府县州管，团统各总团，每总设团目各一，其炮械药弹由该等备办，欠者官给分派，更守协与总里，率团丁剿拿。斩射匪目伙毙伤，照例赏给。督率之府县团管目，分别拟赏。若不力致匪逸入乡村，与旁近总社不能策援，其管团目等照收每名钱五十缗，给许诸被劫之家，再拟杖革与总里同。傥六年内保得无有匪劫窃发何所，分别拟赏。兹边省之高谅、太兴、广安与宣略同，应一律照办】。帝命录交统督黄佐炎详阅，且令编许诸参提赞及诸省督抚、布按阅商周妥，仍断以己见折递。至是佐炎覆如廷拟，乃准按款修书递广东、广西及冯提督，祈各加心力办。又严饬佐炎："在我必须及早整饬，聚集防堵，镇抚如何，断必力行有效，不得惮事苟了，大负委寄。"

——《大南实录正编第四纪·翼宗英皇帝实录》卷六十一，四十七至五十；［205］7031－［206］7032

嗣德三十二年（清光绪五年，1879年）七月……清地股匪蔓扰太原，布政使裴璞、按察使杜仲玮、参赞张光憻各坐降留。

——《大南实录正编第四纪·翼宗英皇帝实录》卷六十二，六；［211］7037

嗣德三十二年（清光绪五年，1879年）七月……住河内富领事探闻统督黄佐炎、提督冯子材转回山北，疑问之。省臣陈廷肃、阮有度转咨山北究覆，又咨接近诸省【山兴北太谅】，凡有关事体预咨该省，便详该领知悉，以免疑讶。事闻，帝谴之曰："肃、度凡事亦忙怯，此在近诸省，凡事岂不闻知？他有问即以实答之，非关他事，何可一一咨报？甚不合不善！"

——《大南实录正编第四纪·翼宗英皇帝实录》卷六十二，七至八；［211］7037－［212］7038

嗣德三十二年（清光绪五年，1879年）八月……统督黄佐炎奏上兴、宣、高、太、谅查拿逆匪事宜。帝谕曰："兴之余匪亦当一番大加注措，宣、高、太、谅匪巢虽云踏破，然匪渠之李、陆、翁、覃等犯尚在稽诛，党伙尚在出没，尔即与冯提商筹机宜，速早清办。"

——《大南实录正编第四纪·翼宗英皇帝实录》卷六十二，八；［212］7038

嗣德三十二年（清光绪五年，1879年）八月……太原布政使裴璞疏将伏波将军炮【清炮】式样以进。帝敕曰："嗣有何项关于兵用我国未有者，次、省臣亦照此覆办。"

——《大南实录正编第四纪·翼宗英皇帝实录》卷六十二，八；［212］7038

嗣德三十二年（清光绪五年，1879年）八月……辰，富派以刘团住守保胜病商，请罢诸巡司，北圻诸省、次臣亦奏议巡司并处置刘团事宜【河内巡抚阮有度请罢十三省巡司，专由商政征收。海阳总督范富庶请每省各设官征收，又严禁永福抽丰，由统督臣拟移他处，给费开矿。河胜、河杨说与富使派西兵往住，以严商路。南定茶里设大屯，重派官兵征办。兴化巡抚阮辉玘言巡司撤罢，刘团不无觖望。次臣黄佐炎请改授永福为高谅提督，移住此边，仍以高平银山所在地名赐为采地，又给本资生储为之用】。下廷臣阅议，寻议上【巡司之设，南北有之，本国典例行之已久，商约不干。他无何辞分利，故借以保胜商人叫苦，寻端邀我停之，以遂初来请撤巡司之意。刘永福虽未终驯，然自受抚以来，致力立功，皆为身不顾后。该住上游，他入碍眼，我善抚之，可助一臂之力。该当进退维谷，未敢为非。兹各省折奏或就所职而偏言（海河），或难办而虚应（兴化），或徇老商牟利之辞（阮有度），想均未定全局。惟统督臣请移住刘团储用，虽于巡司留撤之款未有拟及，而于处置刘团颇有端绪。

请由统督臣以情晓饬，永福如愿就银山开矿营生，即依所拟，以地封之，并给资本及辰起办。如或未便，则保胜、保河由官派人坐收，而使该团一二人随办（如雇财赋者），示我无私，每月得干，或应斟酌分许，该认给徒伴引行遣散，一以慰刘团之愿，一以免西领之言，俟何日边匪清夷，有应别局注措如何，另奉随宜拟办。余各省巡司请且仍旧毋须停罢，坚守本国经常之典，以消外人窥测之心】。帝曰："论皆正当，但未甚周著。尽录交佐炎密阅，熟思全局周妥。"既而佐炎奏："依廷臣拟请巡司仍旧征徵，仍各所派官坐收。惟保河、保胜仍听刘团领征。"廷臣又以："派官不便，请许领征。至如保胜系接云南省界，统督臣久居边阃，情势稔知，由统督亲往勘察，或应拣派土著人，或派官兵长住征办，由该统督筹拟覆奏，俾得详悉。"帝然之。

——《大南实录正编第四纪·翼宗英皇帝实录》卷六十二，十一至十二；[213] 7039－[214] 7040

嗣德三十二年（清光绪五年，1879 年）八月……清官统领雄武全军马云标率中、后、左、右四营分道回国【前营管带刘积蕃尚留，驻夹高太之上下关总分，协与骧武各营拿剿逋匪】。

——《大南实录正编第四纪·翼宗英皇帝实录》卷六十二，十五；[215] 7041

嗣德三十二年（清光绪五年，1879 年）八月……辰，冯提以李扬才逃回，由我国官民容匿为言。帝谕诸次省臣民曰："李逆越境搀扰，为吾边患。我国官民苦于征剿，疲于飞輓，无不思食其肉而寝其皮，岂有何心容隐？冯提不察谅，偏听人言，作此过辞，臣子闻斯语者，问心安乎？且自者岩既破之余，节经严饬搜捕，早奏肤公。乃迁延日久，俾残喘得以偷生，复此倩人招谤，咎将谁归？尔诸省、次臣方面董戎，所以委寄者何在？尔臣庶等久宁干止，所以尊亲者何在？何不尽力自图，歼此渠伙清边患？若复逡巡畏难，使逆犯尚隐境中，为他指摘，则罪难辞矣。"

——《大南实录正编第四纪·翼宗英皇帝实录》卷六十二，十六；[216] 7042

嗣德三十二年（清光绪五年，1879 年）八月……命山兴宣总督武仲平往太原商说军务。辰，李逆窜者岩，冯提悉调诸道兵就处搜拿。帝以该匪惟余残喘而节值雨潦，清兵厚集，恐抬运不给。仲平会与该提同事，情意相孚，乃准往商说量减派往者岩之兵，以舒解运。又以自北边有事，夫饷均于北宁取给，该省之民不胜困弊，令商说事清即回北省筹议调剂，要使民生得苏，军需不乏，俟清帖然后回莅，亦以仲平素有循声故也。

——《大南实录正编第四纪·翼宗英皇帝实录》卷六十二，十六至十七；［216］7042

嗣德三十二年（清光绪五年，1879 年）九月……我官兵与清弁生擒匪渠李扬才于者岩后山【属太原】，押送回清。

——《大南实录正编第四纪·翼宗英皇帝实录》卷六十二，十八；［217］7043

嗣德三十二年（清光绪五年，1879 年）九月……命诸诸省次臣筹拟沿边经理事宜，谕曰："北圻沿边诸省地势延袤，又与清界毗连，若不一番大加经理，边患终无了局，即如太之者岩，宣之安河与之十州等处，岂可尽委为逋逃薮邪？如谓岚瘴深重不可以居，则高谅省城亦古之岚瘴地也，而今何以聚辟若是乎？近来沿边因循苟且，防守单虚，逸匪据扰，民氓流散，昔为奥区，今成弃地，甚可惜也。苟得人以绥抚控御，奸宄不生，商旅日至，则人烟凑集，岚瘴自消，何患乎积寇之不除，流民之不复哉？兹交次臣、统、参、提、赞并山、北、兴、宣、太、谅平之督、抚、布、按各宜妥拟，何者冲要应屯重兵？何者荒闲应行垦辟？土兵可团练者团练之，居民可联络者联络之。或当增设省府县州，合行事宜如何？要无遗策。"

——《大南实录正编第四纪·翼宗英皇帝实录》卷六十二，十九至二十；［217］7043 –［218］7044

嗣德三十二年（清光绪五年，1879 年）十月……设广安桧山屯【在河门总大来社接界】。先是钦派科道陈廷廉奏言海宁辖清地流民节为边患，目今抚局已成，而荡子未能尽逐，乘间偷劫，相率伙从，土民不免终于流散。请于河桧社设一大屯筑垒置炮，遴派大员，住兵三四百弹压。拣出游荡何系愿耕者给与牛耕，愿商者给与资本，不愿者给费遣回。帝谓事之应否，亲履者详，准交海安二省臣确勘筹奏。至是，二省臣覆如廷廉拟，乃准设焉【以领兵谢现充该屯防驻，海宁知府裴进先升侍读充宣慰使，妥办屯垦镇抚事务】。

——《大南实录正编第四纪·翼宗英皇帝实录》卷六十二，二十一；［218］7044

嗣德三十二年（清光绪五年，1879 年）十一月……宣光巡抚黄相协疏言清提督冯子材札示，覃、翁匪党往者南兵剿散，应由南兵自办。统领林凤鸣亦云承帅令先拿李、陆，余且置之，请停商说。帝谕曰：“我官当设法拿获二三匪渠，方服人心而壮国体，岂可尽让人？自我地主分事，反不如人，朕甚愧恨！次、省臣当认真早办。”

——《大南实录正编第四纪·翼宗英皇帝实录》卷六十二，二十四至二十五；［220］7046

嗣德三十二年（清光绪五年，1879 年）十一月……清地逸匪黄潘林等向乂安镇宁府辖乞首，总督阮政疏请商派管奇阮文诸权充行次领兵，管将弁兵前往巡缉探察。帝曰：“逸匪均是野心难驯，北边各省抚局不成，可为明鉴。该等果是乞首，尔亦应熟察区处如何周妥，毋使养虎遗患。”

——《大南实录正编第四纪·翼宗英皇帝实录》卷六十二，二十七；［221］7047

嗣德三十二年（清光绪五年，1879 年）十二月……清提督冯子材入关，命参赞张光憻【辰住在太】回北省，以品项款赠之【赠冯帅琦璃十二两，沉香二十四两，清乂桂各十五片，象牙二对，犀角二端，燕窝三斤，象箸十对，象牙扇二把，南好绢十五匹，南素绉纱十五匹，加重纨纱十匹。余统领、督带、管带、督办、差官，各营哨长、书识共赠清桂一百片，乂桂三百片，琦璃五十斤，沉香四十斤，象牙五十四对，象尾毛包银五十四副，南好绢六百二十匹，南贡纱三十匹，南凉纱三百八十匹，加重纨纱三百五十匹。各营兵勇普赏银一万五千两】。子材皆不受，量留清弁五营分札太、谅、高各省，首丁并带回唐。帝曰：“冯提回，逸匪不免复聚。山兴宣专由黄佐炎，太北、谅平专由张光憻，各宜调督，要尽清夷。”仍准佐炎兼统，以一帅令。

——《大南实录正编第四纪·翼宗英皇帝实录》卷六十二，二十九至三十；［222］7048－［223］7049

嗣德三十二年（清光绪五年，1879 年）十二月……赐黄佐炎、张光憻、吴必宁、刘永福寒衣，因谕以挟纩同袍之义。

——《大南实录正编第四纪·翼宗英皇帝实录》卷六十二，三十七；[226] 7052

嗣德三十三年（清光绪六年，1880年）正月……初设谅江、端雄二道，以黄佐炎兼二道靖边使，参赞张光憻升授参知、充谅江靖边副使【知宁太、谅平军务】，河内领抚阮有度升授侍郎、充端雄靖边副使【知山、兴、宣军务】。辰，廷臣议北边经理事宜【以为兴、宣、高、太、谅等辖年前土酋世袭，人地相宜，兹请各省府县州臣参用土著（省则按察或领兵，府县州则丞或尉），专以团结民夫，设立圈栅及募漏民（不拘汉、土、猫、侬）立社邑，仍择有形势（他日可为省者）筑一二大屯，带随土兵一二百，增募手勇二三百居住垦剿。又太谅夹北之谅江一带，宣夹太之端雄各县，水土平善，皆可久居，请设为二道（谅江道凤眼、保禄、陆岸、右陇、安世、安勇诸县隶之；端雄道山阳、西关、雄关、三阳、青波、夏禾诸县隶之），每道各筑一土城、厅署、仓库、军舍一，依省莅设提督一、领兵二、兵勇二千，上下有则往剿，无事则屯垦，仍简大臣强干谙闲戎务者充为靖边使一，副使二，以辰巡省调度。近者参赞张光憻折请专办，河抚阮有度折请自当，均属有心当事，请以为副使，各充一道，其正使由统督黄佐炎领管，该二城一切事宜均以正副使奏办，三年内如能一律宁帖及辟聚实状，加赏或不次超擢、或爵以五等，若无成照军法拟处。各省臣赏罚减使臣一等，募垦人等应得赏罚，谅江、端雄诸下游照二十八年例（见是年，下同）办，兴、宣、太、高、谅诸上游赏倍之（如募得丁三名，垦田或土四亩，赏给凭随办。丁六名，田土八亩，赏武署一秩。丁九名，田土十二亩，赏实授衔，递加至四品而止），罚减等（欠一二成免议，三成杖六十，至七成以上满杖革，仍各展限，如能充损，量以开复）。管募人等应得赏罚，下游照三十年例（见是年）办，上游每年限以丁五十名，田一百亩为及例，计此分定赏罚，俾加劝励，俟上游诸屯经理渐成，即将宣太二省进住，仍摘二省夹近之府县（如咸安、富平、同喜之类）并与谅江、端雄，设为二省。土民随募有乏应给每人钱，稍近下游者十缗，远者二十缗，后准半纳半免，或买交牛耕田器，俾有资仰。至如土豪如太之赵德望，宣之雄恩、雄福，高之恩禄、恩盛，谅之李永才，兴之刁文诸族，与夫清人如梁俊秀者，均饬令各募土勇隶随该二道使臣差派，或各于所在扼要屯垦，俾得多人谙干，早期成效】。准如拟行之。令光憻、有度等即各管认在次兵勇进上游屯住【廷臣初请设剿抚使，帝以为权轻，故再议设靖边使，因举光憻与有度并领之】。

——《大南实录正编第四纪·翼宗英皇帝实录》卷六十三，三至五；［228］7054－［229］7055

嗣德三十三年（清光绪六年，1880 年）二月……陈廷肃疏言河内省辖高墱社地分与山兴清宁诸省山分夹接，请于此处设立山防屯，筑作城池、军舍、仓库储贮，以便防堵。帝令筹办早完，以卒所图【寻准改设美德道，其山防屯停之】。

——《大南实录正编第四纪·翼宗英皇帝实录》卷六十三，六；［230］7056

嗣德三十三年（清光绪六年，1880 年）二月……清国两广总督来文言剿探逸匪事宜【一叙依限确查陆逆藏匿处所，约会冯军门派营弁合拿；一叙札派参将吴迪文乘坐轮船刻日驰赴东京、西贡确探军情飞报；一叙翁、覃等股匪原在南国寄籍，应由南国自办，非若李逆雄鸷，必须中国兵力以制服之。今陆逆在逃，经悬赏购缉，应各严行盘诘】。帝令廷臣善为书覆之【略曰："李逆甫擒，陆逆复扰，翁、覃等匪或阳与伙从，或阴为勾结。而广西抚部院张大人、提督冯大人奏准凯还，忍以未了之责付之下国，势难独办。且承贵大人照顾，屡派往探，如今次之吴迪文者，想亦欲明见中外情势，以恢助弱字小之图，不特为边讯已也，不然何如此惓惓徒劳为也。愿其谅之如何而可弭下国积年之患，消两边后日之虞，以安边境之民而合瓶罍之义，下国实所深望焉"】。

——《大南实录正编第四纪·翼宗英皇帝实录》卷六十三，七；［230］7056

嗣德三十三年（清光绪六年，1880 年）二月……富使请设北圻电报【自河内经过海阳及宁海，直至涂山】，遣工部员外郎黎文春往同诸省派勘办。

——《大南实录正编第四纪·翼宗英皇帝实录》卷六十三，二十；［237］7063

嗣德三十三年（清光绪六年，1880 年）三月……富派兵船巡缉拿获清匪张葩福、朱义合等【十余名氏】于海阳洋分，命斩之，赏银钱物项有差。

——《大南实录正编第四纪·翼宗英皇帝实录》卷六十三，二十三；[238] 7064

嗣德三十三年（清光绪六年，1880 年）三月……谕刘永福曰："尔虽系新附，而屡立戎功，有心图报，朕亦待之如本朝臣子。尔既与统督大臣商定，朕皆听从，俾卒所图，宜加感奋，悉心干办早清。德懋懋官，功懋懋赏，朕不食言。"

——《大南实录正编第四纪·翼宗英皇帝实录》卷六十三，二十六；[240] 7066

嗣德三十三年（清光绪六年，1880 年）五月……帝以北边军务积久未清，谕次臣曰："北边自军兴经数十年来，兵困于岚瘴，民疲于飞輓，冀获粗安以解兵民之苦，不谓此贼未平，他贼又起。朕已虑其余烬复燃，先机指授，不知阃臣所办如何。据报则陆之平整居北泮，李总爷分屯联垒，其党李亚生、李七名、黄大才、赵三、苏二等蔓扰于北谅，覃四娣、潘如林、黄二、谢福善、潘六、李大等肆掠于宣辖。似此情形，殊可怪恨。统督黄佐炎昨以宣太积匪必须刘团专办方可尽敌，折请酴赏厚饷，朕亦俯从。乃刘永福前既慷慨请行，兹又托病迟回，其心颇难逆料。靖边副使张光憻亦曾请自当宁太谅平一道，乃自泮屯不守来兹，听彼鸱张，只徒株守。朕以尔等情联帝室，出自世臣，分谊綦重，故委以边事。虽公议交谪，亦不能摇。尔等各党如何注措，使边境早清，朕亦不掩其功。若复尔迁延，不践前言，必将尔等并交吏议。"

——《大南实录正编第四纪·翼宗英皇帝实录》卷六十三，三十八至三十九；[246] 7072

嗣德三十三年（清光绪六年，1880 年）六月……遣使如清【岁贡】。吏部右侍郎充办阁务阮述改授礼部衔，充正使；侍读学士充史馆纂修陈庆洊改授鸿胪寺卿，兵部郎中阮懽改授侍读学士，充甲、乙副使。述临行，帝制诗并远行歌御书以赐之。辰，又以清匪未静，乃具边情疏文，命述递到广西，祈为题请派出营弁防剿。

——《大南实录正编第四纪·翼宗英皇帝实录》卷六十三，四十一；[247] 7073

嗣德三十三年（清光绪六年，1880年）六月……太次领兵官阮禄等督率捕弁剿清土蛮匪，胜仗【斩获清匪十九馘，土蛮六馘，收匪赃旗十六，鸟枪九，铁槊十，赏功牌一】。赏阮禄等军功纪录二次，在行员弁赏品衔银钱有差。副使张光憻、商办梁归正记案并议赏。

——《大南实录正编第四纪·翼宗英皇帝实录》卷六十三，四十三；［248］7074

嗣德三十三年（清光绪六年，1880年）七月……谅山按察使黎如漾及作为领兵官丁冠祯等败清地逸匪于长庆府，赏纪录银钱有差。

——《大南实录正编第四纪·翼宗英皇帝实录》卷六十四，四；［251］7077

嗣德三十三年（清光绪六年，1880年）八月……辰，北谅匪扰日甚。谕次臣黄佐炎曰："尔久膺方面已十一年，地势匪情无不谙熟。乃自节制两边荡平诸逆，皆倚外兵为重，清弁尽撤，所遗一二残匪潜伏宣太偷生。尔既与刘团商筹束团增饷，朕俯从所请，月费万金皆不靳惜，亦求早完边事。计自四月至兹历夏徂秋，刘永福则淹留保胜，尔则闲住熟练，致余匪得以纠聚。陆之平陷据北泮，李亚生、才亇普、伙大家等分扰北之谅江，谅之长庆，致此之由，是谁之咎？尔中夜自省，上与君父言之，下与裨佐筹之，内则兵民之视听，外则邻国之观瞻，果已合否邪？宜悉心剿办，取次清夷，否则断难曲贷。"又谕刘永福曰："尔乃古藩臣苗裔，曩因逋播甫回，不为逆英所屈，而背暗投明，节率勇隶随剿办以表真心。朕视同本朝臣子，盖亦谅其诚信永矢，犹待其日加奋勉克立大功，必膺懋赏，固不止此也。尔宜及早督率团练分道擒剿，勿使漏网转致生艰，方免负恩蒙耻永世有辞矣，尔其思之。"

——《大南实录正编第四纪·翼宗英皇帝实录》卷六十四，八至九；［253］7079－［254］7080

嗣德三十三年（清光绪六年，1880年）十月……清地逸匪与舍匪合伙蔓聚于蛮维、呈固等县【属清化】，命山防使黎致植率兵剿捕，胜之【斩获清逸匪四馘，铁镆一杆】。

——《大南实录正编第四纪·翼宗英皇帝实录》卷六十四，二十一至二十二；［260］7086

嗣德三十三年（清光绪六年，1880年）十月……太道副提督刘永福攻拔安欣匪巢，宣道管带黄守忠等袭破东园匪屯。赏永福军功加一级并紫金牌、金钱，守忠等赏金银钱有差。统督黄佐炎、参赞张光憻亦各赏加级纪。又谕曰："此行所叙安欣匪屯甚险固，攻拔甚难，则彼凭险射击，主客势殊，何练勇被伤止数十，夺得匪赃亦少？东园报斩获至六十余馘，又无收赃，尔将效冯子材张大欺蔽邪？君门万里而威颜咫尺，臣心不应稍存爱恶虚伪于其间。部亦不察，徒画葫云云。非朕苛也，理甚明也，因示知之。"

——《大南实录正编第四纪·翼宗英皇帝实录》卷六十四，二十二至二十三；[260] 7086 – [261] 7087

嗣德三十三年（清光绪六年，1880 年）十月……清地逸匪李亚生、李六等率党蔓扰原平县北合、北斌等处，高平布政使陈文训请增兵助剿。帝曰："省兵勇已至一千五百余，又有营弁相助，纵匪至千亦能剿灭，况虚张乎？平日坐享，一遇小警已忙然叫乞。听省自图，不称毋悔。"

——《大南实录正编第四纪·翼宗英皇帝实录》卷六十四，二十五；[262] 7088

嗣德三十三年（清光绪六年，1880 年）十一月……命兴宣、太谅高及南定、海安诸省各按辖防剿。辰，太原匪巢均已取次踏破，余党四散逃窜偷生。而广西巡抚来书卸诿，不肯助剿，故特严谕诸省臣多方拿截。

——《大南实录正编第四纪·翼宗英皇帝实录》卷六十四，二十九；[264] 7090

嗣德三十三年（清光绪六年，1880 年）十一月……命靖边副使阮有度转往太次【北泮买市】调督。初，有度往宣辖上游调督。至是，统督黄佐炎奏言："太之下游匪常出没，而沿边一带林路又当其冲。副使张光憻应在太地，以便居中调督。请商由阮有度往买慰劳刘永福，并调督诸提、赞速移师直捣三海。"从之。

——《大南实录正编第四纪·翼宗英皇帝实录》卷六十四，四十至四十一；[269] 7095 – [270] 7096

嗣德三十三年（清光绪六年，1880 年）十二月……命统督黄佐炎即往太城驻节。辰，张光憻复疏言："刘永福以节办艰劳，未蒙拟赏，疑外人有中伤致品俸未预，团练衣裤未给，而其父母亦未预封，祈为代题。

若不准归农，则候奉恩准，以来冬假限省扫。兵部陈践诚等以为永福系佐炎收抚调遣，情意久孚，请令佐炎往太，得便就近申督捕弁，因将朝廷德意晓说，使永福感悟安心讨贼。”从之。先是，安欣、桶、那宥、信、北观等阵，该副提悬赏至五千五百余两，佐炎以其过例，只给二千五百两。至是，帝以该是武臣，未谙典例，准如数与之。又准该提父母亦依例照衔追赠【侍读学士】并该提与其属各照品支俸，以示一体。

——《大南实录正编第四纪·翼宗英皇帝实录》卷六十四，四十一至四十二；［270］7096

嗣德三十三年（清光绪六年，1880年）十二月……清管带韦和礼抵谅山同文、同登等处换住【原住胡国柱病毙。辰，清统带侯勉忠驻芃葑，管带陈得贵驻駈驴，与韦和礼凡三营】。

——《大南实录正编第四纪·翼宗英皇帝实录》卷六十四，四十四；［271］7097

嗣德三十三年（清光绪六年，1880年）十二月……刘永福自阮有度抵次即称疾留买住，别委其属黄守忠、吴凤典等率勇开差。陆之平闻官兵进剿，复诈委乞抚，以图缓师。有度信而许之，既而不至。乃商委守忠等进攻，抵处则匪已弃巢而去。有度适得统督咨，抽回山省。永福遂以踏平匪巢由太次驰报，并摘勇派属吴凤典、杨著恩回太候派，该即转回保胜，光憻仍据永福原报以闻。帝以永福自为去留，颇属悖横，即交佐炎察其情意如何。佐炎覆言永福病情属实颇紧，调痊即赴太剿办，本无他意。乃准永福降二级留，佐炎调遣不严，光憻、有度不能折责，均降一级留。又以三海素称险要，而团勇踏平甚是容易，渠伙赃仗无一擒斩收获，不无欺隐，再交佐炎察奏。至如佐炎前既请有度办太，后复撤回山，将令颇属不一，令有度紧往调督兵练蹑剿，要清以称所委。寻以永福病展，准有度仍留山剿办，太务复专由光憻调度。

——《大南实录正编第四纪·翼宗英皇帝实录》卷六十四，四十六至四十七；［272］7098－［273］7099

嗣德三十四年（清光绪七年，1881年）正月……命广平、河静、乂安雇商、渔船往北载米。寻以人情不乐，权雇清帮船载之。

——《大南实录正编第四纪·翼宗英皇帝实录》卷六十五，三；［274］7100

嗣德三十四年（清光绪七年，1881 年）正月……清地匪渠陆、翁、黄、李等分往宣太谅诸辖肆扰，命靖边正副使严督刘永福迅即往剿。永福托疾月余未至，匪寻蔓及安平、不拔等处。复令紧督永福舆疾往剿，免致夏汛增艰。黄佐炎上疏言永福已订日就次，且历陈难状。帝以其预为自卸地步，谕谴之。

——《大南实录正编第四纪·翼宗英皇帝实录》卷六十五，四；［275］7101

嗣德三十四年（清光绪七年，1881 年）正月……富医师订往边和抵北圻上游寻学博物，阮诚意以闻。帝曰："他行非学博物，亦疑我经理山分，且寻路径诱诳蛮民，皆有深意，不可视常。"令咨顺、庆以北各省及山防、营田、典农诸衙，密为防察。

——《大南实录正编第四纪·翼宗英皇帝实录》卷六十五，四至五；［275］7101－［276］7102

嗣德三十四年（清光绪七年，1881 年）二月……清商梁云峰领征广南农山煤矿【连征二十八年，共税钱三十一万一千五百缗】。

——《大南实录正编第四纪·翼宗英皇帝实录》卷六十五，九；［278］7104

嗣德三十四年（清光绪七年，1881 年）三月……清地逸匪复扰于谅山文关、长庆等处。省臣以闻，帝曰："谅勇素称得力，何不出力剿灭，将贻忧邪？"

——《大南实录正编第四纪·翼宗英皇帝实录》卷六十五，十四；［280］7106

嗣德三十四年（清光绪七年，1881 年）三月……清招商局官唐廷庚抵京言代办运务，准赐宴于礼部堂，并款赠之【清国前年以运艰，又以商人载货利归西船，乃设招商局出公银一百万元及听官民出赀合本，造办火船以载官粮及搭私货，因演习海程。同年计利照本均分，虽明言办载官米，实暗分西人利权。至是，该局船日多，公载既裕，故分往各国私载取利。廷庚，广东人，三品官预办该局，此次承钦差署理通商大臣李鸿章（现直隶总督，住天津）派委，仍持两广总督张树声来书由香港抵海阳，搭商船达顺安汛，命阮文邃、陈叔讱等邀接之。廷庚具言招商代载，且述愿与我国共图富强之意。帝命院舶臣与商定章程（大略每年载四十二万，正月起载，七月清完，自海防至顺安，每百方脚价一百四十缗，欠失均赔，仍于海防及顿汛。该局各设仓派员住办），并为复书，令回呈东督，祈为作主。临还既赐宴，又以白金二百两、清义广好桂各三片，沈琦各十两赠之。廷庚只受桂、沈、琦各项，余白金坚辞】。

——《大南实录正编第四纪·翼宗英皇帝实录》卷六十五，十五；[281] 7107

嗣德三十四年（清光绪七年，1881 年）三月……三宣军次副提督刘永福请回钦州家贯省扫，帝以逸匪未清，现下谅省有统领黄桂兰助剿，太之蔓匪势必横加。特谕永福迅往太次督团剿清方准【辰，又以机有可乘，令靖边二副使及谅北太诸次严督兵勇，各行按要，黄佐炎转往夹太调督】。

——《大南实录正编第四纪·翼宗英皇帝实录》卷六十五，十五至十六；[281] 7107

嗣德三十四年（清光绪七年，1881 年）三月……清商船投泊权汛【属义安】掠买人口七十二名氏，为富巡船拿获，交嘉定钦派阮诚意认办。事闻，帝以汛守盘诘不严罪之【汛守裴德须降四级调，所在府县省员各降留有差】。

——《大南实录正编第四纪·翼宗英皇帝实录》卷六十五，十六至十七；[281] 7107 – [282] 7108

嗣德三十四年（清光绪七年，1881 年）四月……辰，清地股匪屡败【月前败于邱邓等处，又败于约礼、福亭】，遂窜往太原南蓄、玭瑛等处啸聚【南蓄李亚生、陈大、黄大、黄三、康什党约二千，玭瑛陆、覃党一千】，陇威【太原地】顽蛮因挟为梗，靖边副使张光憻疏请先剿陇威次及诸匪。帝可其奏，复以此次兵练厚集，分布已稍周密，外兵为策应，特命统督黄佐炎严督各道将弁往剿之【又命省臣照清弁何阵大胜，确系实力，即随宜款赠】。

——《大南实录正编第四纪·翼宗英皇帝实录》卷六十五，二十一；[284] 7110

嗣德三十四年（清光绪七年，1881 年）六月……刘团剿破陇威股匪。

辰匪既败于半牿、敢光【太原二匪巢】，退据陇威，永福悬赏令吴凤典等率练勇攻射匪巢，匪败走。次臣以闻，帝谓："是阵未获渠目，但破此以通后路，亦合机宜。"特与永福开复【永福前因擅回降二级留】，及加赏金钱，在行亦各升赏。嗣李、陆、覃、黄等潜回三海，永福与领副领兵陈春撰拟分三算进剿【又移东园、柔远、广溪三总土蛮于买市，以绝匪资】，匪闻随遁【覃窜宣辖，陆、李等窜高上那猫】。兵勇至东园，因饷缺复转回太。

——《大南实录正编第四纪·翼宗英皇帝实录》卷六十五，二十六至二十七；［286］7112－［287］7113

嗣德三十四年（清光绪七年，1881年）六月……清地逸匪京权福、黄三【党伙六十余】降于清营【吴懋勋】，高平省臣以闻。兵部以抚局无成，请由省臣移书与黄桂兰合剿，从之。既而，吴懋勋言已交陈德朝带回茶岭二十七名，余随周炳林，以便钤制。

——《大南实录正编第四纪·翼宗英皇帝实录》卷六十五，三十；［288］7114

嗣德三十四年（清光绪七年，1881年）七月……设新化道莅所。该道年前【二十九年五月】准设一大堡住办，俟三数年后繁聚，另奏改拟。至是，黄佐炎等请摘昭晋、琼崖、莱州、遵教、宁边、顺州、枚山、文振等九县州为道，设道莅于义路社【属文振县】，以便分派防垦。从之。

——《大南实录正编第四纪·翼宗英皇帝实录》卷六十五，三十四；［290］7116

嗣德三十四年（清光绪七年，1881年）七月……设端雄府果敢小屯【以端雄道城工役重大，未便起筑，故暂设屯便招集防垦】。

——《大南实录正编第四纪·翼宗英皇帝实录》卷六十五，三十四；［290］7116

嗣德三十四年（清光绪七年，1881年）闰七月……致两广总督并香港英督及嘉定富帅书。先是，典农副使阮通疏言："异样铜钱清商多于嘉定铺停贮，而顺庆与之相通，狡商买载回换易铅钱、银元，弊端不一。请这钱改为当二，使商买无所牟利。"帝不许，因谓廷臣曰："伪钱专利，香港英人亦深恶之，致清人多于寂远盗铸，乃令致书俾各为我国严禁，以清其源。”

——《大南实录正编第四纪·翼宗英皇帝实录》卷六十六，一；[293] 7119

嗣德三十四年（清光绪七年，1881 年）闰七月……复敕三宣次臣悬购逆首及有何策能使逸匪及早到案，听各悉心筹奏候准施行。辰，北边诸匪势穷窜逸【先是刘团进札东芳园，连营直抵坵锦。李七、陈大等党约一百窜掠凭德社。李亚生、黄大、王三、苏二等合党约四百窜下关社，图扰金马、南蓄一带。覃逆窜往宣太辖，陆逆挈眷窜地灵社。永福现方分团追拿，清营周炳林又派哨弁援剿高省，复委梁俊秀督各算勇解运及协捕，匪势甚促】，故有是命。

——《大南实录正编第四纪·翼宗英皇帝实录》卷六十六，二；[293] 7119

嗣德三十四年（清光绪七年，1881 年）八月……议定招商局收解事宜。帝以年来清官唐廷庚领载，故命部臣预定之【清官原约每年认载北米四十二万方，每月诣省搬米六万方，如各省搬到二千方以下，即日内认清，一万方要五日认清，若迟，每一日罚铅钱一百缗。该局运至本国仓数多数少，各照上款日期认清，倘有迟留罚亦如之。兹拟定递年自正月朔至八月底，由海防就近派管衔一，率队二，弁兵一百二十名。仓场派监临一，八九品书吏六前往汛仓住办，分为三分，每分斛概五副、汛仓各一廒，按日照收，每日要足二千方，由汛仓权贮，并刊交兵船运回京仓清纳。若迟违，该局照约罚，干据分办员人分成赔充。其刊运回京仓兵船二十艘，亦分为三，每分月载米要足二万方，三日去回一次。又加派每分管典各一，编认捡督，若迟违或侵欠，据预办员人及上司按律并依约赔罚。又仓场增设监临一员，以资分往住督。顺安汛暂仓前增构瓦厂一连，俾得宽广，以便出入交认】。

——《大南实录正编第四纪·翼宗英皇帝实录》卷六十六，七；[296] 7122

嗣德三十四年（清光绪七年，1881 年）九月……清地逸匪陆、覃、苏、李党复聚于艚市、朱咘、灵潭等处。靖边副使张光憻即派将校及黄守忠率兵分剿，又咨高谅商说清弁严札，而自请转回雅南督募，以辰往调。帝谓军机倏忽变异，即命光憻就近调督，以期敏济。

——《大南实录正编第四纪·翼宗英皇帝实录》卷六十六，十六；［300］7126

嗣德三十四年（清光绪七年，1881 年）九月……西商【姑□精等三名】取路兴化往云南，抵陇鲁屯与刘团相挑激而返，富领事以阻商咎我。山兴省臣以闻，帝命河内、海阳省臣访原委与他办，要使退听。

——《大南实录正编第四纪·翼宗英皇帝实录》卷六十六，十八；［301］7127

嗣德三十四年（清光绪七年，1881 年）十月……命广安归清俘于宁明州。辰，定立堡管堡韦广忠剿获清匪二丁，清宁明州员咨言匪是该州苏、林二姓谋为不轨，祈交归案。省臣以闻，命归之。

——《大南实录正编第四纪·翼宗英皇帝实录》卷六十六，二十五；［305］7131

嗣德三十四年（清光绪七年，1881 年）十月……陆、覃匪党复据三海，三宣次臣黄佐炎奏言匪依山靠海，兵夫药弹尚欠，未能刻日收功，请展至来春三月剿平。帝以佐炎等屡屡牵乞，严谕谴之，听姑限至开年，不清严议。

——《大南实录正编第四纪·翼宗英皇帝实录》卷六十六，二十六至二十七；［305］7131－［306］7132

嗣德三十四年（清光绪七年，1881 年）十月……清地逸匪李亚生党复啸聚于那良、云屯，图扰谅江，北宁省臣派领兵官陈春撰管将兵练往剿之。

——《大南实录正编第四纪·翼宗英皇帝实录》卷六十六，二十八；［306］7132

嗣德三十四年（清光绪七年，1881 年）十月……命广安归清俘于钦州。先是，海宁府勇剿匪于东撞洋分，获其渠庞信仕、杨葩春，清钦州移文请交归案。事闻，乃命省臣将信仕等查取供词。至是，供确令归，戮于钦州。

——《大南实录正编第四纪·翼宗英皇帝实录》卷六十六，二十八；［306］7132

嗣德三十四年（清光绪七年，1881 年）十一月……敕三宣统督黄佐炎处置刘团初阻商之款。海阳、河内省臣与富领事辩说，而其复词前后不一。至是，富使抵舶言富帅书叙刘团违约阻商，祈由我国屏逐方妥。否则，请至西正月初一日，该国必有处置。院舶臣以为节次商说，想他终不肯休，若不早为之，恐更遗碍，请令黄佐炎遵照现情速行处置【要使刘团移居三海或他处，亦不外谅平、宣太地方，便即移居，免招口舌】。从之。

——《大南实录正编第四纪·翼宗英皇帝实录》卷六十六，三十一至三十二；[308] 7134

嗣德三十四年（清光绪七年，1881年）十一月……命高平、谅山省臣预调军饷于上游诸次。辰，闻清统领黄桂兰调前右二军进那宥、味呐、板怀、陇岩等处助剿，故令二省拨夫运饷，要得接济【既而，清弁进往太次、高省以路远饷艰为言，复令太省助解】。帝又以现下兵练厚集【夹北谅有吴凤典及捕弁，夹太高有黄守忠并诸边省各派策应】，特令靖边副使张光憻紧往严督，协与清弁会剿。现住宣次之阮有度亦令量进住督，俾资共济【辰，匪目马玉伯出首，令光憻赏以银钱示劝。又月前清官侯勉忠攻复味呐，亦令光憻详察赏劳，以慰其心】。

——《大南实录正编第四纪·翼宗英皇帝实录》卷六十六，三十二至三十三；[308] 7134－[309] 7135

嗣德三十四年（清光绪七年，1881年）……十二月，清统领黄桂兰抵高平【辰，清地逸匪尚多逃窜，桂兰来会剿】。

——《大南实录正编第四纪·翼宗英皇帝实录》卷六十六，三十七；[311] 7137

嗣德三十四年（清光绪七年，1881年）十二月……科道黎挺自香港回【前与范炳、何文忠等往港】，敕问曰："尔在港有何见闻？及他有说及我国何事？"挺奏言："英人设官行事自有程限，大小各有专责。兵则选强壮日加训练阵法、射法及分派巡防，余一切工作由官自雇，不役于兵。且言泰西诸国富强之业不外乎商与兵而已，以兵船之力卫商船，必先以商船之税养兵船，故整顿通商尤急。迩来日本步趋泰西，通商四出，清国亦仿行之【在香港则设招商局，制造轮船，驶运客货。又倡设肇兴公司前往英国贸易，以为开拓商务之端。以至遴少俊往诸国学习技艺或延师回国教习，现下制炮造船以及火柴、火粒诸艺，取次举行】，渐就强盛。或称我国物产素丰【如金银、煤炭之类】，人多俊慧，倘能奋发有为，富强之业自不难致，惟文书太繁，事多拘阂而已。"

——《大南实录正编第四纪·翼宗英皇帝实录》卷六十六，三十七至三十八；[311] 7137

嗣德三十四年（清光绪七年，1881 年）十二月……初，清国两广总督张树声来文，言委派唐廷庚督同省属马复贲等往探河道及开办载事。命录北圻诸省遵知，如清官到，随宜款接，又细察行止如何以闻。至是，廷庚既抵海宁，遂搭渡来京，命舶臣阮文邃、陈叔讱等款接之【廷庚出东督密书交舶臣进呈（略叙运粮事宜，开办伊始应由该道前往经理，并有应商要件，饬该道面陈），因请入谒。帝以清官入谒，恐启人疑，乃准阮文祥与之密商。廷庚言本年十月，清国住英钦差曾纪泽报叙，法国议院密议我国东京土地肥饶，山川又多有铜、铁、金、银、炭矿，察之情势可唾手而定。法之领事脱朗者，又经乞以一二千兵攻取，该议院已允，不久必将该国及西贡各道迅紧齐发，其言逐刘永福，特托辞耳。清帝付军机各衙门妥议，故该督派该道传信我国，宜早为谋，以自图存。帝以该省书既浑，我亦不应露，令文祥密嘱廷庚三件事（一我国朝贡于清，诸国皆知。清国设有总理衙门，公论所在。傥他生心悖约，则清认为属国与诸邦争办，则他亦不敢违公论，以独行其意，仍许我国设官于清都驻候，若有何事得于总理衙门控诉。一广东现闻诸国领事多于此住，欲赖东督奏准，我国设一领事于此，以便来往商卖通报信息，因与诸国交游，得以通达情意。一我国欲派人遍往各国，如英、俄、普、法、美与日本等国探学，未得其便，清国有船常往来诸国，欲赖搭行无碍）】。及还，帝令复书东督【略叙事之端绪已领略之矣，兹应如何而可以得便，经恃唐道面呈备悉】，并寄书清国署理通商钦差大臣李鸿章，又各以品项寄赠之【上项象牙各一对，上项犀角各一端。嗣张督以品项璧还，言受之恐启他疑，后有何款难于讲说。李督亦以诗及启致情交勉，以各有强之意】。

——《大南实录正编第四纪·翼宗英皇帝实录》卷六十六，四十一至四十二；[313] 7139

嗣德三十五年（清光绪八年，1882 年）正月……严谕北边军次。辰，清弁团勇奋剿，陆、覃等匪屡败逃窜【窜走五岗】，而次臣不有合剿。帝以为无心苟且，故谕谴之。因令黄佐炎往来太城，与清弁往复商慰。张光憻、阮有度各即分往宣太诸次，商督营弁及所在豪目悉力探拿，要月内匪渠一律到案。

——《大南实录正编第四纪·翼宗英皇帝实录》卷六十七，二；[315] 7141

嗣德三十五年（清光绪八年，1882 年）正月……清地逸匪啸聚于山西福林、金关等处，省府县臣以疏防各降留。

——《大南实录正编第四纪·翼宗英皇帝实录》卷六十七，三；［315］7141

嗣德三十五年（清光绪八年，1882 年）二月……富帅派兵船往北，声言逐团保商，阮立密以闻。帝以富派欲谋北圻，特借刘团为名，深意实不可测，在我亦当先备。令密抄阮立咨文发交诸省【宁平、河内、南定、兴安、海阳、广安、山西、兴化、宣光、北宁、太原】知之。因敕曰："凡事要须善办，勿可动有声迹，如能潜消默革固好，若他敢横，到头事不获已，准各随事当为，以尽守土之责。"

——《大南实录正编第四纪·翼宗英皇帝实录》卷六十七，七；［317］7143

嗣德三十五年（清光绪八年，1882 年）二月……令统督黄佐炎、靖边副使张光憻、阮有度处置刘团，敕曰："处置刘团，佐炎实当其责，光憻、有度亦佐之，兹当早为区处，免他执言，而团亦不至失所。其该团眷属现留保胜，干著即择便（兴省或宣太）并晓该团各即移徙以安生理，如有欠乏，另请酌给。及遴派即往该堡替住，依前征抽丰税例，备给该团移住，事清即咨河内、海阳通说该派知之。又派人驰报永福早回料办，及饬守忠等当于宣太安心剿匪，又严禁团丁勿使别往下游各省相遇生事。且如此办，通说使他退帖则已，若越往固意生端，则听两下各自为之，在我按分自守，不应干涉，俟到头事势如何，有应办者另办，然此亦不获已之事，若能使各两平省事为要。"

——《大南实录正编第四纪·翼宗英皇帝实录》卷六十七，七至八；［317］7143－［318］7144

嗣德三十五年（清光绪八年，1882 年）三月……清派李雄昌往河、宁、东、南、清化五辖侦探逸匪。

——《大南实录正编第四纪·翼宗英皇帝实录》卷六十七，二十五；［326］7152

嗣德三十五年（清光绪八年，1882 年）三月……准太原束募兵勇【太勇上游四百，下游六百】。辰，靖边副使张光憻转回北省，乃请增募，以严有备。光憻又飞商住谅清官统领黄桂兰率营兵抵北宁住压。

——《大南实录正编第四纪·翼宗英皇帝实录》卷六十七，二十八；[328] 7154

嗣德三十五年（清光绪八年，1882 年）四月……如清使部阮述等回。先是使部回抵谅山，帝以河城未静，命且住歇谅省，察报无碍，方可起行。嗣，述回至北宁，乃请改道往山由、美德、宁平上路回清化省，至是抵京。

——《大南实录正编第四纪·翼宗英皇帝实录》卷六十七，二十九；[328] 7154

嗣德三十五年（清光绪八年，1882 年）四月……辰，富派每言必逐刘团清商路，该方肯撤兵。帝经节次谕黄佐炎紧办，仍令阮有度驰往佐炎驻次及山南北各省责令移团散勇，毋迟迴两端，致有误事。佐炎不即遵谕，覆言："钦差臣交认未清，而商说亦无所得，察其情状，该之交还省城本非实意。今已挟得钦差等员在掌握中，遂恣所欲。傥我听他逐去团勇，诸省弛备，势有可乘，则凭陵肆横。如团为我用，防备稍固，势未可图，则要索多款。请敕下商舶臣与他钦使辩说，使该撤退兵船，我便解散兵勇。傥他执以保护商所为辞，责由钦差臣甘结商所无碍，臣亦请出保团练不敢为非。若他有以通商路阻为说，请应讲以必须议定章程，具有明文咨知内地清官知照，方合事体。"又言："北圻全辖惟山西处上游，江道稍浅，民心尚纯，可为控御之地。今若遵将团练尽移回太，而臣回熟练临事恐难卒应。山城一有动摇，更增艰著。请应遵前谕量移妥处方合事机。"帝谴之曰："方命之罪，断无可辞。自谓将在外君命有所不受邪？则不办如何尽敌，乃迟迴两端，不顾忧劳，犹可安心乎！"仍准佐炎速遵谕回熟练，刘团尽移回太，会办客匪。保胜亦即晓饬移徙早清，以免繁言生事。

——《大南实录正编第四纪·翼宗英皇帝实录》卷六十七，三十四至三十六；[331] 7157 – [332] 7158

嗣德三十五年（清光绪八年，1882 年）五月……准经略阮政量带弁兵驰往近黄佐炎住处，择地住札往来，与佐炎商确即遵近准，及早将刘团移清，以便商讲成说。佐炎复言："富人此来诡情叵测，而山城为全圻重轻，傥山城一跌，非惟全圻动摇，而卒然用兵无有立脚之地。兹移团一款，请遵准紧办，至如山城请由经略臣重住照顾，以保无碍。”帝示之曰：“移团系紧要著，不得不移，仍亦往太宣或回熟练如前办匪而已，且暂屏迹，看他尚作何伎俩，随而应之，亦不为晚。而其曲已难归，我审其利害缓急，不得不然。若战不战，和不和，首鼠两端，相持终无了日。而其曲全归我，尔何辞可解？若暗护山兴，是尔之责，兹乃欲推归经略可乎？大臣用心岂应如是？但二省有失，尔为首，经略次之，万无可卸。然徒株守一城，孰若进退无方？谁得窥之，惟在善应者而已。”

——《大南实录正编第四纪·翼宗英皇帝实录》卷六十七，三十六至三十七；［332］7158

嗣德三十五年（清光绪八年，1882 年）五月……黄佐炎调团勇分往宣太及沱江【山西上游】各辖，而自回熟练屯住。刘永福乞回保胜料理家事，帝示佐炎曰：“保胜尔宜悉力商慰，择地妥移，使早安生，毋落后者。”

——《大南实录正编第四纪·翼宗英皇帝实录》卷六十七，三十七至三十八；［332］7158－［333］7159

嗣德三十五年（清光绪八年，1882 年）六月……辰，统督黄佐炎以移团事难，请交权河内巡抚阮有度区处【言有度与永福往来颇为周洽，且月前有度曾许给银钱，该以有度之言为称意】。帝令录问果否，兹筹拟如何，速覆。有度奏言：“刘团素性犷悍，前经遵准往说该团应移往太剿办客匪，该谓：‘凡事进止，惟遵统督号令。’使之移太既难，况移出保胜更难。当此事势交迫，若先晓以义分，而他固执不从，亦应诱以厚利，或可退听亦得省事。臣向统督臣黄佐炎密商这款，该统督臣答谓：‘只宜向他示以朝廷德意与现下和好如故，官兵遵谕解散静俟。至如移出保胜，底意切勿骤露。’则处置刘团，统督臣胸中已有成算，臣岂敢轻说许给银钱之事。且以统督望隆职重，永福追随麾下经十年来，犹谓本无恩意可孚，以臣新进望轻，与该往来未周一月，有何恩意而能感动得他？其处置刘团请由统督臣遵准妥办，俾得始终其事。”谕曰：“阮有度原与张光憻均充靖边副使，与统督黄佐炎同事，近因河事属紧，准转回权抚。兹即调回原副使与炎同住，严责该正副使三员悉心善处，必清断无可卸。”

——《大南实录正编第四纪·翼宗英皇帝实录》卷六十八，五至六；［336］7162－［337］7163

嗣德三十五年（清光绪八年，1882 年）七月……辰，清国闻我河城有事，两广、云南各派重兵于沿边内地【夹兴之临安、开化二府，夹高之归顺州，夹谅之龙州，夹广安之廉、琼等州】厚集，云南差官谢敬彪先率三营抵馆司【属兴化镇安县】，而各道亦报取次出关住压。北圻民间讹言清人来争取北圻为自守计，兴化抚臣阮光碧以闻。帝曰："以小人之心，度君子之腹。清人岂为此不义之举?"因以东督来文【叙法国兵侵河内之事，已由总理各国事务王大臣奏闻，大皇帝诏令滇粤各督抚加心防维，并由王大臣面询法国驻葩使臣，告以越南向属中国，闻法兵攻据越城，有碍两国交谊，应由法使臣将此义转告法国外部，务全邦交之谊。复由出使法国曾大臣照催法国外部，令在越之法兵退出河内城池，以固友谊。此皆天朝眷念屏藩，无辰或置除。随辰再向法国办议，并俟接法国复音酌量办理外，相应照会查照】示诸省臣，令加心劝晓士民，毋以非理相惑。又以清兵如来，我为东道，应随宜款接，探察要得体，毋失其心【初河城失守，清帝即谕诸军机衙门妥筹边备。直隶总督兼办通商事务大臣张树声（原两广督）奏言："以法人之阴悍，越南南圻既经委去，北圻岂易图存。而法犹迟迴审顾未敢遽出并吞者，固由北圻地方险瘠其力或难骤及，亦虑无故兴戎，恐为中国所议。故使越南束缚驰骤于通商条约之中，乘间抵隙，坐以违约。挟以修约，即可阴收得地之实，阳谢吞国之名。彼无来犯中国之势，我亦无先与寻衅之理。此法谋之狡，而中国之谋越愈不可缓也。总理衙门王大臣念越南法患日深，而计及添兵救援之未逮，藩篱全撤之可虞。臣惟北圻各省实该国所式凭，实滇粤之屏蔽。三月中法兵攻破东京，事机日急。嗣法人又将城池交还南官，诡谲多变，意不可量。诚恐复用占据南圻六省故智修改新约，收北圻于掌握，逼越南以必从。事果至此，因应愈难。今日中国备边之策，惟有令滇粤防军守于域外，仍以办越土匪为名，藉图进步。即为我军驻守之地，或免法人蚕食之虞。总之红江（即珥河）为法所注意，北圻尤我所必争。守在四境，备在事前。越南难望其自谋，中国必不可自误。"清帝乃谕广东权督裕宽，广西巡抚倪文蔚，云贵总督刘长佑等各整选水步，扼要分布，遥为保胜声援，毋仅作闭关自守之计】。

——《大南实录正编第四纪·翼宗英皇帝实录》卷六十八，十至十一；［339］7165

嗣德三十五年（清光绪八年，1882 年）七月……富派闻清兵厚集，亦增来兵船，并驶泊山兴白鹤等处【各二艘】。黄佐炎复飞催刘永福回熟练，并遣往兴太，各算练勇均召回山省近处住札。

——《大南实录正编第四纪·翼宗英皇帝实录》卷六十八，十一；[339] 7165

嗣德三十五年（清光绪八年，1882 年）七月……敕统督与靖边二副使，三宣、北太谅等道兵，系有清兵附住者，各戢属间静以俟，无得妄动，看两边作为举动如何飞奏。

——《大南实录正编第四纪·翼宗英皇帝实录》卷六十八，十一至十二；[339] 7165 – [340] 7166

嗣德三十五年（清光绪八年，1882 年）七月……广安九头山向化里清人投来居住，人数加倍。省臣请增著受税，帝曰："该里远居海岛，棍徒混杂，察良善者听留，不逞者逐去，免致遗碍。"

——《大南实录正编第四纪·翼宗英皇帝实录》卷六十八，十二；[340] 7166

嗣德三十五年（清光绪八年，1882 年）七月……宣勇向引清弁捕获匪渠陆之平解纳，令赏给【宣勇】款劳【清弁】之。

——《大南实录正编第四纪·翼宗英皇帝实录》卷六十八，十三；[340] 7166

嗣德三十五年（清光绪八年，1882 年）……八月，增设镇海城炮房。

——《大南实录正编第四纪·翼宗英皇帝实录》卷六十八，十四；[341] 7167

嗣德三十五年（清光绪八年，1882 年）……九月，南定省臣武仲平、童士詠、胡伯温、黎文店募雇清勇，给饷过例，各坐降留，责赔六成。

——《大南实录正编第四纪·翼宗英皇帝实录》卷六十八，十六；[342] 7168

嗣德三十五年（清光绪八年，1882 年）九月……宣光抚臣黄相协奏言："住太清官赵沃祈给粮米。"帝曰："凡在我境方买给，在清界则止。"

——《大南实录正编第四纪·翼宗英皇帝实录》卷六十八，十七；[342] 7168

嗣德三十五年（清光绪八年，1882 年）九月……清官黄桂兰统领左江左路防军十二营分住谅、北、高、太等辖，赵沃统领右江右路防军五营分住关内并宣、太两辖。

——《大南实录正编第四纪·翼宗英皇帝实录》卷六十八，十九；［343］7169

嗣德三十五年（清光绪八年，1882 年）十月……谕边臣曰："为臣不可私交，义也；凡事各有统属，法也。节经谕准与清国接境之高、谅、兴、宣、广安各辖，他有径报何事，即奏待旨。若遇紧急军务，亦由省禀办，不得向他擅禀。军民有求伸理，亦不得向外人控诉，凡所以防范我官吏军民也。乃承行之下，日久弛忽，即如脱朗州尉卢永才越禀龙州分府，何其违率若此！我官吏尚敢犯禁，无怪乎多门擅派而弊习未能止也。卢永才交拟示惩，仍申明条禁，其凛遵之【辰，永才拿获清犯，不由谅山省官禀办，乃越禀龙州分府。事闻，交拟。寻以永才土官未娴，恩准革留。乃申明条禁，嗣凡官吏土目接清派来何事或何书，各宜禀省，不得惯私认办，有乖明条】。"

——《大南实录正编第四纪·翼宗英皇帝实录》卷六十八，二十四至二十五；［346］7172

嗣德三十五年（清光绪八年，1882 年）十月……准以品项赠香港英督、英臬【初，院、舶议以伪钱之来，由清商于香港铸造。欲防其弊，先塞其源，奏请致书英官，祈为检查。嗣而，英官委探，拿获真赃究治，由如港派员报知，准以品项赠之（金钱、垂缨、砗磲、札子各一，督、臬同），英官亦奉书致谢】。

——《大南实录正编第四纪·翼宗英皇帝实录》卷六十八，二十五；［346］7172

嗣德三十五年（清光绪八年，1882 年）十月……兴辖逋匪渠覃志成【即覃四姊】向清官管带谢有功营投首。

——《大南实录正编第四纪·翼宗英皇帝实录》卷六十八，二十五；［346］7172

嗣德三十五年（清光绪八年，1882 年）十二月……三宣次臣进剿十州清股匪胜仗【斩匪二百余馘，收获炮械甚多】，统督黄佐炎、兴化布政使黎亮、领兵官阮有孚、督带黄守忠等各赏纪录、金银钱有差，在行兵练普赏钱六百缗。

——《大南实录正编第四纪·翼宗英皇帝实录》卷六十八，二十八至二十九；［348］7174

嗣德三十五年（清光绪八年，1882 年）十二月……命刑部尚书范慎遹充钦差大臣，侍郎加参知衔阮述副之，往清国天津公干。办理户部阮充钦派住广东，以递信报。自河城有事，我经移书东督裕【名宽】、曾【名国荃】祈为妥料，至是曾督委招商局唐廷庚、省属马复贲、周炳麟等同燕派唐景崧【主事，进士出身，奉密旨来我国探察】来问现情，并商应办事【有云："力征未见有余，理论或可排解"】。经派述充钦差，偕清官往呈东督，祈为转达。寻接李伯相电音，邀我国大臣二三人往天津询问，并商议法国之事。乃命慎遹等奉国书以行【清国得河城失守之信，即令李相与法公使宝海商讲，宝使亦欲顺从，书回该国审定，李相故有此电音。嗣后年二月，慎遹等至天津，则法已有来书，不肯调停，且执以甲戌约有"大南系操自主之权，非有遵服何国"之语，不允清认我为属国，复撤宝使回而以德理固代之。寻又以该掌水李葩利纸桥之死为深仇理论愈不入。李相又书报清国住英钦使曾纪泽令联约英、俄、普诸使讲解其事，而亦未有回信。至八月适得朗国公新和约有清国亦不得预我事之款，遂执此为辞，因以卸责。阮住东则东督亦恐为法人所憾，节次求见，均以病却，遂各于是冬陆续返回】。

——《大南实录正编第四纪·翼宗英皇帝实录》卷六十八，二十九至三十；［348］7174－［349］7175

嗣德三十六年（清光绪九年，1883 年）正月……广安水道领兵官何文硕等剿获清艚并匪丁赃物，赏钱有差。

——《大南实录正编第四纪·翼宗英皇帝实录》卷六十九，一；［351］7177

嗣德三十六年（清光绪九年，1883 年）正月……给风难清商船【福建船，泊入富安洋分】。

——《大南实录正编第四纪·翼宗英皇帝实录》卷六十九，一；［351］7177

嗣德三十六年（清光绪九年，1883 年）正月……准南定增募清勇及拣束武士以备防派。

——《大南实录正编第四纪·翼宗英皇帝实录》卷六十九，四；［353］7179

嗣德三十六年（清光绪九年，1883 年）正月……北圻沿边自有匪扰后，人民多为奸人诱卖、边匪掳掠及清勇带回清国【凭祥、宁明、太平、南宁、梧州、桂林】，使臣阮述使回具将情形入奏。帝悯之，乃严饬沿边诸辖捡拿重治，及移书西抚严饬辖下屯镇官察禁并严饬诸营官盘查散勇，从前有被掠人口，照理发回。

——《大南实录正编第四纪·翼宗英皇帝实录》卷六十九，五；[353] 7179

嗣德三十六年（清光绪九年，1883 年）正月……辰，法兵船增来，而清新派只有现住【馆司】三营往来打探。北督张光憻疏言："法派增兵船闯入，已逼于前，在我岂应恬然受制？以待远来之客兵事亦缓矣，拟应速整应敌之具，庶免临事辣手。请密敕统督黄佐炎飞调永福带团回山，合住厚兵；准梁俊秀充为高太剿抚使，招募劲勇一千转下北太夹处住压。使他敛强退却固好，倘有构隙于南、宁，请由经略阮政商督二省相机拒守，副经略裴殷年商同东省将兵直捣该海防、山北二道，随势夹攻。何省有事，诸省亦如此办。又请文自布按、武自提领以下，何人如有挠阻恇怯，准由靖边经略正副使摘名，或锁参、或徇斩，以肃功令。"从之，因示之曰："帅权临事随当而行，未可概画，务济而已。"

——《大南实录正编第四纪·翼宗英皇帝实录》卷六十九，六至七；[354] 7180

嗣德三十六年（清光绪九年，1883 年）正月……经略副使裴殷年、北宁督臣张光憻以北辖与法水屯逼近，防御较紧，密咨谅省商与黄桂兰拣派一二营附住北省雅南屯，梁归正、阮高、陈春撰量摘次兵及高谅勇算回省分住。殷年请仍留北省住压，与光憻筹拟防备事宜。帝以北省现在省次亦已多人，东省系是当冲，未有商佐。令殷年择何处中道临辰可随应者严住，便商与经略、统督酌应，要及事。

——《大南实录正编第四纪·翼宗英皇帝实录》卷六十九，七；[354] 7180

嗣德三十六年（清光绪九年，1883 年）二月……清国署理通商大臣李鸿章来文问法国事【前经电催，至是续书，叙："贵国与法国交涉之事，本署回津视事，后迭有风闻，经准两广部堂抄示，贵国先后来文备悉。适法国驻葩宝公使过津，面与询商，拟将妥议善法有裨两国。惟北南相距道远，未审现情何似？贵国为天朝藩屏二百余年，最为恭顺，总理各国事务王大臣暨本署遇事关垂深，愿妥为区处。尚其依前电音速派大臣来津，密询底细，便相机与法国公使设法调停”】，命为书复之【略叙经遣使具书各款，又将法派增来兵船，言力办刘团以通云南，使南国受他保护，及住河内、海阳仓屯各处等情祈为转达总理各国事务衙门，为之相机善处，使他退听】。

——《大南实录正编第四纪·翼宗英皇帝实录》卷六十九，九至十；［355］7181－［356］7182

嗣德三十六年（清光绪九年，1883 年）三月……厚给风难清人船【海南船五百十八人驶往暹国雇功，因风泊于广平洋分。省臣照风难例给发，兹加给每名钱各三缗，令解就沱汛搭船回国】。

——《大南实录正编第四纪·翼宗英皇帝实录》卷六十九，十七；［359］7185

嗣德三十六年（清光绪九年，1883 年）三月……清广西布政使徐延旭出关住压。

——《大南实录正编第四纪·翼宗英皇帝实录》卷六十九，二十二；［362］7188

嗣德三十六年（清光绪九年，1883 年）三月……清统领黄桂兰抵住谅江府，调派管带陈得贵将兵进驻安勇【县名】，帮带叶逢春进驻塔球江左岸，统带韦和礼进驻雄揽以为声应。北省次臣与桂兰过江择地严住，既而桂兰叙谓：未接上国明文，未敢会办。仍照北辖地夹大河与他族老巢相逼，而省城前后二江【霑德、月德】正宜防范，应多募客勇备派，并派高谅勇一算驻近营军，如他有从月德往，另派营军换装助剿。至如慈山、嘉林条路由我国自办，俟不日遵西抚来文移近省城会筹全局。殷年、光憻具以事闻，帝曰：“大清已虑其生隙，该统已住谅江，不曾渡江，其意可见。毕竟我事我当正办，著由尔次省臣鼓励将弁当自奋力，以尽臣道而壮国势，毋徒专恃于人，稍形懈弛。但该既回近住，亦应款慰。并宣言清弁来助，以作声势。”

——《大南实录正编第四纪·翼宗英皇帝实录》卷六十九，二十二至二十三；［362］7188

嗣德三十六年（清光绪九年，1883 年）三月……统督黄佐炎奏言："燕派唐景崧抵次【景崧于前腊自京回海防，复陆往北圻诸省查探边情，至是辞回】，与之议论，多见义愤，筹商军情甚为有理。兼之刘永福系与该员同乡，最为敬重，傥得该员在此，自能事事敏做。请咨东督保留该员留办军务，想亦可资一助。"从之【嗣清朝准依】。

——《大南实录正编第四纪·翼宗英皇帝实录》卷六十九，二十四至二十五；［363］7189

嗣德三十六年（清光绪九年，1883 年）四月……清官哨长【黄云高、陈材等】射毙宣太匪渠杨太家伙于山峡，统领赵沃令将该首级往高、宣、太、谅等辖传示。

——《大南实录正编第四纪·翼宗英皇帝实录》卷六十九，二十五；［363］7189

嗣德三十六年（清光绪九年，1883 年）四月……山次官军剿法军于纸桥【河内省罗城坞门外之西】，大破之。辰，统督黄佐炎调山次兵勇并刘团回怀德府【属河内】，连兵屯札，令刘团出队挑战，法兵不出。适闻报，法掌水捡点兵炮图往袭攻，永福乃分团勇先伏。是日早【十三】，法掌水韦鹥率兵【六百余】直抵桥处，伏兵起，与之鏖战。左翼杨著恩阵亡，右翼吴凤典被伤，团勇少却。永福与黄守忠冲出直突炮阵力战，法兵败走，追斩韦鹥于坞门【及二三圈官各一，法兵毙二十，重伤六十，轻伤多数】。捷闻，帝大喜，赏永福升授提督，赐正二品冠服，加赏忠勇金牌一面；黄守忠【宣慰同知，从六】升授宣慰使【从四】领领兵官，赏赏功紫金牌一面；吴凤典【防御同知，从六】升授宣慰副使，领副领兵官；摘银两、参桂给调，加赏格银一千两，又普赏在行练勇钱二千缗。调督得宜之统督黄佐炎【原革留】准开复原衔，加赏军功二级。阵亡之杨著恩【从八品百户】追授宣慰副使，加赠副领兵官，余各赠恤有差。

——《大南实录正编第四纪·翼宗英皇帝实录》卷六十九，二十七至二十八；［364］7190－［365］7191

嗣德三十六年（清光绪九年，1883 年）四月……广西布政使徐延旭自谅抵北芹，参赞裴殷年往谒，将北圻现情商说，延旭叙谓此来必为南国救应。惟今春李相面责法使【住天津】宝海【谓南国是清旧藩，既和

何得相犯】，宝海出呈和约【**内有是自主之国之语**】，谓与中国无涉，故中国以暗助为主，总不使其藉口。若果相犯，则不得不从事干戈，兹已助给刘团枪炮，又劝以出力助剿。殷年疏言："徐藩此来实有助援我国之意，请敕下部臣修书赐劳，勉其力图。"乃令修国书劳慰之。

——《大南实录正编第四纪·翼宗英皇帝实录》卷六十九，二十九至三十；[365] 7191 - [366] 7192

嗣德三十六年（清光绪九年，1883 年）五月……清国布政使徐延旭与统领黄桂兰、赵沃将营兵抵北省城，延旭派主事唐景崧将劲兵【**二百**】往刘团住次筹办，又委桂兰、赵沃往慈山相视形势，分兵屯扎【**自省城至塔梂五营，安勇一营，谅江一营**】，殷年递礼物【**三牲、米、酒、茶、果**】款赠，商谓贵大人此来奉谕明白【**清帝谕准保守北圻**】，祈为悉力图之。延旭云拟数日后回龙商拟。事闻，帝曰："徐藩此来系奉特差保全圻，谕明白。统率大员抵北次甚近，非惟彼已闻知我各次省亦同瞻恃，乃才一抵，未见寸状，遽欲回龙，何其仆仆道路？若此如孤人望何？尔等宜加心常商说与该藩相机出力为之。"既而，延旭转回龙州，仍留桂兰、赵沃住札。

——《大南实录正编第四纪·翼宗英皇帝实录》卷六十九，三十一；[366] 7192

嗣德三十六年（清光绪九年，1883 年）五月……钦差住东钦派令善禀李相并东督，早为筹画，免生艰著。

——《大南实录正编第四纪·翼宗英皇帝实录》卷六十九，三十二；[367] 7193

嗣德三十六年（清光绪九年，1883 年）六月……戊辰，阮文祥、尊室说废嗣君立皇季弟朗国公洪佚。①……乙亥，帝袭尊号【**是日于太和殿**

① 卷首本注云：废帝原赐名"洪佚"，宪祖章皇帝第二十九子也。母瑞嫔张氏，以绍治七年（清道光二十七年，1847 年）九月生。嗣德十八年封文朗郡公，三十一年晋升朗国公，三十五年兼摄尊人府右尊人，因嗣君废得立。启金柜帝系诗二十字，以第三"昇"为名，旧双名为字。才四月，亦被废弑。同庆二年议，准照依宋子昰、齐照业废帝之例，随文书之。成泰五年（1893 年），议准书朗国公，十一年七月书成恭进。迄至十月，以尊人府奏，准如保护钦使商拟，复改书废帝。——《大南实录正编第四纪·附：废帝实录》卷七十，一；[371] 7191

行晋尊礼，方排班，适有一乌飞集殿树大鸣四声；又宣表辰，有群羊横过金水桥外，人或以为不祥】，以来年甲申为协和元年，颁恩诏凡二十六条【嗣帝废，各条中多未及行】。

——《大南实录正编第四纪·附：废帝实录》卷七十，一至六；［371］7191－［374］7200

嗣德三十六年（清光绪九年，1883 年）六月……准封提督刘永福为义良男，以永福屡有战功，故因晋先推恩也。

——《大南实录正编第四纪·附：废帝实录》卷七十，九；［375］7201

嗣德三十六年（清光绪九年，1883 年）六月……院臣复奏："我与法国强弱不同，故始而三省、继而六省，南圻已为他有；昨来北圻占取四省，随而纳还。今又取南、河而据之，约文明白，而他敢如此玩弄，则其和已不足恃矣。我经一向委曲，不敢争强，而他亦未曾恤弱，虽通云固他所愿，而假道未必全真【昨闻日报，欲来顺汛胁和】，此出于一二邀功之辈，原非该国佥议，而我则因循怯弱，莫敢谁何，骎骎乎不可为之势。幸奉先帝移书清国，明其大义，李相议饷拨兵遥为声应，致他未能遽咽。然现下势成骑虎，矢已在弦，若非捣破巢穴，则他得以暇图，不惟多端要逼，李相碍于调停，而顺汛胁和，我亦难于制胜。请应申谕严饬次臣分兵进剿，使他劳防不暇他图，则我方得坚持，以待清朝处置。"帝曰："众智已定，成在果决，姑从之。"

——《大南实录正编第四纪·附：废帝实录》卷七十，十至十一；［376］7202

嗣德三十六年（清光绪九年，1883 年）七月……山次官兵大破法兵于香梗、富演等处。法人自纸桥败后，增来兵船，召募客勇、教民，决意大举与山次复仇。至是【十三日】，水陆四道犯香梗、富演【属怀德府】、黄舍、大吉【属丹凤县】诸屯，势甚凶猛。统督黄佐炎督官军并团勇四面应接，清官唐景崧亦派营弁相助，各道齐奋死战，自卯至酉，法兵奔北，诸军乘胜射斩二百余，乃以胜仗闻。辰，海城已失守，帝愀然曰："豺狼当道，安问狐狸。"览奏亦不知喜，交机密、兵部区处。院部臣言："该次有此胜仗，固应奖赏，但今情势既异，另俟拟办。”从之。

——《大南实录正编第四纪·附：废帝实录》卷七十，二十二至二十三；[382] 7208

嗣德三十六年（清光绪九年，1883 年）七月……命修书达于清国两广及李相并总理衙门【叙法派来顺安汛胁和等意】。

——《大南实录正编第四纪·附：废帝实录》卷七十，二十三；[382] 7208

嗣德三十六年（清光绪九年，1883 年）八月……清国东督曾国荃复书【内叙经将我国来文事理转达】，帝览之曰：“熟察该督似恐为法所仇，与恭亲王、李相意合，故向来不肯明助。今虽有好意，晚矣。况现方辩论，亦无了期，徒虚饰信义而无益也。”

——《大南实录正编第四纪·附：废帝实录》卷七十，三十七；[389] 7215

嗣德三十六年（清光绪九年，1883 年）九月……广西巡抚倪文蔚覆书，报有遣使往封。敕令阮文祥、阮有琚往使馆说与法使知之【既而，法使要看我国告哀表文，并西抚覆书原本，又令阮舶臣撰交许看】。

——《大南实录正编第四纪·附：废帝实录》卷七十，四十三；[392] 7218

嗣德三十六年（清光绪九年，1883 年）十月……清统领黄桂兰增募营弁，欲入北宁省城居住。省臣张光憻以闻，帝曰：“彼闻不免归责，倘差臣有舌辩犹有辞。”

——《大南实录正编第四纪·附：废帝实录》卷七十，四十六；[394] 7220

嗣德三十六年（清光绪九年，1883 年）十月……山西军次赞襄阮善述【举人，海阳人】受清官札委引清弁回海阳，纠集义勇与法相攻，该辖处处争起兵以应之【诸起兵均由善述领清官文凭，自是以后，屡逼省城与法交兵，互有伤毙】。

——《大南实录正编第四纪·附：废帝实录》卷七十，五十一；[396] 7222

第十九册

嗣德三十六年（清光绪九年，1883 年）十一月……谕令北圻军次统督【住山西】黄佐炎，宁太总督兼次务张光憻，提督吴必宁、黎文虎、阮文诸，赞理梁归正，赞襄阮善述等各撤回京。初，清国自法官攻占河城之后，节派营团于夹内地诸边省并山、北二省驻扎，虽曰为我全圻声援，实则以自固屏藩也。今秋，法船来攻顺汛胁和，经令诸次、省各撤兵勇，而诸次、省官尚为清弁伴住【机密院臣以为：我国介乎两大，于清则千年藩服义不容绝，而于法则远水近火势不容己，莫如中立以俟两国进止】。至是，法全权何黜楛【前或有译为何阿楛】两次书回住京钦使参哺，言该国定攻清弁，乞明示我官不应与清弁通，若尚留助清弁是逆朝命。仍计将山北次、省诸臣【次臣黄佐炎、梁归正、吴必宁、黎文虎、阮文诸、阮善述，省臣张光憻、阮廷润、阮修、阮玉振、阮文甲、尊室詠】要各明行揭革。钦差臣阮仲合近亦曾言："择祸取轻，请召佐炎等回京，听法官自办，庶为省事。"于是院臣奏请执理覆驳，乃撤佐炎等回，以塞人言【奏叙我国于清本系旧好，日下该弁抵住山、北，省臣亦难遏避。该二省臣如廷润、光憻等系守土之官，非为通弁而设。佐炎此次讲和，亦已撤回山省（原住熟练屯，昨经进扎河内，今回山），原非敢违朝命，兹如将二次、省臣等指为逆命揭革甚非情理。请执此覆他，仍谓将该次、省官揭革，恐无以惬人情，惟贵使节以为言。除山省之阮廷润、阮文甲、尊室詠，北省之阮修、阮玉振、阮文诸均系省臣，应留办省务；余如黄佐炎并兼次务张光憻、吴必宁、梁归正、阮善述、黎文虎应各撤回京。若不肯回，是违朝命，即治以应得之罪。倘贵派进攻如有犯及该等员，本国亦所不辩。抑或该等员有何迟阻缘故而不得回者，亦即一面飞奏，一面覆钦差官详贵全权知之，并将此等员意覆他。看他意如何，另办】。许之。院臣即遵覆到，该使意亦顺慰，故有是谕【嗣，该二次臣等亦仍为清营弁伴住。迨法派官占据山、北、兴三省，始各陆续散回，或别去】。

——《大南实录正编第五纪·简宗毅皇帝实录》卷一，二十一至二十二；[21] 7247 – [22] 7248

嗣德三十六年（清光绪九年，1883 年）十一月……以谅平护理巡抚吕春葳充候命正使，谅山按察使黄春沨副之，以表文递达清国，复请俟水陆道通，奉遣贡使。嗣为法官要我必绝清好，乃不复遣。

——《大南实录正编第五纪·简宗毅皇帝实录》卷一，二十五；[23] 7249

嗣德三十六年（清光绪九年，1883 年）十二月……复设南北诸辖乡兵【因诸辖多相纠结保卫家乡，故令复设】。

——《大南实录正编第五纪·简宗毅皇帝实录》卷二，二；[30] 7256

嗣德三十六年（清光绪九年，1883 年）十二月……原知县杨有光【河内人】前由清官给札起兵，与法官相拒【住兵数百于河内应和、青威等辖，称“信义会”，檄示法人败盟，故不从】，匪㧑党伙附之，㧑收获象匹【宁平副公使，解交河内公使】由统督黄佐炎递纳。至是，佐炎以闻，谕令察果向，顺即行抚戢。

——《大南实录正编第五纪·简宗毅皇帝实录》卷二，二；[30] 7256

嗣德三十六年（清光绪九年，1883 年）十二月……清广西巡抚徐延旭抵谅山揭禁营勇骚扰各款，令该省供应物项【油、炭、柴薪等项，各还银，准令勿认】。

——《大南实录正编第五纪·简宗毅皇帝实录》卷二，二十；[39] 7265

建福元年（清光绪十年，1884 年）正月……钦差住天津【属清国直隶省】正副使之刑部尚书范慎遹，侍郎加参知衔阮述回抵京，准慎遹仍旧供职，述升署兵部右参知，随派人等各量升有差。

——《大南实录正编第五纪·简宗毅皇帝实录》卷三，一至二；[39] 7265 – [40] 7266

建福元年（清光绪十年，1884 年）二月……法帅眉胪来攻，现住北省清弁，乃入省城。先是，上游诸省防堵事宜，法帅交我钦差大臣派办，乃轴兵船驶聚河、东二省，分为数道。水道由义柱、六头、天德、月德等江，陆道由超类、桂阳、嘉林、顺成等府县。大小船四十余艘，马二百余匹，兵六七千，装载炮药，附以商船，募兵数多，于是月悉集北省辖。辰，清兵六十营分布北省城，四面严防【统领赵沃在城外，黄桂兰住城内，督部署旗台挂大清旗号，诸城门锁钥悉行收掌。该省督臣张光亶遵前准中立，现将原随次兵往仙游县仪卫社地分住扎】。初十日，法兵向清官营屯攻射，夺得陈得贵、党敏宣扶良、顺良等七屯。十三日，三宣提督刘永福带将团练自兴抵北屯住未定，至十五日早，法兵与清兵交战于桂阳地辖，未分胜负。是午，法兵向清营兵放气毬，顷即收军回船；晚分法官忽纵兵再来兜战，清营兵多被伤毙，抵敌弗支各溃，于是并与现住省城诸营兵皆溃散，退回太原、谅山，刘团亦退回兴化【该团此来与清官不合，不曾有援剿何阵】，法官乃整队趁入省城。布政使阮修、按察使阮玉振【均住城内】并属省员弁、吏役各逸出环省诸社民。督臣张光亶自仙游闻报，即将原随次兵回省，薄暮到武江县辖为清营散兵争走所阻。入夜抵省城外已见法官入城据守，因径往安丰县辖，具折以闻。既而辖下处处蠢动，府县不能钤制。该督臣又将原随次兵往多福、谅江二府辖巡戢，钦差大臣段文会等在河内亦委探报折奏。因准原布政使阮修权办总督【辰，阮修已回清化，原河静按察使杨名立居近省城，与法官相见。法官经许权总督，嗣再商以阮修权办，故有是准】藩、臬之缺，亦就近准权充办【以河内按察使阮春笋改办布政使，监临陈有文权办按察使】，以及绥抚原督臣光亶与原省次诸臣准各回京候旨【该省臣初折委派，取路回清化，交发途间遗失。是月底再折，嗣至三月十五日始接旨，准乃与提督黎文虎、阮文诸带原随次兵取路遵回到清化，即将籍隶清化以南之诸随兵各取次交回原伍，并转回京】。

——《大南实录正编第五纪·简宗毅皇帝实录》卷三，十五至十七；［46］7272－［47］7273

建福元年（清光绪十年，1884 年）二月……法官既入北宁省城，辄分兵二道，一道往毁雅南屯诸城寨，一道兵马多数往太原省。是辰，刘团及清统领赵沃等军既回兴化、谅山，唯管带陈德朝五营尚留该省城交攻，顷刻亦退回兴化城。守尉阮光宽被炮毙，省臣乃移住民间，法官遂于二月二十二日入城，烧毁城三门并文书帑项，尽将银钱、钢炮、铜器等项载回北省，由是太原一境为团练散勇蹂躏。寻至是年五月中，法官始分兵住之。得报，准在贯之原河静按察使杨名立权办该省巡抚，领布政使武栴、按察使赵德望各仍旧职，原巡抚避回清化陈光训来京候旨【光训初报回清，故奉准来京，仍先已潜回承天府乡贯】。

——《大南实录正编第五纪·简宗毅皇帝实录》卷三，十七至十八；[47] 7273－[48] 7274

建福元年（清光绪十年，1884 年）二月……乂安襄、葵二辖舍匪与清散匪串通，引来扰掠。领兵官阮文轸、副管奇陈酉节将兵勇截剿，于廊呈、吹镄等处阵亡。照例追赠轸掌卫、酉精兵卫尉，给恤又荫酉一子，轸以轻进停其饶荫。令省臣分派速剿，以安地面。

——《大南实录正编第五纪·简宗毅皇帝实录》卷三，十八；[48] 7274

建福元年（清光绪十年，1884 年）三月……命山西省臣调剂先秔、玉粳、禾粳三社【均属三阳县】民。初，刘永福团勇赴北会剿，途过该三社言入住宿，该社民疑惧，坚闭里门不纳，该勇烧杀千余家。经令分项赈恤，复谕黄佐炎并永福各加检束，毋得徇纵。至是，又以该三社民被害最惨，命调剂之。

——《大南实录正编第五纪·简宗毅皇帝实录》卷三，二十三至二十四；[50] 7276－[51] 7277

建福元年（清光绪十年，1884 年）三月……法官攻占兴化省城。辰，法兵船厚集山城【兵七千余，大小火船、火炮多数】，于是月进攻兴化。清云贵总督岑毓英以兴化战场不可居，揭饬统领丁槐、马柱等诸营回守内地，总统黄佐炎亦拔芳胶屯【近省城，佐炎前回熟练，近摘次兵进住是屯】复回熟练。署巡抚阮光碧以大兵移住，恐碍商，请刘团率部来护。十三日，法兵抵省城，省臣移住城外。十四日，刘团与法兵交战，未分胜负。至十五日午大炮连发，刘团弗敌，从临洮府上路去。于是熟练屯官兵遂从秋菊上游路径往，省臣亦各随便散处。十七日，法官遂入城，分兵住之，毁破熟练诸屯堡。事闻，准鸿胪寺卿原领宁平布政权护巡抚阮文诗【现住清化，经咨知宁平法使尚阻致未抵职】改权护该省巡抚，原领该省布政使裴光适仍旧供职，原补山臬尚留河城黎玉蕴改充该省按察使，原山次省臣黄佐炎、梁思次、吴必宁、阮廷润并兴省阮光碧等，各准回京候旨。既而光碧【二甲进士，南定程浦社人】委人纳印潜向上游，欲往清国【与家人书永诀】不果，寻卒于该省山分。佐炎带将次兵回抵广平奏纳印节，仍留家贯。思次、必宁取次回京，廷润寻往清国【同庆二年，同原谅抚吕春蒇回河内，由经略使衔呈实引向法官商妥，付回家贯】，阮文甲【原山西布政】、阮善述【原山次赞襄】各别去。

——《大南实录正编第五纪·简宗毅皇帝实录》卷三，二十六至二十七；［52］7278

建福元年（清光绪十年，1884 年）四月……法官自据西、北二省，凡诸府县多商遴土著人分莅，钦差段文会以闻。院臣奏言：“日下事势亦应如此权宜，但察其人确有文学，无有干连案件方可。法官若偏执，亦当据理辩折，毋得率听。”准如院奏录行。

——《大南实录正编第五纪·简宗毅皇帝实录》卷三，三十；［54］7280

建福元年（清光绪十年，1884 年）四月……谕河宁护督阮有度：“嗣凡北圻有艰大事，各听协同钦差臣商妥。”从钦差段文会等之请也。

——《大南实录正编第五纪·简宗毅皇帝实录》卷三，三十；［54］7280

建福元年（清光绪十年，1884 年）五月……法官兵来住宣光。前三月，原刘团领兵黄守忠率兵二千自兴化退回，入该省城【辰，营弁已回清国界】横执巡抚黄相协安置安平府，尽掠仓储、官项、册籍载去。通判阮忠会为所射毙，按察使严念经假病，布政使黎文缘潜回河内。至是，法官商派兵船搭坐文缘驶往入住该城，复催严念仍旧职。自是夏徂冬，守忠援散勇或六七千、或万余，数来扰掠，水陆多阻【自六月至十二月，或月一二次、或四五次】，法兵坚守，以待援兵【相协，同进士，河内人，后被守忠逼往清国龙州，寻卒。同庆年间追赠礼部尚书】。

——《大南实录正编第五纪·简宗毅皇帝实录》卷四，二至三；［55］7281－［56］7282

建福元年（清光绪十年，1884 年）五月……法全权大臣巴德哪【一云“坡词奴”】、监督黎那来定新约。……商定和约，以月之十三日丁亥成，凡十九款【……】，是日即会同将原清国封印销铸【辰，法全权与钦使巴鰤商叙：大南旧守清国封印，只有国书达清国者方用之，余无所用；兹南国既认该法国保助，非为清国藩服，其这清印应以互交日交该国。经再三辩说，均要必如此。阮文祥乃再商，谓“不已则销铸而已”。该亦顺听，仍再要立办及与互交同日，否则，该必交武官照办，而约中斟酌各理亦停致准。祇告世庙并和谦殿，令慎遹、瀹会同与该押取留式，俟递回该国知之，即将这印于使馆销铸（铸成银块）】。

——《大南实录正编第五纪·简宗毅皇帝实录》卷四，三至八；［56］7282－［58］7284

建福元年（清光绪十年，1884 年）闰五月……法住京钦使黎那以该国水部尚书电，报“清、法二国现在清天津讲和，方定约书，尚未互交”，由机密院奏知。

——《大南实录正编第五纪·简宗毅皇帝实录》卷四，十四；［61］7287

建福元年（清光绪十年，1884 年）闰五月……清营兵败法兵于谅山观音桥，收复北丽屯。先是，清营兵自北回谅，清国明谕议处【谕叙徐延旭株守谅山，不能前进督办，以致北城不守，著即来京交部议处。黄桂兰、赵沃各革职俟究。陈得贵先失扶良江屯、党敏宣畏缩不前，即于军前正法示众，余各营分别究明另拟】。改命湖南巡抚潘鼎新代领广西巡抚督办军务，于四月中出关，与云贵总督岑毓英协筹。调统领苏元章署广西提督，并统领王德榜【布政】、方有升、黄元春等七十营分住南关并谅桄、观音等处防截剿办。辰，谅省巡抚吕春葳奏以原东次赞襄阮善述充商办应接，既而提督谢现、御史范辉珖、海阳义民范有凭等十人【原帮办唐豪县务秀才范有凭、督兵阮必达，建瑞府豪目杜廷掷、范忠直、郑文乙，南叶府正总范辉誉、范贵益，豪目阮名敏、阮德经，士人阮伊濯等前经纠勇，以擒斩实状蒙赏银两】带勇前来谅省，该抚臣又奏请或充应接、或充调遣，皆隶清营。嗣清国复谕：“法官前来议和，商定议约，准各静俟，勿先开仗。”至是月初二日早四更，法兵七八百余渡过化江【踞观音桥八九里】开仗，营勇遂奋力战，至申刻胜仗，执鬫四圈官一、二圈官二、兵二十余、麻邪兵一百余，并获衣帽、驴马数多，其溺入化江无算，法兵退守北丽。初七日，清官给凭赞襄军务黄廷经【右陇县知县】并隶军员人督义勇攻复北丽，获鬫二圈官、一圈官各一，并兵六七鬫。十一日，又派义勇截千棣山，攻斩该兵五十余名，解纳清营领赏。法兵由是退守北芹驿下十里。

——《大南实录正编第五纪·简宗毅皇帝实录》卷四，十四至十五；［61］7287－［62］7288

建福元年（清光绪十年，1884 年）闰五月……住海阳公使商摘省兵六百交该使支饷训练，领督何文关以闻。院臣奏言："我兵而受法官支饷，将来差派岂肯为我用？宜商话如有好意派官会同练习，月饷由我照给为妥。"准如奏商之。

——《大南实录正编第五纪·简宗毅皇帝实录》卷四，十七；［63］7289

建福元年（清光绪十年，1884 年）夏六月癸未【即十一日】，群臣奉嗣君诣勤政殿受传国宝玺、万年嗣位袍，上笺表劝进【册文叙钦惟皇弟殿下云云】。乃恭启金匮阅取御名与祗告郊、庙、殿，奏达三宫。诸合行事宜，各依向例。甲申【即十二日】，嗣君即位于太和殿，以来年乙酉为咸宜元年①，颁宝诏于中外。

——《大南实录正编第五纪·附：咸宜帝实录》卷五，一至二；［72］7298－［73］7299

建福元年（清光绪十年，1884 年）九月……法住京钦使黎那来书，言该国与清国讲和在燕京，俄国为之调停。书由院舶奏达。

——《大南实录正编第五纪·附：咸宜帝实录》卷六，二；［84］7310

---

① 咸宜帝，是卷之首本注云：名□□，坚国公。今晋赠皇叔父纯毅坚太王第五子，母潘氏娴，诞于嗣德二十四年（1871 年）夏六月十七日丙子。建福元年六月，简宗毅皇帝崩，遂入继大统、遵启金匮帝系诗二十字，以第五"明"字为名，原双名为字。咸宜元年五月，京城有事，尊室说胁迁，驾幸出外。节派邀回，弗克迎。逮景宗纯皇帝立，经奉今慈裕博惠康寿太太皇太后谕准，俟回封为公爵，以承坚太王之祀。同庆二年（1887年），议准附纪，书为出帝。是年，帝回自广平山分，保护法钦使因商以"帝久染岚瘴，护回其国医治"。俟奉送还，成泰八年（1896 年）九月，又议准照明从明史建文帝、景泰帝书法，以咸宜帝书之，仍附是纪。——《大南实录正编第五纪·附：咸宜帝实录》卷五，一；［72］7298

建福元年（清光绪十年，1884 年）十二月……海安总督何文关折请病假回京，不准。月前有清地逸匪一党自东潮林分来攻法屯，屯兵退匪亦去。法官疑东潮帮办阮文班与匪串通，文班既为所戕，嗣又拾获诈书一纸【内叙该省督臣密咨谅抚，请清弁迅往该省助剿等意，惟所押印钤较与该省印钤差异】，并疑该督。乃将该督入城拘留【辰，该省官皆外住】数日，究果诈书，听回原住。该督寻又同与广安按察陶贵往河内，就法帅统兵官申解其事。回经北宁省辖，为匪遮去，仍复放回。于是奏言前为法派拘留，后为匪徒遮捉，忧惧成病，恐难堪此繁剧，请简他员充代回京待罪。院舶以日下交涉事繁，该督处此情势颇谙，拟请姑听留职。法统兵亦来书由全权钦使卢眉吁商，言该督未应遽许辞回，乃因慰留之。

——《大南实录正编第五纪·附：咸宜帝实录》卷六，十九至二十；［93］7319

建福元年（清光绪十年，1884 年）十二月……法帅统兵眉胪败清营官军于谅山省拣完屯，入住省城。先是，法帅大整兵炮千数，附以募兵船艘数多，自河内城进发，与北宁屯守诸道会办。至是月十八九等日进攻，夺清调镄屯。二十日，连夺三屯。二十二日，直夺拣完屯大营，清诸营散回上游，该省臣移驻城外，该帅遂入城分，委副帅守之，乃回。事闻，令原省臣吕春葳等各回旧职，从院臣议也。

——《大南实录正编第五纪·附：咸宜帝实录》卷六，二十一至二十二；［94］7320

咸宜元年（清光绪十一年，1885 年）正月……停广南海防正副使。法派自去腊起办商政，专收清商出入港并鸦片税，该防不复预办，故停之。量留省属二人以备开报，原守炮械药弹各项派递回省。

——《大南实录正编第五纪·附：咸宜帝实录》卷七，四；［96］7322

咸宜元年（清光绪十一年，1885 年）正月……准定新异样铜钱当二听其行用。辰，清商暗载这钱搀来混用，较与前次行用之钱更甚细薄，经部臣奏准拣斥不用。寻以承天府并以南诸辖这钱流布已多，一一拣斥，贫民不便。因复准此新项钱当二行用，以从民便。

——《大南实录正编第五纪·附：咸宜帝实录》卷七，五；［97］7323

咸宜元年（清光绪十一年，1885 年）二月……清营败法官兵于谅山城。去腊，法帅统兵眉胪败清营入住该城，留副统兵守之，即回河内。经准机密院派员递金玉磬、象牙、独剑、金银钱等项致赠。至是，清营攻败法官兵，再入城居住，副统兵被伤退回河内，该统兵之现住河内者亦返回该国。赠项适至，该派尚书生碧以前次原派大员、今次反派属员请辞。乃命范慎遹、黄有常前往使馆，由全权钦使卢眉吁申辞探慰致赠。

——《大南实录正编第五纪·附：咸宜帝实录》卷七，七；[98] 7324

咸宜元年（清光绪十一年，1885 年）二月……法官毁海阳省城东南隅【五六丈】，增筑砖城【方七亩】、构兵舍，又增来火船二艘，载亚拉兵五六千、马三百匹，分住该省海防。复商该省助拨夫壮六千人及省堂一员，会同看督，日给钱米【暂出省库，日需钱八百缗，米一百余方】，整理海防，填濠池，修道路。省臣以闻，令酌应之。

——《大南实录正编第五纪·附：咸宜帝实录》卷七，七；[98] 7324

咸宜元年（清光绪十一年，1885 年）二月……停平定商政衙官吏并海防提督。先是，法统摄罗咿移㗭率兵抵商政衙，刷取现贮税银一万二千六百三十三元。复谓自后清商港税、鸦片税法派专收，如沱灢一般。寻复率兵径就海防台钉闭诸炮信门凡六十七辆，其开腹乌枪快刀药弹数千，及在防现存税银一万三千五百四元二十仙五豪三厘尽取载去，故皆停之。咨由住京钦使知办【嗣使亦寝不覆】。

——《大南实录正编第五纪·附：咸宜帝实录》卷七，八；[98] 7324

咸宜元年（清光绪十一年，1885 年）二月……复设甘门、甘吉二土县县丞、吏目。该二县年来舍匪与清化土人名旄①、名秀构隙扰掠，又有暹人派编人数，土民惊散，节经抚戢渐还。准以土人谙情势者补为丞、目各一，其汉人流寓听随便居住，名为“鸠民”。

——《大南实录正编第五纪·附：咸宜帝实录》卷七，九；[99] 7325

① 按：疑即《正编第六纪》所载之“清化土酋何文旄”，见卷一第二十七页（第十九册 54 页，总 7380 页）、卷二第二十二页（第十九册 170 页，总 7396 页）。

咸宜元年（清光绪十一年，1885 年）三月……设河内习兵卫二卫。辰，法帅商摘该省兵一千交快枪演习，以备临辰派劖，其加给管率兵丁俸饷并衣裤，以是月朔为始。故准酌应，嗣北圻诸省亦以次量设。

——《大南实录正编第五纪·附：咸宜帝实录》卷七，十六；［102］7328

咸宜元年（清光绪十一年，1885 年）三月……法派执海安署督何文关，围督署及副领兵住所，刷取关防印钤、文书及省仓金银、各奇图记并诸员人私篆等项，寻将何文关下船驶回嘉定。事闻，令机密咨钦使卢眉吁知办。该钦使以该帅姑黜赀疑该督臣串通清勇，覆知所取各项交还。

——《大南实录正编第五纪·附：咸宜帝实录》卷七，十七；［103］7329

咸宜元年（清光绪十一年，1885 年）四月……法住京钦使参哺来书，言清法二国讲和在清燕京，是月二十八日约书押记互交事清，请咨北圻诸省知之。又另书言清钦差官前抵河内，法官派兵护送往兴宣谅等省通报撤兵。途到兴宣辖间，为原山西布政使阮文甲道兵所攻，间有伤毙。请照谋叛大逆律拟处并通谕知。准令咨知并究阮文甲事，如果按治，以免招言【阮文甲此后避住，不知所在】。

——《大南实录正编第五纪·附：咸宜帝实录》卷七，二十三；［106］7332

咸宜元年（清光绪十一年，1885 年）五月……命修书达法监国。辰，院舶奏言："现下我与法国交涉事务，应行商讲颇多，拟修国书发使前往该国都城慰问监国，因便将该派节次所行不合并约中所难堪各款再行商讲斟酌，但未知该国有无顺听。请且修书递由钦使寄回监国。意拟如何，覆到另奉拟办并奉拟书式进呈【其书式云："大南嗣君肃书大法国监国殿下曦瞩，本国与贵国讲和情谊无间，近因多故，音问稍疏。兹闻贵国与大清国讲和，两国交涉事宜应需商讲犹多，拟应特发使部前往贵国都城致问贵监国安好，因便商讲。俾交情孚帖，和议久敦，是深眄祷。或使来如有未便，则本国另修国书直达贵监国，以悉情状。本国意拟如此，贵监国以为何如，希惟赐覆，荷风在候，遥祷嘉祺。"年号著咸宜元年五月初　日，其年号处钦用"大南受天永命"传国玺一颗，内皮粘夹处二颗，外皮粘夹处三颗，均钦用御前之宝】。”准如奏行之【嗣，因事，法国寝不见覆】。

——《大南实录正编第五纪·附：咸宜帝实录》卷八，一至二；[106] 7332 – [107] 7333

咸宜元年（清光绪十一年，1885 年）八月，三宫……旨谕准南北诸省以法兵分派住压。辰，在京城池尚需修整，诸省兵尚属单虚，法都统钦使大臣商议广南至平顺，广治至清化，量随大小派拨法兵分往住压，以奠民居，至如省官治民办事如常。俟京城交清，拣兵充额，法兵另当撤回。请谕晓知，免人疑讶，故有是准。

——《大南实录正编第五纪·附：咸宜帝实录》卷八，三十六至三十七；[124] 7350

咸宜元年（清光绪十一年，1885 年）九月……清化土酋何文旄自是年五月引清匪潜回锦水县，胁诱土民乘间扰掠。该省商委领兵邓文勇协同山防诸员带将兵勇前往剿截，军久无功。至是，遇匪先退，兵勇皆散，匪遂乘势滋扰。省臣以闻，准邓文勇降三级离，撤回以他领换派。仍令该省加心督饬防剿，以宁地面。

——《大南实录正编第六纪·景宗纯皇帝实录》卷一，二十七；[154] 7380

同庆乙酉（清光绪十一年，1885 年）十月……谕曰：“士夫所贵者纲常，俊杰而后识辰务。昨者，权臣构兵，慈驾奔播，皇皇内外，镇日瞻乌。有心者或倡为勤王，好事者亦称为迎驾，以致无赖辈呼朋引类，啸聚山林，扉履竭于富农，力役疲于贫户，南北骚然，做得甚事？昔明皇幸蜀，而父老遮拥元子；道君如金，而士民迎戴康王。以若所为，太不如昔，况又折破省城，移取官帑，及事不遂，挈眷远窜，谓非以公义为私橐，谁其信之！然当此无主之日，往事既不可谏。今朕乃翼宗英皇帝第二子也，志存友爱，黄屋非心，退处藩封，而有今日，是亦老苍慭遗，非关人力，南国山河岂偶然哉！四方黎献共惟帝臣，宜自信而自为之，何烦多诰！彼其自保偷生，不受约束，慢官吏即慢朝廷也，安有慢朝廷而独能容于天地耶？或者胥相竿木如秦民汤武耶？抑争标名义如梁山泊忠义堂耶？尤而效之，其何能久？节次法官要以进剿，朕一视同仁，每为郑重，诚轸于此锋镝之下波及无辜，而过误于前者，无由追悔！今而后，惟臣若民互相报告，及早回头。或取路来京、或由省投首，卖剑买牛，尔田尔宅，尽革鹰鹯之志，以安鸿雁之垣，岂不韪哉！若其逡巡不决，自外生成不得已而以兵临之，林猿池鱼何可救药？是尔辈不欲使朕有开网之仁，致尔辈有沟渎之谅，是诚何心！朕言不再，钦此。"

又以逆说现下回抵河静、山防，假托名义煽惑士民，乃明逆说之为人，继谕北圻士民曰："观人必于其心，处世要有定识，若只见其迹而不原其心，鲜不因事而失其所操矣。逆说不学无术，残忍性成。昔我翼宗英皇帝虽矜恤保全，亦曾以无道之臣目之【奉先圣批内一句有云：'跃冶之金不祥，无道之臣何用'】，宥府大臣说故不与嗣后人需，始参院务，寻而受遗辅政，恩命綦隆。亲见事不获已，而伊却乃包藏祸心，窃弄国柄，废立弑逆，无所不为。汉法'不道'，说之谓矣！五月日，大法都统大臣邀往商议，自怀疑惧，为一身谋，危及尊社，胁驾以行，而号令皆出其手。今又以恢复为辞，蛊惑士民，虽识者固不为其所惑，惟恐外间闻见未同，则或托勤王或称唱义，南北汹汹，害及方民。胡不思我国二三十年来，水旱兵燹，财力已殚，人民已见离心，守土皆无固志。如此辰势，而却舍百年之缔造，立朝廷于草莱，多见其不知量也。无论纷纷泯泯，中外震骚，要亦釜底游鱼，难逃汤火。万一事功苟集，说不为董卓之僭，必为邦昌之篡，到此觍颜俯首，则为乱贼之辈，遗臭万年。若不能忍默，少拂其心，则如荀彧之于曹瞒，死亦无益。凡此等意，有识者默思自会，何待烦言。况国君社稷，义共存亡。咸宜帝既为逆说协迁，社稷凄凉，万民性命凭谁作主？朕先圣帝第二子也，奉慈裕太皇太后懿旨，百执一心，迎而立之，再四不获辞，遂登宝位。大义明于天下，节次播告，想已闻知，乃尚助说为逆，不知是何心也。夫去暗投明，智者所贵；舍顺助逆，识者不为。今而后，愿我士庶各宜体认，已为所惑者及早回头，未为所诱者誓心屏辟，使逆说势孤，早就擒灭，庶尔百姓共保安全。若逡巡不决，随势转移，助逆说即逆朝廷，必命能臣举兵灭绝，追悔将无及矣，勿谓告戒之不早也，钦此。"

——《大南实录正编第六纪·景宗纯皇帝实录》卷二，八至十二；[163] 7389 - [165] 7391

同庆乙酉（清光绪十一年，1885 年）十一月……谕饬北圻官吏各勤职事。辰法尚书生碧寄阮有度书言："北圻官吏间多心存畏怯治事未真，欲置理狱官严刑审断，故严饬使知奋，以免失体。"

——《大南实录正编第六纪·景宗纯皇帝实录》卷二，二十至二十一；[169] 7395

同庆乙酉（清光绪十一年，1885 年）十一月……何文旄复线引清匪蔓扰寿春、锦水二府县上游【王勒、广施、安场、目山、沛上等总社】，立大屯于混板社【属锦水】。清化省臣催下班兵一千三百，委副领兵裴文凭前往协同住次提督阮如恭分住防剿。既而，匪复聚巨侣、富门【属锦水】、腰黎【属寿春】等处，依江屯守。该次臣商大法火船分水陆进剿，破之。

——《大南实录正编第六纪·景宗纯皇帝实录》卷二，二十二至二十三；[170] 7396

同庆元年（清光绪十二年，1886 年）正月……清化督臣艮城言该省上游之关化、广济、锦水、良常、瑞原、安定各府县昨被何文旄线引清匪及胁诱土民肆扰，经委提督阮如恭等管将精兵二千五百合与山防使等分道剿截，屡获胜状，匪党稍退。但林分广漠，那匪据险出没，现方乘机剿捕，奉准该省确究节次在行员弁劳状，有应奖赏如何，另交拟办。

——《大南实录正编第六纪·景宗纯皇帝实录》卷三，二至三；[181] 7407

同庆元年（清光绪十二年，1886 年）正月……北圻权都统为尼升正都统，专理北圻并本国事。

——《大南实录正编第六纪·景宗纯皇帝实录》卷三，三；[181] 7407

同庆元年（清光绪十二年，1886 年）正月……给和约、矿约于诸地方，仍准河内省雇匠刊刻，以备印刷。

——《大南实录正编第六纪·景宗纯皇帝实录》卷三，十三；[186] 7412

同庆元年（清光绪十二年，1886 年）正月……以互交礼成准修国书【略述互交事完，想必邦交日笃大意】，备品项致赠法国大皇帝及北圻文武、诸法官，命大臣阮有度往河内致意。

——《大南实录正编第六纪·景宗纯皇帝实录》卷三，十五至十六；[187] 7413－[188] 7414

同庆元年（清光绪十二年，1886 年）三月……权北圻经略阮仲合以全圻情势咨院，言："去年八九月间兴安、海阳、北宁、河内等辖多有扰动，法官取次进勦，先拔山西青梅屯及兴安荻洲【一称芦洲】与北之顺成、东之平江各辖，适河内之常信、应和，南定之建昌、太平亦同辰继动，法兵随出分布扎勦，伊衙亦遍行晓戢。兴安、南定、海阳、河内诸省臣亦与法官兵同行，伊使臣间亦同与五圈官进往北江之东岸、东溪、金辉、安朗、平川各辖勦捕，所至匪党散窜，匪目亦已陆续到案，现各稍帖。惟东之建瑞、荆门、南策、北之、安世、右陇间存匪聚。至如客匪均窜往上游，法兵现于太辖屯在大慈，宣辖已进至襟江，谅辖已进至七溪，长定匪目之何庆生窜回内地，兹期现进往保胜，伊衙亦有派官兵随行。又去年十一月日，法钦差勘定边界大臣进至南关，与清钦差相会，其边界事现方商妥。惟高平省臣近见逼于梁俊秀，该省钱粮一空，游勇肆横，嗣法官兵至谅山，俊秀已避去铁山，而游勇尚存聚扰。该省地属窅远，尚俟筹画。该使臣拟以上游经理多费功力，中州各辖虽稍安而匪目仍存逋诛，残破之后尚存筹剂，迟以年岁始能起色各理。"辰，北圻事体已别，非能一一奏报，故年一二次总其大势，由院具奏候悉焉。

——《大南实录正编第六纪·景宗纯皇帝实录》卷三，三十九至四十；［199］7425－［200］7426

同庆元年（清光绪十二年，1886 年）四月……增设北圻经略衙员役【员外郎八、九品各一，书吏二】。

——《大南实录正编第六纪·景宗纯皇帝实录》卷四，一；［204］7430

同庆元年（清光绪十二年，1886 年）四月……机密院奏言："今日，清商有载东洋车来兑【用两轮①，一人前挽】。京城内外如用此车通行，比与我国肩舆颇为雅饬【近日行间，常遇法官而仰卧在肩舆上，难于施礼又欠雅观】，仰恳恩准文、武官员四、五品以上买用，俾得简便而合官仪。"许之。

——《大南实录正编第六纪·景宗纯皇帝实录》卷四，二；［205］7431

① 柏中按：原书"用雨轮"，其"雨"与"两"形近而误。

同庆元年（清光绪十二年，1886年）四月……拣束北圻步兵为四道：河内、美德与山西右河为第一道【六千二百六十人，充省道经略公使一千二百六十、习兵五千】，南定、宁平为第二道【六千八百九十九人，二省及二公使一千八百九十九、习兵五千】，北宁与山西左河为第三道【七千五百二十人，二省及二公使并成宣二千五百二十、习兵五千】，海阳、兴安为第四道【六千八百六十人，二省及二公使一千八百六十、习兵五千】，共二万七千五百三十九人，依大法官商拟也。

——《大南实录正编第六纪·景宗纯皇帝实录》卷四，五；［206］7432

同庆元年（清光绪十二年，1886年）四月……义安督臣阮政奏言："府县辖棍徒间多啸聚，该省现招募近省之兴元、真禄与侨寓民夫武士身材壮健者，分一、二、三、四等队，名为安胜奇，各设权率队长，仍派出协管一，管练随事差派。"许之。

——《大南实录正编第六纪·景宗纯皇帝实录》卷四，九；［208］7434

同庆元年（清光绪十二年，1886年）四月……义定防臣阮绅言："各奇降蛮一、二、三、四、五、六等奇闻催，独三奇不肯出头【是蛮丁约四千余】。去腊从平定匪党攻破常川、茂林、石牌等屯，潜下扰掠，现商委正副领兵分道迅往，随机剿灭，并巡往各奇蛮栅，何蛮伙从是蛮者并行残破，俾他知所畏慑，庶广南、平定党伙免来潜据。"许之。

——《大南实录正编第六纪·景宗纯皇帝实录》卷四，十；［209］7435

同庆元年（清光绪十二年，1886年）五月……全权大臣仿拟条例三条，咨由机密院覆拟，院臣以这各款颇已妥合，仍斟酌删改，奏准施行。一禁载炮械药弹条例【第一款凡炮械药弹、鸟枪及一切属兵器各项，均不得载入本国地内；第二款凡住在国内办保护事之大法官及大法商人有公使或副公使文凭，方得载入，仍凭内要明计载主住何处，所载兵器是何物项，每项干由何省汛口载入；第三款除已得带载这等项之人，如第二款所叙外，余何系擅将兵器入境者，禁物均籍入库，犯人按律治罪】；一凡事关公益者，在官得认私田土充公事条例【第一款凡在官有营作何事公益者，遇有辟入何主私田土，经奉有旨准或既经保护之大法官会同拟定，而全权大臣听依者，则这私田土应以充公，仍照例还钱；第二款摘取私田土充公例，准由大法官全权拟定】；一拟准北圻经略权职【北圻全辖地广民众，又与京师远隔，公事间多繁紧，须设有大员住河内，准以重权，便宜行事，方期敏济。经准设北圻经略使，嗣凡属北圻诸事，务准由经略使代君行事。惟原约所拟定经略官、大法官及大南官职事各款，经略使毋得改拟。又经略使豪准得以便宜行事之权，凡所拟定何款，应各以事奏闻，俾合体制，这条著为谕语，以重事体】。

——《大南实录正编第六纪·景宗纯皇帝实录》卷四，十五至十六；［211］7437－［212］7438

同庆元年（清光绪十二年，1886年）六月……帝以咸宜帝奔播，被黎说等尚匿留在平、静间，致好事者每怀观望。乃降手谕，令于清、乂、静、平、治诸辖广行粘揭，并由省臣通录诸社民各一本，使闻者知所畏慕，或有能立功者。谕曰："朕以先皇帝第二子藩封有念，黄屋无心。况不乂惟王，故予再辞而弗获，且兆姓至众，四海至广，尊社至重，大位不可久虚，先帝旧臣名望已久，迎而立之，予何心哉！咸宜予弟也，生平友爱一心，今不知何往，血泪难禁关怀渴望。笑尔黎说无知，苟或保之，以弟图兄何益？或尔士夫得而保之亦徒劳尔，况今之辰初，年逢戌【奉我世祖大定天下之年】，元旦立春，天命在焉。先帝旧臣硕辅君子满朝，友邦精兵利器保护永敦，人心归焉。尔士夫等文学立身，知能自具，好义知幾，初心原非好乱，惟未晓辰势，致犹有此偏执。予思之又思，亦已明矣，故今真心手笔告尔，有遇咸宜迎而纳之，非惟宽恕前非，其功予以为重。愿遵慈谕封尔男爵，授尔二品官，行则用，退则休，是尔身家万全计也。或尔等执迷不悟，虽难容于天地间，而予弟原予骨肉情亲，一旦非常，是予之责，尔士夫等念切天伦，回心向善，及早遵行，由省府禀办，或由行在迎纳，是尔一大功也。予无弃心而天禄永终，忠义两全，身家共保，尔宜慎之允之，无尔毒也，无尔欺也，予言不再。钦此。"

——《大南实录正编第六纪·景宗纯皇帝实录》卷四，十九至二十一；［213］7439－［214］7440

同庆元年（清光绪十二年，1886年）六月……法全权与权经略使臣商定北圻税例。去年以前，现欠尽行宽免；今年以后，一概全收，不应复引何例游移。官吏、兵丁俸饷折给每方西钱四缗【当本国四缗八陌四十文】，仍会同编定每年收支数，内摘留一分，载京钱三十八万缗，米三十八万方【每方折值铅钱五缗】。

——《大南实录正编第六纪·景宗纯皇帝实录》卷四，二十六；[217] 7443

同庆元年（清光绪十二年，1886 年）九月……赠宣光巡抚黄相协【同进士，河内慈廉县人】为礼部尚书。相协于嗣德三十六年山兴宣有事，军次退住熟练屯。团勇宣慰使黄守忠率勇就省城附守，未几倒戈占据省城，逼相协还内地縻监，去年四月病卒。至是，权经略阮仲合以事闻，准赠是衔，仍照赠衔恤荫。

——《大南实录正编第六纪·景宗纯皇帝实录》卷五，七至八；[229] 7455

同庆元年（清光绪十二年，1886 年）九月……命修本国疆域汇编。辰，机密院奏言："本国疆界北临大清，西南接暹罗、缅甸，从前应有限界的在何处，向来国史罕存，见闻亦寡。节次大法全权钦使诸大臣有意讲求，或拟悬赏格、或以所见问咨祈考验。其悬赏一款，节奉谕通录未有应者。夫封域山川亦为博物之学，重洋万里人思访求，矧在吾邦域而乃存、而不议论、而不办想？非徒为人所深浅也！拟应奉派官属博求参考，惟部院馆阁事务纷繁，若交兼办恐不精专，难期成效。请应设有专员，以督其事。光禄寺卿领吏部侍郎黄有秤为人沉潜，学亦稍博，请以原衔充为董理，给钦派关防并派随办员役就内阁房住办。凡系本国接夹清、暹、滂江是何的处，各详考订，要有确据，汇编成书并图本以备参考【后月，准改就国史馆修书所】。"

——《大南实录正编第六纪·景宗纯皇帝实录》卷五，九；[230] 7456

同庆元年（清光绪十二年，1886 年）十月……准诸地方遵依近准【是年六月，广治善后事宜】紧束府县团勇，给器械，支月饷【米一方，钱三缗】。另派法兵或习兵合与团勇由各府县设屯分住，俾资防制。

——《大南实录正编第六纪·景宗纯皇帝实录》卷五，十七；[234] 7460

同庆元年（清光绪十二年，1886 年）十月……钦使赫苏咨言：“现下诸省或有商政，或有兵事，贵朝廷经有遴设公使住办，但各公使间或新来未谙本国情俗体例，机密院应咨诸省官，嗣凡住省公使如有拟行何款或于体例未合者，各省官宜商与公使以所拟之款，公使咨由钦使，省官咨由机密院，再行商酌，俾得周妥。”俟覆施行，准通录诸省防遵办。

——《大南实录正编第六纪·景宗纯皇帝实录》卷五，十七；[234] 7460

同庆元年（清光绪十二年，1886 年）十一月，董理《疆界汇编》黄有秤拟上是书凡例十二条【一原奉准捡究本国接夹清、暹、缅与湾江是何的处，汇编成书。兹奉究本国上游以湾江为界，系自义安以南有之。若以北，则夹界与江均不相涉。是书请专以疆界接夹诸国者为主，湾江亦并究，随其所通地方，附编以备观览。仍名其书为《大南国疆界汇编》，无须并著湾江字样。一是书专主疆界接夹诸国并附编湾江所通地方。兹奉捡诸图书或诸家私藏编述，其沿边上游何段如有原志本国与夹国及湾江左右是何府、县、州或何蛮栅地名，请应并行编录。何段如未及详其界属本国者，仍书本国蛮栅（如石壁蛮或诸岓蛮零星圈栅虽或与我向背不常，仍在湾江东岸，均是本国境内蛮栅）。属他国者，仍书某国地分。下游夹海，则只查汛名，并志以表全图。余稍远与界不相连并一切民风土物已具载《嘉隆一统地舆志》，兹且略之。一疆界接夹及湾江左右应捡编诸蛮栅地名，均系据诸旧图旧说，其自来这等地分不无随辰换易（如或某处原是此蛮圈栅，致旧图旧说经有载入，而今已凋散之他舆；或原是此蛮，而今为后蛮所并之类），但今无从稽正，请应检究何系原委，详催者并行修录，否则仍据旧图旧说填书。一总书书法，是统我国全境而书之也。其地方历代沿革如何，虽已另详在《舆地志》，是书请亦溯查略叙于前，次长阔里数；通国现设府省道凡几未疆界以湾江，附之图则只详于夹界者与湾江而已。一分书书法是分省而书之也，请应照依总书次序，各照随省分分书；惟又【请】详通省现设道府县州①，仍以京

① 柏中按：脱一“请”字，据《大南国疆界汇编》（法国 Socits Asiatique 图书馆藏 H. M. 2133 抄本）补。

师为尊，先应天府，次及以南、以北诸省；就中何省无有界接他国者，仍随款明著“无有接夹他国”等字，俾别图亦按省继之。一疆界诸处何系从前我国有与他国勘定或以咨报论定，查之史书有明文者，请各随属何省分悉摘录之，以备参考。一沿边地分从前是属我国，而今虽已没入他国（如前胡、莫割与明、清之类），请亦照随原属省辖载之，俾知来历。一本国山后有何水道（而）【西】流可通于滘江者[①]，其水道发源及所过是何府、县、州或何蛮栅，考诸图书有可据亦并志之。一南圻六省今为大法国管辖[②]，是书汇编疆界，似应照自承天，以南至平顺，以北至高平。但间有汇及滘江所过地方，则滘江下流一段并落在安江、定祥之间，其南圻六省请应并入总书分书款内[③]，俾存名号。一高蛮地方经奉先朝经理，统入版图，嗣而弃之。兹亦略究事迹，附编于后，俾知始末。一古来相传有（国）【关】疆界大事而从无证据[④]，经有诸家辩论者（如马伏波镌柱之类），请应并录以备其说[⑤]。一诸书编述，间有叙及我本国疆界及滘江源流去向，其间互有异同，亦并录存之，以俟考证】，准依拟办。

——《大南实录正编第六纪·景宗纯皇帝实录》卷五，十八至十九；［234］7460－［235］7461

同庆二年（清光绪十三年，1887 年）二月……住清化法官兵拿获土匪何文旄，斩之。旄系锦水县土酋，建福年间干烧杀教民之案，遂拒命出没该县上游诸总，至是到案，辖民始得宁息。

——《大南实录正编第六纪·景宗纯皇帝实录》卷六，十一；［250］7476

---

① 柏中按：“而”为“西”之误，据《大南国疆界汇编》（法国 Socits Asiatique 图书馆藏 H. M. 2133 抄本）改。

② 柏中按：《大南国疆界汇编》（法国 Socits Asiatique 图书馆藏 H. M. 2133 抄本）在“今为”中间有一“现”字。

③ 柏中按：“应”字，《大南国疆界汇编》（法国 Socits Asiatique 图书馆藏 H. M. 2133 抄本）为“亦”。

④ 柏中按：“国”为“关”之误，据《大南国疆界汇编》（法国 Socits Asiatique 图书馆藏 H. M. 2133 抄本）改。

⑤ 柏中按：“应”字，《大南国疆界汇编》（法国 Socits Asiatique 图书馆藏 H. M. 2133 抄本）为“亦”。

同庆二年（清光绪十三年，1887 年）二月……大法纪录眉边离去年六月，拿获清商船盗载异样铜钱。九月，拿获清人盗买本国儿女，搭船回港。广南海防使阮文学以闻，准赏三寿金钱一枚【具有垂樱】，交防臣传旨赏赠示劝。

——《大南实录正编第六纪·景宗纯皇帝实录》卷六，十三至十四；[251] 7477

同庆二年（清光绪十三年，1887 年）二月……阮有度自北回复命。……帝曰："闻北圻士庶愿留卿，果否？"对曰："原全权琨玻新拟赋役过重，人情因此汹汹，臣亦以为忧，经商亦未酌减。士民念臣久莅此土情势已谙，且交涉日深两情孚贴，必能商减民情。如此实不获已，但此行专为慰赠，不敢迟留。俟全权来京另商。"帝曰："卿亦尽心商说，惠此一方民。"

——《大南实录正编第六纪·景宗纯皇帝实录》卷六，十七；[253] 7479

同庆二年（清光绪十三年，1887 年）四月……设大法字话学场，以检讨兼督行人司叶文疆兼充掌教【月加给钱百缗】，行人司务阮有敏充助教【月加给三十缗】。凡官吏兵民之子听得自办家粮就场学习，每至年底机密院会同察核一遭，何系稍通者听入行人，照徒弟例给饷学习。

——《大南实录正编第六纪·景宗纯皇帝实录》卷六，三十一；[260] 7486

同庆二年（清光绪十三年，1887 年）四月……《疆界汇编》书成【凡七卷，并图一幅】，准董理黄有秤实授吏部侍郎衔署左参知【原光禄寺卿领】，随派人等各加赏【升秩、纪录、钱文】有差，寻准有秤充国史馆纂修。

——《大南实录正编第六纪·景宗纯皇帝实录》卷六，四十一；[265] 7491

同庆二年（清光绪十三年，1887 年）闰四月……住河内法官执原太原布政使阮高【举人，北宁人】，高不屈死【高于嗣德三十六年为太原布政兼办屯田事。北圻有事散回，曾纠勇抗法。官兵和议成，解兵授徒于应和府之金江社。至是，法官拾得前年假称赞理吴光辉达咸宜帝疏文，言北圻士夫方暗图收复，中有高名。法官密饬拿究，既抵堂，高恐被辱，即于坐间以爪抉腹出肠，不得死。法官令护就疗病场敷治，高复咬舌断饮食，法官乃交经略衙，案拟斩决，高寻气绝，仍令舁就法场，辰已先死】。

——《大南实录正编第六纪·景宗纯皇帝实录》卷七，一；［268］7494

同庆二年（清光绪十三年，1887 年）七月……准咨文复仍旧例，停书名。前年诸省未静，奸党多冒托堂官姓衔，擅行咨报。经准咨文，衔下堂官手押著名以防奸伪。辰，南北渐帖，故停之。

——《大南实录正编第六纪·景宗纯皇帝实录》卷七，三十三；［284］7510

同庆二年（清光绪十三年，1887 年）八月……清国土匪蔓下清化上游【锦水县】扰掠，命省臣商派设屯派住，务早宁帖。

——《大南实录正编第六纪·景宗纯皇帝实录》卷八，一；［285］7511

同庆二年（清光绪十三年，1887 年）八月……准侍读充史馆编修黎模楷【原鸿胪寺少卿佐理吏部，得降】假原衔赍递节次谕文往广平以北诸省山分，确探咸宜帝的耗，随机妥办。模楷言："前年随从出驾，道路颇谙，请密行廉访驻处，奉将德意，仰恳及早回朝，免致不逞之徒藉端生事。"院臣亦以为："出驾迟一日来归，则乂、静人情多一日观望。"故奏准依请。

——《大南实录正编第六纪·景宗纯皇帝实录》卷八，九；［289］7515

同庆二年（清光绪十三年，1887 年）九月……乂安督臣阮政前折请许清客领征是辖杂货税【布帛、糖、铜、纸、水油、麻皮、牛皮、纩绽、樽竹、草仁、生丝、北货、各项藤、各项木油壳、黄草、紫蚁禹、余粮、熟铁、烟药、清船兑卖货项、干榔】，即放凭许领办。嗣，钦使赫苏覆言："照约不合"，准停办。复请仍许留征，何日商政举行，另奉停罢。钦使覆言："我国商船商买不过南北两圻等辖而已，未曾往至外国行商，义安商船出入均由会汛，虽未设立巡司，而他辖已有商政征收税例，想无遗漏，伊省许人领征这等税项，则伊辖汛商船已由领征纳完，载至他辖汛，商政不有扣除，再行征收，该省所办为属客计得矣，如病民何?”户部乃咨，令即遵前准停办。

——《大南实录正编第六纪·景宗纯皇帝实录》卷八，十二至十三；[291] 7517

同庆二年（清光绪十三年，1887 年）十月……大法国遣住清国旧钦使功增来，为嘉定正全权大臣兼统南、北圻，原北圻全权悲幽回国。

——《大南实录正编第六纪·景宗纯皇帝实录》卷八，十六；[293] 7519

同庆三年（清光绪十四年，1888 年）正月……建造北圻经略衙【前筑望关，后构方楼，次构公厅、庭阁、款宾司员诸座瓦屋至十五座，制度极宏敞】。

——《大南实录正编第六纪·景宗纯皇帝实录》卷九，三；[305] 7531

同庆三年（清光绪十四年，1888 年）三月……北圻设芳林省。原全权琨玻议定各蛮土设为一省，至是，设公使于不拔县芳林社，摘将属山西省美德道、宁平省等辖凡属蛮土民者，由公使官所管治，号芳林省。设五州提督一、按察一、统治三、省道蛮土管道三【每省道各一】、副管道六【每省道各二】、分治三省道蛮土共十一员。经略衙以事折奏，准依。

——《大南实录正编第六纪·景宗纯皇帝实录》卷九，三十四；[320] 7546

同庆三年（清光绪十四年，1888 年）五月……改海宁府为海宁道，万宁州为河桧州，并与先安州均属该道统辖。

——《大南实录正编第六纪·景宗纯皇帝实录》卷十，十；[328] 7554

同庆三年（清光绪十四年，1888 年）七月……准北圻开荒田土。初，经略使臣阮有度以为：“全权大臣眉刍商议，北圻山林多有旷土，应听民耕垦，亦是招民裕课要著。”院臣奏请，依拟。

——《大南实录正编第六纪·景宗纯皇帝实录》卷十，二十四至二十五；[335] 7561

同庆三年（清光绪十四年，1888 年）七月……驻京钦使赫苏商制午门楼式以备斗巧，准催北匠应办。

——《大南实录正编第六纪·景宗纯皇帝实录》卷十，二十五；［335］7561

同庆三年（清光绪十四年，1888 年）七月……钦使赫苏委交住办疆界三圈官卢初译书一【叙经究本国书籍图本及年前浪沙派官探察诸事迹，察得本国接夹暹国，自承天以南至庆和等辖上游与以北广治之甘露，河静之乐边、镇静、镇定，乂安之镇宁、镇边等府，清化、兴化之上游诸栅，原前或无统属何国；或系本国管辖、明命年间以后有无经理处置、日下暹国希图占据，拟由机密院臣咨与诸省详究簿籍，抚诱蛮民，通其商卖，察其情事，使之服我权法。其原属本国之地，从前置官纳税要有敕凭的确，并从派官以辰往来示系统管其地，俟法国派员会定界限，方便与暹国对质】。院臣奏曰：“我国与暹接夹，以湾江为界，系得之图籍相传，至如原前两国有无会同立界，渺无事迹可考，列朝经理亦罕及之。本朝鼎定后，间有听其归款设为府州，寻因多事疆索渐驰。兹法官抵住究办，想明定疆界，开辟上游，或有其会。其所拟派官抚诱等款，请由各省臣察谙属诸蛮地情势者，授以官衔、派往探察；其应行如何可以抚诱蛮丁、固吾疆圉者，要悉心筹拟。”帝从之。

——《大南实录正编第六纪·景宗纯皇帝实录》卷十，三十一至三十二；［338］7564－［339］7565

同庆三年（清光绪十四年，1888 年）八月……谅山省报黎说、陈春撰潜往清国连城、凭祥一带，伙同梁俊秀与该省属客之黄文祥等纠聚。寻又报黎说在北国，假为清官，召募兵勇。

——《大南实录正编第六纪·景宗纯皇帝实录》卷十一，三；［344］7570

同庆三年（清光绪十四年，1888 年）十一月……谕曰：“设官分职，朝廷惟以为民；戢暴安民，司牧所当尽责。年来北圻沿山诸省尚存匪党，屡扰方民，暴之不戢，民何得安？近据全权大臣黎那奏请，戢暴之方，必先知彼方便筹拟，朕心甚有合焉。著由经略大臣通饬各省府县尽心确察那匪渠目是何姓名？惯匪是何姓名？与彼用何方法搬运器械、钱米？其合而扰掠必由何路？及散而隐住必在何方？又既散而复合用何计谋？凡一切匪情要宜细察详悉，各由地方官禀报，便商与贵官筹遣，或抚或剿，使么麽无所潜藏，方民及早苏息，方为不负委寄。若虚应苟了，必干重咎。”

——《大南实录正编第六纪·景宗纯皇帝实录》卷十一，二十五；[355] 7581

第二十册

尊室㴸，第九系镇国大将军掌营尊室暲【一名㬍】第三子也，以荫补官授锦衣该队。绍治元年升守护左卫副卫尉，历迁掌卫。嗣德十二年，领广平巡抚。寻，护理清化总督。十四年，署前锋统制。㴸在清日，徇听清商何明性，暗卖铁木和米粒。为秀才黎曰霑由法司摭控革职，从边和军次效力。

——《大南实录正编列传二集》卷十一《诸臣列传一：尊室》，六至七；[137] 7725

尊室俍，第七系司务休致尊室鐗庶二子也，少有学行。明命……十九年授兵部参知，往抚顺、庆。辰，清国广东岁饥，人民纠伙越境，于洋分遮掠。帝谕沿海诸省加兵巡缉，俍请亲坐兵船往捕，海氛稍息。

——《大南实录正编列传二集》卷十一《诸臣列传一：尊室》，八至九；[138] 7726

尊室潵，尊室俍嫡长子也，以荫授翰林院侍讲，累迁至吏部参知。嗣德二十三年，摄尊人府左尊卿兼管文臣驸马。……寻改巡抚护理安静总督。二十六年，北圻有警，潵请增设海防，以备海氛。又奏言经理上游事宜："一请镇宁府防御之缺，准许佋应【人名】升领，又听其子弟募垦有效，予以职衔；一请移襄阳府于祈山县含量社，复开交易场，严饬汉商不得扰怵。"帝皆然之。

——《大南实录正编列传二集》卷十一《诸臣列传一：尊室》，十八；[143] 7731

尊室澮，字清涟，号春亭，第七系原北宁布政使起复司务尊室灌之子也。聪敏好学，两登庠。……（嗣德）三十年进署兵部侍郎，寻改礼部，充如西副使。明年清回，护理清化总督。辰，北圻有警，澮奏言：

“江道有汛内要路，请设屯置炮，派兵住守。又以上游土县舍匪辰常扰掠，请量派省兵防剿。”帝皆许之，因敕问曰：“土民或云蛮、或云牢，清乂又称为舍，原委及性情、服用同异如何?”瀹覆言：“舍类，前自哀牢、万象、南掌来居呈固、岑那、蛮维三县，服用言语与蛮、牢、土稍异。”帝以为是。

——《大南实录正编列传二集》卷十一《诸臣列传一：尊室》，十九；[143] 7731

阮登楷，登楷字缵夫，状貌瓌玮，少传家学。父登洵奇其相[①]，卜其必早成立【语见阮知方传】。明命元年，领乡荐初授翰林，历迁户部郎中。十年，署南定镇参协。十二年秋，充乂安场主考，寻改授清葩布政使。

辰，海道常年寇梗，巡洋官兵屡以无状得罪。登楷与总督段文长疏陈兵船地势有三不便，略谓：“省辖水师仅三百六十余人……此兵之有未便一也。船额只有奠海十艘、乌梨船各五艘，奠海则例有按次载运，递年巡洋不过乌船三五艘而已。以此小项船而撞遇匪船，其势已非抵敌，况匪船火器兵杖虽不可与官船角力，而轻帆利涉实过之。纵扫额派出奠海大船，而船力迟重，亦无奈风力之不前进者。此船之有未便二也。省辖汴山、云山二岛乃匪船必经之地，卞山既有炮台派兵防守固无足虑，云山虽与卞山瞭望相及，而船行顺则三刻、逆则五六刻方能驶到，一有匪船滋事，以汴山些小附汛渔船，安敢直趋洋涛追捍？及辗转报省又需日半程途，省派兵船犹向潮汛待顺，速则二三日、迟则六七日或十日始可放洋。迁延旬日之间，匪船安可坐以待毙？一望官船模样，先即举椗远窜穷洋，虽有善水捕弁想亦不及。此地势之有未便三也。仍照之年前京派捕弁所获匪船三十余艘，此船与清船帆力相等，如装上炮械则其力更觉倍蓰。[②] 请敕工部拣给五艘驶到汴山汛口，在省派干员管将兵饷炮械放洋巡哨。又增拨白驹汛、瀚汛、蚌汛免役船十艘，每艘舵工、水手十二，加派率队一、兵十二，藏贮火器枪炮，仍用船夫色服装作渔、商船

① 本卷《阮登洵传》载：“阮登洵，字信夫，广平丽水人。禀质醇茂，为学主义理。”

② 蓰，形声。徙（xǐ）声，意为五倍。《孟子·滕文公上》：“夫物之不齐，物之情也。或相倍蓰，或相什百，或相千万。”《赵岐注》：“蓰，五倍也”。

放驶岛外。傥遇匪船，一面随机会剿，一面放号通报，汛所及巡哨官船紧来策应。”帝嘉之……

辰，帝初即位，遣使如清求封，登楷疏言：“先王之制，凡国必有都城，朝觐会同讲信修睦莫不于是乎在，所以固邦本而重皇风、节人劳而省虚费也。本国自黎以前，国号安南，都于昇龙，故历代邦交之礼即于其地行之，自是正理。我列圣皇帝肇启炎邦，原与安南别为一国。我世祖高皇帝舆图一统，定鼎富春。大定之始，通好于清，先正国号曰‘越南’。名号既正，都邑维新，已非丁、李、陈、黎之旧矣。昇龙在黎为东都，在今为一省城，事异势殊，清人安得执此以为邦交印定？嘉隆元年，奉圣谕欲移书，请于谅山关上接使以省繁费，惜此次诸臣未能仰体，乘此一大机会成此一大计议。明命年间，经奉圣祖仁皇帝谕示，谓‘北巡邦交之事，非可以为世训。使国有长君万机整顿、文孙文子付托得人，此亦不消关碍，万一或方内遭事故，人心未安而举国远巡，则根本重地岂不贻意外之虞乎！欲为社稷计，当别往注措’等意，恭译圣训如此，则邦交礼必于京师行之，在我有无穷之利，在人有必从之理，无可疑者。颇我为文献之邦，清亦秉礼之国，从与不从，视乎礼之当否。我以礼为言，辞明义正，清人将何说以谢之乎？请敕部臣修书交使部发递，请嗣后直抵京师奉行大典，此典一定，万世常安，省无限之费，免意外之防。我列圣前日之远算深谋，必成于皇上之善继善述者矣。”帝善其言，命发国书递达，及清使劳崇光抵京行邦交礼，情意孚合……

（嗣德）四年，广西流寇蔓及高谅，帝命移督河宁，兼充河宁、宁太、谅平经略大使。上筹边五条：请移书广西巡抚筹办及敕诸省拣兵，释流囚前驱效力，罢流官设土官，令拣土兵策应以固疆圉。寻进军谅山，槛送寇党陈长、黄玉光、腾金龙三犯于京。寇首三堂李文昌投降，奏请区处。又陈北边三事：一沿边量设大屯，二请分插三堂为向义帮，三被寇抄掠诸县州请蠲免税赋，使之团结防御。帝允之，寻准实授……

（嗣德）七年，清国逸匪扰高平。登楷带领兵、象进剿，与谅平巡抚潘克慎拟奏边防事宜五条：一请谅平二省抽回拣兵并与籍民束成奇伍；一请招诱逸匪，拔补降人；一请高平府县并归谅山统辖，省城改为重庆府；一请北圻拣兵分班演习枪法、阵法；一请二省地头增设屯堡。廷臣以为不便施行。寻以向义帮人江亚吓人取财事发，帝谓登楷纳降失策，降四级留。其年秋，病归，卒于河内。

——《大南实录正编列传二集》卷十三《诸臣列传三》，五至二十；[152] 7740 - [159] 7747

谢光巨，承天富荣人，嘉隆元年，以乐从义勇历升该队。明命七年，迁严武卫卫尉……十四年……会宁平逋匪黎维良党窃发，蔓及兴化，北边骚扰。令光巨总统诸路军务，与参赞黄登慎、阮登楷带领大队兵进剿。光巨抵军阵，奏剿捕机宜。帝然之。寻以筹度乖宜降二级，复与慎、楷等分道攻贼于赤土堡破之，乘利连拔安队诸贼堡，直抵芝泥，贼弃堡走。捷闻，复其降级。既而捣破山音贼巢，匪渠郭必功从石碑遁去，生获首逆黎维良、黎维然，槛送京师。帝大悦，赏豆大金刚玉三子、镶金帮指、正关东人参一枝、高丽参二枝。寻诏班师，光巨自宁平凯还。……及论功，封武牢子，复往乂安供职。继以谅平土匪农文云窃发，围逼省城。帝复令总统军务大臣，前往讨贼。光巨进抵桄榔堡，贼徒数百缘险设伏。光巨与武文徐督令赶进破之，复由温州前进谅山城下，贼闻风解围去。捷闻，帝大悦，谕曰："光巨奉命出征，所向无前，连获胜仗。兹能解谅山之围，厥功伟矣！"加封伯爵。光巨复自洛阳【地名，属谅山】前进，收复高平省城，加赏军功一级。又分道略定高平，一路清夷。……其夏，逆云复纠余党蔓扰，命光巨往高平总统军务。……十六年，光巨以逆云投窜清壤，密派侍卫程文珠等带随土勇百余，装作清人样，厚雇清人向引蹑捕。行抵半况山搜获犯闭文瑾之子闭文觐及其妻妹二氏，赏加军功一级。未几，首逆云为宣光道所烧杀【语见范文典传】。

——《大南实录正编列传二集》卷十七《诸臣列传七》，十至十三；[194] 7782 - [196] 7784

黄金焕，承天香茶人。父光，文学颇擅辰名。值西山乱，弗仕，自号处士。居常感念本朝列圣之德，著《怀南曲》。我世祖高皇帝军于嘉定，此曲传入军中，听之至有泪下者。暨义旗复社，诏起其家，则光已没。焕其子也，召赐官翰林。历迁兵部佥事。明命元年转广平纪录，奉大驾幸龙编行邦交礼，金焕充如清副使候命。二年，迁翰林院掌院学士，寻充纂修列圣《实录》、乂安场乡试主考。及邦交礼成，充如清报使。三年协理吏部事务兼奉纂修列圣《玉谱》。六年，升参知，复充如清正使。七年，贡士殿试，奉充读卷。又奉充尊谱总裁。

——《大南实录正编列传二集》卷十八《诸臣列传八》，二至三；［202］7790－［203］7791

邓文添，初名和，承天广田人。嘉隆十二年乡贡，历河东知县。有政声，转兵部佥事。明命四年，清华【今清化】参协武瑜坐解职，廷举添代。……添在职二年，抚字得宜，赏纪录二次。改回办理兵部，转右侍郎。未几，迁清华协镇，又改署兵部参知。十二年，清国边臣索取丰收堡【属兴化省】，命添与阮廷普管将兵、象，前往经理边务。

——《大南实录正编列传二集》卷二十《诸臣列传十》，一；［223］7811

阮公著，河静宜春人，少倜傥有气节。嘉隆二年，帝北巡，公著以布衣诣行营献策。十八年，拔乡解元。明命初，充史官编修。四年，授美豪县尹。累迁清化参协……十三年，署海阳布政使。……随进巡抚署理海安，总督关防。所部有逆党，即勒兵擒捕，境内以贴。又留意屯垦、严海哨，累疏行之。十四年，匪渠张严等纠伙扰掠四歧县，公著亲督兵战于铁琤破之。帝降谕褒奖。寻有旨往宣光，同山兴宣总督黎文德进讨逆渠农文云。由泸江左右分道并进，直捣云中贼巢。所至贼皆望风走窜，乃引兵还。十五年，云复依险叫聚，帝乃以文德充宣光总督军务、公著充参赞，由昆仑道进兵，与文德会。云潜遁，谕令班师，既而贼复侵逼高平，帝又令会兵进讨，适我军已复高平省城，公著请转往太原与宁太总督阮廷普商筹军务，以九月中旬一齐会剿。帝许之，复命公著充太原道参赞。廷普与公著掌太原道，协同高平道谢光巨、阮进林、胡佑，宣光道范文典、黎文德进抵云中。伪云潜入山谷，宣光道用火攻，云被焚死。捷闻，帝命三道兵凯还，来京陛见。……公著久当巨阃，多所兴建。又以广安省城形胜请增修筑，从之。十九年，亲率舟师由广安出海，直抵撞山围捕水寇，大破之。因请驻兵其地，给以田器开垦。明年，又往撞山搜获渠犯置之法，余招抚得一百八十余人，立为向化里登籍受税。

——《大南实录正编列传二集》卷二十《诸臣列传十》，六至十；［225］7813－［227］7815

阮知方，旧名文章，字含章，号唐川。其父以《诗》《礼》起家，家稍丰，每遇荒歉，周恤里闬，人德之。知方少长，卓拔已有大志，不为举业之学，而《尚书》《孝经》《论语》《左传》诸书凡嘉言善行可为法者，每书绅焉。明命初，隶从户部书记。……后以文学举拜，诏入内阁充文书房编修，累迁侍讲学士充办阁务。……

绍治元年，护理安河总督。……四年，转安江总督。上疏言镇西有可取状，请大奋兵威收复以及事机，有旨令熟察徐议。其年秋，暹人来言，愿释还螉螆之母，则该国又与我国重申旧好。知方来说要暹腊国书方可，后果无来书。上疏言暹虏据有镇西，其心必不肯割然舍去，故为此牵延之说，苟求自安。若迟以岁月，则彼得以增修备御，必须一番大奋兵力痛剿方可，使之永远震慑。五年，暹人设计捉西宁市场属吏阮伯祐，祐在虏中委人回书，言暹虏邀以和书方得放回。……初，暹人丕雅质知据有镇西，腊人久苦之。我军节次进剿，暹人屡屡败衄，腊人思以反之，土目多投牒，情愿内应，乞我师援剿。知方与尹蕴商议："今巴南、其苏一带多已投诚，若不之应，恐绝将来投诚之路。"即分兵二道进剿。辰，栅刍既下，暹贼惟倚铁绳屯为死守计。知方议急攻之，乃合兵进剿，拔其屯，乘利直抵南荣城，贼皆宵遁。……继复进兵永隆，贼于沱之两岸凭林放射，官兵不能前。知方督诸道兵舍舟登陆，纵兵鏖战，贼溃走。帝以善后事宜抚辑最为要著，准知方升署协办大学士，仍充钦差大臣筹办绥抚镇西边务。……其年冬，进逼乌东城，贼于城中死守，相持者久之。质知遣人再三乞缓师。知方与尹蕴商谓："乌东虽曰孤城，而地势丛阴垒栅尚多。质知、名螆狼狈相依，必不肯相舍，则抚之与剿未知何日了事。且攻城不如攻心，而完师所以完国，曷若姑听请和以宽兵民之力。"乃按兵不动，以事奏闻。帝览奏，不怿曰："与贼以暇。"已而，质知复乞订日会约。至日，知方、尹蕴肃队而行，将至会馆，质知下象撤乐行相接礼。坐定，知方问："向来如何不有来书？"质知云"言语不通，恐译者失真或致阻事"，因出书略言请得重修旧好。知方问曰："兹和议已定，丕雅何日退回北寻奔？"质知云："既败铁绳、弃南荣、退回乌东，自揣败军之罪，无复可辞。若遽弃乌东而回，不免得罪于其国，姑留此俟有国书来，然后退兵。"日午，各辞别。次日，名螆诣军门请罪。帝以次臣会约节节占得上风，亦属得体，不战而屈人兵，亦策之得也。命知方等熟筹处置事宜，及早班师。六年，诧蟠蠍奉表称臣。七年，遣使来朝……

翼尊英皇帝初嗣位，晋封壮烈伯。……（嗣德）六年，升署东阁大学士，疏辞不允。辰，高蛮土民投住于通平堡【属定祥省】者多。抚臣阮廷宾言："是堡夹接蛮境，腹里之地，恐生外衅。"知方以为："高蛮我之属国，我民适彼彼处之无虞，彼民之来我若拒之，不几示人以不广乎？如以杂居为可虑，则巴川七山从来杂居，何曾歧视？要在地方制驭抚绥如何耳。请许居住，以示朝廷一视之仁。"帝从其议。……（十年）五月入觐……会洋船搀入广南省沱灢汛，射破台堡，陷安海、奠海二城。总统廷理为弹所伤，准知方充广南军次总统。抵军日，适洋船八艘入耐轩江，知方派兵往新屯射破之。帝嘉赏，特赐尚方剑，降谕慰之。知方密察情形，图上方略言："彼利在战，我利在守，请以守为战，加筑屯垒以渐进逼。"乃筑长垒自海洲至福宁、硕涧垒外，掘品字坑，竖尖覆以沙草，分兵设伏，逼奠海城。洋兵分三支来战，伏兵起，洋兵落坑，我军据垒射退之。洋派人议和，帝以知方专办其事。……十三年，奏言："洋人水陆相依为犄角，步战、水战之策不便行之，且洋兵枪炮既精，又能殊死，我兵畏怯生疏亦非彼敌，守之不暇，何可言战。请酌现在之兵力，因现在之屯堡设伏以击之，严备以待之，为持久之计。筹剂民食转运军饷，应机而动，以为完算。"帝曰："畏敌以贻君父，全无施措，安可望其成功！乃责以战和守三者，何者可能退之，听其施为，勿谓朝廷乏人，自守待毙。"知方增修堡垒，分屯诸军以守御之。寻而洋派烧茶山、安奠各屯所，尽将兵船驶去，有诏班师回京。帝劳问，赐趋近御床，行抱膝礼并赏品物。……会高蛮与洋人、清人攻安江、河仙，帝复谓知方曰："南圻军帅今无如卿，廷臣及军士同辞，不可推诿……"知方奏言："日下洋蛮交构，事势之难比前三五倍，土民财殚力绌又非前日之比……"十四年，嘉定大屯失守，赞理阮惟与赞襄尊室岐死之，知方亦被弹伤。

——《大南实录正编列传二集》卷二十三《诸臣列传十三：阮知方上》，一至十八；[253] 7841 – [262] 7850

嗣德十五年，和议成，知方自平顺归觐。……会宣光土匪农雄硕并清股匪黄英等围逼宣光省城。事闻，帝与群臣谋选西北军帅，廷臣以知方举，知方奏言："将在得人，三军之命系焉。臣奉派南圻无状，又不谙北圻情势。"陈践诚奏言："北圻贼势罪难剿捕，知方素有重望，又经行阵，候请裁定。"遂命知方充西北总统军务大臣。既抵次，引兵攻破至灵贼巢，遂次于霑德【原天德】江之南。密遣河内、山西各陈船如欲渡状，以分贼势。又蜡书北省，以闻炮声会剿。乃遣黄诚、潘廷选等渡江连拔五屯，会军直抵省城，驿路遂通。帝嘉之。十六年，升授协办大学士，仍充。知方既清北路，乃与阮文仲率师进复太原省城，俘获伪大王冒称蓝山正统黎文清、伪参谋尹文得并北宁逸匪之伪元帅阮云、黎严等诛之，西北武功告蕆。帝复以海安匪渠久窜海岛，命知方改充总统海安军务，带北次兵剿匪于古斋、奋堂二社江分，大破之。……十七年，乃山【属海阳省】之战，副提督武早为贼所虏，知方降二级留。……十八年……寻而，水匪船三百余自扶隆、葛婆诸岛分三支来扰，知方遣文仲督清船帮员弁击之，射沉二十余艘，收获六十余艘，斩俘甚众。……十九年……升授武显殿大学士，仍充。会清匪苏四复扰广安，知方与提督阮久礼烧破巢穴，擒获党伙数多，四乃逸入内地。……二十一年，降匪吴鲲复叛，攻陷高平。辰高谅防剿事宜属紧，帝问廷臣别有计策如何？知方奏言："高谅地势孤悬，前经有事征拨，财力俱屈。日下筹度，应遴派重臣一员坐镇此地，以壮声势。"帝曰："此意前已虑及，山有伯仪，河有陶致，北有裴俊，均干员。在朝而谙熟北圻惟有仲平与卿耳。卿年已衰迈，久劳于外，朕亦不忍重烦军务。"对曰："臣年虽衰老，如奉准派，不敢辞劳。"帝曰："京师根本重地，卿宜留心整理，务期壮固。"适吴鲲攻破谅山，我官军失利绣山屯，参赞【阮励】、提督【阮曰成】死之，统督范芝香陷虏中。知方奏请北行，帝以其久劳且镇朝望，不许。……二十六年，清匪白桂香烧掠宣光咸安县诸社，土、蛮民惊走，就省城旁倚住。知方摘米赈给之，又令官兵分道截剿，匪各退散。寻而，逸匪群来围逼丰稔屯【属宣光】，副提督陈斌等以兵少孤守待援不至，乘间夜回，为匪所败。知方以统率失宜，降三级留。帝以北边上游匪梗日久，令军次大臣筹拟剿平机宜。知方请封江禁商，令彼坐困。帝谓廷臣曰："所请乃是困敌要著，准施行。"会富人余普义船团久住河内，决意开商，辞多吓怵。知方以事密奏，准令北圻诸省臣悉心防备，要十分壮固，以遏其萌。嗣而该团船驶往兴化上游，暗通黄英匪。知方密饬上下游山海严防，又派陈让先往兴安、南定、海阳勘督诸江道，扼要设备。寻而富派三圈官安业塔来河内，预定开商条约，递交省臣粘揭。知方与该省臣答以未奉朝命，未敢率行。富派怫然，乃于十月朔袭攻省城。官兵分门据守，知方与其子驸马林守东南门，富兵先破之，林为炮毙，知方被伤，城遂陷。知方坚卧住署，绝不饮食，法兵留守尝以粥药投之，一皆喷吐，从容曰："义当死!"将终，沐浴更衣，神色不变。计自十月初一绝粒，至十一月初一，阅月而卒，寿七十有四。

——《大南实录正编列传二集》卷二十四《诸臣列传十四：阮知方下》，一至十五；[263] 7851－[270] 7858

阮伯仪，字师汾，广义慕德人。明命十三年，会试中乙科，历知县、府，继列谏垣，有直声。……绍治初，署侍讲学士参办阁务。未几，升署吏部侍郎，以事左迁翰林院侍讲，派从青鸾船如东公务。及船熸，由陆路先回，为清匪抄掠。……（嗣德）十四年，大法兵攻陷嘉定大屯，知方既被弹伤，特简伯仪为钦差大臣统领新派弁兵会同次臣筹办。伯仪捧节抵次，以战守均未便，委人讲和，为缓兵计。又以现办事状折奏，奉谕示以"或有主意听得直陈"，寻复奏言南圻事势惟和较可行，不然且生别碍。略谓："臣素闻兵家言，法人船则气驶如飞，炮则能洞数仞石城，能击数十里远。自有此数器，攻守两难，此辰心犹未信。绍治七年春，法船驶来沱瀼，不及数刻，射破五大铜船。此次臣住广南在所，目击三四年来，我兵非不勇、炮非不猛、堡垒非不坚厚，然不能取胜者，以彼船炮擅长，药弹远恶故也。但军次诸臣不量彼己，故久强为，致令复有此失。臣至边和，察见情势并是危迫，不得已辄派人往法帅诘问。虽曰权作缓兵，其实愚见事势攻守皆不可为。不和则不能定局，而前折、前咨率云除此一著，臣惟受罪。又云和则虽亏负南圻，事势尚属可为，否则臣不知待罪何所。又云情势如此，虽多兵船，亦未可用。盖以法人以我许久冷眼待他，为诸邻所鄙，故以兵胁以必其和，观于每每伻人先讲则和之说可验也。又我国海疆延亘，而自兵兴以来，凡水师兵船可避彼长概置不用，是我兵力先已减半，惟恃炮垒为攻守计，而攻守已事又觉难言。兹若不和，彼必不休，兵连祸结，臣愚诚过虑焉，故云除和一著，臣惟受罪者此也。又恭照明命、绍治年间节次勦平逆傀、暹蛮，以南圻地多江沱，水兵与步兵相应，其海道乌梨轻快各项船尤为要用，其大炮重弹则用大船由海运，给一切钱米炮械船艘各项则六省供之，应手裕如。然以此全力勦一逆傀，三年方得蒇事；勦一高蛮，亦二年方得讲解。今六省之嘉定、定祥二省，上自山蛮，下至海汛，彼已据而有之；永隆、边和二省隔断难通，边和现与他邻，背后大林继以蛮土，最为冲绝之地。其该四省虽各有船，然皆难与洋船对敌，故云虽多兵船，亦未可用者此也。目今法人已据嘉定，和与不和只此已亏负矣。设若与和，而彼仍不交还，则亏负只此，而边和、永隆、安河犹为我有，驿路、海运可通，以济目前之急而待后图。若以亏负而不与和，则彼岂肯安坐？南圻六省料必从此而休，江商海运亦从此而绝。所可虑者，难言之处，臣不敢为过甚之辞。故云和则虽有亏负，南圻事势尚属可为；否则，臣不知待罪何所者此也。日下外势如彼，六省现情如此，凡攻守事皆无可施，既无攻守之实，而但示敌以形，只速戎心而增损害，致臣嗣来不筑屯垒，省征兵粮者此也。此臣所主意也，伏望断然行之，以救南义以南兵民之苦；不断而两行之，在臣则修辞往来问说，在军次及各省则不敢违部文或派人潜往招诱兵民，或修堡垒为攻守状，外人窥知我意不真，又故为胁制，是攻不得守不得，和亦不得。臣虑不知何以处之也。”疏入，帝谕曰：“事势难为，已洞悉了。卿有心当事，宜悉力干办，以见疾风劲草可也。”……二十三年，清帅冯子材迅移宣城助勦，伯仪与统督陶致协筹粮饷不继，冯帅以为言。仲平以闻，遂夺职效赎……

——《大南实录正编列传二集》卷二十七《诸臣列传十七》，十二至二十二；［309］7897－［314］7902

阮仲合[1]，仲合初名瑄，后以字行，号金江，别号桂坪。性聪颖，少失怙恃，刻志攻苦，室屡空晏如也。嗣德十一年戊午领乡荐，辰二十五。以会试分数补充从善公府修书，故所得益大以肆、闳以深，从善公每许其有公辅器。……二十六年冬，大法派安业袭河城，东、南宁亦继不守，

---

[1] 父阮居，字易甫，河内青池人。本卷有传。

帝以仲合土著干人，命充赞理迅往会办。既而安业有讲解意，有旨升领河内巡抚，与新督陈廷肃同往讲说。才抵河城，安业派邀入城安歇，逻兵防守住所，仲合与廷肃静以镇之。辰，诸汉奸为安业所用者图阻其事，夜欲为变，党中有识者阻之，谋遂寝。安业将开商事以问，谓："新官已抵，讲定得否？"仲合等答以："未有全权，惟经奉准前往。如能听从，幸或言归于好。"安业闻之心平，相与商约。翌晨，山次以黑旗就城下挑战，安业闻报策马迎战，毙于纸桥。法派大疑之，事将中变。二圈边【人名】继董其事，邀以撤兵，然后申约。仲合等往来商解，不肯从。二圈官知其不下，再向仲合等言，亦专守安业初心，俟开商议定，即将诸省交还。仲合私语廷肃曰："他既息争，若刘团未撤，恐失了全局和气。"乃往商与三宣统督黄佐炎按兵不动，复回城与之商讲。二圈官预列约款，必如所求而后止，仲合等难之，连日持议未决。会钦差阮文祥自嘉定偕大法统察冠勒【一名霍道生】来，会同妥议，订以交城。仲合与随从数人附轮船抵认宁平，先委河内新臬张嘉会往北宁征兵，转往附守。比行，则北兵未抵，而法派随已交城而去。其法派原募数千人布满城外，见仲合单骑而来，莫不相顾骇愕。仲合宣谕以朝廷威德，众稍定，愿为守城，迨北兵至乃各散归。仲合复请慎简能吏以抚之。居浃旬，改领南定巡抚护理安定总督，寻以地重资轻上疏请代。帝谕曰："尔在京兆，闻得民和，宜勉与同事振整百务方称简拔。"仲合乃奏言……再密折言："立国曰'势与权'，当今大局省事宁人，随辰之义大矣。大清商约不及滇中，固不欲有通云南之议。然亦久与法国和好，此款当无违异。清兵现住高谅十营，二省势力单虚，若且姑留客兵，俾我专意于宣太诸路，亦为得算。至如保胜商道，刘永福难舍抽丰之利，势必为梗。请量地安插，免生支节。"帝皆善之。仲合又以南省漕船不习海道，屡屡失利，乃雇募粤东船应载，俾漕运敏济。帝批示嘉奖之。……简宗毅皇帝即位，仲合回京，以商说无状请解职待罪。寻准假鸿胪寺少卿衔，充清化山防副使。未几起复，实衔权署理山兴宣总督。适刘团散撤之后，草匪挟与散勇充斥蹂躏，几无净地。仲合剿抚兼施，五六月间盗烽渐熄，闾里稍稍完复如故。

——《大南实录正编列传二集》卷三十《诸臣列传二十》，三至十；[340] 7928 - [343] 7931

阮廷诗，字璧立，承天广田人，有才办。明命年间，投名吏籍，历迁主事。嗣德四年，授员外充如清使部胥人。十二年，沱汛有警，以署郎中衔充广南军次词翰。十六年，署广义按察使。辰，有石壁蛮寇，剿平之。寻改平顺。十八年，授鸿胪寺卿办理户部，转侍郎协理京畿水师。二十二年，宣光有边寇，命充赞理军务。廷诗与原赞理陈廷肃【辰改充山西商办】疏陈区处刘团【名永福】事，略谓："保胜【地名，属兴化省】财货可居之地，刘团党多犷悍，常与何均昌【清商名】争居，邀征商税，欲据此以为巢穴。将来基址已成，难于禁遏。请由总统阮伯仪商与清帅冯子材，早饬回唐，以舒边务。"帝善其言。适有清匪黄英分屯扰掠，廷诗与赞襄阮有恬、督兵谢现率兵力剿，连拔三屯【平择、寿山、霑化】。帝嘉之，赏授参知，改充谅平宁太参赞军务。廷诗善于辞令，常伴引清弁会剿，言多见听。

——《大南实录正编列传二集》卷三十二《诸臣列传二十二》，二十至二十一；［373］7961

黎有常，初名恒，广治登昌人。绍治元年领乡荐，从广南候补转知河东县。嗣德二年，以事降八品书吏，从吏部效力。起复，司务署主事转署员外郎领河静管道。十四年，升领乂安按察使，寻改广安。久之，擢光禄寺卿领布政使护理巡抚。十八年，丁母丧。辰，海安江海诸道汉匪滋扰，军次事繁，准以夺情留用，给其家钱一百缗以治丧。及次务稍简，有常请回守制。公除，来京瞻觐，命从钦派，经理自广平至南定诸省海防，事清领职如故。有常抵清化，与省臣筹拟请设台炮、团结民勇以防海道。及往南定，筹拟如之。帝允其请，寻准实授。二十三年，擢巡抚护理海安总督。适匪渠黄齐烧陷水棠、安阳二县，有常率兵攻复之。二十六年，充董率二省军务大臣，自巡抚、提督以下均从节制。盖以地势人情素所谙熟，故特委之。既而，匪复入江扰掠，有常派三道兵船合剿，匪船窜伏支江放火袭攻，后道提督邓维午败走，前道督兵丁喜、中道副领兵官张曰强按兵不动。帝以有常董帅不善，准革留。其年冬，法派鄂而【即安业】陷河城，檄示诸省撤关津、拔江栅、揭商约。及驶抵海阳，邀省臣商说，省答以未有朝命，大法兵便据其城。有常与巡抚邓春榜、布政使阮有政、按察使阮大脱出嘉禄、锦江等县住札，寻撤回京。

——《大南实录正编列传二集》卷三十三《诸臣列传二十三》，十六至十八；[382] 7970 – [383] 7971

枚英俊，字良夫，清化峩山人。……英俊少读书，过目成诵，年甫弱冠已有文名。绍治三年，擢第一甲进士及第第三名。英俊初名世濬，及登第，帝喜其得人，赐名英俊，又赐诗一章以宠之。初授翰林院著作充内阁秘书所行走，转侍读，寻除侍读学士充办内阁事务。嗣德初，粤东差官吴会麟因风漂到我国海口，准两广移文，令附贾舶回国。礼户二部查照前例，请派官船护送，多带稻米、名材压舱，又官银二万两备采市货物。英俊以上初政，欲杜奢侈之渐，上疏极言其事，略曰："如东一款，经奉停止，中外有闻。今乃以恤难睦邻之举，为营商兑买之行，则是以义而往，以利而归，不知邻国之人其称斯船谓何。今谅山一道，流寇搀来，旬日之间，边书再至。当事不一虑及此，而汲汲于一难弁，窃谓事之倒行逆施未当于义。"又请以随船货项募赏战士，以清边寇。疏奏，下吏论罪。大臣连章请宽之，帝乃薄其责，寻出为谅山按察使。

——《大南实录正编列传二集》卷三十四《诸臣列传二十四》，十五至十六；[394] 7982 – [395] 7983

陈廷肃，字仲恭，其先清化人。……初，以荫入国子监。绍治二年，领乡荐补不拔知县。……（嗣德）二十一年，派往香港公干，回领河内巡抚。……二十六年，法兵袭河内省城，东南宁相继不守，法派鄂而有讲解意。帝以廷肃领河内总督，同新抚阮仲合、按察使张嘉会前往讲说，认回城池，与定商约。廷肃奏言："欧人之蔓延于东土非只一国，则不可以力制之明矣。今请应专主一局，其新派总统协统诸道官兵各行停留，臣请与同事诸臣即往河内讲说以及事机。"帝许之。既至河内，翌晨山次以黑旗来攻，鄂而当阵死。法派大疑之，事将中变，邀以先撤兵然后定约。廷肃与仲合执理往复申辩，谓应先交城，和好成则兵自撤，法派不肯从，又豫列约款必如所求而后止，连日相持未决。会钦差阮文祥与法统察飞勒自嘉定偕来，协同议妥，订日交城。廷肃临事以坦荡处之，故事亦能济，寻录前营田功，实授总督。

——《大南实录正编列传二集》卷三十五《诸臣列传二十五》，二至四；[402] 7990 – [403] 7991

张嘉会，字仲亨，嘉定平阳人。……嘉会于嗣德二年领乡荐……二十年入为监察御史，寻升户科掌印，转领兵部郎中。二十六年，河、宁、海、南四省相继有警，升授河内按察使，伴引金龙道堂监牧平灵牧登，协同河宁新督陈廷肃前往商说。始抵省，大法派安业邀入城中安歇。未及提说，适刘永福率团自香粳住次逼抵城下挑战，安业即出城迎战，才至纸桥，刘团袭杀之。安业既毙，其部属以此见疑，遂拘嘉会数日。有大法派名习哺者自嘉定来，见之握手，语法官曰："我前参办弘治，素知嘉会诚信好人。"乃得释。

——《大南实录正编列传二集》卷三十七《诸臣列传二十七》，十五至十六；[435] 8023

潘廷妥，广安先安州人，是州原属清国钦州府。嗣德九年，妥为海安总该总，向海宁府粘单，愿将本州归附焉。授九品百户。十五年，逆风起变，攻陷海宁府城。廷妥不肯俯，自募手勇攻复之，赏该队。寻以捐助军需五千余缗，拔副卫尉。十八年，又率勇追击水匪于登春、罗浮，连捷之。会海宁复陷，廷妥与督兵翁益兼剿复其城，赏卫尉。其年十月卒。廷妥自归附，从次四年之间，擒斩匪目一百八十余，获伪中军、都统与大将各一，又雇募清团勇助剿，屡立战功，确有艰劳实状。帝嘉奖之，追授掌卫，令所在建祠，赐名"勤忠祠"以表之。其妻陈氏姑，嗣德十七年亲率手下拿获伪参谋、伪管奇各一并匪船二艘。次臣以闻，赏富寿大银钱三枚。

——《大南实录正编列传二集》卷三十八《诸臣列传二十八》，二十七至二十八；[454] 8042－[455] 8043

阮有度，字希裴，清化宋山人。……嗣德二十年领乡荐，辰三十有五，初补荆门教授，除尧封县尹。辰，海贼势力方张，既至，戒丁壮、具舟船，屡与贼战于春盎、河源、乐园等处败之。贼渠胡万以战船百余来，将犯境，有度令人解说，贼随去。在县有能名，视师黎峻疏言可大用。（三）【二】十六年①，商办广安省务。其冬，河、宁、东、南相继不守，有度与巡抚胡仲挺议修城守，人情稍定。适水匪乘

① 柏中按："三"当为"二"之误，即"三十六年"当为"二十六年"为是。

机挽来，有度败之于萝屯。阅月，钦差阮文祥与法国统察飞勒乘火船来讲定，遇有度于海门，邀与俱至海阳，委权办布政使印篆。后新藩至，改封办海阳省务。明年，充监督海防工所，又权充勦抚使巡戢海道，贼万悉众来攻省城，列舟江次。法统帅自海防令小火船来探，夜深舟影历乱，督防谢现以为贼舟，放炮击之，小火船受伤返回。随得道堂书报，法兵定以某日攻城，总督范懿暨同城皆大惊。有度议修书求牧师为达之，事乃解。贼以我有援，亦自引去。既而，与贼战于荆门失利，以有前劳得从轻议。适得贼书，声言来攻省与海防。懿求法国统帅出兵，委有度以兵船随西兵进勦。有度为言山川形势，冒雨直捣贼巢，大破之。自是，贼党不敢串结，一境以安。二十八年，加鸿胪寺卿充商政兼督海防。是年，请假归京寓省扫，帝询及北圻事。有度奏言北圻有三大难，堤政、流民、商政等事，且陈其所宜行者："……流民，则曰彼乃清之逸匪，犷悍难驯，向来虚费粮钱，终无了局。请由地方随地分插。若顽冥不听，商与法官兵协力勦除。商政，则曰法派意欲广开上游利路，他日势难阻止，请派干员协同督办，要我操其利柄。"帝嘉纳之。……辰刘团恃功骄横，有度知大局将变，而刘团与客兵皆不足恃，累疏言之，又自请行边，充端雄道靖边副使。三十五年春，河城失事。充副钦差仍领河抚……辰法官欲撤刘团，每以为言。统督黄佐炎以移团事难，有度与他往来周洽，请交有度区处。有度谓永福久从佐炎麾下，请交督臣处置。各上疏请旨，帝乃谕有度复充靖边副使，与佐炎悉心善处。

——《大南实录正编列传二集》卷三十九《诸臣列传二十九》，十四至十七；[462] 8050 – [464] 8052

武早，承天香水人，少读书，及长投兵，以军功累迁兴安省领兵官。嗣德十五年，水匪约、度【二名，缺姓】自海阳挽来芙渠、恩施【二县名】扰掠，早七战连捷，匪惧窜去，拔山西副提督……宣次既平，改回海安军次。十七年春，乃山之战为匪所掳，匪诱之降，早不屈，自尽……早子寿孝而有勇，悯其父死于非命，誓以杀贼复仇。募勇从次，拔副管奇。十八年，清地股匪蔓扰太原，力战死之。赠管奇。

——《大南实录正编列传二集》卷四十一《忠义列传二》，四至五；[487] 8075

武光宣，承天富荣人，有勇力。嗣德六年应募选锋队长……十八年升协管，领兴化副领兵官。辰，猫蛮蠢动于水尾、文盘【二州名】，领兵陈德壮㓕之失利，巡抚阮辉玘委按察阮怡与光宣招诱头目出首。帝以其招抚得力，不战屈人，拔管奇领职如故。二十三年，猫匪犯奠边府城，光宣攻走之，擢领兵官。二十五年，㓕匪于山罗州，死于阵。追赠统制，列祀忠义祠。

——《大南实录正编列传二集》卷四十一《忠义列传二》，二十；[495] 8083

黎文𠐤，原姓闭，高平土目文健之子也，隶军。辰，赐以阮祐公姓。后称逆，改从悦姓黎，以原属黎文悦之标下也。少有武略，骁勇绝伦。嘉隆十八年，清、乂二镇及清平【今改宁平】、天关【府名，今改儒关】流民土匪叫聚为盗，所在官不能制。帝命左军黎文悦前往经略。𠐤募兵隶标下，捕㓕屡有功。悦爱之，以为爪士。明命元年，悦入领嘉定城总镇，率𠐤与清乂、北城首免人犯隶派，屡推举，至铭义卫副卫尉。𠐤倚悦势多横纵，或拨弁兵登林斫木因而擅取材板，有卖之清人者、有造为私船者。悦没后，嘉定城改为藩安省，设置总督、布政、按察、领兵等职。布政使白春元素苛酷，与总督阮文桂奏请逮𠐤严审。寻，摘往事欲抵于罪，因以坐悦。𠐤内怀怨望，谋为不轨。乃与同案原左保一卫副卫尉阮文勃阴集同事之左保二卫卫尉蔡公朝【以下均隶从文悦，现住城内】、副卫尉黎得力、行人司刘信、清顺奇副管奇邓永鹰、悦之妾兄武永钱、左军林射队杨文雅、回良队阮文鱿等谓之曰："林木船艘之案，皆春元所摘发，不杀彼，彼将陷我。"……众皆从之。约既定，入夜，𠐤率党六十余人各执刀剑，以白布缠头为志，及象五匹由怀来门入，直到布政厅。白春元闻变，潜避。遂群来总督厅，阮文桂及其子拒斗，皆遇害。按察阮章达、领兵阮桂出城遁脱。春元寻亦为贼所获。辰，十四年五月十八日也。……遂据其城，杀狱室提牢阮如春，开放囚犯以为死党，船艘、象匹皆占据之。自称为元帅，造伪印、设伪目。……于是，作伪檄环省人民，略叙黎氏子孙已起于北，约彼内应以复黎业。又故黎文悦彼之恩帅，无干得咎，以此起兵，为悦复仇。辰，省辖之学爷苏道者与投寓清人即光化蛮人、清顺安顺北顺【三队名】逃兵皆归附焉。……贼党自习阵原之败，乃于柴棍庯悉集清人设屯固守。我军左道参赞阮春兵船由葛江进安通港，才至永会村市，贼伏于左岸庯乱放枪炮，兵不能进。春派侍卫尊室弼督雄威卫兵登岸纵火焚之。兵船赶上，斩馘二百余，贼大败走入庯内。春与范有心等再率兵一起攻破，斩六十馘，俘七百丁。……十二月，僟以病死，贼共推其子黎文鸲【年方八岁】为元帅，鱿自领其军。

——《大南实录正编列传二集》卷四十五《逆臣列传一》，一至二十；[522] 8110 - [531] 8119

农文云，宣光保乐人，知州文弼之子也。弼死，云袭之，为人鸷悍。明命十四年五月，逆僟称乱据藩安城。云，其内弟也，因此萌异志。适兴化有警，檄召土勇防截。云不之应，寻干命案。省臣布、按范溥、黎秉忠派人提问，而遴出大蛮土知州阮广凯兼办州务。广凯先与云通，省派至，云以兵吓之，且曰："我将举大事，岂屑为知州！不日且抵省，何待拘问！我今宽汝一死，姑借汝面寄之省官。"乃刺"省官偏贿"四字于其面放之还，自称为"节制上将军"，召集徒党。辰，土司、土目如保乐之麻仕荣、麻允高，渭川之麻仲岱、阮世俄、麻祥安，陆安之刘仲璋、黄祯宣，大蛮之阮广凯、何德太、麻允养纠党从之，众至六千。以书诱宁边土司黄金顺，约以举事。金顺不从，以事驰报。……匪又于密陇、油陇、闭陇【三社名，夹高平地界】界接清国镇安府连设五堡，众两千余，中有韶州二百人，黄阿连【人名】为之首唱。……匪乘胜围谅山省城，众至万余，设立屯扎，满山塞野，势益鸱张。农文仕又自野市堡纠同北宁逋匪陈文体、伪副统领阮廷濂、伪前胜旅正管旅宋南通、副管旅武光珠【南通、光珠均清人】等合兵攻逼太原。阮廷普率兵截捕，杀南通、光珠于阵，匪党退却。……才至玉帽，闻官兵已抵云中，云遂于此隐伏。……搜获伪管奇一名，访之，则云已辫发携妻子窜于清界。……辰，宣光道黎文德先已截回，匪复纠潮州人与逆瑾、逆玹、逆召、逆幹【召、幹皆伪僟侄】率党沿山而来，凭高放射，与官兵连日抗拒。……辰，公著军于江罗【社名】，匪合围之，公著统兵力剿，匪伤散。乃合兵进抵偕乐【社名，属云光总。匪总戎农文仕所管兵民】山分，搜获匪统领将军赵文召【清人，寓白通州雁门社，与匪仕合党攻扰太原】及从伙七犯，遂与宣、高二道会于云中。探获逸犯贾文趋、鲍布合【二人名】，访知逆云已潜投清国弄猛、博炭【二村名】隐匿。乃会作移文镇安分府，祈以拿交。具将情形入奏，按兵以待。帝命礼部缮咨文投递广西，又改保乐州为底定县，择土司从征得力二人设为知县、县丞，召集边民各安田里。……十六年二月，广西巡抚自接移文促镇安捕弁索之益急，云自清界潜回恩光【社名】。审拨山首丁靖和侦得其实，驰报军前，文德等即派衙卫阮文权领兵勇千余迅往围捕。兵未至，云将穿山别去，靖和率手勇放枪邀截，云复退隐。此处山势崎岖灌莽极目，日向晚，权恐其兔脱，四面纵火焚之。适风猛火烈，顷刻间茅草丛篁尽成灰烬。云在石隙突出，死于火，落于崖旁，身边有黄金一大锭、间饬金银刀一把。德等飞递红旗报捷并函云首驰献，以高竿倒悬其尸于云中山顶。人皆快之。云首级送至关下，命肆于市曹三日，再传于广南以南、广治以北诸省，悬挂三日后捣碎投于坑溷。云之祖、父墓，令土人报掘其骸骨投之江。既而，镇安分府送交前后所获逆云眷、党，军次尽诛之，存云子雷解回京尽法惩治，而云之族属无孑遗者。

——《大南实录正编列传二集》卷四十六《逆臣列传二》，一至十四；[36] 8124 - [542] 8130

附　记

本书的研究工作是由多人组成的课题组协力完成的，主撰王柏中，三位副主撰为刘国祥（广西大学文学院教授、博士）、徐连栋（喀什师范学院教师、硕士）、肖可意（喀什师范学院教师、硕士），参与此项工作的成员还有梁桂娥（广西民族大学科研处副处长）、李静（广西民族大学外国语学院讲师）和陈日红（广西大学文学院硕士）。

资料的初辑和注释条目初拟的工作分工为：刘国祥、陈日红一至七册，徐连栋八至十三册，肖可意十四至二十册。出版前补辑工作分工为：王柏中一至七册，徐连栋八至十三册，肖可意十四至二十册。李静负责法文、英文资料的编译；梁桂娥负责经费管理、工作协调和成果审校；注释体例撰定、全书的统校、增补和注释工作均由王柏中负责。

中国社会科学院边疆史地研究中心马大正先生、中国社会科学院历史研究所的李世瑜先生以及广西民族大学范宏贵先生等学术前辈对本书的研究给予了多方面的关注、指导和鼓励，广西民族大学周建新、玉时阶、黄兴球、滕成达、黄可兴及刘志强诸位教授均给予了具体帮助。

课题负责人在研期间获批享受广西民族大学半年的学术休假，也受益于“中国南方与东南亚民族研究”广西特聘专家岗团队项目、国家民委人文社会科学重点研究基地“广西民族大学中国南方与东南亚跨境民族研究基地”、广西高等学校人文社会科学重点研究基地“广西民族大学中国南方与东南亚民族研究创新基地”及广西高校2011协同创新中心“广西民族大学民族文化遗产保护与传承协同创新中心”等科研平台的资助和支持。作为2008年西南边疆项目的立项课题成果，本书能够完成研究任务顺利出版，中国社会科学院中国边疆史地研究中心（中国边疆研究所）、国家社科基金项目办及社会科学文献出版社的领导、学者和工作人员——特别是社会科学文献出版社编审室主任魏小薇女士及本书责任编辑均付出了很多心血！在此我们对所有提到的及没有提到的前辈、领导和朋友表达诚挚的谢意！

王柏中于广西民族大学，2014年3月